中国植物标本馆索引

（第二版）

Index Herbariorum Sinicorum

(Second Edition)

覃海宁　刘慧圆　何　强　单章建　编著

Edited by　Qin Haining　Liu Huiyuan　He Qiang　Shan Zhangjian

科学出版社

北　京

内 容 简 介

本书对《中国植物标本馆索引》（1993）进行修订，共记载中国植物标本馆359家，其中226家标本馆的信息得到更新或载入，包括首次记载的41家。每家标本馆的主要信息包括联系方式、收藏情况、职员及其研究专长等，大部分标本馆（194家）还附有标本馆库房及建筑照片。为方便读者查阅，书末附有标本馆代码及职员等多个索引。

本书可供国内外植物分类、植物资源、生物多样性研究和管理人员，植物园工作者，农林、园艺、医药工作者，大专院校生物系师生，以及植物爱好者使用。由于书中对许多植物学专家有专门记载，本书也适合书刊编辑和广大撰稿者使用。

图书在版编目（CIP）数据

中国植物标本馆索引 / 覃海宁等编著 . —2 版 . —北京：科学出版社，2019. 10

ISBN 978-7-03-061921-1

Ⅰ. ①中… Ⅱ. ①覃… Ⅲ. ①植物－标本－中国－索引
Ⅳ. ①Z89：Q94-34

中国版本图书馆CIP数据核字（2019）第147209号

责任编辑：马 俊 陈 新 赵小林 / 责任校对：郑金红
责任印制：肖 兴 / 封面设计：铭轩堂

科学出版社 出版
北京东黄城根北街16号
邮政编码：100717
http: //www. sciencep. com

北京九天鸿程印刷有限责任公司印刷

科学出版社发行 各地新华书店经销

*

2019年10月第 一 版 开本：787×1092 1/16
2019年10月第一次印刷 印张：22
字数：520 000

定价：298.00元

（如有印装质量问题，我社负责调换）

前言 Preface

植物标本馆（室）(herbarium) 和植物分类学家一样，被认为是一个国家或地区植物分类学的重要资源和分类学研究能力的重要指标 (Wilson et al.，2003；Secretariat of CBD，2008)。国际植物分类协会 (International Association for Plant Taxonomy，IAPT) 早就认识到这一点，自 20 世纪 50 年代成立伊始就编撰了全球标本馆名录——世界《标本馆索引》(*Index Herbariorum*，IH)，至 1990 年时该书已出版到第 8 版 (Holmgren et al.，1990)。此后，IAPT 只提供在线访问的世界标本馆查询和更新 (http://sweetgum.nybg.org/science/ih/)，由美国纽约植物园负责建设和维护。无论是纸质版还是网络版，世界《标本馆索引》都是植物分类学和多样性研究工作者的重要工具书和参考数据库。

世界《标本馆索引》（第 8 版）共收载全球 147 个国家和地区的 2,639 家标本馆，标本总量约 2.7 亿份，其中中国 83 家约 1,000 万份。截至 2017 年年底，世界《标本馆索引》网络版共收载 176 个国家的 3,001 家标本馆，标本总量约 3.87 亿份，其中中国 380 家，约 2,134 万份标本，包括台湾 15 家标本馆 141 万份标本 (Thiers，2018)。

在第 8 版世界《标本馆索引》之后，一些国家陆续对本国标本馆信息进行更新和修订，如日本 (JSPT，1997)、澳大利亚 (Cowley and West，1999) 和南非 (Smith and Willis，1997，1999；Smith et al.，1999) 等。我国于 1993 年出版的《中国植物标本馆索引》（简称《中国索引》）（傅立国，1993）首次对全国植物标本馆进行全面报道，共记载 318 家植物标本馆（包括台湾和香港的 14 家），标本藏量总计约 1,600 万份。《中国索引》的出版大大补充和增加了世界《标本馆索引》（第 8 版）的中国信息，由此引起 IAPT 极大的关注，IAPT 特地在其会刊 Taxon 上分 4 次对《中国索引》中 99 家标本馆进行转载介绍 (Holmgren P K and Holmgren N H，1994–1997)。

自《中国索引》出版以来，我们一直关注和调查我国植物标本馆的变化情况。第一次是 2003 年，为配合原“国家科技基础条件平台”的启动，我们向各家标本馆发放调查表以了解标本馆本底情况，调查内容涉及工作人员、标本馆藏量及数字化数量、经费情况和服务情况等。此次调查收到 41 家标本馆反馈信息，从中可以看出，与 10 年前相比，标本馆状况，如工作人员、单位名称等已经发生许多变化，这也促使我们三年后启动对《中国索引》的信息更新；2006 年进行的信息更新共收到 80 家标本馆的反馈，后因种种原因，更新工作“半途而废”；第三次，也是最近一次调查即为本次修订工作，始于 2013 年，因作者承担原“国家标本资源共享平台”（现改称“国家植物标本资源库”）专题任务——“全国标本馆本底情况调查”而起。

本次调查是对《中国索引》信息的全面更新。其工作流程分为三步：第一步，基于《中国索引》内容建立标本馆信息基础库，并根据我们掌握的信息进行更新，包括各省（直辖市、自治区）专家代表（见下文致谢名单）反馈的信息；第二步，从基础库导出信息，制成标本馆信息表，发给各家标本馆馆长/联系人更新、补充；第三步，对各家反馈的信息表进行梳理、核对，整理成文。每个阶段都需要无数次与各家标本馆馆长/联系人的书信或电话联系，以确认收载信息的准确性和完整性。值得一提的是，本书首次收载的41家标本馆，很多既没有馆代码也没有在纽约植物园国际标本馆数据库（IH）上进行注册，为了方便管理，我们帮助他们向 IH 集中提交了标本馆注册信息，到目前其中大部分新馆已注册成功。

如上所述，本书作者在21世纪初参与“国家科技基础条件平台”建设伊始就着手对全国植物标本馆动态信息的追踪。最近几年，通过组织/承担原“国家标本资源共享平台—植物子平台”建设，我们有机会了解掌握许多标本馆的最新状况。仅在2015–2019年，作者团队就外出10余次实地考察了广州、昆明、成都、贵阳、南京、福州等10余座城市的50多家标本馆，收集到各家标本馆状况的第一手信息。尽管如此，本书大部分标本馆信息的更新时间还是2013–2016年的调查结果。

在本书收录的359家标本馆中，有226家标本馆的信息得到更新，包括已列入《中国索引》的185家和首次收载的41家。《中国索引》所收载的318家标本馆中，除了185家得到更新，93家未能取得联系（简称“失联”），20家归并转移，6家已不复存在（简称“消亡”），另外台湾和香港标本馆共14家因故未能更新。在“失联”和“消亡”的99家标本馆中，63家隶属科研院所（植物园、博物馆、保护区），36家属于大专院校，前者中半数为药用类标本馆，其中药检系统标本馆就有17家。

226家信息得到更新的标本馆馆藏标本共2,150万份，其中约1,000万份实现了数字化和共享；《中国索引》185家信息更新标本馆馆藏标本总量达到1,989万份，比1993年时（1,415万份）增加了40.56%；近半数中国标本馆馆藏标本少于5万份，仅有3个标本馆拥有100万份以上标本，分别是中国科学院植物研究所标本馆（PE）280万份、中国科学院昆明植物研究所标本馆（KUN）145万份、中国科学院华南植物园标本馆（IBSC）105万份。

根据我们对标本馆建立年代的统计分析，发现我国标本馆的建立存在两个小高峰和一个主要高峰。这两个小高峰都与当代植物分类学在中国的兴起和复兴有关：在20世纪30–40年代，有32家标本馆建立；在20世纪80年代，随着国家执行改革开放政策，有42家标本馆建立。20世纪50年代是我国标本馆建立的主要高峰，这10年间共有75家标本馆建立。

衷心感谢2013–2016年调查过程中所有给予我们帮助的人，尤其是各家标本馆馆长/联系人、资料提供者和更新者，如果没有他们的帮助，本书不可能完成。特别感谢《中国索引》主编傅立国先生的鼓励、原“国家标本资源共享平台”项目负责人马克平先生及其助理陈铁梅女士的支持，感谢中国科学院微生物研究所姚一建先生帮助调查全国菌物标本馆，感谢中国科学院微生物研究所魏铁铮先生、中国科学院水生生物研究所刘国祥先生分别审核“附录V类群索引”中真菌类和藻类名称。我们在搜集各省（直辖市、自治区）标本馆名单过程中，咨询许多专家同行并得到他们热情帮助（姓名后括号内为所咨询的省份）：

邵剑文（安徽）、刘剑秋（福建）、冯虎元（甘肃）、邢福武和张荣京（广东和海南）、黄云峰（广西）、安明态（贵州）、赵建成（河北）、李家美（河南）、刘保东（黑龙江）、李晓东（湖北）、喻勋林和刘克明（湖南）、杨利民（吉林）、刘启新（江苏）、彭焱松和谭策铭（江西）、曹伟（辽宁）、曹瑞（内蒙古）、吴玉虎（青海）、黎斌（陕西）、张殷波（山西）、李宏庆（上海）、侯元同（山东）、何兴金（四川）、李勇（天津）、李先源（重庆）、冯缨（新疆）、蒋宏（云南）、金孝锋（浙江）。世界《标本馆索引》主编、纽约植物园 Barbara M. Thiers 女士在我们要求对未注册标本馆进行注册时，总是反应迅速，并给予热情鼓励。科学出版社马俊、陈新两位编辑对书稿的修改提出了许多有益建议。在此，对上述及未提及的其他老师、同行表示诚挚的谢意。

此次修订遇到不少困难，尽管我们努力克服，但由于标本馆数量多、人员流动性大，加之调查历时数年，书中信息难免有疏漏和陈旧之处。随后，我们将在“中国数字植物标本馆 (Chinese Virtual Herbarium，CVH)”网站设立标本馆信息更新专栏，以实现我国标本馆信息在线持续更新。

相信本书的出版，将与“国家植物标本资源库”其他资源一样，促进我国生物多样性信息的交流和共享，同时也将同《中国索引》一样，对世界《标本馆索引》是个重要贡献和有益增补（据统计，2013 年后，在 IH 网络版的 380 家中国标本馆中，只对 61 家进行了信息更新）。

作者谨识

二零一八年五月初稿，二零一九年九月定稿

编写说明 Introduction

《中国植物标本馆索引（第二版）》是在《中国索引》（傅立国，1993）基础上修订完成的，基本沿用了每家标本馆记录的数据项，但增加了单位网址和个人邮箱等信息，并在每家更新标本馆的文末署上信息更新者或提供者的姓名及日期，以示负责。与 1993 年的版本相比，本书最显著的特点是收录了 194 家标本馆的建筑物及标本馆内景的彩色照片，方便读者更加直观地感受这些标本馆的风采。

尽管此次调查提供了迄今为止所了解的中国标本馆的最全面信息，但作者意识到，调查并没有涵盖我国所有的标本馆，特别是 1993 年记载但此次未能取得联系的那些标本馆（即“失联”标本馆）。如果读者了解本书未包含的标本馆，请告知我们，我们将感激不尽。

如何使用本书

本书是《中国索引》(1993) 的更新和延续，两者都采用了世界《标本馆索引》的编写体例。

正文

书中每个标本馆条目下包含同样的副标题，如名称、地址、网址、联系人及其联系方式、标本介绍、标本馆历史，以及职员（工作人员）信息等，还有编写的著作和其他说明。职员信息基本按照姓名汉语拼音升序排列，但一些大的标本馆，如中国科学院植物研究所标本馆 (PE)、中国科学院华南植物园标本馆 (IBSC)、中国科学院昆明植物研究所标本馆 (KUN)，或职员比较多的标本馆，如南京大学生命科学学院植物标本室 (N)，则对职员做适当的划分，将职员划分为在职、退休、去世三类，每类同样依姓名拼音排列，以方便读者查询。同时，部分馆的照片陈列在对应馆的信息旁以供比对和欣赏。

正文中，标本馆排列方法同《中国索引》(1993)，即按省（直辖市、自治区），省内按城市，两者均按省、市名称的汉语拼音升序排列，同一个城市的标本馆则按标本馆代码英文字母升序排列。

附录

读者通过书后几个附录可以方便地获取本书包含的信息。这些附录与《中国索引》(1993)、世界《标本馆索引》(1990) 和《植物专家索引》(Holmgren P K and Holmgren N H, 1992) 所列出的附录类型相似，包括：按省区、城市检索的标本馆代码（附录Ⅰ）、馆藏量十万份以上的标本馆名单（附录Ⅱ）、标本馆代码索引（附录Ⅲ）、职员索引（附录Ⅳ）、类群索引（附录Ⅴ）、学科领域索引（附录Ⅵ）。

按省区、城市检索的标本馆代码（附录Ⅰ）列出了以省区、城市划分的标本馆的代码，其中正体表示本次更新信息的标本馆，斜体表示信息未更新的标本馆。

馆藏量十万份以上的标本馆名单（附录Ⅱ）列出了馆藏量在十万份以上的标本馆的名称、数量及建馆年份。

标本馆代码索引（附录Ⅲ）提供了本书所收载标本馆的名称及通讯地址，如果是信息得到更新的则附上标本馆的英文名称，未附英文名称则是信息未更新。标本馆代码（code，acronym，abbreviation）与世界《标本馆索引》网络版保持一致，其中有些标本馆就是通过此次调查才注册并获得代码的，标本馆按照代码英文字母升序排列。

职员索引（附录Ⅳ）提供了按照姓名汉语拼音升序排列的工作人员名单（后面是所在标本馆代码）。按照惯例，该索引包括在职员工、退休员工、过世员工及调离人员。

类群索引（附录Ⅴ）是基于所收载标本馆职员兴趣或研究专长形成的。植物类群先按照真菌、藻类植物、苔藓植物、蕨类植物、裸子植物和被子植物等六大类排列，后四类植物内科属均按中文名汉语拼音升序排列，其中，维管植物的科属系统依据《中国植物志》。同一类群下，职员按照姓名汉语拼音升序排列，其后括注职员所属标本馆（缩写）及所在城市。

学科领域索引（附录Ⅵ）是基于各家标本馆职员所列出的专业（学科专长）形成的。该附录中，在各主题领域活动的职员按照姓名汉语拼音升序排列。

目录 Contents

前言
Preface

编写说明
Introduction

正文 1
Index to Herbaria

参考文献 267
References

附录 269
Appendices

附录 I　按省区、城市检索的标本馆代码 269
Appendix Ⅰ　Index to herbarium codes (abbreviations) sorted by provinces & cities

附录 II　馆藏量十万份以上的标本馆名单 275
Appendix Ⅱ　List of herbaria with one hundred thousand or more specimens

附录 III　标本馆代码索引 278
Appendix Ⅲ　Index to herbarium codes

附录 IV　职员索引 296
Appendix Ⅳ　Index to staff

附录 V　类群索引 322
Appendix Ⅴ　Taxonomic index

附录 VI　学科领域索引 337
Appendix Ⅵ　Subject index

001 亳州(BZCM)：安徽亳州职业技术学院中药标本中心*

BOZHOU(BZCM): Herbarium, Bozhou Vocational and Technical College

地　　址：236800　安徽省亳州市药都路1625号

Address: No. 1625, Yaodu Road, Bozhou, Anhui 236800

网　　址：www.bzvtc.com　**联系人**：叶胜明

电　　话：13856734916　**邮　　箱**：ysmlxm@163.com

隶属关系：安徽省教育厅　**建室(馆)年份**：2006

标本数量：15,000

主要采集人(队)：赵鑫磊，方成武，刘学医，叶胜明。

标本室(馆)简介：主要是安徽药用植物，还有部分河北、浙江、四川、西藏等地的高等植物。

交换标本：可供——安徽省药用植物标本。需求——周边省市药用植物标本。

主任(馆长)：刘耀武　1975(中药鉴定)

管理负责人：叶胜明　1972(蔷薇科)　13856734916；ysmlxm@163.com

职员及其研究专长：

方成武　1961(中药资源与鉴定)

郭伟娜　1983(龙胆科)

牛　倩　1983(安徽药用植物)

孙煜铮　1985(蕨类植物)

王星星　1987(安徽药用植物)

赵鑫磊　1991(毛茛科，兰科)(已调离)

备注：另有800份种子标本，3,000份瓶装中药材标本。

【填表：赵鑫磊　2015/7/30】

*首次收载。

002 合肥(AAUB)：安徽农业大学生命科学学院植物标本室

HEFEI (AAUB): Herbarium, School of Life Science, Anhui Agricultural University

地　址：230036　安徽省合肥市长江西路130号

Address: No. 130, Changjiang West Road, Hefei, Anhui 230036

网　址：http://smkx.ahau.edu.cn/

联系人：田胜尼

电　话：0551/65786865

邮　箱：tian7173@163.com；tiansn@ahau.edu.cn

隶属关系：安徽省教育厅

建室（馆）年份：1982

标本数量：约10,000

主要采集人(队)：卢心固，米太岩，田胜尼，张智。

标本室(馆)简介：安徽省大别山区、皖南山区植物。

历史沿革：安徽农学院基础部植物标本室—安徽农业大学基础部植物标本室—现名。

交换标本：可供——皖南山区、大别山区植物。需求——华南、西南、西北、东北的植物。

主任(馆长)：何金铃 1962(安徽水生植物)

管理负责人：叶爱华 1968(皖南山区、大别山区植物)

职员及其研究专长：

卢心固 1935(安徽芸香科植物)

米太岩 1929(安徽经济植物和药用植物)

田胜尼 1971(皖南山区、大别山区植物，湿地植物)

张　智 1942(安徽葫芦科植物)

编著的有关书刊：《安徽植物志》《安徽经济植物志》《琅琊山植物志》《大别山植物志》。

【修订：田胜尼 2015/6/16】

003 合肥(AAUF)：安徽农业大学林学与园林学院树木标本室

HEFEI (AAUF): Dendrological Herbarium, School of Forestry and Landscape Architecture, Anhui Agricultural University

地　址：230036　安徽省合肥市长江西路130号

Address: No. 130, Changjiang West Road, Hefei, Anhui 230036

网　址：http://lxyyl.ahau.edu.cn/　　联系人：王雷宏

电　话：0551/65786502　　邮　箱：leihong_wang@qq.com

隶属关系：安徽省教育厅　　建室(馆)年份：1947

标本数量：40,000　　模式标本：10份

主要采集人(队)：李书春，黄成林，刘秀梅，钱宏，童效平，王雷宏。

标本室(馆)简介：主要为安徽省木本植物标本和竹类标本，还有部分山西省中条山树木标本。

历史沿革：安徽大学农学院森林系—安徽大学林学系—安徽农学院林学系—现名。

交换标本：可供——安徽省木本植物标本。需求——中国西部的裸子植物标本、中国各省份珍稀树木标本。

主任(馆长)：王雷宏 1977(植物系统，生物多样性，植物生态)

职员及其研究专长：

何云核 1960(卫矛科)(已调离)

黄成林 1962(皖南植物区系)

李书春 1920(安徽木本植物和竹类，山西中条山区系木本植物)

刘秀梅 1935(蔷薇科，山茶科，豆科，壳斗科)

史全芬 1978(马兜铃科)

吴泽民 1944(细胞分类，安徽蔷薇科)

编著的有关书刊：《安徽木本植物》；《安徽植物志》(第1–第4卷)；《中国树木志》(第1–第3卷)；《大别山植物志》；《安徽树木志》。

【修订：王雷宏 2015/6/17】

004 合肥(ACE)：合肥师范学院生命科学学院植物标本室

HEFEI (ACE): Herbarium, School of Life Science, Hefei Normal University

地　　址：230601　安徽省合肥市莲花路1688号
Address: No. 1688, Lotus Road, Hefei, Anhui 230601
网　　址：http://bio.hfnu.edu.cn/　　联系人：欧祖兰
电　　话：0551/63674150　　邮　　箱：421725466@qq.com
隶属关系：安徽省教育厅　　建室(馆)年份：1985
标本数量：6,000
主要采集人(队)：沈显生，王学文，陈延松，欧祖兰。
标本室(馆)简介：大别山天堂寨山区、万佛山和鹞落坪山区种子植物标本近3,000份，以及从琅琊山、天柱山和黄山等地实习所采标本约3,000份。
历史沿革：安徽教育学院生物系(1955–2007)—现名。
交换标本：可供——安徽省内大别山种子植物标本。需求——湖北、河南省内大别山种子植物标本。
主任(馆长)：欧祖兰　1973(植物生态)
职员及研究专长：
陈延松　1979(植物生态)　　沈显生　1956(安徽菊科)(已调离)
沈章军　1977(植物生态)　　王学文　1947(安徽毛茛科)
编著的有关书刊：《合肥师范学院学报》(自然科学版)。
【修订：欧祖兰　2017/3/20】

005 合肥(ACM)：安徽中医药大学中药标本中心药用植物标本室

HEFEI (ACM) : Herbarium, Traditional Chinese Medicine Specimen Center, Anhui University of Traditional Chinese Medicine

地　　址：230011　安徽省合肥市新站区前江路

Address: Qianjiang Road, New Station District, Hefei, Anhui 230011

网　　址：http://www.ahtcm.edu.cn/　　联系人：程铭恩

电　　话：0551/65169037　　邮　箱：chengmingen@yeah.net

隶属关系：安徽省教育厅　　建室(馆)年份：1977

标本数量：120,000　　数字化标本：50,000

模式标本：10份

主要采集人(队)：黄世华，李向红，王德群，王希平，武祖发，周铜水，刘鹤龄，刘守金，彭华胜，张珂，程铭恩，杨青山。

标本室(馆)简介：以安徽省维管植物为主，其中黄山、大别山植物较多，还有全国各地(除西藏外)的药用植物标本。

交换标本：可供——安徽省的维管植物标本。需求——中国及各国的药用植物标本。

主任(馆长)：刘鹤龄　1957 (安徽药用植物鉴定)

职员及其研究专长：

程铭恩(药用植物采集及鉴定)　　刘守金　1968(药用植物采集及鉴定)

彭华胜　1975(药用植物系统学)　　王德群　1951(药用植物分类)

杨青山(药用植物采集及鉴定)　　张　珂(药用植物采集及鉴定)

编著的有关书刊：《安徽中药志》(第1–第3卷)；《安徽植物志》(第1–第5卷)；《中华本草》；《药用植物学》；《中药资源学》。

【修订：桂双英(guishy0520@126.com) 2013/8/27】

006 合肥(AIB)：安徽省生物研究所植物标本室*

地　址：230031　安徽省合肥市濉溪路60号
*转移到中国科学院华南植物园标本馆(IBSC)。

007 合肥(ANU)：安徽大学生命科学学院植物标本室

HEFEI (ANU) : Herbarium, School of Life Sciences, Anhui University
地　址： 230601　安徽省合肥市经济技术开发区九龙路111号
Address: No. 111, Jiulong Road, Hefei, Anhui 230601
网　址： http://life.ahu.edu.cn/　　**联系人：** **周忠泽
电　话： 0551/63861761　　**邮　箱：** zhzz@ahu.edu.cn
隶属关系： 安徽省教育厅　　**建室(馆)年份：** 1958
标本数量： 22,000
主要采集人(队)： 周忠泽，许仁鑫，何家庆，蒙仁宪，沈祖安，苏宋旺，谢惠安。
标本室(馆)简介： 安徽省植物。草本植物较丰富，如禾本科、蓼科、蔷薇科、豆科、莎草科、唇形科和兰科等，以及部分浸制标本。
交 换 标 本： 可供——安徽省草本植物标本。需求——华南、华北、西北、西南及国外的草本植物标本。
主任(馆长)： **周忠泽 1967(蓼科)
职员及其研究专长：
何家庆 1949(植物分类与植物资源)
金德逊 1927(木兰科)
蒙仁宪 1935(蓼科，景天科)
沈祖安 1927(樟科，禾本科)
苏宋旺 1930(莎草科，唇形科，马鞭草科)
**孙庆业 1964(禾本科) sunqingye@ahu.edu.cn
**许仁鑫 1968(安徽省水生植物) xurenxin@163.com
编著的有关书刊：《安徽植物志》(第2，第3，第5卷)；《安徽植被》。
**已经调至安徽大学资源与环境工程学院。
【修订：周忠泽 2017/3/24】

008 宿州(ST)：宿州学院生物与食品工程学院标本室

SUZHOU (ST) : Herbarium, College of Biology and Food Engineering, Suzhou University
地　址： 234000　安徽省宿州市汴河中路49号
Address: No. 49, Bianhe Middle Road, Suzhou, Anhui 234000

联系人：高贵珍　　电　　话：0557/2871037
邮　箱：422481941@qq.com　　隶属关系：安徽省教育厅
建室（馆）年份：1986　　标本数量：3,014
主要采集人（队）：高贵珍，曹稳根，刘小阳。
标本室（馆）简介：皖南和皖北植物，其中木本植物1,230份，草本植物1,784份。
历 史 沿 革：宿县师范学校—宿州师范专科学校—现名。
交 换 标 本：可供——皖南和皖北的植物标本。需求——华东各省植物标本。
主任（馆长）：高贵珍 1962（安徽植物）
管理负责人：曹稳根 1964（安徽植物）
【修订：高贵珍 2013/10/17】

009 芜湖(ANUB)：安徽师范大学生命科学学院植物标本馆

WUHU（ANUB）： Herbarium, College of Life Sciences, Anhui Normal University
地　　址：241000　安徽省芜湖市北京东路1号
Address: No. 1, Beijing East Road, Wuhu, Anhui 241000
网　　址：http://biology.ahnu.edu.cn/5928/view
联 系 人：吴海龙　　电　　话：0553/3883591
邮　　箱：whlong@mail.ahnu.edu.cn
隶属关系：安徽省教育厅　　建室（馆）年份：1957
标本数量：60,000　　数 字 化 标 本：30,000
模式标本：34份
主要采集人（队）：陈清奎，郭新弧，刘登义，邵建章，姚才洪，张定成，张小平，周守标，周树德。
标本室（馆）简介：安徽省维管植物和苔藓植物。皖南山区、大别山区及滁州琅琊山的植物标本较丰富。
历 史 沿 革：安徽大学—国立安徽大学—安徽师范学院—现名。
交 换 标 本：可供——安徽省种子植物标本。
主任（馆长）：吴海龙
管理负责人：刘坤 1989（植物分类）hudixiao@126.com
职员及其研究专长：
陈明林 1972（植物分类）jesschen28@126.com
郭新弧 1937（苔藓植物，唇形科，玄参科）
刘登义 1958（兰科）（已调离）
钱啸虎 1928—2000（石蒜科）

邵建章 1937（石竹科，堇菜科）
邵剑文 1975（植物分类）shaojw@mail.ahnu.edu.cn
师雪芹 1980（苔藓植物）baiyunsxq@163.com
王　晖 1974（植物分类）wh741230@163.com
张定成 1939—2003（十字花科，瑞香科，百合科）
张小平 1957（菊科紫菀族）
郑　艳 1967（药用植物）zhengy@mail.ahnu.edu.cn
周守标 1964（种子植物）（已调至安徽师范大学环境科学学院）

编著的有关书刊：《安徽师范大学学报》（自然科学版）；《安徽植物志》（第1–第5卷）。

【修订：邵剑文 2013/8/13】

010 芜湖(ANUG)：安徽师范大学国土资源与旅游学院植物标本室

WUHU（ANUG）: Herbarium, College of Territorial Resources and Tourism, Anhui Normal University

地　址： 241002　安徽省芜湖市九华南路189号

Address: No. 189, Jiuhua South Road, Wuhu, Anhui 241002

网　址： http://tourism.ahnu.edu.cn/

联 系 人： 孙叶根

电　话： 0553/5910688（院办）

邮　箱： sunyegen@sina.com

隶属关系： 安徽省教育厅

建室（馆）年份： 1958

标本数量： 5,000

主要采集人（队）： 陈仁钧，蒋木青，孙叶根。

标本室（馆）简介： 以安徽省蕨类植物标本为主，还有部分教学用种子植物标本。

历 史 沿 革：安徽师范学院—合肥师范学院—安徽工农大学—安徽师范大学地理系—现名。

交 换 标 本：可供——安徽省部分地区蕨类植物标本。需求——本省各地及中国东部其他省蕨类植物标本。

主任（馆长）：焦华富 1962 0553/5910733；jiaohuafu@263.net

职员及其研究专长：

陈仁钧 1935（安徽蕨类植物）0553/3837430

蒋木青 1930（安徽蕨类植物）0553/3823406

孙叶根 1963（安徽植物区系，植物生态和植物多样性）0553/3835037

编著的有关书刊：《安徽植物志》（第1卷）（1985）；《琅琊山植物志》（1999）；《大别山植物志》（2006）。

【修订：孙叶根 2015/6/26】

011 芜湖(WUH)：芜湖中医学校药用植物标本室*

地　址：241000　安徽省芜湖市邢家山7号

*未取得联系。

012 北京(AMMS)：中国人民解放军军事医学科学院毒物药物研究所植物标本室*

地　址：100850　北京市太平路27号

*转移到中国科学院植物研究所标本馆(PE)。

013 北京(BAU)：中国农业大学生物学院植物标本室

BEIJING(BAU): Herbarium, College of Biology Sciences, China Agricultural University

地　　址：100193　北京市海淀区圆明园西路2号

Address: No. 2, Yuanmingyuan West Road, Haidian District, Beijing 100193

网　　址：http://cbs.cau.edu.cn/index.html

联 系 人：孟雷　　**电　　话**：010/62732575

邮　　箱：mengleicau@126.com　　**隶属关系**：农业部

建室（馆）年份：1949　　**标本数量**：30,000

主要采集人(队)：李寿乔，邵小明。

标本室(馆)简介：华北地区农田杂草标本和苔藓标本较为丰富，有采自西藏、四川、秦岭、云南、北京等地苔藓标本近2万份。

历史沿革：由原清华大学农学院、北京大学农学院和华北大学农学院合并组建的北京农业大学—现名。

交换标本：需求——中国南部及西部的农田杂草标本。

主任(馆长)：孟雷　1977(豆科植物系统分类)

职员及其研究专长：

李寿乔　1930—2010(中国农田杂草)

刘朝晖　1969(植物形态解剖及分类)

邵小明　1962(苔藓植物)

汪　矛　1948(毛茛科系统解剖)

王　丽　1963(植物形态解剖及分类)

编著的有关书刊：《中国农田杂草图册》。

【修订：孟雷　2015/7/29】

014 北京(BCMM)：北京中医学院中药博物馆植物标本室*

地　址：100029　北京市和平街北口11号

*未取得联系。

015 北京(BJFC)：北京林业大学博物馆

BEIJING (BJFC): Museum of Beijing Forestry University

地　址：100083　北京市海淀区清华东路35号

Address: No. 35, Qinghua East Road, Haidian District, Beijing 100083

网　址：http://bjfc.bjfu.edu.cn　联系人：张勇

电　话：010/62336316　传　真：010/62336299

邮　箱：zhyong@bjfu.edu.cn　隶属关系：教育部

建室(馆)年份：1943　标本数量：150,000

数字化标本：20,000　模式标本：60份

主要采集人(队)：白埰，陈有民，火树华，任宪威，康木生，刘一樵，路端正，孙岱阳，夏纬英，张志翔，赵良成，张刚民，谢磊，成仿云，林秦文，沐先运，铁军，龙茹，张鑫，李进宇，宁宇，何理，尚策，李研南，舒渝民。

标本室(馆)简介：全国范围内标本，包括西南、华中、西北、华北和东北地区森林植物。重点是西双版纳、横断山、喜马拉雅地区、大巴山、秦岭、武夷山、太行山、燕山、大兴安岭、小兴安岭和长白山等地区标本，以东北、华北森林植物标本及西南和中南木本植物为特色。卫矛科、杨柳科、壳斗科、谷精草科、芍药科、毛茛科收藏数量较多，并有部分模式标本。收藏有中国落叶树木冬态标本2,000份；中国树木种子标本1,100份；中国园林植物标本5,000份。

历史沿革：北京大学农学院—北京农业大学—北京林学院—现名。京师大学堂(1905)部分标本转入我馆。

交换标本：可供——华北地区木本植物标本。

主任(馆长)：张志翔　1960(树木学，谷精草科、卫矛科、杨柳科和杜英科，野生植物资源)
zxzhang@bjfu.edu.cn

管理负责人：张勇 1966

职员及其研究专长：

陈有民 1926(园林树木)
侯惠宗(生卒年不详)(树木学)
火树华 1931—2002(树木学，裸子植物)
康木生 1929(树木学)
李裕久 1939—1993(植物学)
梁红平 1963(树木学)(已调离)
刘一樵 1931—1989(森林植物学)
路端正 1943(树木学)
沐先运 1985(树木学，卫矛科，珍稀濒危植物保护生物学)
任宪威 1928—1997(树木学，壳斗科)
孙岱阳 1914—1990(树木学)
汪振儒 1908—2008(森林植物)
谢　磊 1977(树木学，毛茛科，金缕梅科，生物地理学)
杨春华 1954(标本管理)
张刚民 1967(树木学，蕨类植物分类)
张玉均 1965(树木学)(已调离)
赵良成 1973(树木学，进化与发育生物学)

编著的有关书刊：《树木学》(全国统编教材和北方本)；《松山自然保护区考察专集》；《中国落叶树木冬态》；《中国树木种实解剖图谱》；《中国木本植物孢粉图志》；《华北树木志》；《河北植物志》；《北京森林植物彩色图谱》；《中国北方常见树木识别》；《北京重点保护野生植物》；《北京野生植物资源》；*Flora of China* [Vol. 24(Eriocaulaceae)，Vol. 11(Celastraceae)]等。

【修订：张志翔 2015/12/4】

016 北京(BJM)：北京自然博物馆植物标本室

BEIJING (BJM): Beijing Museum of Natural History

地　址：100050　北京市东城区天桥南大街126号

Address: No. 126, Tianqiao South Street, Dongcheng District, Beijing 100050

网　址：http://www.bmnh.org.cn　　联系人：刘晓丽

电　话：010/67020569　　邮　箱：412458124@qq.com

隶属关系：北京市科学技术研究院　　建室(馆)年份：1959

标本数量：40,000　　数字化标本：40,000

主要采集人(队)：陈绍煜，李丽嘉，王亚俊，殷学波，马清温，黄满荣，赵德林，毕海燕。

标本室(馆)简介：以河北地区、山西五台山和新疆天山托木尔峰等地区种子植物为主，还有少量藻类、真菌、地衣、蕨类(1,500)、苔藓(1,200)等标本。

历史沿革：中央自然博物馆—现名。

交换标本：可供——山西五台山植物标本。需求——中国珍稀、濒危植物标本。

主任(馆长)：曾朝辉 1977 010/67020578

管理负责人：刘晓丽 1974(木材标本鉴定)

职员及其研究专长：

毕海燕 1978(五味子科，莎草科，北京地区高等植物)

陈绍煜 1923—2016(华北及新疆天山植物)

黄劲松(已调离)

黄满荣 1975[珊瑚枝科(地衣型真菌)]

李丽嘉 1946(河北地区真菌)

马清温 1969(杉科植物)

王志学 1954(双星藻科，北京、东北、河北地区淡水藻类)

夏晓飞 1983(鬼针草属)

徐景先 1974(孢粉学)

殷学波 1970(种子植物)

编著的有关书刊：《天山托木尔峰地区高等植物区系调查》(1985)。

【修订：刘晓丽 2015/7/9】

017 北京(BJTC)：首都师范大学生命科学学院植物标本室

BEIJING (BJTC): Herbarium, School of Life Sciences, Capital Normal University

地　址：100048　北京市海淀区西三环北路105号
Address: No. 105, Xisanhuan North Road, Haidian District, Beijing 100048
网　址：http://smkxxy.cnu.edu.cn　　联系人：李学东
电　话：010/68902374　　邮　箱：lxd61@126.com

隶属关系：北京市教育委员会　　建室(馆)年份：1956

标本数量：52,000

主要采集人(队)：李炳銮，陈阜东，杨悦，胡东，杜桂森，李学东，刘家熙及历届本专业研究生、本科生等。

标本室(馆)简介：以北京市和河北省(雾灵山)高等植物标本为主，另有一部分日本及全国其他地区标本(占标本总数1/3)。维管植物约40,000份，国内苔藓植物10,000份，南极标本(苔藓、地衣、藻类、发草等)约2,000份。以南极苔藓植物标本最具特色。

历史沿革：北京师范学院生物系—现名。

交换标本：与英国南极考察情报中心、日本国立极地研究所交换了100号南极苔藓植物标本。可供——北京、河北雾灵山植物标本。需求——国家保护植物及各省重要野生经济植物标本。

主任(馆长)：何奕騉 1957 (极端环境植物抗性基因研究) 010/68902345；yhe@cnu.edu.cn

职员及研究专长：

陈阜东　1930(植物学，植物系统学) 010/84411562
杜桂森　1948(孢子植物，淡水生态等) 010/68903855；duguisen@126.com
胡　东　1952(植物多样性与保护，北京野生经济植物，湿地生态等) 010/68903918
李炳銮　1924—1966(种子植物分类学)
李学东　1961(植物多样性与保护，南极苔藓植物，西藏藻苔等)
刘家熙　1963(蕨类植物) liu-jiaxi@263.net
杨　悦　1931(种子植物分类学) 010/68903647

编著的有关书刊：《河北植物志》(苔藓植物)；《南极菲尔德斯半岛苔藓植物手册》(1994)；*Flora of China* (Vol. 2，Vol. 3)；《北京山区野生经济植物手册》(1990)；《北京湿地生物多样性研究》(2007)；《北京野鸭湖湿地植物》(2012)；《首都师范大学学报》等。

【修订：李学东　2014/4/25】

018 北京(BNU)：北京师范大学生命科学学院植物标本室

BEIJING(BNU)：Herbarium, College of Life Science, Beijing Normal University

地　　址：100875　北京市海淀区新街口外大街19号

Address: No. 19, Xinjiekouwai Street, Haidian District, Beijing 100875

网　　址：http://cls.bnu.edu.cn/　　**联系人：**刘全儒

电　　话：010/58807647　　**邮　　箱：**liuquanru@bnu.edu.cn

传　　真：010/58807720　　**隶属关系：**教育部

建室(馆)年份：1916　　**标本数量：**100,000

数字化标本：18,000　　**模式标本：**8种30份

主要采集人(队)：贺士元，刘汝强，钟观光，尹祖棠，刘全儒。

标本室(馆)简介：以华北地区维管植物标本为主，其中北京市和河北省标本较全；还有钟观光早年采集的南方部分标本，以及刘汝强所著《直隶植物志》、《北京植物志》和《河北植物志》的部分凭证标本；另有马兜铃属部分模式标本，大青山黄耆和张北委陵菜的模式标本。

历史沿革：前身为1902年所建京师大学堂师范馆，1931年北平女子师范大学植物标本室(PET)并入，1952年辅仁大学植物标本室并入。

交换标本：可供——华北植物标本。需求——紫草科、卫矛科、芸香科等植物标本。

主任(馆长)：刘全儒　1963(华北植物，紫草科)13611263837

职员及其研究专长：

郭延平　1964(植物系统学)

贺士元　1927—2015(河北植物，北京植物，特别是禾本科)

刘　宁　1962(植物形态解剖)

马金双　1955(已调离)

乔曾鉴　1911—1970(华北植物)

魏　来　1984(芸香科，紫草科)

邢其华　1921—1995(植物地理学)

尹祖棠　1931—2012(河北植物，北京植物)

于　明　1966(苔藓植物孢子发生，淡水藻类)

周云龙　1937(苔藓植物细胞学，藻类与水环境)

编著的有关书刊：《北京植物检索表》(第1版，第2版)；《北京植物志》(第1版3卷本，第2版2卷本，1992年增补本2卷本)；《河北植物志》(第1版3卷本)；《北京师范大学学报》(自然科学版)；《生物学通报》。

【修订：刘全儒　2015/12/3】

019 北京(CAF)：中国林业科学研究院森林植物标本馆

BEIJING (CAF): Dendrological Herbarium, Chinese Academy of Forestry

地　址： 100091　北京市海淀区香山路东小府1号

Address: No. 1, Dongxiaofu, Xiangshan Road, Haidian District, Beijing 100091

网　址： www.ifeep.cn　　**联系人：** 王鸿斌

电　话： 010/62889145　　**邮　箱：** wanghb@caf.ac.cn

隶属关系： 国家林业局　　**建室(馆)年份：** 1953

标本数量： 120,000

主要采集人(队)： 毕国昌，李国酋，李建文，林刚，吴中伦，黄河调查队，于英茹。

标本室(馆)简介： 收藏腊叶标本约12万份，合计212科1,370属8,000多种；以我国的木本植物为主，西南、秦岭和华南地区标本较多。还有国内外树木种子标本5,000余份。

历史沿革： 原林业部林业科学研究所(中国林业科学研究院前身)森林植物标本室于1953年建立，后更名为中国林业科学研究院林研所树木标本室、中国林业科学研究院森林生态环境与保护研究所森林植物标本馆。2015年起森林植物标本馆与森林昆虫标本馆、林木病原生物馆、森林野生动物(鸟类)标本馆合并组建成森林生物标本馆，实行统一管理，但各不同专业构成的馆名依然单独设立并延续存在。

交换标本： 可供——华北等地标本。

主任(馆长)及管理负责人： 王鸿斌(森林昆虫，气候变化与生物多样性)

职员及其研究专长：

程瑞梅　1967(区域植被及生物多样性)010/62889533；chengrm@caf.ac.cn
郭泉水　1954(森林生态学)guoqs@caf.ac.cn
洪　涛　1923(中国桦木科，芍药属，木本植物)
蒋有绪　1932(森林生态学)jiangyx@caf.ac.cn
李迪强　1966(自然保护区与生物多样性)010/62888594；lidq@caf.ac.cn
史作民　1968(全球气候变化与森林，生物多样性)010/62888308；shizm@caf.ac.cn
宋朝枢　1930—2005(华北木本植物)
吴中伦　1913—1995(中国裸子植物)
肖文发　1964(森林生态学)010/62888688；xiaowenf@caf.ac.cn

徐　庆 1964（森林植物稳定同位素生态）010/62889549；xuqing@caf.ac.cn
臧润国 1963（森林植物种群生态、生物多样性）010/62889546；zangrung@caf.ac.cn
郑万钧 1904—1983（中国裸子植物，水杉发现及定名）

编著的有关书刊：《华北树木志》；《中国树木志》；《中国植物志》（第7卷）；《中国树木学》。

【修订：王鸿斌 2015/8/26】

020 北京(CIS)：中国科学院国家计划委员会自然资源综合考察委员会植物标本室*

地　址：100101　北京市朝阳区大屯路3号

*转移到中国科学院植物研究所国家植物标本馆（PE）。

021 北京(CMMI)：中国中医科学院中药资源中心标本馆

BEIJING（CMMI）: Herbarium, National Resource Center for Chinese Materia Medica, China Academy of Chinese Medical Sciences

地　　址：100700　北京市东城区东直门南小街16号

Address: No. 16, Dongzhimen Nanxiaojie Street, Dongcheng District, Beijing 100700

网　　址：http://www.nrc.ac.cn/　　**联系人：**格小光

电　　话：010/64014411转2837；13671126913　　**邮　箱：**gexg@163.com

隶属关系：国家中医药管理局　　**建室（馆）年份：**1955

标本数量：200,000

主要采集人（队）：黄璐琦，全国第四次中药资源普查大队（2011–2015），胡世林，毛华训，谢宗万，乐崇熙，张衍箴。

标本室（馆）简介：全国药用植物，尤以被子植物标本较为丰富；藏有本所职员所发表葫芦科、萝藦科和天南星科模式标本；还有采自菲律宾、泰国、越南、缅甸、老挝、新加坡、日本、马耳他、阿曼和坦桑尼亚等国的标本，以及动物和矿物标本。

历史沿革：中央卫生研究院中医研究所中药室—中国中医科学院中药研究所标本室—现名。
交换标本：可供——某些药用被子植物标本。需求——其他传统医学体系的药物标本。
资源中心主任：黄璐琦 1968(栝楼属，中药资源学和分子生药学)
职员及其研究专长：

陈　敏 1961(中草药资源)
陈美兰 1975(中草药资源)chenmeilan-99@163.com
崔光红 1976(中草药资源)
郭兰萍 1969(菊科苍术属，中药资源学研究)
胡世林 1942(天南星科、菊科蒿属药用植物)
金　艳 1978(中药鉴定)
李旻辉 1978(唇形科鼠尾草属植物)
申　业 1972(中草药资源)
袁　媛 1978(中草药资源)
袁庆军 1964(伞形科当归属植物，毛茛科黄连属)
乐崇熙 1932(葫芦科、蓼科药用植物)
张小波 1980(中草药资源)

编著的有关书刊：《分子生药学》《中国道地药材》《全国中草药汇编》《中国中药杂志》。
【修订：格小光 2016/3/31】

022 北京(CPB)：中国药品生物制品检定所中药标本馆*

地　址：100050　北京市天坛西里2号
*未取得联系。

023 北京(HMAS)：中国科学院菌物标本馆

BEIJING (HMAS): Fungarium, Chinese Academy of Science
地　址：100101　北京市朝阳区北辰西路1号院3号
Address: No. 1, Beichen West Road, Chaoyang District, Beijing 100101
网　址：http://www.im.cas.cn/　　**联系人：**姚一建
电　话：010/64807518　　**邮　箱：**yaoyj@im.ac.cn
隶属关系：中国科学院　　**建室(馆)年份：**1953
标本数量：500,000　　**数字化标本：**50,000
模式标本：2,615份(含国外模式标本315份)1957种。

主要采集人(队)： 邓叔群，韩树金，马启明，魏江春，徐连旺，宗毓臣，文华安，卯晓岚，庄剑云，庄文颖，王庆之，刘恒英，魏淑霞，赵继鼎，张小青，李惠中，陈建斌，魏铁铮，魏鑫丽。

标本室(馆)简介： 馆藏标本来自全国34个省(市、自治区)及世界111个国家和地区；保藏范围包括卵菌、接合菌、子囊菌、担子菌、地衣和黏菌等，共计2,051属14,804种。

历 史 沿 革： 中央研究院植物研究所标本馆真菌部、北平研究院植物研究所标本馆真菌部、清华大学农学院植物病理系标本室—中国科学院真菌植物病理研究室标本室(1953)—中国科学院应用真菌研究所标本室(1956)—中国科学院微生物研究所真菌标本室(1958)—现名(2005)。

交 换 标 本： 可供——国内及部分国外菌物(包括真菌、卵菌、黏菌)标本。需求——我国各地及世界各国菌物(包括地衣型真菌)标本。

主任(馆长)： 姚一建 1955 (担子菌，子囊菌，接合菌)

管理负责人： 魏铁铮 1971 (伞菌，鸡油菌) 010/64807473；weitiezheng@163.com

职员及其研究专长：

白逢彦 1963(酵母菌，镰孢属) baify@im.ac.cn
蔡 磊 1976(子囊菌，黑粉菌) cail@im.ac.cn
陈建斌 1940(地衣)
邓 红 1960(地衣标本及数据管理)
Denghong2007 0311@163.com
傅秀辉 1950(酵母菌)
郭 林 1949(黑粉菌，锈菌) guol@im.ac.cn
郭守玉 1966(地衣) guosy@im.ac.cn
郭英兰 1942(尾孢属及其相关类群)
姜玉梅 1940(地衣)
孔华忠 1940(青霉属，曲霉属)
李 滨 1952(锈菌)
李 宇 1962(伞菌)
李 玉 1944(黏菌)
刘晓娟 1950(水生丝孢菌)
刘小勇 1971(毛霉) liuxiaoyong@im.ac.cn
马国忠 1956(腐霉属)
王 龙 1970(青霉属，曲霉属) wl_dgk@hotmail.com
王启明 1974(酵母菌) wangqm@im.ac.cn
王雪薇 1974(毛壳属及其他核菌) wangxw@im.ac.cn
魏鑫丽 1978(地衣)
文华安 1949(伞菌) wenha@im.ac.cn
杨 柳 1970(标本及数据管理) yangliu@im.ac.cn

赵明君 1988（标本及数据管理）
bobo0601@outlook.com
张斌成 1956（地下生真菌）
张小青 1951（非褶菌）zhangxq@im.ac.cn
赵瑞琳 1976（伞菌）zhaorl@im.ac.cn
庄剑云 1943（锈菌）zhuangjyun@im.ac.cn
庄文颖 1948（盘菌，核菌）zhuangwy@im.ac.cn

陈桂清 1939（白粉菌，毛霉）
李惠中 1938（黏菌）
李明霞 1932（酵母菌）
卯晓岚 1939（伞菌）
魏江春 1931（地衣）weijc2004@126.com
魏淑霞 1939（锈菌）
应建浙 1928（伞菌）
乐静珠 1935（酵母菌，核菌）
郑儒永 1931（白粉菌，毛霉）zhengry@im.ac.cn

陈吉棣 1923—2012（轮枝孢属）
陈庆涛 1931—2002（镰孢属，毛壳属）
戴芳澜 1893—1973（腔菌，白粉菌，地舌菌，脉孢菌属，锈菌）
邓叔群 1902—1970（担子菌，子囊菌）
刘锡琎 1911—2008（尾孢属及其相关类群）
齐祖同 1926—2010（青霉属，曲霉属）
王云章 1906—2012（锈菌目，黑粉菌）
余永年 1923—2014（白粉菌，霜霉）
赵继鼎 1916—1995（灵芝，多孔菌，地衣）

编著的有关书刊：*Mycosystema*；《中国真菌志》（第1，第3，第5，第6，第8–第10，第12，第18–第21，第24，第25，第29，第35，第39，第41，第47，第48，第50卷）；《中国真菌总汇》；《真菌学报》；《微生物学报》；《中国真菌模式标本及其原始文献汇编》；《西藏真菌》；《西藏地衣》；《神农架真菌与地衣》；《西藏大型经济真菌》；《西南地区大型经济真菌》；《川西地区大型经济真菌》；《横断山区真菌》；《秦岭真菌》；《河北小五台山菌物》；《中国经济真菌》；《中国大型真菌》；《中国蕈菌》；《中国菌物学100年》；《中国药用真菌（中、英文）》；*Higher Fungi of Tropical China*；*Fungi of Northwestern China*；*Fungi of Ussuri River Valley*。

【修订：魏铁铮，杨柳 2018/6/14】

024 北京(IMD)：中国医学科学院药用植物研究所标本馆

BEIJING (IMD): Herbarium, The Institute of Medicinal Plant, Chinese Academy of Medical Sciences

地　址：100193　北京市海淀区马连洼北路151号

Address: No. 151, Malianwa North Road, Haidian District, Beijing 100193

网　址：http://www.implad.ac.cn/cn/index.asp　　**联系人：**李葆莉

电　话：010/57833177　　**邮　箱：**blli@implad.ac.cn

传　真：010/57833018　　**隶属关系：**中国医学科学院

建室(馆)年份：1956　　**标本数量：**50,000

主要采集人(队)：朱兆仪，肖培根，连文琰，林寿全，米太康，王桓，夏光成，张海道。

标本室(馆)简介：以全国各地药用植物为主，主要是对河北、东北、广西、广东、海南、云南、新疆和西藏等省区进行多次调查采集所获的标本，还包括动物、矿物、中药、草药、进口药、原料药等标本。

历史沿革：1983年由中国医学科学药物研究所标本馆一部分及药用植物园合并而成。中国医学科学院药用植物资源开发研究所标本馆—现名。

交换标本：可供——全国各地的药用植物及民间草药标本。需求——边疆、民族地区常用民间草药及中药植物标本。

主任(馆长)及管理负责人：李葆莉 1963

职员及其研究专长：

郭宝林 1966(小檗科淫羊藿属) blguo@implad.ac.cn
连文琰 1929(防己科，豆科药用植物)
林寿全 1930—2013(马兜铃科和甘草属药用植物)
林余霖 1965(常用中药材及基原植物) linyulin@hotmail.com
齐耀东 1971(瑞香科，百合科贝母属) ydqi@implad.ac.cn
肖培根 1931(毛茛科，小檗科药用植物) pgxiao@implad.ac.cn
朱兆仪 1934(防己科，唇形科药用植物)

编著的有关书刊：《中药志》《新华本草纲要》《新华本草彩色图谱》《中华人民共和国药典》《中药材及原植物彩色图鉴》《中药饮片标准图鉴》。

【修订：林余霖 2015/8/19】

025 北京(IMM)：中国医学科学院药物研究所植物标本馆

BEIJING (IMM): Herbarium, Institute of Materia Medica, Chinese Academy of Medical Sciences

地　址：100050　北京市西城区先农坛街1号

Address: No. 1, Xiannongtan Street, Xicheng District, Beijing 100050

网　址：http://www.imm.ac.cn/cn/index.asp
联 系 人：孟超
电　话：010/63165171
邮　箱：chaomeng@imm.ac.cn
隶属关系：中国医学科学院
建室（馆）年份：1956
标本数量：52,000
标本室（馆）简介：传统中药及民间中草药和民族药为主，有重要药用植物，如乌头属、红豆杉属、三尖杉科、马钱属、黄连属、番荔枝科和五味子属等标本。
标本馆负责人：马林 1962（药用植物）
malin@imm.ac.cn
标本馆管理人：孟超 1960（生物技术及植物组织培养等）
职员及其研究专长：
陈毓亨 1934（红豆杉科）
宋万志 1933（五味子科）
王　桓 1934（河北植物）
吴　丰 1963（药用植物）
章　菽 1958（三尖杉科）
【修订：马林 2015/7/2】

026 北京(IVF)：中国农业科学院蔬菜花卉研究所植物标本室*

地　址：100081　北京市海淀区白石桥路30号
*未取得联系。

027 北京(PE)：中国科学院植物研究所国家植物标本馆

BEIJING (PE) : Herbarium, Institute of Botany, Chinese Academy of Sciences
地　址：100093　北京市海淀区香山南辛村20号
Address: No. 20, Nanxincun, Xiangshan, Haidian District, Beijing 100093
网　址：http://pe.ibcas.ac.cn/　联系人：杨志荣
电　话：010/62836094　邮　箱：zry@ibcas.ac.cn
隶属关系：中国科学院　建室(馆)年份：1928
标本数量：2,800,000　数字化标本：1,900,000
模式标本：17,000份7923种
主要采集人(队)：236-6队，FLPH Tibet Expedition，G. Forrest，H. F. Sun，Harry Smith，K. M. Feng，K. M. Liou，Miyoshi Furuse，安顺队，北京队，北京所横断山队，毕节队，蔡希陶，陈邦杰，陈少卿，川经植，崔友文，戴天伦，邓良，鄂神农架队，鄂神农架植考队，方文培，费勇，冯国楣，傅坤俊，关克俭，管中天，郭成勇，何思，何业琪，贺贤育，侯学煜，胡启明，胡秀英，壶瓶山考察队，黄志，黄河队，黄河调查队，贾渝，江西队，姜恕，蒋英，蒋兴麟，孔宪武，郎楷永，李国凤，李洪钧，李良千，梁向日，刘慎谔，刘正宇，陇西山考察队，罗健馨，毛品一，缅甸考察队，黔北队，黔南队，秦仁昌，青藏队，裘佩熹，曲桂龄，汪发缵，汪楣芝，王汉臣，王启无，王文采，王作宾，吴鹏程，武陵山考察队，西藏中草药普查队，夏纬瑛，杨光辉，俞德浚，岳俊三，张永田，章绍尧，植物资源考察队，中苏联合云南考察团，钟补勤，钟补求等。

标本室(馆)简介： 主要是中国的高等植物，还有部分世界各国的标本，尤其是美国、日本、缅甸和印度尼西亚的标本。种子植物约2,050,000份，蕨类植物约180,000份，苔藓植物约200,000份，化石标本约70,000份，模式标本约17,000份，涉及193科1,183属7,923种。

历 史 沿 革： 由北平静生生物调查所植物部(FM[①])和北平研究院植物研究所两个标本室于20世纪50年代初合并而成，合并时的标本约为200,000份。原中国科学院国家计划委员会自然资源综合考察委员会植物标本室(CIS)和河南省科学院生物研究所植物标本室(HEBI)先后并入。

交 换 标 本： 可供——中国高等植物标本。需求——世界各地的高等植物标本。

主任(馆长)：

孔宏智 1973(金粟兰科，进化发育与基因组)

金效华 1975(兰科) xiaohuajin@ibcas.ac.cn

职员及其研究专长：

研究技术人员：

陈文俐 1972(禾本科)

陈又生 1972(菊科风毛菊属，槭树科和堇菜科等)(已调到华南植物园)

陈之端 1965(桦木科，植物系统学)

高天刚 1973(菊科)

葛 颂 1961(沙参属，稻属分子系统学及进化)

---

① FM: Herbarium, Fan Memorial Institute of Biology, Beijing【From: *Index Herbariorum Part I: The Herbaria of the World* (*Eighth Edition*). Editors: Holmgren P K, Holmgren N H, Barnett L C. Published date: 1990. Published by New York Botanical Garden. 即“北平静生生物调查所植物部”，出自《标本馆索引——第一部分 世界植物标本馆》（第8版）；作者：Holmgren P K，Holmgren N H，Barnett L C；出版日期：1990年；出版者：纽约植物园】。

何　强 1973（苔藓植物）
洪德元 1936（玄参科，鸭跖草科，桔梗科，百合科，芍药科）
贾　渝 1966（苔藓植物）yjia@ibcas.ac.cn
刘　冰 1984（樟科，植物分类及系统）
罗毅波 1964（兰科，传粉生物学）
覃海宁 1960（木通科，科学数据库，生物多样性保护）hainingqin@ibcas.ac.cn
萨　仁 1972（豆科）
汪小全 1968（升麻族，裸子植物系统发育）
王利松 1976（伞形科，植物编目及在线植物志）（已调离）
王锦秀 1975（植物分类，植物考据和民族植物学）
王　强 1982（唇形科）
王庆华 1982（苔藓植物）
王　伟 1978（被子植物系统）
王文采 1926（毛茛科，苦苣苔科，紫草科，荨麻科，葡萄科）
王印政 1960（苦苣苔科，进化发育生物学）
卫　然 1985（蕨类植物）
向巧萍 1965（裸子植物）
向小果 1982（兰科）（已离职）
杨福生 1974（马先蒿属和绿绒蒿属）
杨亲二（已调离）
杨　永 1974（裸子植物，樟科）
于宁宁 1981（苔藓植物）
于胜祥 1977（凤仙花科）
张树仁 1962（单子叶植物系统学，重点是莎草科和百合科）
张宪春 1964（蕨类植物）010/62836291；zhangxc@ibcas.ac.cn
周世良 1961（蔷薇科，牡丹属，DNA条形码）
朱相云 1964（豆科，命名法）

技术管理人员：

班　勤 1965
包伯坚 1959（标本数字化及网络共享）bis@ibcas.ac.cn
陈淑荣 1962
杜玉芬 1962
傅连中 1962
李　敏 1977（数字植物）010/62836568；iplant@ibcas.ac.cn
李　奕 1969（科学数据库及网站管理）liyi@ibcas.ac.cn
李爱莉 1973（植物科学画）
刘慧圆 1982（标本数字化）010/62836579；liuhy@ibcas.ac.cn
马欣堂 1964
王忠涛 1962

杨志荣 1975
赵莉娜 1985(GIS技术，生物多样性保护) zhaoln@ibcas.ac.cn

研究和支撑技术退休人员:

曹子余 1935(桑科榕属)
陈家瑞 1935(苏铁科，荨麻科，柳叶菜科)
陈心启 1931(兰科，百合科，石蒜科)
陈艺林 1930(菊科，凤仙花科，鼠李科)
戴伦凯 1930(莎草科，百合科)
冯晋庸 1925(植物科学画)
傅德志 1952(裸子植物，毛茛科，世界植物区系)
傅国勋 1932(华北植物)
傅立国 1934(裸子植物，濒危物种)
谷粹芝 1931(蔷薇科，秋海棠科，虎耳草科)
郭木森 1940(植物科学画)
靳淑英 1935(分类群文献)
郎楷永 1937(兰科，百合科)
李安仁 1927(蓼科，藜科)
李良千 1952(毛茛科，植物区系)
李娇兰 1932(分类学文献)
李振宇 1952(苦苣苔科，仙人掌科，狸藻科，入侵种，植物区系)
梁松筠 1935(莎草科，百合科)
林　祁 1957(五味子科，中国植物标本模式文献)
林尤兴 1934(蕨类植物)
路安民 1939(茄科，葫芦科，胡桃科，金缕梅亚纲，被子植物系统)
陆玲娣 1930(蔷薇科，虎耳草科)
罗健馨 1935(苔藓植物)
潘开玉 1937(苦苣苔科，金缕梅亚纲，芍药科)
王蜀秀(睡莲科，毛茛科)
王中仁 1939(蕨类植物)
吴鹏程 1935(苔藓植物)
夏振岱 1935(野豌豆属)
邢公侠 1929(蕨类植物)
徐克学 1937(数量分类，分支分类，植物信息数据库)
杨汉碧 1930(玄参科，杜鹃花科)
应俊生 1933(小蘖科，植物地理)
张大明 1951(百合科细胞分类)
张泰利 1938(植物科学画)

张志耘 1950(茄科，葫芦科，列当科，金缕梅亚纲)

蔡淑琴 1940—2017(植物科学画)
陈邦杰 1907—1970(苔藓植物)
陈耀东 1934—2006(水生植物)
崔鸿宾 1928—1994(樟科，爵床科，豆科)
关克俭 1913—1982(苋科，十字花科，中国北部植物)
郝景盛 1904—1965(杨柳科，忍冬科，裸子植物)
胡先骕 1894—1968(木本植物，被子植物分类系统)
吉占和 1937—2001(百合科，兰科，百部科)
冀朝祯 1936—2009(植物科学画)
简焯坡 1916—?(植物地理，藜科，虎耳草科)
匡可任 1914—1977(胡桃科，茄科)
林　镕 1903—1981(菊科，龙胆科，福建植物)
刘春荣 1910—1991(植物科学画)
刘　亮 1932—2001(禾本科)
马成功 1936—1992(植物地理，藜科)
钱崇澍 1883—1965(荨麻科，兰科，交让木科，中国植物区系)
秦仁昌 1898—1986(蕨类植物)
石　铸 1934—2005(菊科)
汤彦承 1926—2016(禾本科，莎草科，百合科，天南星科，榆科，分类学理论)
唐　进 1897—1984(单子叶植物)
万宗玲 1906—?(苔藓植物)
汪发缵 1899—1985(单子叶植物)
王金凤 1940—2010(植物科学画)
吴彰桦 1933—2008(植物科学画)
夏纬瑛 1896—1987(华北植物，古本草考证)
俞德浚 1908—1986(蔷薇科，园艺，果树分类)
张春芳 1951—2007(植物科学画)
张明理 1959—2017(豆科黄耆属，生物地理学)
张荣厚 1910—1975(植物科学画)
郑斯绪 1931—1967(豆科，桦木科)
钟补求 1906—1981(桔梗科，玄参科，秦岭植物)
周根生 1917—2016(中国北部植物)

编著的有关书刊：《中国高等植物图鉴》；《中国高等植物科属检索表》；《中国植物志》；*Flora of China*；《中国高等植物》；《中国生物物种名录》(植物卷)；*Journal of Systematics and Evolution*(原《植物分类学报》)。

【修订：杨志荣，张宪春，覃海宁 2017/6/20；金效华，2018/12/7】

028 北京(PEM)：北京大学药学院中药标本馆

BEIJING (PEM): Herbarium, School of Pharmaceutical Sciences, Peking University

地　址： 100083　北京市海淀区学院路38号

Address: No. 38, Xueyuan Road, Haidian District, Beijing 100083

网　址： http://sps.bjmu.edu.cn/　　**联 系 人：** 张英涛

电　话： 010/82801559　　**邮　箱：** zytao@bjmu.edu.cn

建室(馆)年份： 1943　　**标本数量：** 40,000

数字化标本： 10,000

主要采集人(队)： 诚静容，艾铁民，高作经，陈虎彪，马金双，范莉香，顾哲明，刘建生，马启盛。

标本室(馆)简介： 以药用植物为主，麻黄科、买麻藤科、马兜铃科、大黄属、大麻科、卫矛科、栝楼属、败酱科、川续断科等科属标本较丰富，并有部分模式标本。另外收藏生药标本约5,000份。

历史沿革： 北京大学医学院—北京医学院—北京医科大学—现名。

管理负责人： 张英涛 1970 (药用植物资源)

职员及研究专长：

艾铁民　1946(川续断科)

陈虎彪　1962(已调离)

诚静容　1913—2012(麻黄科，买麻藤科，马兜铃科，卫矛科，栝楼属)

崔建丽　1950(西北地区禾本科)

高作经　1926(大黄属，南蛇藤属，假卫矛属)

马启盛(卫矛科)

田多贤　1935(细胞学，特别是细辛属)

编著的有关书刊： 《中国植物志》[第7卷(麻黄属、买麻藤属)，第45卷(卫矛科)]；《中国高等植物图鉴》[第2卷(卫矛科)，第4卷（败酱科、川续断科），补编第1卷(马兜铃科)]；《中国药用植物志》(第1–第13卷)。

【修订：张英涛 2013/9/25】

029 北京(PEY)：北京大学生物系植物标本室

BEIJING(PEY): Herbarium, Department of Biology, Peking University

地　址：100871　北京市海淀区颐和园路5号

Address: No. 5, the Summer Palace Road, Haidian District, Beijing 100871

网　址：http://www.bio.pku.edu.cn/

联系人：孟世勇

电　话：010/62759982

邮　箱：msy542702@pku.edu.cn

建室（馆）年份：1905

标本数量：68,000

数字化标本：68,000

主要采集人(队)：孔世培，马毓泉，钟观光，汪劲武，吴征镒，吴韫珍，杨承元。

标本室(馆)简介：以中国维管植物为主，兼有少量藻类、苔藓标本。包括钟观光早年在华东、华南和西南地区采集的标本；清华大学吴韫珍、杨承元采自河北小五台山及附近山区、北京山区、山东泰山、安徽黄山和东北等地区的标本；吴征镒在西南联大期间采自湖南、贵州和云南的标本；马毓泉采自东北三省的标本；孔世培采自北京大学校园及周边的标本；汪劲武采自北京、河北、四川、江西的标本。其中一些河北的标本是《河北植物志》的凭证标本。

历史沿革：由清光绪年间北京大学(京师大学堂)和第二次世界大战后清华大学的植物标本于1946年合并成。

交换标本：可供——河北和北京植物标本。需求——中国及周边国家和地区景天科及菊科春黄菊族植物标本。

主任(馆长)：贺新强

职员及其研究专长：

孟世勇　1984(景天科)

饶广远　1962(景天科和菊科春黄菊族的系统发育)

汪劲武　1927(河北植物，黄精属和菊属细胞分类)

杨　继(已调离)

【修订：孟世勇　2015/12/4】

030 重庆(CIT)：中国农业科学院柑桔研究所标本室*

地　址：630712　重庆市北碚区歇马镇
*未取得联系。

031 重庆(CQBG)：重庆市植物园植物标本室*

地　址：630702　重庆市北碚区缙云山
*未取得联系。

032 重庆(CQNM)：重庆自然博物馆植物标本室

CHONGQING (CQNM): Herbarium, Chongqing Museum of Natural History
地　址：400711　重庆市北碚区金华路466号
Address: No. 466, Jinhua Road, Beibei District, Chongqing 400711
网　址：http://www.cmnh.org.cn/　　联系人：陈锋
电　话：023/63521630；15802398028　　邮　箱：fengchen408@163.com
隶属关系：重庆市文化委员会　　建室(馆)年份：1936
标本数量：29,046　　数字化标本：10,000
模式标本：6份
主要采集人(队)：郑万钧，方文培，胡先骕，钱崇澍，秦仁昌，曲仲湘，俞德浚，杜大华，张松华，陈正蓉，李庆华，张虹等。
标本室(馆)简介：主要收藏四川省、重庆市的维管植物标本。

历 史 沿 革：中国西部科学院（1930?）—中国西部博物馆（1943）—四川省重庆市自然博物馆（1981）—现名（1991）。
交 换 标 本：可供——四川省、重庆市的维管植物标本。
主任（馆长）：
欧阳辉 1964
张　虹 1963（药用植物）
管理负责人：陈　锋 1982（资源植物）
职员及其研究专长：
陈正蓉 1940（旌节花科）
潘　洁（已调离）
童江波（已调离）
王　馨 1984（资源植物）
编著的有关书刊：《四川植物志》[第3卷（旌节花科）]。
【修订：陈锋 2015/6/19】

033 重庆(CTC)：重庆师范大学生命科学学院植物标本室*

CHONGQING（CTC）: Herbarium, College of Life Sciences, Chongqing Normal University
地　　址：401331　重庆市沙坪坝区师大虎溪校区
Address: Huxi Campus, Shapingba District, Chongqing 401331
网　　址：http://smkx.cqnu.edu.cn/
联系人：何海
电　　话：023/65910315；13983208351
邮　　箱：hehaicq@yahoo.com
隶属关系：重庆市教育委员会
建室（馆）年份：1979
标本数量：29,000
模 式 标 本：60余份
主要采集人（队）：何海，杨永清，张百誉，唐安科，余小平，周呈维，刘承泽，张丽兵。
标本室（馆）简介：西南地区石松类与蕨类植物，以及重庆及周边地区维管植物（特别是禾本科、莎草科种类）。其中，藓类约1,500份；石松类与蕨类植物约1.5万份；裸子植物约500份；被子植物约1.2万份；收藏30余种石松类与蕨类植物同号模式标本60余份。
历 史 沿 革：重庆师范学院（1960–1962）—现名（2003）。
主任（馆长）：何海 1967（石松类与蕨类植物，重庆及周边维管植物）
职员及其研究专长：
杨永清 1976（西南水生维管植物）yangyq2k@yahoo.com.cn
张百誉 1936—2005（石松类与蕨类植物）
编著的有关书刊：《重庆师范大学学报》（自然科学版）；*Flora of China*（Vol. 3）。
【供稿：何海 2015/7/4】
*首次收载。

034 重庆(HWA)：西南大学植物标本馆

CHONGQING (HWA): Herbarium, Southwest University

地　址：400716　重庆市北碚区天生路216号

Address: No. 216, Tiansheng Road, Beibei District, Chongqing 400716

网　址：http://yyyl.swu.edu.cn/s/yyyl/

联系人：李先源　　电　话：023/68251274

邮　箱：lixycq@163.com　　隶属关系：教育部

建室(馆)年份：1951　　标本数量：100,000

数字化标本：80,000　　模式标本：42份

主要采集人(队)：张秀实，方文培，何铸，蒋兴麟，李其允，李先源，熊济华，杨昌煦，钟世理，周子林。

标本室(馆)简介：主要是四川植物，尤其是重庆地区植物标本较多。

历史沿革：西南农学院园艺系标本室—西南农业大学园艺系标本室—现名(隶属于园艺园林学院)；原西南农业大学园艺系果树研究室标本室(SWAU)并入。

交换标本：可供——重庆地区植物标本。

主任(馆长)：王海洋 1964(植物生态)13330336952；whyswau@126.com

副馆长及管理负责人：李先源 1965(观赏植物)

职员及其研究专长：

郝淑芳 1936 (四川十字花科)023/68251445

何　铸 1924—1991(四川龙胆科，八角科，五味子科；药用植物)

李其允 1927—2002(四川伯乐树科，茄科，十字花科)

熊济华 1923(四川苋科，蔷薇科，观赏植物)

杨昌煦 1940(四川菊科) 028/87652239

编著的有关书刊：《四川植物志》《重庆维管植物检索表》。

【修订：李先源 2015/12/21】

035 重庆(SWCTU)：西南大学自然博物馆植物标本室

CHONGQING(SWCTU): Herbarium of Natural Museum, Southwest University

地　　址：400715　重庆市北碚区天生路2号

Address: No. 2, Tiansheng Road, Beibei District, Chongqing 400715

网　　址：http://www.swu.edu.cn/　　联系人：邓洪平

电　　话：023/68252105；13883395687　　邮　箱：denghp@swu.edu.cn

隶属关系：教育部　　建室(馆)年份：1953

标本数量：100,000　　数字化标本：80,000

模式标本：100余份约30种

主要采集人(队)：邓洪平，潘体常，何平，许鸿鹓，叶大进，张家辉，陈锋，孙敏，王明书，李运婷，王馨，张华雨，王鑫，宗秀虹。

标本室(馆)简介：主要是重庆市和四川省以及贵州省蕨类、裸子及被子植物，尤以四川西部横断山脉、重庆秦巴山区、三峡库区、大娄山区、武陵山区标本为多。重庆缙云山、金佛山、阴条岭、四面山，四川九寨沟、花萼山，贵州赤水等地标本较完善。另有少数苔藓标本。

历史沿革：西南师范学院(1950)—西南师范大学生命科学学院(1999)—西南大学生命科学学院(2011)—现名。曾用代码SWTU。

交换标本：可供——四川、重庆、贵州等地保护区标本，尤其是重庆地区维管植物标本。需求——华南与东北标本。

管理负责人：邓洪平 1970(蔷薇科苹果属，山茶科柃木属，唇形科黄芩属)

职员及其研究专长：

戴蕃晋 1900—2001(四川灰木科，安息香科)
何　平(已调离)
罗昌海 1940(蕨类，竹亚科)
潘体常 1937(四川夹竹桃科，安息香科，柿树科，酢浆草科)
王　茜 1987(凤仙花科，秋海棠科)
许鸿鹓 1933—2007(蕨类，禾本科)
叶大进 1958(博物馆管理)
张家辉 1979(大型真菌)

编著的有关书刊：《四川植物志》[第1，第3，第5(2)卷]；《缙云山植物志》；《重庆市代表珍稀物种生存现状》；《缙云山蕈菌图谱》；《重庆大巴山国家级自然保护区生物多样性》；《贵州赤水桫椤国家级自然保护区生物多样性》；《九寨沟自然保护区的生物多样性》；《海子山、佛珠峡、泸沽湖生物多样性调查报告》。

【修订：邓洪平 2016/2/1】

036 重庆(SM)：重庆市中药研究院标本馆

CHONGQING(SM): Herbarium, Chongqing Academy of Chinese Materia Medica

地　　址：400065　重庆市南岸区黄桷垭南山路34号

Address: No. 34, Nanshan Road, Huangjueya, Nan’an District, Chongqing 400065

网　　址：http://www.cqacmm.com/

联 系 人：李紫微

电　　话：023/89029191

邮　　箱：66661719@163.com

隶属关系：重庆市科学技术委员会

建室(馆)年份：1957

标本数量：330,000

数字化标本：120,000

模式标本：124份

主要采集人(队)：四川野生经济植物采集队，历次中草药资源调查采集队，陈善墉，戴天伦，何铸，钟明芳，钟国跃，秦松云，余再柏，王昌华，银福军，刘翔，赵纪峰。

标本室(馆)简介：主要来源于20世纪50–90年代历次全国中草药普查于四川(含重庆)所采集的标本，包括目前在实施的第四次全国中药资源普查标本。馆藏模式标本124份，涉及31科57属99种。

历史沿革：中国医学科学院西南中药研究所标本室(1957)—四川省中药研究所标本室(1963)—重庆市中药研究院标本馆(1998)—重庆市中药研究院中药博物馆(2009)。

交换标本：可供——川渝及青藏高原地区药用植物标本。需求——有地方特色的各类植物标本。

主任(馆长)：王昌华 1977(中药资源，中药材鉴定)

管理负责人：李紫微 1980(药用植物，中药材鉴定)

职员及其研究专长：

陈善墉 1915—2005(堇菜科，四川植物)
戴天伦 1922—2012(三白草科，楝科)
胡　莹 1982(中药材鉴定)
刘　翔 1981(川渝被子植物及青藏高原植物，植物资源及分类)
秦松云 1953(植物资源及分类)
舒　抒 1977(药用植物及中药材鉴定)
徐利国 1938(石斛属)
银福军 1977(植物资源及生态)
尹国萍 1952(四川植物)
张植玮 1983(植物资源及分类)
赵纪峰 1981(中药及民族药资源及其动态监测)
赵素云 1941(千金藤属)
钟国跃(已调离)
周华蓉 1958(药用植物及中药材鉴定)

编著的有关书刊：《四川中药志》(1960，1980)；《羌族医药》(2005)；《重庆中草药资源名录》(2010)。

备注：另有20,000份瓶装药材标本，7,000份动物标本。

【修订：李紫微 2015/12/22】

037 重庆(SWAU)：西南农业大学园艺系果树研究室标本室*

地　址：630716　重庆市北碚天生桥

*转移到西南大学植物标本馆(HWA)。

038 重庆(YZU)：渝州大学水生植物标本室*

地　址：630700　重庆市井口先锋街。

*未取得联系。

039 南川(IMC)：重庆市药物种植研究所标本馆

NANCHUAN (IMC) : Herbarium, Chongqing Institute of Medicinal Plant Cultivation

地　址： 408435　重庆市南川区三泉镇

Address: Sanquan Town, Nanchuan District, Chongqing 408435

网　址： http://www.cqsywyjs.com/　　**联系人：** 张军

电　话： 023/71480093；15826216810　　**邮　箱：** 85689951@qq.com

隶属关系： 重庆市科学技术委员会　　**建馆年份：** 1942

标本数量： 220,000　　**数字化标本：** 50,000

模式标本： 415份129种

主要采集人（队）： 刘式乔，田谨为，谭士贤，王朝辉，王俊华，刘正宇，谭杨梅，周卯勤，李朝利，谭秋平，易思荣，任明波，林茂祥，张军。

标本室（馆）简介： 主要收藏重庆市及西南地区植物标本，尤以三峡库区、金佛山、大巴山、武陵山等地区药用植物较为丰富。各类植物标本数量约计：大型真菌类0.3万份，苔藓植物0.3万份，蕨类植物3万份，种子植物18.4万份。

历史沿革： 中央林业部常山实验种植场（1937）—四川省中药研究所南川药物实验种植场（1958）—四川省中药研究院药物种植研究所（1968）—现名（1998）。

交换标本： 可供——重庆及邻近地区植物标本。需求——中国东北、西北和西南横断山地区药用植物标本。

主任（馆长）： 张　军　1982（中药资源及中药鉴定）

管理负责人： 林茂祥　1977（中药资源）

职员及其研究专长：

刘式乔　1912—1972（药用植物资源与栽培）

刘正宇　1952（植物分类与药用植物资源）

任明波　1973（药用植物资源）

谭士贤 1931—2006(药用植物资源)
谭杨梅 1950(药用植物资源)
田谨为 1929—1996(药用植物资源与栽培)
易思荣 1972(药用植物资源)(已调离)
周卯勤 1956(药用植物资源)

编著的有关书刊：《药用植物栽培学》《四川中药材栽培技术》《重庆三峡库区药用植物名录》《重庆市药用植物名录》《金佛山生物资源名录》《金佛山野生果树资源》《金佛山野生药用植物资源》《重庆金佛山杜鹃花植物图志》。

【修订：张军 2015/7/2】

040 万县(WXDC)：四川省万县地区品检验所植物标本室*

地　址：634000　四川省万县市果园路34号
*未取得联系。

041 永川(CTS)：重庆师范专科学校植物标本室*

地　址：632168　重庆市永川市黄瓜山卫星湖畔
*未取得联系。

042 福州(FJFC)：福建农林大学林学院树木标本室

FUZHOU (FJFC): Dendrological Herbarium, College of Forestry, Fujian Agriculture and Forestry University

地　址：350002　福建省福州市仓山区上下店路15号

Address: No. 15, Shangxiadian Road, Cangshan District, Fuzhou, Fujian 350002
网　址：http://lxy.fafu.edu.cn/
联系人：陈世品　　电　话：15060006967
邮　箱：fjcsp@126.com　　隶属关系：福建省教育厅
建室（馆）年份：1942　　标本数量：75,000
模式标本：14份
主要采集人（队）：何景，林英，杨赐福，郑清芳，黄克福，游水生，李振琴。
标本室（馆）简介：福建木本植物。壳斗科、樟科、木兰科和竹类标本较丰富。
历史沿革：福建省立农学院森林系—福建农学院林学系—福建林学院—现名。
交换标本：可供——福建木本植物标本。需求——壳斗科、樟科、竹亚科标本。
主任（馆长）：陈世品 1968（樟科，壳斗科，竹亚科，闽台植物区系，植物资源）
职员及其研究专长：
何　理 1986（杨柳科，樟科）13401042026；salix10@ fafu.edu.cn
何中声 1984（壳斗科，植物多样性保护）
黄克福 1936（福建竹亚科）059/22206937
黄榕辉 1963（竹亚科，蕨类，苔藓）
刘　宝 1980（樟科，福建木本植物）
游水生 1953（竹亚科，福建木本植物，生物多样性保护）
郑清芳 1934（福建竹亚科，木兰科，壳斗科，樟科等）
郑世群 1971（樟科，福建木本植物，植物资源）
编著的有关书刊：《福建植物志》《福建竹类》《福建木本植物检索表》《天宝岩原生药用植物》。
【修订：陈世品 2015/7/2】

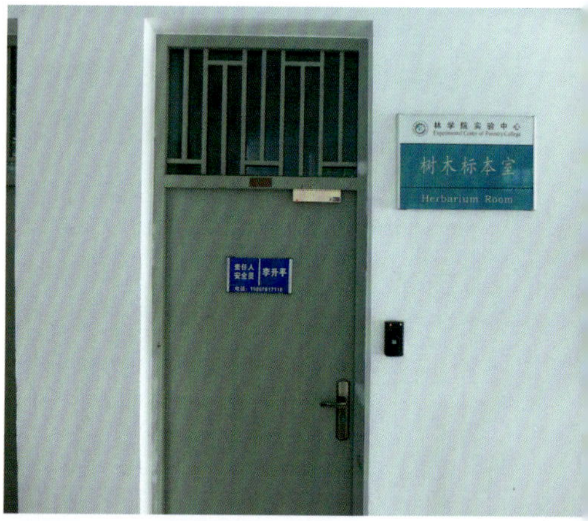

043 福州(FMP)：福建省中医药研究院药用植物标本室*

地　址：350003　福建省福州市五四北路53号
*未取得联系。

044 福州(FNU)：福建师范大学生命科学学院植物标本馆

FUZHOU(FNU): Herbarium, College of Life Science, Fujian Normal University

地　　址：350108　福建省福州市闽侯县大学城

Address: University town of Minhou County, Fuzhou, Fujian 350108

网　　址：http://life.fjnu.edu.cn/

联 系 人：陈炳华

电　　话：0591/22868200；13665059252

邮　　箱：bhchen@fjnu.edu.cn

隶属关系：福建省教育厅　　建室(馆)年份：1940

标本数量：145,000　　数字化标本：72,000

模式标本：110份25种

主要采集人(队)：陈占寿，何景，黄友儒，林国宇，林英，林来官，林镕，钟补勤，张清其等。

标本室(馆)简介：福建省种子植物，其中木本植物较丰富，特别是壳斗科、樟科、五加科、山茶科等。还有部分广东、广西及云南和北平静生生物调查所标本。

历史沿革：福建省研究院动植物研究所—福州大学自然科学研究所(包括福建协和大学、华南女子学院等)—福建师范学院生物系—福建师范大学生物系—福建师范大学生物工程学院—现名。

交换标本：可供——福建全省，特别是北部地区的种子植物标本。需求——我国华南及西南的木本植物标本。

管理负责人：陈炳华

职员及其研究专长：

黄友儒　1928(福建禾本科及部分木本植物)

林来官　1925(福建种子植物，中国山茶科厚皮香亚科)

刘剑秋　1956(福建湿地及其生物多样性)

张清其　1935(福建植物)

编著的有关书刊：《福建植物志》(第1–第6卷)；《福建植物志》(第2版，第1卷)；《中国柃属植物订正》；《福建湿地及其生物多样性》。

【修订：陈炳华　2015/5/28】

045 南平(FFVTC)：福建林业职业技术学院植物标本室*

NANPING (FFVTC): Herbarium, Fujian Forestry Vocational Technical College
地　址：353000　福建省南平市延平区夏道镇海瑞路1号
Address: No. 1 Hairui Road, Xiadao Town, Yanping District Nanping, Fujian 353000
网　址：http://www.fjlzy.com/
联系人：何国生　　电　话：0599/8465384
邮　箱：fjhgs@163.com　　隶属关系：福建省林业厅
建室（馆）年份：1954　　标本数量：20,000
模式标本：5号
主要采集人(队)：何国生，陈国扬，黄梓良。
标本室(馆)简介：以福建木本植物标本为主，还有各省区交换植物标本；何国生模式标本5号。
历史沿革：福建林业学校—现名。
交换标本：可供——福建木本植物标本。
主任(馆长)：黄梓良 1965(福建竹亚科)
0599/8465144；0599/8465384
管理负责人：胡凤玉(福建植物)
职员及其研究专长：
陈国扬 1925—2005(福建木本植物等)
何国生 1954(福建木本植物等)
裘晓雯 1965(福建植物)
余燕华 1985(福建木本植物)
编著的有关书刊：《福建植物志》《福建省主要森林植物彩色图鉴》《福建树木彩色图鉴》《森林植物》《园林树木学》。
【填表：何国生 2016/3/7】
*首次收载。

046 宁德(NDTC)：宁德师范专科学校生物系植物标本室*

地　址：352100　福建省宁德市
*未取得联系。

047 厦门(AU)：厦门大学生命科学学院植物标本室

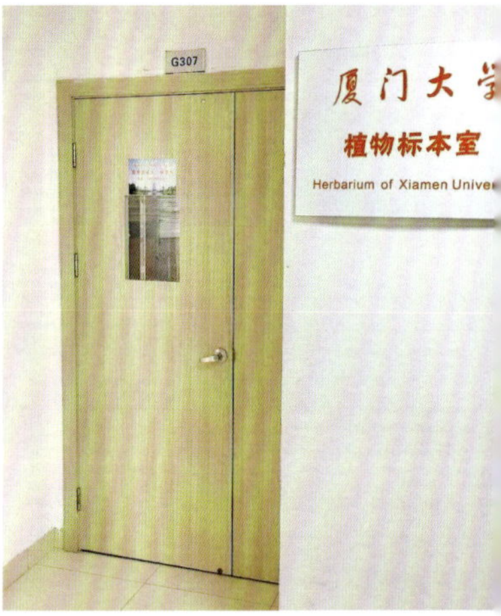

XIAMEN (AU): Herbarium, School of Life Sciences, Xiamen University

地　　址：361102　福建省厦门市翔安区翔安南路

Address: Xiang’an South Road, Xiang’an District, Xiamen, Fujian 361102

网　　址：http://life.xmu.edu.cn/

联 系 人：侯学良　　电　　话：0592/2181015

邮　　箱：houxueliang@xmu.edu.cn　　隶属关系：教育部

建室(馆)年份：1922　　标本数量：100,000

数字化标本：30,000　　模式标本：300份140种

主要采集人(队)：钟心煊，林镕，何景，曾呈奎，唐仲璋，林汝昌，赵修谦，林鹏，曾沧江，王清江，曾文彬，张娆挺，刘秀熙，侯学良。

标本室(馆)简介：主要是福建维管植物标本。重点收集海岸带植物，包括红树林植物和耐盐植物，还有一些中国南方其他省份的被子植物标本及少量东南亚和美国的被子植物标本。

主任(馆长)：侯学良 1969(番荔枝科，大戟科，多道检索表和植物图像识别)

职员及其研究专长：

何　景 1912—1978(五加科)
刘秀熙 1950(植物分类学)
王清江 1918—2003(植物分类学)
曾沧江 1928—1982(五加科，冬青科)
曾文彬 1932(植物分类学和植物地理学)
张娆挺 1935(植物分类学)
赵修谦 1911—2001(川苔草科，苔藓植物)
钟心煊 1892—1961(植物分类学，1922–1931年在厦门大学工作)

编著的有关书刊：《福建植物志》(第1–第6卷)；《中国高等植物图鉴》(冬青科)；《中国植物志》(第54卷)。

【修订：侯学良 2015/7/2】

048 厦门(FJSI)：福建省亚热带植物研究所植物标本室

XIAMEN (FJSI): Herbarium, Fujian Institute of Subtropical Botany

地　址：361006　福建省厦门市嘉禾路780-800号
Address: No. 780-800, Jiahe Road, Xiamen, Fujian 361006
网　址：http://www.fjisb.com　**联系人**：刘海桑
电　话：0592/6021047　**邮　箱**：palmae@163.com

隶属关系：福建省厦门市科学技术局

建室年份：1977

标本数量：35,000

模式标本：约40份

主要采集人(队)：蔡国梁，陈恒彬，陈丽云，何国生，叶国栋。

标本室(馆)简介：主要是福建省各地标本，还有部分广东、广西、湖南和陕西标本及栽培植物标本。

交换标本：可供——福建植物标本。需求——全世界热带亚热带地区标本；特别是广东、台湾的植物标本。

主任(馆长)：刘海桑 1971(棕榈科，南洋杉科)

职员及其研究专长：

欧阳海波 1979(苏铁植物) yrdzwkx@126.com

张小杭 1963

张永田 1936(中国壳斗科，大戟科，福建植物)

编著的有关书刊：《亚热带植物科学》；《中国植物志》[第22，第43(1)，第44(2)卷]；*Flora of China* (Vol. 4)；《中国高等植物》(第4，第8卷)；《福建植物志》；《观赏棕榈》；《鼓浪屿古树名木》。

【修订：刘海桑 2016/2/22】

049 厦门(XMBG)：厦门园林植物园标本室*

XIAMEN (XMBG) : Herbarium, Xiamen Botanical Garden

地　　址：361003　福建省厦门市思明区虎园路25-1号

Address: No. 25-1, Huyuan Road, Siming District, Xiamen, Fujian 361003

网　　址：http://www.xiamenbg.com/

联 系 人：蔡邦平

电　　话：0592/2039576；0592/2031995

邮　　箱：cbangping@163.com

隶属关系：厦门市市政园林局

建室(馆)年份：2008　标本数量：18,000

数 字 化 标 本：5,000　模式标本：15份

主要采集人(队)：郭惠珠，黄克福，蔡邦平，陈恒彬，郭艺松，刘顺治，黄跃龙，陈锦祥。

标本室(馆)简介：以本园栽培的植物为主，兼采各地引种野生植物。另外，有种子标本1,138号，木材标本741号。

主 任 (馆 长)：蔡邦平 1969(生物多样性)

职员及其研究专长：

陈恒彬 1960(福建植物，藤本植物)

郭惠珠 1982(竹亚科，厦门植物园栽培的植物)

黄克福 1936(竹亚科，壳斗科，福建植物)

编著的有关书刊：《厦门市园林植物园植物名录》《园林植物1000种》《福建常见园林树木》。

【填表：蔡邦平 2015/7/10】

*首次收载。

050 兰州(GAUF)：甘肃农业大学林学院森林植物标本室

LANZHOU (GAUF): Dendrological Herbarium, College of Forestry, Gansu Agricultural University

地　址：730070　甘肃省兰州市安宁区营门村1号

Address: No. 1, Yingmen Village, Anning District, Lanzhou, Gansu 730070

网　址：http://lxy.gsau.edu.cn/　联系人：刘晓娟

电　话：0931/7631200　邮　箱：liuxiaojuan@gsau.edu.cn

隶属关系：甘肃省教育厅　建室(馆)年份：1972

标本数量：50,000　模 式 标 本：13份5种

主要采集人(队)：冯自诚，孙学刚，王国宏，刘晓娟，田青，王兰州，赵兴存。

标本室(馆)简介：以甘肃省森林植物为主。主要采自甘肃省内白龙江、洮河、大夏河中上游、小陇山和祁连山等林区，以及白水江、莲花山、连城和盐池湾国家级自然保护区。

交 换 标 本：可供——甘肃省森林植物标本。需求——青海、新疆、四川、陕西的森林植物标本。

主任(馆长)：孙学刚 1960（甘肃森林植物，忍冬科，杨柳科，杜鹃花科，兰科，马先蒿属，风毛菊属）0931/7631200；sunxg60@gsau.edu.cn

职员及其研究专长：

冯自诚 1935(甘肃裸子植物，木本植物)

刘晓娟 1980(甘肃森林植物，甘肃省的兰科，甘南森林植物区系地理)

田　青 1974(甘肃森林植物，甘肃省园林观赏植物)0931/7631200；tqing@gsau.edu.cn

编著的有关书刊：《中国西北内陆盐地植物图谱》《甘南树木图志》《甘肃木本植物图谱》《甘肃草本植物图谱》《甘肃连城国家级自然保护区森林植物图谱》《甘肃盐池湾国家级自然保护区森林植物图鉴》《迭部树木简志》。

【修订：孙学刚 2015/7/2】

051 兰州(LZAH)：中国农业科学院兰州畜牧研究所牧草标本室*

地　址：730050　甘肃省兰州市小西湖硷沟沿20号

*未取得联系。

052 兰州(LZD)：中国科学院寒区旱区环境与工程研究所植物标本室

LANZHOU (LZD): Herbarium, Cold and Arid Regions Environmental and Engineering Research Institute, Chinese Academy of Sciences

地　址：730000　甘肃省兰州市东岗西路320号

Address: No. 320, Donggang West Road, Lanzhou, Gansu 730000

网　址：http://www.nieer.cas.cn/　　联系人：冯丽

电　话：0931/4967173；18919823848　　邮　箱：fengli_lily@126.com

隶属关系：中国科学院　　建室(馆)年份：1959

标本数量：45,000　　数字化标本：20,000

模式标本：43份23种

主要采集人(队)：黄兆华，刘媖心，杨喜林，张国梁，李小军。

标本室(馆)简介：以中国沙漠地区植物标本为主。还收集有部分中国寒区植物标本和阿尔及利亚、埃及、美国、苏联等国沙漠地区的植物标本。

历史沿革：中国科学院治沙队—中国科学院兰州沙漠研究所—现名。

主任(馆长)：李新荣　1966(生物多样性，植物生态学)lxinrong@lzb.ac.cn

职员及其研究专长：

冯　丽　1982(植物生态学)0931/4967173

蒋兆兰　1931(植物科学绘画)

刘媖心　1919—2012(中国蒺藜科，豆科锦鸡儿属)

陶明琴　1956(植物科学画)

杨喜林　1934(中国沙漠地区禾本科，杨柳科)

姚育英　1932(中国沙漠地区菊科)

张秀伏(已调离)

编著的有关书刊：《中国沙漠植物志》(第1–第3卷)；《中国沙区药用植物》；《中国寒区旱区常见荒漠植物图鉴》(旱区植物卷，寒区植物卷)。

【修订：冯丽 2015/7/2】

053 兰州(LZU)：兰州大学生命科学学院植物标本室

LANZHOU (LZU): Herbarium, School of Life Sciences, Lanzhou University

地　　址：730000 甘肃省兰州市天水路222号

Address: No. 222, Tianshui Road, Lanzhou, Gansu 730000

网　　址：http://lifesc.lzu.edu.cn/　　**联系人：**潘建斌

电　　话：13919152386　　**邮　　箱：**panjb@lzu.edu.cn

隶属关系：教育部　　**建室(馆)年份：**1947

标本数量：130,000　　**数字化标本：**78,000

模式标本：22份16种

主要采集人(队)：张鹏云，孔宪武，彭泽祥，蒲训，孙纪周，张国梁，张耀甲。

标本室(馆)简介：以甘肃省高等植物为主，还有其他西北地区标本。

主任(馆长)：冯虎元 1967(甘肃高等植物) 0931/ 8912537；fenghy@lzu.edu.cn

管理负责人：潘建斌 1985 panjb@lzu.edu.cn

职员及其研究专长：

潘以敏 1934(甘肃菊科，毛茛科)

彭泽祥 1924(白花丹科，甘肃植物)

蒲　训 1953(甘肃的伞形科，紫草科，杨柳科，黄芩属及大型真菌)

孙纪周 1944(甘肃灯心草科，蔷薇科，豆科，竹类及花椒属)

张国梁 1934(甘肃被子植物)

张鹏云 1921—1994(中国柽柳科，西北地区的甘草及荒漠地区生态)

张耀甲 1934(中国柽柳科，甘肃桦木科，壳斗科，裸子植物，蕨类植物)

编著的有关书刊：《中国植物志》[第50(2)，第60(1)卷]；《中国树木志》(第3卷)；《中国沙漠植物志》(第1卷)；《甘肃植物志》(第2卷)；《六盘山自然保护区科学考察》；《兰州大学学报》。

【修订：冯虎元 2013/8/25】

054 兰州(NWTC)：西北师范大学生命科学学院植物标本室

LANZHOU (NWTC): Herbarium, College of Life Sciences, Northwest Normal University

地　址：730070　甘肃省兰州市安宁区十里店

Address: Shilidian, Anning District, Lanzhou, Gansu 730070

网　址：https://www.nwnu.edu.cn/

联系人：孙坤　　电　话：0931/7971207

邮　箱：kunsun@nwnu.edu.cn　　隶属关系：甘肃省教育厅

建室(馆)年份：1937　　标本数量：200,000

数字化标本：75,000　　模式标本：150份95种

主要采集人(队)：朱格麟，孔宪武，王庆瑞，廉永善，刘玉兰，王镜泉，程子俊。

标本室(馆)简介：以甘肃植物为主，还有部分西北地区标本。

历史沿革：西北师范学院—甘肃师范大学—现名；原西北师范大学生物系植物标本室(NWUB)1999年并入。

交换标本：可供——甘肃及西北地区的标本。需求——世界性堇菜属、胡颓子属、沙棘属、风毛菊属、甘肃及西北地区种子植物等标本。

主任(馆长)：孙坤　1963(植物系统，生物多样性和植物生态)

职员及其研究专长：

陈学林　1963(胡颓子科) gansuflora@126.com

程子俊　1924—1998(西北地区藻类)

侯勤正　1984(植物传粉生态)

孔宪武　1897—1984(藜科，蓼科，苋科)

廉永善　1939(紫薇科，沙棘属物种生物学，秦岭西端植物区系)

刘玉兰　1931—2007(蓼科，蔷薇科，紫草科)

苏　雪 1974（植物繁殖生态与进化）
王镜泉 1938（杨柳科，蒺藜科，紫草科）
王庆瑞 1928（堇菜科，紫草科）
王一峰 1964（风毛菊属，植物生态）0931/7971663；wangyi-feng6481@yahoo.com.cn
夏　泉（已调离）
朱格麟 1934（藜科，紫草科）

编著的有关书刊：《中国植物志》[第25(2)，第51，第64(2)卷]；《甘肃植物志》（第2卷）。
【修订：孙坤 2015/7/2】

055 兰州(NWUB)：西北师范大学生物系植物标本室*

地　址：730070 甘肃省兰州市十里店
*转移到西北师范大学生命科学学院植物标本室（NWTC）。

056 民勤(MQ)：甘肃省治沙研究所民勤沙生植物园标本室

MINQIN（MQ）: Desert Herbarium, Minqin Botanical Garden of Desert Plants, Gansu Institute of Desert Control
地　址：733300 甘肃省民勤县
Address: Minqin, Gansu 733300
联系人：李昌龙　电　话：0935/4231346
邮　箱：lichlong1998@163.com　隶属关系：甘肃省林业厅
建室（馆）年份：1974　标本数量：10,000
主要采集人（队）：李青云，刘生龙，王成信，李爱德，李昌龙，魏林源，李得禄。
标本室（馆）简介：收藏植物标本10,000多号600余种，以本园从国内外引种的沙生、旱生木本植物为主；还有种子标本500号300余种，分属60科250属。
历史沿革：甘肃省民勤治沙综合试验站—现名。
交换标本：可供——甘肃省荒漠地区常见植物标本。需求——中亚地区荒漠植物标本。
主任（馆长）及管理负责人：李昌龙 1974（甘肃沙区豆科、藜科等固沙植物）
职员及其研究专长：
高志海（已调离）
李青云 1932（甘肃沙区豆科、柽柳科等植物）

王成信（已调离）

严子柱 1969（甘肃沙区禾本科、草本植物）

编著的有关书刊：《中国荒漠植物图鉴》。

【修订：李昌龙 2015/12/7】

057 天水(GSFS)：甘肃省林业学校树木标本室*

地　址：741020　甘肃省天水市北道区马跑泉路58号

*未取得联系。

058 天水(MJS)：甘肃省小陇山林业实验局麦积山植物园植物标本室*

地　址：741026　甘肃省天水市北道区麦积山

*未取得联系。

059 庆阳(QYTC)：陇东学院生命科学与技术学院植物标本馆

QINGYANG (QYTC): Herbarium, College of Life Science & Technology, Longdong University

地　址：745000　甘肃省庆阳市西峰区兰州路45号

Address: No. 45 Lanzhou Road, Xifeng District, Qingyang, Gansu 745000

网　址：http://smkxx.ldxy.edu.cn/

联系人：马世荣　　电　话：0934/8652576

邮　箱：shirongma@126.com　　隶属关系：甘肃省教育厅

建室(馆)年份：1989　　标本数量：11,000

主要采集人(队)：郭小强，郝建华，刘立品，马世荣，张博。
标本室(馆)简介：以甘肃陇东地区植物为主，还收集少量安徽黄山、四川达县和天水小陇山的标本。
历 史 沿 革：庆阳师范专科学校—庆阳师范高等专科学校—现名。
主任(馆长)：郭小强 1965(陇东木本植物) 0934/8658758；guo.xiaoq@163.com
职员及其研究专长：
郝建华(已调离)
刘立品 1938(陇东木本植物)
马世荣 1980(陇东地区资源植物)
张 博 1974(植物系统) zhbo1211@163.com
编著的有关书刊：《子午岭木本植物志》。
备注：另有300号瓶装药材标本。
【修订：郭小强 2015/9/10】

060 张掖(ZYTC)：河西学院农业与生物技术学院植物标本室

ZHANGYE(ZYTC): Herbarium, College of Agriculture and Biotechnology, Hexi University
地 址：734000 甘肃张掖环城北路846号
Address: No. 846, Huancheng North Road, Zhangye, Gansu 734000
网 址：http://www.hxu.edu.cn/
联 系 人：张勇　电 话：0936/8285056
邮 箱：zhangyong@hxu.edu.cn　隶属关系：甘肃省教育厅
建室(馆)年份：1986　标本数量：20,000
数 字 化 标 本：1,500
主要采集人(队)：张勇，李鹏，李常宝，高海宁，韩多宏。
标本室(馆)简介：以甘肃西部维管植物为主。
历 史 沿 革：张掖师范专科学校—现名。
主任(馆长)：张勇 1963(祁连山维管植物、甘肃西部荒漠区种子植物及植物生态)
职员及其研究专长：
高海宁 1973(祁连山维管植物区系及生态学)
韩多宏 1978(湿地植物及甘肃西部药用植物资源)
李 鹏 1965(湿地植物，甘肃西部荒漠植物区系)
编著的有关书刊：《甘肃河西地区维管植物检索表》《祁连山维管植物彩色图谱》。
【修订：张勇 2015/6/19】

061 潮州(CZH)：韩山师范学院食品工程与生物科技学院植物标本室*

CHAOZHOU (CZH): Herbarium, School of Food Engineering and Biotechnology, Hanshan Normal University

地　　址：521041　广东省潮州市湘桥区桥东

Address: Qiaodong, Xiangqiao District, Chaozhou, Guangdong 521041

网　　址：http://www.hstc.edu.cn/index.jsp

联 系 人：吴清韩　　**电　　话：**0768/2317422

邮　　箱：qinghanwu@126.com　　**隶属关系：**广东省教育厅

建室(馆)年份：1958　　**标本数量：**20,000

数字化标本：10,000

主要采集人(队)：曾宪锋，陈蔚辉，吴修仁，杨金书，翟肇庄。

标本室(馆)简介：主要是广东东部地区维管植物，华南地区归化植物和入侵植物也比较齐全，另有少量采自粤北及海南、福建、江西、湖北等省的标本。

历史沿革：广东省韩山高等师范专科学校(1958)—现名(1993)。

交换标本：可供——广东东部地区维管植物标本。需求——华中、华东地区的种子植物标本。

主任(馆长)：曾宪锋　1962(粤东植物，外来入侵种)
0768/2389784；zengxianfeng0325@163.com

职员及其研究专长：

陈蔚辉　1963(粤东种子植物区系)
唐为萍　1964(粤东药用植物)

吴清韩 1985（标本制作、保存，计算机技术）
吴修仁 1932—1996（潮汕地区药用植物）
杨金书 1902—1978（潮汕地区药用植物）
翟肇庄 1907—2012（潮汕地区药用植物，植物科学画）

编著的有关书刊：《广东东部植物群落与植物区系研究》《粤东植物多样性编目》《粤东植物名录》《潮汕生物资源志略》。

【填表：曾宪锋 2014/2/19】

*首次收载。

062 广州(CANT)：华南农业大学林学与风景园林学院树木标本室

GUANGZHOU(CANT): Dendrological Herbarium, College of Forestry and Landscape Architecture, South China Agricultural University

地　　址：510642　广东省广州市天河区五山

Address: Wushan, Tianhe District, Guangzhou, Guangdong 510642

网　　址：http://lf.scau.edu.cn/　　联系人：郑明轩

电　　话：020/85280256；18925172270　　邮　　箱：forestry34@126.com

隶属关系：广东省和农业部　　建室（馆）年份：1952

标本数量：100,000　　数字化标本：3,000

模式标本：170号

主要采集人（队）：梁葵，梁宝汉，林万涛，肖绵韵，冯志坚，陈锡沐，吴永彬，秦新生，张荣京，唐光大，郑明轩，黄久香。

标本室（馆）简介：主要是华南维管植物。蒋英及李秉滔的模式标本100号；林万涛的竹类模式标本70号。

历史沿革：广东林学院—中南林学院—广东农林学院—华南农学院—现名。曾用代码SCAC。

交换标本：可供——广东木本植物标本。需求——中国竹类标本。
标本馆管理员：郑明轩 1981(广东森林植物)
职员及其研究专长：

陈锡沐 1949(楝科)
崔大方 1964(蔷薇科) cuidf@scau.edu.cn
冯志坚 1962(广东维管植物) fengzj@scau.edu.cn
黄久香 1975(夹竹桃科) jxhuang@scau.edu.cn
姜春宁 1980(木兰科) cnjiang@126.com
蒋　英 1898—1982(夹竹桃科，萝藦科，番荔枝科)
李秉滔 1936(夹竹桃科，萝藦科，大戟科，蜡梅科) Li85280485@126.com
李镇魁 1968(广东药用植物) 85282703@scau.edu.cn
梁　葵 1907—1986(华南维管植物)
梁宝汉 1911—1988(华南维管植物)
林万涛 1927—2006(竹亚科，华南树木)
秦新生 1979(萝藦科，华南树木) qinxinsheng@scau.edu.cn
唐光大 1982(兰科) tgd1101@126.com
吴永彬 1972(广东园林植物) ybwu@scau.edu.cn
肖绵韵 1932—2005(华南维管植物)
徐祥浩 1920(梧桐科)
庄雪影 1961—2016(樟科)

编著的有关书刊：《中国植物志》[第30(2)，第63卷]；《中国高等植物》(第3，第9，第10卷)；《中国景观植物》(上下册)(2009)；《中国药用植物志》(第8卷，第10卷)；《广东植物志》(第1，第2卷)；《深圳植物志》(第1–第3卷)；《东莞园林植物》(2010)；*Check List of Hong Kong Plants* (2001)；《中山野生植物》(2010)；《潮汕中草药》(2010)；《海南植物物种多样性编目》(2012)；《海南浆纸林林下植物彩色图鉴》(2010)；《海南吊罗山野生植物彩色图鉴》(2013)。

【修订：庄雪影，郑明轩 2016/2/16】

063 广州(SCAUB)：华南农业大学生命科学学院植物标本室*

GUAGNZHOU (SCAUB): Herbarium, College of Life Sciences, South China Agricultural University

地　址：510642　广东省广州市天河区五山

Address: Wushan, Tianhe District, Guangzhou, Guangdong 510642

网　址：http://life.scau.edu.cn/index.asp **联系人**：张荣京

电　话：13632374896　**邮　箱**：zhangrongj@scau.edu.cn

隶属关系：广东省和农业部　**建室(馆)年份**：1952

标本数量：25,000　**数字化标本**：4,000

主要采集人(队)：蒋英，梁宝汉，徐祥浩，吴翰，许兆然，吴万春，陈飞鹏，暨淑仪，郝刚，张荣京。

标本室(馆)简介：华南植物，尤其是广东、海南、广西等地各类群植物；木本被子植物和苔藓植物标本较丰富。

历史沿革：华南农学院植物学教研组—华南农业大学植物学教研室—现名。

交换标本：可供——广东省粤东与珠三角地区维管植物标本。需求——海南省植物标本。

主任(馆长)：张荣京 1979(海南植物、植物区系地理，植物分类，植物群落学与植被)

职员及研究专长：

陈飞鹏　1962(植物生态)
耿世磊　1965(植物资源与利用)
龚　维　1979(植物亲缘地理学、历史生物地理学和物种形成机制)
郝　刚　1963(植物系统发育与分子生态)haogang@scau.edu.cn
梁社坚　1978(药用植物资源)
宁熙平　1965(药用植物资源)

【填表：张荣京　2013/8/30】

*首次收载。

064 广州(GDGM)：广东省微生物研究所真菌标本馆

GUANGZHOU (GDGM): Fungal Herbarium of Guangdong Institute of Microbiology

地　址：510070　广东省广州市先烈中路100号

Address: No. 100, Xianlie Zhong Road, Guangzhou, Guangdong 510070

网　址：http://www.cfh.ac.cn/Subsite/Default.aspx?siteid=GDGM

联系人：邓旺秋　　电　话：020/87137620

邮　箱：mycolab@263.net　　隶属关系：广东省科学院

建室(馆)年份：(1957) 1962　　标本数量：5,000

模式标本：150种

主要采集人(队)：邓叔群，中国科学院华南热带生物资源综合考察队，邓庄，叶东海，毕志树，郑国杨，胡炎兴，李泰辉，沈亚恒，宋斌，章卫民，赖建平。

标本室(馆)简介：主要收集中国南方高等真菌标本，还有部分中国北方及国外标本。

历史沿革：中国科学院中南真菌研究室—现名。曾用代码HMIGD。

交换标本：可供——华南大型真菌标本。需求——我国西南、东南地区大型真菌标本。

主任(馆长)：李泰辉　1959(伞菌纲，虫草属等) 020/87137619；mycolab@263.net

职员及其研究专长：

毕志树　1925—1997(口蘑目，伞菌目，牛肝菌目，虫草属)

邓旺秋　1973(毒蘑菇，灵芝科，粉褶蕈科)
wqdeng10@ 263.net

胡炎兴　1935—1998(小煤炱目)

沈亚恒　1958(虫囊菌目，粉褶蕈科)

宋　斌　1964(小煤炱目，星盾炱目，大型真菌区系)

叶东海　1933(虫囊菌目)

章卫民　1966(伞菌目，虫草属)

郑国杨　1935(多孔菌目)

编著的有关书刊：《粤北山区大型真菌志》(1990)；《广东大型真菌志》(1994)；《海南伞菌初志》(1997)；《中国真菌志》[第28卷(虫囊菌目)，第4卷(小煤炱目Ⅰ)，第11卷(小煤炱目)]；《中国热带真菌》(2010)。

【修订：李泰辉，邓旺秋　2013/10/7】

065 广州(GDMM)：广东省中药研究所药用植物标本室

GUANGZHOU (GDMM): Medicinal Herbarium, Guangdong Institute of Chinese Materia Medica

地　址：510520　广东省广州市天河区龙洞北路321号

Address: No. 321, Longdong North Road, Tianhe District, Guangzhou, Guangdong 510520

网　址：www.gdtcm.org.cn

联系人：曾庆钱

电　话：020/29164685

邮　箱：gdzhongyao@163.com

隶属关系：广东食品药品职业学院

建室（馆）年份：1985

标本数量：10,000

主要采集人(队)：广东省中药资源普查队。

标本室(馆)简介：广东、海南两省药用植物标本，其中1983–1986年广东省中药资源普查标本较多。

交换标本：可供——广东主要药用植物标本。需求——广东及周边地区、热带地区药用植物标本。

主任(馆长)：曾庆钱 1973(广东药用植物，中药规范化栽培)

职员及其研究专长：

蔡岳文 1951(广东药用植物)
黄珊珊 1981(广东药用植物，植物结构)
莫小路 1967(广东药用植物，资源保护和利用)
袁　亮 1962(广东药用植物，中药规范化栽培)
张彩云 1981(广东药用植物，分子鉴定)
郑　海 1986(广东药用植物，植物生态)

编著的有关书刊：《南方药用植物图鉴》《药用植物野外识别图鉴》《药用植物识别技术》《南方药用植物》《药用植物识别图鉴》。

备注：另有1,500份瓶装药材标本，100份浸制标本。

【修订：曾庆钱 2017/3/24】

066 广州(GDMP)：广东医药学院药学系药用植物标本室*

地　址：510224　广东省广州市海珠区光汉直街40号

*未取得联系。

067 广州(IBSC)：中国科学院华南植物园标本馆

GUANGZHOU (IBSC): Herbarium, South China Botanical Garden, Chinese Academy of Sciences

地　址：510650　广东省广州市天河区兴科路723号
Address: No. 723, Xingke Road, Tianhe District, Guangzhou, Guangdong 510650
网　址：http://herbarium.scib.ac.cn/　　联系人：曾飞燕，汤银珠
电　话：020/37252692；020/37252548　　邮　箱：yinzhu@scbg.ac.cn
隶属关系：中国科学院　　建室(馆)年份：1927
标本数量：1,050,000　　数字化标本：750,000
模式标本：7,000份
主要采集人(队)：张肇骞，陈念劬，陈少卿，陈焕镛，邓良，高锡朋，郭素白，侯宽昭，黄成，李学根，李泽贤，梁向日，刘念，刘心祈，石国良，潭沛祥，蒋英，黄志，王学文，辛树帜，曾怀德，张桂才，左景烈，丁广奇，陈定如，邢福武，叶华谷，陈炳辉，黄向旭，周联选，曾飞燕，陈有卿，李素英。
标本室(馆)简介：主要收藏中国高等植物，特别是热带和亚热带地区的标本。馆藏苔藓植物4万份，蕨类植物4万份，种子植物85万份，还有模式标本7,000份，浸制标本6,400份。
历史沿革：国立中山大学农学院植物研究室(1927)—国立中山大学农林植物研究所(1929)—国立中山大学理学院植物研究所(1948)—中山大学植物研究所(1950)—中国科学院华南植物研究所(1954)—广东植物研究所(1972)—中国科学院华南植物研究所(1978)—现名(2003)。曾用代码SCBI。中国科学院华南植物研究所鼎湖山树木园标本室(IBSD)并入本馆。
交换标本：可供——华南地区维管植物标本。需求——全世界热带和亚热带地区维管植物标本。
主任(馆长)：张奠湘　1963(豆科，水玉簪科，白玉簪科，芸香科，茜草科)020/37252543；dx-zhang@scbg.ac.cn
职员及其研究专长：
陈炳辉　1955(华南植物区系)
陈　娟　1986(姜科)
陈有卿　1958(标本管理)
邓云飞　1970(爵床科)
董仕勇　1970(蕨类植物)
郭丽秀　1964(棕榈科)
黄向旭　1960(姜科)
李世晋　1973(豆科)
刘　青　1974(禾本科)
刘运笑　1975(植物科学画)
任　琛　1983(菊科)
童毅华　1986(杜鹃花科)

涂铁要 1979(豆科，茄科，华南植物区系)
王瑞江 1968(茜草科)
夏念和 1963(竹亚科，木兰科等)
邢福武 1956(华南植物区系)
薛彬娥 1986(番荔枝科)
杨亲二 1964(菊科，毛茛科)
叶华谷 1956(华南植物区系)
袁 琼 1977(菊科，毛茛科)
曾飞燕 1967(标本管理)
周联选 1965(华南植物区系)

陈 涛(已调离)
陈邦余 1936(云实科，山柚子科，楝科，广东植物区系)
陈德昭 1926(木通科，云实科，蝶形花科，无患子科)
陈伟球 1934(辣木科，木犀草科，伯乐树科，茜草科)
陈忠毅 1943(木兰科，姜科，细胞分类学)
狄端初 1925(标本装订)
何 珍 1934(标本装订)
胡启明 1935(小檗科，紫金牛科，菊科，报春花科)
黄茂先 1932(白花菜科，楝科)
黄淑美 1933(马兜铃科，绣球花科，大戟科，安息香科)
蒋 林(已调离)
李泽贤 1936(华南植物)
林 祁(已调离)
林邦娟 1936(苔藓植物)
林有润 1937(菊科)
刘 念(已调离)
刘福兰 1937(标本装订)
陆丽珍 1934(标本装订)
丘华兴 1929(山龙眼科，大戟科，桑寄生科)
阮云珍 1936(猪笼草科，茅膏菜科)
卫兆芬 1934(绣球花科，云实科，金莲木科，棕榈科)
吴德邻 1934(豆科，姜科，芭蕉科，竹芋科，水玉簪科等)
吴兆洪 1934(蕨类植物)
张 力(已调离)

陈封怀 1900—1993(菊科，报春花科)
陈焕镛 1890—1971(樟科，壳斗科，绣球花科，苦苣苔科)
陈升振 1933—2009(姜科)
陈少卿 1911—1997(华南植物)

程用谦 1930—1999(胡椒科，菊科)
邓晶发 1937—1994(植物科学画)
邓盈丰 1933—2008(植物科学画)
冯学琳(禾本科)
冯钟元 1917—2011(植物科学画)
高蕴璋 1917—2005(海桑科，红树科，茜草科)
何椿年 1906—1968(红树科，无患子科，五加科)
何惠珍 1951—1999(标本管理)
侯宽昭 1908—1959(蝶形花科，桑科，茜草科)
黄宝贤(牻牛儿苗科等)
黄成就 1922—2002(壳斗科，芸香科)
黄少容 1926—1997(植物科学画)
贾良智 1921—2004(竹科)
李素英 1964—2015(标本管理)
刘玉壶 1917—2004(松科，木兰科，五味子科，清风藤科)
罗献瑞 1927—2000(石榴科，王蕊科，无患子科，茜草科)
苏惠茹 1915—2005(标本管理)
谭沛祥 1919—1991(檀香科，蛇菰科，杜鹃花科)
王铸豪 1923—2008(蕨类植物)
吴容芬 1922—2001(清风藤科，山矾科)
吴印禅 1901—1950(蕨类植物)
曾庆文 1963—2012(木兰科)
张肇骞 1900—1972(堇菜科，菊科)
周汉泉 1920—2001(标本管理)

编著的有关书刊：《中国科学院华南植物研究所集刊》；《华南植物学报》；《广州植物志》(第1卷)；《海南植物志》；《广东植物志》；《华南杜鹃花志》；《中国植物志》[第4(1)，第6(1)，第16(2)，第20(1)，第22，第24，第30(1)，第35(1)，第39，第43(1-2)，第44(2)，第47(1)，第59(1-2)，第60(2)，第71(1-2)，第76(2)，第79，第80(2)卷]；《热带亚热带植物学报》；《香港稀有及珍贵植物》；《梧桐山植物》；《深圳植物物种多样性及其保育》；《中国木兰》；《深圳市七娘山郊野公园植物资源与保护》；《广东植物名录》；《乐昌植物志》；《澳门植物名录》；《中国的珍稀植物》；《澳门植物志》；《香港古树名木》；《广东植物多样性编目》；《香港植物志》；《广州野生植物》；《中山生物物种资源》；《中国景观植物》；《东莞植物志》；《东莞珍稀植物》；《东莞园林植物》；《广州陆生野生植物资源》；《南岭植物名录》；《南岭植物物种多样性编目》；《海南植物物种多样性编目》；《广州野生动植物多样性专题研究》；《海南民族植物学研究》；《中国药用植物》(第1–第5卷)；《华南药用植物》；《广州风水林》；《鹤山树木志》；《澳门古树名木》；《乐昌植物》；《南岭珍稀植物》；《南岭国家级自然保护区植物区系与植被》；《鼎湖山南亚热带森林——树种及其分布格局》；《海南植物》；《中国迁地栽培植物志名录》；《广东苔藓志》。

【修订：汤银珠，张奠湘 2015/6/19】

068 广州(JU)：暨南大学水生生物研究所藻类标本室*

地　址：510632　广东省广州市
*未取得联系。

069 广州(SCSG)：中国科学院南海海洋研究所南海海洋生物标本馆

GUANGZHOU (SCSG): Biological Specimen Museum, South China Sea Institute of Oceanology, Chinese Academy of Sciences
地　址：510301　广东省广州市海珠区新港西路164号
Address: No. 164, Xingang West Road, Haizhu District, Guangzhou, Guangdong 510301
网　址：http://www.scsio.ac.cn/jgsz/zcbm/bbg/
联系人：谭烨辉　　　　电　话：020/89021159
邮　箱：tanyh@scsio.ac.cn　　　　隶属关系：中国科学院
建室(馆)年份：1960　　　　标本数量：10,393
数字化标本：10,393
主要采集人(队)：廖小珊，潘国瑛，王永川，黎同寿，陈虹勋，王忠明，周林滨。
标本室(馆)简介：广东、广西沿海和海南，以及西沙群岛的海藻标本。其中以粤东沿海地区海藻，特别是马尾藻属(*Sargassum*)、江蓠属(*Cracilaria*)和紫菜属(*Porphyta*)的标本较为丰富。其中数字化标本10,393 份373种。
历史沿革：原属南海海洋研究所生物研究室标本室，后移到汕头植物实验站，并建立本标本室，再归入南海海洋生物标本馆。

交换标本：可供——西沙群岛海藻标本和广西、海南海藻标本，特别是江蓠属和紫菜属和马尾藻属标本。

馆　　长：谭烨辉 1970（中国南海海草）

职员及其研究专长：

黎同寿 1954（广西、海南海草）lts@scsio.ac.cn

潘国瑛 1939（粉枝藻属，紫菜属）

王永川 1936（中国南海海藻）

编著的有关书刊：《西沙群岛海藻研究》《中国南海海草研究》。

【修订：连喜平 2015/7/15 xplian@scsio.ac.cn】

070 广州(SN)：华南师范大学生命科学学院植物标本室

GUANGZHOU (SN): Herbarium, School of Life Sciences, South China Normal University

地　　址：510631　广东省广州市天河区石牌

Address: Shipai, Tianhe District, Guangzhou, Guangdong 510631

网　　址：http://life.scnu.edu.cn/

联 系 人：林正眉

电　　话：020/85211372

邮　　箱：linzhm@scnu.edu.cn　传　　真：020/85211372

隶属关系：广东省教育厅　建室(馆)年份：1946

标本数量：40,000　数字化标本：10,000

主要采集人(队)：陈定如，陈章和，徐祥浩，胡适宜，麦鹤云，张德明，周云龙。

标本室(馆)简介：广东、海南、广西、湖南等省区标本。

交换标本：可供——广东、广西、湖南少量标本。需求——新疆、西藏、青海、内蒙古、东北及国外标本。
主任（馆长）：冯启理
管理负责人：林正眉 1969（植物学，园林植物）
职员及其研究专长：
陈定如 1935（种子植物，园林植物）
陈章和 1954（种子植物，植物生态学）
董川宏 1968（种子植物，园林植物）
李　扬 1978（藻类植物）
申聪香 1983（种子植物，园林植物）
张德明 1965（种子植物，园林植物）
周云龙 1955（种子植物，园林植物）
编著的有关书刊：《华南师范大学校园景观植物》《华南常见园林植物图鉴》。
【修订：林正眉 2016/2/23】

071 广州(SYS)：中山大学植物标本室

GUANGZHOU (SYS): Herbarium of Sun Yat-sen University
地　址：510275　广东省广州市海珠区新港西路135号
Address: No. 135, Xingang West Road, Haizhu District, Guangzhou, Guangdong 510275
网　址：http://lifesciences.sysu.edu.cn/
联系人：廖文波
邮　箱：lsslwb@mail.sysu.edu.cn
电　话：020/84115882；13924206547
隶属关系：教育部
建室（馆）年份：1916
标本数量：240,000
数字化标本：180,000
模式标本：1,450号（种）

主要采集人(队)：陈焕镛，F. P. Metcalf，F. A. McClure，张宏达，冯 钦，刘心祈，曾怀德，曾沛，王伯荪，缪汝槐，叶创兴，廖文波，凡强，石祥刚，刘蔚秋等。

标本室(馆)简介：主要是华南各省区及台湾高等植物，还有东南亚(包括菲律宾、印度尼西亚、马来西亚、泰国、柬埔寨)标本34,000号，中美洲、南美洲标本2,000号，日本标本1,500号。

历 史 沿 革：私立岭南大学自然历史博物馆的植物标本室于1916年归并入岭南大学标本室(LU)，到1949年有13万号，合并入中山大学。

主任(馆长)：廖文波1963 (植物分类学，华南植物区系)

职员及其研究专长：

凡　强 1978(华南植物区系，分类学)
黄云晖 1936(东北区系)
金建华 1966(华夏植物区系，古植物学) lssjjh@mail.sysu.edu.cn
李植华 1935(苔纲)
刘兰芳 1936(千屈菜科，樟科)
刘蔚秋 1970(苔藓分类，植物生态)
刘　莹 1982(菊科，华南植物区系)
缪汝槐 1942(椴树科，壳斗科，华南植物区系)
任善相 1920(华南植物区系)
石祥刚 1978(山茶科，华南植物区系)
颜素珠(金缕梅科)
叶创兴 1946(山茶科，华南植物区系)
张宏达 1914—2016(植物分类，华夏植物区系)

编著的有关书刊：《中山大学学报》；《中国植物志》[第35(2)，第49(1)(3)，第53(1)卷]；《海南植物志》；《广东植物志》；《种子植物系统学》；《中国三清山生物多样性综合科学考察》；《中国三清山生物多样性彩色图谱》；《广东省仁化丹霞山动植物综合科学考察》；《中国井冈山生物多样性综合科学考察》；《海南岛热带林生物多样性及其形成机制》；《海南岛热带林生物多样性及其物种进化》。

【修订：廖文波 2013/8/25】

072 深圳(NOCC)：深圳市兰科植物保护研究中心标本馆*

SHENZHEN (NOCC): Herbarium, the National Orchid Conservation Center of China

地　　址：518114　广东省深圳市罗湖区望桐路889号

Address: No. 889, Wangtong Road, Luohu District, Shenzhen, Guangdong 518114

网　　址：http://www.sinicaorchid.org

联 系 人：饶文辉

电　　话：0755/25710468

邮　　箱：conservation@sinicaorchid.org

隶属关系：深圳市和国家林业局　　建室（馆）年份：1999

标本数量：4,129　　模式标本：139份

主要采集人（队）：饶文辉，刘仲健，陈旭辉，陈利君，刘卫荣。

标本室（馆）简介：兰科植物专类标本馆，主要是中国及周边国家兰科植物腊叶标本，还有与兰科植物进化有关的动植物化石标本，包括兰科植物DNA样品11,045份、动植物化石标本1,030份。

交 换 标 本：可供——广东、云南等地兰科植物标本。需求——世界各地兰科植物标本。

主任（馆长）：饶文辉 1978（兰科植物分类、标本管理）

职员及其研究专长：

陈利君 1980（兰科植物繁育与保护）

陈旭辉 1970（兰科植物野外调查）

林　敏 1991（兰科植物标本管理）

刘卫荣 1972（兰科植物野外调查）

刘仲健 1958（兰科植物的系统与进化、分子生物学）

编著的有关书刊：《中国兰属植物》《中国兜兰属植物》《中国杓兰属植物》《中国兰科属志》。

【填表：陈利君 2016/2/18】

*首次收载。

073 深圳(SZG)：深圳市中国科学院仙湖植物园标本馆

SHENZHEN (SZG): Herbarium, Fairylake Botanical Garden, Shenzhen & Chinese Academy of Sciences

地　　址：518004　广东省深圳市罗湖区仙湖路160号

Address: No. 160, Xianhu Road, Luohu District, Shenzhen, Guangdong 518004

网　　址：http://www.szbg.ac.cn/index.aspx

联 系 人：左勤

电　　话：0755/25704434

邮　　箱：215509576@qq.com

隶属关系：深圳市城市管理局

建室(馆)年份：1983

标本数量：100,000

数字化标本：31,000

主要采集人(队)：李沛琼，陈潭清，李勇，张寿洲，陈涛，李楠，张力，王国栋、王晖，刘红梅，左勤，万涛，邱志敬，陈珍传，陈景方，黄义钧，杨蕾蕾，王定跃，王勇进。

标本室(馆)简介：主要收集华南、西南及港澳台地区野生及栽培植物标本，亦有部分采集自非洲、美洲、大洋洲及亚洲其他地区的高等植物标本。

交换标本：可供——华南地区维管植物标本。需求——世界各地热带和亚热带植物标本。

主任(馆长)：张力　1967(苔藓植物，角苔类，指叶苔科，耳叶苔科，凤尾藓科，花叶藓科) zhangli@scib.ac.cn

管理负责人：王晖　1982(蕨类植物，膜蕨科，深圳野生植物) 470778041@qq.com

职员及其研究专长：

陈景方　1967(仙人掌科，深圳野生植物)

陈潭清　1941(湖北木本植物)

陈　涛　1963(茜草科，叶子花属，华南植物区系)

陈珍传　1970(蕨类植物，深圳野生植物)

黄义钧 1985(华南特有植物)
李　楠 1963(裸子植物，苏铁目)
李沛琼 1934(华南被子植物，豆科，莎草科)
刘红梅 1979(蕨类植物，爬树蕨科，叉蕨科)
邱志敬 1981(苦苣苔科)
万　涛 1983(水生植物，东非地区植物，买麻藤科)
杨蕾蕾 1988(龙胆目)
张寿洲 1964(蕨类植物，木兰科，秋海棠科，天南星科)shouzhouz@126.com
左　勤 1984(苔藓植物，棉藓科)

编著的有关书刊：《深圳植物志》《广东苔藓志》《澳门苔藓植物志》《中国高等植物》《蕨类植物图谱——孢子体和原叶体》《深圳仙湖植物园名录》等。

【修订：左勤 2015/12/16】

074 湛江(ZHAN)：岭南师范学院生命科学与技术学院植物标本室

ZHANJIANG (ZHAN): Herbarium, Life Science & Technology School, Lingnan Normal University

地　址： 524048　广东省湛江市赤坎区寸金路29号

Address: No. 29, Cunjin Road, Chikan District, Zhanjiang, Guangdong 524048

网　址： http://www.lingnan.edu.cn/index.htm　　**联系人：** 钟军弟

电　话： 0759/3183744　　**邮　箱：** jundi2001@163.com

隶属关系： 广东省教育厅　　**建室(馆)年份：** 1982

标本数量： 2,315

主要采集人(队)： 陈罗比，窦萍珍，杨秀坚，钟军弟。

标本室(馆)简介：湛江地区植物，有被子植物标本1,950份、蕨类植物标本140份、裸子植物标本70 份。
历 史 沿 革：广东省雷州师范专科学校—广东省湛江师范学院—现名。
交 换 标 本：可供——湛江地区被子植物标本。需求——华中、华北地区的种子植物标本。
主任(馆长)：陈燕 1958
管理负责人：钟军弟 1980
职员及其研究专长：
成夏岚 1982
窦萍珍 1957
编著的有关书刊：《粤西地区常见植物手册》。
【修订：钟军弟 2013/9/17】

075 肇庆(IBSD)：中国科学院华南植物研究所鼎湖山树木园标本室*

地 址：526070 广东省肇庆市鼎湖山树木园
*转移到中国科学院华南植物园标本馆(IBSC)。

076 桂林(GLMC)：桂林医学院药学院生药学教研室药用植物标本室

GUILIN (GLMC): Medicinal Herbarium, College of Pharmacy, Guilin Medical University
地 址：541100 广西桂林市临桂区致远路1号
Address: No. 1, Zhiyuan Road, Lingui District, Guilin, Guangxi 541100
网 址：https://mgmt.glmc.edu.cn/yxy/
联 系 人：黄德青
电 话：0773/5891498；13768130936
邮 箱：huangdeqing2008@163.com
隶属关系：广西壮族自治区教育厅
建室(馆)年份：1978
标本数量：580
主要采集人(队)：王育生，翁玉芳，袁模军。
标本室(馆)简介：主要为广西桂林地区药用植物标本。
历史沿革：1985年由广西桂林医学专科学校改为桂林医学院。
交换标本：可供——桂林地区药用植物标本。需求——各省药用植物标本。

主任(馆长)： 黄德青 1980(中国葱属、桂北药用植物资源)

职员及其研究专长：

王育生 1938(中国水冬哥属及毒药树属)

翁玉芳 1934(广西牻牛儿苗科)

【修订：黄德青 2017/3/27】

077 桂林(GNU)：广西师范大学生命科学学院植物标本室

GUILIN (GNU): Herbarium, College of Life Science, Guangxi Normal University

地　　址： 541006　广西桂林市雁山镇雁中路1号

Address: No. 1, Yanzhong Road, Yanshan Town, Guilin, Guangxi 541006

网　　址： www.bio.gxnu.edu.cn　　**联系人：** 谢强

电　　话： 0773/5845952　　**邮　　箱：** xieqiangbios@sina.com

隶属关系： 广西壮族自治区教育厅　　**建室(馆)年份：** 1965

标本数量： 50,000

主要采集人(队)： 邓春匡，邓仲吾，黄锦培，梁诗炎，龙飞云，谢强，薛跃规，梁士楚，唐绍清。

标本室(馆)简介： 主要收藏广西及邻近地区植物，包括藻类植物、大型真菌、苔藓植物、蕨类植物和种子植物。

历 史 沿 革： 广西师范学院—现名。

主任(馆长)： 谢强 1963(植物分类，植物资源)

职员及其研究专长：

邓春匡 1931(淡水硅藻)

邓仲吾 1929（桂林石山植物区系）
梁诗炎 1923（淡水蓝藻）
梁士楚 1965（植物生态）gxlsc@gxnu.edu.cn
龙飞云 1941（桂林石山植物区系）
唐绍清 1964（植物分类，植物分子生物学）shaoqing@gxnu.edu.cn
薛跃规 1964（植物分类，植物地理）

编著的有关书刊：《广西湿地植物》（2011）；《广西动植物生态学研究》（第1–第4集）。

【修订：谢强 2013/9/6】

078 桂林(IBK)：广西植物研究所标本馆

GUILIN (IBK) : Herbarium, Guangxi Institute of Botany

地　　址：541006　广西桂林市雁山区雁山镇雁山街85号

Address: No. 85 Yanshan Town, Guilin, Guangxi 541006

网　　址：http://flora.gxib.cn　　联系人：林春蕊

电　　话：0773/3550103　　邮　　箱：chunruilin@tom.com

隶属关系：广西壮族自治区人民政府和中国科学院　　建馆年份：1935

标本数量：400,000　　数字化标本：300,000

模式标本：4,958份2,015种

主要采集人（队）：陈立卿，陈少卿，陈照宙，高锡朋，李荫昆，李中提，梁向日，刘心祈，覃浩富，谭沛祥，钟济新，韦发南，刘演，林春蕊，许为斌，黄俞淞，蒋日红。

标本馆简介：主要馆藏华南地区维管植物标本，尤以喀斯特植物最具特色，同时收藏有部分云南、四川、贵州、湖南、华东、华北及越南北部等地植物标本。2013年以来共完成30余万份标本的数字化工作并实现网络共享。

历史沿革：广西大学植物研究所—中国科学院华南植物研究所广西分所—广西植物研究所—现名。曾用代码KU，IBY，IBG。

主任（馆长）：刘演 1968（苦苣苔科，秋海棠科，兰科，喀斯特植物）gxibly@163.com

管理负责人：林春蕊 1973（蜘蛛抱蛋属，药用植物）

职员及其研究专长：

曹　明 1963（花椒属和吴茱萸属）caoming135@126.com

董莉娜 1979（秋海棠科，翅茎草属和马松蒿属）donglina15@gmail.com
高 乞 1981（蜘蛛抱蛋属）qigao_qg@foxmail.com
黄俞淞 1983（柿科，马兜铃属，喀斯特植物）huang-yusong@163.com
刘 静 1987（蕨类植物）zggxzwlj@163.com
潘玉梅 1981（外来入侵植物）panyumei@gxib.cn
唐赛春 1973（杜鹃花科，外来入侵植物）tangs@gxib.cn
韦春强 1982（外来入侵植物）weichun007@163.com
韦玉梅 1982（苔藓植物）wushuang-123@163.com
韦毅刚 1967（苦苣苔科，荨麻科）（本所园林园艺研究中心）
温 放（苦苣苔科）15107736699@139.com（本所园林园艺研究中心）
许为斌 1980（樟科，苦苣苔科，喀斯特植物）gxibwbxu@gmail.com
张 强 1979（金粟兰科）qiangzhang04@126.com

陈永昌（已调离）
黄德爱 1934（豆科，旋花科）
李光照 1940（八仙花科，玄参科，百合科，杜鹃花科）
梁健英 1942（木兰科，远志科）
陆益新（已调离）
毛宗铮 1931（裸子植物，榆科等）
韦发南 1941（樟科，大戟科，五加科，华南区系植物）
韦裕宗 1936（樟科，豆科）
张本能（已调离）

李树刚 1915—1997（樟科，豆科，千屈菜科，柿科）
梁畴芬 1921—1998（猕猴桃科，马兜铃科）
文和群 1957—2013（石竹科，木犀科）

编著的有关书刊：《广西植物名录》；《广西植物志》；《华南苦苣苔科植物》；《广西石灰岩石山植物图谱》；《广西本草选编》（上下册）；《广西靖西县端午药市常见药用植物》；《中国植物志》[第30，第31，第41，第42(2)，第49(2)，第52，第60(1)卷]；《中国树木志》（第1，第3卷）；《中国高等植物》（第3，第4，第7卷）。

【修订：刘演 2013/8/25】

079 柳州(GXFS)：广西生态工程职业技术学院树木标本室

LIUZHOU (GXFS): Dendrological Herbarium, Guangxi Eco-engineering Vocational and Technical College

地　址：545003　广西柳州市沙塘镇

Address: Shatang Town, Liuzhou, Guangxi 545003

网　址：http://www.gxstzy.cn/　　联 系 人：盘延明

电　话：0772/2725818；0772/2725858　　邮　箱：panyanming2003@126.com

隶属关系：广西壮族自治区林业厅和广西壮族自治区教育厅

建室（馆）年份：1984　　标本数量：8,000

主要采集人(队)：安家成，黎素萍，廖英汉，兰玲，隆卫革，林红，杨善云，雷俊。

标本室(馆)简介：广西木本植物。有标本8,000份(号)，包括175科505属1,386种。

历史沿革：广西林业学校树木标本室—广西生态工程职业技术学院—现名。

管理负责人：

安家成(已调离)

林　红(广西园林植物)

隆卫革(广西园林植物)

盘延明(广西园林植物)

【修订：盘延明　2017/3/27】

080 南宁(GAC)：广西大学森林植物标本馆

NANNING (GAC): Dendrological Herbarium, Forestry College, Guangxi University

地　址：530004　广西南宁市大学东路100号

Address: No. 100, Daxue Dong Road, Nanning, Guangxi 530004

网　址：http://lxy.gxu.edu.cn/index.htm　　联系人：王磊

电　话：0771/3271428　　邮　箱：alei-004@163.com

隶属关系：广西壮族自治区教育厅和教育部

建室(馆)年份：1946

标 本 数 量：33,000

主要采集人(队)：黄志辉，李树刚，李士諹，黎向东，李信贤，李治基，梁畴芬，钟济新。

标本室(馆)简介：以广西木本植物标本为主，兼顾林下植物(含蕨类植物)。

历 史 沿 革：广西大学森林系植物标本室—广西农学院林学系植物标本室—广西农学院林学分院植物标本室—广西农业大学林学院植物标本室—现名。

交 换 标 本：可供——广西，尤其是南亚热带以南木本植物和石灰岩山地特有树种标本。需求——广西周边省份木本植物标本。

主任(馆长)：和太平　1963(广西森林植物及园林植物)0771/3270881；h-taiping@163.com

管理负责人：王　磊　1985(广西森林植物)

职员及其研究专长：

邓荣艳 1980（广西木本植物）
黄志辉 1954（广西木本植物）
黎向东 1933—2011（森林生态）
李士謌 1933（广西木本植物）
李信贤 1939（广西木本植物与植被）
李治基 1917—1995（广西植被）
罗应华 1978（森林生态）
温远光 1957（森林生态和生物多样性）

编著的有关书刊：《广西树木志》；《广西森林》；《森林植物学》；《广西海岸带植被》；《广西热带和亚热带山地的植物多样性及群落特征》；《广西树木志》（第1卷）；《广西十万大山自然保护区生物多样性及其保护体系》；《广西岑王老山自然保护区生物多样性保护研究》；《广西大瑶山自然保护区生物多样性研究及保护》；《园林树种栽培养护手册》；《中国桂花栽培与鉴赏》。

【修订：和太平 2015/7/31】

081 南宁(GAUA)：广西大学农学院植物标本室

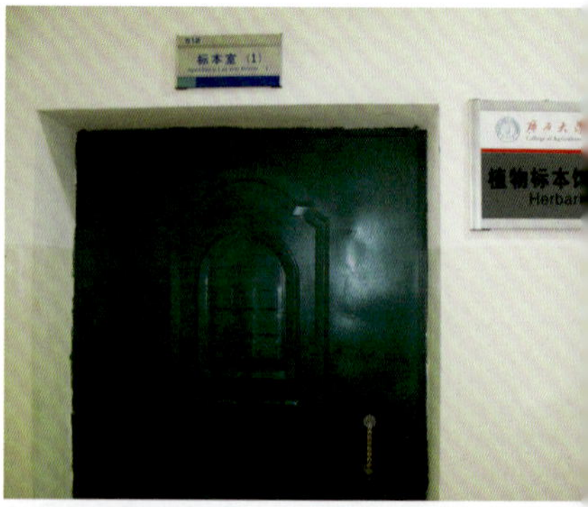

NANNING (GAUA): Herbarium, College of Agriculture, Guangxi University

地　址：530005　广西南宁市大学东路100号

Address: No. 100, Daxue East Road, Nanning, Guangxi 530005

网　址：http://nxy.gxu.edu.cn/

联 系 人：周琼，马仲辉

电　话：13707819157；18878884703

邮　箱：qiong9578@126.com；mazhonghui08@126.com

隶属关系：广西壮族自治区教育厅和教育部

建室（馆）年份：1950

标 本 数 量：20,000

主要采集人（队）：李建堂，夏民生，周秉珍，周厚高，谢宝贵，黎桦，谢义林，周琼，黄玉源，马仲辉。

标本室（馆）简介：主要收集广西的蕨类植物及种子植物，其中种子植物约10,000份，蕨类约10,000份。

历史沿革：广西大学农学院—广西农学院农学系—广西农业大学农学系—现名。

交换标本：与国内相关单位交换有部分蕨类植物标本。

主任(馆长)：马仲辉 1984(中国唇形科紫珠属)mazhonghui08 @126.com

职员及其研究专长：

黎　桦 1962(广西农田杂草)

李建堂 1933(广西农田杂草)(已去世)

夏民生 1929(广西农田杂草)

谢宝贵(轮藻科)(已去世)

谢义林 1963(园林植物，广西石灰岩地区植物)

周　琼 1967(园林植物，豆科)

周秉珍 1936(广西农田杂草，地衣植物)

周厚高(已调离)

编著的有关书刊：《广西蕨类植物概览》；《广西植物志》(第5卷，参与部分蕨类植物的编写)。

【修订：黎桦 2017/3/27】

082 南宁(GXCM)：广西中医药大学医药会展中心腊叶标本室

NANNING(GXCM): Herbarium, Medical Convention and Exhibition Center, Guangxi University of Chinese Medicine

地　址：530001　广西南宁市西乡塘区明秀东路179号

Address: No. 179, Mingxiu East Road, Xixiangtang District, Nanning, Guangxi 530001

网　址：http://www.gxtcmu.edu.cn

联 系 人：谈远锋

电　话：0771/3933481
邮　箱：1046746449@qq.com
隶属关系：广西壮族自治区教育厅
建室(馆)年份：1976
标本数量：5,500
模式标本：60份9种
主要采集人(队)：刘寿养，韦松基，傅鹏，宁小清，钟霞军，韦威，谈远锋。
标本室(馆)简介：广西各地药用植物；刘寿养、韦松基、宁小清等描述发表的9种种子植物模式。
历 史 沿 革：广西中医学院—现名。
主任(馆长)：傅鹏 1978(广西药用植物) 0771/3137546
职员及其研究专长：
　刘寿养 1942—2017(广西药用植物)
　宁小清 1966(广西药用植物)
　谈远锋 1978(广西药用植物)
　韦　威 1981(广西药用植物)
　钟霞军 1964(广西药用植物)
备注：另有3,000份瓶装干药材标本和900份药用植物浸制标本。
【修订：谈远锋 2013/8/29】

083 南宁(GXDC)：广西食品药品检验所植物标本室

NANNING (GXDC): Herbarium, Guangxi Institute for Food and Drug Control
地　址：530021　广西南宁市青秀区青湖路9号

Addess: No. 9, Qinghu Road, Qingxiu District, Nanning, Guangxi 530021
网　址：http://www.gxyjs.org.cn　　联 系 人：黄清泉
电　话：0771/5828498；0771/5828468　　邮　箱：9019689@qq.com
隶属关系：广西壮族自治区食品药品监督管理局
建室（馆）年份：1959　　标本数量：20,000
主要采集人（队）：黄燮才，韦家福。
标本室（馆）简介：广西药用植物。
历史沿革：广西药品检验所——现名。
主任（馆长）：谢培德 1963（广西药用植物）
职员及其研究专长：
　黄清泉 1979（广西药用植物）
　黄燮才 1936（广西药用植物）
　韦家福 1952（广西药用植物）
　夏尊成 1932（广西木莲属药用植物）
　周珍诚 1939（广西钩滕属药用植物）
备注：另有瓶装药材标本7,000余瓶。
【修订：黄清泉 2013/9/2】

084 南宁(GXEM)：广西民族医药研究所民族药标本室*

地　址：530001　广西南宁市明秀路36号
*已不存在。

085 南宁(GXF)：广西林业勘测设计院植物标本室

NANNING (GXF): Herbarium, Guangxi Forest Inventory and Planning Institute
地　址：530011　广西南宁市中华路14号
Address: No. 14, Zhonghua Road, Nanning, Guangxi 530011
网　址：http://www.gxforestry.com/　　联系人：彭定人
电　话：13978655064　　邮　箱：pdr-2004@163.com
隶属关系：广西壮族自治区林业厅　　建室（馆）年份：1953
标本数量：60,000　　数字化标本：50,000
模式标本：100份30种
主要采集人（队）：莫新礼，韦宇（韦占业），雷达美，陈抡祥，冯明，钟业聪，彭定人，王玉兵，覃永华，梁永延，罗开文。
标本室（馆）简介：以广西木本植物为主。
历史沿革：广西林业调查队—广西林业勘测设计队—现名。

管理负责人：彭定人 1979(广西木本植物)

职员及其研究专长：

梁永延 1982(广西木本植物)liang-yongyan@foxmail.com

罗开文 1980(广西木本植物)lkw268@163.com

莫新礼 1934—1988(广西木本植物)

覃永华 1981(广西木本植物)allen987189@163.com

钟业聪 1935(山茶科，杜鹃花科，松科，苏铁科)

备注：另有广西主要用材树种木材标本约500份。

【修订：彭定人 2015/7/2】

086 南宁(GXFI)：广西林业科学研究院植物标本室

NANNING(GXFI): Herbarium, Guangxi Forestry Research Institute

地　　址：530002　广西南宁市邕武路23号

Address: No. 23, Yongwu Road, Nanning, Guangxi 530002

网　　址：http://www.gxlky.com.cn/

联系人：梁瑞龙

电　　话：0771/2319892；13207811918

邮　　箱：liangruilong@126.com

隶属关系：广西壮族自治区林业厅

建室(馆)年份：1956

标本数量：20,000

模 式 标 本：30份

主要采集人(队)：戴启惠，梁盛业，刘政，王宏志，张庆禄。

标本室(馆)简介：以广西山区木本植物为主。收藏有梁盛业的模式标本30号(金花茶组为主)和少量越南、苏联标本。

管理负责人：梁瑞龙 1962(植物资源，生物多样性和群落生态研究)

职员及其研究专长：

戴启惠(禾本科)

黄应钦 1955(植物科学画，植物分类，植物资源)

李　娟 1984(植物资源，生物多样性和群落生态研究)

梁盛业 1933—2014(中国山茶属分类)

林建勇 1985(植物分类，植物资源，生物多样性和群落生态研究)

编著的有关书刊：《广西树木志》(第1–第3卷)(2012–2015)；《广西主要乡土树种》(2011)；《广西竹类植物》(2009)；《600种南方主要树种种实形态与处理技术》(2014)。

【修订：梁瑞龙 2015/7/2】

087 南宁(GXMG)：广西药用植物园标本馆

NANNING(GXMG): Herbarium, Guangxi Medicinal Botanic Garden

地　　址：530023　广西南宁市长堽路189号

Address: No. 189, Changgang Road, Nanning, Guangxi 530023

网　　址：http://www.gxyyzwy.com/　　联系人：谢月英

电　　话：0771/2443582　　邮　　箱：aierxie@sina.com

隶属关系：广西壮族自治区卫生健康委员会　　建室(馆)年份：1979

标本数量：150,000　　数字化标本：30,000

模式标本：8号

主要采集人(队)：黄长春，黄燮才，陆小鸿，倪芝瑜，杨玉庚，余丽莹，吕惠珍，韦明思，黄云峰，黄俞淞，农东新，彭玉德，黄宝优，黄雪彦。

标本室(馆)简介：主要是广西药用植物，包括全国第四次中药资源普查(2011年至今)标本。其中，苔藓植物标本500份(靖西、那坡)，蕨类植物标本2,500份，裸子植物标本500份，被子植物标本146,500份。另有万煜、黄长春蜘蛛抱蛋属植物模式8号。

主　任（馆　长）：余丽莹 1974(广西药用植物，栝楼属和绞股蓝属)0771/2443582；yuliying@vip.sina.com

职员及其研究专长：

陈德荣 1964（广西药用植物）

黄宝优 1978（广西药用植物）huangbaoyou948@hotmail.com

黄颖锋 1965（广西药用植物）

吉　涛 1962（广西药用植物）（已调离）

吕惠珍 1963（广西药用植物，苦苣苔科）luhzh2004@163.com

农东新 1985（广西十万大山区系）gx_dongxin@163.com

彭玉德 1980（广西药用植物）pengyude@126.com

苏燕秋 1956（广西药用植物）

编著的有关书刊：《广西药用植物园药用植物名录》（1974，2006）；《南药与大南药》（2014）。

备注：另有2,000份瓶装药材标本。

【修订：余丽莹 2015/7/2】

088 南宁(GXMI)：广西中医药研究院植物标本馆

NANNING (GXMI) : Herbarium, Guangxi Institute of Chinese Medicine & Pharmaceutical Science

地　　址：530022　广西南宁市东葛路20-1号

Address: No. 20-1, Dongge Road, Nanning, Guangxi 530022

网　　址：http://www.gicmp.com/

联系人：黄云峰，严克俭

电　　话：0771/5868275

邮　　箱：huangyunfeng2000@126.com

隶属关系：广西壮族自治区卫生健康委员会

建室（馆）年份：1959

标本数量：68,000

数字化标本：58,000

模式标本：1,100份约400种

主要采集人（队）：方鼎，陈秀香，高成芝，梁乃宽，罗金裕，覃德海，饶伟源，万煜，王鉴钧，严克俭，黄云峰。

标本室(馆)简介：广西区内各地药用植物标本。以姜科、苦苣苔科、爵床科、秋海棠科和茜草科等收藏为特色，包括蕨类植物3000多份、裸子植物300多份、被子植物62,000多份，均已数据化。

主任(馆长)：赖茂祥 1953(广西药用植物)0771/5868275

职员及其研究专长：

方　鼎 1926—2017(广西药用植物，姜科和苦苣苔科)

高成芝 1939(广西药用植物)

黄云峰 1980(广西药用植物，兰科)

罗金裕 1940(广西药用植物)

覃德海 1953—2011(广西药用植物)

严克俭 1964(广西药用植物，唇形科，茜草科)1596947235@qq.com

编著的有关书刊：《广西药用植物名录》《广西中医药研究院植物标本馆(GXMI)维管植物模式标本照片集》。

备注：另有2,000份瓶装药材标本。

【修订：黄云峰 2016/3/24】

089 南宁(GXNM)：广西自然博物馆植物标本室

NANNING(GXNM): Herbarium, Guangxi Natural History Museum

地　址：530012　广西南宁市人民东路1-1号

Address: No. 1-1, Renmin East Road, Nanning, Guangxi 530012

网　址：http://www.nhmgx.cn/　　**联系人**：谢志明

电　话：0771/5607055　　**邮　箱**：xiezhiming58@126.com

隶属关系：广西壮族自治区文化厅　　**建室(馆)年份**：1989

标本数量：6,000
主要采集人(队)：谢志明，曾玲，周丽双，宋柱秋。
标本室(馆)简介：收藏各类自然标本，其中植物标本6,000多份，主要是广西维管植物腊叶标本。
主任(馆长)：陈运发
职员及其研究专长：
宋柱秋(已调离)
谢志明 1958(广西植物)
曾　玲(已调离)
周丽双(已调离)
【修订：谢志明 2015/7/2】

090 南宁(GXSP)：广西卫生职业技术学院植物标本室

NANNING (GXSP): Herbarium, Guangxi Medical College
地　址：530023　广西南宁市昆仑大道8号
Address: No. 8, Kunlun Avenue, Nanning, Guangxi 530023
网　址：http://www.gxwzy.com.cn/　　联系人：黄欣碧
电　话：0771/5616035　　邮　箱：hxb2005@126.com

隶属关系：广西壮族自治区卫生厅　　　　　建室（馆）年份：1972

标本数量：5,300

主要采集人（队）：闭祖昭，黄增任，黄长春，万煜。

标本室（馆）简介：广西药用植物标本，尤其是隆安龙虎山自然保护区的植物标本，还有一些四川、青海、山西等省中药植物标本。

历 史 沿 革：广西壮族自治区医药研究所中草药训练班—广西壮族自治区医药研究所附设中草药学校—广西药科学校—现名。

主任（馆长）：林忠文 1964　0771/5611618；LinZhW10@163.com

职员及其研究专长：

黄欣碧

黄增任 1936—2012（广西药用植物）

万　煜 1937—1988（广西药用植物，百合科）

林忠文 1964　0771/5611618；LinZhW10@163.com

编著的有关书刊：《广西中药志》（第1，第2辑）；《药用植物学》；《广西龙虎山自然保护区维管植物名录》。

【修订：黄欣碧 2013/8/22】

091 南宁(NNA)：广西南宁树木园标本室

NANNING（NNA）: Herbarium, Nanning Arboretum

地　　址：530031　广西南宁市江南区友谊路78号

Address: No. 78, Youyi Road, Jiangnan District, Nanning, Guangxi 530031

网　　址：http://www.gxliangfengjiang.com/　联系人：黄松殿

电　　话：15878753112　　　　　　　　邮　箱：461454946@qq.com

隶属关系：广西壮族自治区林业厅　　　　　建室（馆）年份：1980

标本数量：1,000

标本室（馆）简介：主要是广西木本植物。

历 史 沿 革：良凤江植物园—南宁良凤江国家森林公园—现名。

主任（馆长）：梁建平 1958（植物资源）0771/2184608

管理负责人：黄松殿 1966（植物分类）

职员及其研究专长：

黄　钊 1939（植物迁地保护）

农少丰 1955—2004（植物迁地保护）

王　磊 1985（植物分类）alei-004@163.com

编著的有关书刊：《南宁树木园植物名录》。

备注：南宁树木园亦称南宁良凤江国家森林公园。

【修订：王磊 2015/9/2 + 黄松殿 2017/3/23】

092 毕节(BJ)：贵州工程应用技术学院植物标本室*

BIJIE (BJ): Herbarium, Guizhou University of Engineering Science

地　　址：551700　贵州省毕节市学院路

Address: Xueyuan Road, Bijie, Guizhou 551700

网　　址：http://st.gues.edu.cn/

联 系 人：骆强

电　　话：0857/8330898；13308573123

邮　　箱：luoqiang3123@126.com

隶属关系：贵州省教育厅

建室(馆)年份：1986

标本数量：20,000

模式标本：5份(种)

主要采集人(队)：骆强，陈坤浩，蒋洁云，冯图，张春，何斌，江洪。

标本室(馆)简介：以黔西北苔藓植物及蕨类植物为主(两者占馆藏的1/2)，贵州各类群植物亦有收集；5份模式为蕨类植物。

历史沿革：毕节师范高等专科学校(1993)—毕节学院(2005)—现名(2014)。标本室属于生态工程学院。

交换标本：可供——黔西北高等植物标本。需求——贵州及邻近地区标本。

主任(馆长)：骆强　1965(蕨类植物区系，植物资源)

职员及其研究专长：

陈坤浩　1969(被子植物，植物生态)
冯　图　1982(植物资源，植物生态)
江　洪　1980(苔藓植物，植物生态)
蒋洁云　1973(苔藓植物，标本管理)

【填表：骆强　2016/2/26】

*首次收载。

093 都匀(QNUN)：黔南民族师范学院植物标本馆*

DUYUN (QNUN): Herbarium, Qiannan Normal University for Nationalities

地　址：558000　贵州省都匀市龙山大道

Address: Longshan Avenue, Duyun, Guizhou 558000

网　址：http://www.sgmtu.edu.cn/　联系人：郭治友

电　话：15885418737　邮　箱：guozhiyou88@126.com

隶属关系：贵州省教育厅　建室(馆)年份：2000

标本数量：80,000　数字化标本：30,000

主要采集人(队)：郭治友，俞筱押，王春波，高礼安。

标本室(馆)简介：主要收藏贵州南部都匀、荔波、三都、丹寨、平塘和施秉等县(市)植物标本，包括民族植物资源和石灰岩地区高等植物标本。

历史沿革：2000年黔南教育学院、黔南民族师范专科学校和都匀民族师范学校合并成立黔南民族师范学院，同时植物标本馆成立。

交换标本：可供——贵州南部高等植物标本。需求——全国各地高等植物标本。

主任(馆长)：郭治友　1973(蕨类植物和民族植物资源学)
guozhiyou 88@126.com

管理负责人：高礼安　397168593@qq.com

职员及其研究专长：

俞筱押　1980(石灰岩植物) ynyxy800305@163.com

王春波　1987(裸子植物) 575552545@qq.com

编著的有关书刊：《荔波茂兰石松类和蕨类植物》。

【填表：郭治友　2017/3/2】

*首次收载。

094 贵阳(GACP)：贵州大学自然博物馆植物标本室

GUIYANG (GACP): Herbarium, Museum of Nature History, Guizhou University

地　址： 550025　贵州省贵阳市花溪区

Address: Huaxi District, Guiyang, Guizhou 550025

网　址： http://www.gzu.edu.cn/　　**联系人：** 熊源新

电　话： 13037825751　　**邮　箱：** xiongyx@vip.sina.com

隶属关系： 贵州省教育厅　　**建室(馆)年份：** 1950

标本数量： 85,000　　**数字化标本：** 15,000

模式标本： 26份13种

主要采集人(队)： 李淑久，廖远能，肖心楠，谢德文，熊源新，叶能干，苟光前。

标本室(馆)简介： 以贵州草本种子植物标本、苔藓植物和蕨类植物为主，以苔藓植物为特色。其中苔藓植物约45,000份，种子植物约40,000份，另有模式标本26份13种。

历史沿革： 贵州农学院植保系—贵州大学生物与环境科学院—贵州大学生命科学院—现名。

主任(馆长)： 熊源新 1954(贵州苔藓，贵州凤仙花科)

职员及其研究专长：

苟光前 1960(贵州蕨类植物，贵州竹亚科) ggqian106@163.com

李淑久 1935(贵州蔷薇科)

廖远能 1930—2011(贵州稻亚科，黍亚科)

王晓宇 1970(苔藓植物)

肖心楠 1930(贵州蝶形花科，含羞草科，石竹科)

谢德文 1935(贵州柿树科，蝶形花科)

叶能干 1934(贵州茄科，葫芦科，苹果亚科)

编著的有关书刊：《贵州植物志》(第5，第7，第10卷)；《贵州苔藓植物志》。

【修订：熊源新 2015/8/18】

095 贵阳(GZAC)：贵州大学林学院树木标本室

GUIYANG (GZAC): Dendrological Herbarium, College of Forestry, Guizhou University

地　址：550025　贵州省贵阳市花溪区
Address: Huaxi District, Guiyang, Guizhou 550025
网　址：http://fc.gzu.edu.cn/　　联 系 人：安明态
电　话：0851/88298015；13518505746
邮　箱：gdanmingtai@126.com　　隶属关系：贵州省教育厅
建室(馆)年份：1965　　标本数量：60,000
数字化标本：30,000　　模式标本：50份15种
主要采集人(队)：蓝开敏，李永康，徐友源，邓莉兰，苟光前，谢双喜，张华海，刘济明，安明态，王加国等。
标本室(馆)简介：以贵州省木本植物标本为主，以贵州喀斯特地区木本植物标本为特色。包括最近10年对贵州多个自然保护区开展综合科学考察所获标本。
历史沿革：贵州农学院林学系树木标本室—贵州大学农学院林学系树木标本室—现名。
交换标本：可供——贵州省木本植物标本。需求——邻近省区用材树种、经济树种及西南喀斯特地区种子植物标本。
主任(馆长)：刘济明 1963(木本植物，植物生态)
管理负责人：安明态 1975(木本植物，兰科植物)
职员及其研究专长：

苟光前(已调至本校生科院)
蓝开敏 1935(贵州植物区系地理及壳斗科，樟科，山茶科)
李惠玉 1937(贵州榆科，忍冬科)
李永康 1918—2006(贵州木本植物)
庞厚新 1965(标本管理)
徐友源 1937—1987(冬青科，鼠李科等)

编著的有关书刊：《贵州植物志》(第5卷)；《贵州森林》；《贵州宽阔水自然保护区综合科学考察集》；《贵州佛顶山自然保护区科学考察集》；《贵州朱家山自然保护区科学考察集》；《贵州野生珍贵植物资源》；《贵阳市野生兰科植物资源》。

【修订：安明态 2015/12/12】

096 贵阳(GF)：贵州省林业科学研究院植物标本室

GUIYANG (GF): Herbarium, Guizhou Academy of Forestry

地　址： 550005　贵州省贵阳市富源南路382号

Address: No. 382, Fuyuan South Road, Guiyang, Guizhou 550005

网　址： http://www.gzslky.com/　　**联系人：** 邓伦秀

电　话： 0851/83928305　　**邮　箱：** 449073775@qq.com

隶属关系： 贵州省林业厅　　**建室(馆)年份：** 1962

标本数量： 26,000　　**数字化标本：** 26,000

主要采集人(队)： 姜如碧，罗祖均，杨成华，方小平，邓伦秀，李鹤。

标本室(馆)简介： 贵州省植物，以木本植物为主。

历史沿革： 贵州省林叶科学研究所—现名。

交换标本： 可供——全省各地维管植物标本。需求——贵州及周边地区植物标本。

主任(馆长)： 邓伦秀 1969 （园林植物）

职员及其研究专长：

陈志萍 1977(园林植物) 13639088821；306128806@qq.com
方小平(已调离)
姜如碧 1937(植物分类)
李　鹤 1989(植物分类)
李　茂 1971(园林植物)
杨成华 1959(植物分类)
曾范安 1940(山茶科)
钟远春 1940—2014(竹类)

编著的有关书刊： 《贵州野生木本花卉》(2006)；《贵州野生草本花卉》(2009)；《贵州湿地常见植物图谱》(2013)；《贵州纳雍珙桐自然保护区科学考察研究》(2013)；《贵州盘县八大山自然保护区科学考察研究》(2013)；《贵州维管束植物分类与代码》(DB 52/T 20—2013)。

【修订：陈志萍 2015/8/25】

097 贵阳(GNUB)：贵州师范大学生命科学学院植物标本室

GUIYANG (GNUB): Herbarium, College of Life Science, Guizhou Normal University

地　　址：550001　贵州省贵阳市宝山北路116号

Address: No. 116, Baoshan North Road, Guiyang, Guizhou 550001

网　　址：http://sjxy.gznu.edu.cn　　联系人：彭涛

电　　话：0851/86702541　　邮　箱：11819898@qq.com

隶属关系：贵州省教育厅　　建室(馆)年份：1957

标本数量：66,000　　模 式 标 本：3号

主要采集人(队)：陈椽，黄才江，姜守忠，刘宁，王承录，王德昌，张朝晖，钟本固，潘鸿，彭涛，张潮，汤晓辛。

标本室(馆)简介：贵州省植物标本，其中喀斯特植物比较丰富。包括大型真菌标本8,000份，苔藓植物标本25,000份，蕨类植物标本3,000份，种子植物标本30,000份。另有姜守忠模式标本3号。

历 史 沿 革：贵阳师范学院—现名。

交 换 标 本：可供——贵州大型真菌和苔藓植物标本。需求——国内腹菌，国内外喀斯特苔藓植物，中国西北种子植物标本。

主任(馆长)：彭涛 1977(苔藓植物)

职员及其研究专长：

陈　椽 1963(藻类植物)
黄才江 1935(贵州眼子菜科，仙人掌科，菱科)
姜守忠 1928(中国鬼笔目，贵州腹菌)
汤晓辛 1984(种子植物)
王承录 1949—2011(贵州水生种子植物，贵州蕨类植物)
王德昌(已调离)
张　潮 1983(种子植物)
张朝晖 1963(贵州喀斯特苔藓植物) academiclife@126.com
钟本固 1929(贵州苔藓植物)

编著的有关书刊：《贵州植物志》(第1–第4卷)。

【修订：彭涛 2016/2/2】

098 贵阳(GNUG)：贵州师范大学地理与环境科学学院植物标本室

GUIYANG (GNUG): Herbarium, School of Geographic and Environmental Sciences, Guizhou Normal University

地　　址：550025　贵州省贵阳市贵安新区花溪

Address: Huaxi, Guiyang, Guizhou 550025

网　　址：http://dhxy.gznu.edu.cn/

联 系 人：向刚

电　　话：0851/86702162；0851/83227361

邮　　箱：gangxiang@foxmail.com

隶属关系：贵州省教育厅

建室(馆)年份：1956

标本数量：35,000

主要采集人(队)：黄威廉，屠玉麟，杨龙，容丽，龙翠玲，向刚，梅再美。

标本室(馆)简介：主要为贵州省维管植物。梵净山、雷公山等有关保护区标本较多。

历 史 沿 革：贵阳师范学院—现名。

主任(馆长)：黄威廉　1925(贵州植被，贵州无患子科，野牡丹科，紫金牛科)0851/86702162；0851/83227361

管理负责人：向刚　1976(植物生态学，藻类生态学)

职员及其研究专长：

何　进　1970(标本技术及管理)
龙翠玲　1973(植物生态学)
梅再美　1961(植物生态学)
容　丽　1973(植物生态学)
屠玉麟　1941(贵州植被，贵州胡桃科，茜草科，百合科)
杨　龙　1942(贵州植被，贵州野茉莉科，鸭跖草科，酢浆草科)

编著的有关书刊：《贵州珍稀濒危植物》《贵州植被》《贵州植物志》《台湾植被》《梵净山自然保护区科学考察集》。

【修订：向刚　2015/6/16】

099 贵阳(GYBG)：贵阳药用资源博物馆标本室*

GUIYANG (GYBG): Herbarium Guiyang Museum of Medical Resources

地　　址： 550002　贵州省贵阳市南明区沙冲南路202号

Address: No. 202, Shachong South Road, Nanming District, Guiyang, Guizhou 550002

网　　址： http://www.gyybg.com/

联 系 人： 赵厚涛

电　　话： 18984191727

邮　　箱： zhaohoutao1@126.com

隶属关系： 贵阳药用植物园（中国医学科学院药用植物研究所贵州分所）

建室（馆）年份： 2008

标本数量： 15,000

模式标本： 10份

主要采集人（队）： 宋培浪，赵厚涛，韩国营，侯小琪，王明川，张青林，于子文，郗厚诚。

标本室（馆）简介： 贵州省各地药用植物，包含全国第四次中药资源普查普查标本，以及少量苔藓、地衣标本和中药材标本。

交 换 标 本： 可供——贵州药用植物标本。

主任（馆长）： 宋培浪

管理负责人： 侯小琪　1983（兰科植物）15902612385　346380135@qq.com

职员及其研究专长：

韩国营　1982（苔藓、地衣植物）

王明川　1989（药用植物）

张青林　1989（药用植物）

赵厚涛　1985（蕨类植物）（已调离）

【填表：赵厚涛　2016/6/30】

*首次收载。

100 贵阳(GZTM)：贵阳中医学院药学院标本室

GUIYANG (GZTM): Herbarium, Collage of Pharmacy, Guiyang University of Traditional Chinese Medicine

地　　址：550025　贵州省贵阳花溪区大学城
Address: University Campus, Huaxi District, Guiyang, Guizhou 550025
网　　址：http://yaoxue.gyctcm.edu.cn/index.htm
联 系 人：胡成刚　　电　　话：0851/13608517667
邮　　箱：hu_chenggang@yeah.net
建室(馆)年份：1957
标本数量：100,000
数字化标本：30,000
模式标本：50份25种
主要采集人(队)：何顺志，陈德媛，陈家明，高东藩，李朝斗，韦明勤，吴家其，杨济中，陈龙珠，张天伦，徐文芬，孙庆文，王悦云，吴家荣，张怡，杨锦刚，胡成刚，赵俊华。
标本室(馆)简介：以贵州药用植物为主，其中梵净山、雷公山地区标本较丰富，民族民间草药亦多，还有部分四川、江西、海南的标本。另有瓶装药材标本700余种4,200瓶。
历 史 沿 革：贵州省中药研究所(54,000份标本)和贵州省中医研究所(GZTM 25,000份标本)于2001年并入贵阳中医学院标本室。曾用代码GZCM。
主任(馆长)：胡成刚　1969(贵州药用植物)
职员及其研究专长：

陈德媛　1939(贵州苦苣苔科，唇形科)
何顺志　1954(贵州药用植物，中国淫羊藿属，贵州蜘蛛抱蛋属)
孙庆文　1978(贵州药用植物)Sqw1978_2006@126.com
魏升华　1964(贵州药用植物资源)
吴家荣　1930(贵州桑寄生科，堇菜科等)

编著的有关书刊：《贵州中草药资源研究》《贵州中草药名录》《贵阳市中药资源》《贵州植物志》。
【修订：胡成刚　2017/6/14】

101 贵阳(HGAS)：贵州省生物研究所植物标本馆

GUIYANG (HGAS): Herbarium, Guizhou Institute of Biology

地　　址：550000　贵阳市小河

Address: Xiaohe, Guiyang, Guizhou 550000

网　　址：http://www.gzpib.org.cn

联 系 人：何云松

电　　话：0851/3844315；15885076779

邮　　箱：1363390448@qq.com　　隶属关系：贵州科学院

建室(馆)年份：1959　　标本数量：160,000

数字化标本：30,000　　模式标本：约100号250份

主要采集人(队)：陈谦海，关钟鸣，何绍昌，胡宁拙，简焯坡，李永康，王培善，袁家漠等。

标本馆简介：主要是贵州种子植物标本，还有蕨类植物标本约15,000份、大型真菌约2,000份；其中采自红水河流域(南盘江、北盘江)，武陵山西段、苗岭、乌蒙山东段及大娄山山脉各县标本7万号，还有少量云南、湖南、广西标本。

历史沿革：中国科学院西南分院贵阳工作站植物标本室(1959)—贵州省植物园(1963)—现名(1980)。

交换标本：可供——贵州植物标本。需求——周边省区植物标本。

主任(馆长)：何云松　1976(标本管理)gzgyhys@yeah.net

职员及其研究专长：

陈谦海　1940(贵州种子植物)
陈　翔　1972(贵州杜鹃属植物，标本信息化)
何绍昌　1940(贵州大型真菌)
胡宁拙　1933(竹荪属)
刘大济　1940(贵州木犀科，菊科)
王培善　1936(贵州蕨类植物)
向应海　1936(贵州种子植物)
谢　华　1954(贵州桑科植物，标本数字化)
袁家谟　1936(贵州经济植物)
张秀实　1918—2003(贵州种子植物)
张玉武　1963(贵州珍稀濒危植物)

编著的有关书刊：《贵州植物志》(全套，第1–第10卷)；《贵州蕨类植物志》等。

【修订：何云松　2015/12/11】

102 江口(FAN)：梵净山自然保护区博物馆植物标本室*

地　址：554400　贵州省江口县三星路100号

*未取得联系。

103 六盘水(LPSUN)：六盘水师范学院生命科学系植物标本室*

LIUPANSHUI (LPSNU): Herbarium, Department of Life Sciences, Liupanshui Normal University

地　址：553001　贵州省六盘水市钟山区明湖路

Address: Minghu Road, Zhongshan District, Liupanshui, Guizhou 553001

网　址：http://www.lpssy.edu.cn/s/117/main.htm

联系人：左经会　　电　话：0858/8601329

邮　箱：lpszuojinghui@163.com　　隶属关系：贵州省教育厅

建室（馆）年份：1985　　标本数量：10,000

主要采集人(队)：左经会，林长松，向红，廖雯，孙爱群，杨再超，谢斐。

标本室(馆)简介：以贵州西部地区标本为主，还收集临近地区的标本。

历史沿革：六盘水师范高等专科学校(1993)—现名(2009)。

交换标本：可供——贵州西部地区标本。需求——贵州西部地区种子植物标本。

主任(馆长)：左经会 1960(植物分类，植物区系及植物资源)

管理负责人：廖　雯 0858/8601473；lpsszlw@163.com

职员及其研究专长：

廖　雯 1972(药用植物，标本管理)

林长松 1969(种子植物分类，植物生态)

孙爱群 1961(龙胆科，药用植物)

向　红 1967(蕨类植物，药用植物资源)

编著的有关书刊：《六盘水药用植物》《六盘水师范学院学报》。

【填表：左经会 2015/3/10】

*首次收载。

104 兴义(XIN)：贵州省黔西南州林业科学研究所标本室

XINGYI（XIN）： Herbarium, Southwestern Guizhou Institute of Forestry

地　　址：562400　贵州省兴义市观音路79号

Address: No. 79, Guanyin Road, Xingyi, Guizhou 562400

联 系 人：邓朝义

电　　话：0859/3234123；13985998621

邮　　箱：dengchaoyi189@126.com

隶属关系：贵州省黔西南州林业局

建室（馆）年份：1987

标本数量：30,000

主要采集人：邓朝义。

标本室（馆）简介：主要收藏贵州省内南盘江、北盘江及红水河流域的森林植物及黔西南石灰岩植物标本，其中兰科植物较为丰富，另有部分广西、云南等地标本。

交换标本：可供——贵州西南部维管植物标本。需求——美国山核桃属，中国苏铁属、兰属、山茶属和穗花杉属标本。

管理负责人：邓朝义　1960（黔西南森林植物，石灰岩植物，山茶属，山核桃属，兰科，竹亚科，苏铁属，穗花杉属）

编著的有关书刊：《黔西南林业科技》（现已停刊）。

【修订：邓朝义　2013/8/23】

105 修文(GFS)：贵州省林业学校树木标本室

XIUWEN (GFS): Dendrological Herbarium, Guizhou Forestry School

地　　址：550201　贵州省修文县扎佐镇

Address: Zhazuo Town, Xiuwen, Guizhou　550201

网　　址：http://www.gzslyxx.com/

联 系 人：田怀

电　　话：13608534575

邮　　箱：1648751687@qq.com

隶属关系：贵州省林业厅

建室（馆）年份：1956

标本数量：45,000

数字化标本：10,000

主要采集人(队)：钟补勤，王峰，王育民，张华海，安明态。

标本室(馆)简介：以贵州木本植物标本为主。包括王育民1958-1981年6,000余份，张华海1976年至今30,000余份，王峰1984年至今蕨类标本1,500余份，安明态1995-2002年5,000余份，以及钟补勤1937-1940年贵州标本2,000余份。

历史沿革：贵州农校—现名。

交换标本：可供——贵州省保护区木本植物标本。需求——我国温带、热带地区木本植物标本。

主任(馆长)：张华海(已调离)

管理负责人：田怀　1967(贵州草本植物分类)

职员及其研究专长：

安明态(已调离)

王代兴　1969(贵州木本植物分类)

王　峰(已调离)

王育民　1930(贵州蕨类植物分类)

【修订：田怀　2015/3/10】

106 遵义(ZY)：遵义师范学院植物标本馆*

ZUNYI (ZY): Herbarium of Zunyi Normal College

地　　址： 563002　贵州省遵义市红花岗区平安大道中段

Address: Middle Section, Ping'an Avenue, Honghuagang District, Zunyi, Guizhou 563002

网　　址： http://www.zync.edu.cn/index.html

联 系 人： 张仁波　　**电　　话：** 13885205919

邮　　箱： ddzrb@126.com　　**隶属关系：** 贵州省教育厅

建室（馆）年份： 1985　　**标本数量：** 20,000

主要采集人(队)： 张相文，谢庆书，李凤华，魏福伦，唐立俊，邓坦，张仁波，何林，韦若勋。

标本室(馆)简介： 主要是黔北高等植物，草本被子植物和苔藓植物标本较丰富，其中苔藓标本500份。

历史沿革： 遵义师范专科学校(1958)—现名(2001)。本馆隶属于生命科学学院。

交换标本： 可供——黔北高等植物标本。需求——黔北及其附近地区标本。

职员及其研究专长：

邓　坦　1972(凤尾藓科及蕨类植物)

何　林　1980(苔藓植物)

韦若勋　1975(禾本科芒属植物系统学)

张仁波　1977(维管植物)

编著的有关书刊： 《茅台酒生态功能保护区高等植物》(2015)。

【填表：张仁波　2016/7/22】

*首次收载。

107 儋州(ATCH)：中国热带农业科学院植物标本室*

DANZHOU(ATCH)： Herbarium, Tropical Crops Genetic Resources Institute, Chinese Academy of Tropical Agricultural Sciences

地　　址：571737　海南省儋州市宝岛新村(两院)

Address: Baodao New Village, Danzhou, Hainan 571737

网　　址：http://www.catas.cn/pzs/

联 系 人：王清隆

电　　话：0898/23300226；13518033259

邮　　箱：qlwang1983@163.com

隶属关系：农业部

建室(馆)年份：1958

标本数量：30,000

模式标本：5份3种

主要采集人(队)：王祝年，肖邦森，邢福武，丁慎言，黄少华，王清隆，丁广奇，徐世松，黄明忠，杨虎彪，七五考察队。

标本室(馆)简介：以海南植物为主，还有少数世界热带地区标本。

历 史 沿 革：原华南热带作物学院热作系标本室(TC)并入；华南热带作物科学研究所—现名。标本馆属于热带作物品种资源研究所(海南热带植物园)。

交 换 标 本：可供——海南药用植物，热带地区植物标本。需求——热带地区标本。

主任(馆长)：尹俊梅　1968(热带花卉)0898/23300245；yinjunmei2004@yahoo.com.cn

管理负责人：王清隆　1983(海南植被，莎草科，爵床科，大戟科，华南植物系区)

职员及其研究专长：

丁慎言　1928(兰科)

黄明忠　1983(兰科)

黄少华(热带花卉)

刘国道　1963(禾本科，豆科)liuguodao@163.com

王祝年　1962(芳香，南药植物)wangzhunian@yahoo.com.cn

徐世松(树木学)

杨虎彪　1983(禾本科，莎草科，豆科)

编著的有关书刊：《海南药用植物名录》《海南禾草志》《海南莎草志》《海南野生兰花图鉴》。

备注：另有600份瓶装种子标本，300份药材标本，50份灵芝标本。

【填表：王清隆　2016/2/3】

*首次收载。

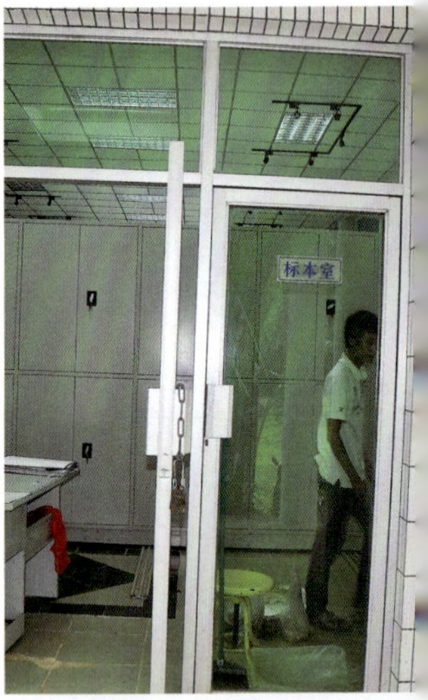

108 海口(HFB)：海南省林业局森林植物标本室*

地　址：570003　海南省海口市海府路80号
*转移到中国科学院华南植物园标本馆(IBSC)。

109 海口(HUTB)：海南大学植物标本室

HAIKOU (HUTB) : Herbarium, Hainan University
地　址：570028　海南省海口市美兰区人民大道58号
Address: No. 58, Renmin Avenue, Meilan District, Haikou, Hainan 570028
网　址：http://www.hainu.edu.cn/nonglin/
联系人：李东海　　电　话：0898/66279257
邮　箱：dhlye@163.com　　隶属关系：海南省教育厅
建室(馆)年份：1983　　标本数量：30,000
数字化标本：1,000
主要采集人(队)：黄世满，杨小波，任明讯，李东海，龙文兴。
标本室(馆)简介：以海南岛维管植物为主，主要是前几年中草药普查采集的标本。
历史沿革：海南大学热带生物研究中心(1993)—现名。
交换标本：可供——海南岛及海南省各岛屿植物标本。需求——东南亚各国及其他热带地区的植物标本。
主任(馆长)：李东海　1971(海南植物)
职员及其研究专长：黄世满　1946(海南植物)
龙文兴　1974(海南岛植物资源)
任明讯　1976(植物进化)
杨小波　1962(海南岛森林植物资源，森林生态)yanfengxb@163.com
编著的相关书刊：《海南植物图志》(第1–第14卷)；《海南植物名录》(2013)；《城市植物多样性》(2009)等。
【修订：杨小波　2016/2/22】

110 琼山(HAF)：海南省林业科学研究所植物标本室*

地　址：571100　海南省琼山县府城镇东门外
*未取得联系。

111 保定(HBAU)：河北农业大学植物标本室*

地　址：071001　河北省保定市
*未取得联系。

112 保定(JUJ)：河北农业大学中国枣研究中心标本室*

地　址：071001　河北省保定市
*未取得联系。

113 保定(HBFC)：河北林学院基础部植物标本室*

地　址：071000　河北省保定市油田路
*未取得联系。

114 保定(HBU)：河北大学博物馆植物标本室*

BAODING (HBU): Herbarium of Museum, Heibei University
地　址：071002　河北省保定市五四东路180号
Address: No. 180, Wusi East Road, Baoding, Hebei 071002
网　址：http://www.hbu.edu.cn/　联系人：唐宏亮
电　话：0312/5079364　邮　箱：thanghunglong@yahoo.com
隶属关系：河北省教育厅　建室(馆)年份：1921
标本数量：23,000
主要采集人(队)：贺学礼，石硕，祝东立，刘华杰，唐宏亮。
标本室(馆)简介：以菊科、豆科和河北省药用植物为主，其中北京和河北标本较全；还有钟观光早年采集的南方部分标本，以及《直隶植物志》《北京植物志》和《河北植物志》的部分凭证标本；有部分马兜铃属模式标本。近年来增加了部分地衣标本。
历史沿革：天津工商大学(1921)—天津工商学院(1933)—天津师范大学(1958)—现名(1960)。河北大学博物馆始建于1996年，由原历史系的文物室和生物系的标本室联合组建而成。

主任(馆长)：贺学礼 1963(被子植物系统演化及植物生态学) 0312/5079365；
xuelh1256@aliyun.com
管理负责人：唐宏亮 1988(豆科植物，河北资源植物)
编著的有关书刊：《植物学》；《植物生物学》；《河北植物志》(第3卷)。
【供稿：贺学礼 2013/9/1】
*首次收载。

115 昌黎(CHA)：河北科技师范学院植物标本室

CHANGLI (CHA): Herbarium, Hebei Normal University of Science & Technology
地　　址：066600　河北省秦皇岛市昌黎县学院路113号
Address: No. 113, Xueyuan Road, Changli, Qinhuangdao, Hebei 066600
网　　址：http://www.hevttc.edu.cn/
联 系 人：张波
电　　话：15603355623
电子邮箱：zhangboabc@21cn.com
隶属关系：河北省教育厅
建室(馆)年份：1952
标本数量：10,000
主要采集人(队)：陈桐庵，曾宪锋，董天英，李宪庚，李桂兰，孟宪东，徐兴友，龙茹。
标本室(馆)简介：河北省东部及其沿海地区植物标本。
历 史 沿 革：昌黎高级农业学校—昌黎农业专科学校—华北农大唐山分校—河北农大昌黎分校—河北农业技术师范学院—河北职业技术师范学院—现名。
交 换 标 本：可供——河北东部维管植物标本。需求——中国南方植物标本。
主任(馆长)：张波 1967
职员及其研究专长：
陈桐庵 1930—2004(河北东部植物)
董天英 1932(河北东部木本植物)
李桂兰 1963(野生大豆资源)
李宪庚 1938—2011(河北东部木本植物)
龙　茹 1973(河北东部植物)

孟宪东 1954（河北东部植物）
徐兴友 1964（河北资源植物）
曾宪锋（已调离）
编著的有关书刊：《河北科技师范学院学报》（自然科学版）。
【修订：张波 2015/7/15】

116 石家庄(HBDC)：河北省药品检验所植物标本室*

地 址：050016 河北省石家庄市裕华路富强大街
*未取得联系。

117 石家庄(HBNU)：河北师范大学博物馆植物标本室

SHIJIAZHUANG (HBNU): Herbarium, College of Life Science, Hebei Normal University
地 址：050024 河北省石家庄市南二环东路20号
Address: No. 20, South 2nd Ring East Road, Shijiazhuang, Hebei 050024
网 址：http://202.206.100.3/xi/smxy/index.htm
联系人：赵建成，梁红柱
电 话：0311/80787560；0311/80787561
邮 箱：zhao186@126.com
隶属关系：河北省教育厅
建室(馆)年份：1950
标本数量：91,000
数字化标本：35,000
主要采集人(队)：王金维，张景祥，赵建成，韩留福，李敏，李琳，梁红柱，牛玉璐，石硕，赵彦民，蒋志刚等。
标本室(馆)简介：主要是河北高等植物(种子植物55,000份，苔藓和蕨类植物26,000份)和地衣标本(1,000份)，还有部分北京、山西、山东、新疆、河南、四川、湖北、云南、台湾的标本。
历史沿革：石家庄师范学院—石家庄师范大学—现名。
交换标本：可供——河北高等植物、药用植物标本。需求——华北高等植物、苔藓植物(特别是藓类)和药用植物标本。
主任(馆长)：赵建成 1956(苔藓植物学，植物分类和资源植物，自然保护区)

管理负责人：梁红柱 1975(资源植物，植物生物多样性保护与生态群落)
职员及其专长：
韩留福 1965(植物解剖和地衣学)
李　琳 1978(苔藓植物学，药用植物)lilin7812@126.com
李　敏 1973[苔藓植物学(青藓科)，植物区系]
石　硕 1980(蔷薇科，分子生物学)
张景祥 1934—?(河北植物，百合科)
编著的有关书刊：《河北植物志》；《河北高等植物名录》(2005)；《河北木兰围场植物志》(2008)；《小五台山植物志》(2011)；《北京地区珍稀濒危植物资源》(2009)；《河北山地高等植物区系与珍稀濒危植物资源》(2010)；《河北珍稀濒危药用植物资源》(2015)等。
【修订：赵建成，李琳 2017/4/7】

118 永年(HBAUD)：河北农业大学邯郸分校农学系植物标本室*

地　址：057150　河北省永年县临洺关
*未取得联系。

119 大庆(DQTC)：大庆师专生物系植物标本室*

地　址：163712　黑龙江省大庆市
*未取得联系。

120 哈尔滨(HANU)：哈尔滨师范大学生命科学与技术学院植物标本室

HARBIN(HANU)：Herbarium, College of Life Science and Technology, Harbin Normal University
地　址：150025　黑龙江省哈尔滨市利民经济开发区师大南路1号

Address: No. 1, South Normal University Road, Limin Economic and Technological Development Zone, Harbin, Heilongjiang 150025

网　址： http://www.hrbnu.edu.cn/　　**联系人：** 王臣
电　话： 15114554648　　**邮　箱：** hsdwangchen@163.com
隶属关系： 黑龙江省教育厅　　**建室(馆)年份：** 1954
标本数量： 20,000
主要采集人(队)： 刘鸣远，包文美，张贵一，刘保东，王臣，范亚文，孙德武，张欣欣。
标本室(馆)简介： 东北维管植物。
历史沿革： 哈尔滨师范专科学校(1953)—哈尔滨师范学院(1958)—现名。
交换标本： 可供——东北维管植物标本，尤其是东北地区的。需求——朝鲜、日本、俄罗斯植物标本。
主任(馆长)： 王臣 1964(东北种子植物)
职员及其研究专长：

包文美 1930(藻类，蕨类)
陈发生 1935(真菌)
范亚文 1965(淡水藻类) fanyaw@163.com
李景信 1935(车轴草属)
李树英 1928—2007?(堇菜属)
刘　玫 1957(伞形科植物) m.r.liu@126.com
刘　妍 1982(淡水藻类) liuyanll@sina.com
刘保东 1962(孢子植物) 99bd@163.com
刘鸣远 1925(细胞分类学)
孙德武 1963(东北种子植物) hsdsundw@163.com
王凤春 1957(东北车轴草属)
王全喜(已调离)
张贵一 1935—2013(菊科)
张欣欣 1982(东北种子植物) alanzhangxinxin@163.com

编著的有关书刊： 《黑龙江省管壳缝目植物研究》；《植物学彩色显微图说》；《东北地区植物实习》；《东北地区植物实践简明教程》；《城市观赏植物学》；《黑龙江省草本早春开花植物》；《黑龙江蒿属专志》；《黑龙江植物志》(第9卷)；《哈尔滨师范大学学报》。

【修订：王臣，刘保东 2017/6/10】

121 哈尔滨(HFBG)：黑龙江省森林植物园标本室*

地　址： 150040　黑龙江省哈尔滨市动力区哈平路

*已不存在。

122 哈尔滨(HLCM)：黑龙江中医药大学中医药博物馆

HARBIN (HLCM): Museum of Traditional Chinese Medicine, Heilongjiang University of Chinese Medicine

地　址：150040　黑龙江省哈尔滨市香坊区和平路24号

Address: No. 24, Heping Road, Xiangfang District, Harbin, Heilongjiang 150040

网　址：http://www.hljucm.net/　　联系人：吴涛

电　话：0451/82195863　　邮　箱：16946261@qq.com

隶属关系：黑龙江省教育厅　　建室(馆)年份：1972

标本数量：6,000

主要采集人(队)：王静，鞠爱霞，吴涛。

标本室(馆)简介：主要是黑龙江药用植物，以及部分江西药用植物和辽宁千山植物标本。此外还有中药材及其饮片标本和液浸标本。

交换标本：可供——黑龙江省药用植物标本。需求——其他省份药用植物标本。

馆　长：肖洪彬(植物分类)
韩凤春(植物分类)
王凤芝(已退休)

【修订：吴涛　2013/8/20】

123 哈尔滨(HLNM)：黑龙江省博物馆植物标本室*

地　址：150001　黑龙江省哈尔滨市红军街50号

*联系不上。

124 哈尔滨(HNR)：黑龙江省科学院自然与生态研究所植物标本室

HARBIN (HNR): Herbarium, Institute of Nature Resources and Ecology, Heilongjiang Academy of Sciences

地　址：150040　黑龙江省哈尔滨市香坊区哈平路103号

Address: No. 103, Haping Road, Xiangfang District, Harbin, Heilongjiang 150040

网　址：http://ine.has.ac.cn/　　联系人：程岭

电　话：0451/86614555　　邮　箱：45751891@qq.com

隶属关系：黑龙江省科学院　　建室(馆)年份：1979

标本数量：23,500　　模式标本：9份3种

主要采集人(队)：李景富，陆兆华，卢喆，吴德成，朱有昌，王继丰，朱道光，刘赢男，焉志远。

标本室(馆)简介：主要是黑龙江植物，包括大兴安岭、三江平原、松嫩平原、黑瞎子岛植

物标本。另有部分内蒙古东部和辽宁植物及日本北海道高等植物标本。

历 史 沿 革：黑龙江省科学院自然资源研究所—现名。

交 换 标 本：可供——黑龙江高等植物标本。

主任（馆长）：黄庆阳 1981（东部山区）0451/86052003；huangqingyang@163.com

职员及其研究专长：

李景富 1934（东北地区高等植物，药用植物）

陆兆华（已调离）

王继丰 1980（三江平原，松嫩平原植物）

吴德成 1937—2012（植物生态）

周瑞昌（山茱萸科，鹿蹄草科）

朱道光 1972（大兴安岭、小兴安岭植物）

朱有昌 1924（东北地区伞形科，石竹科，药用植物）

编著的有关书刊：《东北药用植物》《中国黑瞎子岛高等植物物种多样性调查》《黑龙江省重要药用植物物种资源调查》《黑龙江省大兴安岭森林植物》《洪河自然保护区生物多样性》。

【修订：黄庆阳 2015/6/23】

125 哈尔滨(NEAU)：东北农业大学生命科学学院植物标本室*

HARBIN (NEAU): Herbarium, College of Life Science, Northeast Agricultural University

地　　址：150030　黑龙江省哈尔滨市香坊区长江路600号

Address: No. 600, Changjiang Road, Xiangfang District, Harbin, Heilongjiang 150030

网　　址：http://smkxxy.neau.edu.cn/index.htm
联系人：李凤兰　　电　　话：0451/55190866
邮　　箱：lifenglan@neau.edu.cn；lflan715@163.com.
隶属关系：黑龙江省教育厅
建室(馆)年份：1948　　标本数量：55,000
数字化标本：20,000
主要采集人(队)：刘慎谔，周以良，张玉良，郭贵林，邢启妍，于学仁，田德昌，李桂琴，桂明珠，胡宝忠。
标本室(馆)简介：东北地区植物。
主任(馆长)：李凤兰 1973(东北唇形科) lifenglan@neau.edu.cn
管理负责人：陈永生 1987(鼠李科) chenyongsheng8741@163.com
职员及其研究专长：

常　缨 1970(东北蕨类植物)
李桂琴 1954(东北菊科)
王丽娟 1967(东北天南星科)
徐永清 1977(东北堇菜科)
胡宝忠 1962(东北蔷薇科，豆科)
李　晶 1970(东北十字花科)
吴秀菊 1972(东北十字花科)
袁　强 1977(东北百合科)

编著的有关书刊：《黑龙江省植物检索表》。
【供稿：李凤兰，陈永生 2017/11/22】
*首次收载。

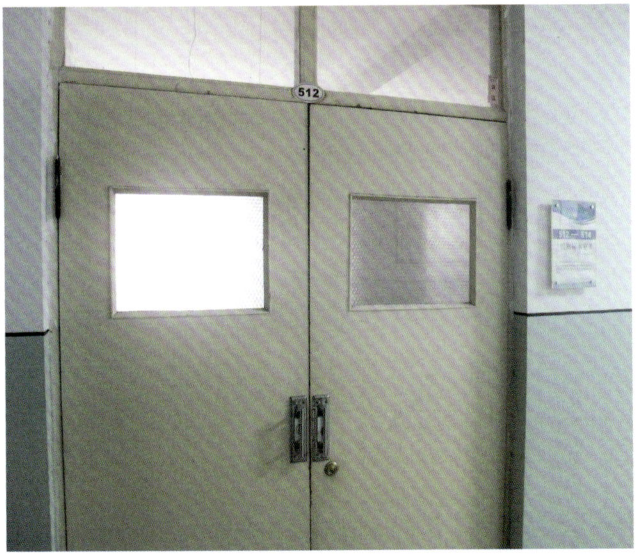

126 哈尔滨(NEFI)：东北林业大学植物标本室

HARBIN (NEFI): Herbarium, Northeast Forestry University
地　　址：150040　黑龙江省哈尔滨市和兴路26号
Address: No. 26, Hexing Road, Harbin, Heilongjiang 150040

网　　址：http://www.nefu.edu.cn/
联系人：段喜华
电　　话：0451/82190611
邮　　箱：zhiwuyanjiu@vip.163.com
隶属关系：教育部
建室(馆)年份：1952
标本数量：51,082
数字化标本：30,217
模式标本：69号
主要采集人(队)：敖志文，程云飞，周以良，黄普华，聂绍荃，Skobortzov，董世林，张韵冰。
标本室(馆)简介：东北地区植物，特别是木本植物，有模式标本69号。
历史沿革：东北林学院—现名。
交换标本：可供——东北植物标本。需求——俄罗斯、蒙古、朝鲜和韩国的标本。
主任(馆长)：祖元刚 1954(豆科，蔷薇科，莎草科) zuyuangang@163.com
管理负责人：毛子军 1958(杜鹃花科)0451/82191662
职员及其研究专长：

敖志文 1932—2014(东北苔藓植物)
董世林 1936—2010(杨柳科)
段喜华 1961(杨柳科)
黄普华 1932(木本植物，樟科，豆科)
金　玲(技术管理)15945186312@163.com
聂绍荃 1933(东北蔷薇科和榆科)
唐中华 1977(五加科)
王文杰 1974(木本植物，松科)
杨逢建 1971(裸子植物)
杨衔晋 1913—1984(樟科，豆科)
于雪莹 1971(芸香科，菊科)
周以良 1922—2005(杨柳科，鹿蹄草科)
卓丽环(已调离)

编著的有关书刊：《植物研究》《黑龙江植物志》《黑龙江省树木志》《东北林业大学学报》。
【修订：段喜华 2016/3/24】

127 佳木斯(JMSMC)：佳木斯大学药学院药用植物标本室

JIAMUSI (JMSMC): Medicinal Herbarium, College of Pharmacy, Jiamusi University

地　　址：154007　黑龙江省佳木斯市学府街148号

Address: No. 148, Xuefu Street, Jiamusi, Heilongjiang 154007

网　　址：http://yxy.jmsu.edu.cn　　联系人：王丽红

电　　话：0454/8610828　　邮　箱：wlh_6663@163.com

隶属关系：黑龙江省教育厅　　建室(馆)年份：1976

标本数量：6,000

主要采集人(队)：王丽红，王良信，刘娟，宗希明，周彤，史伟国，杜娟。

标本室(馆)简介：主要收藏黑龙江省佳木斯地区，牡丹江地区和伊春地区药用植物。

历史沿革：佳木斯医学院药学系—现名。

交换标本：可供——黑龙江东部地区，尤以萝北县，汤原县，同江县的药用植物标本。

需求——全国各地区道地药材的药用植物标本。

主任(馆长)：王丽红 1968

职员及其研究专长：

周　彤 1987(药用植物的开发利用)

刘　娟 1949(药用植物)

王良信 1937(药用植物)

【修订：王丽红 2016/6/2】

128 齐齐哈尔(QTC)：齐齐哈尔大学生命科学与农林学院植物标本室

QIQIHAR (QTC): Herbarium, College of Life Sciences and Agriculture and Forestry, Qiqihar University

地　　址：161006　黑龙江省齐齐哈尔市文化大街42号

Address: No. 42, Wenhuadajie Street, Qiqihar, Heilongjiang 161006
网　　址：http://www.qqhru.edu.cn/smkxynlxy/xyjj.htm
联 系 人：刘林馨　　　　电　　话：0452/2742704
邮　　箱：linxinliu@126.com　　　　隶属关系：黑龙江省教育厅
建室（馆）年份：1978　　　　标本数量：7,000
主要采集人(队)：马克平，石光裕。
标本室(馆)简介：黑龙江西部地区植物，其中草本植物较丰富。
历 史 沿 革：齐齐哈尔师范学院—现名。
主任(馆长)：沙伟 1963(黑龙江西部草本植物，苔藓植物) shw1129@263.net
职员及其研究专长：

　刘林馨 1983(黑龙江植物)
　石光裕 1935(黑龙江西部草本植物)
　杨晓杰 1962(齐齐哈尔植物)

编著的有关书刊：《黑龙江省植物志》(第2卷)；《小兴安岭野生经济植物原色图鉴》。
【修订：沙伟 2015/6/26】

129 开封(KAI)：河南大学生命科学学院动植物标本室

KAIFENG(KAI): Herbarium, School of Life Science, Henan University
地　　址：475004　河南省开封市金明大道
Address: Jinming Avenue, Kaifeng, Henan 475004
网　　址：http://bio.henu.edu.cn/index.htm　　　　联系人：董美芳
电　　话：15890951256(院办)　　　　电　话：0371/23887799
隶属关系：河南省教育厅　　　　建室(馆)年份：1987
标本数量：原有30,000多份，后经过院系合并和标本室搬迁，大部分损毁，仅剩400多份用于教学。
历史沿革：1923年建系—1950年、1962年两次中断或并入他校—1987年重建。
主要采集人(队)：毕列爵，丁圣彦，郭延平，金睦华，苗琛，尚富德，史玉琴，王磐基，徐粹新，张桂宾，张鹤龄。
标本室(馆)简介：少量河南省高等植物，极少量海南岛、西双版纳和新疆植物标本。
交换标本：可供——河南少量高等植物标本。
职员及其研究专长：

　董美芳 1969(北方被子植物) dongmeifang@henu.edu.cn
　韩远记 1982(北方被子植物)　　　　何艳霞 1978(北方被子植物)
　刘路贤 1985(北方被子植物)　　　　苗　琛 1964(北方植物)
　尚富德 1963(杂草)　　　　王磐基 1936—2010(古树，珍稀濒危保护植物)

【修订：董美芳 2017/6/13】

130 新乡(HENU)：河南师范大学生命科学学院标本馆

XINXIANG (HENU): Herbarium, College of Life Sciences, Henan Normal University

地　　址：453007　河南省新乡市建设东路46号

Address: No. 46, Jianshe East Road, Xinxiang, Henan 453007

网　　址：http://www.htu.cn/smkx/ 联系人：王艳梅

电　　话：0373/3326747　　　邮　箱：041140@htu.edu.cn

隶属关系：河南省教育厅　　　建室(馆)年份：1955

标本数量：32,211

主要采集人(队)：何汝保，金睦华，邝生舜，马可，裴元蓉，王兴华，徐粹新，余慧君，张铭哲，张晋豫，王静，李景原，王太霞。

标本馆简介：河南省各类植物。附属图书馆有中外各种植物志近千册。

历 史 沿 革：新乡师范学院—现名；原开封师范学院和河南省博物馆的植物标本均转入我馆。

交 换 标 本：可供——河南省各类植物标本。需求——邻近省区的植物标本。

馆　　　长：王艳梅(动物分类)

管理负责人：杨相甫 1963(植物系统分类)13938710907

职员及其研究专长：

何汝保 1934(种子植物)

金睦华 1925—?(种子植物)

邝生舜 1933—?(种子植物)

李景原 1963(植物学和结构植物学)041034@htu.edu.cn

马　可 1928—?(大型真菌)

裴元蓉 1926(种子植物)

王　静 1978(植物系统分类)327475488@qq.com

王太霞 1964(植物学和结构植物学)Wtaixia@sina.com

徐粹新 1932(种子植物)

余慧君 1931—?(苔藓，蕨类)

张晋豫 1962(植物系统分类)zjy@bjtu.edu.cn

张铭哲 1926(种子植物)

编著的有关书刊：《河南师范大学学报》(1960)；《河南经济植物志》(1963)；《河南植被区划》(1980)；《新乡地区中草药选编》(1978)，《简明植物学教程》(2008)；《植物学实验技术》(2007)；《中华大典·生物学典·植物分典》(2016)。

【修订：王艳梅 2015/12/24】

131 信阳(XYTC)：信阳师范学院生命科学学院植物标本室

XINYANG (XYTC): Herbarium, College of Life Science, Xinyang Normal University

地　址： 464000　河南省信阳市南湖路237号
Address: No. 237, Nanhu Road, Xinyang, Henan 464000
网　址： http://www.xytc.edu.cn/　　**联系人：** 卢东升
电　话： 0376/6390829　　**邮　箱：** luds0365@sina.com

建室(馆)年份： 1985　　**标本数量：** 15,000
数字化标本： 5,000
主要采集人(队)： 汪小凡，王金平，卢东升，李天煜，陈世锋，戴启金。
标本室(馆)简介： 豫鄂交界大别山区植物标本。
主任(馆长)： 卢东升 1962(河南低等植物，颈卵器植物，白粉菌目)
职员及其研究专长：

陈世锋 1964(河南豆目)
戴启金 1966(河南蔷薇科)
韩艳婷 1981(河南葡萄科)
王金平 1962(河南毛茛科)

编著的有关书刊： 《鸡公山大型真菌图谱》。
【修订：卢东升 2015/8/23】

132 郑州(HEAC)：河南农业大学植物标本室

ZHENGZHOU (HEAC): Herbarium, Henan Agricultural University

地　址：450002　河南省郑州市农业路63号
Address: No. 63, Nongye Road, Zhengzhou, Henan 450002
网　址：http://www.henau.edu.cn/　　联系人：袁志良
电　话：0371/63555790　　邮　箱：zlyuan163@163.com

隶属关系：河南省教育厅　　建室(馆)年份：1945

标本数量：55,000　　数字化标本：55,000

模式标本：60号

主要采集人(队)：时华民，苌哲新，丁宝章，卢炯林，王遂义，叶永忠，朱长山，袁志良，李家美。

标本室(馆)简介：主要收藏河南高等植物，包括秦岭东部、桐柏山、大别山北坡和太行山东南部的维管植物及苔藓植物。

历史沿革：河南大学农学院—现名。原国立河南大学和原河南省林科所部分标本转入我室。

主任(馆长)：叶永忠 1957(我国中部植物)

管理负责人：袁志良 1976(苔藓植物)

职员及其研究专长：

苌哲新 1918(河南木本植物)
丁宝章 1924—1995(河南植物)
李家美 1969(苦苣苔科植物)
卢炯林 1933(兰科植物)
时华民 1910—1968(河南森林植物)
王遂义 1933—2003(河南植物)
朱长山 1945(河南植物)

编著的有关书刊：《河南植物志》《河南经济植物志》《河南树木志》《河南农田杂草志》《嵩山植物志》《河南习见植物》《河南古树》《河南珍稀濒危植物》。

【填表：袁志良 2015/12/17】

133 *郑州(HEBI)：河南省科学院生物研究所植物标本室**

地 址：450003 河南省郑州市花园路28号
*转移到中国科学院植物研究所标本馆(PE)。

134 郑州(HECM)：河南中医学院中药标本馆

ZHENGZHOU (HECM): Herbarium, Henan University of Traditional Chinese Medicine
地 址：450046 河南省郑州市郑东新区
Address: Zhengdong New District, Zhengzhou, Henan 450046
网 址：http://yxy.hactcm.edu.cn/index.htm 联系人：王春雷，刘春朝
电 话：13526417198；13837179514 邮 箱：42848927@qq.com
隶属关系：河南省教育厅 建室(馆)年份：1959
标本数量：6,000
主要采集人(队)：王春雷，刘春朝，邓德英，裴莉昕。
标本室(馆)简介：河南省药用植物。
交换标本：可供——河南药用植物标本。需求——外省地道传统中药材标本。
主任(馆长)及管理负责人：王春雷 1965(河南药用植物)
职员及其研究专长：

邓德英 1968(河南药用植物)
刘春朝 1977(河南药用植物)
裴莉昕 1980(河南药用植物)

备注：另有浸制标本6,000余瓶；药用矿物标本品种较全。
【修订：王春雷 2013/9/6】

135 *香港(HK)：香港植物标本室**

地 址：香港九龙广东道393号政府合署三楼
*未更新。

136 *香港(CUHK)：香港中文大学生物系植物标本室**

地 址：香港沙田
*未更新。

137 恩施(ENS)：湖北民族学院生物多样性标本馆

ENSHI(ENS): The Biodiversity Specimens Museum, Hubei University for Nationalities

地　　址：445000　湖北省恩施市学院路39号

Address: No. 39, Xueyuan Road, Enshi, Hubei 445000

网　　址：http://www.hbmy.edu.cn/templet/default/index.html/

联 系 人：方响亮　　电　　话：0718/8439741

邮　　箱：94486529@qq.com　　隶属关系：湖北省教育厅

建室(馆)年份：1985　　标本数量：20,000

主要采集人(队)：罗世家，万佐玺，黄升，郑小江，易咏梅，武芸，张建新，方响亮，周国齐。

标本室(馆)简介：以武陵地区被子植物、恩施州植物种类为主，兼有部分庐山、天目山标本。

历史沿革：鄂西大学林学系树木标本室—湖北民院林学系树木标本室—现名。

交换标本：可供——本地区标本(20,000多复份)。需求——武陵地区植物标本。

管理负责人：方响亮　1981(植物资源保护与利用)

职员及其研究专长：

罗世家　1966(植物分类与系统)

万佐玺　1968(植物生理，形态)

易咏梅　1967(植物分类与系统)

张建新　1965(植物资源保护与利用)

郑小江　1958(植物分类与系统)

周国齐　1930(鄂西木本植物)

备注：另有100份瓶装植物液浸标本和150份药材标本。

【修订：方响亮　2015/6/10】

138 黄州(HGTC)：黄冈师范专科学校生物系植物标本室*

地　　址：436100　湖北省黄州市胜利街82号

*未取得联系。

139 武汉(ECM)：湖北中医学院中药系标本中心*

地　　址：430061　湖北省武汉市云架桥110号

*未取得联系。

140 武汉(CCAU)：华中农业大学博物馆植物标本馆

WUHAN(CCAU)： Herbarium, Museum of Huazhong Agricultural University

地　址： 430070　湖北省武汉市洪山区狮子山街1号

Address: No. 1, Shizishan Street, Hongshan District, Wuhan, Hubei 430070

网　址： http://www.hzau.edu.cn/

联系人： 姜昊　　**电　话：** 027/87282188

邮　箱： jianghao@mail.hzau.edu.cn　　**隶属关系：** 教育部

建室(馆)年份： 1986　　**标本数量：** 60,000

数字化标本： 11,500

主要采集人(队)： 王长清，陈龙清，陈志远，王灶安，谢成章，姚崇怀，张友德。

标本室(馆)简介： 长江中下游植物。江西庐山和湖北木本植物较丰富。

历史沿革： 华中农学院—现名；原本校植物学教研室和树木学教研室标本大部分转入本馆。

交换标本： 可供——湖北省和庐山木本植物标本。需求——中国东部及西南植物标本。

主任(馆长)： 姜昊

管理负责人： 傅强 1967(湖北木本植物) 13517207568；fuqiang@mail.hzau.edu.cn

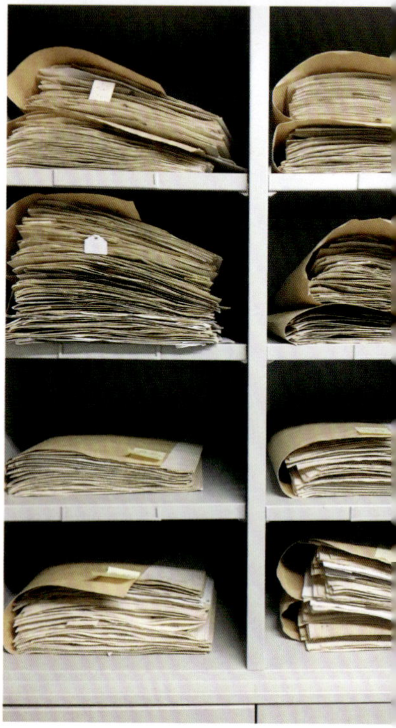

职员及其研究专长：

陈龙清　1966(蜡梅科) chenlq@mail.hzau.edu.cn
季　华　1974(湖北木本植物) ccan@mail.hzau.edu.cn
刘秀群　1975(湖北木本植物) liu_xiuqun@sina.com
王灶安　1930—1999(植物解剖)
谢成章　1916—2006(中国芦苇)
姚崇怀　1962(木犀属) yao_chonghuai@mail.hzau.edu.cn
赵凯歌　1975(湖北木本植物) zhaokaige@mail.hzau.edu.cn

【修订：姜昊　2015/8/27】

141 武汉(CCNU)：华中师范大学生命科学学院植物标本馆

WUHAN (CCNU): Herbarium, School of Life Sciences, Central China Normal University

地　址：430079　湖北省武汉市洪山区珞喻路152号

Address: No. 152, Luoyu Road, Hongshan District, Wuhan, Hubei 430079

网　址：http://sky.ccnu.edu.cn/　　联系人：王东

电　话：027/67867221　　邮　箱：dongwang_cn@163.com

隶属关系：教育部　　建室(馆)年份：1952

标本数量：200,000　　数字化标本：150,000

主要采集人(队)：班继德，陈德懋，陈星球，李博，刘涟，刘胜祥，宋建中，苏宏汉，谭景燊，王洪业，殷荣华，赵宝惠，王东。

标本室(馆)简介：以湖北省维管植物标本为主。另有广西、云南、海南、西藏、江西、四川、陕西、东三省等地的标本；全国性水生植物(黑三棱属、香蒲属、狐尾藻属等)、紫堇属和堇菜属标本为特色。

历史沿革：华中大学—华中师范学院—现名。原广西大学的标本大部分转入我馆。

交换标本：可供——华中地区种子植物标本。需求——其他地区高等植物标本、水生高等植物、紫堇属植物标本。

主任(馆长)：王东　1964(水生和湿生植物、紫堇属、生态学)

职员及其研究专长：

雷　耘(植物生态，植物分类)
李　博　1963(植物生态)
刘胜祥　1954(湖北菊科)
宋建中　1953(植物区系)
陈德懋　1941(湖北禾本科)

班继德　1926—1998?(植物生态，植物分类)
陈星球　1931—2015(双星藻科，轮藻科)
刘　涟　1917—1995?(轮藻科，双星藻科)
苏宏汉　1911—2010(湖北植物)
谭景燊　1918—2011(湖北植物)
赵宝惠　1930—?(湖北植物区系)

【修订：王东　2015/4/6】

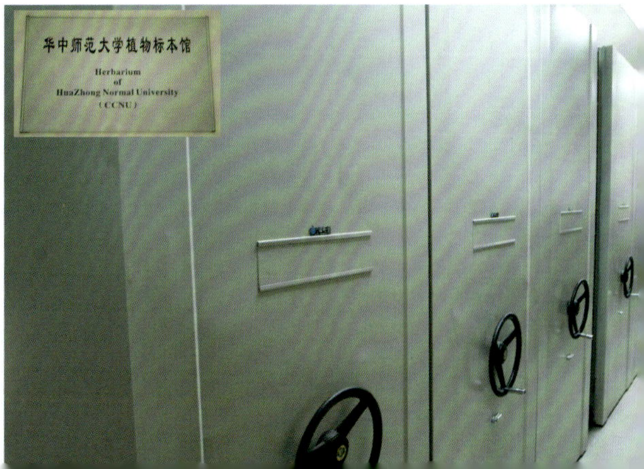

142 武汉(EBF)：湖北省林业科学研究所树木标本室*

地　址：430075　湖北省武汉市武昌九峰
*未取得联系。

143 武汉(EDC)：湖北省药品检验所植物标本室*

地　址：430064　湖北省武汉市武昌丁字桥路110号
*未取得联系。

144 武汉(EU)：湖北大学生命科学学院植物标本室

WUHAN (EU): Herbarium, College of Life Sciences, Hubei University
地　址：430062　湖北省武汉市武昌区友谊大道368号
Address: No. 368, Youyi Avenue, Wuchang, Wuhan, Hubei 430062
网　址：http://bio.hubu.edu.cn/　　联系人：柯文山
电　话：027/88661237　　邮　箱：kokews2000@163.com
隶属关系：湖北省教育厅　　建室(馆)年份：1955
标本数量：50,000　　模式标本：50份
主要采集人(队)：毕列爵，傅运生，郭文源，刘国祥，卢德炳，王万贤。
标本室(馆)简介：以湖北省植物为主，以长江中游藻类和珍稀植物标本为特色。
历史沿革：武汉师范学院—现名。
交换标本：可供——湖北珍稀标本。需求——中国西部和东北部标本。
主任(馆长)：柯文山 1965(植物生态，山茶科，唇形科，天南星科)
职员及其研究专长：

毕列爵 1917—2004(藻类植物)
陈永勤 1963(药用植物)
郭文源 1938—1994(湖北资源植物)

黄帮全 1969(油料植物)
黄岚杰 1985(珍稀植物，木兰科，杜鹃花科，防己科)
卢德炳 1931(藻类植物)
彭　宇 1967(入侵植物)
汤行春 1969(花卉植物，油料植物)
汪正祥 1966(苔藓植物，山毛榉科，植物生态)
王万贤 1949(湖南，湖北水生植物)
吴明煜 1977(草原植物)

编著的有关书刊：《湖北大学学报》(自然科学版)；《中国淡水藻志》(第1–第5卷)；《长江中下游水域洲滩野生经济植物》；《原色中国本草图鉴》；《湖北漳河源自然保护区生物多样性研究及保护》。

【修订：柯文山 2015/12/17】

145 武汉(HBI)：中国科学院水生生物研究所藻类标本室

WUHAN (HBI): Algae Herbarium, Institute of Hydrobiology, Chinese Academy of Sciences

地　　址： 430072　湖北省武汉市武昌珞珈山

Address: Luojiashan, Wuchang, Wuhan, Hubei 430072

网　　址： http://www.ihb.ac.cn/　　**联 系 人：** 刘国祥

电　　话： 027/68780576；liugx@ihb.ac.cn　　**隶属关系：** 中国科学院

建室(馆)年份： 1930　　**标本数量：** 30,000

主要采集人(队)： 饶钦止，黎尚豪，陈嘉佑，姚勇，陈宜瑜，曹文宣，胡鸿钧，胡征宇，李尧英，施之新，魏印心，朱蕙忠，李仁辉，刘国祥，朱欢。

标本室(馆)简介： 1930年由饶钦止教授创立，现已成为我国最大的淡水藻类标本室。共收集藻类浸液标本25,000号，干标本4,350号，同时还藏有海藻标本345号，水生维管植物腊叶标本470号，以及原中国科学院华北生物所、山西大学、湖北大学的藻类植物标本。

历 史 沿 革： 中央研究院动植物研究所—中央研究院植物研究所—现名。

交 换 标 本： 可供——中国淡水藻类标本。需求——世界各地的藻类标本。

主任(馆长)： 刘国祥 1970(绿藻门，淡水甲藻)

管理负责人： 朱欢 1988(绿藻门) huanzhu@ihb.ac.cn

职员及其研究专长：

陈嘉佑 1936—1990(硅藻门)

胡征宇 1957（绿藻门）huzy@ihb.ac.cn
黎尚豪 1917—1993（黄藻门无隔藻目，蓝藻门）
李仁辉 1965（蓝藻门）reli@ihb.ac.cn
李尧英 1930—1994（蓝藻门，轮藻门）
饶钦止 1900—1998（蓝藻门，绿藻门）
施之新 1941—2011（裸藻门，硅藻门，淡水红藻）
魏印心 1936（绿藻门鼓藻类，金藻门）
朱蕙忠 1928—2014（硅藻门，绿藻门）

编著的有关书刊：《中国鞘藻目专志》《中国淡水藻志》《西藏藻类》《西藏硅藻》。

【修订：刘国祥 2017/6/13】

146 武汉(HIB)：中国科学院武汉植物园标本馆

WUHAN（HIB）： Herbarium, Wuhan Botanical Garden, Chinese Academy of Sciences

地　址： 430074　湖北省武汉市武昌磨山

Address: Moshan, Wuchang, Wuhan, Hubei 430074

网　址： http://www.wbg.cas.cn/　**联 系 人：** 黄蓉

电　话： 027/87518160　**邮　箱：** hhhxiao@wbgcas.cn

建 馆 年 份： 1956　**标本数量：** 240,000

数字化标本： 190,000　**模式标本：** 422份156种

主要采集人（队）： 李洪钧，黄仁煌，中美神农架考察队，武陵山考察队，汪前生，王映明，赵子恩，吴金清，胡光万，中-非联合考察队（SAJIT）。

标本馆简介：湖北和华中地区高等植物、非洲高等植物。

历 史 沿 革：中国科学院武汉植物园—湖北省植物研究所—中国科学院武汉植物研究所—现名。

馆　　长：胡光万 1974(天南星科，百合科，兰科，东非植物区系)027/87511510；guangwan hu@wbgcas.cn

职员及其研究专长：

陈革新 1954(植物科学画)
陈　丽 1984(壳斗科)
傅书遐 1916—1986(中国蕨类，景天科)
江明喜 1965(华中地区植物)
蒋祖德 1926—2001(植物科学画)
李洪钧 1931—2001(湖北植物)
李建强 1954(葫芦科，豆科)
李晓东 1967(湖北植物，菊科)
李新伟 1973(猕猴桃科)
廖　廓 1977(水生植物，滇西北植物，武汉地区植物)
王恒昌 1968(防己科)
王青锋 1968(水生植物，东非植物)
王映明 1938(湖北植物)
吴金清 1965(湖北植物)
张燕君 1982(小檗科)
赵子恩 1938(湖北植物)
郑　重 1936(湖北植物)
周亚东 1987(东非植物)

编著的有关书刊：《神农架植物》；《中国植物志》[第34(1)卷]；《湖北植物大全》；《湖北植物志》(第1–第4卷，新版)；《神农架常见植物图谱》；《武汉植物图鉴》。

【修订：胡光万 2016/2/3】

147 武汉(WH)：武汉大学植物标本馆

WUHAN (WH) : Herbarium, Wuhan University

地　址：430072　湖北省武汉市武昌珞珈山

Address: Luojiashan, Wuchang, Wuhan, Hubei 430072

网　址：http://www.bio.whu.edu.cn/　　联系人：汪小凡

电　话：027/68752365　　邮　箱：wangxf@whu.edu.cn

隶属关系：教育部　　建室(馆)年份：1917

标本数量：200,000　　数字化标本：80,000

主要采集人(队)：钟心煊，孙祥钟，戴伦膺，钱重海，周鹤昌，钟雄文，潘明清，中美联合鄂西植物考察队。

标本室(馆)简介：中国的种子植物，以湖北、四川、江西、安徽、福建、海南等省标本较丰富，尤其以水生植物标本最为集中。

历史沿革：武昌高师—国立武汉大学—现名。

交换标本：可供——中国水生植物标本；湖北、四川植物标本。需求——世界各地水生植物标本。

主任(馆长)：汪小凡 1965(泽泻科，华中地区种子植物，植物交配系统)

职员及其研究专长：

陈家宽(已调离)

郭友好 1952(眼子菜科，传粉生物学)yhguo@whu.edu.cn

何景彪(已调离)

李清义(菖蒲科，霉草科)

刘　星 1968(水韭科，植物谱系地理学)

孙祥钟 1908—1994(五加科，中国水生植物)

王徽勤 1934(水鳖科，禾本科画眉草亚族)

王青锋(已调离)

游　浚(已调离)

钟心煊 1892—1961(孢子植物，植物分类学)

钟雄文(菖蒲科，霉草科)

周凌云(菖蒲科，霉草科)

编著的有关书刊：*Flora of China*(Vol. 23)；《中国植物志》[第8，第10(1)卷]；《中国水鳖属植物系统分类》；《中国慈姑属的系统与进化植物学研究》；《中国海菜花属的系统植物学与物种生物学研究》；《中国茨藻属的分类和进化》。

【修订：汪小凡，郭友好 2013/11/6】

148 长沙(CSFI)：中南林业科技大学林学院森林植物标本室

CHANGSHA (CSFI): Herbarium of Forest Plants, Forestry College, Central South University of Forestry and Technology

地　址：410004　湖南省长沙市韶山南路498号
Address: No. 498, Shaoshan South Road, Changsha, Hunan 410004
网　址：http://zhxy.csuft.edu.cn/　　**联系人：**李家湘
电　话：13873189212　　**邮　箱：**csfuljx@163.com
隶属关系：湖南省教育厅　　**建室(馆)年份：**1951
标本数量：70,000　　**数字化标本：**40,000
模式标本：20份
主要采集人(队)：蔡平成，曹铁如，廖衡松，林亲众，林仕榕，刘克旺，龙成良，祁承经，肖家庚，肖育檀，喻勋林，张冬林，徐期瑚，林春松，李家湘，徐永福，周建军，周辉。
标本室(馆)简介：以中亚热带木本植物为主，湖南为重点，近年来也收集草本和蕨类植物。附属图书室有《邱园索引》(第1–第15卷)和1,000册以植物分类为主的书籍。
历史沿革：湖南农学院农学系—湖南林学院林学系—中南林学院林学系—现名。
交换标本：可供——湖南省木本植物标本。需求——湖南省周边各省区及北美东部植物标本。
主任(馆长)：喻勋林　1964(湖南植物区系及湖南植被)csfuyuxl@163.com
职员及其研究专长：

曹铁如　1938(湖南木本植物，湖南植被)
李家湘　1979(湖南植物区系，植被生态)
林亲众　1950—2007(湖南木本植物，自然保护区研究)
刘爱红　1973(标本装订和日常管理)32112471@qq.com
刘克旺　1938(湖南珍稀植物，木本植物研究)
祁承经　1931(湖南木本植物，华中植物区系，湖南植被，自然保护)jing589w@163.com
肖育檀　1938—2009(湖南石灰岩植物区系，植物群落学研究)
徐永福　1979(湖南植物区系，珍稀植物)study_xyf@163.com

编著的有关书刊：《湖南植物名录》；《湖南植被》；《湖南树木志》；《湖南种子植物总览》；《水生观赏植物》；《湖南药用植物资源》；《湖南植物志》(第2卷)；《树木学》(南方版)；《湖南森林树种图鉴》；《湖南南岭地区热带性植物》；《武陵山区珍稀特色植物》。

【修订：喻勋林，李家湘　2015/6/16】

149 长沙(HNNU)：湖南师范大学生命科学学院植物标本馆

CHANGSHA (HNNU): Herbarium, College of Life Science, Hunan Normal University

地　址：410081　湖南省长沙市岳麓山南路36号
Address: No. 36, Yuelushan South Road, Changsha, Hunan 410081
网　址：http://lifescience.hunnu.edu.cn/
联系人：旷仁平，刘克明
电　话：0731/88872864(0)；13574822480
邮　箱：715678818@qq.com；lkming8@aliyun.com

隶属关系：湖南省教育厅　**建室(馆)年份**：1936
标本数量：140,000　**数字化标本**：62,000
模式标本：260份
主要采集人(队)：刘克明，刘林翰，黎维平，刘应迪，旷仁平，蔡秀珍，丛义艳，李建宗，李丙贵，彭寅斌，杨保民，万绍宾。
标本室(馆)简介：主要是华南地区，尤其是湖南省植物标本。其中菌类7,000份，藻类1,600份，地衣及苔藓300份，蕨类3,500份，种子植物120,000份；另外，还有种子标本600份，木材及其他标本750份。
历史沿革：国立师范学院(1938)—湖南大学(1949)—湖南师范学院(1953)—现名(1984)。
交换标本：可供——湖南省植物标本。需求——国内外代表性植物标本。
管理负责人：
刘克明　1952(凤仙花科，秋海棠科，菊科，湖南植物区系)
旷仁平　1976(凤仙花科，湖南植物区系)
职员及其研究专长：
蔡秀珍　1979(植物形态解剖学，苦苣苔科及湖南植物区系)
陈青莲　1912—2000(湖南菊科等)
丛义艳　1977(凤仙花科，云南高黎贡山植物区系)
黎维平　1959(菊科及植物区系)
李丙贵　1921—2009(湖南裸子植物，山茶科，蔷薇科等)
李建宗　1949(湖南真菌及藻类)
刘林翰　1936(湖南豆科，十字花科，罂粟科，兰科等)
刘应迪　1958(藻类植物，伞形科等)
彭寅斌　1922—2001(中国银耳目，湖南蓼科，蛇菰科)
万绍宾　1926—1998(山毛榉科)
杨保民　1928—1996(湖南竹类植物，苋科等)
张向彬(已调离)
编著的有关书刊：《湖南植物志》(第1–第3卷)
【修订：旷仁平　2015/7/15】

150 长沙(HUCM)：湖南中医药大学中药系标本室

CHANGSHA (HUCM): Herbarium, School of Pharmacy, Hunan University of Chinese Medicine

地　　址：410208　湖南省长沙市岳麓区学士路300号
Address: No. 300, Xueshi Road, Yuelu District, Changsha, Hunan　410208
网　　址：http://www.hnucm.edu.cn/　　联系人：周日宝
电　　话：0731/88458233；13973134355　　邮　　箱：13973134355@139.com
隶属关系：湖南省教育厅　　建室(馆)年份：1976
标本数量：35,000
主要采集人(队)：常自立，李德孝，刘丽仙，王美华，周日宝。
标本室(馆)简介：以湖南省产的药用植物为主，包括腊叶标本、药材标本、液浸标本、饮片标本等。
交 换 标 本：可供——湖南省药用植物标本。需求——全国各地的药用植物标本。
主任(馆长)：周日宝　1962(湖南药用植物)
职员及其研究专长：
　　常自立　1940(湖南药用植物)
　　李德孝　1950(湖南药用植物)
　　刘丽仙　1937(湖南药用植物)
　　王美华　1950(湖南药用植物)
编著的有关书刊：《湖南中医药大学学报》。
【修订：周日宝　2016/2/1】

151 长沙(HUE)：湖南教育学院生物系植物标本室*

地　　址：410012　湖南省长沙市左家垅桃坪1号
*转移到湖南师范大学生命科学学院植物标本馆(HNNU)。

152 长沙(HUFD)：湖南食品药品职业学院中药系植物标本室*

CHANGSHA (HUFD): Herbarium, Department of Chinese Materia Medica, Hunan Food and Drug Vocational College

地　址：410208　湖南省长沙市岳麓区学士路400号

Address: No. 400, Xueshi Road, Yuelu District, Changsha, Hunan 410208

网　址：http://www.hnyzy.cn/CL0046/

联系人：万能

电　话：0731/83868582

邮　箱：wanneng_72@qq.com

隶属关系：湖南省食品药品监督管理局、湖南省教育厅

建室（馆）年份：1979

标本数量：20,000

主要采集人（队）：李子德，何有义，万枝伍，黄远来等。

标本室（馆）简介：湖南省药用植物标本和中药材标本。

历史沿革：湖南省医药中等专业学校（1979）—现名（2011）。

交换标本：可供——湖南省维管植物标本。需求——中国药用植物标本。

主任（馆长）：万能　1976年（中西医结合）

管理负责人：黄云　1968年（中药学）13787413898；916163127@qq.com

职员及其研究专长：

陈玉秀　1974（药用植物）

林　云　1987（药用植物）leoliny@foxmail.com

祖炬雄　1964（药用植物）

编著的有关书刊：《湖南食品药品职业学院学报》。

备注：馆内另有部分中药材标本。

【供稿：万能　2015/5/17】

*首次收载。

153 长沙(HUIF)：湖南省林业科学研究所植物标本馆*

地　址：410004　湖南省长沙市韶山路164号

*已不存在。

154 长沙(HUTM)：湖南省中医药研究院中药研究所植物标本室*

地　址：410006　湖南省长沙市麓山路167号

*转移到湖南中医药大学中药系标本室(HUCM)。

155 衡阳(HUF)：湖南省林业专科学校树木标本室*

地　址：421005　湖南省衡阳市北郊周坳

*未取得联系。

156 衡阳(NYA)：湖南省南岳树木园标本室

HENGYANG (NYA): Herbarium, Nanyue Arboretum

地　址：421900　湖南省衡阳市南岳区栏木潭

Address: Zhimu Tan, Nanyue District, Hengyang, Hunan 421900

联系人：夏江林　　电　话：0734/5661477

邮　箱：xjlny@163.com　　隶属关系：湖南省林业厅

建室(馆)年份：1978　　标本数量：20,000

主要采集人(队)：方英才，郭承则，刘振华，谢早云，李明红，夏江林。

标本室(馆)简介：以湖南省及邻近地区木本植物为主，其中壳斗科和木兰科标本较丰富。2008年开始压制部分草本植物。

交换标本：可供——湖南省的木本植物标本。需求——湖南及周边的植物标本。

主任(馆长)：彭珍宝 1971(植物生态与园林)2467403432@qq.com

职员及其研究专长：

李明红(已调离)　　刘振华 1928(南岳植物)

吴纬生(已调离)　　夏江林 1968(南岳植物)

周仲凯 1943(南岳植物)

编著的有关书刊：《南岳树木园通讯》《南岳衡山维管束植物总览》《南岳植物检索表》。

备注：另有1,000份瓶装种子标本。

【修订：夏江林 2015/3/26】

157 吉首(JIU)：吉首大学植物标本馆

JISHOU (JIU): Herbarium of Jishou University

地　　址： 416000　湖南省吉首市人民南路120号

Address: No. 120, Renmin South Road, Jishou, Hunan 416000

网　　址： http://biorec.jsu.edu.cn/　**联系人：** 张代贵

电　　话： 0743/8564416(传真)　**邮　　箱：** zdg634278@126.com

隶属关系： 湖南省教育厅　**建室(馆)年份：** 1985

标本数量： 60,000　**数字化标本：** 20,000

主要采集人(队)： 谷中村，陈功锡，李克纲，张代贵。

标本室(馆)简介： 馆藏标本涵盖高等植物各类群，重点是武陵山区(湖南、湖北、贵州、重庆)标本，还有江西、广东、广西、云南等地标本。

历史沿革： 吉首大学生物专业标本室—吉首大学生物系标本室—吉首大学生物资源与环境科学学院标本室—现名。

交换标本： 可供——武陵山脉的被子植物标本。

主任(馆长)： 陈功锡　1966(植物区系，植物生态) chengx@jsu.edu.cn

管理负责人： 张代贵　1963(被子植物，植物分类)

职员及其研究专长：

谷中村(资料不详)

李克纲　1958(苔藓植物分类学)

聂泽龙　1974(植物区系研究)

编著的有关书刊： 《壶瓶山植物志》《中国高等植物彩色图鉴》《植物分类创新实践教程》。

【修订：张代贵　2017/3/13】

158 石门(HHNNR)：壶瓶山国家级自然保护区标本馆*

SHIMEN (HHNNR): Herbarium, Hupingshan National Nature Reserve

地　　址： 415319　湖南省石门县壶瓶山镇

Address: Hupingshan Town, Shimen County, Hunan 415319

网　　址： http://hnhpsnr.forestry.gov.cn/

联系人： 刘美斯

电　　话： 15074204410

邮　　箱： 1291134417@qq.com

隶属关系： 壶瓶山国家级自然保护区管理局

建室（馆）年份：1982
标 本 数 量：36,700
数字化标本：36,700
主要采集人（队）：壶瓶山科考队。
标本室（馆）简介：馆藏标本几乎包含壶瓶山国家级自然保护区所有高等植物。
交换标本：可供——壶瓶山高等植物标本。需求——视具体情况而定。
主任（馆长）：田书荣 1973（标本管理）13873685878；139685878@qq.com
职员及其研究专长：

杜凡章 1949（植物分类，标本管理）
李 欣 1994（标本制作，植物分类）
刘美斯 1989（标本管理）
杨存存 1992（标本制作，植物分类）

编著的有关书刊：《湖南壶瓶山植物志》（上下卷）
【供稿：田书荣 2016/3/22】
*首次收载。

159 湘潭(HUST)：湖南科技大学生命科学学院植物标本馆*

XIANGTAN (HUST): Herbarium, School of Life Science, Hunan University of Science and Technology

地　　址：411201　湖南省湘潭市桃园路

Address: Taoyuan Road, Xiangtan, Hunan 411201

网　　址：http://science.hnust.edu.cn/　　联系人：彭喜旭

电　　话：18673261223；0731/58291416　　邮　箱：xxpeng@hnust.edu.cn

隶属关系：湖南省教育厅　　建室(馆)年份：1986

标本数量：70,000　　数字化标本：35,000

模式标本：3份

主要采集人(队)：张锡亭，刘炳荣，赵运林，严岳鸿，袁长春，周仁超，何祖霞。

标本室(馆)简介：主要收藏来自于中国南方各省区的蕨类标本，重点是湖南，还有江西、广东、福建、海南、广西、贵州、云南及香港、澳门等地。

历史沿革：湘潭师范学院植物标本室—现名。

交换标本：可供——蕨类植物标本。需求——一些蕨类复份标本。

主任(馆长)：刘炳荣 1957(蕨类植物分类)

管理负责人：彭喜旭 1977(植物生态)

职员及研究专长：

向言词 1969(植物生态)

易　俗 1965(植物系统与生物多样性)

周建良 1955(植物系统发育)

【供稿：彭喜旭 2016/2/1】

*首次收载。

160 磴口(DFEC)：中国林业科学研究院沙漠林业研究中心植物标本馆*

地　址：015200　内蒙古自治区磴口县巴彦高勒镇

*未取得联系。

161 呼和浩特(FGC)：中国农业科学院草原研究所饲用植物标本室

HOHHOT (FGC): Forage Herbarium, Grassland Research Institute, Chinese Academy of Agricultural Sciences

地　　址：010010　内蒙古呼和浩特市乌兰察布东路120号

Address: No. 120, Wulanchabu East Road, Hohhot, Inner Mongolia 010010

网　　址：http://www.chinaforage.com/　　联系人：赵来喜

电　　话：0471/4926896　　邮　　箱：zhaolx58@163.com
隶属关系：农业部　　建室(馆)年份：1963
标本数量：50,000
主要采集人(队)：陈山，蒋尤泉，宁布，刘书润，丁文江，武宝成，徐柱，等。
标本室(馆)简介：中国饲用植物，以禾本科和豆科为主。
历史沿革：内蒙古草原研究所—中国农业科学院草原研究中心—现名。
交换标本：可供——内蒙古、陕西、新疆、贵州、海南、西藏等饲用植物标本。需求——黑龙江、辽宁、山东、江苏、福建、云南和北美的饲用植物标本。
主任(馆长)：赵来喜 1958(禾本科和豆科的饲用植物)
职员及其研究专长：
德　英 1978(禾本科的饲用植物)
蒋尤泉 1939(禾本科和豆科的饲用植物)
刘　磊 1981(禾本科、豆科及其他科的饲用植物)
武宝成(已调离)
徐春波 1979(豆科的饲用植物)
徐　柱 1952—2012(禾本科和豆科的饲用植物，分支分类)
【修订：赵来喜 2017/8/28】

162 呼和浩特(HIMC)：内蒙古大学生命科学学院植物标本馆

HOHHOT(HIMC): Herbarium, School of Life Sciences, Inner Mongolia University
地　　址：010021　内蒙古呼和浩特市赛罕区大学西路1号
Address: No. 1, Daxue West Road, Saihan District, Hohhot, Inner Mongolia 010021
网　　址：http://smkxxy.imu.edu.cn/　　联系人：曹瑞
电　　话：0471/44995867转8012　　邮　　箱：caorui@life.imu.edu.cn
隶属关系：内蒙古自治区人民政府　　建室(馆)年份：1957
标本数量：110,000　　数字化标本：80,000
模式标本：35份
主要采集人(队)：马毓泉，刘钟龄，曹瑞，刘书润，赵一之，朱宗元，白学良，雍世鹏，李博，仝治国，吴庆如，雷喜亭，莫日根，孙岱阳，孙鸿良，杨文胜，王伟，梁存柱，赵利清。
标本室(馆)简介：内蒙古各类植物，主要是维管植物和苔藓植物。其中苔藓25,000份，蕨类5,000份，种子植物80,000份。
管理负责人：曹瑞 1958(内蒙古维管植物)
职员及其研究专长：
白学良 1950(苔藓植物)
李　博 1929—1998(植被生态学)

刘书润 1941（禾本科）
刘钟龄 1930（植物地理学）
马毓泉 1916—2008（内蒙古维管植物，龙胆科，列当科）
吴庆如 1934（龙胆科，蔷薇科）
雍世鹏 1931—2013（植物群落学）
赵利清 1979（豆科，禾本科）（现调至本校生态与环境学院）
赵一之 1940—2016（内蒙古维管植物，锦鸡儿属）
朱宗元 1940（藜科）

编著的有关书刊：《内蒙古植物志》（第一版8卷本，第二版5卷本）；《内蒙古维管植物——分类及其区系生态地理分布》；《内蒙古珍稀濒危植物图鉴》；《内蒙古植被》；《内蒙古大学学报》。

【修订：曹瑞 2016/3/3】

163 呼和浩特(IMDC)：内蒙古自治区药品检验所植物标本室*

地　址：010020　内蒙古呼和浩特市大学路22号

*未取得联系。

164 呼和浩特(IMFA)：内蒙古林业科学研究院树木标本室*

地　址：010010　内蒙古呼和浩特市新城南门外

*未取得联系。

165 呼和浩特(NMAC)：内蒙古农业大学植物标本馆

HOHHOT (NMAC): Herbarium, Inner Mongolia Agricultural University

地　址：010019　内蒙古呼和浩特市赛罕区学苑东街275号

Address: No. 275, Xueyuan East Street, Saihan District, Hohhot, Inner Mongolia 010019

网　址：http://grass.imau.edu.cn/　联系人：赵淑文

电　话：0471/4301371　邮　箱：zhaoshuwen1226@163.com

隶属关系：内蒙古自治区教育厅　建室(馆)年份：1958

标本数量：85,000　数字化标本：75,000

主要采集人(队)：燕玲，赵淑文，李红，富象乾，王朝品，兰登明，刘果厚，郭兰斌，马恩伟，孙岱阳，周世权。

标本室(馆)简介：以内蒙古植物为主，并有部分西北、华北各省(区)标本，以豆科、菊科、藜科、柳属、桦木科、榆科、柽柳科、蒺藜科标本较丰富。

历史沿革：呼和浩特市农业专科学校—内蒙古畜牧兽医学院—内蒙古农牧学院—现名。标本馆属于草原与资源环境学院。原内蒙古林学院治沙系植物标本室(NMFC)1999年并入。

交换标本：可供——内蒙古植物标本。需求——中国东北及南部各省的标本。

主任(馆长)：燕玲　1959(荒漠植物及生物多样性)

职员及其研究专长：

冯　超　1985(苔藓植物)hujiaof@sina.com

富象乾　1926—2016(中国东北部豆科，菊科)

嘎日迪　1962(内蒙古草本植物)

郭兰斌(已调离)

兰登明　1961(内蒙古胡颓子科，柽柳科)

李　红　1963(内蒙古草本植物)

刘果厚 1956(桦木科，小檗科，花荵科)
马恩伟 1934—2005(内蒙古桦木科，壳斗科，朴属)
王朝品(禾本科)
王六英 1947(内蒙古藜科，莎草科)
张恩厚 1960(内蒙古苋科)
赵美华 1934(内蒙古蒺藜科，蓼科)
赵淑文 1981(植物资源保护与利用)
周世权 1937—2010(内蒙古柳属，柽柳科，榆科)

编著的有关书刊：《内蒙古农业大学学报》；《内蒙古林学院学报》；《干旱区资源与环境》；《内蒙古灌木资源》(2010)；《阿拉善荒漠区种子植物》(2011)；《中国荒漠植物图鉴》(2012)。

【修订：燕玲 2018/8/24】

166 呼和浩特(NMFC)：内蒙古林学院治沙系植物标本室*

地　址：010019　内蒙古呼和浩特市新城区新建东街

*转移到内蒙古农业大学植物标本馆(NMAC)。

167 呼和浩特(NMTC)：内蒙古师范大学生命科学与技术学院植物标本室

HOHHOT(NMTC): Herbarium, College of Life Science and Technology, Inner Mongolia Normal University

地　址：010022　内蒙古呼和浩特市赛罕区昭乌达路81号

Address: No. 81, Zhaowuda Road, Saihan District, Hohhot, Inner Mongolia 010022

网　址：http://bio.imnu.edu.cn/default.jsp　联系人：金凤

电　　话：0471/4392448　　　邮　　　箱：jinfeng@imnu.edu.cn
隶属关系：内蒙古自治区教育厅　　　建室(馆)年份：1955
标本数量：30,000　　　模 式 标 本：12份
主要采集人(队)：陈山，音扎布，哈斯巴根，杨锡麟，刘书润，马万里，解新明，苏亚拉图，王铁娟，徐杰，贺俊英，李琴琴，金凤。
标本室(馆)简介：内蒙古种子植物标本，包括草原植物和荒漠植物标本。
历 史 沿 革：内蒙古师范学院生物系—内蒙古师范大学生物系—现名。曾用代码NMTC，NMTU。
交 换 标 本：可供——内蒙古种子植物标本。需求——中国热带和亚热带的植物标本；藻类植物标本。
主任(馆长)：哈斯巴根 1963(民族植物学，内蒙古唇形科)ethnobiology@imnu.edu.cn
管理负责人：金凤 1979(内蒙古禾本科)
职员及其研究专长：

陈　山 1935(内蒙古禾本科，牧草资源)
贺俊英 1976(入侵植物)hjy@imnu.edu.cn
解新明(已调离)
李琴琴 1983(百合科)liqq@imnu.edu.cn
马万里(已调离)
苏亚拉图 1968(豆科)soyolt@imnu.edu.cn
王铁娟 1969(菊科)wtj105@163.com
徐　杰 1969(苔藓植物)xujie@imnu.edu.cn
杨锡麟 1931—2008(内蒙古禾本科)
音扎布 1937(内蒙古豆科)

编著的有关书刊：《内蒙古植物志》(第5卷)；《内蒙古种子植物名称手册》(2010)。
备注：另有300份浸制标本。
【修订：金凤 2015/12/22】

168 通辽(ZCA)：哲里木畜牧学院草原系植物标本室*

地　址：028042　内蒙古通辽市
*未取得联系。

169 牙克石(YAK)：内蒙古大兴安岭森林调查规划院植物标本室

YAKESHI(YAK): Herbarium, The Forest Survey and Design Institute in Daxinganling of Inner Mongolia
地　址：022150　内蒙古牙克石市兴安西街31号

Address: No. 31, Xing'an West Street, Yakeshi, Inner Mongolia 022150
网　址： http://www.nmsgghy.com/　**联系人：** 张重岭
电　话： 0470/7425333；18747034136　**邮　箱：** ZZL000909@163.COM
隶属关系： 内蒙古大兴安岭林管局　**建室(馆)年份：** 1987
标本数量： 4,000
主要采集人(队)： 张重岭，李忠孝，宋百忠，温志国，罗霄鹏，连俊文。
标本室(馆)简介： 内蒙古大兴安岭林区植物，包括大型真菌、苔藓、蕨类和种子植物，以及部分呼伦贝尔草原植物标本。
交换标本： 需求——大兴安岭周边地区及小兴安岭、长白山植物标本。
主任(馆长)： 赵炳柱 1965 0470/7427937；zhaobingzhu333@sina.com
管理负责人： 张重岭 1964(大兴安岭野生植物及部分呼伦贝尔草原植物)
职员及研究特长：
李忠孝 1961(植物生态)
鹿占详 1965(植物生态)
乔　继 1977(野生经济植物)
温志国 1960(森林生态)
编著的有关书刊：《内蒙古大兴安岭林区林木种质资源图鉴》(2012)；《内蒙古大兴安岭汗马国家级自然保护区植物原色图谱》(2013)；《内蒙古大兴安岭林区大型经济真菌》(2005)。
备注： 另有野生药材标本100份；种质标本40种。
【修订：张重岭 2015/6/21】

170 南京(CPU)：中国药科大学药学博物馆植物标本室

NANJING (CPU): Herbarium, China Pharmaceutical University
地　址： 211198 江苏省南京市江宁区龙眠大道639号
Address: No. 639, Longmian Avenue, Jiangning District, Nanjing, Jiangsu 211198
网　址： http://www.cpu.edu.cn/
联系人： 张勉
电　话： 025/86185137；13512536742
邮　箱： mianzhang@126.com　**隶属关系：** 教育部
建室(馆)年份： 1938　**标本数量：** 28,000
主要采集人(队)： 周太炎，徐国钧，孙雄才等。
标本室(馆)简介： 以药用植物标本为主，尤其是华东地区常见药用植物标本。贝母属、石斛属、重楼属、沿阶草属、党参属、沙参属、砂仁属、山姜属植物标本较丰富，还有部分日本药用植物标本。

历 史 沿 革：国立药学专科学校—华东药学院—南京药学院—现名。

交 换 标 本：可供——中国药用植物标本。需求——民族药植物标本；台湾及东南亚地区药用植物标本。

主任(馆长)：张勉 1962(药用植物分类及药材鉴定)

职员及其研究专长：

卞云云 1973(药材鉴定)

陈 齐 1959(中国药用植物)

刘思益 1962(中国药用植物)

孙雄才 1898—1964(唇形科)

王旭红 1964(中国药用植物)(兼职)

吴 琪 1987(药材鉴定)

备注：另有3,000多种5,000余瓶药材标本。

【修订：张勉 2015/6/22】

171 南京(N)：南京大学生命科学学院植物标本室

NANJING (N): Herbarium, School of Life Sciences, Nanjing University

地 址：210023 江苏省栖霞区仙林大道163号

Address: No. 163, Xianlin Avenue, Xixia District, Nanjing, Jiangsu 210023

网 址：http://life.nju.edu.cn/plantae/index.htm?

联 系 人：王小梅　　电 话：13305146833

邮 箱：wangxm@nju.edu.cn　　隶属关系：教育部

建室(馆)年份：1915　　标本数量：100,000

数 字 化 标 本：40,000　　模式标本：500份

主要采集人(队)：陈嵘，陈晓亚，焦启源，钱崇澍，秦仁昌，朱浩然，陈焕镛，仲崇信，樊庆笙，胡成华，耿伯介，耿以礼，李兆兰，刘雪娴，刘志礼，J. F. Rock，

A. N. Steward，王正平，王富葆，杨雅玲，叶德娴，叶光汉，俞泽华，曾昭琪，赵惠如，赵儒林，周鹤昌。

标本室(馆)简介：全国各类植物。其中华北、东北、华南、四川和西藏的标本较多。禾草类和竹子标本及藻类最为丰富。

历史沿革：金陵大学(金陵大学和中央大学合并)—现名。

交换标本：可供——中国尤其是华东的禾本科和藻类标本。需求——世界性的禾本科和崐藻类标本。

主任(馆长)：田兴军 1961 (植物生态)13382065768；tianxj@nju.edu.cn

管理负责人：王小梅

职员及其研究专长：

李朋富 1969(藻类)
阮嘉蓬 1964(中国竹亚科——高山竹，蓝藻)
吴庆余(已调离)
解正宽 1965(蓝藻)
朱昱萍 1981(旌节花科)zyphrs327@126.com

洪必恭 1932(植物地理)
胡成华 1933(禾本科)
李兆兰 1935(真菌)
刘雪娴 1936(蓝藻，硅藻)
刘志礼 1934(蓝藻，硅藻)
王正平 1929(禾本科)
杨雅玲 1933(禾本科，莎草科)
叶德娴 1929(蓝藻，红藻)
俞泽华 1933(禾本科)

耿伯介 1917—1997(禾本科)
耿以礼 1897—1975(禾本科)
陆定安 1925—1964(真菌，苔藓，地衣)

叶光汉 1938—2005(禾本科)
曾昭琪 1932—2016(蓝藻，绿藻)
赵儒林 1915—1999(壳斗科)
赵英华 1929—2011(蓝藻)
仲崇信 1908—2008(潮滩生态，植物生态)
朱浩然 1904—1999?(蓝藻)

编著的有关书刊：《中国主要植物图说(禾本科)》；《长江下游维管束植物》；《中国种子植物分科检索表》；《中国植物志》[第9(1)卷]；《中国淡水藻志》(第2卷)。

【修订：田兴军，庞延军 pangyj@nju.edu.cn，2017/3/20】

172 南京(NAS)：江苏省中国科学院植物研究所标本馆

NANJING (NAS): Herbarium, Institute of Botany, Jiangsu Province and Chinese Academy of Sciences

地　址：210014　江苏省南京市中山门外前湖后村1号

Address: No. 1, Qianhuhoucun, Nanjing, Jiangsu 210014

网　址：http://www.cnbg.net　　**联系人：**徐增莱

电　话：025/84347030　　**邮　箱：**1355655293@qq.com

隶属关系：江苏省和中国科学院　　**建室(馆)年份：**1923

腊叶标本数量：700,000　　**数字化标本：**450,000

模式标本：4,322份约1,823种

主要采集人(队)：陈焕镛，秦仁昌，方文培，耿以礼，蔡希陶，蒋英，王启无，裴鉴，单人骅，佘孟兰，王名金，王铁僧，姚淦，王希蕖，岳俊三，丁志遵，陈守良，刘启新，庄体德，邓懋彬，方文哲，熊耀国，熊豫宁，邬文祥。

标本室(馆)简介：中国维管植物，特别是中国东部地区、西南地区和新疆维管植物。

历史沿革：中国科学院植物分类研究所华东工作站—中国科学院南京中山植物园—中国科学院南京植物研究所—江苏省植物研究所—现名。曾用代码JSBI。北平静生生物调查所一部分、中山植物园、中国科学社上海自然科学研究所、SHMH、SHB等单位标本转入我室。

交换标本：可供——华东各地区维管植物标本。需求——全世界维管植物，特别是伞形科、禾本科、十字花科、薯蓣科、马鞭草科及珍稀濒危植物标本。

副馆长(主任)：徐增莱 1968(薯蓣科，药用植物资源，本草学与古代民族植物学)

管理负责人：董晓宇 1984(五味子科，标本数据库)Dong_xy@126.com

职员及其研究专长：

褚晓芳 1982(伞形科，禾本科，标本数据库)
顾子霞 1985(大戟科，植物科学画)
刘启新 1958(伞形科，江苏及华东地区维管植物)
汪　庆 1965(苔藓植物)
熊豫宁 1961(华东维管植物)

丁志遵 1926(薯蓣科)
郭荣麟 1935(十字花科)
金岳杏 1937(禾本科)
凌萍萍 1934(薯蓣科，毛茛科)
刘守炉 1937(伞形科)
潘泽惠 1938(伞形科)
秦慧贞 1933(形态学，薯蓣属实验分类)
佘孟兰 1925(伞形科)
盛国英 1936(禾本科)
王希蕖 1942(华东维管植物)
姚 淦 1937(华东维管植物)
袁昌齐 1934(十字花科，伞形科)
庄体德 1935(禾本科)

陈守良 1920—2013(禾本科)
方文哲 1929—2007(禾本科)
蓝永珍 1932—2009(十字花科)
陆莲立 1924—2013(十字花科)
裴 鉴 1902—1969(马鞭草科，薯蓣科)
单人骅 1909—1986(伞形科)
王铁僧 1933—2009(伞形科)
周太炎 1912—2003(十字花科)
左大勋 1923—2013(芸香科)

编著的有关书刊：《华东水生维管植物》；《江苏植物志》(修订版，第1–第5卷)；《华东禾本科植物志》；《江苏南部种子植物手册》；《江苏省植物药材志》；《中国植物志》[第9，第10，第16，第33，第55(1–3)，第65卷]；《江苏维管植物检索表》；《中国竹谱》；《中国药用植物志》(第1–第9卷)；*Flora of China*(Vol. 8，Vol. 14，Vol. 17，Vol. 22，Vol. 24)；《南京中山植物园研究论文集》；《华东地区园林观赏树木》；《植物资源与环境学报》；《植物物证鉴定》；《中国经济植物》。

备注：另有药材标本共计2,357份，其中德国E. Merck公司药材标本265份，浸制药材标本146份，干燥药材标本1,946份，种子标本2,951份。

【修订：董晓宇 2015/12/17】

173 南京(NAU)：南京农业大学生命科学学院植物标本室

NANJING (NAU): Herbarium, College of Life Science, Nanjing Agricultural University
地　址：210095　江苏省南京市玄武区卫岗1号
Address: No. 1, Weigang, Nanjing, Xuanwu District, Jiangsu 210095
网　址：http://lfc.njau.edu.cn/　　联系人：强胜
电　话：025/84395117　　邮　箱：wrl@njau.edu.cn
隶属关系：教育部　　建室(馆)年份：1963
标本数量：60,000　　数字化标本：40,000
主要采集人(队)：顾德兴，关广清，郭水良，黄建中，李新华，李扬汉，强胜，王佳胜，徐汉卿，薛达元，章毓英。
标本室(馆)简介：长江中下游地区植物标本，以及中国农田杂草标本。以国产和外来杂草种子标本为特色；原中央大学的部分标本转入我室。
历史沿革：中央大学农学院—南京农学院—现名。
主任(馆长)：强胜　1960(中国杂草与外来植物)
职员及其研究专长：

戴伟民　1976(各科杂草) daiweimin4@nju.edu.cn
顾德兴　1941(华东植物，物种生物学)
胡金良　1961(华东植物) hujinliangweed@sina.com
李新华　1968(华东植物，中国小檗科小檗属) lixinhua@njau.edu.cn
李扬汉　1913—2004(各科杂草)
刘琳莉　1977(各科杂草) liull@njau.edu.cn
王庆亚　1959(华东植物) wangqy@njau.edu.cn
宋小玲　1969(各科杂草) sxl@njau.edu.cn
徐汉卿　1928—1998(华东植物)
章毓英　1913(各科杂草)
张　峥　1985(各科杂草) jaycheung2009@163.com
张紫刚　1983(防己科) zgzhang@njau.edu.cn

编著的有关书刊：《中国杂草志》(1998)；《中国外来入侵生物》(2011)；《杂草种子图谱》(1996)；《杂草幼苗识别》(1989)；《江苏植物志》(修订版)；《杂草科学》(期刊)。
【修订：强胜　2015/7/28】

174 南京(NF)：南京林业大学树木标本室

NANJING (NF): Dendrological Herbarium, Nanjing Forestry University
地　址：210037　江苏省南京市龙蟠路159号
Address: No. 159, Longpan Road, Nanjing, Jiangsu 210037

网　　址：http://shengwu.njfu.edu.cn/default.php
联 系 人：伊贤贵
电　　话：025/85427657
邮　　箱：354067272@qq.com
隶属关系：国家林业局与江苏省
建室(馆)年份：1915
标本数量：210,000
模式标本：200号
主要采集人(队)：赵奇僧，陈谋，陈嵘，郑万钧，焦启源，朱政德，乐承三，李名岗，廖伟章，林刚，宋祥后，汤庚国，王启无，吴中伦，姚开元，邹惠渝，向其柏，王贤荣，伊贤贵。
标本室(馆)简介：主要收藏长江中下游各省木本植物；全国裸子植物和竹类植物标本较为丰富。还有王启无8,001-8,999号云南标本。郑万钧的模式标本150号；朱政德、赵奇僧竹类模式标本50号。
历史沿革：中央大学和金陵大学林学院—南京林学院—南京林产工业学院—南京林业大学。曾用代码NFU。江苏省立第一农校、东南大学(SEU)和中央大学(NC)的标本大部分转入我室。
交换标本：可供——华东地区(福建、安徽、江西、江苏、湖北为主)木本植物，重庆、四川、贵州、西藏部分木本植物标本及桂花和樱属品种标本。需求——中国西部木本植物及竹类标本，以及蔷薇科、木犀科、樟科和竹类标本，美洲裸子植物标本。
主任(馆长)：王贤荣　1966(安徽、江苏植物，蔷薇科樱属、木犀科木犀属种及品种)025/85427657；wangxianrong66@njfu.edu.cn

管理负责人：伊贤贵 1982(福建、江西、安徽植物，蔷薇科樱属)

职员及其研究专长：

陈　林 1982(华南植物，木犀科木犀属)
陈　昕 1968(安徽、江苏植物，蔷薇科花楸属)
段一凡 1984(世界木犀科)
李湘萍(已调离)
李雪霞 1981(兰科植物，榆科植物)
汤庚国 1950(福建、安徽、湖北植物，蔷薇科苹果亚科、竹亚科、樟科)
许晓岗 1968(安徽、江苏植物，蔷薇科苹果属)
袁发银 1959(树木标本采集与制作管理)

陈　嵘 1888—1971(中国木本植物，竹亚科)
黄鹏成 1932(豆科，木兰科)
向其柏 1935(世界性五加科，现代孢粉，樟科、木犀科)
赵奇僧 1936(世界性竹亚科，裸子植物，壳斗科)
郑万钧 1904—1983(裸子植物，中国木本植物)
邹惠渝 1945—2001(福建木本植物，竹亚科)
朱政德 1928(世界性竹亚科)

编著的有关书刊：《中国树木分类学》；《中国树木志》；《中国植物志》(五加科)；《中国高等植物图鉴》；FOC(Araliaceae)；《江苏植物志》；《树木学》(南方本)；《中国桂花品种图志》；《中国樱花品种图志》。

【修订：伊贤贵 2015/9/20】

175 南京(NFP)：南京森林警察学院植物标本室*

NANJING (NFP): Herbarium, Nanjing Forest Police College
地　址：210023　江苏省南京市仙林大学城文澜路28号
Address: No. 28, Wenlan Road, Xianlin College City, Nanjing, Jiangsu 210023
网　址：http://jdzx.forestpolice.net/
联 系 人：徐燕红
电　话：025/85878798；025/85878896
邮　箱：nanchenghui@126.com　　隶属关系：国家林业局
建室（馆）年份：1953　　标本数量：3,100
主要采集人(队)：姚庆渭，张静文，胡文凤，吴学良，姚榕等。
标本室(馆)简介：主要是国家重点保护植物标本。其中腊叶标本3,100份，木材标本650份。主要用作保护植物鉴定参考标本。
历史沿革：南京林业学校—南京林产工业学院—南京人民警察学校—南京森林公安高等专科学校—现名。
主任(馆长)：黄群　1955
管理负责人：徐燕红
职员及其研究专长：
陈云霞　1982(植物分类和木材学)
方　彦　1960(植物分类和群落生态学)
南程慧　1982(植物分类和植物资源)306375895@qq.com
吴显坤　1981(植物分类和生物多样性)
谢春平　1980(植物分类和群落生态学)
薛晓明　1977(植物分类和木材学)
姚庆渭　1921(植物分类)
姚　榕　1958(植物分类)
编著的有关书刊：《森林植物鉴定》。
【供稿：南程慧　2013/8/30】
*首次收载。

176 南京(NJNU)：南京师范大学珍稀动植物博物馆

NANJING(NJNU): Herbarium, College of Life Sciences, Nanjing Normal University

地　　址：210023　江苏省南京市文苑路1号

Address: No. 1, Wenyuan Road, Nanjing, Jiangsu 210023

网　　址：http://sky.njnu.edu.cn/cn/lab/zhen-xi-dong-wu-bo-wu-guan

联 系 人：张光富，周长发

电　　话：025/85891292；025/85891050

邮　　箱：zhangguangfu@njnu.edu.cn；zhouchangfa@njnu.edu.cn

隶属关系：江苏省教育厅

建室(馆)年份：1926

植物标本数量：30,000

主要采集人(队)：陈俊福，陈维培，吴继农，杨启银。

标本室(馆)简介：主要是长江中下游各省维管植物和地衣标本。还有部分长白山地区、海南岛和广东标本。

历 史 沿 革：东吴大学—江苏师范学院—南京师范学院—现名。

交 换 标 本：可供——华东各省的木本和草本植物及地衣标本。需求——世界种子植物标本。

主任(馆长)：施国新 1950(睡莲科)

管理负责人：杨启银 1951(江苏植物)；周长发 1971(博物馆管理)

职员及其研究专长：

陈维培 1931(睡莲科)
丁小余 1965(兰科)
吴继农 1922—1999(地衣)
张光富 1970(木兰科，罂粟科)
赵惠如 1913—2000(竹亚科)

编著的有关书刊：《南京师范大学学报》《江苏植物志》。

【修订：张光富 2017/3/16】

177 南通(NAN)：南通师范专科学校生物系植物标本室*

地　址：226007　江苏省南通市三里墩
*已不存在。

178 徐州(XZTC)：徐州师范学院生物系植物标本室*

地　址：221009　江苏省徐州市和平路57号
*未取得联系。

179 抚州(FTS)：抚州师范专科学校生物系植物标本室*

地　址：344000　江西省抚州市羊城路154号
*未取得联系。

180 赣州(GAFS)：江西赣州林校树木标本室*

地　址：341002　江西省赣州市湖边
*未取得联系。

181 井冈山(JGSU)：井冈山大学生命科学学院植物标本室*

JINGGANGSHAN (JGSU) : Herbarium, School of Life Sciences, Jinggangshan University
地　址：343009　江西省吉安市青原区学苑路28号

Address: No. 28, Xueyuan Road, Qingyuan District, Jian, Jiangxi 343009
联 系 人：邓贤兰　　电　　话：15279689749
邮　　箱：dengxianland@163.com　　隶属关系：江西省教育厅
建室（馆）年份：1992　　标本数量：3,000
数 字 化 标 本：3,000
主要采集人（队）：邓贤兰，彭光天，胡雪华，周兵。
标本室（馆）简介：主要是井冈山、青原区及遂川县植物标本，被子植物标本相对较多。
历 史 沿 革：吉安师范专科学校生物系—井冈山师范学院生命科学学院—井冈山学院生命科学学院—现名。
交 换 标 本：可供——江西井冈山种子植物标本。需求——江西及附近省份种子植物标本。
管理负责人：邓贤兰
职员及其研究专长：

　　邓贤兰　1969（植物分类及植物生态学）
　　胡雪华　1977（资源植物）
　　周　兵　1978（入侵植物）

【供稿：邓贤兰　2015/7/12】

*首次收载。

182 井冈山(JN)：井冈山自然保护区管理处标本室*

地　址：343600　江西省井冈山市茨坪狮子岩

*未取得联系。

183 九江(JJF)：九江森林植物标本馆

JIUJIANG (JJF): Herbarium, Forestry Institute of Jiujiang

地　　址：332100　江西省九江沙城工业园富园二路

Address: Fuyuan Er Road, Shacheng Industrial Park, Jiujiang, Jiangxi 332100

网　　址：http://www.jjslzwyjs.com/

联 系 人：谭策铭

电　　话：0792/6816933；13807925261

邮　　箱：1244546214@qq.com

隶属关系：九江市林业局，九江森林植物研究所

建室(馆)年份：1981

标 本 数 量：50,000

数字化标本：10,000

主要采集人(队)：谭策铭，易桂花，董安淼，张吉华，缪以清，易发彬，朱大海。

标本室(馆)简介：主要是江西全省各地标本，还有周边省份(浙江、福建、广东、湖南、湖北、安徽)部分维管植物标本。

历 史 沿 革：九江县森林植物研究所标本室—现名。

交 换 标 本：可供——赣北、赣西北维管植物标本。需求——长江流域其他地区维管植物标本。

主任(馆长)：谭策铭　1952(江西维管植物)

管理负责人：易桂花　1954(技术管理)13479202963

编著的有关书刊：《赣北九江县野生植物名录》《九江市林业局野生植物标本馆馆藏标本志要》《庐山旅游线路常见植物》。

备注：另有种子标本1,500份。

【修订：谭策铭　2015/12/19】

184 九江(JJT)：江西九江学院药学与生命科学学院植物标本室

JIUJIANG (JJT): Herbarium, College of Pharmacy and Life Science, Jiujiang University

地　　址：332000　江西省九江市浔阳东路320号

Address: No. 320, Xunyang East Road, Jiujiang, Jiangxi 332000

网　　址：http://yxsm.jju.edu.cn/index.htm

联 系 人：廖亮

电　　话：0792/8554186

邮　　箱：liaol58@163.com；13970209819@163.com

隶属关系：江西省教育厅

建室(馆)年份：1985

标 本 数 量：10,000

主要采集人(队)：徐玲玲，李同建，邓辉胜，韩兴杰，陈晔，方亮，廖亮。

标本室(馆)简介：以赣北植物为主，并收集全国毛茛属、苎麻属和木通科植物标本。

历 史 沿 革：江西九江师范专科学校—现名。

交 换 标 本：可供——赣北植物标本。需求——毛茛属和木通科植物标本。

主任(馆长)：廖亮 1958(毛茛属，苎麻属，木通科)

职员及其研究专长：

陈　晔 1964(大型真菌)

邓辉胜 1971(赣北植物，裸子植物)denghsh@163.com

方　亮 1964(凤仙花属，毛茛属)

韩兴杰 1976(木通属)handai99@163.com

李同建 1982(毛茛属，苎麻属，木通科)xiaotongbob@163.com

徐玲玲 1963(毛茛属，苎麻属，木通科)

编著的有关书刊：《庐山植物》(野外实习手册)。

【修订：廖亮 2013/9/18】

185 龙南(JNR)：江西省九连山自然保护区管理处植物标本室*

地　址：341701　江西省龙南县古坑

*未取得联系。

186 庐山(LBG)：江西省中国科学院庐山植物园标本馆

LUSHAN (LBG): Herbarium, Lushan Botanical Garden, Jiangxi Province and Chinese Academy of Sciences

地　址：332900　江西省九江市庐山市植青路9号

Address: No. 9, Zhiqing Road, Lushan, Jiujiang, Jiangxi 332900

网　址：http://www.lsbg.cn/　　联系人：彭焱松

电话(传真)：0792/8282223　　邮　箱：yansongpen@sohu.com

隶属关系：江西省科学技术厅　　建室(馆)年份：1936

标本数量：180,000　　数字化标本：130,000

模式标本：576份376种

主要采集人(队)：熊耀国，胡启明，赖书绅，聂敏祥，蔡希陶，王启无，熊杰，詹选怀，彭焱松。

标本室(馆)简介：以江西省植物标本收集最为全面，并保存有20世纪30–50年代秦仁昌、王启无、方文培、陈少卿、蔡希陶、冯国楣、郑万钧、胡启明、熊耀国、熊杰、赖书绅、聂敏祥等在我国西南、华中及华东、华南等地采集的大量标本，以及少量国外标本、种子标本和木材标本。

历史沿革：庐山森林植物园—中国科学院庐山植物园—江西省庐山植物园—现名。曾用代码LUS。

主任(馆长)：彭焱松　1975(江西植物)

职员及其研究专长：

赖书绅　1931(江西植物，大风子科)

聂敏祥　1932(江西植物，蔷薇科)

杨涤清　1939(兰科，百合科细胞分类)

梁同军　1975(江西植物)

单汉荣　1934—2008(旌节花科，江西植物)

詹选怀　1964(蕨类植物)

张乐华 1966（杜鹃花科）　　　　　　　　朱玉善 1960（植物科学画）

编写的专著：《江西植物志》（第1–第3卷）；《中国植物志》（大风子科、旌节花科）；《江西中草药》；《庐山中草药》；《江西森林》；《江西树木志》（22科）；《江西赣江源国家级自然保护区综合科学考察集》等。

【修订：彭焱松 2015/7/2】

187 南昌(JAS)：江西省科学院生物技术开发中心植物标本室*

地　址： 330029　江西省南昌市北京东路彭家桥上访路18号

*未取得联系。

188 南昌(JCE)：江西教育学院生物系植物标本室*

地　址： 330029　江西省南昌市北京东路87号

*未取得联系。

189 南昌(JXAU)：江西农业大学林学院树木标本馆

NANCHANG (JXAU)： Dendrological Herbarium, College of Forestry, Jiangxi Agricultural University

地　址： 330045　江西省南昌市昌北经济技术开发区志敏大道1101号

Address: No. 1101, Zhimin Avenue, Changbei District, Nanchang, Jiangxi 330045

网　址： http://yuanlin.jxau.edu.cn/main.htm

联系人： 季春峰　　　　**电　话：** 0791/83813243

邮　箱： cfjee2004@163.com　　　　**隶属关系：** 江西省人民政府

建室（馆）年份： 1958　　　　**标本数量：** 65,000

数字化标本： 10,000　　　　**模式标本：** 19号

主要采集人(队)：周蓄源，农植林，施兴华，俞志雄，张秋根，周芸德，杨光耀，裘利洪，季春峰，揭正平。

标本室(馆)简介：主要是江西省内各主要山脉如武夷山、井冈山、齐云山、铜钹山等地木本植物，以及少量国内其他地区的木本植物。还有木材标本315号。

历史沿革：江西共产主义劳动大学总校—现名。

交换标本：可供——江西木本植物标本。需求——中国其他省(区)木本植物标本及美国东部木本植物标本。

主任(馆长)：季春峰 1977(木犀科)

职员及其研究专长：

黄小强(已调离)

农植林 1933(江西冬青科，壳斗科)

裘利洪 1972(江西槭树科)

施兴华 1932(江西裸子植物，椴树科)

杨光耀 1962(江西竹亚科)

俞志雄 1938(江西槭树科，蔷薇科，壳斗科)

周蓄源 1901—1991(江西樟科)

编著的有关书刊：《江西树木志》《南昌市园林树木手册》《江西农业大学校园树木图鉴》《江西农业大学学报》。

【修订：季春峰 2015/3/11】

190 南昌(JXCM)：江西中医药大学药用植物标本室

NANCHANG (JXCM): Medicinal Herbarum, Jiangxi University of Traditional Chinese Medicine

地　址：330004　江西省南昌市湾里区兴湾大道818号

Address: No. 818, Xingwan Avenue, Wanli District, Nanchang, Jiangxi 330004

网　址：http://www.jxutcm.edu.cn/　　　　**联系人**：邱咏薇

电　　话：0791/87118713　　　　邮　箱：806784109@qq.com
隶属关系：江西省教育厅　　　　建室(馆)年份：1959
标本数量：50,000
主要采集人(队)：赖学文，刘庆华，徐志杰，姚振生。
标本室(馆)简介：主要收藏江西药用植物标本，还有部分药材标本及浸泡标本。
历史沿革：江西省药科学校—江西中医学院—现名。
交换标本：可供——江西省药用植物标本。需求——中国西南部药用植物标本。
管理负责人：邱咏薇 1969(江西药用植物)
职员及其研究专长：

丁景和 1915—?(江西菊科)
葛　菲 1965(江西马鞭草科紫珠属)
胡生福 1978(江西胡椒科)
赖学文 1949(江西蓼科)
林贵兵 1981(江西马鞭草科)
刘　勇 1962(江西木通科，大血藤科，芸香科)
刘庆华 1948(江西药用植物)
徐艳琴 1980(江西小檗科淫羊藿属，远志科)
徐志杰 1935(江西苋科)
姚振生(已调离)

编著的有关书刊：《江西植物志》(第1卷)。
【修订：葛菲 2016/2/1】

191 南昌(JXF)：江西省林业科学研究所树木标本室*

地　址：330032 江西省南昌市麦园
*未取得联系。

192 南昌(JXM)：江西省药物研究所药用植物标本室*

地　址：330029　江西省南昌市南京东路15号
*未取得联系。

193 南昌(JXU)：南昌大学生物标本馆

NANCHANG (JXU): Herbarium, School of Life Sciences, Nanchang University
地　址：330031　江西省南昌市红谷滩新区学府大道999号
Address: No. 999, Xuefu Avenue, Honggutan New District, Nanchang, Jiangxi 330031
网　址：http://bio.ncu.edu.cn/
联系人：葛刚
电　话：0791/83969533；13006210816
邮　箱：gge@ncu.edu.cn
隶属关系：江西省教育厅
建室(馆)年份：1940
标本数量：80,000
数字化标本：10,000
主要采集人(队)：程景福，龚明暄，胡先骕，林英，莫熙穆，万文豪，徐声修，杨祥学。
标本室(馆)简介：主要是江西省维管植物标本，还有一些周边省份的植物标本。
历史沿革：中正大学植物标本室—南昌大学植物标本室—江西师范学院植物标本室—江西大学生物系植物标本室—现名。
交换标本：可供——江西维管植物标本。需求——亚热带植物标本，尤其是蝶形花科、芸香科标本。
主任(馆长)：李恩香　1969(菝葜科，百部科)
管理负责人：刘以珍　1984(植物区系)
职员及其研究专长：

蔡奇英　1973(江西苔藓植物)
陈少风　1958(江西维管植物)
葛　刚　1968(植物生态，江西植被资源，水生维管植物)
管毕财　1976(江西蕨类植物)
刘以珍　1984(植物区系)
杨柏云　1963(兰科)

常红秀 1931(江西苔藓植物)
程景福 1927—1999(华东蕨类植物)
何宗智 1932(江西大型真菌)
李以镔(柳叶菜科等)
林　英 1914—2003(植物生态，地植物，江西植物资源)
万文豪 1934(中国菱科)
徐声修 1939(江西蕨类植物)
杨祥学 1917—2001(显花植物分类，江西植物资源)

编著的有关书刊：《维管束植物鉴定手册》《江西植物志》《鄱阳湖湿地植物》《江西省树木志》。

【修订：葛刚 2013/10/11】

194 上饶(SRF)：江西省上饶地区林业科学研究所植物标本室*

地　址：334000　江西省上饶市前进路82号
*未取得联系。

195 上犹(GNA)：江西省赣南树木园植物标本室*

地　址：341212　江西省上犹县陡水镇
*未取得联系。

196 安图(ANTU)：吉林省长白山科学研究院动植物标本馆

ANTU (ANTU): Herbarium, Changbai Mountain Academy of Sciences
地　址：133613　吉林省安图县二道白河镇
Address: Erdaobaihe Town, Antu, Jilin 133613
网　址：http://kxy.changbaishan.gov.cn/　　联系人：刘丽杰

电　　话：0433/5750032；15943362755　邮　　箱：huangxiangtongcbs@126.com
隶属关系：吉林省长白山保护开发区管理委员会
建室（馆）年份：1960　标本数量：16,380
模式标本：8份
主要采集人(队)：杨野，胡玉琛，王昆玉，严仲恺，张文仲，秦忠时，宗占江，易富科，王柏，刘利。
标本室(馆)简介：长白山地区各类植物，包括真菌、地衣、苔藓、蕨类、裸子植物和被子植物。其中，维管植物标本12,380份，地衣1,000份，苔藓1,500份，大型真菌1,500份。
历史沿革：吉林长白山国家级自然保护区管理局科研所植物标本室—现名。
交换标本：可供——长白山地区植物标本。需求——东北亚区域的植物标本。
主任(馆长)：黄祥童　1963(十字花科，蔷薇科，伞形科，忍冬科，鸢尾科，香蒲科等)
管理负责人：刘丽杰　1973
职员及其研究专长：

范宇光　1982(真菌门)
胡玉琛　1936—2002(地衣门)
刘　利　1957(蕨类植物门)
王　柏　1949(真菌门)
杨　野　1934—2000(杨柳科，桦木科，毛茛科，豆科等)
尹　航　1983(卫矛科，芸香科，槭树科等)
赵洪全　1940—2011(松科，红豆杉科，柏科，菊科等)
宗占江　1950(黑三棱科，禾本科，莎草科等)

编著的有关书刊：《长白山植物药志》《长白山动植物名录》《吉林省生物种类与分布》《中国长白山药用植物彩色图志》《长白山保护开发区生物资源》《常见蘑菇野外识别手册》《东北野生食药用真菌图志》。
【修订：黄祥童　2017/3/9】

197 长春(CCM)：长春中医药大学药学院中药标本馆

CHANGCHUN(CCM): Chinese Medicine Herbarium, Changchun University of Chinese Medicine

地　　址：130021　吉林省长春市博硕路1035号

Address: No. 1035, Boshuo Road, Changchun, Jilin 130021

网　　址：http://yxy.ccucm.edu.cn/　　联系人：张景龙

电　　话：0431/86172690　　邮　箱：cc-xjl@163.com

隶属关系：吉林省教育厅　　建室(馆)年份：1963

标本数量：23,000

主要采集人(队)：高士贤，高作华，吉金祥，李文亭，宋宇环，徐志远，张亚芝，张景龙，齐伟辰，张强，张天柱。

标本室(馆)简介：吉林省各地植物标本，尤其是长白山及附近各地区的标本较丰富，还有大连海湾的藻类标本，包括药物植物138科520属1,597种。

历 史 沿 革：长春中医学院—吉林医大四院—现名。

交 换 标 本：可供——长白山药用植物标本。需求——中国南部药用植物标本。

主任(馆长)：齐伟辰 1979(长白山药用植物)

管理负责人：张景龙 1959(药用植物)0431/86172690

职员及其研究专长：

邓明鲁 1936(药用植物)0431/55919转393

高士贤 1933(药用植物)0431/55919转361

宋宇环 1935(药用植物解剖，忍冬属)

徐志远 1932(长白山药用植物)

张　强 1968(药用植物解剖)0431/86172581

张天柱 1977(药用植物)0431/86172690

编著的有关书刊：《吉林药材图志》《吉林省药用植物名录》。

【修订：张景龙 2013/8/28】

198 长春(HMJAU)：吉林农业大学食药用菌教育部工程研究中心菌物标本馆*

CHANGCHUN(HMJAU): Herbarium, Engineering Research Center of Chinese Ministry of Education for Edible and Medicinal Fungi Jilin Agricultural University

地　　址：130118　吉林省长春市新城大街2888号

Address: No. 2888, Xincheng Avenue, Changchun, Jilin 130118

网　　址：http://202.198.0.76/junwusuo/index.asp

联 系 人：张波 0431/84532989；zhangbofungi@126.com

隶属关系：吉林省教育厅　　建室(馆)年份：1978

标本数量：35,000　　模式标本：25份25种

主要采集人(队)：李玉，王琦，图力古尔，刘淑艳，刘朴，田恩静，亓宝，张波。

标本室(馆)简介：主要保藏中国大型真菌及黏菌，以及部分国外标本，属我国较大型菌物标本馆之一。

历史沿革：吉林农业大学植物病理教研室真菌标本室—吉林农业大学菌物标本馆—现名。

交换标本：可供——全国及部分国外大型真菌和黏菌标本。需求——中国各地及世界各国大型真菌和黏菌标本。

主任(馆长)：图力古尔 1962(大型真菌分类)0431/84532780；junwusuo@126.com

管理负责人：王琦 1971(黏菌)0431/84533269；q_wang2006@126.com

职员及其研究专长：

李　玉 1944(大型真菌，黏菌，网柄菌)yuli966@126.com
刘　朴 1982(网柄菌)
刘淑艳 1970(白粉菌，黏菌)
亓　宝 1982(大型真菌，黏菌)
田恩静 1977(大型真菌)
张　波 1978(黏菌)
朱兆香 1985(子囊菌)

编著的有关书刊：《中国真菌志》(黏菌卷一、黏菌卷二)；*LICEALES IN CHINA*；《中国长白山蘑菇》；《菌物资源学》；《乌苏里江流域真菌》；《中国团毛菌目黏菌》；《多彩的蘑菇世界——东北亚地区原生态蘑菇图谱》；《山东蕈菌生物多样性及其利用》；《中国传统医学和现代生物学中的药用蘑菇》；《中国药用真菌图志》；《中国药用真菌》。

【填表：图力古尔 2015/7/16】

*首次收载。

199 长春(JLAU)：吉林农业大学中药材学院植物标本室*

CHANGCHUN(JLAU): Herbarium, College of Chinese Medicinal Materials, Jilin Agricultural University

地　址：130118　吉林省长春市新城大街2888号
Address: No. 2888, Xincheng Avenue, Changchun, Jilin 130118
网　址：http://www.jlau.edu.cn/index_2015.asp
联 系 人：杨利民　　电　话：0431/84533086
邮　箱：13384309292@126.com　　隶属关系：吉林省教育厅
建室(馆)年份：1983　　标本数量：15,000
主要采集人(队)：宋世良，戴宝合，赵淑春，张荫桥，杨利民，等。
标本室(馆)简介：东北野生植物资源为主，特别是药用植物，长白山植物较为丰富。
历 史 沿 革：吉林农业大学特产园艺系—农商学院—现名。
主任(馆长)：杨利民 1963(植物资源)
管理负责人：韩忠明 1978(药用植物)18946512096；hanzm2008@yeah.net
职员及其研究专长：

韩　梅 1964(药用植物资源)
林红梅 1980(观赏植物资源)
刘翠晶 1977(药用植物资源)
刘　霞 1965(药用植物资源)
张永刚 1978(食用植物资源)

编著的有关书刊：《药用植物学》《吉林药用植物志》《吉林农业大学学报》。
【供稿：杨利民 2016/2/1】
*首次收载。

200 长春(IGA)：中国科学院东北地理与农业生态研究所湿地标本馆*

CHANGCHUN (IGA): Wetland Herbarium, Northeast Institute of Geography and Agroecology, Chinese Academy of Sciences

地　　址：130102　吉林省长春市高新北区盛北大街4888号

Address: No. 4888, Shengbei Avenue, Changchun, Jilin 130102

网　　址：http://www.neigae.ac.cn/　　**联系人**：刘波

电　　话：0431/85542345；18744014636　**邮　　箱**：liubo@iga.ac.cn

隶属关系：中国科学院　　**建室(馆)年份**：1962

标本数量：35,000　　**数字化标本**：5,000

主要采集人(队)：李崇皓，叶居新，郑萱凤，刘诗馨，唐树本，丁守琴，易富科，赵魁义，刘波。

标本室(馆)简介：专门的湿地植物标本。主要收集兴安岭、长白山、三江平原、松嫩平原、若尔盖及横断山等地湿地植物，并涵盖了我国主要湿地分布区的植物标本，是我国唯一以收藏沼生植物标本为主的标本馆。

交换标本：可供——东北常见湿地植物标本。需求——国内外湿地植物标本。

主任(馆长)：吕宪国　0431/85542216；luxg@iga.ac.cn

管理负责人：刘波　1982(植物分类，标本管理)

职员及其研究专长：

姜　明　1971(资源保护和利用)
娄彦景　1980(植物多样性及其保护、利用)
王国栋　1987(物种多样性)
王雪宏　1983(群落生态学)
张新厚　1985(群落生态学)
赵魁义　1937(植物分类)

编著的有关书刊：《中国东北湿地野生维管束植物》。

【供稿：刘波　2015/3/16】

*首次收载。

201 长春(JLMP)：吉林省中医中药研究院药用植物标本室*

地　址：130021　吉林省长春市工农大路17号

*未取得联系。

202 长春(NENU)：东北师范大学植物标本馆

CHANGCHUN (NENU) : Herbarium, Northeast Normal University

地　址：130024　吉林省长春市南关区人民大街5268号

Address: No. 5268, Renmin Street, Nanguan District, Changchun, Jilin 130024

网　址：http://www.nenu.edu.cn/　　**联系人：**肖洪兴

电　话：0431/85099126　　**邮　箱：**xiaohx771@nenu.edu.cn

隶属关系：教育部　　**建室馆年份：**1949

标本数量：42,000　　**数字化标本：**10,000

主要采集人(队)：野田光藏，钱家驹，李茹光，张文仲，赵毓棠，李建东，祝廷成。

标本室(馆)简介：本馆以收藏长白山、松嫩平原、大兴安岭、小兴安岭等东北地区的维管植物标本为主；收藏有全国性的鸢尾科植物与部分模式标本，以及长白山区大型真菌标本。

历史沿革：伪满大陆科学院标本室—伪满师范学校、东北大学及长白师范学院—东北师范学院？—现名。2000年，东北师范大学草地科学研究所(原草原研究室)标本室并入本馆。

交换标本：可供——东北地区(尤其长白山区)种子植物标本。

主任(馆长)：肖洪兴 1963(淡水藻类，东北维管植物)

管理负责人：相桂权　1960(标本馆管理)0431/85099453

职员及其研究专长：

何　显(已调离)

郎奎昌　1925—1999(东北苔藓)

李建东　1936(草地生态学，草原植物)0431/85098973

李茹光　1908—2003(东北大型真菌)

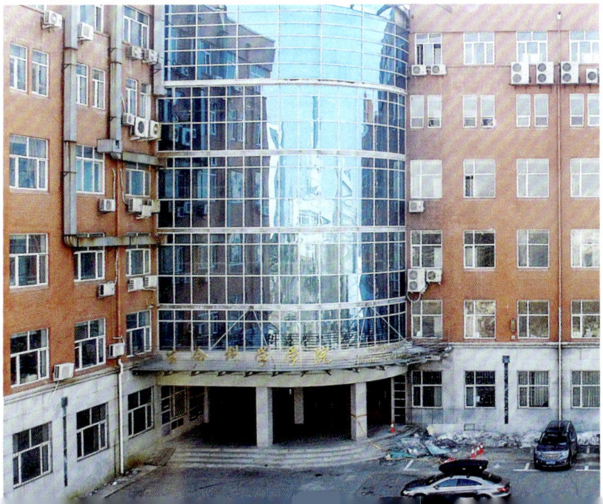

钱家驹(维管植物)
孙明洲 1977(长白山区种子植物，鸢尾科) sunmz100@nenu.edu.cn
谢 航(已调离)
赵毓棠 1932—2010(维管植物，鸢尾科)

编著的有关书刊：《长白山西侧中部森林植物调查报告》；《长白山植物垂直分布名录》；《吉林省真菌志》；《长白山植物药志》；《中国植物志》[第16(1)鸢尾科]；《中国高等植物》(第13卷鸢尾科)；《云南植物志》(第5卷鸢尾科)；《西藏植物志》(第5卷鸢尾科)；*Iris of China*；《吉林植被》；*Flora of China*(第24卷鸢尾科)；《吉林树木图志》。

【修订：肖洪兴 2015/3/25】

203 吉林(JLFC)：北华大学林学院植物标本室

JILIN (JLFC) : Herbarium, College of Forestry, Beihua University

地 址：132013 吉林省吉林市滨江东路3999号

Address: No. 3999, Binjiang East Road, Jilin City, Jilin 132013

网 址：http://lxy.beihua.edu.cn/

联系人：王戈戎

电 话：18604498237

邮 箱：313003488@qq.com

隶属关系：吉林省教育厅

建室(馆)年份：1980

标本数量：35,000

数字化标本：35,000

主要采集人(队)：陈可贵，张国维，马养俊，王承明，杨奇全，杜凤国，戚继忠，王柏青，王戈戎，夏富才，王欢。

标本室(馆)简介：主要收藏吉林省木本植物标本，包括长白山、龙潭山和磨盘山等地植物本，以及长白山植物区系果实标本。

历史沿革：吉林省林业专科学校—吉林林工院—吉林林业学校—吉林林学院—现名。

主任(馆长)：杜凤国 1960(吉林省植物，长白山濒危植物) 18604498150；dfg4656@qq.com

职员及其研究专长：

陈可贵 1936—2010(吉林省果木)
戚继忠 1962(吉林省木本植物)
王柏青 1961(吉林省木本植物)
王戈戎 1974(吉林省维管植物)
王 欢 1978(长白山濒危植物)
夏富才 1973(吉林省维管植物)
张国维 1939(吉林省草本植物)

编著的有关书刊：《吉林省园林落叶树木冬态》(2008)；《长白山生物种类与分布》(2005)。

【修订：杜凤国 2015/7/2】

204 通化(TONG)：通化师范学院生物系植物标本室*

地　址：134002　吉林省通化市头道沟路151号
*未取得联系。

205 大连(DNHM)：大连自然博物馆植物标本室

DALIAN (DNHM): Herbarium, Dalian Natural History Museum
地　　址：116029　辽宁省大连市沙河口区西村街40号
Address: No. 40, Xicun Street, Shahekou District, Dalian, Liaoning 116029
网　　址：http://www.dlnm.org/
联系人：黄文娟
电　　话：0411/84675544
邮　箱：alice_00187@163.com
隶属关系：大连市科学技术局
建室(馆)年份：1926
标本数量：30,000
主要采集人(队)：韩全忠，贾学乙，栾日孝，栾淑君，王可烈，张淑梅，王萌。
标本室(馆)简介：东北各省维管植物，尤其是大连地区裸子植物和蕨类植物比较丰富，还有海藻、真菌、苔藓标本和一部分云南、四川、海南岛、山东标本。日伪留下标本由旅顺馆在1945年转入我馆。
历史沿革：满蒙资源参考馆(1926)—东北资源馆(1945)—现名(1959)。
交换标本：可供——大连地区各类植物标本。需求——长江以南各省高等植物标本。
主任(馆长)：赵博　1961
管理负责人：黄文娟　1979(大连鸟类)
职员及其研究专长：
　　韩全忠　1936(东北木本植物，裸子植物，蕨类植物)

贾学乙（已调离）

王　萌 1983（藻类、高等植物）alice_00187@163.com

张淑梅 1963（高等植物）

编著的有关书刊：《大连地区植物志》《旅大地区植物检索表》《大连植物彩色图谱》。

【修订：黄文娟 2017/3/10】

206 大连(LEF)：辽宁省经济林研究所植物标本室*

地　址： 116031　辽宁省大连市甘井子区育林街252号

*未取得联系。

207 大连(LNCM)：辽宁中医药大学药学院中药标本馆

DALIAN (LNCM): Medicinal Herbarium, Liaoning University of Traditional Chinese Medicine

地　址： 116600　辽宁省大连市双D港生命一路77号

Address: No. 77, Shengming 1 Road, Double D Port, Dalian, Liaoning 116600

网　址： http://yxy.lnutcm.edu.cn/home

联系人： 刘洋　　**电　话：** 0411/85890127

邮　箱： Liuyangly77@126.com　　**隶属关系：** 辽宁省卫生厅

建室（馆）年份： 1958　　**标本数量：** 10,000

主要采集人(队)： 黄桂荣，孙永久，王冰，康廷国，王荣祥，郑太坤，谢明，翟延君，刘洋。

标本馆简介： 以东北地区药用植物为主。腊叶标本10,000份，还有中药饮片标本500种，药材标本1,000种，伪品标本150种，浸制200瓶。

历史沿革： 辽宁中医学院—现名。

交换标本： 可供——东北地区药用植物标本。需求——四川、云南、贵州等地药用植物标本及西北地区药用植物标本等。

馆　　长： 谢明 1962（本草学研究）x6m6@163.com

主　　任： 刘洋 1977（中药鉴定学）Liuyangly77@126.com

管理负责人：

王荣祥 1951（中药鉴定学）15842494720；wrxzyj@126.com

吴　莹 1987（中药学）

职员及其研究专长：

康廷国 1955（中药鉴定学）kangtg@lnutcm.edu.cn

李　峰 1963（中药鉴定学）zhanglijiayi@163.com

王　冰 1952（药用植物学）wangpinng1616@163.com

王添敏 1980（中药鉴定学）wang_tm@163.com

许　亮 1978（毛茛科白头翁属，茄科）861364054@qq.com

尹海波 1973（药用植物学）yhb0528@sina.com

翟延君 1956（中药鉴定学）lnzyzyj@sohu.com

张　慧 1970（中药鉴定学）syyycs@163.com

张建奎 1980（药用植物学）lnzyzjk@sina.com

编著的有关书刊： 《辽宁中草药手册》《常用中药材真伪鉴别图谱》《中草药辨识图谱与应用》《中药鉴定学》。

【修订：刘洋 2017/4/27】

208 大连(LNNU)：辽宁师范大学生物系植物标本室*

地　址： 116022　辽宁省大连市黄河路850号

*未取得联系。

209 盘锦(RE)：辽宁省芦苇科学研究所标本室*

地　址： 124000　辽宁省盘锦市双台子区

*未取得联系。

210 沈阳(IFP)：中国科学院沈阳应用生态研究所东北生物标本馆

SHENYANG (IFP): Herbarium of Northeast China, Institute of Applied Ecology, Chinese Academy of Sciences

地　址：110016　辽宁省沈阳市文化路72号

Address: No. 72, Wenhua Road, Shenyang, Liaoning 110016

网　址：http://www.iae.cas.cn/　　联系人：于兴华

电　话：024/83970334　　邮　箱：yuxinghua@iae.ac.cn

隶属关系：中国科学院　　建室(馆)年份：1954

标本数量：600,000　　数字化标本：150,000

模式标本：1,168份

主要采集人(队)：曹同，曹伟，陈锡龄，方振富，傅沛云，傅星，高德恩，高谦，何兴元，侯家龙，李冀云，李乾，李书心，黎兴江，刘顺，刘慎谔，秦忠时，王战，王崇书，王光正，王薇，王云，魏玉莲，谢支锡，鄢玉怀，于兴华，袁海生，臧穆，赵从福，赵大昌，赵士洞。

标本室(馆)简介：主要收藏东北和内蒙古植物标本，以及部分全国各地标本。其中维管植物标本29万份，苔藓标本12.6万份；还有地衣标本3万份，高等真菌标本3.8万份，昆虫标本6.5万份，病害标本1万份，木材标本1000份，微生物标本2万份及土壤标本2万份。

历史沿革：中国科学院林业土壤研究所—辽宁省林业土壤研究所—现名。

交换标本：可供——东北各省及内蒙古植物标本。需求——国内外植物标本。

主任(馆长)：袁海生 1975(木生真菌) 024/83970347；hsyuan@iae.ac.cn

副馆长：曹伟 1962(维管植物分类与区系) caowei@iae.ac.cn

职员及其研究专长：

曹　同(已调离)

陈锡龄 1934(地衣植物系统分类，生态及经济用途)

方振富 1925(中国杨柳科)

冯金环 1941(植物科学画)

傅　星 1963(苔类植物分类及生态)
傅沛云 1926(东北豆科)
高　谦 1929(苔藓植物分类及生态)
李　薇 1981(苔藓植物)
李冀云 1933(东北菊科，蔷薇科)
刘淑珍 1939(东北兰科，大戟科)
秦忠时 1943(东北禾本科)
王　云 1941(高等真菌的分类，生态及栽培)(已调离)
魏玉莲 1975(木生真菌)
鄢玉怀 1951(高等真菌的分类与生态)
张光初 1940(苔类植物分类及生态)(已调离)
张桂芝 1938(植物科学画)
赵士洞 1941(中国杨柳科)(已调离)
朱彩霞 1962(标本管理)

陈佑安 1933—1990(东北豆科，唇形科)
李书心 1926—2007(东北蕨类，毛茛科)
刘慎谔 1898—1975(植物分类)
王　薇 1912—1991(东北菊科)
王　战 1911—2000(植物生态学，中国杨柳科)
张玉良 1923—1977(禾本科，莎草科)

编著的有关书刊：《东北木本植物图志》；《东北草本植物志》；《辽宁植物志》；《东北植物检索表》；《中国植物志》[第20(2)卷]；《东北藓类植物志》；《东北苔类植物志》；《中国药用地衣》；《东北地衣名录》；《长白山伞菌图志》；《长白山植物自然分布》；《大兴安岭植物区系与分布》；《小兴安岭植物区系与分布》；《东北植物分布图集》；《东北生物标本馆维管束植物模式标本考订》。

【修订：曹伟 2016/2/16】

211 沈阳(LNAF)：辽宁省林业科学研究院综合标本室*

地　址：110032　辽宁省沈阳市崇山东路鸭绿江街12号

*未取得联系。

212 沈阳(SY)：沈阳市园林科学研究所树木标本室*

地　址：110015　辽宁省沈阳市青年大街199号

*未取得联系。

213 沈阳(SYAU)：沈阳农业大学植物标本室

SHENYANG (SYAU) : Herbarium, Shenyang Agricultural University

地　　址： 110161　辽宁省沈阳市东陵路120号

Address: No. 120, Dongling Road, Shenyang, Liaoning 110161

网　　址： http//www.syau.edu.cn　　**联系人：** 孙权

电　　话： 024/88487163　　**邮　　箱：** sq1976628@163.com

隶属关系： 辽宁省教育厅　　**建室(馆)年份：** 1953

标本数量： 50,000　　**数字化标本：** 10,000

主要采集人(队)： 关广清，韩亚光，龙鸿，王淑芝，王文和，辛孝贵，杨人俊，尹睿，张春宇，孙权，曲波，许玉凤，邵美妮，陈旭辉。

标本室(馆)简介： 主要是东北地区的种子植物，部分为华北、西南地区标本。

历史沿革： 沈阳农业大学基础部—现名。

交换标本： 可供——东北地区种子植物标本。需求——华北地区植物标本。

主任(馆长)： 张春宇　1972(堇菜科)024/88487163；1263869324@qq.com

管理负责人： 孙权　1976(蔷薇科)

职员及其研究专长：

陈旭辉　1981(兰科)
关广清　1938(田间杂草)
龙　鸿(已调离)
曲　波　1972(外来植物)87034793@qq.com
邵美妮　1975(蒺藜科)
王淑芝　1965(苔藓植物)
王文和(已调离)
许玉凤　1970(鸢尾科)
杨人俊　1928(禾本科)
尹　睿(已调离)
张春宇　1972(堇菜科)

编著的有关书刊： 《杂草种子图鉴》《常见田间杂草图谱》《种子植物野外实习手册》。

【修订：孙权　2015/3/20】

214 沈阳(SYAUF)：沈阳农业大学林学院树木标本室

SHENYANG (SYAUF): Dendrological Herbarium, College of Forestry, Shenyang Agricultural University

地　　址：110161　辽宁省沈阳市沈河区东陵路120号

Address: No. 120, Dongling Road, Shenhe District, Shenyang, Liaoning 110161

网　　址：http://www.syau.edu.cn/

联 系 人：李智辉

电　　话：024/88487150；13704032393

邮　　箱：zhihui.li@126.com

隶属关系：辽宁省教育厅

建室（馆）年份：1956

标 本 数 量：5,000

主要采集人(队)：陈蒂，郭锡昌，韩初雪，罗风霞，张智敏，赵泠。

标本室(馆)简介：东北地区木本植物。

历 史 沿 革：沈阳农学院—现名。

交 换 标 本：可供——东北各省木本植物标本。需求——南方山茶科、大戟科、竹类标本等标本。

主任(馆长)：周广柱 1964(观赏木本植物)

zhouguangzhu@ sina.com

职员及其研究专长：

陈　蒂 1936(漆树科，槭树科)

郭锡昌 1926(壳斗科，木兰科)

李智辉 1975(观赏木本植物)

罗风霞 1958(观赏木本植物)

赵　泠 1923(榛科，桦木科，爵床科)

编著的有关书刊：《沈阳农业大学学报》。

【修订：李智辉 2017/3/11】

215 沈阳(SYPC)：沈阳药科大学中药标本馆

SHENYANG (SYPC): Herbarium of Traditional Chinese Medicine, Shenyang Pharmaceutical University

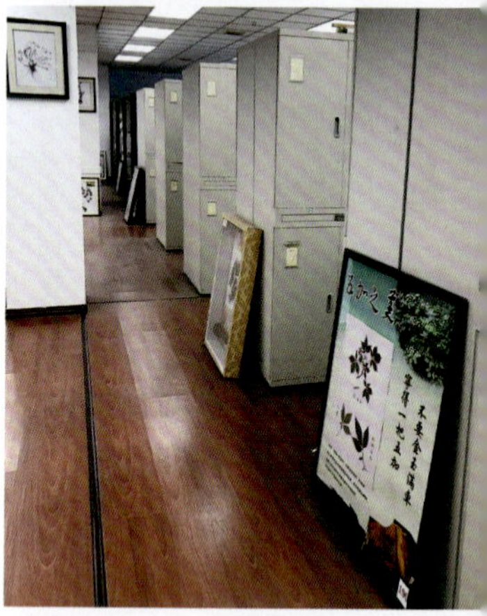

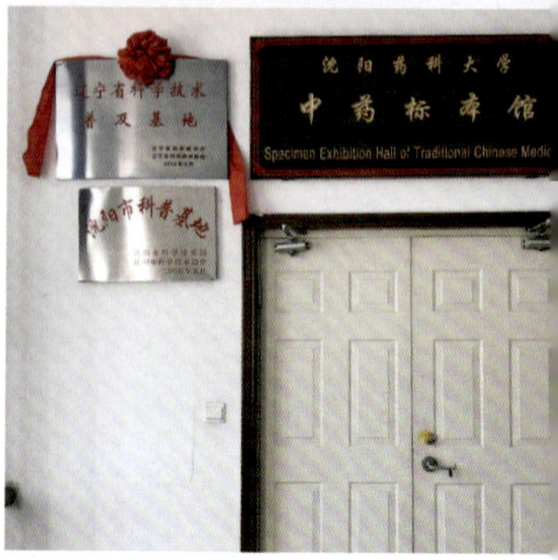

地　　址：110016　辽宁省沈阳市沈河区文化路103号

Address: No. 103, Wenhua Road, Shenhe District, Shenyang, Liaoning 110016

网　　址：http://www.syphu.edu.cn/　**联系人**：贾景明

电　　话：024/23986501　**邮　　箱**：jiajingming@163.com

隶属关系：辽宁省教育厅　**建室(馆)年份**：1950

标本数量：52,000

主要采集人(队)：程冠英，高文博，郭允珍，佐藤润平，江泽荣，周荣汉，贾景明，路金才，贾凌云，孙冬雪，王晶，李娜，赵玥，胡高升。

标本室(馆)简介：以东北地区药用植物为主，包括长白山地区和大兴安岭地区。此外，还有河南伏牛山、宁夏六盘山、江西井冈山、陕西秦岭、湖北神农架和福建武夷山地区的植物标本，以及日本人佐藤润平在我国采集的植物标本。

历史沿革：东北药学院—沈阳药学院—现名。本馆属于中药学院。

交换标本：可供——东北地区药用植物标本。需求——日本、美国东部、我国其他地区的药用植物标本。

主任(馆长)：贾景明　1964

职员及其研究专长：

程冠英　1926(东北伞形科)
胡高升　1982(茄科，薯蓣科)
贾凌云　1974(豆科，兰科，萝藦科)
李　娜　1980(罂粟科，唇形科) ln4311413@163.com
路金才　1971(菊科，蔷薇科)
孙冬雪　1973(十字花科，蓼科)
孙启时　1945(东北百合科)
王　晶　1977(毛茛科，桔梗科)
吴维春　1940—2013(东北红景天属)
许春全　1926(东北罂粟科)
赵　玥　1982(五加科，伞形科)

备注：另有2,500余份瓶装药材标本和2,000余份浸制标本。

【修订：贾景明　2015/6/17】

216 银川(NXF)：宁夏农林科学院林业研究所树木标本室*

地　址：750004　宁夏银川市南郊

*未取得联系。

217 永宁(NXAC)：宁夏农学院植物标本室*

地　址：750105　宁夏永宁县王太堡

*未取得联系。

218 西宁(HNWP)：中国科学院西北高原生物研究所植物标本馆

XINING (HNWP): Herbarium, Northwest Institute of Plateau Biology, Chinese Academy of Sciences

地　址：810001　青海省西宁市新宁路23号

Address: No. 23, Xinning Road, Xining, Qinghai 810001

网　址：http://www.nwipb.cas.cn/jgsz/zcbm/qzgyswbbg/bbgjj/

联系人：陈世龙　　电　话：0971/6110067

邮　箱：slchen@nwipb.cas.cn　　隶属关系：中国科学院

建室(馆)年份：1962　　标本数量：320,000

数字化标本：220,000　　模式标本：200余份

主要采集人(队)：何廷农，刘尚武，黄荣福，郭本兆，青藏队，吴玉虎，卢学峰，陈世龙，张发起。

标本室(馆)简介：主要是青藏高原地区维管植物，包括青海、西藏、甘肃、新疆等地，以高山植物标本为特色。其中蕨类植物4,000，裸子植物8,000，被子植物300,000；模式标本主要是龙胆科、虎耳草科和十字花科等植物。

历史沿革：1966年中国科学院华北生物研究所(太原)转来标本40,000余份。

交换标本：可供——青海标本。需求——川西、滇西北、西藏等高山植物标本。

主任（馆长）及管理负责人：陈世龙 1967（龙胆科，虎耳草科，青藏高原植物适应进化）

职员及其研究专长：

高庆波 1980（虎耳草科及青藏高原植物，青藏高原植物适应进化）；qbgao@nwipb.cas.cn

卢学峰 1963（青海省植物）xflu@nwipb.cas.cn

梅丽娟 1964（青海裸子植物）

吴玉虎 1951（青海豆科，昆仑山区禾本科）yhwu@nwipb.cas.cn

肖 洒 1985（植物标本采集、分类与管理，网络信息系统建设）xiaosa@nwipb.cas.cn

张发起 1983（青藏高原植物，青藏高原植物适应进化）fqzhang@nwipb.cas.cn

蔡联炳 1948（禾本科）

黄荣福 1940（中国报春花科）

刘尚武 1934（龙胆科，菊科）0971/6110067

卢生莲 1940（中国禾本科）

吴珍兰 1939（中国禾本科）

杨永昌 1927（中国莎草科，报春花科）

郭本兆 1920—1993（中国禾本科）

何廷农 1938—2011（世界龙胆科）

潘锦堂 1934—2005（世界虎耳草科）

王世金 1927—2015（禾本科系统演化）

周立华 1934—2013（中国石竹科）

编著的有关书刊：《青藏高原药物图鉴》（第1–第3册）；《青海经济植物志》；《藏药志》；《青海植物志》；《青海植物名录》；《青藏高原维管植物及其生态地理分布》；《西宁植物志》；《中国植物志》[第9(2)，第34(1)，第34(2)，第62，第77(2)卷]；《昆仑植物志》；《喀喇昆仑山—昆仑山地区植物名录》；《喀喇昆仑山—昆仑山地区植物》。

【修订：陈世龙 2015/6/16】

219 西宁(QDC)：青海省药品检验检测院标本室

XINING(QDC): Herbarium, Qinghai Provincial Drug Inspection and Testing Institute

地　址：810016　青海省西宁市城北区经二路19号

Address: No. 19, JingEr Road, Chengbei District, Xining, Qinghai 810016

网　址：http://www.qhyjy.org.cn/

联系人：杨凤梅

电　话：0971/8215400

邮　箱：2197581901@qq.com

建室(馆)年份：1960

标本数量：20,100

主要采集人(队)：罗达尚，张永升，左振常。

标本室(馆)简介：主要为青海的藏药植物标本及部分西藏、甘南、滇西北常用藏药植物标本。

主任(馆长)：海平　1964　0971/8220144；18997203456@163.com

管理负责人：杨凤梅　1966(藏药资源学)

职员及其研究专长：

才　毛　1968(藏药资源学)

范莹莹　1985(中药资源学)

焦兴萍　1989(中药资源学)

马青青　1985(中药资源学)

武嘉庚　1980(中药资源学)

张　炜　1984(藏药资源学)

编著的有关书刊：《中国藏药》(第1–第3卷)；《青藏高原药用植物名录》；《青海常用中草药名录》。

备注：另有1,200号瓶装药材标本。

【修订：杨凤梅　2017/3/10】

220 *西宁(QF)：青海省农林科学院林业研究所标本室**

地　址：810016　青海省西宁市

*未取得联系。

221 西宁(QG)：青海省草原总站植物标本室*

地　址：810008　青海省西宁市胜利路44号

*未取得联系。

222 西宁(QUA)：青海大学农学系植物标本室*

地　址：810016　青海省西宁市宁张路40号

*未取得联系。

223 汉中(HZTC)：汉中师范学院生物系植物标本室*

地　址：723001　陕西省汉中市小关子街105号

*未取得联系。

224 西安(LAC)：商业部西安生漆研究所植物标本室*

地　址：710061　陕西省西安市吴家坟天坛路

*未取得联系。

225 西安(SANU)：陕西师范大学生命科学学院植物标本室

XI'AN (SANU): Herbarium, College of Life Sciences, Shaanxi Normal University

地　址：710119　陕西省西安市长安区西长安街620号

Address: No. 620, West Chang'an Avenue, Chang'an District, Xi'an, Shaanxi 710119

网　址：http://lifesci.snnu.edu.cn/

联系人：张建强　　电　话：029/85310270；18166668086

邮　　箱：jqzhang@snnu.edu.cn　　隶属关系：教育部
建室（馆）年份：1960　　标本数量：10,000
主要采集人(队)：任毅，田先华，高淑贞，李启敏。
标本室(馆)简介：主要收藏秦岭地区及大巴山北坡植物标本，包括珙桐、水青树、连香树、山白树、独叶草、星叶草等我国特有或珍稀植物。另有部分陕北黄土高原地区的标本，以及西北地区的硅藻、蓝藻标本。
历史沿革：西安师范学院—现名。
管理负责人：任毅 1959(毛茛科，秦巴山区植物资源)
职员及其研究专长：

高淑贞 1930—2010(豆科)
黄　可 1934—2010(秦岭地区，陕北黄土高原地区植物)
李启敏 1927—2013(蓝藻)
田先华 1952(秦巴山区植物资源)tianxianhua@snnu.edu.cn
肖娅萍 1956(秦巴山区孢子植物)yapingxiao@snnu.edu.cn
张建强 1987(秦巴山区植物资源，青藏高原植物)jqzhang@snnu.edu.cn

编著的有关书刊：《太白山国家级自然保护区生物多样性保护与研究》等。
【修订：张建强 2016/5/20】

226 西安(SXDC)：陕西省药品检验所植物标本室*

地　址：710061　陕西省西安市朱雀大街187号
*未取得联系。

227 西安(SXMP)：陕西省中医药研究院中草药标本室*

地　址：710003　陕西省西安市西华门20号
*未取得联系。

228 西安(WNU)：西北大学生命科学学院植物标本馆

XI'AN (WNU): Herbarium, College of Life Sciences, Northwest University
地　址：710069　陕西省西安市太白北路229号
Address: No. 229, Taibai North Road, Xi'an, Shaanxi 710069

网　址：http://biology.nwu.edu.cn/　　联系人：李智选
电　话：029/88302411；13572421114　　邮　箱：lizhix@nwu.edu.cn
隶属关系：陕西省教育厅　　建室(馆)年份：1952
标本数量：103,000　　数字化标本：45,000
模式标本：50份
主要采集人(队)：狄维忠，谢寅堂，李静丽，任毅，王亚洲，张淑贤，王玛丽，岳明，李智选。
标本室(馆)简介：主要是陕西秦岭、大巴山及陕北种子植物标本，还有宁夏贺兰山维管植物和全国各地蕨类植物，以及部分青海、甘肃、新疆等省(区)的种子植物和陕西菌类标本。
历史沿革：国立西北大学—国立西安临时大学—国立西北联合大学—国立西北大学—现名。
交换标本：可供——陕西秦岭及大巴山维管植物标本。需求——中国南部及东北的维管植物及药用植物标本。
主任(馆长)：李保国
管理负责人：李智选 1959(种子植物，植物形态解剖学)lzx8z@163.com
职员及其研究专长：

狄维忠 1934(西北种子植物)
李静丽 1937(真菌)
任　毅(已调离)
王玛丽 1963(蕨类植物)mali_wang2000@sina.com
谢寅堂 1925—2012(蕨类植物)
岳　明 1967(植物生态学，种子植物)yueming@nwu.edu.cn
张淑贤 1930(禾本科)

编著的有关书刊：《贺兰山维管植物》《陕西省第一批国家珍稀濒危保护植物》《秦巴山区经济动植物》《秦岭大熊猫栖息地植物》《西安植物志》《秦岭大熊猫栖息地生物多样性》《太白山自然保护区生物多样性研究与管理》《佛坪自然保护区生物多样性研究与保护》《陕西黄龙山褐马鸡自然保护区综合科学考察报告》。
【修订：李智选，岳明 2013/9/1】

229 西安(XBGH)：西安植物园植物标本室

XI'AN (XBGH) : Herbarium, Xian Botanical Garden
地　　址：710061　陕西省西安市翠华南路17号
Address: No. 17, Cuihua South Road, Xi'an, Shaanxi 710061
网　　址：http://www.xazwy.com/
联系人：黎斌　　电　　话：029/85251800；15229334767
邮　　箱：lbwjf@163.com　隶属关系：陕西省科学院
建室(馆)年份：1960　标本数量：80,000
数字化标本：20,000　模式标本：10余种30余份
主要采集人(队)：李思锋，黎斌，张莹，张满祥，邢吉庆，魏志平，崔铁成，樊京敏，孙永华，王裕国，张继祖，李为民，陈昊，刘立成，韩桂军，周亚福，王宇超，卢元。
标本室(馆)简介：主要收藏秦巴山区范围包括陕西、甘肃、河南等地维管植物和苔藓植物，其中维管植物50,000余份，苔藓植物30,000余份。
历史沿革：中国科学院西安植物园(1964)—现名(1978)。
交换标本：可供——秦巴山区及陕西、甘肃、河南等省的种子植物、苔藓植物标本。需求——北温带种子植物及中国西北地区的苔藓植物标本。
主任(馆长)：黎斌 1973(秦巴山区及陕西省的种子植物)
职员及其研究专长：

崔铁成 1956(陕西木本植物，白蜡属)029/85251800
李思锋 1960(陕西省种子植物)029/85251800
孙永华(禾本科)
邢吉庆 1936(秦巴山区观赏植物)029/85251800
张满祥 1934(苔藓植物)029/85251800
张　莹 1972(秦巴山区观赏植物)029/85251800
张永华 1934(禾本科，地被植物)029/85251800

编著的有关书刊：《秦岭植物志增补》（2013）；《宝鸡市生物志》；《秦岭植物志》［第3(1)卷］。

备注：另有种子植物果实及种子标本3,000份800余种。

【修订：黎斌 2013/8/9】

230 杨凌(NWFC)：西北林学院森林资源保护系树木标本室*

地　址：712100　陕西省咸阳市杨凌镇

*闲置中。

231 杨凌(NAUFH)：西北农林科技大学植物保护学院真菌标本室*

YANGLING(NAUFH): Fungus Herbarium, College of Plant Protection, Northwest Agriculture and Forestry University

地　址：712100　陕西省杨凌示范区邰城路3号

Address: No. 3, Taicheng Road, Yangling, Shaanxi, 712100

网　址：http://ppc.nwsuaf.edu.cn/

联 系 人：孙广宇

电　话：029/87092075

邮　箱：sgy@nwsuaf.edu.cn

隶属关系：教育部

建室(馆)年份：1940

标本数量：70,000

模式标本：62份

主要采集人(队)：王云章，李建义，仇元，张天宇，王树权，孙广宇，张荣，曹支敏，唐明，朱明旗，郭云忠。

标本室(馆)简介：收藏全国(包括港台)各省区真菌标本共计7万余份，涉及黏菌、鞭毛菌、接合菌、子囊菌和担子菌等所有真菌(菌物)的主要类群。有永久珍稀标本和模式标本300余份。

历史沿革：西北农学院植保系真菌标本室(1940)—西北农业大学植保系真菌标本室(1985)—现名(1999)。

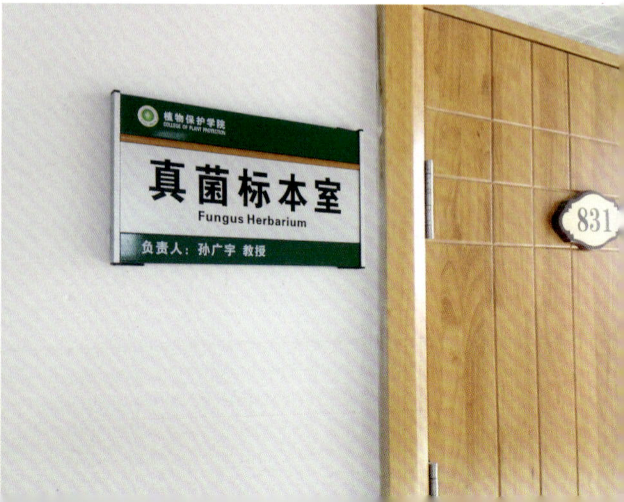

交换标本：可供——全国白粉菌、霜霉菌、炭疽菌、锈菌、蠕形分生孢子真菌、链格孢、毛壳菌、煤污病病原菌类标本。需求——中国各地白粉菌、霜霉菌、炭疽菌、锈菌、蠕形分生孢子真菌、链格孢、毛壳菌、煤污病病原菌类标本。

主任(馆长)：孙广宇 1963(真菌学，植物病理学)

管理负责人：朱明旗 1969(蠕形分生孢子真菌，木腐菌，炭疽菌属)

职员及其研究专长：

曹支敏 1954(锈菌，多孔菌，伞菌)

郭云忠 1963(毛壳菌)

张　荣 1964(炭疽菌属，煤污病病原菌类)

编著的有关书刊：《植物病原真菌学》；《中国真菌志》[第16卷(链格孢属)，第30卷(蠕形分生孢子真菌)]；《拉汉、汉拉植物病原生物名称》；《中国土壤中的暗色丝孢真菌》；《秦岭植物锈菌》；《蔬菜病害图谱》；《植物病理学原理》；《植物病理学实验技术》。

【供稿：朱明旗，孙广宇 2015/7/31】

*首次收载。

232 杨凌(WUK)：西北农林科技大学生命科学学院植物标本馆

YANGLING(WUK): Herbarium, College of Life Sciences, Northwest Agriculture and Forestry University

地　址：712100　陕西省杨凌区西农路22号

Address: No. 22, Xinong Road, Yangling, Shaanxi 712100

网　址：http://www.nature-museum.net/subsite/default.aspx?siteid=WUK

联系人：吴振海　　电　话：13572268285

邮　箱：wzhhai@nwafu.edu.cn　　隶属关系：教育部

建室(馆)年份：1936　　标本数量：750,000

数字化标本：350,000　　　　　　模式标本：300余份

主要采集人（队）：常朝阳，陈彦生，崔友文，傅竞秋，傅坤俊，郭晓思，顾月萍，何善宝，黄土高原调查队，姜在民，柯平，李思锋，鲁德全，秦岭植物调查队，唐昌林，王作宾，吴金陵，毋绪燕，吴振海，西植新疆队，徐朗然，徐养鹏，杨金祥，于兆英，张满祥，张明理，张跃进，张振万，张志英。

标本室（馆）简介：主要收集中国西北地区植物标本，尤其是秦岭及黄土高原标本最丰富。还保存有20世纪70–80年代以前采自中国其他省区标本及少量国外标本。

历史沿革：国立北平研究院西北植物调查所—中国科学院西北生物土壤研究所—中国科学院西北植物研究所—陕西省科学院西北植物研究所—现名。

交换标本：可供——秦巴山区及黄土高原植物标本。需求——全国各地及国外植物标本。

主任（馆长）：常朝阳 1965（豆科，种子植物）13572268252；czybbg@nwafu.edu.cn

管理负责人：吴振海 1964（秦巴山区及黄土高原植物）

职员及其研究专长：

傅　青（已调离）

郭晓思 1962（蕨类植物）

姜在民 1963（秦巴山区植物）

张跃进 1960（裸子植物，小檗科，百合科）

赵　亮 1982（毛茛科，花器官发育）

biology_zhaoliang@126.com

顾月萍 1936(种子植物)
何善宝 1930(黄耆属，种子植物)
柯 平 1925(石竹科)
唐昌林 1934(石竹科等)
吴金陵 1937(地衣)
毋绪燕 1939(风毛菊属，葫芦科)
徐朗然 1936(豆科，牻牛儿苗科，伞形科)
徐养鹏 1933(蕨类植物)
杨金祥 1937(种子植物)
张满祥 1934(苔藓)

陈彦生 1952—2013(桔梗科，唇形科)
崔友文 1907—1980(石竹科)
傅竞秋 1934—2014(菊科)
傅坤俊 1912—2011(景天科，豆科，伞形科，莎草科)
鲁德全 1936—2001(石竹科，种子植物)
王作宾 1902—1989(种子植物)
于兆英 1934—1993(杨柳科)
张遂申 1935—2002(植物解剖)
张志英 1937—2011(种子植物)
张振万 1924—1997(豆科，种子植物)

编著的有关书刊：《秦岭植物志》[第1(1–5)，第2，第3卷]；《黄土高原植物志》；《中国滩羊区植物志》；《中国植物志》[第34(1)，第41(1，2)卷]；*Flora of China* [Vol. 10(豆科)]。

【修订：常朝阳 2017/3/9】

233 杨凌(YL)：陕西省林业科学研究所森林植物标本室*

地 址：712100 陕西省杨凌区杨武路3号

*转移到西北林学院森林资源保护系树木标本室(NWFC)。

234 榆林(YLD)：陕西省榆林地区治沙研究所沙地植物标本室*

地 址：719000 陕西省榆林市西沙

*未取得联系。

235 济南(JSPC)：山东大学生命科学学院植物标本馆

JINAN (JSPC): Herbarium, College of Life Sciences, Shandong University

地　址：250100　山东省济南市山大南路27号

Address: No. 27, South Shanda Road, Jinan, Shandong 250100

网　址：http://ecology.sdu.edu.cn/（山东大学生态学与生物多样性研究所）

联系人：孟振农　13656414448；mengzhn@sdu.edu.cn

贺同利　15866757340；hetongli@sdu.edu.cn

电　话：0531/88363573　　传　真：0531/88363573

隶属关系：教育部　　建室(馆)年份：1932

标本数量：13,000　　数字化标本：10,000

主要采集人(队)：陈焯，方明渊，郑亦津，周光裕，王仁卿，方明渊，刘德仪，刘文亮，唐盘昌，张德山，张昭洁，孟振农等。

标本馆简介：主要收藏山东和华北地区植物标本，以及部分华南、东北和西北地区标本。存有北平静生生物调查所部分标本，以及美国、英国、日本等国家交换标本。

历史沿革：始创于国立青岛大学植物学系。20世纪50年代原齐鲁大学标本室(SCU)及原山东大学标本室(TS)一部分转入本馆。

交换标本：可供——华北地区(山东为主)的木本、草本植物标本。需求——华北、华东淡水植物标本。

所　长：王仁卿　1955(植物生态及生物多样性保护)13905312586；rqwang@sdu.edu.cn

主任(馆长)：孟振农 1962 (生物多样性和植物生态)

管理负责人：贺同利 1972 (无脊椎动物分类与生态学)

职员及其研究专长：

陈　焯　1926—1967

鲁开宏(已调离)

辛益群　1954(榆科分类)

郑亦津　1931(榆科，禾本亚科)

范宗忠　1960(伞形科，菊科)

唐盘昌　1936(植物分类)

张昭洁(已调离)

编著的有关书刊：《山东植物志》；《山东森林》(1986)；《山东珍稀濒危植物》(1993)；《山东植被》(2000)；《中国维管束植物CAI》(2012)。

【修订：王仁卿，孟振农　2015/6/22】

236 济南(SDCM)：山东中医药大学药用植物标本室

JINAN (SDCM): Medicinal Herbarium, Shandong University of Traditional Chinese Medicine

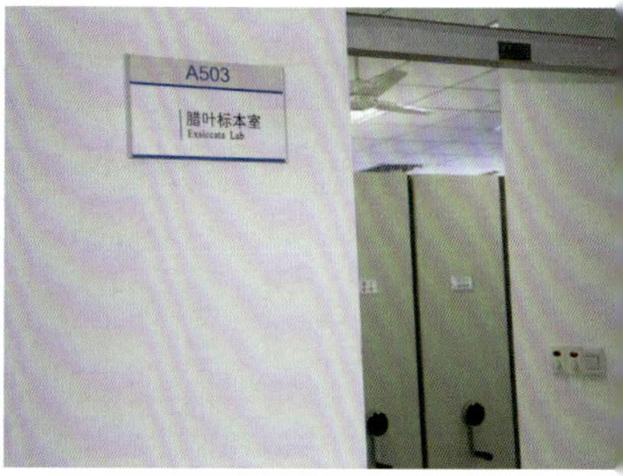

地　址：250355　山东省济南市长清区大学路4655号

Address: No. 4655, Daxue Road, Changqing District, Jinan, Shandong 250355

网　址：http://www.sdutcm.edu.cn　　联 系 人：万鹏

电　话：0531/89628556　　隶属关系：山东省教育厅

建室(馆)年份：1980　　标本数量：20,000

主要采集人(队)：丁作超，葛传吉，李建秀，马丰山，万鹏，周凤琴，高德民，郭庆梅，孙稚颖，包华音，宋艳梅，徐凌川。

标本室(馆)简介：山东地区药用植物腊叶标本，共1,200余种，其中山东蕨类植物标本较齐全；李建秀模式标本20号。

交 换 标 本：可供——山东地区药用植物标本和蕨类植物标本。需求——全国各地及国外重要药用植物标本及蕨类植物标本。

主任(馆长)：万鹏 1961(山东中药资源)

职员及其研究专长：

丁作超 1935(山东药用植物)

葛传吉 1932(药用植物细胞学)

高德民 1973(山东中药资源)gdm0115@163.com

李建秀 1937(山东中药资源)

李　青 1967(山东中药资源)

刘红燕 1980(山东中药资源)

刘　杨 1981(山东中药资源)

【修订：高德民 2017/12/25】

237 *济南(SDFI)：山东省林业科学研究所树木标本室**

地　址：250014　山东省济南市文化东路42号

*已不存在。

238 济南(SDFGR)：山东省林木种质资源中心植物标本室*

JINAN (SDFGR): Herbarium, Shandong Forest Germplasm Resources Center

地　址：250102　山东省济南市历城区港沟街道港九路0号

Address: No. 0, Gangjiu Road, Ganggou Street, Licheng District, Jinan, Shandong 250102

联系人：仝伯强　　电　话：13356662611
邮　箱：tbq1001@163.com　　隶属关系：山东省林业厅
建室(馆)年份：2016　　标本数量：28,000
主要采集人：臧德奎，张萍等。
标本室(馆)简介：主要为山东省内各县区、各山系木本植物标本。
交换标本：可供——山东各地木本植物标本。需求——山东及周边暖温带地区植物标本。
主任(馆长)：李文清 1962(林木遗传育种)0531/88591160
管理负责人：仝伯强
出版的主要著作：《山东木本植物志》《山东珍稀濒危保护树种》。
【填表：仝伯强 2016/8/5】
*首次收载。

239 济南(SDMP)：山东省中医药研究所药用植物标本室*

地　址：250014　山东省济南市燕子山西路7号
*未取得联系。

240 济南(SDNU)：山东师范大学生命科学学院植物标本室

JINAN (SDNU): Herbarium, College of Life Sciences, Shandong Normal University
地　址：250014　山东省济南市文化东路88号
Address: No. 88, Wenhua East Road, Jinan, Shandong 250014
网　址：http://www.lsc.sdnu.edu.cn/　　联系人：张学杰
电　话：0531/86180718；13869142655　　邮　箱：39554568@qq.com
隶属关系：山东省教育厅　　建室(馆)年份：1952
标本数量：100,000　　模式标本：110份35种
主要采集人(队)：陈汉斌，李法曾，赵遵田，樊守金，贺新强，倪陈凯，张学杰，任强，王海英。

标本室(馆)简介：主要是山东省维管植物标本及苔藓和地衣植物标本，还有部分中国地衣标本和盐生植物标本。李法曾高等植物模式标本25种，赵遵田等地衣模式标本10种。

交换标本：可供——山东植物标本。需求——国内外盐生植物标本，禾本科植物标本。

主任(馆长)：赵遵田 1952(中国地衣及山东苔藓)

职员及其研究特长：

陈汉斌 1931(山东植物)

樊守金 1965(山东种子植物，中国盐生植物)

贺新强(已调离)

李法曾 1941(山东高等植物，中国盐生植物)

倪陈凯 1940(山东植物)

任　强 1976(中国地衣)

王海英 1976(中国地衣)

张学杰 1976(山东种子植物)

编著的有关书刊：《山东植物精要》；《崂山植物志》；《泰山植物志》；《中国地衣志》(第11，第15卷)；《山东苔藓志》；《济南树木志》。

【修订：张学杰 2016/3/17】

241 莱阳(LYAC)：莱阳农学院基础部植物标本室*

地　址：265200　山东省莱阳市文化路46号

*未取得联系。

242 聊城(LCU)：聊城大学生命科学学院地衣标本室*

LIAOCHENG (LCU): Lichen Herbarium, College of Life Science, Liaocheng University

地　址：252059　山东省聊城市湖南路1号

Address: No. 1, Hunan Road, Liaocheng, Shandong 252059

网　址：http://smkxxy.lcu.edu.cn/　　联系人：贾泽峰

电　话：18865118068　　邮　箱：zfjia2008@163.com

隶属关系：山东省教育厅　　建室(馆)年份：2013

标本数量：9,000

主要采集人(队)：贾泽峰。

标本室(馆)简介：聊城大学地衣标本室是在原山东农业大学地衣标本室的基础上建立起来

的。2013年1月，原山东农业大学生命科学学院地衣标本室的6,000余份标本，移至聊城大学生命科学学院，并组建地衣标本室。

历 史 沿 革：曾用代码LHS（山东农业大学地衣标本室）。

交 换 标 本：可供——全国地衣标本。需求——中国各地衣标本。

主任（馆长）：贾泽峰 1970（文字衣科）

管理负责人：赵欣 1989（茶渍科，污核衣科）

编著的有关书刊：《中国地衣志》。

【供稿：贾泽峰 2017/6/12】

*首次收载。

243 青岛(QD)：青岛海洋大学海洋生物系海藻标本室*

地　址：266003　山东省青岛市鱼山路5号

*未取得联系。

244 青岛(MBMCAS)：中国科学院海洋生物标本馆*

QINGDAO (MBMCAS): The Marine Biological Museum of the Chinese Academy of Sciences

地　址：266071　山东省青岛市南海路7号

Address: No. 7, Nanhai Road, Qingdao, Shandong 266071

网　址：http://www.mbmcas.com/　　联系人：王少青，王永强

电　话：0532/82898911　　邮　箱：mbm@qdio.ac.cn

隶属关系：中国科学院　　建室（馆）年份：1950

标本数量：132,000　　数字化标本：96,200

模式标本：254份

主要采集人（队）：曾呈奎，张峻甫，夏邦美，夏恩湛，陆保仁，郑树栋，徐法礼，王立明，王永强，孙忠民。

标本室（馆）简介：本馆于1950年随中国科学院海洋研究所同步成立，现已成为我国规模最大、收藏量最为丰富的海洋生物标本馆。共保藏各门类海洋生物标本820,000号，其中海藻标本库保藏有海洋植物标本132,000号（海藻腊叶标本96,200号，浸制标本35,500号；海草腊叶标本350号；红树标本84号）。

历史沿革：中国科学院水生生物研究所青岛海洋生物研究室—中国科学院海洋生物研究室—中国科学院海洋生物研究所—现名。原名：中国科学院海洋研究所海藻标本室（IO）。2001年整合了原植物研究室、无脊椎动物研究室、脊椎动物研究室的全部标本并建立中国科学院海洋生物标本馆。

交换标本：可供——中国沿岸常见海藻标本。需求——世界各地的海藻标本。

主任（馆长）：王少青 1963 mbm@qdio.ac.cn

管理负责人：王永强 1972（红藻门）bmxia@qdio.ac.cn

职员及其研究专长：

董美龄 1928—2011（绿藻门）
陆保仁 1937—2004（褐藻门）
孙忠民 1977（褐藻门）zhmsun@hotmail.com
王永强 1972（红藻门）bmxia@qdio.ac.cn
夏邦美 1934（红藻门，蓝藻门）
夏恩湛 1930—2012（红藻门）
杨宗岱 1932—1993（海草）
曾呈奎 1909—2005（褐藻门，蓝藻门，绿藻门，红藻门）
张德瑞 1916—2001（红藻门）
张峻甫 1918—1996（红藻门）
周锦华 1939—1990（红藻门）

编著的有关书刊：《中国经济海藻志》；*Common Seaweeds of China*；《中国海藻志》[第1卷（蓝藻门），第2卷（红藻门），第3卷（褐藻门），第4卷（绿藻门）]；《中国黄渤海海藻》。

【供稿：王永强，王少青 2017/12/8】

*首次收载。

245 曲阜(QFNU)：曲阜师范大学生命科学学院植物标本室*

QUFU(QFNU): Herbarium, College of Life Sciences, Qufu Normal University

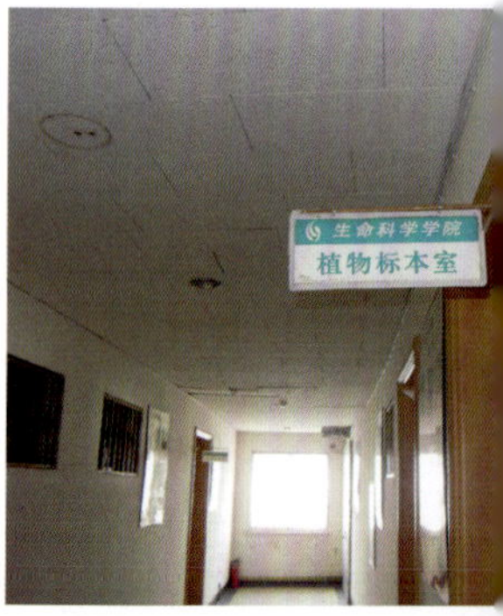

地　址：273165　山东省曲阜市静轩西路57号

Address: No. 57, Jingxuan West Road, Qufu, Shandong 273165

网　址：http://sky.qfnu.edu.cn/

联系人：侯元同　**电　话**：0537/4456415；15964123292

邮　箱：houyuantong@263.net　**隶属关系**：山东省教育厅

建室(馆)年份：1976　**标本数量**：45,000

数字化标本：10,000　**模式标本**：19份7种

主要采集人(队)：闵祥鹏，侯元同，王康满，郭成勇。

标本室(馆)简介：以山东省维管植物标本为主，另有江西、云南、四川、重庆、西藏、青海、广西、福建等地部分维管植物标本，以及国产蓼科植物标本

历史沿革：曲阜师范学院植物标本室(1976)—现名(1985)。

交换标本：可供——山东维管植物标本。需求——国内外蓼科、藜科植物标本。

主任(馆长)：侯元同　1964(山东维管植物，尤其是中国蓼科与藜科)

管理负责人：王康满　wkm826@163.com

职员及研究专长：

包　颖　1970(野生稻生物学)baoyingus@126.com
李孟扬　1931(山东维管植物)
刘柏玲　1978(苦苣苔科，唇形科)lblzzkk@126.com
闵祥鹏　1935(山东维管植物)

编著的有关书刊：《山东植物精要》《泰山植物志》。

【供稿：侯元同　2015/7/4】

*首次收载。

246 泰安(SDAU)：山东农业大学植物标本室*

地　址：271018　山东省泰安市

*未取得联系。

247 泰安(SDFS)：山东省林业学校植物标本室*

地　址：271000　山东省泰安市岱宗大街37号

*转移到山东农业大学植物标本室(SDAU)。

248 上海(CSH)：上海辰山植物标本馆*

SHANGHAI (CSH): Shanghai Chenshan Herbarium

地　　址：201602　上海市松江区辰花路3888号
Address: No. 3888, Chenhua Road, Songjiang District, Shanghai 201602
网　　址：http://csh.ibiodiversity.net
联 系 人：葛斌杰　　电　　话：021/37792288转253
邮　　箱：gebinjie123@163.com　　隶属关系：上海市和中国科学院
建室(馆)年份：2005　　标本数量：120,000
数字化标本：60,000　　模式标本：20份
主要采集人(队)：辰山引种采集小组，陈彬，邓敏，杜诚，葛斌杰，李惠茹，马金双，商辉，寿海洋，田代科，田旗，汪远，王正伟，韦宏金，魏宇昆，肖艳，闫小玲，严靖，严岳鸿，杨庆华，钟鑫，周喜乐。
标本室(馆)简介：主要收集华东地区维管植物标本，有较全面的中国华东沿海岛屿标本、上海都市植物标本和中国外来入侵植物标本，以及较丰富的蕨类标本；还有专科专属如樟科润楠属、壳斗科、马兜铃科、卫矛科、秋海棠科、唇形科鼠尾草属等全国乃至东亚范围内的标本。
主任(馆长)：马金双 1955(马兜铃属、大戟属、卫矛属分类，分类学文献研究)
jinshuangma@gmail.com
职员及其研究专长：

陈　彬 1980(生物多样性信息学) chenbin@csnbgsh.cn
陈建平 1974(生物多样性网络信息管理) iBiodiversity@gmail.com
邓　敏 1977(壳斗科植物分类与系统学) dengmin@sibs.ac.cn
杜　诚 1984(卫矛属植物分类) Caragana_tu@hotmail.com
葛斌杰 1983(植物精细解剖) gebinjie123@163.com
胡　超 1988(兰科植物分类) huchao@csnbgsh.cn
李惠茹 1985(中国外来入侵植物研究) wwwlihuiru@163.com
商　辉 1986(蕨类植物系统分类学) shanghui@csnbgsh.cn

沈　彬 1990（标本数字化）shenbin@csnbgsh.cn
苏永欣 1989（标本采集与制作）suyongxin@csnbgsh.cn
田代科 1968（观赏园艺学秋海棠科分类）dktian@sibs.ac.cn
汪　远 1987（园林栽培植物分类）wangyuanensis@gmail.com
王正伟 1986（植物多样性调查）w.z.w.1@126.com
韦宏金 1969（蕨类植物多样性调查）weihongjin@csnbgsh.cn
魏宇昆 1976（药用植物鼠尾草属系统学）ykweish@foxmail.com
闫小玲 1981（中国外来入侵植物研究）sx_yxl@163.com
严岳鸿 1974（蕨类植物分类保护生物学）yhyan@sibs.ac.cn
钟　鑫 1989（华东植物多样性调查）planezxin@gmail.com
左云娟 1982（卫矛属、雷公藤属系统学）zuo.yunjuan@gmail.com

编著的有关书刊：《东亚高等植物分类学文献概览》（2011）；《中国入侵植物名录》（2013）；《上海维管植物名录》（2013）；《中国蕨类植物多样性与地理分布》（2013）；《华东区系维管植物名录》（2014）；《上海维管植物检索表》（2014）；《中国外来入侵植物调研报告》（2014）；《上海辰山植物园栽培植物名录》（2014）；《解译法规——〈国际藻类、菌物和植物命名法规〉读者指南》（译著）（2015）；《中国外来入侵植物彩色图鉴》（2016）；*A Checklist of Woody Plants from East Asia*（2017）。

【供稿：葛斌杰 2017/6/13】

*首次收载。

249 上海(FUS)：复旦大学生命科学学院植物标本室

SHANGHAI(FUS)： Herbarium, School of Life Sciences, Fudan University

地　　址： 200433　上海市邯郸路220号

Address: No. 220, Handan Road, Shanghai 200433

网　　址： http://life.fudan.edu.cn/　**联系人：** 陆帆

电　　话： 021/65642008　**邮　　箱：** Lufan@fudan.edu.cn

隶属关系： 教育部　**建室(馆)年份：** 1951

标本数量： 100,000　**数 字 化 标 本：** 80,000

模式标本： 112份80种

主要采集人(队)： 徐炳声，胡嘉琪，王汉津，李林初，严增南。

标本室(馆)简介： 以华东地区植物为主，尤其是福建、安徽黄山、浙江、江西、江苏及上海地区的标本较丰富(约占70%)；另外，还有18世纪、19世纪欧洲标本约7,000份。

历 史 沿 革： 原浙江大学(HU)有部分标本转入我室。

管理负责人： 乔守怡　syqiao@fudan.edu.cn

职员及其研究专长：

胡嘉琪　1932(云实亚科，忍冬科，黄山植物)

李林初　1943(裸子植物细胞分类学)

王汉津　1929—2002(败酱科，上海植物，黄山植物)

徐炳声　1924—2016(忍冬科，黄山植物，植物系统与演化，上海植物)

严增南　1927—2010(标本制作，标本管理)

郑师章　1936(豆科云实亚科)

编著的有关书刊：《复旦大学学报》(自然科学版)；《黄山植物的研究》；《上海植物名录》；《上海植物志》；《黄山植物》；《中国植物志》(第72卷)。

备注： 还有2,000份教学用藻类、真菌、苔藓、蕨类标本及种子植物形态学和分类学标本。

【修订：陆帆　2015/6/17】

250 上海(HSNU)：华东师范大学生命科学学院植物标本馆

SHANGHAI (HSNU): Herbarium, School of Life Sciences, East China Normal University

地　址：200241　上海市东川路500号

Address: No. 500 Dongchuan Road, Shanghai 200241

网　址：http://museum.ecnu.edu.cn/　　联系人：李宏庆

电　话：021/54341013　　邮　箱：hqli@bio.ecnu.edu.cn

隶属关系：教育部　　建室(馆)年份：1952

标本数量：160,000　　数字化标本：60,000

主要采集人：郑勉，胡人亮，吴国芳，裘佩熹，刘明壮，冯志坚，马炜梁，王幼芳，朱瑞良，李宏庆。

标本室(馆)简介：中国东南部(江苏、安徽、浙江、福建)维管植物，中国和世界苔藓植物。

历史沿革：华东师范大学—上海师范大学—现名。原圣约翰大学(SHJ)及杭州基督教学院(HC)标本大部分转入我室。

交换标本：可供——中国苔藓和维管植物标本。需求——世界性的苔藓和维管植物标本。

主任(馆长)及管理负责人：朱瑞良　1963(苔藓植物)021/54341015；rlzhu@bio.ecnu.edu.cn

职员及其研究专长：

陈昌斌(已调离)
程夏芳　1984(苔藓植物)xfcheng@bio.ecnu.edu.cn
冯志坚　1932(种子植物)
胡人亮　1932—2009(苔藓植物)
李宏庆　1966(种子植物，资源植物)hqli@bio.ecnu.edu.cn
马炜梁　1936(种子植物)
裘佩熹　1959—1988(蕨类)
汤艺峰(已调离)
田怀珍　1981(种子植物)hztian@bio.ecnu.edu.cn
王　健　1980(苔藓植物)jwang@bio.ecnu.edu.cn
王幼芳　1953(苔藓植物)yfwang@bio.ecnu.edu.cn
吴国芳　1930—1997(假水晶兰属，金粟兰科，灯心草科，黄眼草科，雨久花科)

姚关琥（蕨类）

郑 勉 1899—1987（黄杨科，华东植物区系）

编著的有关书刊：*Mosses and Liverworts of Hong Kong*（1996）；*Epiphyllous Liverworts of China*（2001）；*Monograph of Lopholejeunea*（*Lejeuneaceae*，*Hepaticae*）*in Asia*（2005）；*Moss Flora of China*（English Version Vol. 7）(2008)；《植物学》（1991，1992）；《高等植物及其多样性》（1998）；《植物学》（彩色）(2009)；《中国苔藓志》（第7卷）(2005)；《华东种子植物检索手册》（2010）；《天目山野外实习常见植物图集》（2012）。

【修订：朱瑞良，王幼芳，李宏庆 2015/6/19】

251 上海(SG)：上海植物园标本室

SHANGHAI (SG): Herbarium, Shanghai Botanical Garden

地　址：200231　上海市龙吴路1111号

Address: No. 1111, Longwu Road, Shanghai　200231

网　址：http://www.shbg.org/

联系人：莫健彬

电　话：021/54363369转1041

邮　箱：seedmjb@aliyun.com

隶属关系：上海市绿化和市容管理局

建室（馆）年份：1978

标本数量：18,000

主要采集人（队）：冯燮舟，庄茂长，方利根，钱士心，范连琴等。

标本室（馆）简介：华东地区被子植物，上海地区栽培植物。

主任（馆长）：奉树成 1966（植物分类）

管理负责人：莫健彬 1964（植物资源）

职员及其研究专长：

范连琴 1944—2015（上海地区植物）

冯燮舟 1942（木本植物）

刘永强 1965（华东植物）

钱士心 1932（华东植物）

沈绍金 1930—2008（华东植物及竹亚科）

叶 康 1981（江苏植物）021/54363369转1041；yekang2007@163.com

庄茂长 1916（华东木本植物）

【修订：莫健彬 2015/8/3】

252 上海(SHCT)：上海技术师范学院生物系植物标本室*

地　址：201418　上海市奉贤县新院
*转移到上海师范大学生物系植物标本室(SHTU)。

253 上海(SHTU)：上海师范大学生命与环境科学学院植物标本室

SHANGHAI(SHTU)： Herbarium, College of Life and Environmental Science, Shanghai Normal University
地　　址： 200234　上海市徐汇区桂林路100号
Address: No. 100, Guilin Road, Xuhui District, Shanghai 200234
网　　址： http://web.shnu.edu.cn/bryophyte/
联 系 人： 郭水良　　**电　　话：** 13764496166
邮　　箱： gsg@shnu.edu.cn　　**隶属关系：** 上海市教育委员会
建室(馆)年份： 1954　　**标本数量：** 80,000
主要采集人(队)： 高瑾南，欧善华，钱明，杨斌生，吴世福，曹建国，曹同，郭水良，于晶。
标本室(馆)简介： 上海师范大学植物标本室成立于1954年，1994年原上海技术师范学院生物系植物标本室(SHCT)并入。标本室早期积累了一批种子植物标本和蕨类植物标本，主要采集于华东地区、湖南、云南、广东、四川等地。现在以苔藓植物和藻类植物为特色，其中苔藓植物标本数量达到50,000份，模式标本25份，主要采自浙江、福建、云南、四川、东北等地；藻类植物标本以淡水藻类为主，主要采自东北、新疆、四川及华东各省区。
历 史 沿 革： 上海师范学院—现名(上海技术师范学院1994年并入)。
交 换 标 本： 可供——长江三角洲地区的苔藓植物标本。需求——西南和西北部地区的标本。
主任(馆长)： 曹建国　1968(蕨类植物)cao101@shnu.edu.cn
管理负责人：
郭水良(苔藓)13764496166；gsg@shnu.edu.cn；
娄玉霞　1970(长三角地区苔藓植物)
职员及其研究专长：
曹　同　1946(苔藓植物)
欧善华　1937(种子植物)
钱　明　1925—1992(种子植物)
王全喜　1956(藻类植物)
吴世福　1946(蕨类植物)
杨斌生　1930
于　晶　1972(紫萼藓科，凤尾藓科，曲尾藓科)

编著的有关书刊：《山东苔藓植物志》；《苔藓植物的多样性及保育》；《苔藓植物对环境的指示和响应》；《中国淡水藻志》[第11卷(黄藻门)]；《种子植物图谱》；《种子植物属种检索表》；《武陵山维管植物检索表》。

【供稿：郭水良 2016/3/17；修订：曹建国 2018/5/9】

254 上海(SHDC)：上海市药品检验所中药标本室*

地　址：200233　上海市宜山路周沈巷500号

*未取得联系。

255 上海(SHM)：上海自然博物馆(上海科技馆分馆)植物标本室

SHANGHAI (SHM): Herbarium, Shanghai Natural History Museum (Branch of Shanghai Science & Technology Museum)

地　址：200232　上海市龙吴路1102号

Address: No. 1102, Longwu Road, Shanghai 200232

网　址：http://www.sstm.org.cn；http://www.snhm.org.cn

联系人：文春青

电　话：021/54352841转812

邮　箱：wenchq@sstm.org.cn

隶属关系：上海市科学技术委员会/上海科技馆

建室(馆)年份：1962　　标本数量：180,680

数字化标本：10,000　　模式标本：28份19种

主要采集人(队)：陈策，方文培，高彩华，杭金欣，何铸，胡文光，赖书绅，李登科，刘仲苓，陆瑞琳，聂敏祥，钱之广，秦祥堃，邱莲卿，谭惠慈，杨光辉。

标本室(馆)简介：主要收藏华东地区各类植物标本，包括藻类、真菌、地衣、苔藓、蕨类和种子植物，尤其以苔藓和地衣标本为丰富。

历史沿革：亚洲文会+震旦博物院—上海自然博物馆—上海自然博物馆(上海科技馆分馆)植物标本室。

交换标本：可供——华东地区种子植物、苔藓、地衣标本。需求——东亚地区各类植物标本；国内和世界各地珍稀濒危植物标本。

管理负责人：张云飞 1969(植物生态)021/68622000转5201；zhangyf@sstm.org.cn

职员及其研究专长：

金　樑 1974(植物生态)jinliang@sstm.org.cn
师瑞萍 1982(苔类植物分类)shirp@sstm.org.cn
石亚亚 1982(植物分子)shiyy@sstm.org.cn
王晓娟 1972(植物进化、繁殖)wangxj@ssstm.org.cn
徐　蕾 1970(地衣植物分类)xul@sstm.org.cn
袁永革 1987(植物生态)yuanyg@sstm.org.cn
张　阳 1986(植物生态)zhangyang@sstm.org.cn

戴惠平 1964(已调离)
高彩华 1946(已调离)
杭金欣 1939(藻类分类，东海藻类区系)
郝思军 1965(已调离)
李登科 1937—2012(苔藓植物，中国棉藓科)
刘仲苓 1953(已调离)
陆瑞琳 1935(种子植物)
钱之广 1953(已调离)
秦祥堃 1950(种子植物)
邱莲卿 1931(植物生态)
裘树平 1954(已调离)
孙吉良 1952(已调离)
谭惠慈 1932(大型真菌分类及生态)
张美珍 1933(中国铁线莲属，薯蓣科，木犀科)

编著的有关书刊：《考察与研究》；《自然与人》；《长江三角洲及邻近地区孢子植物志》；《浙江海藻原色图谱》；《华东植物名录》；《中国植物志》(第61卷)；《上海植物志》；《中国保护植物》；《上海树木图说》；《佘山常见植物图谱》；《大金山岛被子植物图谱》。

【修订：师瑞萍 2017/7/15】

256 上海(SHMI)：中国科学院上海药物研究所生药标本室*

地　址：200031　上海市岳阳路319号

*未取得联系。

257 上海(SHMU)：复旦大学药学院药用植物标本室

SHANGHAI (SHMU): Medicinal Herbarium, School of Pharmacy, Fudan University

地　　址：201203　上海市浦东新区张衡路826号

Address: No. 826, Zhangheng Road, Pudong New Area, Shanghai 201203

网　　址：http://spfdu.fudan.edu.cn/　　联系人：潘胜利

电　　话：021/51980137　　邮　箱：slpan@shmu.edu.cn

隶属关系：教育部　　建室(馆)年份：1962

标本数量：20,000

主要采集人(队)：戴克敏，李颖，潘胜利，施大文。

标本室(馆)简介：主要收藏浙江和江苏植物，其中大部分系药用植物标本。

历 史 沿 革：上海第一医学院药学系—上海医科大学药学院—现名(原上海医科大学药学院药用植物标本室2000年4月并入复旦大学)。

主任(馆长)：施大文　1931(淫羊藿属)

管理负责人：潘胜利　1945(柴胡属)

职员及其研究专长：

陈明华(已调离)

康　云　1976(千金藤属) ykang123@fudan.edu.cn

李　颖(伞形科)

谢　晖　1976(柴胡属)

【修订：康云　2013/8/28】

258 上海(SMMU-BH)：第二军医大学(海军军医大学)植物标本馆*

SHANGHAI (SMMU-BH): Herbarium, Second Military Medical University

地　　址：200433　上海市杨浦区国和路325号

Address: No. 325, Guohe Road, Yangpu District, Shanghai 200433

网　　址：http://www.smmu.edu.cn/_s2/126/list.psp

联 系 人：贾敏　　**电　　话**：021/81871305

邮　　箱：jm7.1@163.com　　**隶属关系**：中国人民解放军

建室(馆)年份：1956　　**标本数量**：11,027

数字化标本：11,027

主要采集人(队)：李承祜，苏中武，郑汉臣，张汉明，乔传卓，李红方，谭策铭等。

标本室(馆)简介：主要是华东地区药用植物，以上海、天目山植物标本为特色。另有各类生药标本2,000余份1,200余种，主要包括药典品种、特殊药材、名贵药材及其伪品等；药用植物园栽培植物180多科1,200余种。

交换标本：可供——华东植物区系植物，特别是上海、天目山植物标本。需求——其他省区植物标本。

主任(馆长)：辛海量(药用植物资源)

职员及其研究专长：

韩　婷(药用植物资源，内生真菌)
黄宝康(药用植物资源，内生真菌)
贾　敏(药用植物资源，内生真菌)
秦路平(药用植物资源，内生真菌)qinluping@126.com
张巧艳(药用植物资源，内生真菌)
张芝玉(植物系统学)
郑承剑(药用植物资源，内生真菌)
郑汉臣(药用植物)

编著的有关书刊：《中国药用植物图鉴》《中国药用植物志》《药用植物学》《上海高等植物名录》《易混淆药用植物图鉴》。

【供稿：贾敏　2018/4/11】

*首次收载。

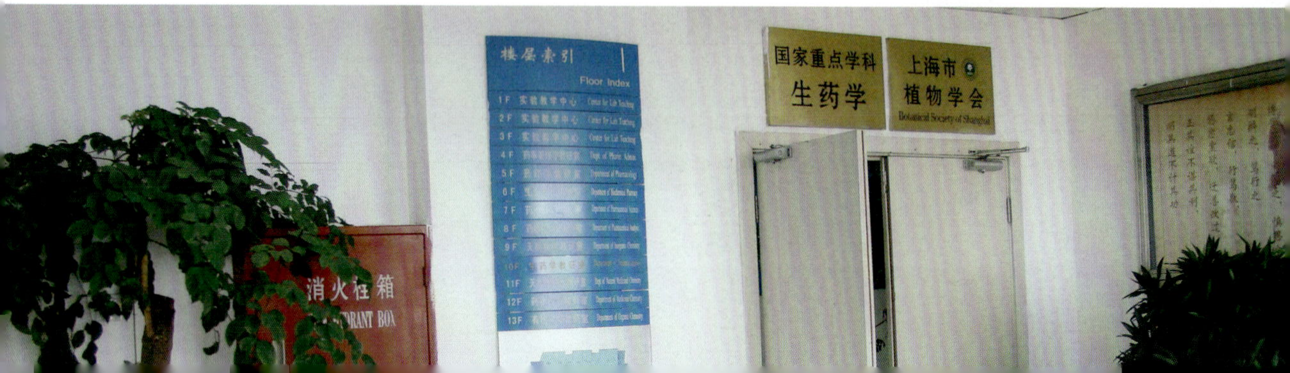

259 长治(SES)：长治学院生物科学与技术系植物标本馆

CHANGZHI (SES): Herbarium, Department of Biological Science and Technology, Changzhi University

地　　址： 046011　山西省长治市城北东街73号

Address: No. 73, Chengbei East Street, Changzhi, Shanxi 046011

网　　址： http://swx.czc.edu.cn/

联 系 人： 铁军

电　　话： 0355/2178013；15235512186

邮　　箱： tiejun74@163.com　　**隶属关系：** 山西省教育厅

建室（馆）年份： 1990　　**标本数量：** 15,000

主要采集人(队)： 茹文明，张桂萍，金山，铁军。

标本室(馆)简介： 主要收藏山西太行山、中条山、太岳山等地标本，以及部分四川、云南、贵州、湖北(神农架)、内蒙古等地植物标本。

交 换 标 本： 可供——太行山、中条山、太岳山的植物标本。需求——中国西部和东北植物标本。

主任(馆长)： 铁军　1974(植物群落生态)

职员及其研究专长：

金　山　1972(植物分类，植物系统)

茹文明　1961(植物区系，植物生态)

张桂萍　1964(植物资源)

编著的有关书刊： 《山西野生植物检索表》。

【修订：铁军　2015/7/2】

260 怀仁(YF)：山西省雁北地区林业科学研究所植物标本室*

地　　址： 038300　山西省怀仁县

*未取得联系。

261 临汾(LINF)：山西师范大学生命科学学院植物标本室

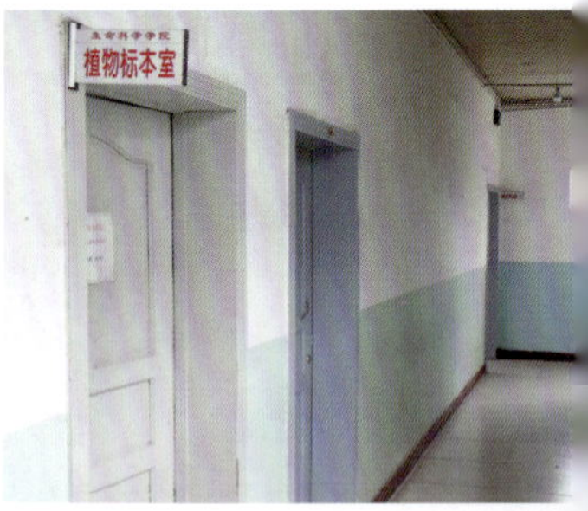

LINFEN (LINF): Herbarium, College of Life Sciences, Shanxi Normal University

地　　址： 041004　山西省临汾市贡院街1号

Address: No. 1, Gongyuan Street, Linfen, Shanxi 041004

网　　址： http://smxy.sxnu.edu.cn/

联 系 人： 苗艳明　　**电　　话：** 13453655624

邮　　箱： mym8207@126.com　　**隶属关系：** 山西省教育厅

建室（馆）年份： 1963　　**标本数量：** 21,000

主要采集人(队)： 白新生，毕润成，杜祖玉，魏学智，杨仙臣，张林静，苏俊霞。

标本室(馆)简介： 山西南部及邻近地区的高等植物。

历 史 沿 革： 晋南师专—山西师范学院—现名。

管理负责人： 苗艳明　1982(植物生态)

职员及研究专长：

白新生　1938(山西南部植物)

毕润成　1955(植物生态) 13700578211；rcbi@dns.sxtu.edu.cn

苏俊霞　1974(十字花目) 13620681153；sjx_xia@163.com

魏学智　1956(山西植物) 13133189307；wxz328@sohu.com

翟大同(菊科) (原地理科学学院)

张林静　1969(蒺藜科) 18835787490；linjingzh@yahoo.com.cn

编著的有关书刊： 《山西师范大学学报》《山西省五鹿山自然保护区科学考察报告》《植物学实习指导》。

【修订：苏俊霞　2013/8/20】

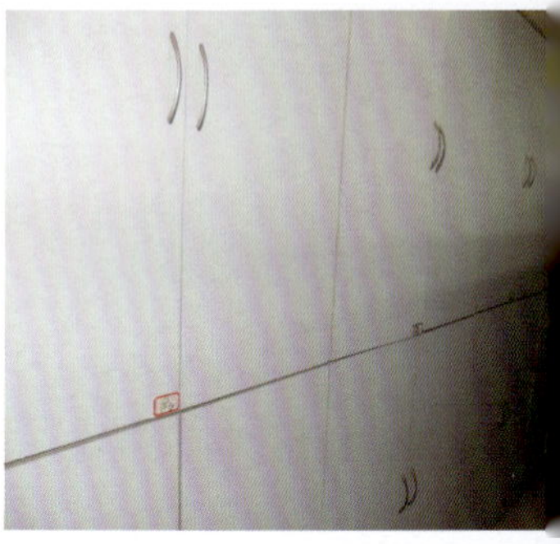

262 太谷(SXAU)：山西农业大学林学院植物标本室

TAIGU (SXAU): Herbarium, College of Forestry, Shanxi Agricultural University

地　　址：030801　山西省太谷县铭贤南路1号

Address: No. 1, Mingxian South Road, Taigu County, Shanxi 030801

网　　址：http://lxy.sxau.edu.cn/

联 系 人：王良民　　电　　话：0354/6288329；15935424219

邮　　箱：779113109@qq.com　　隶属关系：山西省教育厅

建室(馆)年份：1985　　标本数量：5,000

模 式 标 本：3份

标本室(馆)简介：山西种子植物标本。

历 史 沿 革：铭贤学院—山西农学院—现名。

交 换 标 本：可供——山西种子植物标本。

管理负责人：王良民1955（种子植物分类、区系，壳斗科分类）

职员及其研究专长：

方瑃德　1930—2004（种子植物分类）
高润梅　1974(植物区系，植物群落)
葛丽萍　1969(木本植物分类，绣球科分类)
李润植(已调离)
刘东云(已调离)
宋宝玉　1941(树木分类，蔷薇科分类)
王卫锋　1985(种子植物分类)18203541862；sxndwwf@163.com
杨　鹏(已调离)
张定宇(已调离)
张　勉(已调离)

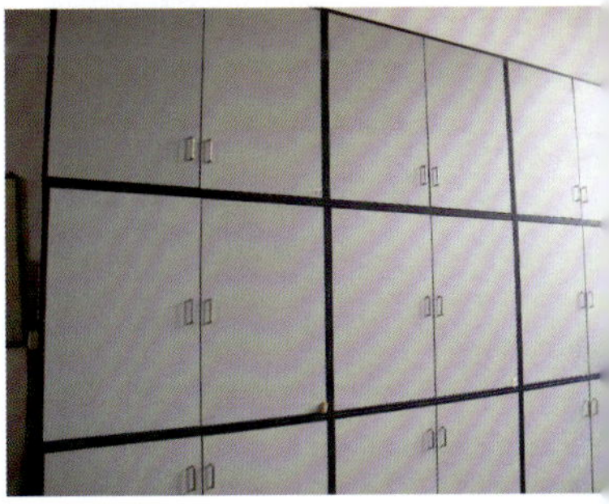

编著的有关书刊：《山西省种子植物要目》《山西太宽河自然保护区植物多样性研究》。

【修订：王良民 2015/7/11】

263 太原(HSIB)：山西省生物研究所植物标本室

TAIYUAN (HSIB): Herbarium, Biology Institute of Shanxi

地　址：030006　山西省太原市师范街50号

Address: No. 50, Shifan Street, Taiyuan, Shanxi 030006

网　址：http://www.sxsws.com/　　**联系人**：郭春燕

电　话：0351/5255505　　**邮　箱**：pai109@126.com

隶属关系：山西省科学技术厅　　**建室(馆)年份**：1959

标本数量：26,000　　**数字化标本**：13,000

主要采集人(队)：包世英，陈艺林，关克俭，刘天慰，刘心源，马赛，严生俊，曾昭玢，岳建英，郭春燕。

标本室(馆)简介：山西省内蕨类植物、裸子植物和被子植物。

历史沿革：中国科学院山西分院生物研究所—华北分院生物研究所—现名。

交换标本：可供——华北各省区，尤其是山西植物标本。需求——中国北方各省区植物标本。

主任(馆长)：岳建英　1962(山西植物) 0351/5255505；yuejysws@126.com

职员及其研究专长：

郭春燕　1980(植物分类) 0351/5255505；pai109@126.com

刘天慰　1936(山西植物)

卢　宁　1984(植物生理) 0351/5255506

王　翔　1985(植物遗传) 0351/5255506

编著的有关书刊：《太原植物志》《山西植物志》《汾河源头生物多样性综合考察研究》。

【修订：郭春燕　2015/6/19】

264 太原(SSMM)：山西药科职业学院植物标本室

TAIYUAN (SSMM) : Herbarium, Shanxi Pharmaceutical Vocational College

地　　址：030031　山西省太原市民航南路16号

Address: No. 16, Minhang South Road, Taiyuan, Shanxi 030031

网　　址：http://www.sxphc.cn/　　**联系人：**苏珍枝

电　　话：0351/7820589　　**邮　　箱：**szz78402@163.com

隶属关系：山西省食品药品监督管理局　　**建室(馆)年份：**1986

标本数量：5,000

主要采集人(队)：高昌兰，王满思，张广平，张虹，张妤，徐丽霞。

标本室(馆)简介：主要是山西省药用植物，以及部分周边省区主产的药用植物；还有原植物及加工后的药材1,000种，供教学和参观使用。

历史沿革：山西省中医药学校—山西省中药材学校—山西生物应用职业技术学院—现名。

交换标本：可供——山西及北方地区药用植物标本。需求——广东、云南及长江流域的药材标本。

主任(馆长)：苏珍枝　1975(中药学)

管理负责人：李宝霞　1984(中药学)；白拖琴　1964(药用植物学)

职员及其研究专长：

高昌兰　1947(山西药用植物)

徐丽霞　1980(山西药用植物)xulx2005@163.com

张广平　1956(山西药材)

编著的有关书刊：《山西药材》。

【修订：徐丽霞　2015/7/17】

265 太原(SXTCM)：山西中医学院植物标本室*

TAIYUAN (SXTCM) : Herbarium, Shanxi University of Traditional Chinese Medicine

地　　址：030619　山西省太原市高校园区大学街121号

Address: No. 121, College Street, Taiyuan, Shanxi 030619

网　　址：http://www.sxtcm.edu.cn/　　联系人：樊杰

电　　话：15934140981　　邮　　箱：fanjie6789@163.com

隶属关系：山西省教育厅　　建室(馆)年份：2005

标本数量：10,000　　数字化标本：5,000

主要采集人(队)：樊杰，刘计权，平莉莉，贺润丽。

标本室(馆)简介：主要是山西药用植物标本。

交换标本：可供——山西各类植物。需求——山西周边地区植物标本。

主任(馆长)：刘计权　1972(山西药用植物)

职员及其研究专长：

樊　杰　1972(兰科，远志科，山西药用植物)

贺润丽　1971(山西药用植物)

平莉莉　1977(山西药用植物)

【供稿：樊杰　2015/3/27】

*首次收载。

266 太原(SXU)：山西大学生命科学学院植物标本室

TAIYUAN (SXU) : Herbarium, College of Life Science, Shanxi University

地　　址：030006　山西省太原市坞城路92号

Address: No.92, Wucheng Road, Taiyuan, Shanxi 030006

网　　址：http://life.sxu.edu.cn/　　联系人：孔冬梅

电　　话：0351/7010599　　邮　　箱：kdongmei@sxu.edu.cn

隶属关系：山西省教育厅　　建室(馆)年份：1949

标本数量：37,000　　数字化标本：20,000

主要采集人(队)：杜复，李本良，李宗英，凌元洁，刘波，上官铁梁，谢树莲，余湘云，张峰，孔冬梅，冯佳。

标本室(馆)简介：主要为山西省植物标本，部分为外省市标本。其中种子植物约30,000号，蕨类约3,000号，真菌约3,000号，地衣、苔藓、蕨类1,000号。标本室曾于1984年11月被烧毁，1985年起重建。

历史沿革：山西大学理学院—山西师范学院—现名。

交换标本：可供——山西省的种子植物、菌类及藻类标本。

主任(馆长)：谢树莲 1962(孢子植物系统分类)0351/7018121；xiesl@sxu.edu.cn

职员及其研究专长：

董　刚 1983(种子植物)
杜　复 1937(真菌：硬皮马勃目)
范　黎(已调离)
冯　佳 1980(藻类植物)
郝四平(已调离)
孔冬梅 1973(种子植物)
李本良 1929—2009(种子植物)
李卓玉(已调离)
李宗英 1935—1995(真菌)
凌元洁 1930(藻类，绿藻)
刘　波 1927(真菌：耳类，腹菌，伞菌)
上官铁梁 1956(调至本校环境与资源学院)
陶　恺(已调离)
王桂花 1968(苔藓植物)
谢树莲 1962(孢子植物)
余湘云 1939(种子植物)
张　峰 1955(种子植物)

编著的有关书刊：《山西庞泉沟自然保护区植物学野外实习理论与方法》(2008)；《山西大学学报》(自然科学版)。

【修订：孔冬梅 2015/6/23】

267 太原(TYF)：山西省林业科学研究院标本室

TAIYUAN (TYF): Herbarium, Shanxi Academy of Forestry Sciences

地　址：030012　山西省太原市新建南路105号

Address: No. 105, Xinjian South Road, Taiyuan, Shanxi 030012

网　址：http://www.sxaf.ac.cn/　　联系人：吕皎

电　话：13934527845　　邮　箱：185785274@qq.com

隶属关系：山西省林业厅　　建室(馆)年份：1985

标本数量：6,000

主要采集人(队)：崔顺昌，梁和印。

标本室(馆)简介：以山西省木本植物为主。

交换标本：可供——山西植物标本。需求——内蒙古、河北、河南、陕西的植物标本。

主任(馆长)：邝立刚(松科)

管理负责人：张晓玲　1966　0351/7222219；kyk.2007@163.com

职员及其研究专长：

崔顺昌　1934(山西经济植物)

李新平　1958(桦木科，壳斗科)

王　贵　1955(胡桃科)

编著的有关书刊：《山西省经济植物志》《山西果树种质资源及区划》《山西树木志》。

【修订：张晓玲　2015/6/26】

268 太原(TYNUB)：太原师范学院生物系植物标本室*

TAIYUAN (TYNUB): Herbarium, Department of Biology, Taiyuan Normal University

地　　址：030031　山西省太原市小店区黄陵路西巷5号

Address: No. 5, Huangling Road West Lane, Xiaodian District, Taiyuan, Shanxi 030031

网　　址：http://swx.tynu.edu.cn/　　　　　　联系人：宋敏丽

电　　话：15203413596　　　　　　　　　　邮　　箱：smlcc@126.com

隶属关系：山西省教育厅　　　　　　　　　建室（馆）年份：2002

标本数量：3,000

主要采集人（队）：李砧，王惠玲，石瑛，宋敏丽，李艳晖，张小冰。

标本室（馆）简介：山西省内植物，以历山国家级自然保护区植物为主，还有一些山东烟台昆嵛山被子植物，以及少量南方树种和蕨类植物。

历 史 沿 革：由山西省教育学院（1978）和太原师范专科学校（1981）合并而成，后又于2002年并入山西大学师范学院。

交 换 标 本：可供——山西高等植物标本。需求——山西及邻近地区标本。

主任（馆长）：李砧　1963（藻类植物分类和资源开发，种子植物多样性）

管理负责人：王惠玲　1962（植物分类和资源开发，高等植物多样性）13834161767；whuiling 2012@163.com

职员及其研究专长：

李艳晖　1977（藻类植物，种子植物）

石　瑛　1974（藻类植物，种子植物，苔藓植物）

宋敏丽　1972（种子植物多样性及其资源开发）

张小冰　1958（种子植物及生理）

编著的有关书刊：《娘子关大型藻类研究》（2007）；《娘子关泉域大型藻类群落结构特征的研究》（2011）。

备注：另有150份小型塑封标本和50份液浸标本。

【供稿：宋敏丽　2015/3/10】

*首次收载。

269 成都(CDBI)：中国科学院成都生物研究所植物标本馆

CHENGDU（CDBI）: Herbarium, Chengdu Institute of Biology, Chinese Academy of Sciences

地　址：610041　四川省成都市武侯区人民南路四段9号

Address: No. 9, 4th Section, Renmin South Road, Wuhou District, Chengdu, Sichuan 610041

网　址：http://www.cib.ac.cn/　　联系人：高信芬

电　话：028/82890759　　邮　箱：xfgao@cib.ac.cn

隶属关系：中国科学院　　建室(馆)年份：1958

标本数量：320,000　　数字化标本：180,000

模式标本：449份

主要采集人(队)：曹亚玲，高信芬，高云东，顾健，何永华，胡孝宏，鞠文彬，孔宪需，李永江，刘照光，彭定一，彭玉兰，溥发鼎，青藏队，四川经济植物调查队，四川植被调查队，唐亚，王清泉，徐波，闫晓丽，杨光辉，杨启修，杨亚滨，印开蒲，张丽兵，张良，赵清盛，赵佐成，等。

标本室(馆)简介：四川及西藏维管植物，川西和川西南地区植物标本尤为丰富。

交换标本：可供——四川省维管植物标本。需求——全国各地及世界各地植物标本。

主任(馆长)：高信芬　1965(蔷薇科，豆科)

管理负责人：彭玉兰　1975(菊科，生物多样性)028/82890758；pengyl@cib.ac.cn

职员及其研究专长：

高云东　1985(百合科，蔷薇科)gaoyd@cib.ac.cn

何永华(已调离)

鞠文彬　1987(生物多样性)juwb@cib.ac.cn

徐　波　1983(豆科)xubo@cib.ac.cn

张丽兵　1966(蕨类)

张　良　1985(蕨类)zhangliang@cib.ac.cn

张咏梅　1970(标本管理)028/82890756；zhangym@cib.ac.cn

曹亚玲　1937(细胞分类学)

高宝莼　1935(单子叶植物)

孔宪需　1930—2001(蕨类)

李朝銮　1938—1998(蔷薇科，葡萄科)

李宗秀　1937(榆科)

刘惠卿　1936(木通科)

溥发鼎　1936(伞形科，壳斗科)

王萍莉　1936(孢粉学)

赵佐成　1941(经济植物，水生植物)

周邦楷　1927(鼠李科，忍冬科)

编著的有关书刊：《四川植物志》。

【修订：高信芬　2015/6/15】

270 成都(CDC)：成都市药品检验所植物标本室*

地　址：610061　四川省成都市双槐树街25号

*未取得联系。

271 成都(CDCM)：成都中医药大学中药标本馆

CHENGDU (CDCM): Chinese Materia Medica Herbarium, Chengdu University of Traditional Chinese Medicine

地　　址：611137　四川省成都市温江区柳台大道1166号

Address: No. 1166, Liutai Avenue, Wenjiang District, Chengdu, Sichuan 611137

网　　址：http://www.cdutcm.edu.cn　　**联系人**：蒋桂华

电　　话：028/61800231；18980923782　　**邮　　箱**：11469413@qq.com

隶属关系：四川省教育厅　　**建室(馆)年份**：1956

标本数量：70,000　　**数字化标本**：55,000

主要采集人(队)：万德光，贾敏如，李仿尧，刘代明，卢先明，曾万章，蔡佩英。

标本室(馆)简介：主要收集西南地区中药标本，尤其是四川药用植物标本。还有3,000多种国内外药材标本。

交换标本：可供——西南地区的各类植物(主要是药用)标本。需求——西北、东北的植物标本。

主任(馆长)：蒋桂华　1970(伞形科藁本属)

管理负责人：兰志琼　1979(蓼科)

职员及其研究专长：

蒋桂华　1970(伞形科藁本属)

兰志琼　1979(蓼科)

连　艳　1990(毛茛科)

刘代明　1936(百合科黄精属)

卢先明　1950(豆科葛属)

马逾英　1958(伞形科藁本属)

贾敏如　1934(木兰科木兰属，木莲属)

秦云程　1934(薯蓣科)

万德光　1935(远志科)

卫莹芳　1945(桑寄生科桑寄生属)

编辑的有关书刊：《中药商品学》(2014)；《中药商品学实验实训》(2014)；《中药商品学》(2014)；《全国中药材购销指南》(2010)；《中草药经典图谱》(2014)。

【修订：蒋桂华　2016/6/7】

272 成都(SAUF)：四川农业大学林学院树木标本室

CHENGDU (SAUF): Dendrological Herbarium, College of Forestry, Sichuan Agricultural University

地　址：611130　四川成都市温江区惠民路211号

Address: No. 211, Huimin Road, Wenjiang District, Chengdu, Sichuan 611130

网　址：http://lxy.sicau.edu.cn/　**联系人：**刘军

电　话：13981619259　**邮　箱：**961230158@qq.com

隶属关系：四川省教育厅　**建室(馆)年份：**1979

标本数量：20,000　**模式标本：**8份2种

主要采集人(队)：王芳礼，赵良能，傅以政，彭传诚，刘军，宋学成，陈小红。

标本室(馆)简介：以四川西部地区木本植物为主，云南北部及四川杨属植物较丰富，包括赵良能采自西昌、城口等地和刘军采自四川及云南北部的杨属植物标本。

历史沿革：四川林学院标本室—四川农学院林学系标本室—现名。

交换标本：可供——四川西部木本植物标本。需求——杨柳科标本。

主任(馆长)：刘军 1965(中国西南杨属、桑寄生科及四川木本植物)

职员及其研究专长：

陈小红 1977(樟科植物及四川木本植物)

沈迪玉 1958(四川木本植物)

【修订：刘军 2013/11/5】

273 成都(SAUT)：四川农业大学小麦研究所标本室

CHENGDU (SAUT): Herbarium, Triticeae Research Institute, Sichuan Agricultural University

地　　址：611130　四川成都市温江区惠民路211号

Address: No. 211, Huiming Road, Wenjiang District, Chengdu, Sichuan 611130

网　　址：http://xms.sicau.edu.cn　　**联系人：**凡星

电　　话：028/82650350　　**邮　　箱：**fanxing9988@163.com

隶属关系：四川省教育厅　　**建室(馆)年份：**1984

标本数量：6,000　　**数字化标本：**5,063

模式标本：29份14种

主要采集人(队)：卢宝荣，罗明城，孙根楼，颜济，杨俊良，周永红，张海琴，凡星，沙莉娜。

标本室(馆)简介：由颜济教授于1984年创建，专门收藏小麦族植物标本。目前共收藏世界范围小麦族的小麦属(*Triticum*)、大麦属(*Hordeum*)、山羊草属(*Aegilops*)、黑麦属(*Secale*)等30余属400余种植物标本6,000余份，是亚洲保存属、种分类单元数量相对齐全的小麦族植物标本室。

交换标本：可供——小麦族标本。需求——亚洲及北美的小麦族标本。

馆　　长：杨俊良 1930(世界性小麦族，中国禾本科)

主　　任：凡星 1979(小麦族系统学)

职员及其研究专长：

卢宝荣(已调离)
罗明城(已调离)
沙莉娜 1978(小麦族系统学)
孙根楼(已调离)
颜　济 1924(世界性小麦族，中国禾本科)
张海琴 1977(小麦族系统学)
张　越 1990(实验员，植物学)
周永红 1962(世界性小麦族，中国禾本科)

编著的有关书刊：《小麦族生物系统学》(第1-5卷)；《四川植物志》[第5(1)卷]。

【修订：凡星 2016/5/6】

274 成都(SCFI)：四川省林业科学研究院植物标本室

CHENGDU (SCFI): Herbarium, Sichuan Academy of Forestry

地　　址： 610066　四川省成都市下沙河铺街44号

Address: No. 44, Xiashahepu Street, Chengdu, Sichuan 610066

网　　址： http://www.sclky.com　　**联系人：** 唐颖

电　　话： 17761203169　　**邮　　箱：** 65212314@qq.com

隶属关系： 四川省林业厅　　**建室(馆)年份：** 1935

标本数量： 100,000　　**模 式 标 本：** 2,000份100种

主要采集人(队)： 张泽荣，管中天，赵良能(赵能)，孔宪需，李国凤，李馨，曲桂龄，武素功，谢朝俊，熊济华，杨光辉，张秀实，周洪富。

标本室(馆)简介： 主要是四川省维管植物，以木本植物为主，还有部分邻近地区的维管植物。模式标本主要类群有杨柳科、樟科、松科、柏科、壳斗科等。

历 史 沿 革： 中国科学院四川分院林业研究所(1958)——四川省林业科学研究所(1963)——现名(1988)。

交 换 标 本： 可供——四川省木本植物标本。需求——中国西南横断山区植物标本。

主任(馆长)： 刘少英　028/83226632；Shaoyliu@163.com

管理负责人： 唐颖　1987(兰科植物)

职员及其研究专长：

龚固堂　1965(四川木本植物)
管中天　1925(松杉植物，四川裸子植物)
韩贵珍　1936(四川木本植物)
蒋兴麟　1927(无患子科，菊科)
唐明坤　1981(四川木本植物)
谢大军　1978(四川木本植物)

杨再新 1946(四川木本植物，植物画)

赵良能(赵能) 1928(杨柳科，樟科，壳斗科)

编著的有关书刊：《林植物研究》《四川松杉植物地理》。

备注：另有3,000余份木材标本。

【修订：唐明坤 2017/3/13】

275 成都(SCNU)：四川师范大学生物系植物标本室*

地　址：610068　四川省成都市东郊狮子山

*未取得联系。

276 成都(SR)：四川省自然资源研究所植物标本室*

地　址：610015　四川省成都市一环路南二段24号

*未取得联系。

277 成都(SZ)：四川大学生物系植物标本室

CHENGDU (SZ): Herbarium, College of Life Sciences, Sichuan University

地　址：610065　成都市武侯区一环路南一段24号

Address: No. 24, South 1st Section, Yihuan Road, Wuhou District, Chengdu, Sichuan 610065

网　址：http://mnh.scu.edu.cn/

联系人：余岩，谭进波

电　话：13688341544；13458654514

邮　箱：yuyan@mnh.scu.edu.cn；tanjb710@126.com

隶属关系：教育部　　建室(馆)年份：1935

标本数量：720,000　　数字化标本：530,000

模式标本：1,186份972种

主要采集人(队)：张泽荣，戴天伦，方明渊，方文培，何铸，胡秀英，胡文光，蒋光麟，李国风，李馨，钱崇澍，宋滋圃，粟和毅，谭仲明，伍煜庭，杨光辉，赵清盛，熊济华。

标本室(馆)简介：主要是四川省(含重庆)维管植物标本，还有部分国内其他省区标本及美国、日本等其他国家标本。

交换标本：可供——四川省(包括原西康省)植物标本。

主任(馆长)及管理负责人：余岩1986(植物数字化)

职员及其研究专长：

白　洁 1970(资源植物)
何兴金 1962(伞形科，百合科)
刘健全 1968(植物系统与基因组)
王　丽 1971(细胞分类)
周颂东 1972(百合科)

方明渊 1935(杜鹃花科，毛茛科，罂粟科)
何明友(杜鹃花科)
粟和毅 1937(珙桐科)
伍煜庭 1939(槭树科)
许介眉 1938(百合科)
赵清盛 1941(植物分类)

方文培 1899—1983(杜鹃花科，槭树科)
胡琳祯 1925—1994(山柳科，杜鹃花科)
胡文光 1914—1992(山茱萸科，杜鹃花科)
宋滋圃 1925—2008(八角枫科)
谭仲明 1939—2001(牻牛儿苗科，芸香科)
张泽荣 1932—1997(胡颓子科)

编著的有关书刊：《峨眉植物图志》；《四川大学学报》(自然科学版)；《中国植物志》(第46，第52，第56，第57卷)；《中国四川杜鹃花》。

【修订：何兴金 2016/9/15】

278 成都(WCU)：四川大学华西药学院生药标本室

CHENGDU (WCU) : Herbarium, West China School of Pharmacy Sichuan University

地　址：610041　四川省成都市人民南路三段17号

Address: No. 17, 3rd Section, Renmin South Road, Chengdu, Sichuan 610041

网　址：http://pharmacy.scu.edu.cn/　　联系人：张训

电　话：028 / 85501401　　邮　箱：zhangx_pharm @scu.edu.cn

隶属关系：教育部　　建室(馆)年份：1956

标本数量：19,942　　数字化标本：19,942

主要采集人(队)：沈联德，唐心曜，谢成科，熊荣先，岳松健，吴廷俊，王天志，张浩，王曙，李涛。

标本室(馆)简介：四川产药用植物及中药材(及藏药材)，尤其是四川产贝母属标本较多。标本包括188科917属2,611种。

历史沿革：四川医学院生药标本室—华西医科大学药学院生药标本室—现名。

交换标本：可供——四川产药用植物标本。

主任(馆长)：王曙　1957(贝母属)028/85503950；suwang571@126.com

管理负责人：张训　1971(药用植物)

职员及其研究专长：

李　涛　1971(红景天属，石斛属)

欧阳蓓　1938(药用植物)

沈联德　1930—2010(药用植物及党参属，雪胆属)

唐心曜　1934(药用植物，贝母属)

王　曙　1957(贝母属)

吴廷俊　1938(百部科)

岳松健　1927—2001(药用植物，四川产黄耆属，贝母属)

张　浩　1950(马兜铃属)

编著的有关书刊：《四川大学华西药学院药用植物标本园栽培植物名录》(2005)。

备注：另有748种2,500余份瓶装药材标本。

【修订：张训　2015/6/16】

279 都江堰(SIFS)：四川农业大学都江堰校区植物标本室

DUJIANGYAN (SIFS) : Herbarium, Sichuan Agricultural University Dujiangyan Campus

地　　址：611830　四川都江堰市建设路288号

Address: No. 288, Jianshe Road, Dujiangyan, Sichuan 611830

网　　址：http://djy.sicau.edu.cn/

联系人：杨林

电　　话：028/87144791

邮　　箱：564177975@qq.com

隶属关系：四川省教育厅

建室(馆)年份：1953

标本数量：35,000

模 式 标 本：1,500份250种

主要采集人(队)：易同培。

标本室(馆)简介：藏有较多全国竹类及四川木本植物标本，尤以我国高山竹类标本较为齐全。馆藏250种模式标本中，除了6种为木本植物，其他绝大部分为竹类新种模式。

历 史 沿 革：四川省林业学校树木标本室(1953)—现名(2001)。

交 换 标 本：可供——中国竹亚科和四川木本植物标本。需求——美洲、非洲竹类标本。

主任(馆长)：易同培　1933(中国竹类，中国木本植物)

职员及其研究专长：

范隆庆(已调离)

马丽莎　1959(中国竹类，四川木本植物)

谭经正　1956—2012(四川木本植物)

王道模　1964(四川木本植物)

杨　林　1965(中国竹类，四川木本植物)

杨明今　1920—2003(四川胡桃科和省沽油科)

编著的有关书刊：《中国植物志》[第9(1)卷]；《四川植物志》(第12卷)；《四川竹类植物志》；《中国竹类图志》；《云南植物志》(第9卷)；《中国观赏竹类图志》；《中国竹亚科属、种检索表》。

【修订：杨林　2015/6/17】

280 都江堰(WCSBG)：华西亚高山植物园标本室*

DUJIANGYAN (WCSBG): Herbarium, West China Subalpine Botanical Garden

地　　址：611803　四川省都江堰市玉堂镇白马村

Address: Baima Village, Yutang Town, Dujiangyan, Sichuan 611803

网　　址：http://eco.ibcas.ac.cn/huaxi/default_gb.asp

联 系 人：邵慧敏

电　　话：18180759320

邮　　箱：806139896@qq.com

隶属关系：中国科学院植物研究所和都江堰市政府

建室(馆)年份：1988

标 本 数 量：20,000

数字化标本：20,000

主要采集人(队)：陈明洪，李振宇，傅德志，庄平，赵志龙，高举林，张超，冯正波。

标本室(馆)简介：主要为华西雨屏带各类群植物，杜鹃花属植物较丰富。

历 史 沿 革：华西野生植物保护实验中心—现名。

交 换 标 本：可供——川西高等植物、苔藓植物标本。需求——川西临近地区标本。

主任(馆长)：郑元润　1968

管理负责人：邵慧敏　1979

职员及其研究专长：耿玉英(杜鹃花科)

编著的有关书刊：《中国都江堰市植物名录》(1991)。

【供稿：邵慧敏　2016/2/22】

*首次收载。

281 峨眉山(EMA)：四川省食品药品学校植物标本室

EMEI (EMA): Herbarium, Sichuan Food and Drug School

地　　址：614201　四川省峨眉山市名山路南段216号

Address: No. 216, South Section, Mingshan Road, Emei, Sichuan 614201

网　　址：http://www.emtcm.com/

联系人：祝世杰

电　　话：0833/5590813；13890608933

邮　　箱：shijiezhu@163.com

隶属关系：四川省食品药品管理局

建室(馆)年份：1968

标本数量：60,000　　　　　　　　　　模式标本：150份

主要采集人(队)：邬家林，杨祯禄，张士良，祝正根，祝世杰，秦胜红，李志浩，李应军，李宏斌，杨秋容。

标本室(馆)简介：主要是峨眉山地区标本。有邬家林、祝正根、杨祯禄、祝世杰等百合科、姜科、马兜铃科和紫金牛科新种模式约150份。

历 史 沿 革：四川省中药学校(1958)——四川省医药学校——现名(2005)。

交 换 标 本：可供——峨眉山植物标本。

主任(馆长)：祝正根 1944(峨眉山药用植物，四川紫金牛科及姜科)

管理负责人：祝世杰 1971(峨眉山药用植物)shijiezhu@163.com

职员及其研究专长：

李宏斌 1969(峨眉山药用植物)
李应军 1975(峨眉山药用植物)
李志浩 1975(峨眉山药用植物)
秦胜红 1966(峨眉山药用植物)
邬家林(已调离)
杨秋容 1975(峨眉山药用植物)
杨祯禄 1941(四川马兜铃科)
张士良 1931(峨眉山药用植物)

编著的有关书刊：《四川植物志》(第7，第10卷)；《峨眉山植物》；《川药校刊》等。

【修订：祝世杰 2015/8/7】

282 红原(HON)：四川省草原科学研究院标本馆

HONGYUAN (HON): Herbarium, Sichuan Grassland Research Institute

地　　址：624400　四川省红原县邛溪镇阳嘎中街9号

Address: No. 9, Gazhong Street, Qiongxi Town, Hongyuan County, Sichuan 624400

网　　址：http://www.scgrassland.cn

联 系 人：张昌兵

电　　话：0837/2662490；13608086056

邮　　箱：c.b.zhang@126.com

隶属关系：四川省农业厅　　建室(馆)年份：1979

标本数量：50,000　　数字化标本：20,000

主要采集人(队)：陈琳，倪炳炽，汤宗孝，刘洪先，谢传儒，邵泗滨，秦代刚等。

标本室(馆)简介：主要收藏川西北高寒牧区及半农半牧区牧草及药用植物资源。以1981-1985年“川西北草原资源考察”和“横断山区综合科学考察”时期采集的标本为主，其中尤以禾本科和豆科植物的标本馆藏较丰富。

历史沿革：中国科学院成都分院生物研究所川西北草原工作站(1964)—四川省草原研究所标本室(1979)—现名(2005)。

交换标本：可供——川西高原的草本植物标本。需求——中国西部高原地区的牧草、药用资源植物标本。

主任(馆长)：张昌兵 1975(禾本科)c.b.zhang@126.com

职员及其研究专长：

邓秀发 1973(标本采集)

李才旺 1946(植物资源)

张建琛 1954—1999(植物分类)

赵文吉 1986(药用植物资源)

【修订：张昌兵 2017/3/7】

283 马尔康(ABDC)：阿坝药品检验所植物标本室*

地　址：624000　四川省马尔康县马尔康镇美谷街10号
*未取得联系。

284 绵阳(MYDC)：四川省绵阳市药品检验所植物标本室*

地　址：621000　四川省绵阳市安昌路44号
*未取得联系。

285 南充(SITC)：西华师范大学生命科学学院植物标本室

NANCHONG (SITC) : Herbarium, College of Life Science, Chinese West Normal University
地　址：637009　四川省南充市师大路1号
Address: No. 1, Shida Road, Nanchong, Sichuan 637009
网　址：http://life.cwnu.edu.cn/　联系人：甘小洪
电　话：0817/2568352　邮　箱：bhgan@163.com
隶属关系：四川省教育厅　建室(馆)年份：1956
标本数量：41,000
主要采集人(队)：何兴金，秦自生，沙世贵，孙成仁，旺敏学，谢德慈，虞策荪，景望春，甘小洪，马永红，张雪梅。
标本室(馆)简介：四川各地标本，尤其南部自然保护区标本较丰富，还有少量甘肃、陕西、云南、贵州、西藏、浙江、安徽、上海和福建等地的标本。
历史沿革：南充师范专科学校—南充师范学院—四川师范学院—现名。
主任(馆长)：甘小洪(植物资源保护与利用)
职员及其研究专长：
景望春　1968(植物分类)
马永红　1977(植物分类与生态)
沙世贵　1932(植物分类)
孙成仁　1944—2010(植物分类)
谢德慈　1932(植物分类)
张雪梅　1982(植物分类)
编著的有关书刊：《卧龙植被及资源植物》《唐家河自然保护区综合科学考察报告》。
备注：另有浸制标本200余份。
【修订：甘小洪　2015/6/15】

286 汶川(WL)：卧龙自然保护区植物标本室*

地　址：623006　四川汶川县
*未取得联系。

287 西昌(LSDC)：四川省凉山州药品检验所标本室*

地　址：615000　四川省西昌市长安中街69号
*未取得联系。

288 雅安(SAU)：四川农业大学生命科学学院植物标本室

YAAN (SAU): Herbarium, College of Life Science, Sichuan Agricultural University
地　址：625014　四川省雅安市新康路46号
Address: No. 46, Xinkang Road, Yaan, Sichuan 625014
网　址：http://smkx.sicau.edu.cn/
联系人：刘静
电　话：0835/2886124；13981614501
邮　箱：liuj000@sicau.edu.cn；674037974@qq.com
隶属关系：四川省教育厅　　建室(馆)年份：1956
标本数量：15,000　　模式标本：10份5种
主要采集人(队)：丁春邦，胡超，杨瑞武，袁明，刘静，周莉君。
标本室(馆)简介：四川西部及青藏高原东部植物，以禾本科标本较多。

历 史 沿 革：四川农学院—四川农业大学（基础部植物标本室）—现名。
交 换 标 本：可供——四川西部青藏高原东部标本。
主任（馆长）：刘静 1978（植物系统学，植物资源学）
职员及其研究专长：

丁春邦 1966（植物资源学）
胡 超 1963（禾本科，植物系统学）
李安民 1921（植物解剖学）
刘 静 1978（植物系统学）
杨光辉 1930—2013（禾本科）
杨俊良 1930（禾本科）
杨瑞武 1969（禾本科，植物系统学）13981616212；yrwu@sicau.edu.cn
袁 明 1975（植物资源学）
周绍莉 1938（植物学解剖学）

编著的有关书刊：《四川植物志》[第5（2）卷]。
【修订：杨瑞武 2016/2/2】

289 西昌（XIAS）：西昌农业专科学校植物标本室*

地 址：615013 四川省西昌市
*未取得联系。

290 宜宾（YBDC）：四川宜宾地区药品检验所标本室*

地 址：644000 四川省宜宾市国湾村48号
*未取得联系。

291 嘉义(CHIA)：嘉义大学森林系标本室*

地　址：台湾省嘉义县
*未更新。

292 屏东(PPI)：屏东商业技术学院森林资源技术系植物标本室*

地　址：台湾省屏东县内埔乡
*未更新。

293 台北(HAST)：“中央研究院”植物研究所标本馆*

地　址：台湾省台北市南港区研究院路二段128号
*未更新。

294 台北(NTUF)：台湾大学森林学系腊叶标本馆*

地　址：台湾省台北市罗斯福路四段1号
*未更新。

295 台北(TAI)：台湾大学植物学系标本馆*

地　址：台湾省台北市罗斯路四段1号
*未更新。

296 台北(TAIF)：台湾省林业试验所植物标本馆*

地　址：台湾省台北市南海路53号
*未更新。

297 台北(TNU)：台湾师范大学生物系植物标本室*

地　址：台湾省台北市汀州路四段88号
*未更新。

298 台南(NCKU)：成功大学生物系标本室*

地　址：台湾省台南市大学路1号
*未更新。

299 台中(TCB)：中兴大学植物系标本室*

地　址：台湾省台中市国光路
*未更新。

300 台中(TCF)：中兴大学森林系标本室*

地　址：台湾省台中市国光路
*未更新。

301 台中(TNM)：台湾自然科学博物馆植物标本室*

地　址：台湾省台中市馆前路1号
*未更新。

302 台中(TUNG)：东海大学生物学系植物标本馆*

地　址：台湾省台中市台中港路三段181号
*未更新。

303 天津(NKU)：南开大学生命科学学院植物标本室

TIANJIN (NKU): Herbarium, College of Life Science, Nankai University
地　址：300071　天津市卫津路94号
Address: No. 94, Weijin Road, Tianjin 300071
网　址：http://sky.nankai.edu.cn/
联系人：石福臣
电　话：022/23502477
邮　箱：fcshi@nankai.edu.cn
隶属关系：教育部
建室(馆)年份：1930
标本数量：30,000
主要采集人(队)：李永彪，刘君哲。

标本室(馆)简介：主要是天津和河北(北戴河)的标本，包括各类植物。

历 史 沿 革：北平中法大学陆漠克学院植物标本室、北平研究院植物研究所和北平静生生物调查所标本室标本有部分于1950年转入我室。

交 换 标 本：可供——天津被子植物标本，早年采集的苔藓植物标本。需求——中国各省区的番杏科、胡桃科植物标本。

主任(馆长)：石福臣 1966(植物资源，植物生态)

管理负责人：

陈　磊 1981(植物生态)

刘君哲 1938—1998(中国车前科)

唐廷贵(已调离)

编著的有关书刊：《天津植物志》。

【修订：石福臣 2017/2/28】

304 天津(TIE)：天津自然博物馆植物标本室

TIANJIN (TIE): Herbarium, Tianjin Natural History Museum

地　　址：300201　天津市河西区友谊路31号

Address: No. 31, Youyi Road, Hexi District, Tianjin 300201

网　　址：http://www.tjnhm.com

联系人：李勇

电　　话：022/83881975

邮　　箱：liyong21st@126.com

隶属关系：天津市文化广播影视局

建室(馆)年份：1914

标本数量：100,000

数 字 化 标 本：70,000

模式标本：48份

主要采集人(队)：陈瑞雪，段澄云，黎桑，刘家宜，塞尔，史密斯，王彩玲，严英。

标本室(馆)简介：法国神甫、动物学博士黎桑(Emile Licent，1876—1952，中文名桑志华)1914–1938年在黄河流域以北地区采集的腊叶标本及木材标本，还有天津和河北、四川等地标本及法国等外国苔类标本。

历史沿革：北疆博物院(1914)—天津市自然博物馆(1957)—现名(1974)。

交换标本：可供——天津及河北地区植物标本。需求——全国各地标本，特别是珍稀植物标本。

管理负责人：李　勇 1977(种子植物分类及生物多样性)
职员及其研究专长：
　　陈瑞雪 1933—2013(中国北方合瓣花类)
　　段澄云 1937(中国北方大戟科，锦葵科，裸子植物)
　　高　凯 1971(种子植物)
　　韩　芳 1954(中国北方真菌)
　　胡希优 1978(菌类植物)
　　李三青 1985(种子植物)
　　刘家宜 1928—2008(中国香蒲科，水生维管植物)
　　茹　欣 1968(苔藓植物)
　　王彩玲 1937—1999(中央种子目)
　　王雪明 1946(中国西南被子植物)
　　严　英 1935(中国北方苔藓，经济海藻)
　　于永莉 1955(中国北方合瓣花类)
　　张晓晓 1985(种子植物)
　　郑土川 1936—2004 (中国北方竹类，茄科，百合科)
编著的有关书刊：《天津自然博物馆文集》；《天津植物志》；《天津水生维管植物》；《天津八仙山自然保护区生物多样性考察》。
【修订：李勇 2015/6/21】

305 天津(TIPR)：国家医药管理局天津药物研究院标本室*

地　址：300193　天津市南开区鞍山西道308号
*未取得联系。

306 天津(TJDC)：天津市药品检验所中药室药用植物标本室*

地　址：300070　天津市和平区贵州路98号
*未取得联系。

307 天津(TJMP)：天津医药科学研究所药用植物标本室*

地　址：300070　天津市和平区贵州路96号
*未取得联系。

308 拉萨(AF)：西藏自治区高原生物研究所菌物标本室*

LHASA (AF): Alpine Fungarium, Tibet Plateau Institute of Biology

地　址：850001　西藏拉萨市城关区北京西路19号
Address: No. 19, Beijing West Road, Chengguan District, Lhasa, Xizang 850001
联系人：蒋思萍　　电　话：0891/6837620
邮　箱：tpibjiangsp@126.com　　隶属关系：西藏自治区科学技术厅

建室(馆)年份：2008　　标本数量：9,000
数字化标本：9,000
主要采集人(队)：蒋思萍，陈彬，文雪梅，马超，徐爱国，普布多吉，次旺加布。
标本室(馆)简介：主要收藏青藏高原大型真菌及地衣标本，包括大型真菌(3,120份)、地衣和藏药材植物内生菌等标本；标本信息全部数字化。
主任(馆长)：蒋思萍　1966(大型真菌及其天然产物)
职员及其研究专长：
陈　彬　1977(藏药材植物内生菌及天然产物)
马　超　1982(大型真菌及其农业药物)
普布多吉　1987(大型真菌分类)
文雪梅　1982(地衣，苔藓)
徐爱国　1982(大型真菌分类)
编著的有关书刊：《西藏大型经济真菌》。
【供稿：普布多吉　2016/3/21】
*首次收载。

309 拉萨(XZ)：西藏自治区高原生物研究所植物标本室

LHASA (XZ): Herbarium, Tibet Plateau Institute of Biology

地　　址：850001　西藏拉萨市城关区北京西路19号

Address: No. 19, Beijing West Road, Chengguan District, Lhasa, Xizang 850001

联 系 人：文雪梅

电　　话：0891/6827054；0891/6825287；13549082309

邮　　箱：wenxuemei8280@126.com

隶属关系：西藏自治区科学技术厅

建室(馆)年份：1980

标 本 数 量：23,000

主要采集人(队)：倪志诚，次多，扎西次旦，周榜第，黄健，汪正利，格桑，李晖，土艳丽，央金卓嘎，文雪梅，西藏生物所植物资源队/植物组。

标本室(馆)简介：西藏维管植物，还有3,000份地衣标本。

交 换 标 本：可供——西藏维管植物标本。

管理负责人：土艳丽　1972(生物多样性和植物生态)0891/6827054；13989903537；tuyanli@163.com

职员及其研究专长：

格　桑　1958(植物资源)	黄　健　1963(植物生态)
李　晖　1966(植物生态)	李乾振　1946(植物资源)
倪志诚　1936(西藏植物)	汪正利　1965(植物资源)
王立辉　1984(植物生态)	王喜龙　1982(兰科，植物资源)
文雪梅　1982(地衣学)	央金卓嘎　1971(植物生态)
扎西次仁　1964(植物资源)	周榜第　1938(植物资源)

编著的有关书刊：《西藏经济植物》《西藏南迦巴瓦峰地区维管束植物区系》《西藏野花》。

【修订：土艳丽　2017/3/10】

310 拉萨(XZDC)：西藏自治区食品药品检验所植物标本室

LHASA (XZDC): Herbarium, Tibet Institute for Food and Drug Control

地　　址：850000　西藏拉萨市林廓北路24号

Address: No. 24, Linkuo North Road, Lhasa, Xizang 850000

网　　址：http://www.xizangfda.gov.cn/WS01/CL0001/

联 系 人：尼玛潘多

电　　话：0891/22305；0891/6811347

邮　　箱：nmpd123@sina.com

隶属关系：西藏自治区食品药品监督管理局

建室(馆)年份：1973

标 本 数 量：18,000

主要采集人(队)：次旦多吉。

标本室(馆)简介：西藏中药及藏药植物标本。

交 换 标 本：可供——藏药植物标本。需求——内地各省的中药标本。

主任(馆长)：尼玛潘多 1975(藏药植物资源)

职员及其研究专长：

　　巴桑丹增 1963(藏药植物资源)

　　次旦多吉 1985(藏药植物资源)

　　达娃次仁 1950—2010?(西藏植物资源)

　　格桑索朗 1949(藏药植物资源)

　　桑杰曲珍 1947(藏药植物资源)

【修订：尼玛潘多 2013/8/31】

311 林芝(XZE)：西藏高原生态研究所植物标本室*

LINZHI (XZE): Herbarium, Research Institute of Xizang Plateau Ecology

地　　址：860000　西藏自治区林芝市八一镇学院路8号

Address: No. 8, Xueyuan Road, Bayi Town, Linzhi, Xizang 860000

网　　址：http://www.xza.cn/gljg/shengtaisuo/first.asp

联 系 人：罗建

电　　话：0894/5822655；0894/5821898

邮　　箱：luojian-sh@sohu.com

隶属关系：西藏自治区教育厅　　建室(馆)年份：1988

标本数量：23,000　　**模式标本**：15种

主要采集人（队）：郑维列，雅鲁藏布大拐弯队，姚淦，徐阿生，潘刚，罗建，汪书丽。

标本室（馆）简介：以西藏维管植物标本为主，其中藏东南的标本较全。本所隶属于西藏农牧学院。

历史沿革：西藏农牧学院植物标本室（XZCA）—现名。

交换标本：可供——西藏东南部地区维管植物标本。需求——西藏及以外青藏高原周边种子植物标本。

主任（馆长）：郑维列 1963（植物生态）0894/5822452；xzzhengweilie@21cn.com

职员及其研究专长：

罗　建 1973（植物分类）

潘　刚 1968（植物生态）

汪书丽 1983（植物分类）

徐阿生 1967（高等菌物）hsuas@21cn.com

编著的有关书刊：《中国西藏山川植被》《西藏高原森林生态景观》《西藏野生花卉》。

【供稿：罗建 2015/7/8】

*首次收载。

312 阿拉尔(HMUT)：塔里木大学菌物标本馆 *

ARAL (HMUT)： Herbarium Mycologicum Universitatis Tarimensis

地　址：843300　新疆阿拉尔市虹桥南路705号

Address: No.705, Hongqiao South Road, Aral, Xinjiang 843300

网　址：http://www.taru.edu.cn/　　联 系 人：董红强

电　话：0997/4681612　　邮　箱：tdkeylab@sina.cn

隶属关系：新疆生产建设兵团和新疆维吾尔自治区

建室(馆)年份：2009　　标本数量：13,627

模 式 标 本：12 份(种)

主要采集人(队)：徐彪，宋佳歌。

标本室(馆)简介：新疆荒漠植物病原菌物标本、黏菌标本和大型真菌标本。主要采自新疆塔里木盆地、准噶尔盆地、帕米尔高原、昆仑山、天山及阿勒泰山等荒漠地区，还有部分国内外交换标本。

历 史 沿 革：塔里木大学菌物标本馆(HMUT)于2009年开始筹建，以荒漠菌物为特色，主要开展荒漠地区菌物标本及可分离培养材料的收集和保藏工作。标本馆隶属生命科学学院，并依托于新疆生产建设兵团“塔里木盆地生物资源保护利用重点实验室”。

交 换 标 本：可供——新疆地区荒漠植物病原真菌、荒漠大型真菌及荒漠黏菌标本。需求——中国各地及世界各国荒漠植物病原真菌、荒漠大型真菌及荒漠黏菌标本。

主任(馆长)：徐彪 1980(荒漠植物白粉菌，锈菌) 13565156253；biaoxu2008@hotmail.com

职员及其研究专长：宋佳歌 1984(黏菌) 15099298891；jiagesong@sina.com

编著的有关书刊：《塔里木大学学报》《新疆荒漠真菌识别手册》。

【供稿：徐彪 2015/7/25】

*首次收载。

313 石河子(SHI)：石河子大学生命科学学院植物标本室

SHIHEZI (SHI): Herbarium, College of Life Sciences, Shihezi University

地　　址： 832003　新疆石河子市北四路
Address: Beisi Road, Shihezi, Xinjiang 832003
网　　址： http://skxy.shzu.edu.cn/main.htm
联 系 人： 徐文斌
电　　话： 0993/2057216；13779214252
邮　　箱： 125524588@qq.com

隶属关系： 新疆生产建设兵团和新疆维吾尔自治区
建室(馆)年份： 1959
标本数量： 60,000
模式标本： 40份8种
主要采集人(队)： 李学禹，阎平，杨淑萍，徐文斌，翟伟，杜珍珠，黄刚。
标本室(馆)简介： 以新疆植物标本为主，帕米尔、昆仑山、北疆与甘草属标本较丰富。
历 史 沿 革： 兵团农学院—奎屯农学院—石河子农学院—现名。
主任(馆长)： 阎平 1962(新疆种子植物) 0993/2057216；13999326533；yanpzhw@sina.com
职员及其研究专长：

杜珍珠 1987(新疆种子植物，菊科等)
郭一敏 1986(新疆种子植物，禾本科等)
黄　刚 1983(新疆种子植物，桦木科等)
李学禹 1932(新疆种子植物，甘草属等)
刘　鸯 1981(新疆种子植物，离瓣花类)
田　琳 1985(新疆种子植物)
徐文斌 1983(新疆种子植物，蔷薇科)
杨淑萍 1976(新疆种子植物)

编著的有关书刊：《新疆植物志》[第2(2)，第3，第6卷]；《昆仑植物志》(第2卷)；《新疆植物志：补编》(第3，第5)；《新疆极端环境植物种质资源的研究》；《甘草属(*Glycyrriza* L.)分类系统与实验生物学研究》。

【修订：阎平 2017/3/14】

314 吐鲁番(TURP)：中国科学院吐鲁番沙漠植物园标本室

TURPAN (TURP) : Herbarium, Turpan Desert Botanical Garden of Chinese Academy of Sciences

地　　址： 838008　新疆吐鲁番市恰特喀勒乡

Address: Qiatekale Town, Turpan, Xinjiang 838008

网　　站： http://www.tebg.org/category_1/index.aspx

联 系 人： 段士民　　**电　　话：** 13579898819

邮　　箱： dsm9@163.com　　**隶属关系：** 中国科学院

建室(馆)年份： 1985　　**标本数量：** 20,000

数 字 化 标 本： 10,000

主要采集人(队)： 刘名庭，买买提·依提，潘伯荣，尹林克，段士民，王喜勇。

标本室(馆)简介： 主要收藏新疆荒漠植物和本园栽培植物标本，还有部分国内和中亚植物标本。本园隶属于中国科学院新疆生态与地理研究所。

主任(馆长)： 管开云　1953(中国马先蒿属，山茶属，薯蓣属，秋海棠属和铁线莲属) 18799152384；guanky@mail.kib.ac.cn

职员及其研究专长：

段士民　1962(新疆荒漠植物)
刘名庭　1933(新疆柽柳科)
潘伯荣　1946(中国沙拐枣属，新疆荒漠珍稀植物)
王喜勇　1978(新疆藜科)
尹林克　1957(新疆荒漠珍稀植物)
张道远　1973(新疆柽柳属，无叶豆属)

编著的有关书刊： 《新疆珍稀濒危特有高等植物》；《中国杜鹃花》(第1–第3册)；《云南高山花卉》；《云南花卉100种》。

备注： 另有900份瓶装种子标本。

【修订：段士民　2015/7/2】

315 乌鲁木齐(XJU-NALH)：新疆大学“中国西北干旱区地衣研究中心”地衣标本室*

URUMQI (XJU-NALH): Lichen Herbarium, Lichens Research Center in Arid Zones of Northwest China, Xinjiang University

地　　址： 830046　新疆乌鲁木齐市胜利路666号

Address: No. 666, Shengli Road, Urumqi, Xinjiang 830046

网　　址： http://sky.xju.edu.cn/index.htm?

联 系 人： 阿不都拉 • 阿巴斯

电　　话： 0991/2856813；13579208499

邮　　箱： zxg_lichen@163.com

隶属关系： 新疆维吾尔自治区人民政府和教育部

建室（馆）年份： 1985

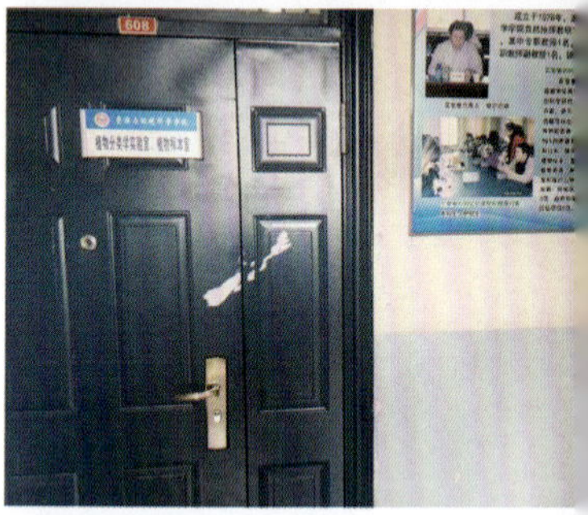

标本数量： 78,900

模式标本： 12份9种

主要采集人(队)： 阿不都拉 • 阿巴斯，其他采集人(具体人名或采集队名称与标本采集签一致)。

标本室(馆)简介： 地衣标本，主要是新疆、内蒙古、青海等西北各省区，以及国内其他省区，还有美国等多个国家地衣标本。共计197属600余种。

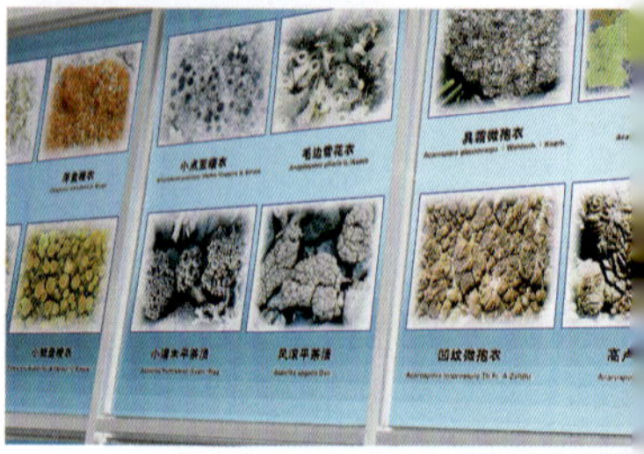

历史沿革： 本中心/标本馆从新疆大学生命科学与技术学院/标本馆(XJU)分出。

交换标本： 可供——全国及部分国外地衣标本。需求——中国各地及世界各国地衣标本。

主任(馆长)： 阿不都拉 • 阿巴斯　1951(地衣系统分类学，微孢衣目研究)

职员及其研究专长：

艾尼瓦尔 • 吐米尔　1970(地衣生态与地理分布，地衣物种多样性分析)

帕子来提 • 拜合提　1969(地衣分子结构，地衣蛋白组及地衣微核结构分析)

热依木 • 马木提　1976(茶渍衣目)arman99@sina.com

吾尔妮莎 • 沙一丁　1978(黄枝衣目)hurnisa_xahidin@126.com

编著的有关书刊： 《新疆地衣》《新疆野生植物》(包含地衣)。

【供稿：阿不都拉 • 阿巴斯　2014/4/15】

*首次收载。

316 乌鲁木齐(XJU)：新疆大学生命科学与技术学院植物标本室

URUMQI (XJU): Herbarium, College of Life Sciences and Technology, Xinjiang University

地　　址：830046　新疆乌鲁木齐市胜利路666号

Address: No. 666, Shengli Road, Urumqi, Xinjiang 830046

网　　址：http://sky.xju.edu.cn/

联 系 人：逯永满

电　　话：0991/8582557；13999212174

邮　　箱：xiaomaner521@163.com

隶属关系：新疆维吾尔自治区人民政府和教育部

建室(馆)年份：1958

标 本 数 量：105,000

数字化标本：60,000

主要采集人(队)：阿不都拉·阿巴斯，邓彦斌，姜彦成，买买提明·苏莱曼，米吉提，皮锡铭，索菲亚，牙尔买买提，赵建成，王虹，逯永满。

标本室(馆)简介：新疆各地植物标本，尤以地衣植物和苔藓植物收藏最多，干旱植物标本亦十分丰富。

历 史 沿 革：新疆学院—新疆大学生物系植物标本室—现名。

管理负责人：逯永满 1981(新疆高等植物，植物生态)

职员及其研究专长：

姜彦成 1965(新疆蔷薇科，植物资源)

买买提明·苏莱曼 1964(新疆苔藓植物)

米吉提 1938—2009(新疆裸子植物)

皮锡铭 1932—1992(新疆石竹科，紫草科)

王　虹 1962(植物解剖)

编著的有关书刊：《新疆植物志》(第4卷)。

【修订：逯永满 2017/4/11】

317 乌鲁木齐(XJUG)：新疆大学资源与环境科学学院植物标本室

URUMQI (XJUG): Herbarium, College of Resource and Environment Sciences, Xinjiang University

地　址：830046　新疆乌鲁木齐市胜利路14号

Address: No. 14, Shengli Road, Urumqi, Xinjiang 830046

网　址：http://zyhj.xju.edu.cn/　　联系人：努尔巴依

电　话：0991/8586589；15899189067　　邮　箱：nurbayev@sina.com

隶属关系：新疆维吾尔自治区人民政府和教育部　　建室(馆)年份：1961

标本数量：60,500

主要采集人(队)：安放舟，海鹰，米吉提，努尔巴依，库尔班。

标本室(馆)简介：新疆植物，主要是各类荒漠和草原(高山草原)草甸植物，还有努尔巴依等在江西庐山、广东罗乳山和海南采集的植物标本及部分日本植物。

交换标本：可供——新疆植物标本。需求——俄罗斯、中亚干旱区荒漠、草原和高山植物标本。

主任(馆长)：努尔巴依　1959(新疆鹿蹄草科，杜鹃花科，龙胆科，紫草科，玄参科，茜草科，木犀科，夹竹桃科)

职员及其研究专长：

安放舟　1960(新疆白花丹科)0991/8582378

库尔班　1960(新疆报春花科)

米吉提　1937(新疆鹿蹄草科，杜鹃花科)

编著的有关书刊：《新疆蜜源植物》《新疆植物地理分布》《新疆高等植物检索表》《阿尔泰山两河源自然保护区科学考察报告》《新疆巴尔鲁克山自然保护区科学考察报告》。

【修订：努尔巴依　2013/8/23】

318 乌鲁木齐(XAG)：新疆畜牧科学院草原研究所植物标本室*

地　址：830001　新疆乌鲁木齐市新华南路23号

*未取得联系。

319 乌鲁木齐(XJA)：新疆农业大学植物标本馆

URUMQI (XJA): Herbarium, Xinjiang Agricultural University

地　址：830052　新疆乌鲁木齐市农大东路311号

Address: No. 311, Nongda East Road, Urumqi, Xinjiang 830052

网　址：http://lib.xjau.edu.cn或http://lib.xjau.edu.cn/bbg

联系人：邱娟　　邮　　箱：xjqiujuan@163.com
电　　话：0991/8763609转211　　隶属关系：新疆维吾尔自治区教育厅
建室(馆)年份：1953　　标本数量：78,000
数字化标本：76,000
主要采集人(队)：安争夕，崔乃然，买买提江，王兵，杨昌友，邱娟。
标本室(馆)简介：以收藏荒漠旱生植物和早春短命植物为特色。有新疆生产建设兵团各团场早期勘查时的全部标本和新疆草地普查的全部标本；十字花科、杨柳科、菊科、豆科(黄耆属和棘豆属等)、藜科和禾本科等科标本较为丰富。
历史沿革：新疆八一农学院—现名。本标本馆属于草业与环境科学学院，包括植物教研室和树木教研室标本。
主任(馆长)：布娲鹣·阿布都拉
职员及其研究专长：

安争夕 1928(新疆植物分类，尤其是十字花科，菊科)
樊建华 1956(新疆罂粟科，蒺藜科)
买买提江·吐尔逊 1958(新疆蔷薇科，杨柳科)
邱　娟 1981(新疆早春植物分类)xjqiujuan@163.com
谭敦炎 1963(新疆植物分类)tandunyan@163.com
王　兵 1957(新疆植物分类)xndwb@163.com
杨昌友 1928(新疆植物分类，尤其是杨柳科，唇形科，豆科和紫草科)
周桂玲 1956(新疆植物分类)xjzhougl@163.com

编著的有关书刊：《新疆植物检索表》《新疆植物志》《新疆树木志》《新疆植物志简本》。
【修订：邱娟 2015/6/18】

320 乌鲁木齐(XJBI)：中国科学院新疆生态与地理研究所植物标本馆

URUMQI (XJBI): Herbarium, Xinjiang Institute of Ecology and Geography, Chinese Academy of Sciences

地　　址： 830011　新疆乌鲁木齐市北京南路818号

Address: No. 818, Beijing South Road, Urumqi, Xinjiang 830011

网　　址： http://www.egi.cas.cn/jgsz/zcbm/bbg/

联 系 人： 冯缨　　**电　　话：** 0991/7885482

邮　　箱： luckfy@ms.xjb.ac.cn　　**隶属关系：** 中国科学院

建室(馆)年份： 1958　　**标本数量：** 100,000

数字化标本： 65,000　　**模式标本：** 100份80种

主要采集人(队)： 克里木，冷巧珍，刘国钧，毛祖美，沈观冕，刘銘庭，新疆综合考察队。

标本馆简介： 以收藏新疆标本为特色，还有部分西藏和阿尔金山等地植物标本。

历 史 沿 革： 中国科学院新疆水土生物资源综合研究所—中国科学院新疆生物土壤沙漠研究所—现名。

交 换 标 本： 可供——中国干旱区植物标本。需求——世界各干旱区植物标本。

管理负责人： 冯缨　1963(新疆藜科，柽柳科，蔷薇科)

职员及其研究专长：

冷巧珍　1932(新疆豆科)
刘国钧　1936—2009(新疆唇形科，百合科)
刘建国(已调离)
刘銘庭　1935(新疆柽柳科，荒漠植物引种驯化)
毛祖美　1933(新疆藜科，蒺藜科，豆科)
沈观冕　1935—2017(新疆伞形科，蓼科，菊科)
闻志彬　1982(荒漠植物谱系地理) zhibinwen158@gmail.com
尹林克　1957(资源植物迁地保护)

编著的有关书刊： 《新疆植物志》(第1–第6卷)；《新疆药用植物志》(第1–第3卷)；《新疆经济植物及其利用》。

【修订：冯缨　2015/7/2】

321 乌鲁木齐(XJDC)：新疆药品检验所中药标本室*

地　　址：830002　新疆乌鲁木齐市新华南路9号

*未取得联系。

322 乌鲁木齐(XJFA)：新疆林业科学院标本馆

URUMQI (XJFA): Herbarium, Xinjiang Academy of Forestry Sciences

地　　址：830002　新疆乌鲁木齐市安居南路191号

Address: No. 191, Anju South Road, Urumqi, Xinjiang 830002

网　　址：http://www.xjlky.cn/　联 系 人：巴哈尔古丽

电　　话：0991/4644959　邮　　箱：243909379@qq.com

隶属关系：新疆维吾尔自治区林业厅

建室(馆)年份：1960　标本数量：30,000

数字化标本：6,000

主要采集人(队)：侯文虎，侯月欣，马正平，巴哈尔古丽，汪志军。

标本室(馆)简介：新疆植物，木本植物标本较丰富。

历史沿革：新疆农业科学院—现名。

交换标本：可供——新疆木本植物。需求——哈萨克斯坦等中亚五国的木本植物标本。

管理负责人：巴哈尔古丽 1970(新疆木本植物) 243909379@qq.com

职员及其研究专长：

侯文虎 1937—1988(新疆木本植物)

侯月欣 1940(新疆木本植物)

刘丽燕 1978(新疆木本植物)

汪志军 1965(新疆木本植物)0991/4656398；1585356833@qq.com

编著的有关书刊：《新疆植物志》(第1–第4卷)；《梭梭与肉苁蓉生态学研究》；《中国湿地资源新疆卷》。
备注：另有500份瓶装种子标本。
【修订：巴哈尔古丽 2017/3/22】

323 乌鲁木齐(XJNU)：新疆师范大学生物系植物标本室*

地　址：830053　新疆乌鲁木齐市昆仑路30号
*未取得联系。

324 乌鲁木齐(XM)：新疆医科大学中药民族药标本馆

URUMQI (XM): Herbarium, Institute of TCM, Xinjiang Medical University
地　址：830054　新疆乌鲁木齐市新医路8号
Address: No. 8, Xinyi Road, Urumqi, Xinjiang 830054
网　址：http://www.xjmu.edu.cn/index.htm　联系人：徐海燕
电　话：0991/4365195　邮　箱：tianshuge@hotmail.com
隶属关系：新疆维吾尔自治区人民政府　建室(馆)年份：1961
标本数量：7,000
主要采集人(队)：田树革，李永和，徐海燕，马晓强，马兴华，邢建国。
标本室(馆)简介：新疆药用植物。
历史沿革：新疆医学院与新疆中医学院于1998年合并，原新疆医学院药用标本室更名为新疆医科大学中药民族药标本馆。本馆属于中医学院。
交换标本：可供——新疆药用植物标本。需求——内地药用植物标本和国外药用植物标本。
主任(馆长)：田树革 1968(新疆药用植物) 0991/4366434；tianshuge@hotmail.com
职员及其研究专长：
　李永和 1955(新疆药用植物)
　徐海燕 1980(新疆药用植物)
【修订：田树革 2013/8/26】

325 乌鲁木齐(XTNM)：新疆中药民族药研究所植物标本室

URUMQI (XTNM): Herbarium, Xinjiang Institute of Traditional Chinese and Minorities Medicine
地　址：830002　新疆乌鲁木齐市新民路9号
Address: No. 9, Xinmin Road, Urumqi, Xinjiang 830002
网　址：http://www.xjzmyyjs.com/　联系人：王果平

电　话：0991/8866532
邮　箱：ping112_003@163.com
隶属关系：新疆维吾尔自治区卫生厅
建室(馆)年份：1987
标本数量：60,000
数字化标本：60,000
主要采集人(队)：和田队，伊犁队，阿勒泰队，塔城队，博州队，昌吉队，哈密队，巴州队，李晓瑾，王果平，朱军，樊丛照等。
标本室(馆)简介：新疆药用植物。
历史沿革：主要是新疆全区中药普查所采，包括15个地、州、市(85个县)的标本。
交换标本：可供——新疆药用植物标本。需求——新疆及周边国家药用植物标本。
主任(馆长)：李晓瑾　1962(新疆药用植物)0991/2665614；xjlxj@126.com
职员及其研究专长：

樊丛照　1984(新疆药用植物)121653807@qq.com
王果平　1979(新疆药用植物)ping112_003@163.com
朱　军　1982(新疆药用植物)88285362468@qq.com

编著的有关书刊：《新疆药用植物名录》。
【修订：王果平　2017/3/15】

326 景洪(IMDY)：中国医学科学院药用植物研究所云南分所标本馆

JINGHONG (IMDY): Herbarium, Yunnan Branch, Institute of Medicinal Plant, Chinese Academy of Medical Sciences

地　址：666100　云南省景洪市宣慰大道138号
Address: No. 138, Xuanwei Avenue, Jinghong, Yunnan 666100
网　址：http://www.yn-implad.ac.cn/news/　　联系人：李海涛
电　话：0691/2122161；15894318030　　邮　箱：lhtxyl@126.com
隶属关系：中国医学科学院　　建室(馆)年份：1959
标本数量：26,000　　数字化标本：26,000
主要采集人(队)：历次中药资源普查队，郭绍荣，段华，马绍斌，马治安，李学兰，里二，段立胜，张丽霞，彭朝忠，李海涛，王云强，李荣英，唐德英，管燕红。
标本室(馆)简介：以西双版纳及其近邻地区热区药用植物为主，其中傣族、哈尼族、佤族等当地民间药用植物标本较丰富。
历史沿革：中国医学科学院药物研究所云南药用植物实验站—现名。
主任(馆长)：李海涛 1974(云南药用植物)
职员及其研究专长：
王云强 1974(云南兰科植物) 13988168338
张忠廉(龙血树资源)
编著的有关书刊：《西双版纳药用植物名录》《中国佤族医药》《西双版纳哈尼族医药》《基诺族医药》《云南省重要中药图鉴》《西双版纳有毒植物图鉴》。
【修订：李海涛 2017/3/10】

327 昆明(KEF)：中华全国供销合作总社昆明食用菌研究所食用菌标本馆

KUNMING(KEF): Fungi Herbarium, Kunming Edible Fungi Institute, All China Federation of Supply and Marketing Cooperatives

地　　址：650221　云南省昆明市五华区政教路14号

Address: No. 14, Zhengjiao Road, Wuhua District, Kunming, Yunnan 650221

网　　址：http://www.chinafungi.cn/　　**联系人**：郭相

电　　话：0871/65189612　　**邮　　箱**：guoxkm@yeah.net

隶属关系：中华全国供销合作总社　　**建室(馆)年份**：1982

标本数量：20,355

主要采集人(队)：桂明英，刘正南，刘蓓，郭相，吴素蕊，桑兰，马明，冯云利，汤昕明，等。

标本室(馆)简介：以收藏云南野生食用菌标本为主，并有新疆、内蒙古、黑龙江、北京、山西、陕西、浙江、福建、海南等地食用菌资源。截至2017年6月，馆藏标本数量为20,355份，共6纲19目82科244属934种，主要的代表科有牛肝菌科、红菇科、口蘑科、丝膜菌科、羊肚菌科、枝瑚菌科、多孔菌科等。

历史沿革：商业部昆明食用菌研究所菌类标本室—现名。

交换标本：可供——云南省野生食用菌标本。需求——欧，美，日，中国东部和北部的各类食用菌标本。

主任(馆长)：吴素蕊　0871/65188102；wusurui@163.com

管理负责人：郭相　1980(大型真菌生态学与系统分类学研究)

职员及其研究专长：

冯云利　1986(大型真菌系统分类学研究)

桂明英　1965(食用菌资源保育与高效利用)

刘　蓓　1963(食用菌资源保护培育)

马　明　1983(资源的收集与保藏)

桑　兰　1964(资源的收集与保藏)

汤昕明　1987(大型真菌系统分类学研究)

吴素蕊　1978(食用菌资源利用与保护)

【修订：郭相　2017/6/19】

328 昆明(KUN)：中国科学院昆明植物研究所标本馆

KUNMING(KUN): Herbarium, Kunming Institute of Botany, Chinese Academy of Sciences

地　　址：650201　云南省昆明市黑龙潭蓝黑路132号

Address: No. 132, Lanhei Road, Heilongtan, Kunming, Yunnan 650201

网　　址：http://www.kun.ac.cn　　**联系人**：刘恩德

邮　　箱：liuende@mail.kib.ac.cn　　**电　　话**：0871/65223299

隶属关系：中国科学院　**建室(馆)年份**：1938
标本数量：1,450,000　**数字化标本**：878,722
模式标本：12,000份
主要采集人(队)：蔡希陶，独龙江考察队，冯国楣，横断山考察队，黄河考察队，李鸣岗，毛品一，墨脱队(ETM、孙航、周浙昆等)，南水北调队，彭华，秦仁昌，青藏队，邱炳云，王启无，武全安，武素功，吴征镒，西南联大队，俞德浚，玉溪队，中苏云南考察团，王立松(地衣)，臧穆，杨祝良，刘培贵(真菌)，黎兴江(苔藓)。
标本室(馆)简介：主要收藏云南、贵州、四川及西藏的种子植物、蕨类、真菌、地衣和苔藓标本，亦收藏来自全国其他省区的标本。此外，还有少量东南亚、美洲、欧洲、非洲等国外标本。真菌标本约11万份、地衣5万余份、苔藓约11万份、蕨类约5万份、种子植物约113万份。
历史沿革：云南农林植物研究所标本室(1938)——中国科学院植物分类研究所昆明工作站标本室(1950)——中国科学院植物研究所昆明工作站标本室(1953)——中国科学院昆明植物研究所标本室(1959)——现名(2002)。另外，本馆隐花植物部分曾用HKAS(隐花植物标本室)这一代码。
交换标本：可供交换——中国西南，特别是云南及横断山地区的植物标本。需求——世界各地区植物标本。
馆　　长：杨祝良 1963(蘑菇目和牛肝菌目)0871/65223507；fungi@mail.kib.ac.cn
管理负责人：

高等植物——刘恩德 1975(标本馆主管；云南植物区系)

菌物——王欣宇 1984(地衣)0871/65223513；wangxinyu@mail.kib.ac.cn

职员及其研究专长：

蔡　箐 1986(鹅膏科)caiqing@mail.kib.ac.cn

陈建国 1983(石竹科无心菜属，高山植物生态)

陈文红 1975(兰科，苦苣苔科)

陈宗莲 1937(葫芦科)

冯　邦 1983(牛肝菌属)fengbang@mail.kib.ac.cn

高连明 1972(杜鹃花科杜鹃花亚科，红豆杉科，三尖杉科)
葛再伟 1975(蘑菇目)zwge@mail.kib.ac.cn
纪运恒 1972(延龄草科，水车前属)
雷立公 1964(虎耳草科，冬青科)
李　嵘 1975(五加科，兰科，云南植物区系)
李德铢 1963(竹亚科，葫芦科，植物系统发育与进化，分子生物地理学)
李艳春 1980(牛肝菌目)liyanch@mail.kib.ac.cn
刘　杰 1982(红豆杉属，高黎贡山植物区系)
刘培贵 1953(大型子囊菌和担子菌)pgliu@mail.kib.ac.cn
刘振稳 1980(杜鹃花科水晶兰亚科)
卢金梅 1977(蕨类——鳞毛蕨科，凤尾蕨科)
马文章 1981(苔藓，标本管理)
牛　洋 1984(桔梗科蓝钟花属，高山植物生态)
彭　华 1959(禾本科，植物区系)
师红斌 1960(计算机数据库，标本管理)(已调离)
税玉民 1966(凤仙花科，秋海棠科，苦苣苔科，石灰岩地区植物区系)
宋　波 1982(高山植物区系及生态)
孙　航 1963(豆科，高山植物区系)
王　红 1964(马先蒿属，传粉生物学)
王静华 1962(标本管理)
王　凌 1976(植物科学画)
王向华 1972(红菇目)xhwang@mail.kib.ac.cn
王欣宇 1984(地衣)wangxinyu@mail.kib.ac.cn
吴　刚 1987(牛肝菌科)wugang@mail.kib.ac.cn
向春雷 1984(唇形科)
杨世雄 1963(山茶科)
杨　扬 1979(高山植物区系及生态)

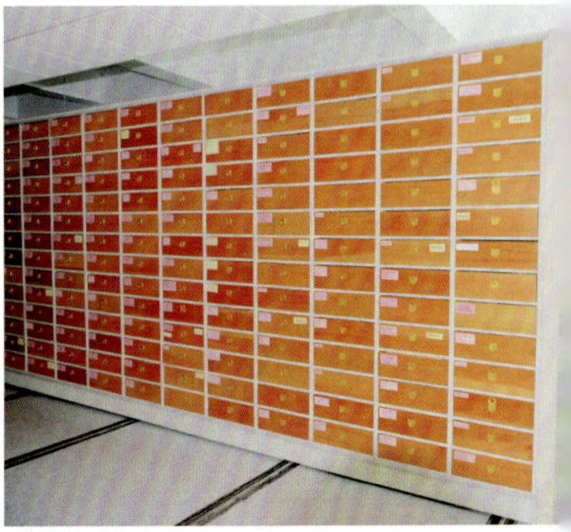

杨永平 1965（百合科，细胞分类及细胞地理）
伊廷双 1973（蔷薇科，大麻科，鼠李科，金缕梅科）
张建文 1980（菊科）
张书东 1979（蔷薇科，鼠李科，云南植物区系）
张　燕 1960（标本管理）
周浙昆 1956（壳斗科，古植物，中国植物区系）

白佩瑜 1938（木犀科，樟科，岩梅科，鹿蹄草科，龙胆科）
成　晓（已调离）
丁托娅（已调离）
方瑞征 1932（旋花科，杜鹃花科，滇黔桂石灰岩区系）
黄咏琴（1957–1973年在KUN工作，主要从事唇形科研究）
黎兴江 1932（苔藓植物）
李　恒 1929（单子叶植物，滇西北植物区系）
李锡畴 1940（植物科学画）
李锡文 1931（唇形科，樟科，忍冬科，苦苣苔科，金丝桃科，云南植物区系）
毛品一 1925—?（云南植物区系）（调至西南林业大学）
闵天禄 1937（漆树科，毛茛科，杜鹃花科特别是杜鹃花亚科，茶科）
裴盛基 1938（棕榈科，民族植物学）
苏志云 1936（紫堇科科）
韦仲新 1941（孢粉）
肖国平（已调离）
肖　溶 1940（植物科学画）
尹文清 1927（紫葳科，海桐花科，大戟科，标本管理）
苑淑秀 1936（中国西南模式标本收集）
曾淑英 1936（苔藓植物）
曾孝濂 1938（植物科学画）
赵世望（已调离）
周　铉 1926（唇形科）
庄　璇 1938（罂粟科，鼠刺科，紫堇科，石竹科）

包世英 1935—2013（小檗科，标本管理）
陈　介 1928—2011（肉豆蔻科，野牡丹科，豆科）
陈三阳（棕榈科）

陈书坤 1936—2018(冬青科，远志科，葫芦科，旌节花科)
费　勇 1960—2001(毛茛科，中国西南植物区系)
冯国楣 1917—2007(杜鹃花属，锦葵目)
顾志建 1950—2010(植物细胞学)
黄蜀琼 1921—2000(茄科，瑞香科，唇形科)
李延辉 1930—2016(肉豆蔻科，热带植物区系)
唐　耀 1905—2011(木材解剖)
陶德定 1937—2013(紫葳科，芸香科，川苔草科水石衣属，标本管理)
武素功 1935—2013(蕨类植物，中国植物区系)
吴锡麟 1955—2009(植物科学画)
吴征镒 1916—2013(植物分类，植物区系，植物地理，唇形科，荷包牡丹科，秋海棠科，桑科，石竹科)
徐廷志 1941—2001(省沽油科，槭树科，杜鹃花科)
宣淑洁 1932—1972(唇形科)
臧　穆 1930—2011(大型子囊菌和担子菌)

编著的有关书刊：*Plant Diversity*(原《云南植物研究、植物分类与资源学报》)；《云南植物志》(第1–第21卷)；《西藏植物志》(第1–第5卷)；《中国植物志》[第1，第13(1)，第13(2)，第31，第49(2)，第50(1)，第50(2)，第53(1)，第57(3)，第58，第64(1)，第65(2)，第66卷]；《中国真菌志》(第22，第27，第44卷)。

【修订：刘恩德，杨祝良 2017/6/15】

329 昆明(KUNE)：中国科学院昆明生态研究所植物标本室*

地　址：云南省昆明市教场东路25号

*转移到中国科学院西双版纳热带植物园标本馆(HITBC)。

330 昆明(PYU)：云南大学生态学与地植物学研究所蕨类植物标本室*

地　址：650091　云南省昆明市翠湖北路52号

*转移到云南大学植物标本馆(YUKU)。

331 昆明(YUKU)：云南大学植物标本馆

KUNMING (YUKU): Herbarium, Yunnan University

地　址：650091　云南省昆明市翠湖北路2号

Address: No. 2, Cuihu North Road, Kunming, Yunnan 650091

网　址：http://www.ynusky.ynu.edu.cn/index.htm

联 系 人：和兆荣 zhrhe@ynu.edu.cn；zhrhe@qq.com
王焕冲 hchwang@ynu.edu.cn
电　　话：0871/65034112　　传　真：0871/65033724
隶属关系：教育部　　建室(馆)年份：1937
标本数量：220,000　　数字化标本：160,000
模式标本：5,000余份
主要采集人(队)：孙必兴，朱维明，胡志浩，黄素华，王跃华，徐文宣，王焕冲。
标本室(馆)简介：主要收藏云南省维管植物，其中系统、完整地收藏有大量蕨类和禾本科(禾亚科)标本。
历史沿革：由云南大学生物系植物标本室(YUKU，始建于1937年)和云南大学生态学与地植物学研究所标本室(PYU，始建于1964年)于1999年合并而成。代码仍然采用YUKU。
交换标本：可供——云南蕨类、种子植物标本。需求——周边地区及国家蕨类、种子植物标本。
主任(馆长)：和兆荣 1970(蕨类植物，植物资源) zhrhe@ynu.edu.cn
名誉馆长：朱维明 1930(蕨类植物)
管理负责人：王焕冲(种子植物) hchwang@ynu.edu.cn
职员及其研究专长：
和积鉴 1933(蕨类植物)
胡志浩 1937(禾亚科，植物资源)
黄素华 1938(旋花科，秋海棠科，豆科)
陆树刚 1957(蕨类植物)
马海英 1971(禾本科)
孙必兴 1921—2002(禾亚科)
王　松 1955(禾本科)
王跃华 1957(禾亚科，山茶科，植物资源)
熊若莉 1928—1985(苔藓植物)
徐文宣 1919—1985(苔藓植物)
张光飞 1966(蕨类植物)
主持编著的专著：《中国植物志》[第3(2)卷]；《云南植物志》(第10，第20卷)。
参与编著的专著：《中国植物志》[第1，第3(1)，第5(1，2)，第6(2)，第10(1，2)，第32，第57(3)，第64(1)卷]；《云南植物志》(第8，第12，第21卷)；《云南树木图志》(第1卷)；*Flora of China*(Vol. 2，Vol. 3)。
【修订：和兆荣 2016/2/1】

332 昆明(SWFC)：西南林业大学林学院植物标本室

KUNMING (SWFC): Herbarium, College of Forestry, Southwest Forestry University

地　　址：650224　云南省昆明市盘龙区白龙寺300号

Address: No. 300, White Dragon Temple, Panlong District, Kunming, Yunnan 650224

网　　址：http://lxy.swfu.edu.cn/index.php?s=/

联 系 人：邓莉兰　　电　　话：0871/63863713

邮　　箱：lilandeng@163.com　隶属关系：国家林业局和云南省政府共建

建室(馆)年份：1939　　标本数量：200,000

数字化标本：100,000　　模式标本：1,000份301种

主要采集人(队)：徐永椿，毛品一，秦仁昌，薛纪如，王从皎，何丕绪，王仁师，郭荫卿，李文政，王红兵，董全忠，李乡旺，刘大昌，诸葛仁，李德铢，章伟平，樊国盛，唐亚，尹五元，杨宇明，辉朝茂，邓莉兰，覃家理，李双智等。

标本室(馆)简介：以云南木本植物标本为主。西南地区的壳斗科、杨柳科、大风子科、榆科、杜英科、椴树科、裸子植物和竹类标本较丰富。收藏有壳斗科和竹亚科等模式标本301种。

历史沿革：云南大学森林系—昆明农林学院—云南林学院—现名。

交换标本：可供——云南被子植物及裸子植物标本。需求——全国各地的木本植物和竹类标本。

主任(馆长)：邓莉兰 1962(木本植物，园林植物)

职员及其研究专长：

董全忠 1944(经济植物)
辉朝茂 1962(竹亚科)
李双智 1980(云南森林植物)574658331@qq.com
李乡旺 1944(山茱萸科)
刘大昌 1951(壳斗科栲属)
刘蔚漪 1982(竹亚科)458574272@qq.com
牟凤娟 1977(芸香科)moufengjuan@126.com
石　明 1980(竹亚科)497445471@qq.com
覃家理 1965(药用植物，珍稀濒危植物)jlqin@swfu.edu.cn
王红兵 1951(植物绘画)
徐永椿 1910—1993(壳斗科，树木学)
薛纪如 1921—1999(竹亚科，森林生态)
杨宇明 1955(竹亚科)(已调离)
尹五元 1957(云南森林植物)Yinwy001@163.com

章伟平（禾本科）

诸葛仁（已调离）

编著的有关书刊：《风景园林树木学》（2010）；《树木学实验实习教程》（2012）；《园林植物识别与应用实习教程》（2009）；《丽江古树》（2014）；《玉溪古树》（2007）；《石林古树》（2006）。

【修订：邓莉兰 2017/10/14】

333 昆明(YAF)：云南省林业科学院植物标本馆

KUNMING（YAF）: Herbarium, Yunnan Academy of Forestry

地　址： 650204　云南省昆明市盘龙区蓝桉路2号

Address: No. 2, Lan'an Road, Panlong District, Kunming, Yunnan 650204

网　址： http://www.ynlky.org.cn/　　**联 系 人：** 郝佳波

电　话： 0871/65216715　　**邮　箱：** haojiabo@qq.com

隶属关系： 云南省林业厅　　**建室（馆）年份：** 1963

标本数量： 41,000　　**模式标本：** 46份17种

主要采集人（队）： 杨永康，杨绍增，王达明等。

标本室（馆）简介： 云南木本植物；松科、壳斗科、樟科和豆科的标本较丰富；还有龙脑香科的一些模式标本。

历 史 沿 革： 原云南省林业厅造林规程编委会20世纪50年代初的部分标本转入我标本室。本馆依托于昆明树木园。

主任（馆长）： 司马永康 1967（木兰科，三尖杉科）simayk@163.com

职员及其研究专长：

白　平 1971（木兰科）kmbaiping@163.com

戴益源 1964（蔷薇科，夹竹桃科，樟科）daiyiyuan@hotmail.com

冯　倩 1975（楝科）tyqkm@126.com

郝佳波 1981（木兰科）haojiabo@qq.com
罗　群 1975（山茶科）luoqun1975@163.com
邵金平 1973（樟科）jpshao1973@163.com
王春兰 1943（杨柳科，桦木科）
张学星 1966（木兰科，槭科）kmzhangxuexing@163.com
赵　敏 1973（松科）

编著的有关书刊：《西部林业科学》《云南主要树种造林技术》《云南经济木材志》。

备注：另有3,500余号木材标本。

【修订：司马永康 2017/4/18】

334 昆明(YCP)：国家林业局云南珍稀濒特森林植物保护和繁育实验室植物标本馆*

KUNMING (YCP): Herbarium, Yunnan Laboratory for Conservation of Rare, Endangered & Endemic Forest Plants of the State Forestry Administration

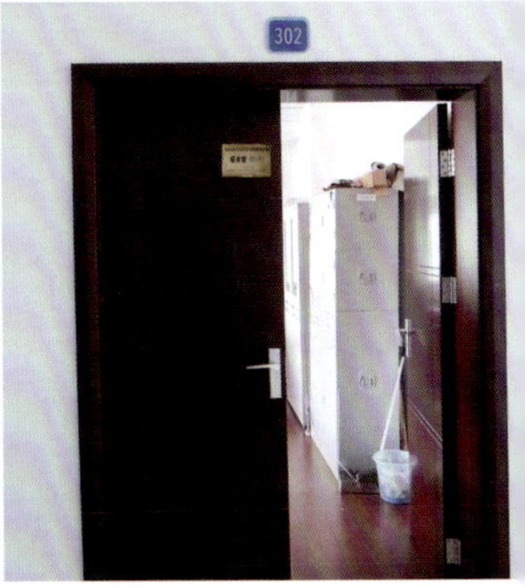

地　　址：650201　云南省昆明市盘龙区蓝桉路2号

Address: No. 2, Lan'an Road, Panlong District, Kunming, Yunnan 650201

网　　址：http://www.ynlky.org.cn/　　联系人：康洪梅，司马永康

电　　话：0871/65211403

邮　　箱：ycp98@163.com；simayk@163.com

隶属关系：云南省林业厅　　建室（馆）年份：1995

标本数量：20,000　　数字化标本：2,000

模式标本：50份13种

主要采集人（队）：赵文书，杨绍增，王达明，杨绍诚，蒋宏，司马永康，税玉民，云南省重点保护野生植物调查队。

标本室（馆）简介：重点收集云南木本植物，以木兰科、樟科、壳斗科、山茶科、三尖杉科及中国珍贵、稀少、濒危、特有等森林植物标本为特色。

历史沿革：1997年文山州林木种苗站全部标本转入我馆。本室（馆）依托于云南省林业科学院。

主任（馆长）：司马永康 1967（木兰科，三尖杉科）simayk@163.com
职员及其研究专长：
柴　勇 1976（木犀科）chaiyongg@163.com
方　波 1972（桦木科）yaf.fangbo@126.com
付玉嫔 1974（五味子科）yaf.ybfu@126.com
郭立群 1937（松科，杉科）
蒋　宏 1974（兰科，苏铁科）orchidchina@hotmail.com
康洪梅 1987（紫树科）kanghongmei2005@126.com
赵文书 1941（壳斗科，龙脑香科）
左显东 1940（柏科）
编著的有关书刊：《西部林业科学》《云南珍稀树木》《云南珍稀濒危树种生态生物学研究》《云南国家重点保护野生植物》；*Vouchered Flora of SE Yunnan*（Vol. 1）。
备注：另有700余号种子及其他标本。
【供稿：司马永康 2017/4/18】
*首次收载。

335 昆明(YCE)：云南教育学院生物系植物标本室*

地　址：650223　云南省昆明市下马村
*转移到云南师范大学生命科学学院植物标本室（YNUB）。

336 昆明(YDC)：云南省药品检验所标本室*

地　址：650011　云南省昆明市盘龙路29号
*未取得联系。

337 昆明(YFS)：云南省林业学校植物标本室*

地　址：650224　云南省昆明市金殿
*未取得联系。

338 昆明(YIM)：云南省药物研究所植物标本室*

地　址：650111　云南省昆明市西山高硗
*未取得联系。

339 昆明(YNTCM)：云南中医学院中药标本馆*

KUNMING (YNTCM): Herbarium, Yunnan University of Traditional Chinese Medicine

地　址：650500　云南省昆明市呈贡新区雨花路1076号

Address: No. 1076, Yuhua Road, Chenggong New District, Kunming, Yunnan 650500

网　址：http://www.ynutcm.edu.cn/index.shtml

联系人：谭文红　　**电　话：**13769185087

邮　箱：twh85087@126.com　　**隶属关系：**云南省教育厅

建室(馆)年份：1972　　**标本数量：**20,000

主要采集人(队)：谭文红，尹子丽，游春，杨耀文，刘小莉，张洁，普春霞，杨树德，韦群辉。

标本室(馆)简介：主要收藏云南药用植物标本。另外布有5个药材标本展厅：云南民族药标本展厅、滇南本草展厅、神农本草经展厅、传统药材展厅(教学馆)和云南特色药展厅，从不同的角度介绍云南药用植物。

交换标本：可供——云南药用植物标本。需求——我国北部、西北部和西南部地区的药用植物标本。

管理负责人：谭文红　1967

职员及其研究专长：

李海宁　1979(毛茛科，蔷薇科，豆科) hnli2008@163.com
李宏哲　1972(秋海棠科，唇形科鼠尾草属) 657021346@qq.com
普春霞　1977(唇形科香薷属) yucca1977@163.com
钱子刚　1962(豆科) qianzig@aliyun.com
吴　凯　1980(悬钩子属) wukai0923@gmail.com
杨礼攀　1974(红豆杉科，三尖杉科) lipany@xtbg.ac.cn
杨树德　1956(中药鉴定) 78233811@qq.com
杨耀文　1967(云南药用植物，姜科) yaowen1120@21cn.com
张　洁　1967(植物类药材，饮片鉴定) 553662957@qq.com

备注：另有2,400份瓶装药材标本。

【供稿：谭文红　2016/2/16】

*首次收载。

340 昆明(YNUB)：云南师范大学生命科学学院植物标本室

KUNMING (YNUB): Herbarium, School of Life Sciences, Yunnan Normal University

地　　址：650000　云南省昆明市呈贡区大学城聚贤街

Address: Juxian Street, Chenggong District, Kunming, Yunnan 650000

网　　址：http://life.ynnu.edu.cn/

联系人：李志敏

电　　话：0871/65941387

邮　　箱：lizhimin_vip@163.com

隶属关系：云南省教育厅

建室(馆)年份：1950

标本数量：35,000

主要采集人(队)：王从阳，谢志钧，张廷华。

标本室(馆)简介：云南蕨类和种子植物，其中木本植物标本较为丰富。

历 史 沿 革：西南联大—昆明师范学院—现名。

交 换 标 本：可供——云南各地木本植物标本。需求——长江以北各省木本植物标本。

主任(馆长)：李志敏 1963(豆目)

管理负责人：韩建林 1960 lizhimin_vip@163.com

职员及其研究专长：

崔明昆 1958(苔藓植物及人类生态学)

张一帆 1955(种子植物形态学)

张永洪 1980(瑞香科，种子植物) yhzhang@mail.kib.ac.cn

编著的有关书刊：《云南师范大学学报》(自然科学版)；《横断山高山冰缘带种子植物》(2014)。

【修订：李志敏 2015/7/6】

341 勐腊(HITBC)：中国科学院西双版纳热带植物园标本馆

MENGLA (HITBC)： Herbarium, Xishuangbanna Tropical Botanical Garden, Chinese Academy of Sciences

地　址：666303　云南省勐腊县勐仑镇
Address: Menglun Town, Mengla, Yunnan 666303
网　址：http://www.xtbg.ac.cn/jgsz/zcxt/rdzwzzzyk/
联系人：李剑武　　电　话：0691/8715480；13578113536
邮　箱：ljw@xtbg.org.cn
隶属关系：中国科学院
建室(馆)年份：1959　　标本数量：219,655
数字化标本：167,079　　模式标本：757份
主要采集人(队)：李延辉，陶国达，王洪，周仕顺，李剑武，殷建涛，西双版纳自然保护区采集队。
标本室(馆)简介：以收集云南南部维管植物为主，并有部分周边地区标本。
历史沿革：中国科学院西双版纳热带植物园(1959，隶属昆明植物研究所)—云南省热带植物研究所(1970)—中国科学院云南热带植物研究所(1978)—现名(1987)。原中国科学院昆明生态研究所植物标本室(KUNE)于1996年并入本馆。
交换标本：可供——西双版纳、滇东、滇南的植物标本。需求——广东、广西、海南，以及越南、泰国、老挝、缅甸的标本。
管理负责人(常务副馆长)：李剑武　1983(版纳植物，兰科植物)ljw@xtbg.org.cn
职员及其研究专长：
常艳芬　1980(蕨类植物)cyf@xtbg.org.cn
李保贵　1958(西双版纳蕨类植物)
李　捷　1967(樟科系统学)jieli@xtbg.an.cn
李　朗　1981(樟科系统学)lilang@xtbg.an.cn

李巧明（龙脑香科系统学）lqm@xtbg.ac.cn
罗　燕（毛茛科系统学）luoyan@xtbg.org.cn
彭仕葵　1986（标本管理）
王　洪　1955（版纳植物）wh@xtbg.org.cn
王　力　1979（化石，禾本科）wangli@xtbg.org.cn
杨大荣（桑科榕属系统及协同进化）
闫丽春　1973（版纳植物）yanlc@xtbg.ac.cn
殷建涛　1976（天南星科）jt@xtbg.org.cn（目前为援疆干部）
郁文彬　1982（玄参科系统学）yuwenbin@xtbg.ac.cn
钟树英　1971（数据库管理等）
周仕顺　1979（版纳植物）zss@xtbg.org.cn
朱　华　1962（植物区系，茜草科粗叶木属）zhuh@xtbg.ac.cn

蔡希陶　1901—1981（云南植物）
陈佩珊（秋海棠科等）
李延辉　1930—2016（肉豆蔻科，热带植物区系）
刘伦辉　1934（植物生态）
裴盛基　1938（棕榈科，民族植物学）
陶国达　1939（中国龙脑香科）
童绍全（棕榈科等）
朱培智（胡椒科等）

编著的有关书刊：《西双版纳植物名录》；《热带植物研究》；《中国植物志》[第13(1)卷]；《云南哀牢山种子植物》；《云南西双版纳野生种子植物》。

【修订：殷建涛，常艳芬 2016/6/15；李剑武 2018/4/15】

342 思茅(SMAO)：云南省思茅行署林业局钱义咏标本室*

地　址：665000　云南省思茅县思茅镇振兴路112号
*转移到中国科学院昆明植物研究所标本馆(KUN)。

343 思茅(SMN)：云南省思茅地区民族医药研究所标本室*

地　址：665000　云南省思茅市洗马河
*未取得联系。

344 迪庆(SABG)：云南香格里拉高山植物园标本馆*

DIQING (SABG): Herbarium, Shangri-La Alpine Botanical Garden, Yunnan
地　址：674499　云南省香格里拉市建塘镇解放村
Address: Jiefang Village, Jiantang Town, Shangri-La, Yunnan 674499
网　址：www.sabg.com.cn　　联系人：海仙
电　话：13988799310　　邮　箱：502298601@qq.com
隶属关系：民办非企业单位　　建室(馆)年份：1987
标本数量：30,000　　数字化标本：10,000
主要采集人(队)：方震东，海仙，李红，方晔等。
标本室(馆)简介：重点收藏云南西部、西北部和西藏东南部及四川西部维管植物；以高山花卉植物为特色。
历史沿革：迪庆州高原生物研究所(1987)—中甸高山植物园(1999)—现名(2016)。
交换标本：可供——滇、川、藏横断山区高等植物研究利用。需求——全球高山植物标本。

主任（馆长）：方震东 1964（植物学）0887/8223389；
1246288594@qq.com
管理负责人：海仙 1984（植物采集，标本鉴定及管理）
职员及其研究专长：

陈　清 1992（植物分类，植物采集）
方　晔 1990（林学，植物采集）
李　红 1977（植物采集）
刘　琳 1980（植物采集，标本鉴定）
谢爱芳 1981（植物分类，标本鉴定及管理）

编著的有关书刊：《中国云南横断山野生花卉》。
【供稿：海仙 2016/7/7】
*首次收载。

345 玉溪(YXDC)：玉溪地区药品检验所中药标本室*

地　址：653100　云南省玉溪市九曲巷2号
*未取得联系。

346 杭州(HHBG)：杭州植物园植物标本室

HANGZHOU (HHBG): Herbarium, Hangzhou Botanical Garden
地　址：310013　浙江省杭州市桃源岭1号
Address: No. 1, Taoyuanling, Hangzhou, Zhejiang 310013

网　　址：http://db.hzbg.cn/herb/；http://www.hzbg.cn/
联系人：王挺，高亚红
电　　话：0571/87970581；0571/87997897
邮　　箱：164314353@qq.com
隶属关系：杭州市西湖风景名胜区（市园文局）
建室（馆）年份：1956
标本数量：120,000
数字化标本：62,000
模式标本：108份
主要采集人（队）：浙江植物资源调查队，章绍尧，贺贤育，黎念林，王挺，高亚红，陈晓玲，莫亚鹰，曾新宇，童军平，丁华娇。
标本室（馆）简介：主要为浙江省维管植物标本，还有一些华东其他省的标本。包括蕨类植物3,000余份，裸子植物800余份，被子植物66,000余份。模式标本主要是槭树科和竹亚科，标本采集人为章绍尧、贺贤育等。
副　馆　长：王挺　1984
管理负责人：高亚红　1980
职员及其研究专长：

陈绍云（禾本科）
陈晓玲　1978（桂花品种）
丁华娇　1971（草本植物的引种）
黎念林　1960（蔷薇科樱属）
莫亚鹰　1982（木兰科）
裘宝林　1936（槭树科，蔷薇科，忍冬科，椴树科）
童军平　1959（植物科学画）
於玲珑　1938（浙江木本植物）
曾新宇　1956（禾本科竹亚科）
章绍尧　1914—2001（浙江木本植物）
钟国荣　1963（浙江木本植物）

编著的有关书刊：《天目山植物志》《清凉峰木本植物志》《杭州珍稀濒危与重点保护野生植物》《杭州植物志》。
【修订：王挺　2015/8/27】

347 杭州(HTC)：杭州师范大学生命与环境科学学院植物标本室

HANGZHOU (HTC): Herbarium, College of Life and Environmental Sciences, Hangzhou Normal University

地　址：310036　浙江省杭州市江干区学林街16号

Address: No. 16, Xuelin Street, Jianggan District, Hangzhou, Zhejiang 310036

网　址：http://www.cls.hznu.edu.cn/　　联系人：金孝锋

电　话：0571/28866880；13082858991　　邮　箱：docxfjin@163.com

隶属关系：浙江省教育厅　　建室(馆)年份：1977

标本数量：40,000　　数字化标本：35,000

模式标本：58份

主要采集人(队)：金孝锋，何业祺，陈伟杰，杨王伟，丁炳扬，莫季平，王智敏。

标本室(馆)简介：主要是华东地区标本，以薹草属和杜鹃花属映山红亚属标本为特色，还有部分西北地区植物标本和青岛等地海藻植物标本。

历史沿革：杭州师范学院生物系—杭州师范学院生命科学学院—杭州师范学院生命与环境科学学院—现名。

主任(馆长)：金孝锋 1978(植物分类，莎草科，杜鹃花科，十字花科，景天科，里白科)

管理负责人：陈建民 1978(植物资源，植物区系)

职员及其研究专长：

陈　波 1966(植物生态，蕨类植物)

陈伟杰 1989(植物资源，植物区系，姜科，鸢尾科)

何业祺 1933(植物分类，豆科，景天科)

胡江琴 1967(植物资源，药用植物，败酱科，狸藻科)

毛雪莹 1931(植物分类，虎耳草科)

潘仰东 1961(藻类植物)(已调离)

沈霭如 1915(植物分类)

王智敏 1936(植物分类，藻类植物)
吴玉环 1972(植物生态，苔藓植物)

编辑有关书刊：*Flora of China*(Vol. 2，Vol. 3)；*Taxonomy of Carex sect. Rhomboidales* (*Cyperaceae*) (2013)；《中国植物志》[第42(1)卷]；《浙江植物志》(第3，第6卷)；《中国苔藓植物志》(第10卷)；《中国药用植物志》(第6卷)；《杜鹃花属映山红亚属的分类研究》；《天目山植物志》(2009)；《清凉峰木本植物志》(第1，第2卷)(2015)。

【修订：金孝锋 2016/2/1】

348 杭州(HZU)：浙江大学生命科学学院植物标本馆

HANGZHOU (HZU): Herbarium, College of Life Sciences, Zhejiang University

地　址：310058　浙江省杭州市余杭塘路866号

Address: No. 866, Yuhangtang Road, Hangzhou, Zhejiang 310058

网　址：http://www.cls.zju.edu.cn/cn/　　联系人：赵云鹏

电　话：0571/88206463　　邮　箱：ypzhao@zju.edu.cn

隶属关系：教育部　　建室(馆)年份：1932

标本数量：90,000　　数字化标本：82,000

模式标本：50份

主要采集人(队)：吴长春，王曰玮，方云亿，黄正璋，张朝芳，郑朝宗，陈启瑞，丁炳扬，楼炉焕，史美中，盛束军，王名金，陈开基，陆廷琦，范文涛，傅承新，沈朝栋，赵云鹏，李攀等。

标本室(馆)简介：主要是浙江省维管植物及邻近省的部分植物标本；菝葜科、百合科、猕猴桃科、山茶科、杜鹃花科、唇形科、小檗科、浙江省蕨类植物标本较丰富。

历史沿革：本馆前身最早可追溯至1927年钟观光先生在浙江大学农学院创建的植物标本室和1929年浙江大学生物系成立后建立的生物系植物标本室(HU)。1998年由杭州大学植物标本室(HZU)和浙江农业大学植物标本室(ZAU)合并而成。保留国际代码HZU。

交换标本：可供——浙江维管植物标本。需求——中国中东部、日本、朝鲜半岛、东南亚、美国东部的植物标本。

主任（馆长）：傅承新 1954（华东植物，菝葜科）

常务副馆长：赵云鹏 1978（植物系统学，猕猴桃属，广义紫茎属，菝葜科）

职员及其研究专长：

陈开基 1928—2009（浙江草本植物）

丁炳扬（已调离）

范文涛 1936（浙江锦葵科，藜科，商陆科等）

方云亿 1918—2007（中国木蓝属和珍珠菜属，浙江种子植物）

金孝锋（已调离）

李　攀 1984（华东植物，菝葜科，百合科，唇形科）

陆廷琦 1925—1990（猕猴桃科，浙江植物）

邱英雄 1969（植物系统学，小檗科鬼臼亚科）

沈朝栋 1963（浙江木本植物）

史美中 1965（植物资源）

张朝芳 1922—2001（浙江蕨类植物分类及区系地理）

郑朝宗 1934（中国珍珠菜属和木蓝属，浙江种子植物）

编著的有关书刊：《浙江植物志》（第1–第8卷）（1993）；《天目山植物志》（第1–第4卷）（2010）；《杭州植物志》（第1–第3卷）（2016）。

【修订：傅承新，赵云鹏 2016/1/28】

349 杭州(NMPG)：浙江省中药研究所国家药用植物种质资源库标本室*

地　址：310023　浙江省杭州市新凉亭

*未取得联系。

350 杭州(TEA)：中国农业科学院茶叶研究所茶树标本室

HANGZHOU (TEA): Herbarium, Tea Research Institute, Chinese Academy of Agricultural Sciences

地　址：310008　浙江省杭州市西湖区梅灵南路9号

Address: No. 9, Meiling South Road, Xihu District, Hangzhou, Zhejiang 310008

网　址：http://www.tricaas.com/

联系人：陈亮

电　话：0571/86652835

邮　箱：liangchen@tricaas.com；1369711063@qq.com

隶属关系：中国农业科学院

建室（馆）年份：1962

标本数量：1,000

标本室(馆)简介：中国野生和栽培茶树品种资源标本，还有少量山茶属近缘种标本，以云南、湖北、广西最多，并附有果实、种子标本。

交换标本：可供——云南、四川、湖北、广西、浙江等地茶树腊叶标本和种子标本。需求——周边国家及肯尼亚等国茶树标本。

主任(馆长)：陈亮　1967(茶树种质资源)

职员及其研究专长：

陈树尧(已调离)

金基强　1983(山茶属茶组)

马春雷　1982(山茶属茶组) malei220@tricaas.com；13735595271

马建强　1985(山茶属茶组)

许　宁（已调离）
姚明哲 1975（山茶属茶组）
虞富莲 1939（山茶属）

编著的有关书刊：《茶叶科学》；《茶树种质资源描述规范和数据标准》；《茶树种质资源与遗传改良》；*Global Tea Breeding: Achievements, Challenges and Perspectives*。

【修订：陈亮 2016/7/20】

351 杭州(ZAU)：浙江农业大学植物标本室*

地　址：310029　浙江省杭州市凯旋路
*转移到浙江大学生命科学学院植物标本馆(HZU)。

352 杭州(ZDC)：浙江省药品检验所植物标本室*

地　址：310004　浙江省杭州市机场路一巷
*未取得联系。

353 杭州(ZJFI)：浙江省林业科学研究所植物标本馆*

地　址：310023　浙江省杭州市留下小和山
*未取得联系。

354 杭州(ZJMA)：浙江省医学科学院植物标本室*

地　址：310013　浙江省杭州市天目山路60号
*转移到浙江自然博物馆植物标本室(ZM)。

355 杭州(ZM)：浙江自然博物馆植物标本室

HANGZHOU (ZM): Herbarium, Zhejiang Museum of Natural History

地　址：310014　浙江省杭州市下城区西湖文化广场6号
Address: No. 6, West Lake Cultural Plaza, Xiacheng District, Hangzhou, Zhejiang 310014
网　址：http://www.zmnh.com/
联系人：张方钢
电　话：0571/88073257
邮　箱：zhangfg-88@163.com
隶属关系：浙江省文化厅
建室(馆)年份：1929
标本数量：60,000
数字化标本：60,000

主要采集人(队)：韦直，张方钢，徐耀良，金孝锋。

标本室(馆)简介：主要是浙江维管植物，以及一些江西、四川、云南及广西的维管植物。

历 史 沿 革：西湖国立博物馆—浙江省博物馆—现名。

交 换 标 本：可供——浙江省种子植物标本。需求——浙江省外的维管植物标本。

主任(馆长)：严洪明 0571/89939890

管理负责人：张方钢 1958

职员及其研究专长：

黄以之 1931(豆科)

韦思奇 1925—1992(豆科)

韦　直 1929(豆科等)

王　强 1973(高等孢子植物)

徐耀良 1964(维管植物)

张方钢 1958(种子植物)

张　洋 1983(植物生态)zhangy@zmnh.com

编著的有关书刊：《天目山植物志》；《大盘山药材志》；《百山祖的野生植物——木本植物》(I，II卷)；《浙江植物志》；《浙江植物志》(第1，第2版)。

【修订：张方钢，张洋 2017/3/27】

356 杭州(ZMU)：浙江医科大学药学系药用植物标本室*

地　址：310006　浙江省杭州市延安路157号

*已不存在。

357 金华(ZNU)：浙江师范大学化学与生命科学学院植物标本室

JINHUA (ZNU): Herbarium, College of Chemistry and Life Sciences, Zhejiang Normal University

地　址：321004　浙江省金华市迎宾大道688号

Address: No. 688, Yingbin Avenue, Jinhua, Zhejiang 321004

网　址：http://sky.zjnu.edu.cn/　　联系人：方芳

电　话：0579/82296706　　邮　箱：sky85@zjnu.cn

隶属关系：浙江省教育厅　　建室(馆)年份：1982

标本数量：20,000

主要采集人(队)：吕洪飞，陈建华，郭水良，刘鹏，李铭红，方芳，王丰，裘宝林，丁炳扬等。

标本室(馆)简介：主要收藏浙江中西部植物标本，包括本学科组教师科研凭证标本。

历史沿革：浙江师范学院—浙江师范大学生物系植物标本室—现名。

管理负责人：陈建华　1967(种子植物多样性，植物资源)　0579/82282462；sky78@zjnu.cn

职员及其研究专长：

方　芳　1969(植物资源)

郭水良(已调离)

李铭红 1963(植物群落，生物多样性)

刘　鹏 1965(种子植物区系，保护植物)

吕洪飞 1963(山茶属，金丝桃属，石斛属，植物结构)sky81@zjnu.cn

王　丰 1935(浙江灯心草科)

编著的有关书刊：《浙江植物志》(第7卷)；《天目山植物学实习手册》；《浙江种子植物检索鉴定手册》；《天目山植物志》(第3卷)；《中国常见植物野外识别手册——古田山册》。

【修订：陈建华 2013/8/30】

358 临安(ZJFC)：浙江农林大学植物标本馆

LIN'AN (ZJFC): Herbarium, Zhejiang Agricultural and Forestry University

地　址：311300　浙江省临安市环城北路88号

Address: No. 88, Huancheng North Road, Lin'an, Zhejiang 311300

网　址：http://sky.zafu.edu.cn/

联系人：夏国华

电　话：0571/63732761

邮　箱：zjfc_ghxia@126.com

隶属关系：浙江省教育厅

建室(馆)年份：1958

标本数量：110,000

数字化标本：75,000

主要采集人(队)：张若蕙，丁陈森，贺贤育，李根有，楼炉焕，陈征海，金水虎，马丹丹，夏国华，叶喜阳等。

标本室(馆)简介：浙江高等植物，以木本植物为主。

历史沿革：浙江天目林学院—浙江林学院—现名。标本馆隶属于林业与生物技术学院。

主任(馆长)：金水虎 1965(植物分类与资源)0571/63732761；jsh501@163.com

管理负责人：夏国华 1980(植物分类与资源)

职员及其研究专长：

丁陈森 1933—2012(浙江木本植物)

李根有 1956(植物分类与资源)

楼炉焕 1948（浙江豆科，木本植物）
马丹丹 1982（植物分类与资源）
闫道良 1973（植物分类与资源）
张若蕙 1931—2000（中国胡桃科，蜡梅科，红豆属，浙江珍稀濒危树种）

编著的有关书刊：《浙江植物志》《天目山植物志》《清凉峰植物》《台州乡土树种识别与应用》《浙江农林大学学报》（《浙江林学院学报》）。

备注：另有1,000余份种子标本。

【修订：夏国华 2016/2/23】

359 温州(WZU)：温州大学生命与环境科学学院植物标本室*

WENZHOU (WZU)： Herbarium, College of Life and Environmental Science, Wenzhou University

地　　址： 325035　浙江省温州市茶山高教园区

Address: Chashan Higher Education Park, Wenzhou, Zhejiang 325035

网　　址： http://shxy.wzu.edu.cn/　　**联系人：** 陈贤兴

电　　话： 13587884812　　**邮　　箱：** chxx503@wzu.edu.cn

隶属关系： 浙江省人民政府　　**建室（馆）年份：** 1984

标本数量： 35,000

主要采集人（队）： 陈贤兴，胡仁勇，丁炳扬，敖成齐，叶升儒，熊先华。

标本室（馆）简介： 主要收藏浙南地区的植物标本，以种子植物和蕨类植物为主，还有少量藻类。

历 史 沿 革： 温州师范学院—现名。

主任（馆长）： 陈贤兴 1958（浙南地区种子植物）

职员及其研究专长：

敖成齐 1967（温州地区藻类植物）
丁炳扬 1953（浙江植物区系，杜鹃花科）
胡仁勇 1962（浙南地区种子植物）
叶升儒 1946（浙南地区种子植物）

编著的有关书刊：《杜鹃花属映山红亚属的分类研究》《天目山植物志》《温州外来入侵植物及其研究》《浙江百山祖森林动态样地：树种及其分布格局》《百山祖的野生植物——木本植物Ⅰ》《温州植物志》。

【供稿：陈贤兴 2015/7/5】

*首次收载。

参考文献 References

傅立国. 1993. 中国植物标本馆索引. 北京: 中国科学技术出版社. [Fu L K. 1993. Index Herbariorum Sinicorum. Beijing: China Science & Technology Press.]

Cowley K J, West J G. 1999. Resources of Australian Herbaria, A Guide to Herbaria Located in Australia. Canberra, Australia: CHAH.

Holmgren P K, Holmgren N H. 1992. Plant Specialists Index. Konigstein, Germany: Koeltz Scientific Books.

Holmgren P K, Holmgren N H. 1994. Additions to Index Herbariorum (Herbaria), Edition 8-Third Series. Taxon, 43(2): 305-328.

Holmgren P K, Holmgren N H. 1995. Additions to Index Herbariorum (Herbaria), Edition 8-Fourth Series. Taxon, 44(2): 251-266.

Holmgren P K, Holmgren N H. 1996. Additions to Index Herbariorum (Herbaria), Edition 8-Fifth Series. Taxon, 45(2): 373-389.

Holmgren P K, Holmgren N H. 1997. Additions to Index Herbariorum (Herbaria), Edition 8-Sixth Series. Taxon, 46(3): 567-591.

Holmgren P K, Holmgren N H, Barnett L C. 1990. Index Herbariorum. Part I: The Herbaria of the World. 8th ed. New York: New York Botanical Garden: 693.

JSPT (Japan Society of Plant Taxonomists). 1997. Checklist of Japan Herbaria. Proceedings of the Japan Society of Plant Taxonomists, 12(1): 1-24.

Secretariat of CBD (the Convention on Biological Diversity). 2008. Guide to the Global Taxonomy Initiative, Technical Series No. 30. Montreal, Canada.

Smith G F, Willis C K. 1997. Index Herbariorum: Southern African Supplement. SABONET, Pretoria, South Africa: Southern African Botanical Diversity Network Report No. 2.

Smith G F, Willis C K. 1999. Index Herbariorum: Southern African Supplement. 2nd ed. SABONET, Pretoria: Southern African Botanical Diversity Network Report No. 8: 181.

Smith G F, Willis C K, Mössmer M. 1999. Southern African Herbarium Needs Assessment. SABONET, Pretoria:Southern African Botanical Diversity Network Report No. 6.

Thiers B. 2018 [continuously updated] Index Herbariorum: A global directory of public herbaria and associated staff. New York Botanical Garden's Virtual Herbarium. Available from: http://sweetgum.nybg.org/science/ih/ [2017-7-16].

Wilson K L, Cresswell I, Lyal C H C, et al. 2003. Building Capacity: From Bangladesh to Bali and Beyond. Report from 1st Global Taxonomy Initiative Regional Workshop in Asia, Putrajaya, Malaysia, 10-17 Sept. 2002. Ibaraki, Japan: NIES.

附录 Appendices

附录 I 按省区、城市检索的标本馆代码
Appendix I Index to herbarium codes (abbreviations) sorted by provinces & cities

ANHUI（安徽）(9 家)	
Bozhou（亳州）	BZCM
Hefei（合肥）	AAUB, AAUF, ACE, ACM, *AIB*, ANU
Suzhou（宿州）	ST
Wuhu（芜湖）	ANUB, ANUG, *WUH*
BEIJING（北京）(13 家)	
Beijing（北京）	*AMMS*, BAU, *BCMM*, BJFC, BJM, BJTC, BNU, CAF, *CIS*, CMMI, *CPB*, HMAS, IMD, IMM, *IVF*, PE, PEM, PEY
CHONGQING（重庆）(6 家)	
Chongqing（重庆）	*CIT*, *CQBG*, CQNM, CTC, HWA, SWCTU, SM, *SWAU*, *YZU*
Nanchuan（南川）	IMC
Wanxian（万县）	*WXDC*
Yongchuan（永川）	*CTS*
FUJIAN（福建）(6 家)	
Fuzhou（福州）	FJFC, *FMP*, FNU
Nanping（南平）	FFVTC
Ningde（宁德）	*NDTC*
Xiamen（厦门）	AU, FJSI, XMBG
GANSU（甘肃）(7 家)	
Lanzhou（兰州）	GAUF, *LZAH*, LZD, LZU, NWTC, *NWUB*
Minqin（民勤）	MQ
Qingyang（庆阳）	QYTC
Tianshui（天水）	*GSFS*, *MJS*
Zhangye（张掖）	ZYTC

GUANGDONG（广东）(12 家）	
Chaozhou（潮州）	CZH
Guangzhou（广州）	CANT, GDGM, GDMM, *GDMP*, IBSC, *JU*, SCAUB, SCSG, SN, SYS
Shenzhen（深圳）	NOCC, SZG
Zhanjiang（湛江）	ZHAN
Zhaoqing（肇庆）	*IBSD*
GUANGXI（广西）(15 家）	
Guilin（桂林）	GLMC, GNU, IBK
Liuzhou（柳州）	GXFS
Nanning（南宁）	GAC, GAUA, GXCM, GXDC, *GXEM*, GXF, GXFI, GXMG, GXMI, GXNM, GXSP, NNA
GUIZHOU（贵州）(14 家）	
Bijie（毕节）	BJ
Duyun（都匀）	QNUN
Guiyang（贵阳）	GACP, GZAC, GF, GNUB, GNUG, GYBG, GZTM, HGAS
Jiangkou（江口）	*FAN*
Liupanshui（六盘水）	LPSUN
Xingyi（兴义）	XIN
Xiuwen（修文）	GFS
Zunyi（遵义）	ZY
HAINAN（海南）(2 家）	
Danzhou（儋州）	ATCH
Haikou（海口）	*HFB*, HUTB
Qiongshan（琼山）	*HAF*
HEBEI（河北）(3 家）	
Baoding（保定）	*HBAU*, *JUJ*, *HBFC*, HBU
Changli（昌黎）	CHA
Shijiazhuang（石家庄）	*HBDC*, HBNU
Yongnian（永年）	*HBAUD*
HEILONGJIANG（黑龙江）(7 家）	
Daqing（大庆）	*DQTC*
Harbin（哈尔滨）	HANU, *HFBG*, HLCM, *HLNM*, HNR, NEAU, NEFI
Jiamusi（佳木斯）	JMSMC
Qiqihar（齐齐哈尔）	QTC
HENAN（河南）(5 家）	
Kaifeng（开封）	KAI

Xinxiang（新乡）	HENU
Xinyang（信阳）	XYTC
Zhengzhou（郑州）	HEAC, *HEBI*, HECM
HONG KONG（香港）	
Kowloon（九龙）	*HK*
Shatin（沙田）	*CUHK*
HUBEI（湖北）（7 家）	
Enshi（恩施）	ENS
Huangzhou（黄州）	*HGTC*
Wuhan（武汉）	CCAU, CCNU, *EBF*, *ECM*, *EDC*, EU, HBI, HIB, WH
HUNAN（湖南）（8 家）	
Changsha（长沙）	CSFI, HNNU, HUCM, *HUE*, HUFD, *HUIF*, *HUTM*
Hengyang（衡阳）	*HUF*, NYA
Jishou（吉首）	JIU
Shimen（石门）	HHNNR
Xiangtan（湘潭）	HUST
INNER MONGOLIA（内蒙古）（5 家）	
Dengkou（磴口）	*DFEC*
Hohhot（呼和浩特）	FGC, HIMC, *IMDC*, *IMFA*, NMAC, *NMFC*, NMTC
Tongliao（通辽）	*ZCA*
Yakeshi（牙克石）	YAK
JIANGSU（江苏）（7 家）	
Nanjing（南京）	CPU, N, NAS, NAU, NF, NFP, NJNU
Nantong（南通）	*NAN*
Xuzhou（徐州）	*XZTC*
JIANGXI（江西）（7 家）	
Fuzhou（抚州）	*FTS*
Ganzhou（赣州）	*GAFS*
Jinggangshan（井冈山）	JGSU, *JN*
Jiujiang（九江）	JJF, JJT
Longnan（龙南）	*JNR*
Lushan（庐山）	LBG
Nanchang（南昌）	*JAS*, *JCE*, JXAU, JXCM, *JXF*, *JXM*, JXU
Shangrao（上饶）	*GNA*, *SRF*

JILIN（吉林）(7家)	
Antu（安图）	ANTU
Changchun（长春）	CCM, HMJAU, IGA, JLAU, *JLMP*, NENU
Jilin（吉林）	JLFC
Tonghua（通化）	*TONG*
LIAONING（辽宁）(6家)	
Dalian（大连）	DNHM, *LEF*, LNCM, *LNNU*
Panjin（盘锦）	*RE*
Shenyang（沈阳）	IFP, *LNAF*, *SY*, SYAU, SYAUF, SYPC
NINGXIA（宁夏）	
Yinchuan（银川）	*NXF*
Yongning（永宁）	*NXAC*
QINGHAI（青海）(2家)	
Xining（西宁）	HNWP, QDC, *QF*, *QG*, *QUA*
SHAANXI（陕西）(5家)	
Hanzhong（汉中）	*HZTC*
Xi'an（西安）	*LAC*, SANU, *SXDC*, *SXMP*, WNU, XBGH
Yangling（杨凌）	NAUFH, *NWFC*, WUK, *YL*
Yulin（榆林）	*YLD*
SHANDONG（山东）(7家)	
Jinan（济南）	JSPC, SDCM, *SDFI*, SDFGR, *SDMP*, SDNU
Laiyang（莱阳）	*LYAC*
Liaocheng（聊城）	LCU
Qingdao（青岛）	MBMCAS, *QD*
Qufu（曲阜）	QFNU
Taian（泰安）	*SDAU*, *SDFS*
SHANGHAI（上海）(8家)	
Shanghai（上海）	CSH, FUS, HSNU, SG, *SHCT*, SHTU, *SHDC*, SHM, *SHMI*, SHMU, SMMU-BH
SHANXI（山西）(9家)	
Changzhi（长治）	SES
Huairen（怀仁）	*YF*
Linfen（临汾）	LINF
Taigu（太谷）	SXAU
Taiyuan（太原）	HSIB, SSMM, SXTCM, SXU, TYF, TYNUB

SICHUAN（四川）(13 家)	
Chengdu（成都）	CDBI, *CDC*, CDCM, SAUF, SAUT, SCFI, *SCNU*, *SR*, SZ, WCU
Dujiangyan（都江堰）	SIFS, WCSBG
Emeishan（峨眉山）	EMA
Hongyuan（红原）	HON
Maerkang（马尔康）	*ABDC*
Mianyang（绵阳）	*MYDC*
Nanchong（南充）	SITC
Wenchuan（汶川）	*WL*
Xichang（西昌）	*LSDC*, *XIAS*
Yaan（雅安）	SAU
Yibin（宜宾）	*YBDC*
TAIWAN（台湾）	
Chiayi（嘉义）	*CHIA*
Pingtung（屏东）	*PPI*
Taipei（台北）	*HAST*, *NTUF*, *TAI*, *TAIF*, *TNU*
Tainan（台南）	*NCKU*
Taichung（台中）	*TCB*, *TCF*, *TNM*, *TUNG*
TIANJIN（天津）(2 家)	
Tianjin（天津）	NKU, TIE, *TIPR*, *TJDC*, *TJMP*
Xizang（西藏）(4 家)	
Lasa（拉萨）	AF, XZ, XZDC
Linzhi（林芝）	XZE
XINJIANG（新疆）(11 家)	
Alar（阿拉尔）	HMUT
Shihezi（石河子）	SHI
Turpan（吐鲁番）	TURP
Urumqi（乌鲁木齐）	XJU-NALH, XJU, XJUG, *XAG*, XJA, XJBI, *XJDC*, XJFA, *XJNU*, XM, XTNM
YUNNAN（云南）(11 家)	
Jinghong（景洪）	IMDY
Kunming（昆明）	KEF, KUN, *KUNE*, *PYU*, YUKU, SWFC, YAF, *YCE*, YCP, *YDC*, *YFS*, *YIM*, YNTCM, YNUB
Mengla（勐腊）	HITBC
Simao（思茅）	*SMAO*, *SMN*
Diqing（迪庆）	SABG

Yuxi（玉溪）	*YXDC*
ZHEJIANG（浙江）(8 家）	
Hangzhou（杭州）	HHBG, HTC, HZU, *NMPG*, TEA, *ZAU*, *ZDC*, *ZJFI*, *ZJMA*, ZM, *ZMU*
Jinhua（金华）	ZNU
Lin'an（临安）	ZJFC
Wenzhou（温州）	WZU

附录Ⅱ　馆藏量十万份以上的标本馆名单
Appendix Ⅱ　List of herbaria with one hundred thousand or more specimens

标本馆及代码 Herbaria	数量 Number of specimens	建馆年份 Year founded
中国科学院植物研究所标本馆（PE） Herbarium, Institute of Botany, Chinese Academy of Sciences	2,800,000	1928
中国科学院昆明植物研究所标本馆（KUN） Herbarium, Kunming Institute of Botany, Chinese Academy of Sciences	1,450,000	1938
中国科学院华南植物园标本馆（IBSC） Herbarium, South China Botanical Garden, Chinese Academy of Sciences	1,050,000	1927
西北农林科技大学生命科学学院植物标本馆（WUK） Herbarium, College of Life Sciences, Northwest Agriculture and Forestry University	750,000	1936
四川大学生物系植物标本室（SZ） Herbarium, College of Life Sciences, Sichuan University	720,000	1935
江苏省·中国科学院植物研究所标本馆（NAS） Herbarium, Institute of Botany, Jiangsu Province and Chinese Academy of Sciences	700,000	1923
中国科学院沈阳应用生态研究所东北生物标本馆（IFP） Herbarium of Northeast China, Institute of Applied Ecology, Chinese Academy of Sciences	600,000	1954
中国科学院菌物标本馆（HMAS） Fungarium, Chinese Academy of Science	500,000	1953
广西植物研究所标本馆（IBK） Herbarium, Guangxi Institute of Botany	400,000	1935
重庆市中药研究院标本馆（SM） Herbarium, Chongqing Academy of Chinese Materia Medica	330,000	1957
中国科学院西北高原生物研究所植物标本馆（HNWP） Herbarium, Northwest Institute of Plateau Biology, Chinese Academy of Sciences	320,000	1962
中国科学院成都生物研究所植物标本馆（CDBI） Herbarium, Chengdu Institute of Biology, Chinese Academy of Sciences	320,000	1958
中山大学植物标本室（SYS） Herbarium of Sun Yat-sen University	240,000	1916
中国科学院武汉植物园标本馆（HIB） Herbarium, Wuhan Botanical Garden, Chinese Academy of Sciences	240,000	1956
重庆市药物种植研究所标本馆（IMC） Herbarium, Chongqing Institute of Medicinal Plant Cultivation	220,000	1942
云南大学植物标本馆（YUKU） Herbarium, Yunnan University	220,000	1937
中国科学院西双版纳热带植物园标本馆（HITBC） Herbarium, Xishuangbanna Tropical Botanical Garden, Chinese Academy of Sciences	219,655	1959
南京林业大学树木标本室（NF） Dendrological Herbarium, Nanjing Forestry University	210,000	1915
中国中医科学院中药资源中心标本馆（CMMI） Herbarium, National Resource Center for Chinese Materia Medica, China Academy of Chinese Medical Sciences	200,000	1955

续表

标本馆及代码 Herbaria	数量 Number of specimens	建馆年份 Year founded
西南林业大学林学院植物标本室（SWFC） Herbarium, College of Forestry, Southwest Forestry University	200,000	1939
西北师范大学生命科学学院植物标本室（NWTC） Herbarium, College of Life Sciences, Northwest Normal University	200,000	1937
华中师范大学生命科学学院植物标本馆（CCNU） Herbarium, School of Life Sciences, Central China Normal University	200,000	1952
武汉大学植物标本馆（WH） Herbarium, Wuhan University	200,000	1917
上海自然博物馆（上海科技馆分馆）植物标本室（SHM） Herbarium, Shanghai Natural History Museum (Branch of Shanghai Science & Technology Museum)	180,680	1962
江西省中国科学院庐山植物园标本馆（LBG） Herbarium, Lushan Botanical Garden, Jiangxi Province and Chinese Academy of Sciences	180,000	1936
贵州省生物研究所植物标本馆（HGAS） Herbarium, Guizhou Institute of Biology	160,000	1959
华东师范大学生命科学学院植物标本馆（HSNU） Herbarium, School of Life Sciences, East China Normal University	160,000	1952
北京林业大学博物馆（BJFC） Museum of Beijing Forestry University	150,000	1943
广西药用植物园标本馆（GXMG） Herbarium, Guangxi Medicinal Botanic Garden	150,000	1979
福建师范大学生命科学学院植物标本馆（FNU） Herbarium, College of Life Science, Fujian Normal University	145,000	1940
湖南师范大学生命科学学院植物标本馆（HNNU） Herbarium, College of Life Science, Hunan Normal University	140,000	1936
中国科学院海洋生物标本馆（MBMCAS） The Marine Biological Museum of the Chinese Academy of Sciences	132,000	1950
兰州大学生命科学学院植物标本室（LZU） Herbarium, School of Life Sciences, Lanzhou University	130,000	1947
安徽中医药大学中药标本中心药用植物标本室（ACM） Herbarium, Traditional Chinese Medicine Specimen Center, Anhui University of Traditional Chinese Medicine	120,000	1977
中国林业科学研究院森林植物标本馆（CAF） Dendrological Herbarium, Chinese Academy of Forestry	120,000	1953
上海辰山植物标本馆（CSH） Shanghai Chenshan Herbarium	120,000	2005
杭州植物园植物标本室（HHBG） Herbarium, Hangzhou Botanical Garden	120,000	1956
内蒙古大学生命科学学院植物标本馆（HIMC） Herbarium, School of Life Sciences, Inner Mongolia University	110,000	1957
浙江农林大学植物标本馆（ZJFC） Herbarium, Zhejiang Agricultural and Forestry University	110,000	1958
新疆大学生命科学与技术学院植物标本室（XJU） Herbarium, College of Life Sciences and Technology, Xinjiang University	105,000	1958

续表

标本馆及代码 Herbaria	数量 Number of specimens	建馆年份 Year founded
西北大学生命科学学院植物标本馆（WNU） Herbarium, College of Life Sciences, Northwest University	103,000	1952
北京师范大学生命科学学院植物标本室（BNU） Herbarium, College of Life Science, Beijing Normal University	100,000	1916
西南大学植物标本馆（HWA） Herbarium, Southwest University	100,000	1951
西南大学自然博物馆植物标本室（SWCTU） Herbarium of Natural Museum, Southwest University	100,000	1953
厦门大学生命科学学院植物标本室（AU） Herbarium, School of Life Sciences, Xiamen University	100,000	1922
华南农业大学林学与风景园林学院树木标本室（CANT） Dendrological Herbarium, College of Forestry and Landscape Architecture, South China Agricultural University	100,000	1952
深圳市中国科学院仙湖植物园标本馆（SZG） Herbarium, Fairy Lake Botanical Garden, Shenzhen & Chinese Academy of Sciences	100,000	1983
贵阳中医学院药学院标本室（GZTM） Herbarium, Collage of Pharmacy, Guiyang University of Traditional Chinese Medicine	100,000	1957
南京大学生命科学学院植物标本室（N） Herbarium, School of Life Sciences, Nanjing University	100,000	1915
山东师范大学生命科学学院植物标本室（SDNU） Herbarium, College of Life Sciences, Shandong Normal University	100,000	1952
复旦大学生命科学学院植物标本室（FUS） Herbarium, School of Life Sciences, Fudan University	100,000	1951
四川省林业科学研究院植物标本室（SCFI） Herbarium, Sichuan Academy of Forestry	100,000	1935
天津自然博物馆植物标本室（TIE） Herbarium, Tianjin Natural History Museum	100,000	1914
中国科学院新疆生态与地理研究所植物标本馆（XJBI） Herbarium, Xinjiang Institute of Ecology and Geography, Chinese Academy of Sciences	100,000	1958

附录Ⅲ　标本馆代码索引
Appendix Ⅲ　Index to herbarium codes

AAUB	合肥：安徽农业大学生命科学学院植物标本室，230036 安徽省合肥市长江西路 130 号；Herbarium, School of Life Science, Anhui Agricultural University. No. 130, Changjiang West Road, Hefei, Anhui 230036
AAUF	合肥：安徽农业大学林学与园林学院树木标本室，230036 安徽省合肥市长江西路 130 号；Dendrological Herbarium, School of Forestry and Landscape Architecture, Anhui Agricultural University. No. 130, Changjiang West Road, Hefei, Anhui 230036
ABDC	马尔康：阿坝药品检验所植物标本室，624000 四川省马尔康县马尔镇美谷街 10 号
ACE	合肥：合肥师范学院生命科学学院植物标本室，230601 安徽省合肥市莲花路 1688 号；Herbarium, School of Life Science, Hefei Normal University. No. 1688, Lotus Road, Hefei, Anhui 230601
ACM	合肥：安徽中医药大学中药标本中心药用植物标本室，230011 安徽省合肥市新站区前江路（少荃湖校区）；Herbarium, Traditional Chinese Medicine Specimen Center, Anhui University of Traditional Chinese Medicine. Qianjiang Road, New Station District, Hefei, Anhui 230011
AF	拉萨：西藏自治区高原生物研究所菌物标本室，850001 西藏拉萨市城关区北京西路 19 号；Alpine Fungarium, Tibet Plateau Institute of Biology. No. 19, Beijing West Road, Chengguan District, Lasa, Xizang 850001
AIB	合肥：安徽省生物研究所植物标本室，230031 安徽省合肥市濉溪路 60 号
AMMS	北京：中国人民解放军军事医学科学院毒物药物研究所植物标本室，100850 北京市太平路 27 号
ANTU	安图：吉林省长白山科学研究院动植物标本馆，133613 吉林省安图县二道白河镇；Herbarium, Changbai Mountain Academy of Sciences. Erdaobaihe Town, Antu, Jilin 133613
ANU	合肥：安徽大学生命科学学院植物标本室，230601 安徽省合肥市经济技术开发区九龙路 111 号；Herbarium, School of Life Sciences, Anhui University. No.111, Jiulong Road, Hefei, Anhui 230601
ANUB	芜湖：安徽师范大学生命科学学院植物标本室，241000 安徽省芜湖市北京东路 1 号；Herbarium, College of Life Sciences, Anhui Normal University. No. 1, Beijing East Road, Wuhu, Anhui 241000
ANUG	芜湖：安徽师范大学国土资源与旅游学院植物标本室，241002 安徽省芜湖市九华南路 189 号；Herbarium, College of Territorial Resources and Tourism, Anhui Normal University. No. 189, Jiuhua South Road, Wuhu, Anhui 241002
ATCH	儋州：中国热带农业科学院植物标本室，571737 海南儋州市宝岛新村（两院）；Herbarium, Tropical Crops Genetic Resources Institute, Chinese Academy of Tropical Agricultural Sciences. Danzhou, Hainan, 571737
AU	厦门：厦门大学生命科学学院植物标本室，361102 福建省厦门市翔安区翔安南路；Herbarium, School of Life Sciences, Xiamen University. Xiang'an South Road, Xiang'an District, Xiamen, Fujian 361102
BAU	北京：中国农业大学生物学院植物标本室，100193 北京市海淀区圆明园西路 2 号；Herbarium, College of Biology Sciences, China Agricultural University. No. 2, Yuanmingyuan West Road, Haidian District, Beijing 100193
BCMM	北京：北京中医学院中药博物馆植物标本室，100029 北京市和平街北口 11 号

BJ　毕节：贵州工程应用技术学院植物标本室，551700 贵州省毕节市学院路；Herbarium, Guizhou University of Engineering Science. Xueyuan Road, Bijie, Guizhou 551700

BJFC　北京：北京林业大学博物馆，100083 北京市海淀区清华东路 35 号；Museum of Beijing Forestry University. No. 35, Qinghua East Road, Haidian District, Beijing 100083

BJM　北京：北京自然博物馆植物标本室，100050 北京市东城区天桥南大街 126 号；Beijing Museum of Natural History. No. 126, Tianqiao South Street, Dongcheng District, Beijing 100050

BJTC　北京：首都师范大学生命科学学院植物标本室，100048 北京市海淀区西三环北路 105 号；Herbarium, School of Life Sciences, Capital Normal University. No. 105, Xisanhuang North Road, Haidian District, Beijing 100048

BNU　北京：北京师范大学生命科学学院植物标本室，100875 北京市海淀区新街口外大街 19 号；Herbarium, College of Life Science, Beijing Normal University. No. 19, Xinjiekouwai Street, Haidian District, Beijing 100875

BZCM　亳州：安徽亳州职业技术学院中药标本中心，236800 安徽省亳州市谯城区药都路 1625 号；Herbarium, Bozhou Vocational and Technical College. No. 1625, Yaodu Road, Bozhou, Anhui, 236800

CAF　北京：中国林业科学研究院森林植物标本馆，100091 北京市海淀区香山路东小府 1 号；Dendrological Herbarium, Chinese Academy of Forestry. No. 1, Dongxiaofu, Xiangshan Road, Haidian District, Beijing, 100091, China

CANT　广州：华南农业大学林学与风景园林学院树木标本室，510642 广东省广州市天河区五山；Dendrological Herbarium, College of Forestry and Landscape Architecture, South China Agricultural University. Wushan, Tianhe District, Guangzhou, Guangdong 510642

CCAU　武汉：华中农业大学博物馆植物标本馆，430070 湖北省武汉市洪山区狮子山街 1 号；Herbarium, Museum of Huazhong Agricultural University. No. 1, Shizishan Street, Hongshan District, Wuhan 430070

CCM　长春：长春中医药大学药学院中药标本馆，130021 吉林省长春市净月经济开发区博硕路 1035 号；Chinese Medicine Herbarium, Changchun University of Chinese Medicine. No. 1035, Boshuo Road, Changchun, Jilin 130021

CCNU　武汉：华中师范大学生命科学学院植物标本馆，430079 湖北省武汉市洪山区珞喻路 152 号；Herbarium, School of Life Sciences, Central China Normal University. No. 152, Luoyu Road, Hongshan District, Wuhan, Hubei 430079

CDBI　成都：中国科学院成都生物研究所植物标本馆，610041 四川省成都市武侯区人民南路四段 9 号；Herbarium, Chengdu Institute of Biology, Chinese Academy of Sciences. No. 9, 4th Section, Renmin South Road, Wuhou District, Chengdu, Sichuan 610041

CDC　成都：成都市药品检验所植物标本室，610061 四川省成都市双槐树街 25 号

CDCM　成都：成都中医药大学中药标本馆，611137 四川省成都市温江区柳台大道 1166 号；Chinese Materia Medica Herbarium, Chengdu University of Traditional Chinese Medicine. No. 1166, Liutai Avenue, Wenjiang District, Chengdu, Sichuan 611137

CHA　昌黎：河北科技师范学院植物标本室，066600 河北省秦皇岛市昌黎县学院路 113 号；Herbarium, Hebei Normal University of Science & Technology. No. 113, Xueyuan Road, Changli, Qinhuangdao, Hebei 066600

CHIA　嘉义：嘉义大学森林系标本室，台湾省嘉义县

CIS　北京：中国科学院国家计划委员会自然资源综合考察委员会植物标本室，100101 北京市朝阳区大屯路 3 号

CIT　重庆：中国农业科学院柑桔研究所标本室，630712 重庆市北碚区歇马镇

CMMI　北京：中国中医科学院中药资源中心标本馆，100700 北京市东城区东直门内南小街 16 号；

	Herbarium, National Resource Center for Chinese Materia Medica, China Academy of Chinese Medical Sciences. No. 16, Dongzhimen Nanxiaojie Street, Dongcheng District, Beijing 100700
CPB	北京：中国药品生物制品检定所中药标本馆，100050 北京市天坛西里 2 号
CPU	南京：中国药科大学药学博物馆植物标本室，211198 江苏省南京市江宁区龙眠大道 639 号；Herbarium, China Pharmaceutical University. No. 639, Longmian Avenue, Jiangning District, Nanjing, Jiangsu 211198
CQBG	重庆：重庆市植物园植物标本室，630702 重庆市北碚区缙云山
CQNM	重庆：重庆自然博物馆植物标本室，400711 重庆市北碚区金华路 466 号；Herbarium, Chongqing Museum of Natural History. No. 466, Jinhua Road, Beibei District, Chongqing 400711
CSFI	长沙：中南林业科技大学林学院森林植物标本室，410004 湖南省长沙市韶山南路 498 号；Herbarium of Forest Plants, Forestry College, Central South University of Forestry and Technology. No. 498, Shaoshan South Road, Changsha, Hunan 410004
CSH	上海：上海辰山植物标本馆，201602 上海市松江区辰花公路 3888 号，中国科学院上海辰山植物科学研究中心 / 上海辰山植物园；Shanghai Chenshan Herbarium. No. 3888, Chenhua Road, Songjiang District, Shanghai, 201602
CTC	重庆：重庆师范大学生命科学学院植物标本室，401331 重庆市沙坪坝区师大虎溪校区（博雅楼）；Herbarium, College of Life Sciences, Chongqing Normal University. Huxi campus, Shapingba District, Chongqing 401331
CTS	永川：重庆师范专科学校植物标本室，632168 重庆市永川市黄瓜山卫星湖畔
CUHK	香港：香港中文大学生物系植物标本室，香港沙田
CZH	潮州：广东省韩山师范学院食品工程与生物科技学院植物标本室，521041 广东省潮州市湘桥区桥东；Herbarium, School of Food Engineering and Biotechnology, Hanshan Normal University. Qiaodong, Xiangqiao District, Chaozhou, Guangdong 521041
DFEC	磴口：中国林业科学研究院沙漠林业研究中心植物标本馆，015200 内蒙古磴口县巴彦高勒镇
DNHM	大连：大连自然博物馆植物标本室，116029 辽宁省大连市沙河口区黑石礁西村街 40 号；Herbarium, Dalian Natural History Museum. No. 40, Xicun Street, Shahekou District, Dalian, Liaoning 116029
DQTC	大庆：大庆师专生物系植物标本室，163712 黑龙江省大庆市
EBF	武汉：湖北省林业科学研究所树木标本室，430075 湖北省武汉市武昌九峰
ECM	武汉：湖北中医学院中药系标本中心，430061 湖北省武汉市云架桥 110 号
EDC	武汉：湖北省药品检验所植物标本室，430064 湖北省武汉市武昌丁字桥路 110 号
EMA	峨眉山：四川省食品药品学校植物标本室，614201 四川省峨眉山市名山路南段 216 号；Herbarium, Sichuan Food and Drug School. No. 216, South Section, Mingshan Road, Emei, Sichuan 614201
ENS	恩施：湖北民族学院生物多样性标本馆，445000 湖北省恩施市学院路 39 号；The Biodiversity Specimens Museum, Hubei University for Nationalities. No. 39, Xueyuan Road, Enshi, Hubei 445000
EU	武汉：湖北大学生命科学学院植物标本室，430062 湖北省武汉市武昌区友谊大道 368 号；Herbarium, College of Life Sciences, Hubei University. No. 368, Youyi Avenue, Wuchang, Wuhan, Hubei 430062
FAN	江口：梵净山自然保护区博物馆植物标本室，554400 贵州省江口县三星路 100 号
FFVTC	南平：福建林业职业技术学院植物标本室，353000 福建省南平市延平区夏道镇海瑞路 1 号；Herbarium, Fujian forestry Vocational Technical College. No. 1, Hairui Road, Xiadao Town, Yanping District, Nanping, Fujian 353000
FGC	呼和浩特：中国农业科学院草原研究所饲用植物标本室，010010 内蒙古呼和浩特市乌兰察

布东路 120 号；Forage Herbarium, Grassland Research Institute, Chinese Academy of Agricultural Sciences. No. 120, Wulanchabu East Road, Hohhot, Inner Mongolia, 010010

FJFC 福州：福建农林大学林学院树木标本室，350002 福建省福州市仓山区上下店路 15 号；Dendrological Herbarium, College of Forestry, Fujian Agriculture and Forestry University. No. 15, Shangxiadian Road, Cangshan District, Fuzhou, Fujian 350002

FJSI 厦门：福建省亚热带植物研究所植物标本室，361006 福建省厦门市嘉禾路 780-800 号；Herbarium, Fujian Institute of Subtropical Botany. No. 780-800, Jiahe Road, Xiamen, Fujian 361006

FMP 福州：福建省中医药研究院药用植物标本室，350003 福建省福州市五四北路 53 号

FNU 福州：福建师范大学生命科学学院植物标本馆，350108 福建省福州市闽侯县大学城；Herbarium, College of Life Science, Fujian Normal University. University town of Minhou County, Fuzhou, Fujian 350108

FTS 抚州：抚州师范专科学校生物系植物标本室，344000 江西省抚州市羊城路 154 号

FUS 上海：复旦大学生命科学学院植物标本室，200433 上海市邯郸路 220 号；Herbarium, School of Life Sciences, Fudan University. No. 220, Handan Road, Shanghai 200433

GAC 南宁：广西大学森林植物标本馆，530004 广西南宁市大学东路 100 号；Dendrological Herbarium, Forestry College, Guangxi University. No. 100, Daxue Dong Road, Nanning, Guangxi 530004

GACP 贵阳：贵州大学自然博物馆植物标本室，550025 贵州省贵阳市花溪区贵州大学南区贵州大学自然博物馆；Herbarium, Museum of Nature History, Guizhou University. Huaxi District, Guiyang, Guizhou 550025

GAFS 赣州：江西赣州林校树木标本室，341002 江西省赣州市湖边

GAUA 南宁：广西大学农学院植物标本室，530005 广西南宁市大学东路 100 号；Herbarium, College of Agriculture, Guangxi University. No. 100, Daxue East Road, Nanning, Guangxi 530005

GAUF 兰州：甘肃农业大学林学院森林植物标本室，730070 甘肃省兰州市安宁区营门村 1 号；Dendrological Herbarium, College of Forestry, Gansu Agricultural University. No. 1, Yingmen Village, Anning District, Lanzhou, Gansu 730070

GDGM 广州：广东省微生物研究所真菌标本馆，510070 广东省广州市先烈中路 100 号大院 59 号楼；Fungal Herbarium of Guangdong Institute of Microbiology. No. 100, Xianlie Zhong Road, Guangzhou, Guangdong 510070

GDMM 广州：广东省中药研究所药用植物标本室，510520 广东省广州市天河区龙洞北路 321 号；Medicinal Herbarium, Guangdong Institute of Chinese Materia Medica. No. 321, Longdong North Road, Tianhe District, Guangzhou, Guangdong 510520

GDMP 广州：广东医药学院药学系药用植物标本室，510224 广东省广州市海珠区光汉直街 40 号

GF 贵阳：贵州省林业科学研究院植物标本室，550005 贵州省贵阳市富源南路 382 号；Herbarium, Guizhou Academy of Forestry. No. 382, Fuyuan South Road, Guiyang, Guizhou 550005

GFS 修文：贵州省林业学校树木标本室，550201 贵州省修文县扎佐镇；Dendrological Herbarium, Guizhou Forestry School. Zazuo Town, Xiuwen, Guizhou 550201

GLMC 桂林：桂林医学院药学院生药学教研室药用植物标本室，541100 广西桂林市临桂区致远路 1 号；Medicinal Herbarium, College of Pharmacy, Guilin Medical University. No. 1, Zhiyuan Road, Lingui District, Guilin, Guangxi 541001

GNA 上犹：江西省赣南树木园植物标本室，341212 江西省上犹县陡水镇

GNU 桂林：广西师范大学生命科学学院植物标本室，541006 广西桂林市雁山镇雁中路 1 号；Herbarium, College of Life Science, Guangxi Normal University. No. 1, Yanzhong Road, Yanshan

Town, Guilin, Guangxi 541006

GNUB　贵阳：贵州师范大学生命科学学院植物标本室，550001 贵州省贵阳市宝山北路 116 号；Herbarium, College of Life Science, Guizhou Normal University. No. 116, Baoshan North Road, Guiyang, Guizhou 550001

GNUG　贵阳：贵州师范大学地理与环境科学学院植物标本室，550025 贵州省贵阳市贵安新区花溪大学城；Herbarium, School of Geographic and Environmental Sciences, Guizhou Normal University. Huaxi, Guiyang, Guizhou 550025

GSFS　天水：甘肃省林业学校树木标本室，741020 甘肃省天水市北道区马跑泉路 58 号

GXCM　南宁：广西中医药大学医药会展中心腊叶标本室，530001 广西南宁市西乡塘区明秀东路 179 号；Herbarium, Medical Convention and Exhibition Center, Guangxi University of Chinese Medicine. No. 179, Mingxiu East Road, Xixiangtang District, Nanning, Guangxi 530001

GXDC　南宁：广西食品药品检验所植物标本室，530021 广西南宁市青秀区青湖路 9 号；Herbarium, Guangxi Institute for Food and Drug Control. No. 9, Qinghu Road, Qingxiu District, Nanning, Guangxi 530021

GXEM　南宁：广西民族医药研究所民族药标本室，530001 广西南宁市明秀路 36 号

GXF　南宁：广西林业勘测设计院植物标本室，530011 广西南宁市中华路 14 号；Herbarium, Guangxi Forest Inventory and Planning Institute. No. 14, Zhonghua Road, Nanning, Guangxi 530011

GXFI　南宁：广西林业科学研究院植物标本室，530002 广西南宁市邕武路 23 号；Herbarium, Guangxi Forestry Research Institute. No. 23, Yongwu Road, Nanning, Guangxi 530002

GXFS　柳州：广西生态工程职业技术学院树木标本室，545003 广西柳州市沙塘镇；Herbarium, Guangxi Eco-engineering Vocational and Technical College. Shatang Town, Liuzhou, Guangxi 545003

GXMG　南宁：广西药用植物园标本馆，530023 广西南宁市长堽路 189 号；Herbarium, Guangxi Medicinal Botanic Garden. No. 189, Changgang Road, Nanning, Guangxi 530023

GXMI　南宁：广西中医药研究院植物标本馆，530022 广西南宁市东葛路 20-1 号；Herbarium, Guangxi Institute of Chinese Medicine & Pharmaceutical Science. No. 20-1, Dongge Road, Nanning, Guangxi 530022

GXNM　南宁：广西自然博物馆植物标本室，530012 广西南宁市人民东路 1-1 号（人民公园内）；Herbarium, Guangxi Natural History Muscum. No. 1-1, Renmin Dong Road, Nanning, Guangxi 530012

GXSP　南宁：广西卫生职业技术学院植物标本室，530023 广西南宁市昆仑大道 8 号；Herbarium, Guangxi Medical College. No. 8, Kunlun Avenue, Nanning, Guangxi 530023

GYBG　贵阳：贵阳药用资源博物馆标本室，550002 贵州省贵阳市南明区沙冲南路 202 号；Guiyang Museum of Medical Resources. No. 202, Shachong South Road, Nanming District, Guiyang, Guizhou, 550002

GZAC　贵阳：贵州大学林学院树木标本室，550025 贵州省贵阳市花溪区贵州大学林学院；Dendrological Herbarium, College of Forestry, Guizhou University. Huaxi, Guiyang, Guizhou 550025

GZTM　贵阳：贵阳中医学院药学院标本室，550025 贵州省贵阳花溪区大学城；Herbarium, Collage of Pharmacy, Guiyang University of Traditional Chinese Medicine. University Campus, Huaxi District, Guiyang, Guizhou, 550025

HAF　琼山：海南省林业科学研究所植物标本室，571100 海南省琼山县府城镇东门外

HANU　哈尔滨：哈尔滨师范大学生命科学与技术学院植物标本室，150025 黑龙江省哈尔滨市利民经济开发区师大路 1 号；Herbarium, College of Life Science and Technology, Harbin

Normal University. No. 1, South Normal University Road, Limin Economic and Technological Development Zone, Harbin, Heilongjiang, 150025

HAST	台北：台湾“中央研究院”植物研究所标本馆，115 台湾省台北市南港区研究院路二段 128 号
HBAU	保定：河北农业大学植物标本室，071001 河北省保定市
HBAUD	永年：河北农业大学邯郸分校农学系植物标本室，057150 河北省永年县临洺关
HBDC	石家庄：河北省药品检验所植物标本室，050016 河北省石家庄市裕华路富强大街
HBFC	保定：河北林学院基础部植物标本室，071000 河北省保定市油田路
HBI	武汉：中国科学院水生生物研究所藻类标本室，430072 湖北省武汉市武昌珞珈山；Algae Herbarium, Institute of Hydrobiology, Chinese Academy of Sciences. Luojiashan, Wuchang, Wuhan, Hubei 430072
HBNU	石家庄：河北师范大学博物馆植物标本室，050024 河北省石家庄市南二环东路 20 号；Herbarium, College of Life Science, Hebei Normal University. No. 20, South 2nd Ring East Road, Shijiazhuang, Hebei, 050024
HBU	保定：河北大学博物馆植物标本室，071002 河北省保定市五四东路 180 号；Herbarium of Museum, Heibei University. No. 180, Wusidong Road. Baoding, Hebei 071002
HEAC	郑州：河南农业大学植物标本室，450002 河南省郑州市农业路 63 号；Herbarium, Henan Agricultural University. No. 63, Nongye Road, Zhengzhou, Henan 450002
HEBI	郑州：河南省科学院生物研究所植物标本室，450003 河南省郑州市花园路 28 号
HECM	郑州：河南中医学院中药标本馆，450046 河南省郑州市郑东新区龙子湖高校园区；Herbarium, Henan University of Traditional Chinese Medicine. Zhengdong New District, Zhengzhou, Henan 450046
HENU	新乡：河南师范大学生命科学学院标本馆，453007 河南省新乡市建设东路 46 号；Herbarium, College of Life Sciences, Henan Normal University. No. 46, Jianshe East Road, Xinxiang, Henan 453007
HFB	海口：海南省林业局森林植物标本室，570003 海南省海口市海府路 80 号
HFBG	哈尔滨：黑龙江省森林植物园标本室，150040 黑龙江省哈尔滨市动力区哈平路
HGAS	贵阳：贵州省生物研究所植物标本馆，550000 贵州省贵阳市小河科技大楼；Herbarium, Guizhou Institute of Biology. Xiaohe, Guiyang, Guizhou 550000
HGTC	黄州：黄冈师范专科学校生物系植物标本室，436100 湖北省黄州市胜利街 82 号
HHBG	杭州：杭州植物园植物标本室，310013 浙江省杭州市桃源岭 1 号；Herbarium, Hangzhou Botanical Garden. No. 1, Taoyuanling, Hangzhou, Zhejiang 310013
HHNNR	壶瓶山：湖南省壶瓶山国家级自然保护区标本馆，415319 湖南省石门县壶瓶山镇；Herbarium, Hupingshan National Nature Reserve. Hupingshan Town, Shimen County, Hunan, 415319
HIB	武汉：中国科学院武汉植物园标本馆，430074 湖北省武汉市武昌磨山；Herbarium, Wuhan Botanical Garden, Chinese Academy of Sciences. Moshan, Wuchang, Wuhan, Hubei 430074
HIMC	呼和浩特：内蒙古大学生命科学学院植物标本馆，010021 内蒙古呼和浩特市赛罕区大学西路 1 号；Herbarium, School of Life Sciences, Inner Mongolia University. No. 1, Daxue West Road, Saihan District, Hohhot, Inner Mongolia 010021
HITBC	勐腊：中国科学院西双版纳热带植物园标本馆，666303 云南省勐腊县勐仑镇；Herbarium, Xishuangbanna Tropical Botanical Garden, Chinese Academy of Sciences. Menglun Town, Mengla, Yunnan 666303
HK	香港：香港植物标本室，香港 香港九龙广东道 393 号政府合署三楼
HLCM	哈尔滨：黑龙江中医药大学中医药博物馆，150040 黑龙江省哈尔滨市香坊区和平路 24 号；

Museum of Traditional Chinese Medicine, Heilongjiang University of Chinese Medicine. No. 24, Heping Road, Xiangfang District, Harbin, Heilongjiang 150040

HLNM　哈尔滨：黑龙江省博物馆植物标本室，150001 黑龙江省哈尔滨市红军街 50 号

HMAS　北京：中国科学院菌物标本馆，100101 北京市朝阳区北辰西路 1 号院 3 号，中国科学院微生物研究所；Fungarium, Chinese Academy of Science. No. 1, Beichen West Road, Chaoyang District, Beijing 100101

HMJAU　长春：吉林农业大学食药用菌教育部工程研究中心菌物标本馆，1301180 吉林省长春市新城大街 2888 号；Herbarium, Engineering Research Center of Chinese Ministry of Education for Edible and Medicinal Fungi, Jilin Agricultural University. No. 2888, Xincheng Street. Changchun, Jilin, 1301180

HMUT　阿拉尔市：塔里木大学菌物标本馆，843300 新疆阿拉尔市虹桥南路 705 号塔里木大学生命科学学院；Herbarium Mycologicum Universitatis Tarimensis. No. 705, Hongqiao South Road, Aral, Xinjiang 843300

HNNU　长沙：湖南师范大学生命科学学院植物标本馆，410081 湖南省长沙市岳麓山南路 36 号；Herbarium, College of Life Science, Hunan Normal University. No. 36, Yuelushan South Road, Changsha, Hunan 410081

HNR　哈尔滨：黑龙江省科学院自然与生态研究所植物标本室，150040 黑龙江省哈尔滨市香坊区哈平路 103 号；Herbarium, Institute of Nature Resources and Ecology, Heilongjiang Academy of Sciences. No. 103, Haping Road, Xiangfang District, Harbin, Heilongjiang 150040

HNWP　西宁：中国科学院西北高原生物研究所植物标本馆，810001 青海省西宁市新宁路 23 号；Herbarium, Northwest Institute of Plateau Biology, Chinese Academy of Sciences. No. 23, Xinning Road, Xining, Qinghai 810001

HON　红原：四川省草原科学研究院标本馆，624400 四川省红原县邛溪镇阳嘎中街 9 号；Herbarium, Sichuan Grassland Research Institute. No. 9, Gazhong Street, Qiongxi Town, Hongyuan County, Sichuan, 624400

HSIB　太原：山西省生物研究所植物标本室，030006 山西省太原市师范街 50 号；Herbarium, Biology Institute of Shanxi. No. 50, Shifan Street, Taiyuan, Shanxi 030006

HSNU　上海：华东师范大学生命科学学院植物标本馆，200241 上海市东川路 500 号；Herbarium, School of Life Sciences, East China Normal University. No. 500, Dongchuan Road, Shanghai 200241

HTC　杭州：杭州师范大学生命与环境科学学院植物标本室，310036 浙江省杭州市江干区学林街 16 号；Herbarium, College of Life and Environmental Sciences, Hangzhou Normal University. No. 16, Xuelin Street, Jianggan District, Hangzhou, Zhejiang 310036

HUCM　长沙：湖南中医药大学中药系标本室，410208 湖南省长沙市含浦科教园区学士路 300 号；Herbarium, School of Pharmacy, Hunan University of Chinese Medicine. No. 300, Xueshi Road, Changsha, Hunan 410208

HUE　长沙：湖南教育学院生物系植物标本室，410012 湖南省长沙市左家垅桃坪 1 号

HUF　衡阳：湖南省林业专科学校树木标本室，421005 湖南省衡阳市北郊周坳

HUFD　长沙：湖南食品药品职业学院中药系植物标本室，410208 湖南省长沙市岳麓区学士路 400 号；Herbarium, Department of Chinese Materia Medica, Hunan Food and Drug Vocational College. No.400 Xueshi Road, Yuelu District, Changsha, Hunan, 410208

HUIF　长沙：湖南省林业科学研究所植物标本馆，410004 湖南省长沙市韶山路 164 号

HUST　湘潭：湖南科技大学生命科学学院植物标本馆，411201 湖南省湘潭市桃园路；Herbarium, School of Life Science, Hunan University of Science and Technology. Taoyuan Road, Xiangtan, Hunan 411201

HUTB 海口：海南大学植物标本室，570028 海南省海口市美兰区人民大道 58 号；Herbarium, Hainan University. No. 58, Renmin Avenue, Meilan District, Haikou, Hainan 570028

HUTM 长沙：湖南省中医药研究院中药研究所植物标本室，410006 湖南省长沙市麓山路 167 号

HWA 重庆：西南大学植物标本馆，400716 重庆市北碚区天生路 216 号；Herbarium, Southwest University. No. 216, Tiansheng Road, Beibei District, Chongqing 400716

HZTC 汉中：汉中师范学院生物系植物标本室，723001 陕西省汉中市小关子街 105 号

HZU 杭州：浙江大学生命科学学院植物标本馆，310058 浙江省杭州市余杭塘路 866 号；Herbarium, College of Life Sciences, Zhejiang University. No. 866, Yuhangtang Road, Hangzhou, Zhejiang 310058

IBK 桂林：广西植物研究所标本馆，541006 广西桂林市雁山区雁山镇雁山街 85 号；Herbarium, Guangxi Institute of Botany. No.85 Yanshan, Guilin, Guangxi 541006

IBSC 广州：中国科学院华南植物园标本馆，510650 广东省广州市天河区兴科路 723 号；Herbarium, South China Botanical Garden, Chinese Academy of Sciences. No. 723, Xingke Road, Tianhe District, Guangzhou, Guangdong 510650

IBSD 肇庆：中国科学院华南植物研究所鼎湖山树木园标本室，526070 广东省肇庆市鼎湖山树木园

IFP 沈阳：中国科学院沈阳应用生态研究所东北生物标本馆，110016 辽宁省沈阳市文化路 72 号；Herbarium of Northeast China, Institute of Applied Ecology, Chinese Academy of Sciences. No. 72, Wenhua Road, Shenyang, Liaoning, 110016

IGA 长春：中国科学院东北地理与农业生态研究所湿地标本馆，130102 吉林省长春市高新北区盛北大街 4888 号；Wetland Herbarium, Northeast Institute of Geography and Agroecology, Chinese Academy of Sciences. No.4888, Shengbei Avenue, Changchun, Jilin, 130102

IMC 南川：重庆市药物种植研究所标本馆，408435 重庆市南川区三泉镇；Herbarium, Chongqing Institute of Medicinal Plant Cultivation. Sanquan Town, Nanchuan District, Chongqing 408435

IMD 北京：中国医学科学院药用植物研究所标本馆，100193 北京市海淀区马连洼北路 151 号；Herbarium, The Institute of Medicinal Plant, Chinese Academy of Medical Sciences. No. 151, Malianwa North Road, Haidian District, Beijing 100193

IMDC 呼和浩特：内蒙古自治区药品检验所植物标本室，010020 内蒙古呼和浩特市大学路 22 号

IMDY 景洪：中国医学科学院药用植物研究所云南分所标本馆，666100 云南省景洪市宣慰大道 138 号；Herbarium, Yunnan Branch, Institute of Medicinal Plant, Chinese Academy of Medical Sciences. No. 138, Xuanwei Avenue, Jinghong, Yunnan 666100

IMFA 呼和浩特：内蒙古林业科学研究院树木标本室，010010 内蒙古呼和浩特市新城南门外

IMM 北京：中国医学科学院药物研究所植物标本馆，100050 北京市西城区先农坛街 1 号；Herbarium, Institute of Materia Medica, Chinese Academy of Medical Sciences. No. 1, Xiannongtan Street, Xicheng District, Beijing, 100050

IVF 北京：中国农业科学院蔬菜花卉研究所植物标本室，100081 北京市海淀区白石桥路 30 号

JAS 南昌：江西省科学院生物技术开发中心植物标本室，330029 江西省南昌市北京东路彭家桥上访路 18 号

JCE 南昌：江西教育学院生物系植物标本室，330029 江西省南昌市北京东路 87 号

JGSU 井冈山：井冈山大学生命科学学院植物标本室，343009 江西省吉安市青原区学苑路 28 号；Herbarium, School of Life Sciences, Jinggangshan University. No. 28, Xueyuan Road, Qingyuan District, Jian, Jiangxi 343009

JIU 吉首：吉首大学植物标本馆，416000 湖南省吉首市人民南路 120 号；Herbarium of Jishou University. No. 120, Renmin South Road, Jishou, Hunan, 416000

JJF 九江：九江森林植物标本馆，332100 江西省九江沙城工业园富园二路；Herbarium, Forestry Institute of Jiujiang. Fuyuan Er Road, Shacheng Industrial Park, Jiujiang, Jiangxi 332100

JJT	九江：江西九江学院药学与生命科学学院植物标本室，332000 江西省九江市浔阳区浔阳东路 320 号；Herbarium, College of Pharmacy and Life Science, Jiujiang University. No. 320, Xunyang East Road, Jiujiang, Jiangxi 332000
JLAU	长春：吉林农业大学中药材学院植物标本室，130118 吉林省长春市新城大街 2888 号；Herbarium, College of Chinese Medicinal Materials, Jilin Agricultural University. No. 2888, Xincheng Avenue, Changchun, Jilin, 130118
JLFC	吉林：北华大学林学院植物标本室，132013 吉林省吉林市滨江东路 3999 号；Herbarium, College of Forestry, Beihua University. No. 3999, Binjiang East Road, Jilin City, Jilin 132013
JLMP	长春：吉林省中医中药研究院药用植物标本室，130021 吉林省长春市工农大路 17 号
JMSMC	佳木斯：佳木斯大学药学院药用植物标本室，154007 黑龙江省佳木斯市学府街 148 号；Medicinal Herbarium, College of Pharmacy, Jiamusi University. No. 148, Xuefu Street, Jiamusi, Heilongjiang 154007
JN	井冈山：井冈山自然保护区管理处标本室，343600 江西省井冈山市茨坪狮子岩
JNR	龙南：江西省九连山自然保护区管理处植物标本室，341701 江西省龙南县古坑
JSPC	济南：山东大学生命科学学院植物标本馆，250100 山东省济南市山大南路 27 号；Herbarium, College of Life Sciences, Shandong University. No. 27, South Shanda Road, Jinan, Shandong 250100
JU	广州：暨南大学水生生物研究所藻类标本室，510632 广东省广州市
JUJ	保定：河北农业大学中国枣研究中心标本室，071001 河北省保定市
JXAU	南昌：江西农业大学林学院树木标本馆，330045 江西省南昌市昌北经济技术开发区志敏大道 1101 号；Dendrological Herbarium, College of Forestry, Jiangxi Agricultural University. No. 1101, Zhimin Avenue, Changbei District, Nanchang, Jiangxi 330045
JXCM	南昌：江西中医药大学药用植物标本室，330004 江西省南昌市湾里区兴湾大道 818 号；Medicinal Herbarum, Jiangxi University of Traditional Chinese Medicine. No. 818, Xingwan Avenue, Wanlin District, Nanchang, Jiangxi 330004
JXF	南昌：江西省林业科学研究所树木标本室，330032 江西省南昌市麦园
JXM	南昌：江西省药物研究所药用植物标本室，330029 江西省南昌市南京东路 15 号
JXU	南昌：南昌大学生物标本馆，330031 江西省南昌市红谷滩新区学府大道 999 号；Herbarium, School of Life Sciences, Nanchang University. No. 999, Honggutan New District, Xuefu Avenue, Nanchang, Jiangxi 330031
KAI	开封：河南大学生命科学学院动植物标本室，475004 河南省开封市金明大道；Herbarium, School of Life Science, Henan University. Jinming Avenue, Kaifeng, Henan, 475004
KEF	昆明：中华全国供销合作总社昆明食用菌研究所食用菌标本馆，650221 云南省昆明市五华区政教路 14 号；Fungi Herbarium, Kunming Edible Fungi Institute. No. 14, Zhengjiao Road, Wuhua District, Kunming, Yunnan 650221
KUN	昆明：中国科学院昆明植物研究所标本馆，650201 云南省昆明市黑龙潭蓝黑路 132 号；Herbarium, Kunming Institute of Botany, Chinese Academy of Sciences. No. 132, Lanhei Road, Heilongtan, Kunming, Yunnan 650201
KUNE	昆明：中国科学院昆明生态研究所植物标本室，云南省昆明市教场东路 25 号
LAC	西安：商业部西安生漆研究所植物标本室，710061 陕西省西安市吴家坟天坛路
LBG	庐山：江西省中国科学院庐山植物园标本馆，332900 江西省九江市庐山市植青路 9 号；Herbarium, Lushan Botanical Garden, Jiangxi Province and Chinese Academy of Sciences. No. 9, Zhiqing Road, Lushan, Jiujiang, Jiangxi 332900
LCU	聊城：聊城大学生命科学学院地衣标本室，252059 山东省聊城市湖南路 1 号；Lichen Herbarium, College of Life Science, Liaocheng University. No. 1, Hunan Road, Liaocheng,

	Shandong, 252059
LEF	大连：辽宁省经济林研究所植物标本室，116031 辽宁省大连市甘井子区育林街 252 号
LINF	临汾：山西师范大学生命科学学院植物标本室，041004 山西省临汾市贡院街 1 号；Herbarium, College of Life Sciences, Shanxi Normal University. No. 1, Gongyuan Street, Linfen, Shanxi 041004
LNAF	沈阳：辽宁省林业科学研究院综合标本室，110032 辽宁省沈阳市崇山东路鸭绿江街 12 号
LNCM	大连：辽宁中医药大学药学院中药标本馆，116600, 116600，辽宁省大连市双 D 港生命一路 77 号；Medicinal Herbarium, Liaoning University of Traditional Chinese Medicine. No. 77, Shengming 1 Road, Double D Port, Dalian, Liaoning, 116600
LNNU	大连：辽宁师范大学生物系植物标本室，116022 辽宁省大连市黄河路 850 号
LPSUN	六盘水：六盘水师范学院生命科学系植物标本室，553001 贵州省六盘水市钟山区明湖路；Herbarium, Department of Life Sciences, Liupanshui Normal University. Minghu Road, Zhongshan District, Liupanshui, Guizhou 553001
LSDC	西昌：四川省凉山州药品检验所标本室，615000 四川省西昌市长安中街 69 号
LYAC	莱阳：莱阳农学院基础部植物标本室，265200 山东省莱阳市文化路 46 号
LZAH	兰州：中国农业科学院兰州畜牧研究所牧草标本室，730050 甘肃省兰州市小西湖硷沟沿 20 号
LZD	兰州：中国科学院寒区旱区环境与工程研究所植物标本室，730000 甘肃省兰州市东岗西路 320 号；Herbarium, Cold and Arid Regions Environmental and Engineering Research Institute, Chinese Academy of Sciences. No. 320, Donggang West Road, Lanzhou, Gansu 730000
LZU	兰州：兰州大学生命科学学院植物标本室，730000 甘肃省兰州市天水路 222 号；Herbarium, School of Life Sciences, Lanzhou University. No. 222, Tianshui Road, Lanzhou, Gansu 730000
MBMCAS	青岛：中国科学院海洋生物标本馆，266071 山东省青岛市南海路 7 号，中国科学院海洋研究所；The Marine Biological Museum of the Chinese Academy of Sciences. No. 7, Nanhai Road, Qingdao, Shandong 266071
MJS	天水：甘肃省小陇山林业实验局麦积山植物园植物标本室，741026 甘肃省天水市北道区麦积山
MQ	民勤：甘肃省治沙研究所民勤沙生植物园标本室，733300 甘肃省民勤县；Desert Herbarium, Minqin Botanical Garden of Desert Plants, Gansu Institute of Desert Control. Minqin, Gansu 733300
MYDC	绵阳：四川省绵阳市药品检验所植物标本室，621000 四川省绵阳市安昌路 44 号
N	南京：南京大学生命科学学院植物标本室，210023 江苏省栖霞区仙林大道 163 号；Herbarium, School of Life Sciences, Nanjing University. No. 163, Xianlin Avenue, Xixia District, Nanjing, Jiangsu 210023
NAN	南通：南通师范专科学校生物系植物标本室，226007 江苏省南通市三里墩
NAS	南京：江苏省·中国科学院植物研究所标本馆，210014 江苏省南京市中山门外前湖后村 1 号；Herbarium, Institute of Botany, Jiangsu Province and Chinese Academy of Sciences. No. 1, Qianhuhoucun, Nanjing, Jiangsu 210014
NAU	南京：南京农业大学生命科学学院植物标本室，210095 江苏省南京市卫岗 1 号；Herbarium, College of Life Science, Nanjing Agricultural University. No. 1, Weigang, Nanjing, Jiangsu 210095
NAUFH	杨凌：西北农林科技大学植物保护学院真菌标本室，712100 陕西省杨凌示范区邰城路 3 号西北农林科技大学植物保护学院；Fungus Herbarium, College of Plant Protection, Northwest Agriculture & Forestry University. No. 3, Taicheng Road, Yangling, Shaanxi, China, 712100
NCKU	台南：成功大学生物系标本室，台湾省台南市大学路一号
NDTC	宁德：宁德师范专科学校生物系植物标本室，352100 福建省宁德市

NEAU	哈尔滨：东北农业大学生科院植物标本室，150030 黑龙江省哈尔滨市香坊区长江路 600 号；Herbarium, College of Life Science, Northeast Agricultural University. No. 600, Changjiang Road, Xiangfang District, Harbin, Heilongjiang 150030
NEFI	哈尔滨：东北林业大学植物标本室，150040 黑龙江省哈尔滨市和兴路 26 号；Herbarium, Northeast Forestry University. No. 26, Hexing Road, Harbin, Heilongjiang 150040
NENU	长春：东北师范大学植物标本馆，130024 吉林省长春市南关区人民大街 5268 号；Herbarium, Northeast Normal University. No. 5268, Renmin Street, Nanguan District, Changchun, Jilin 130024
NF	南京：南京林业大学树木标本室，210037 江苏省南京市龙蟠路 159 号；Dendrological Herbarium, Nanjing Forestry University. No. 159, Longpan Road, Nanjing, Jiangsu 210037
NFP	南京：南京森林警察学院植物标本室，210023 江苏省南京市仙林大学城文澜路 28 号；Herbarium, Nanjing Forest Police College. No. 28, Wenlan Road, Xianlin College City, Nanjing, Jiangsu, 210023
NJNU	南京：南京师范大学珍稀动植物博物馆，210023 江苏省南京市文苑路 1 号；Herbarium, College of Life Sciences, Nanjing Normal University. No. 1, Wenyuan Road, Nanjing, Jiangsu 210023
NKU	天津：南开大学生科院植物标本室，300071 天津市卫津路 94 号；Herbarium, Colleage of Life Science, Nankai University. No. 94, Weijin Road, Tianjin 300071
NMAC	呼和浩特：内蒙古农业大学植物标本馆，010019 内蒙古呼和浩特市赛罕区学苑东街 275 号；Herbarium, Inner Mongolia Agricultural University. No. 275, Xueyuan East Street, Saihan District, Hohhot, Inner Mongolia 010019
NMFC	呼和浩特：内蒙古林学院治沙系植物标本室，010019 内蒙古呼和浩特市新城区新建东街
NMPG	杭州：浙江省中药研究所国家药用植物种质资源库标本室，310023 浙江省杭州市新凉亭
NMTC	呼和浩特：内蒙古师范大学生命科学与技术学院植物标本室，010022 内蒙古呼和浩特市赛罕区昭乌达路 81 号；Herbarium, College of Life Science and Technology, Inner Mongolia Normal University. No. 81, Zhaowuda Road, Saihan District, Hohhot, Inner Mongolia 010022
NNA	南宁：南宁树木园标本室，530031 广西南宁市江南区友谊路 78 号南宁树木园；Herbarium, Nanning Arboretum. No. 78, Youyi Road, Jiangnan District, Nanning, Guangxi 530031
NOCC	深圳：深圳市兰科植物保护研究中心标本馆，518114 广东省深圳市罗湖区望桐路 889 号；Herbarium, The National Orchid Conservation Center of China. No. 889, Wangtong Road, Luohu District, Shenzhen, Guangdong 518114
NTUF	台北：台湾大学森林学系腊叶标本馆，台湾省台北市罗斯福路四段 1 号
NWFC	杨凌：西北林学院森林资源保护系树木标本室，712100 陕西省咸阳市杨凌镇
NWTC	兰州：西北师范大学生命科学学院植物标本室，730070 甘肃省兰州市安宁区十里店；Herbarium, College of Life Sciences, Northwest Normal University. Shilidian, Anning District, Lanzhou, Gansu 730070
NWUB	兰州：西北师范大学生物系植物标本室，730070 甘肃省兰州市十里店
NXAC	永宁：宁夏农学院植物标本室，750105 宁夏永宁县王太堡
NXF	银川：宁夏农林科学院林业研究所树木标本室，750004 宁夏银川市南郊
NYA	衡阳：湖南省南岳树木园标本室，421900 湖南省衡阳市南岳区桎木潭；Herbarium, Nanyue Arboretum. Zhimu Tan, Nanyue District, Hengyang, Hunan 421900
PE	北京：中国科学院植物研究所标本馆，100093 北京市海淀区香山南辛村 20 号；Herbarium, Institute of Botany, Chinese Academy of Sciences. No. 20, Nanxincun, Xiangshan, Haidian District, Beijing 100093
PEM	北京：北京大学药学院中药标本馆，100083 北京市海淀区学院路 38 号北京大学医学部；Herbarium, School of Pharmaceutical Sciences, Peking University. No. 38, Xueyuan Road, Haidian

District, Beijing 100083

PEY 北京：北京大学生物系植物标本室，100871 北京市海淀区颐和园路 5 号；Herbarium, Department of Biology, Peking University. No. 5, the Summer Palace Road, Haidian District, Beijing 100871

PPI 屏东：屏东商业技术学院森林资源技术系植物标本室，台湾省屏东县内埔乡

PYU 昆明：云南大学生态学与地植物学研究所蕨类植物标本室，650091 云南省昆明市翠湖北路 52 号

QD 青岛：青岛海洋大学海洋生物系海藻标本室，266003 山东省青岛市鱼山路 5 号

QDC 西宁：青海省药品检验检测院标本室，810016 青海省西宁市城北区经二路 19 号；Herbarium, Qinghai Provincial Drug Inspection and Testing Institute. No. 19, JingEr Road, Chengbei District, Qinghai 810016

QF 西宁：青海省农林科学院林业研究所标本室，810016 青海省西宁市

QFNU 曲阜：曲阜师范大学生科院植物标本室，273165 山东省曲阜市静轩西路 57 号；Herbarium, College of Life Sciences, Qufu Normal University. No. 57, Jingxuan west Road, Qufu, Shandong 273165

QG 西宁：青海省草原总站植物标本室，810008 青海省西宁市胜利路 44 号

QNUN 都匀：黔南民族师范学院植物标本馆，558000 贵州省都匀市龙山大道；Herbarium, Qiannan Normal University for Nationalities. Longshan Avenue, Duyun, Guizhou 558000

QTC 齐齐哈尔：齐齐哈尔大学生命科学与农林学院植物标本室，161006 黑龙江省齐齐哈尔市文化大街 42 号；Herbarium, College of Life Sciences and Agriculture and Forestry, Qiqihar University. No. 42, Wenhuadajie Street, Qiqihar, Heilongjiang 161006

QUA 西宁：青海大学农学系植物标本室，810016 青海省西宁市宁张路 40 号

QYTC 庆阳：陇东学院生命科学与技术学院植物标本馆，745000 甘肃省庆阳市西峰区兰州路 45 号；Herbarium, College of Life Science & Technology, Longdong University. No. 45, Lanzhou Road, Xifeng District, Qingyang, Gansu 745000

RE 盘锦：辽宁省芦苇科学研究所标本室，124000 辽宁省盘锦市双台子区

SABG 迪庆：云南香格里拉高山植物园标本馆，674499 云南省香格里拉市建塘镇解放村；Herbarium, Shangri-La Alpine Botanical Garden, Yunnan. Jiefang Village, Jiantang Town, Shangri-La, Yunnan, 674499

SANU 西安：陕西师范大学生命科学学院植物标本室，710119 陕西省西安市长安区西长安街 620 号；Herbarium, College of Life Sciences, Shaanxi Normal University. No. 620, West Chang'an Avenue, Chang'an District, Xi'an 710119

SAU 雅安：四川农业大学生命科学学院植物标本室，625014 四川省雅安市新康路 46 号；Herbarium, College of Life Science, Sichuan Agricultural University. No. 46, Xinkang Road, Yaan, Sichuan 625014

SAUF 成都：四川农业大学林学院树木标本室，611130 四川省成都市温江区惠民路 211 号；Dendrological Herbarium, College of Forestry, Sichuan Agricultural University. No. 211, Huimin Road, Wenjiang District, Chengdu, Sichuan 611130

SAUT 成都：四川农业大学小麦研究所标本室，611130 四川省成都市温江区惠民路 211 号；Herbarium, Triticeae Research Institute, Sichuan Agricultural University. No. 211, Huiming Road, Wenjiang District, Chengdu, Sichuan 611130

SCAUB 广州：华南农业大学生命科学学院植物标本室，510642 广东省广州市天河区五山；Herbarium, College of Life Sciences, South China Agricultural University. Wushan, Tianhe District, Guangzhou, Guangdong, 510642

SCFI 成都：四川省林业科学研究院植物标本室，610066 四川省成都市下沙河铺街 44 号；

	Herbarium, Sichuan Academy of Forestry. No. 44, Xiashahepu Street, Chengdu, Sichuan 610066
SCNU	成都：四川师范大学生物系植物标本室，610068 四川省成都市东郊狮子山
SCSG	广州：中国科学院南海海洋研究所南海海洋生物标本馆，510301 广东省广州市海珠区新港西路 164 号；Biological Specimen Museum, South China Sea Institute of Oceanology, Chinese Academy of Sciences. No. 164, Xingang West Road, Haizhu District, Guangzhou, Guangdong 510301
SDAU	泰安：山东农业大学植物标本室，271018 山东省泰安市
SDCM	济南：山东中医药大学药用植物标本室，250355 山东省济南市长清区大学路 4655 号；Medicinal Herbarium, Shandong University of Traditional Chinese Medicine. No. 4655, Daxue Road, Changqing District, Jinan, Shandong 250355
SDFI	济南：山东省林业科学研究所树木标本室，250014 山东省济南市文化东路 42 号
SDFGR	济南：山东省林木种质资源中心植物标本室，250102 山东省济南市历城区港沟街道港九路 0 号；Herbarium, Shandong Forest Germplasm Resources Center. Gangjiu Road, Ganggou Street, Licheng District, Jinan, Shandong, 250102
SDFS	泰安：山东省林业学校植物标本室，271000 山东省泰安市岱宗大街 37 号
SDMP	济南：山东省中医药研究所药用植物标本室，250014 山东省济南市燕子山西路 7 号
SDNU	济南：山东师范大学生命科学学院植物标本室，250014 山东省济南市文化东路 88 号；Herbarium, College of Life Sciences, Shandong Normal University. No. 88, Wenhua East Road, Jinan, Shandong 250014
SES	长治：山西长治学院生物科学与技术系植物标本馆，046011 山西省长治市城北东街 73 号长治学院北校区；Herbarium, Department of Biological Science and Technology, Changzhi University. No. 73, Chengbei East Street, Changzhi, Shanxi 046011
SG	上海：上海植物园标本室，200231 上海市龙吴路 1111 号；Herbarium, Shanghai Botanical Garden. No. 1111, Longwu Road, Shanghai 200231
SHCT	上海：上海技术师范学院生物系植物标本室，201418 上海市奉贤县新院
SHDC	上海：上海市药品检验所中药标本室，200233 上海市宜山路周沈巷 500 号
SHI	石河子：石河子大学生命科学学院植物标本室，832003 新疆石河子市北四路；Herbarium, College of Life Sciences, Shihezi University. Beisi Road, Shihezi, Xinjiang 832003
SHM	上海：上海自然博物馆（上海科技馆分馆）植物标本室，200232 上海市龙吴路 1102 号；Herbarium, Shanghai Natural History Museum (Branch of Shanghai Science & Technology Museum). No. 1102, Longwu Road, Shanghai 200232
SHMI	上海：中国科学院上海药物研究所生药标本室，200031 上海市岳阳路 319 号
SHMU	上海：复旦大学药学院药用植物标本室，201203 上海市浦东新区张衡路 826 号；Medicinal Herbarium, School of Pharmacy, Fudan University. No. 826, Zhangheng Road, Pudong New Area, Shanghai 201203
SHTU	上海：海师范大学生命与环境科学学院植物标本室，200234 上海市徐汇区桂林路 100 号；Herbarium, College of Life and Environmental Science, Shanghai Normal University. No. 100, Guilin Road, Xuhui District, Shanghai 200234
SIFS	都江堰：四川农业大学都江堰校区植物标本室，611830 四川省都江堰市建设路 288 号；Herbarium, Sichuan Agricultural University Dujiangyan Campus. No. 288, Jianshe Road, Dujiangyan, Sichuan 611830
SITC	南充：西华师范大学生命科学学院植物标本室，637009 四川省南充市师大路 1 号；Herbarium, College of Life Science, Chinese West Normal University. No. 1, Shida Road, Nanchong, Sichuan 637009
SM	重庆：重庆市中药研究院标本馆，400065 重庆市南岸区黄桷垭南山路 34 号；Herbarium,

Chongqing Academy of Chinese Materia Medica. No. 34, Nanshan Road, Huangjueya, Nanan District, Chongqing 400065

SMAO　思茅：云南省思茅行署林业局钱义咏标本室，665000 云南省思茅县思茅镇振兴路 112 号

SMMU-BH　上海：第二军医大学植物标本馆，200433 上海市杨浦区国和路 325 号；Herbarium, Second Military Medical University. No. 325, Guohe Road, Yangpu District, Shanghai 200433

SMN　思茅：云南省思茅地区民族医药研究所标本室，665000 云南省思茅市洗马河

SN　广州：华南师范大学生命科学学院植物标本室，510631 广东省广州市天河区石牌；Herbarium, School of Life Sciences, South China Normal University. Shipai, Tianhe District, Guangzhou, Guangdong 510631

SR　成都：四川省自然资源研究所植物标本室，610015 四川省成都市一环路南二段 24 号

SRF　上饶：江西省上饶地区林业科学研究所植物标本室，334000 江西省上饶市前进路 82 号

SSMM　太原：山西药科职业学院植物标本室，030031 山西省太原市民航南路 16 号；Herbarium, Shanxi Pharmaceutical Vocational Collegue. No. 16, Minhang South Road, Taiyuan, Shanxi 030031

ST　宿州：安徽省宿州学院生物与食品工程学院标本室，234000 安徽省宿州市汴河中路 49 号；Herbarium, College of Biology and Food Engineering, Suzhou University. No. 49, Bianhe Middle Road, Suzhou, Anhui 234000

SWAU　重庆：西南农业大学园艺系果树研究室标本室，630716 四川省重庆市北碚天生桥

SWCTU　重庆：西南大学自然博物馆植物标本室，400715 重庆市北碚区天生路 2 号；Herbarium of Natural Museum, Southwest University. No. 2, Tiansheng Road, Beibei District, Chongqing 400715

SWFC　昆明：西南林业大学林学院植物标本室，650224 云南省昆明市盘龙区白龙寺 300 号；Herbarium, College of Forestry, Southwest Forestry University. No. 300, White Dragon Temple, Kunming, Yunnan 650224

SXAU　太谷：山西农业大学林学院植物标本室，030801 山西省太谷县铭贤南路 1 号；Herbarium, College of Forestry, Shanxi Agricultural University. No. 1, Mingxian South Road, Taigu County, Shanxi 030801

SXDC　西安：陕西省药品检验所植物标本室，710061 陕西省西安市朱雀大街 187 号

SXMP　西安：陕西省中医药研究院中草药标本室，710003 陕西省西安市西华门 20 号

SXTCM　太原：山西中医学院植物标本室，030619 山西省太原市高校园区大学街 121 号；Herbarium, Shanxi University of Traditional Chinese Medicine. No. 121, College Street, Taiyuan, Shanxi 030619

SXU　太原：山西大学生命科学学院植物标本室，030006 山西省太原市坞城路 92 号；Herbarium, College of Life Science, Shanxi University. No. 92, Wucheng Road, Taiyuan, Shanxi 030006

SY　沈阳：沈阳市园林科学研究所树木标本室，110015 辽宁省沈阳市青年大街 199 号

SYAU　沈阳：沈阳农业大学植物标本室，110161 辽宁省沈阳市东陵路 120 号；Herbarium, Shenyang Agricultural University. No. 120, Dongling Road, Shenyang, Liaoning 110161

SYAUF　沈阳：沈阳农业大学林学院树木标本室，110161 辽宁省沈阳市沈河区东陵路 120 号；Dendrological Herbarium, College of Forestry, Shenyang Agricultural University. No. 120, Dongling Road, Shenyang, Liaoning 110161

SYPC　沈阳：沈阳药科大学中药标本馆，110016 辽宁省沈阳市沈河区文化路 103 号；Chinese Medicine Herbarium, Shenyang Pharmaceutical University. No. 103, Wenhua Road, Shenhe District, Shenyang, Liaoning 110016

SYS　广州：中山大学植物标本室，510275 广东省广州市海珠区新港西路 135 号；Herbarium of Sun Yat-sen University. No. 135, Xingang West Road, Haizhu District, Guangzhou, Guangdong 510275

SZ　成都：四川大学生物系植物标本室，610065 四川省成都市武侯区一环路南一段 24 号；

Herbarium, College of Life Sciences, Sichuan University. No. 24, South 1st Section, Yihuan Road, Wuhou District, Chengdu, Sichuan 610065

SZG 深圳：深圳市中国科学院仙湖植物园标本馆，518004 广东省深圳市罗湖区仙湖路 160 号；Herbarium, Fairylake Botanical Garden, Shenzhen & Chinese Academy of Sciences. No. 160, Xianhu Road, Luohu District, Shenzhen, Guangdong 518004

TAI 台北：台湾大学植物学系标本馆，台湾省台北市罗斯路 4 段 1 号

TAIF 台北：台湾省林业试验所植物标本馆，台湾省台北市南海路 53 号

TCB 台中：中兴大学植物系标本室，台湾省台中市国光路

TCF 台中：中兴大学森林系标本室，台湾省台中市国光路

TEA 杭州：中国农业科学院茶叶研究所茶树标本室，310008 浙江省杭州市西湖区梅灵南路 9 号；Tea Herbarium, Tea Research Institute, Chinese Academy of Agricultural Sciences. No. 9, Meiling South Road, Xihu District, Hangzhou, Zhejiang 310008

TIE 天津：天津自然博物馆植物标本室，300201 天津市河西区友谊路 31 号；Herbarium, Tianjin Natural History Museum. No. 31, Youyi Road, Hexi District, Tianjin 300201

TIPR 天津：国家医药管理局天津药物研究院标本室，300193 天津市南开区鞍山西道 308 号

TJDC 天津：天津市药品检验所中药室药用植物标本室，300070 天津市和平区贵州路 98 号

TJMP 天津：天津医药科学研究所药用植物标本室，300070 天津市和平区贵州路 96 号

TNM 台中：台湾自然科学博物馆植物标本室，404019 台湾省台中市馆前路 1 号

TNU 台北：台湾师范大学生物系植物标本室，11718 台湾省台北市汀州路四段 88 号

TONG 通化：通化师范学院生物系植物标本室，134002 吉林省通化市头道沟路 151 号

TUNG 台中：私立东海大学生物学系植物标本馆，40704 台湾省台中市台中港路三段 181 号

TURP 吐鲁番：中国科学院吐鲁番沙漠植物园标本室，838008 新疆吐鲁番市恰特喀勒乡；Herbarium, Turpan Desert Botanical Garden of Chinese Academy of Sciences. Qiatekale Town, Turpan, Xinjiang 838008

TYF 太原：山西省林业科学研究院标本室，030012 山西省太原市新建南路 105 号；Herbarium, Shanxi Academy of Forestry Sciences. No. 105, Xinjian South Road, Taiyuan, Shanxi 030012

TYNUB 太原：太原师范学院生物系植物标本室，030031 山西省太原市小店区黄陵路西巷 5 号；Herbarium, Department of Biology, Taiyuan Normal University. No. 5, Huangling Road West Lane, Xiaodian District, Taiyuan, Shanxi 030031

WCSBG 都江堰：华西亚高山植物园标本室，611803 四川省都江堰市玉堂镇白马村；Herbarium, West China Subalpine Botanical Garden. Baima Village, Yutang Town, Dujiangyan, Sichuan, 611803

WCU 成都：四川大学华西药学院生药标本室，610041 四川省成都市人民南路三段 17 号；Herbarium, West China School of Pharmacy Sichuan University. No. 17, 3rd Section, Renmin South Road, Chengdu, Sichuan 610041

WH 武汉：武汉大学植物标本馆，430072 湖北省武汉市武昌珞珈山；Herbarium, Wuhan University. Luojiashan, Wuchang, Wuhan, Hubei 430072

WL 汶川：卧龙自然保护区植物标本室，623006 四川省汶川县

WNU 西安：西北大学生命科学学院植物标本馆，710069 陕西省西安市太白北路 229 号；Herbarium, College of Life Sciences, Northwest University. No. 229, Taibai North Road, Xi’an, Shaanxi 710069

WUH 芜湖：安徽省芜湖中医学校药用植物标本室，241000 安徽省芜湖市邢家山 7 号

WUK 杨凌：西北农林科技大学生命科学学院植物标本馆，712100 陕西省杨凌区西北农林科技大学理科大楼生命科学学院；Herbarium, College of Life Sciences, Northwest Agriculture and Forestry University. Yangling, Xianyang, Shaanxi 712100

WXDC 万县：四川省万县地区品检验所植物标本室，634000 四川省万县市果园路 34 号

WZU　温州：温州大学生命与环境科学学院植物标本室，325035 浙江省温州市茶山高教园区；Herbarium, College of Life and Environmental Science, Wenzhou University. Wenzhou University Campus, Wenzhou, Zhejiang 325035

XAG　乌鲁木齐：新疆畜牧科学院草原研究所植物标本室，830001 新疆乌鲁木齐市新华南路 23 号

XBGH　西安：陕西省西安植物园植物标本室，710061 陕西省西安市翠华南路 17 号；Herbarium, Xian Botanical Garden. No. 17, Cuihua South Road, Xi'an, Shaanxi 710061

XIAS　西昌：西昌农业专科学校植物标本室，615013 四川省西昌市

XIN　兴义：贵州省黔西南州林业科学研究所标本室，562400 贵州省兴义市观音路 79 号；Herbarium, Southwestern Guizhou Institute of Forestry. No. 79, Guanyin Road, Xingyi, Guizhou 562400

XJA　乌鲁木齐：新疆农业大学植物标本馆，830052 新疆乌鲁木齐市沙依巴克区农大东路 311 号；Herbarium, Xinjiang Agricultural University. No. 311, Nongda East Road, Urumqi, Xinjiang 830052

XJBI　乌鲁木齐：中国科学院新疆生态与地理研究所植物标本馆，830011 新疆乌鲁木齐市北京南路 818 号；Herbarium, Xinjiang Institute of Ecology and Geography, Chinese Academy of Sciences. No. 818, Beijing South Road, Urumqi, Xinjiang 830011

XJDC　乌鲁木齐：新疆药品检验所中药标本室，830002 新疆新疆乌鲁木齐市新华南路 9 号

XJFA　乌鲁木齐：新疆林业科学院标本馆，830002 新疆新疆乌鲁木齐市水区安居南路 191 号；Herbarium, Xinjiang Academy of Forestry Sciences. No. 191, Anju South Road, Urumqi, Xinjiang 830002

XJNU　乌鲁木齐：新疆师范大学生物系植物标本室，830053 新疆新疆乌鲁木齐市昆仑路 30 号

XJU　乌鲁木齐：新疆大学生命科学与技术学院植物标本室，830046 新疆乌鲁木齐市胜利路 666 号；Herbarium, College of Life Sciences and Technology, Xinjiang University. No. 666, Shengli Road, Urumqi, Xinjiang 830046

XJUG　乌鲁木齐：新疆大学资源与环境科学学院植物标本室，830046 新疆乌鲁木齐市胜利路 14 号；Herbarium, College of Resource and Environment Sciences, Xinjiang University. No. 14, Shengli Road, Urumqi, Xinjiang 830046

XJU-NALH　乌鲁木齐：新疆大学"中国西北干旱区地衣研究中心"地衣标本室，830046 新疆乌鲁木齐市胜利路 666 号，新疆大学生命科学学院内；Lichen Herbarium, The lichen Research Center of Arid Area in Northwest China, Xinjiang University. No. 666, Shengli Road, Urumqi, Xinjiang 830046

XM　乌鲁木齐：新疆医科大学中药民族药标本馆，830011 新疆新疆乌鲁木齐市新市区新医路 8 号；Medicinal Herbarium, Institute of TCM, Xinjiang Medical University. No. 8, Xinyi Road, Urumqi, Xinjiang 830054

XMBG　厦门：厦门园林植物园标本室，361003 福建省厦门市思明区虎园路 25 号；Herbarium, Xiamen Botanical Garden. No. 25, Huyuan Road, Siming District, Xiamen, Fujian 361003

XTNM　乌鲁木齐：新疆中药民族药研究所植物标本室，830002 新疆新疆乌鲁木齐市新民路 9 号；Herbarium, Xinjiang Institute of Traditional Chinese and Minorities Medicine. No. 9, Xinmin Road, Urumqi, Xinjiang 830002

XYTC　信阳：信阳师范学院生命科学学院植物标本室，464000 河南省信阳市南湖路 237 号；Herbarium, College of Life Science, Xinyang Normal University. No. 237, Nanhu Road, Xinyang, Henan 464000

XZ　拉萨：西藏自治区高原生物研究所植物标本室，850001 西藏拉萨市城关区北京西路 19 号；Herbarium, Tibet Plateau Institute of Biology. No. 19, Beijing West Road, Lhasa, Xizang 850001

XZDC　拉萨：西藏自治区食品药品检验所植物标本室，850000 西藏拉萨市林廓北路 24 号；

	Herbarium, Tibet Institute for Food and Drug Control. No. 24, Linkuo North Road, Lhasa, Xizang 850000
XZE	林芝：西藏高原生态研究所植物标本室，860000 西藏自治区林芝市八一镇学院路 8 号，西藏农牧学院；Herbarium, Research Institute of Xizang Plateau Ecology. No. 8, Xueyuan Road, Bayi Town, Linzhi, Xizang, 860000
XZTC	徐州：徐州师范学院生物系植物标本室，221009 江苏省徐州市和平路 57 号
YAF	昆明：云南省林业科学院植物标本馆，650204 云南省昆明市盘龙区蓝桉路 2 号；Herbarium, Yunnan Academy of Forestry. No. 2, Lan’an Road, Panlong District, Kunming, Yunnan 650204
YAK	牙克石：内蒙古大兴安岭森林调查规划院植物标本室，022150 内蒙古牙克石市兴安西街 31 号；Herbarium, The Forest Survey and Design Institute in Daxinganling of Inner Mongolia. No. 31, Xingan West Street, Yakeshi, Inner Mongolia 022150
YBDC	宜宾：四川宜宾地区药品检验所标本室，644000 四川省宜宾市国湾村 48 号
YCE	昆明：云南教育学院生物系植物标本室，650223 云南省昆明市下马村
YCP	昆明：国家林业局云南珍稀濒特森林植物保护和繁育实验室植物标本馆，650201 云南省昆明市盘龙区蓝桉路 2 号；Herbarium, Yunnan Laboratory for Conservation of Rare, Endangered & Endemic Forest Plants of the State Forestry Administration. No. 2, Lan’an Road, Panlong District, Kunming, Yunnan 650201
YDC	昆明：云南省药品检验所标本室，650011 云南省昆明市盘龙路 29 号
YF	怀仁：山西省雁北地区林业科学研究所植物标本室，038300 山西省怀仁县
YFS	昆明：云南省林业学校植物标本室，650224 云南省昆明市金殿
YIM	昆明：云南省药物研究所植物标本室，650111 云南省昆明市西山高硗
YL	杨凌：陕西省林业科学研究所森林植物标本室，712100 陕西省杨凌镇杨武路 3 号
YLD	榆林：陕西省榆林地区治沙研究所沙地植物标本室，719000 陕西省榆林市西沙
YNTCM	昆明：云南中医学院中药标本馆，650500 云南省昆明市呈贡新区雨花路 1076 号；Herbarium, Yunnan University of Traditional Chinese Medicine, No. 1076, Yuhua Road, Chenggong New District, Kunming, Yunnan 650500
YNUB	昆明：云南师范大学生命科学学院植物标本室，650000 云南省昆明市呈贡区大学城聚贤街；Herbarium, School of Life Sciences, Yunnan Normal University. Juxian Street, Chenggong District, Kunming, Yunnan 650000
YUKU	昆明：云南大学植物标本馆，650091 云南省昆明市翠湖北路 2 号；Herbarium, Yunnan University. No. 2 Cuihu North Road, Kunming, Yunnan 650091
YXDC	玉溪：玉溪地区药品检验所中药标本室，653100 云南省玉溪市九曲巷 2 号
YZU	重庆：渝州大学水生植物标本室，630700 重庆市井口先锋街
ZAU	杭州：浙江农业大学植物标本室，310029 浙江省杭州市凯旋路
ZCA	通辽：哲里木畜牧学院草原系植物标本室，028042 内蒙古通辽市
ZDC	杭州：浙江省药品检验所植物标本室，310004 浙江省杭州市机场路一巷
ZHAN	湛江：广东省岭南师范学院生命科学与技术学院植物标本室，524048 广东省湛江市寸金路 29 号；Herbarium, Life Science &Technology School, Lingnan Normal University. No. 29, Cunjin Road, Zhanjiang, Guangdong 524048
ZJFC	临安：浙江农林大学植物标本馆，311300 浙江省临安市环城北路 88 号；Herbarium, Zhejiang Agricultural and Forestry University. No. 88, Huancheng North Road, Lin’an, Zhejiang 311300
ZJFI	杭州：浙江省林业科学研究所植物标本馆，310023 浙江省杭州市留下小和山
ZJMA	杭州：浙江省医学科学院植物标本室，310013 浙江省杭州市天目山路 60 号
ZM	杭州：浙江自然博物馆植物标本室，310014 浙江省杭州市下城区西湖文化广场 6 号；Herbarium, Zhejiang Museum of Natural History. No.6 Westlake Cultural Plaza, Xiacheng District,

Hangzhou, Zhejiang 310014

ZMU　杭州：浙江医科大学药学系药用植物标本室，310006 浙江省杭州市延安路 157 号

ZNU　金华：浙江师范大学化学与生命科学学院植物标本室，321004 浙江省金华市迎宾大道 688 号；Herbarium, College of Chemistry and Life Sciences, Zhejiang Normal University. No. 688, Yingbin Road, Jinhua, Zhejiang 321004

ZY　遵义：遵义师范学院植物标本馆，563002 贵州省遵义市红花岗区平安大道中段；Herbarium of Zunyi Normal College. Middle Section, Ping'an Avenue, Honghuagang District, Zunyi, Guizhou 563002

ZYTC　张掖：河西学院农业与生物技术学院植物标本室，734000 甘肃省张掖环城北路 846 号 734000；Herbarium, College of Agriculture and Biotechnology, Hexi University. No. 846, Huancheng North Road, Zhangye, Gansu 734000

附录Ⅳ 职 员 索 引
Appendix Ⅳ Index to staff

A

阿不都拉·阿巴斯(XJU-NALH)
艾尼瓦尔·吐米尔(XJU-NALH)
艾铁民(PEM)
安放舟(XJUG)
安家成(GXFS)
安明态(GFS, GZAC)
安争夕(XJA)
敖成齐(WZU)
敖志文(NEFI)

B

巴哈尔古丽(XJFA)
巴桑丹增(XZDC)
白逢彦(HMAS)
白　洁(SZ)
白佩瑜(KUN)
白　平(YAF)
白拖琴(SSMM)
白新生(LINF)
白学良(HIMC)
班继德(CCNU)
班　勤(PE)
包伯坚(PE)
包世英(KUN)
包文美(HANU)
包　颖(QFNU)
毕海燕(BJM)
毕列爵(EU)
毕润成(LINF)
毕志树(GDGM)
卞云云(CPU)
布娲鹈·阿布都拉(XJA)

C

才　毛(QDC)
蔡邦平(XMBG)
蔡　磊(HMAS)
蔡　箐(HKAS, KUN)
蔡联炳(HNWP)
蔡奇英(JXU)
蔡淑琴(PE)
蔡希陶(HITBC)
蔡秀珍(HNNU)
蔡岳文(GDMM)
曹建国(SHTU)
曹　明(IBK)
曹　瑞(HIMC)
曹铁如(CSFI)
曹　同(IFP, SHTU-MOSS)
曹　伟(IFP)
曹稳根(ST)
曹亚玲(CDBI)
曹支敏(NAUFH)
曹子余(PE)
柴　勇(YCP)
苌哲新(HEAC)
常朝阳(WUK)
常红秀(JXU)
常艳芬(HITBC)
常　缨(NEAU)
常自立(HUCM)
陈邦杰(PE)
陈邦余(IBSC)
陈　彬(AF)
陈　彬(CSH)
陈炳华(FNU)
陈炳辉(IBSC)
陈　波(HTC)
陈　椽(GNUB)
陈德懋(CCNU)
陈德荣(GXMG)
陈德媛(GZTM)
陈德昭(IBSC)
陈　蒂(SYAUF)

陈定如(SN)
陈发生(HANU)
陈飞鹏(SCAUB)
陈封怀(IBSC)
陈　锋(CQNM)
陈阜东(BJTC)
陈革新(HIB)
陈功锡(JIU)
陈桂清(HMAS)
陈国扬(FFVTC)
陈汉斌(SDNU)
陈恒彬(XMBG)
陈虎彪(PEM)
陈焕镛(IBSC)
陈吉棣(HMAS)
陈家宽(WH)
陈家瑞(PE)
陈嘉佑(HBI)
陈建斌(HMAS)
陈建国(KUN)
陈建华(ZNU)
陈建民(HTC)
陈建平(CSH)
陈　介(KUN)
陈景方(SZG)
陈　娟(IBSC)
陈开基(HZU)
陈可贵(JLFC)
陈坤浩(BJ)
陈　磊(NKU)
陈　丽(HIB)
陈利君(NOCC)
陈　亮(TEA)
陈　林(NF)
陈龙清(CCAU)
陈美兰(CMMI)
陈　敏(CMMI)
陈明华(SHMU)
陈明林(ANUB)
陈佩珊(HITBC)
陈　齐(CPU)
陈谦海(HGAS)
陈青莲(HNNU)
陈　清(SABG)
陈庆涛(HMAS)
陈仁钧(ANUG)
陈　嵘(NF)
陈瑞雪(TIE)
陈三阳(KUN)
陈　山(NMTC)
陈善墉(SM)
陈少风(JXU)
陈少卿(IBSC)
陈绍煋(BJM)
陈绍云(HHBG)
陈升振(IBSC)
陈世锋(XYTC)
陈世龙(HNWP)
陈世品(FJFC)
陈守良(NAS)
陈书坤(KUN)
陈淑荣(PE)
陈树尧(TEA)
陈潭清(SZG)
陈　涛(IBSC, SZG)
陈桐庵(CHA)
陈维培(NJNU)
陈伟杰(HTC)
陈伟球(IBSC)
陈蔚辉(CZH)
陈文红(KUN)
陈文俐(PE)
陈锡龄(IFP)
陈锡沐(CANT)
陈贤兴(WZU)
陈　翔(HGAS)
陈小红(SAUF)
陈晓玲(HHBG)
陈心启(PE)
陈　昕(NF)
陈星球(CCNU)
陈旭辉(NOCC)
陈旭辉(SYAU)
陈学林(NWTC)
陈延松(ACE)
陈彦生(WUK)
陈　燕(ZHAN)
陈耀东(PE)
陈　晔(JJT)
陈艺林(PE)

陈永昌(IBK)
陈永勤(EU)
陈永生(NEAU)
陈有民(BJFC)
陈有卿(IBSC)
陈又生(PE)
陈佑安(IFP)
陈玉秀(HUFD)
陈毓亨(IMM)
陈云霞(NFP)
陈运发(GXNM)
陈章和(SN)
陈珍传(SZG)
陈正蓉(CQNM)
陈之端(PE)
陈志萍(GF)
陈忠毅(IBSC)
陈　倬(JSPC)
陈宗莲(KUN)
成夏岚(ZHAN)
成　晓(KUN)
诚静容(PEM)
程冠英(SYPC)
程景福(JXU)
程　岭(HNR)
程铭恩(ACM)
程瑞梅(CAF)
程夏芳(HSNU)
程用谦(IBSC)
程子俊(NWTC)
褚晓芳(NAS)
次旦多吉(XZDC)
丛义艳(HNNU)
崔大方(CANT)
崔光红(CMMI)
崔鸿宾(PE)
崔建丽(PEM)
崔明昆(YNUB)
崔顺昌(TYF)
崔铁成(XBGH)
崔友文(WUK)

D

达娃次仁(XZDC)
戴蕃晋(SWCTU)
戴芳澜(HMAS)
戴惠平(SHM)
戴伦凯(PE)
戴启惠(GXFI)
戴启金(XYTC)
戴天伦(SM)
戴伟民(NAU)
戴益源(YAF)
德　英(FGC)
邓朝义(XIN)
邓春匡(GNU)
邓德英(HECM)
邓　红(HMAS)
邓洪平(SWCTU)
邓辉胜(JJT)
邓晶发(IBSC)
邓莉兰(SWFC)
邓伦秀(GF)
邓　敏(CSH)
邓明鲁(CCM)
邓荣艳(GAC)
邓叔群(HMAS)
邓　坦(ZY)
邓旺秋(GDGM)
邓贤兰(JGSU)
邓秀发(HON)
邓盈丰(IBSC)
邓云飞(IBSC)
邓仲吾(GNU)
狄端初(IBSC)
狄维忠(WNU)
丁宝章(HEAC)
丁炳扬(HZU, WZU)
丁陈森(ZJFC)
丁春邦(SAU)
丁华娇(HHBG)
丁景和(JXCM)
丁慎言(ATCH)
丁托娅(KUN)
丁小余(NJNU)
丁志遵(NAS)
丁作超(SDCM)
董川宏(SN)
董　刚(SXU)

董红强(HMUT)
董莉娜(IBK)
董美芳(KAI)
董美龄(MBMCAS)
董全忠(SWFC)
董世林(NEFI)
董仕勇(IBSC)
董天英(CHA)
董晓宇(NAS)
窦萍珍(ZHAN)
杜　诚(CSH)
杜凡章(HHNNR)
杜凤国(JLFC)
杜　复(SXU)
杜桂森(BJTC)
杜玉芬(PE)
杜珍珠(SHI)
段澄云(TIE)
段士民(TURP)
段喜华(NEFI)
段一凡(NF)

F

凡　强(SYS)
凡　星(SAUT)
樊丛照(XTNM)
樊建华(XJA)
樊　杰(SXTCM)
樊守金(SDNU)
范　黎(SXU)
范连琴(SG)
范隆庆(SIFS)
范文涛(HZU)
范亚文(HANU)
范莹莹(QDC)
范宇光(ANTU)
范宗忠(JSPC)
方瑧德(SXAU)
方　波(YCP)
方成武(BZCM)
方　鼎(GXMI)
方　芳(ZNU)
方　亮(JJT)
方明渊(SZ)
方瑞征(KUN)
方文培(SZ)
方文哲(NAS)
方响亮(ENS)
方小平(GF)
方　彦(NFP)
方　晔(SABG)
方云亿(HZU)
方振富(IFP)
方震东(SABG)
费　勇(KUN)
冯　邦(HKAS, KUN)
冯国楣(KUN)
冯虎元(LZU)
冯　佳(SXU)
冯金环(IFP)
冯晋庸(PE)
冯　丽(LZD)
冯启理(SN)
冯　倩(YAF)
冯　图(BJ)
冯夔舟(SG)
冯学琳(IBSC)
冯　缨(XJBI)
冯云利(KEF)
冯志坚(CANT)
冯志坚(HSNU)
冯钟元(IBSC)
冯自诚(GAUF)
奉树成(SG)
付玉嫔(YCP)
傅承新(HZU)
傅德志(PE)
傅国勋(PE)
傅竞秋(WUK)
傅坤俊(WUK)
傅立国(PE)
傅连中(PE)
傅沛云(IFP)
傅　鹏(GXCM)
傅　强(CCAU)
傅　青(WUK)
傅书遐(HIB)
傅　星(IFP)
傅秀辉(HMAS)

富象乾（NMAC）

G

嘎日迪（NMAC）
甘小洪（SITC）
高宝莼（CDBI）
高彩华（SHM）
高昌兰（SSMM）
高成芝（GXMI）
高德民（SDCM）
高贵珍（ST）
高海宁（ZYTC）
高　凯（TIE）
高礼安（QNUN）
高连明（KUN）
高　乞（IBK）
高　谦（IFP）
高庆波（HNWP）
高润梅（SXAU）
高士贤（CCM）
高淑贞（SANU）
高天刚（PE）
高信芬（CDBI）
高亚红（HHBG）
高云东（CDBI）
高蕴璋（IBSC）
高志海（MQ）
高作经（PEM）
格　桑（XZ）
格桑索朗（XZDC）
格小光（CMMI）
葛斌杰（CSH）
葛传吉（SDCM）
葛　菲（JXCM）
葛　刚（JXU）
葛丽萍（SXAU）
葛　颂（PE）
葛再伟（HKAS, KUN）
耿伯介（N）
耿世磊（SCAUB）
耿以礼（N）
耿玉英（WCSBG）
龚固堂（SCFI）
龚　维（SCAUB）
苟光前（GACP, GZAC）
谷粹芝（PE）
谷中村（JIU）
顾德兴（NAU）
顾月萍（WUK）
顾志建（KUN）
顾子霞（NAS）
关广清（SYAU）
关克俭（PE）
管毕财（JXU）
管开云（TURP）
桂明英（KEF）
郭宝林（IMD）
郭本兆（HNWP）
郭春燕（HSIB）
郭惠珠（XMBG）
郭兰斌（NMAC）
郭兰萍（CMMI）
郭立群（YCP）
郭丽秀（IBSC）
郭　林（HMAS）
郭木森（PE）
郭泉水（CAF）
郭荣麟（NAS）
郭守玉（HMAS）
郭水良（SHTU-MOSS, ZNU）
郭伟娜（BZCM）
郭文源（EU）
郭锡昌（SYAUF）
郭　相（KEF）
郭小强（QYTC）
郭晓思（WUK）
郭新弧（ANUB）
郭延平（BNU）
郭一敏（SHI）
郭英兰（HMAS）
郭友好（WH）
郭云忠（NAUFH）
郭治友（QNUN）

H

哈斯巴根（NMTC）
海　平（QDC）
海　仙（SABG）
韩多宏（ZYTC）
韩　芳（TIE）

韩凤春(HLCM)
韩贵珍(SCFI)
韩国营(GYBG)
韩建林(YNUB)
韩留福(HBNU)
韩　梅(JLAU)
韩全忠(DNHM)
韩　婷(SMMU-BH)
韩兴杰(JJT)
韩艳婷(XYTC)
韩远记(KAI)
韩忠明(JLAU)
杭金欣(SHM)
郝　刚(SCAUB)
郝佳波(YAF)
郝建华(QYTC)
郝景盛(PE)
郝淑芳(HWA)
郝思军(SHM)
郝四平(SXU)
何椿年(IBSC)
何国生(FFVTC)
何　海(CTC)
何惠珍(IBSC)
何家庆(ANU)
何金铃(AAUB)
何　进(GNUG)
何　景(AU)
何景彪(WH)
何　理(FJFC)
何　林(ZY)
何明友(SZ)
何　平(SWCTU)
何　强(PE)
何汝保(HENU)
何善宝(WUK)
何绍昌(HGAS)
何顺志(GZTM)
何廷农(HNWP)
何　显(NENU)
何兴金(SZ)
何艳霞(KAI)
何业祺(HTC)
何奕騉(BJTC)
何永华(CDBI)
何云核(AAUF)
何云松(HGAS)
何　珍(IBSC)
何中声(FJFC)
何　铸(HWA)
何宗智(JXU)
和积鉴(HYU)
和太平(GAC)
和兆荣(HYU)
贺俊英(NMTC)
贺润丽(SXTCM)
贺士元(BNU)
贺同利(JSPC)
贺新强(PEY, SDNU)
贺学礼(HBU)
洪必恭(N)
洪德元(PE)
洪　涛(CAF)
侯宽昭(IBSC)
侯勤正(NWTC)
侯文虎(XJFA)
侯小琪(GYBG)
侯学良(AU)
侯元同(QFNU)
侯月欣(XJFA)
侯惠宗(BJFC)
胡宝忠(NEAU)
胡　超(CSH)
胡　超(SAU)
胡成刚(GZTM)
胡成华(N)
胡　东(BJTC)
胡凤玉(FFVTC)
胡高升(SYPC)
胡光万(HIB)
胡嘉琪(FUS)
胡江琴(HTC)
胡金良(NAU)
胡琳祯(SZ)
胡宁拙(HGAS)
胡启明(IBSC)
胡人亮(HSNU)
胡仁勇(WZU)
胡生福(JXCM)
胡世林(CMMI)

胡文光(SZ)
胡希优(TIE)
胡先骕(PE)
胡雪华(JGSU)
胡炎兴(GDGM)
胡　莹(SM)
胡玉琛(ANTU)
胡征宇(HBI)
胡志浩(HYU)
黄帮全(EU)
黄宝康(SMMU-BH)
黄宝贤(IBSC)
黄宝优(GXMG)
黄才江(GNUB)
黄成就(IBSC)
黄成林(AAUF)
黄德爱(IBK)
黄德青(GLMC)
黄　刚(SHI)
黄　健(XZ)
黄劲松(BJM)
黄久香(CANT)
黄　可(SANU)
黄克福(FJFC, XMBG)
黄岚杰(EU)
黄璐琦(CMMI)
黄满荣(BJM)
黄茂先(IBSC)
黄明忠(ATCH)
黄鹏成(NF)
黄普华(NEFI)
黄清泉(GXDC)
黄庆阳(HNR)
黄　群(NFP)
黄荣福(HNWP)
黄　蓉(HIB)
黄榕辉(FJFC)
黄珊珊(GDMM)
黄少华(ATCH)
黄少容(IBSC)
黄世满(HUTB)
黄淑美(IBSC)
黄蜀琼(KUN)
黄松殿(NNA)
黄素华(HYU)
黄威廉(GNUG)
黄文娟(DNHM)
黄祥童(ANTU)
黄向旭(IBSC)
黄小强(JXAU)
黄燮才(GXDC)
黄欣碧(GXSP)
黄以之(ZM)
黄义钧(SZG)
黄颖锋(GXMG)
黄应钦(GXFI)
黄咏琴(KUN)
黄友儒(FNU)
黄俞淞(IBK)
黄　云(HUFD)
黄云峰(GXMI)
黄云晖(SYS)
黄增任(GXSP)
黄　钊(NNA)
黄志辉(GAC)
黄梓良(FFVTC)
辉朝茂(SWFC)
火树华(BJFC)

J

吉　涛(GXMG)
吉占和(PE)
纪运恒(KUN)
季春峰(JXAU)
季　华(CCAU)
冀朝祯(PE)
贾景明(SYPC)
贾良智(IBSC)
贾凌云(SYPC)
贾　敏(SMMU-BH)
贾敏如(CDCM)
贾学乙(DNHM)
贾　渝(PE)
贾泽峰(LCU-L)
简焯坡(PE)
江　洪(BJ)
江明喜(HIB)
姜春宁(CANT)
姜　昊(CCAU)

姜　明(IGA)
姜如碧(GF)
姜守忠(GNUB)
姜彦成(XJU)
姜玉梅(HMAS)
姜在民(WUK)
蒋桂华(CDCM)
蒋　宏(YCP)
蒋洁云(BJ)
蒋　林(IBSC)
蒋木青(ANUG)
蒋思萍(AF)
蒋兴麟(SCFI)
蒋　英(CANT)
蒋尤泉(FGC)
蒋有绪(CAF)
蒋兆兰(LZD)
蒋志刚(HBNU)
蒋祖德(HIB)
焦华富(ANUG)
焦兴萍(QDC)
金德逊(ANU)
金　凤(NMTC)
金基强(TEA)
金建华(SYS)
金　檠(SHM)
金　玲(NEFI)
金睦华(HEN)
金　山(SES)
金水虎(ZJFC)
金孝锋(HTC, HZU)
金效华(PE)
金　艳(CMMI)
金岳杏(NAS)
靳淑英(PE)
景望春(SITC)
鞠文彬(CDBI)

K

康洪梅(YCP)
康木生(BJFC)
康廷国(LNCM)
康　云(SHMU)
柯　平(WUK)
柯文山(EU)
孔冬梅(SXU)
孔宏智(PE)
孔华忠(HMAS)
孔宪武(NWTC)
孔宪需(CDBI)
库尔班(XJUG)
匡可任(PE)
邝立刚(TYF)
邝生舜(HENU)
旷仁平(HNNU)

L

赖茂祥(GXMI)
赖书绅(LBG)
赖学文(JXCM)
兰登明(NMAC)
兰志琼(CDCM)
蓝开敏(GZAC)
蓝永珍(NAS)
郎楷永(PE)
郎奎昌(NENU)
雷立公(KUN)
雷　耘(CCNU)
冷巧珍(XJBI)
黎　斌(XBGH)
黎　桦(GAUA)
黎念林(HHBG)
黎尚豪(HBI)
黎同寿(SCSG)
黎维平(HNNU)
黎向东(GAC)
黎兴江(HKAS, KUN)
李爱莉(PE)
李安民(SAU)
李安仁(PE)
李宝霞(SSMM)
李保贵(HITBC)
李保国(WNU)
李葆莉(IMD)
李本良(SXU)
李　滨(HMAS)
李丙贵(HNNU)
李秉滔(CANT)

李炳銮(BJTC)
李　博(CCNU)
李　博(HIMC)
李才旺(HON)
李昌龙(MQ)
李朝銮(CDBI)
李德孝(HUCM)
李德铢(KUN)
李登科(SHM)
李迪强(CAF)
李东海(HUTB)
李恩香(JXU)
李法曾(SDNU)
李　峰(LNCM)
李凤兰(NEAU)
李根有(ZJFC)
李光照(IBK)
李桂兰(CHA)
李桂琴(NEAU)
李国臣(YAK)
李海宁(YNTCM)
李海涛(IMDY)
李　鹤(GF)
李　恒(KUN)
李　红(NMAC)
李　红(SABG)
李宏斌(EMA)
李宏庆(HSNU)
李宏哲(YNTCM)
李洪钧(HIB)
李　晖(XZ)
李惠茹(CSH)
李惠玉(GZAC)
李惠中(HMAS)
李冀云(IFP)
李家美(HEAC)
李家湘(CSFI)
李建东(NENU)
李建强(HIB)
李建堂(GAUA)
李建秀(SDCM)
李建宗(HNNU)
李剑武(HITBC)
李娇兰(PE)
李　捷(HITBC)
李　晶(NEAU)
李景富(HNR)
李景信(HANU)
李景原(HENU)
李静丽(WNU)
李　娟(GXFI)
李克纲(JIU)
李　朗(HITBC)
李丽嘉(BJM)
李良千(PE)
李林初(FUS)
李　琳(HBNU)
李　茂(GF)
李孟扬(QFNU)
李旻辉(CMMI)
李　敏(HBNU)
李　敏(PE)
李明红(NYA)
李明霞(HMAS)
李铭红(ZNU)
李　娜(SYPC)
李　楠(SZG)
李　攀(HZU)
李沛琼(SZG)
李朋富(N)
李　鹏(ZYTC)
李其允(HWA)
李启敏(SANU)
李乾振(XZ)
李巧明(HITBC)
李琴琴(NMTC)
李　青(SDCM)
李青云(MQ)
李清义(WH)
李仁辉(HBI)
李　嵘(KUN)
李茹光(NENU)
李润植(SXAU)
李三青(TIE)
李士諹(GAC)
李世晋(IBSC)
李寿乔(BAU)
李书春(AAUF)
李书心(IFP)
李淑久(GACP)

李树刚(IBK)
李树英(HANU)
李双智(SWFC)
李思锋(XBGH)
李素英(IBSC)
李泰辉(GDGM)
李　涛(WCU)
李同建(JJT)
李　薇(IFP)
李文清(SDFGR)
李锡畴(KUN)
李锡文(KUN)
李先源(HWA)
李宪庚(CHA)
李乡旺(SWFC)
李湘萍(NF)
李晓东(HIB)
李晓瑾(XTNM)
李　欣(HHNNR)
李新华(NAU)
李新平(TYF)
李新荣(LZD)
李新伟(HIB)
李信贤(GAC)
李学东(BJTC)
李学禹(SHI)
李雪霞(NF)
李延辉(HITBC, KUN)
李艳春(KUN, HKAS)
李艳晖(TYNUB)
李　扬(SN)
李扬汉(NAU)
李尧英(HBI)
李以镔(JXU)
李　奕(PE)
李　颖(SHMU)
李应军(EMA)
李永和(XMUZYMY)
李永康(GZAC)
李　勇(TIE)
李　宇(HMAS)
李　玉(HMAS)
李　玉(HMJAU)
李裕久(BJFC)
李泽贤(IBSC)
李兆兰(N)
李　砧(TYNUB)
李振宇(PE)
李镇魁(CANT)
李植华(SYS)
李志浩(EMA)
李志敏(YNUB)
李治基(GAC)
李智辉(SYAUF)
李智选(WNU)
李忠孝(YAK)
李卓玉(SXU)
李紫微(SM)
李宗秀(CDBI)
李宗英(SXU)
连俊文(YAK)
连文琰(IMD)
连　艳(CDCM)
廉永善(NWTC)
梁宝汉(CANT)
梁畴芬(IBK)
梁红平(BJFC)
梁红柱(HBNU)
梁建平(NNA)
梁健英(IBK)
梁　葵(CANT)
梁瑞龙(GXFI)
梁社坚(SCAUB)
梁盛业(GXFI)
梁诗炎(GNU)
梁士楚(GNU)
梁松筠(PE)
梁同军(LBG)
梁永延(GXF)
廖　廓(HIB)
廖　亮(JJT)
廖文波(SYS)
廖　雯(LPSUN)
廖远能(GACP)
林邦娟(IBSC)
林春蕊(IBK)
林贵兵(JXCM)
林　红(GXFS)
林红梅(JLAU)
林建勇(GXFI)

林来官（FNU）
林茂祥（IMC）
林　敏（NOCC）
林　祁（IBSC, PE）
林亲众（CSFI）
林　镕（PE）
林寿全（IMD）
林万涛（CANT）
林　英（JXU）
林尤兴（PE）
林有润（IBSC）
林余霖（IMD）
林　云（HUFD）
林长松（LPSUN）
林正眉（SN）
林忠文（GXSP）
凌萍萍（NAS）
凌元洁（SXU）
刘爱红（CSFI）
刘柏玲（QFNU）
刘　宝（FJFC）
刘保东（HANU）
刘　蓓（KEF）
刘　冰（PE）
刘炳荣（HUST）
刘　波（IGA）
刘　波（SXU）
刘朝晖（BAU）
刘春朝（HECM）
刘春荣（PE）
刘翠晶（JLAU）
刘大昌（SWFC）
刘大济（HGAS）
刘代明（CDCM）
刘登义（ANUB）
刘东云（SXAU）
刘恩德（KUN）
刘福兰（IBSC）
刘国道（ATCH）
刘国钧（XJBI）
刘国祥（HBI）
刘果厚（NMAC）
刘海桑（FJSI）
刘鹤龄（ACM）
刘红梅（SZG）
刘红燕（SDCM）
刘惠卿（CDBI）
刘慧圆（PE）
刘计权（SXTCM）
刘济明（GZAC）
刘家熙（BJTC）
刘家宜（TIE）
刘建国（XJBI）
刘剑秋（FNU）
刘健全（SZ）
刘　杰（KUN）
刘　静（IBK）
刘　静（SAU）
刘　娟（JMSMC）
刘　军（SAUF）
刘君哲（NKU）
刘克明（HNNU）
刘克旺（CSFI）
刘　坤（ANUB）
刘兰芳（SYS）
刘　磊（FGC）
刘立品（QYTC）
刘丽杰（ANTU）
刘丽仙（HUCM）
刘丽燕（XJFA）
刘　利（ANTU）
刘　涟（CCNU）
刘　亮（PE）
刘林翰（HNNU）
刘林馨（QTC）
刘　琳（SABG）
刘琳莉（NAU）
刘路贤（KAI）
刘伦辉（HITBC）
刘　玫（HANU）
刘美斯（HHNNR）
刘名庭（TURP）
刘鸣远（HANU）
刘銘庭（XJBI）
刘　念（IBSC）
刘　宁（BNU）
刘培贵（HKAS, KUN）
刘　鹏（ZNU）
刘　朴（HMJAU）
刘启新（NAS）

刘　青(IBSC)
刘庆华(JXCM)
刘全儒(BNU)
刘尚武(HNWP)
刘少英(SCFI)
刘慎谔(IFP)
刘胜祥(CCNU)
刘式乔(IMC)
刘守金(ACM)
刘守炉(NAS)
刘寿养(GXCM)
刘书润(HIMC)
刘淑艳(HMJAU)
刘淑珍(IFP)
刘思益(CPU)
刘天慰(HSIB)
刘卫荣(NOCC)
刘蔚秋(SYS)
刘蔚漪(SWFC)
刘锡琎(HMAS)
刘　霞(JLAU)
刘　翔(SM)
刘小勇(HMAS)
刘晓娟(GAUF)
刘晓娟(HMAS)
刘晓丽(BJM)
刘　星(WH)
刘秀梅(AAUF)
刘秀群(CCAU)
刘秀熙(AU)
刘雪娴(N)
刘　妍(HANU)
刘　演(IBK)
刘　鸯(SHI)
刘　杨(SDCM)
刘　洋(LNCM)
刘耀武(BZCM)
刘一樵(BJFC)
刘以珍(JXU)
刘媖心(LZD)
刘　莹(SYS)
刘应迪(HNNU)
刘永强(SG)
刘　勇(JXCM)
刘玉壶(IBSC)
刘玉兰(NWTC)
刘运笑(IBSC)
刘振华(NYA)
刘振稳(KUN)
刘正宇(IMC)
刘志礼(N)
刘钟龄(HIMC)
刘仲健(NOCC)
刘仲苓(SHM)
龙翠玲(GNUG)
龙飞云(GNU)
龙　鸿(SYAU)
龙　茹(CHA)
龙文兴(HUTB)
隆卫革(GXFS)
娄彦景(IGA)
娄玉霞(SHTU-MOSS)
楼炉焕(ZJFC)
卢宝荣(SAUT)
卢德炳(EU)
卢东升(XYTC)
卢金梅(KUN)
卢炯林(HEAC)
卢　宁(HSIB)
卢生莲(HNWP)
卢先明(CDCM)
卢心固(AAUB)
卢雪峰(HNWP)
鲁德全(WUK)
鲁开宏(JSPC)
陆保仁(MBMCAS)
陆定安(N)
陆　帆(FUS)
陆丽珍(IBSC)
陆莲立(NAS)
陆玲娣(PE)
陆瑞琳(SHM)
陆树刚(HYU)
陆廷琦(HZU)
陆益新(IBK)
陆兆华(HNR)
鹿占详(YAK)
逯永满(XJU)
路安民(PE)
路端正(BJFC)

路金才(SYPC)
罗昌海(SWCTU)
罗凤霞(SYAUF)
罗　建(XZE)
罗健馨(PE)
罗金裕(GXMI)
罗开文(GXF)
罗明城(SAUT)
罗　群(YAF)
罗世家(ENS)
罗献瑞(IBSC)
罗　燕(HITBC)
罗毅波(PE)
罗应华(GAC)
骆　强(BJ)
吕洪飞(ZNU)
吕惠珍(GXMG)
吕　皎(TYF)
吕宪国(IGA)

M

马　超(AF)
马成功(PE)
马春雷(TEA)
马丹丹(ZJFC)
马恩伟(NMAC)
马国忠(HMAS)
马海英(HYU)
马建强(TEA)
马金双(BNU, CSH)
马　可(HENU)
马丽莎(SIFS)
马　林(IMM)
马　明(KEF)
马启盛(PEM)
马青青(QDC)
马清温(BJM)
马世荣(QYTC)
马万里(NMTC)
马炜梁(HSNU)
马文章(HKAS, KUN)
马欣堂(PE)
马永红(SITC)
马逾英(CDCM)
马毓泉(HIMC)
马仲辉(GAUA)
买买提江・吐尔逊(XJA)
买买提明・苏莱曼(XJU)
毛品一(KUN)
毛雪莹(HTC)
毛子军(NEFI)
毛宗铮(IBK)
毛祖美(XJBI)
卯晓岚(HMAS)
梅丽娟(HNWP)
梅再美(GNUG)
蒙仁宪(ANU)
孟　超(IMM)
孟　雷(BAU)
孟世勇(PEY)
孟宪东(CHA)
孟振农(JSPC)
米吉提(XJU)
米吉提(XJUG)
米太岩(AAUB)
苗　琛(KAI)
苗艳明(LINF)
闵天禄(KUN)
闵祥鹏(QFNU)
缪柏茂(SHM)
缪汝槐(SYS)
莫健彬(SG)
莫小路(GDMM)
莫新礼(GXF)
莫亚鹰(HHBG)
牟凤娟(SWFC)
沐先运(BJFC)

N

南程慧(NFP)
尼玛潘多(XZDC)
倪陈凯(SDNU)
倪志诚(XZ)
聂敏祥(LBG)
聂绍荃(NEFI)
聂泽龙(JIU)
宁熙平(SCAUB)
宁小清(GXCM)

牛　倩(BZCM)
牛　洋(KUN)
农东新(GXMG)
农少丰(NNA)
农植林(JXAU)
努尔巴依(XJUG)

O

欧善华(SHTU)
欧阳蓓(WCU)
欧阳海波(FJSI)
欧阳辉(CQNM)
欧祖兰(ACE)

P

帕子来提·拜合提(XJU-NALH)
潘伯荣(TURP)
潘　刚(XZE)
潘国瑛(SCSG)
潘建斌(LZU)
潘　洁(CQNM)
潘锦堂(HNWP)
潘开玉(PE)
潘胜利(SHMU)
潘体常(SWCTU)
潘仰东(HTC)
潘以敏(LZU)
潘玉梅(IBK)
潘泽惠(NAS)
盘延明(GXFS)
庞厚新(GZAC)
裴　鉴(NAS)
裴莉昕(HECM)
裴盛基(HITBC, KUN)
裴元蓉(HENU)
彭定人(GXF)
彭　华(KUN)
彭华胜(ACM)
彭　涛(GNUB)
彭喜旭(HUST)
彭焱松(LBG)
彭寅斌(HNNU)
彭　宇(EU)
彭玉德(GXMG)
彭玉兰(CDBI)
彭泽祥(LZU)
彭珍宝(NYA)
皮锡铭(XJU)
平莉莉(SXTCM)
蒲　训(LZU)
普布多吉(AF)
普春霞(YNTCM)
溥发鼎(CDBI)

Q

戚继忠(JLFC)
亓　宝(HMJAU)
齐伟辰(CCM)
齐耀东(IMD)
齐祖同(HMAS)
祁承经(CSFI)
钱崇澍(PE)
钱家驹(NENU)
钱　明(SHTU)
钱士心(SG)
钱啸虎(ANUB)
钱之广(SHM)
钱子刚(YNTCM)
强　胜(NAU)
乔曾鉴(BNU)
乔　继(YAK)
乔守怡(FUS)
秦慧贞(NAS)
秦路平(SMMU-BH)
秦仁昌(PE)
秦胜红(EMA)
秦松云(SM)
秦祥堃(SHM)
秦新生(CANT)
秦云程(CDCM)
秦忠时(IFP)
覃德海(GXMI)
覃海宁(PE)
覃家理(SWFC)
覃永华(GXF)
丘华兴(IBSC)
邱　娟(XJA)
邱莲卿(SHM)

邱英雄(HZU)
邱咏薇(JXCM)
邱志敬(SZG)
裘宝林(HHBG)
裘利洪(JXAU)
裘佩熹(HSNU)
裘树平(SHM)
裘晓雯(FFVTC)
曲　波(SYAU)

R

饶广远(PEY)
饶钦止(HBI)
饶文辉(NOCC)
热依木·马木提(XJU-NALH)
任　琛(IBSC)
任明波(IMC)
任明讯(HUTB)
任　强(SDNU)
任善相(SYS)
任宪威(BJFC)
任　毅(SANU, WNU)
容　丽(GNUG)
茹文明(SES)
茹　欣(TIE)
阮嘉蓬(N)
阮云珍(IBSC)

S

萨　仁(PE)
桑杰曲珍(XZDC)
桑　兰(KEF)
沙莉娜(SAUT)
沙世贵(SITC)
沙　伟(QTC)
单汉荣(LBG)
单人骅(NAS)
商　辉(CSH)
上官铁梁(SXU)
尚富德(KAI)
邵慧敏(WCSBG)
邵建章(ANUB)
邵剑文(ANUB)
邵金平(YAF)
邵美妮(SYAU)
邵小明(BAU)
佘孟兰(NAS)
申聪香(SN)
申　业(CMMI)
沈霭如(HTC)
沈　彬(CSH)
沈朝栋(HZU)
沈迪玉(SAUF)
沈观冕(XJBI)
沈联德(WCU)
沈绍金(SG)
沈显生(ACE)
沈亚恒(GDGM)
沈章军(ACE)
沈祖安(ANU)
盛国英(NAS)
师红斌(KUN)
师瑞萍(SHM)
师雪芹(ANUB)
施大文(SHMU)
施国新(NJNU)
施兴华(JXAU)
施之新(HBI)
石福臣(NKU)
石光裕(QTC)
石　明(SWFC)
石　硕(HBNU)
石祥刚(SYS)
石亚亚(SHM)
石　瑛(TYNUB)
石　铸(PE)
时华民(HEAC)
史美中(HZU)
史全芬(AAUF)
史作民(CAF)
舒　抒(SM)
税玉民(KUN)
司马永康(YAF, YCP)
宋宝玉(SXAU)
宋　斌(GDGM)
宋　波(KUN)
宋朝枢(CAF)
宋佳歌(HMUT)
宋建中(CCNU)

宋敏丽(TYNUB)
宋培浪(GYBG)
宋万志(IMM)
宋小玲(NAU)
宋宇环(CCM)
宋柱秋(GXNM)
宋滋圃(SZ)
苏宏汉(CCNU)
苏惠茹(IBSC)
苏俊霞(LINF)
苏宋旺(ANU)
苏　雪(NWTC)
苏亚拉图(NMTC)
苏燕秋(GXMG)
苏永欣(CSH)
苏珍枝(SSMM)
苏志云(KUN)
粟和毅(SZ)
孙爱群(LPSUN)
孙必兴(HYU)
孙成仁(SITC)
孙岱阳(BJFC)
孙德武(HANU)
孙冬雪(SYPC)
孙根楼(SAUT)
孙广宇(NAUFH)
孙　航(KUN)
孙吉良(SHM)
孙纪周(LZU)
孙　坤(NWTC)
孙明洲(NENU)
孙启时(SYPC)
孙庆文(GZTM)
孙庆业(ANU)
孙　权(SYAU)
孙祥钟(WH)
孙雄才(CPU)
孙学刚(GAUF)
孙叶根(ANUG)
孙永华(XBGH)
孙煜铮(BZCM)
孙忠民(MBMCAS)

T

谈远锋(GXCM)
谭策铭(JJF)
谭敦炎(XJA)
谭惠慈(SHM)
谭进波(SZ)
谭经正(SIFS)
谭景燊(CCNU)
谭沛祥(IBSC)
谭士贤(IMC)
谭文红(YNTCM)
谭杨梅(IMC)
谭烨辉(SCSG)
谭仲明(SZ)
汤庚国(NF)
汤行春(EU)
汤晓辛(GNUB)
汤昕明(KEF)
汤彦承(PE)
汤艺峰(HSNU)
汤银珠(IBSC)
唐昌林(WUK)
唐光大(CANT)
唐宏亮(HBU)
唐　进(PE)
唐明坤(SCFI)
唐盘昌(JSPC)
唐赛春(IBK)
唐绍清(GNU)
唐廷贵(NKU)
唐为萍(CZH)
唐心曜(WCU)
唐　耀(KUN)
唐　颖(SCFI)
唐中华(NEFI)
陶德定(KUN)
陶国达(HITBC)
陶　恺(SXU)
陶明琴(LZD)
田代科(CSH)
田多贤(PEM)
田恩静(HMJAU)
田　怀(GFS)
田怀珍(HSNU)
田谨为(IMC)
田　琳(SHI)
田　青(GAUF)

田胜尼(AAUB)
田书荣(HHNNR)
田树革(XMUZYMY)
田先华(SANU)
田兴军(N)
铁　军(SES)
仝伯强(SDFGR)
童江波(CQNM)
童军平(HHBG)
童绍全(HITBC)
童毅华(IBSC)
图力古尔(HMJAU)
涂铁要(IBSC)
屠玉麟(GNUG)
土艳丽(XZ)

W

万德光(CDCM)
万　能(HUFD)
万　鹏(SDCM)
万绍宾(HNNU)
万　涛(SZG)
万文豪(JXU)
万　煜(GXSP)
万宗玲(PE)
万佐玺(ENS)
汪发缵(PE)
汪劲武(PEY)
汪　矛(BAU)
汪　庆(NAS)
汪书丽(XZE)
汪小凡(WH)
汪小全(PE)
汪　远(CSH)
汪振儒(BJFC)
汪正利(XZ)
汪正祥(EU)
汪志军(XJFA)
王　柏(ANTU)
王柏青(JLFC)
王　冰(LNCM)
王　兵(XJA)
王彩玲(TIE)
王昌华(SM)
王朝品(NMAC)
王　臣(HANU)
王成信(MQ)
王承录(GNUB)
王春波(QNUN)
王春兰(YAF)
王春雷(HECM)
王代兴(GFS)
王道模(SIFS)
王德昌(GNUB)
王德群(ACM)
王　东(CCNU)
王　丰(ZNU)
王　峰(GFS)
王凤春(HANU)
王凤芝(HLCM)
王戈戎(JLFC)
王　贵(TYF)
王桂花(SXU)
王国栋(IGA)
王果平(XTNM)
王海洋(HWA)
王海英(SDNU)
王汉津(FUS)
王恒昌(HIB)
王　红(KUN)
王红兵(SWFC)
王　虹(XJU)
王　洪(HITBC)
王鸿斌(CAF)
王　欢(JLFC)
王　桓(IMM)
王焕冲(HYU)
王　晖(ANUB)
王　晖(SZG)
王徽勤(WH)
王惠玲(TYNUB)
王继丰(HNR)
王　健(HSNU)
王金凤(PE)
王金平(XYTC)
王锦秀(PE)
王　晶(SYPC)
王　静(HENU)
王静华(KUN)

王镜泉(NWTC)
王康满(QFNU)
王雷宏(AAUF)
王　磊(GAC, NNA)
王立辉(XZ)
王立松(HKAS)
王　丽(BAU)
王　丽(SZ)
王丽红(JMSMC)
王丽娟(NEAU)
王利松(PE)
王良民(SXAU)
王良信(JMSMC)
王　凌(KUN)
王六英(NMAC)
王　龙(HMAS)
王玛丽(WNU)
王美华(HUCM)
王　萌(DNHM)
王明川(GYBG)
王磐基(KAI)
王培善(HGAS)
王萍莉(CDBI)
王　琦(HMJAU)
王启明(HMAS)
王　茜(SWCTU)
王　强(PE)
王　强(ZM)
王青锋(HIB, WH)
王清江(AU)
王清隆(ATCH)
王庆华(PE)
王庆礼(IFP)
王庆瑞(NWTC)
王庆亚(NAU)
王全喜(HANU, SHTU)
王仁卿(JSPC)
王荣祥(LNCM)
王瑞江(IBSC)
王士俊(PE)
王世金(HNWP)
王淑芝(SYAU)
王蜀秀(PE)
王　曙(WCU)
王　松(HYU)
王遂义(HEAC)
王太霞(HENU)
王添敏(LNCM)
王铁娟(NMTC)
王铁僧(NAS)
王　挺(HHBG)
王万贤(EU)
王　薇(IFP)
王　伟(PE)
王卫锋(SXAU)
王文采(PE)
王文和(SYAU)
王文杰(NEFI)
王希蕖(NAS)
王喜龙(XZ)
王喜勇(TURP)
王贤荣(NF)
王　翔(HSIB)
王向华(HKAS, KUN)
王小梅(N)
王晓娟(SHM)
王晓宇(GACP)
王欣宇(HKAS, KUN)
王　馨(CQNM)
王星星(BZCM)
王旭红(CPU)
王学文(ACE)
王雪宏(IGA)
王雪明(TIE)
王雪薇(HMAS)
王艳梅(HENU)
王一峰(NWTC)
王印政(PE)
王映明(HIB)
王永川(SCSG)
王永强(MBMCAS)
王幼芳(HSNU)
王宇飞(PE)
王育民(GFS)
王育生(GLMC)
王跃华(HYU)
王　云(IFP)
王云强(IMDY)
王云章(HMAS)
王灶安(CCAU)

王　战(IFP)
王正平(N)
王正伟(CSH)
王志学(BJM)
王智敏(HTC)
王中仁(PE)
王忠涛(PE)
王祝年(ATCH)
王铸豪(IBSC)
王作宾(WUK)
韦春强(IBK)
韦发南(IBK)
韦宏金(CSH)
韦家福(GXDC)
韦若勋(ZY)
韦思奇(ZM)
韦　威(GXCM)
韦毅刚(IBK)
韦玉梅(IBK)
韦裕宗(IBK)
韦　直(ZM)
韦仲新(KUN)
卫　然(PE)
卫莹芳(CDCM)
卫兆芬(IBSC)
魏江春(HMAS)
魏　来(BNU)
魏升华(GZTM)
魏淑霞(HMAS)
魏铁铮(HMAS)
魏鑫丽(HMAS)
魏学智(LINF)
魏印心(HBI)
魏宇昆(CSH)
魏玉莲(IFP)
温　放(IBK)
温远光(GAC)
温志国(YAK)
文春青(SHM)
文和群(IBK)
文华安(HMAS)
文雪梅(AF, XZ)
闻志彬(XJBI)
翁玉芳(GLMC)
邬家林(EMA)
毋绪燕(WUK)
吾尔妮莎・沙一丁(XJU-NALH)
吴德成(HNR)
吴德邻(IBSC)
吴　丰(IMM)
吴　刚(HKAS, KUN)
吴国芳(HSNU)
吴海龙(ANUB)
吴继农(NJNU)
吴家荣(GZTM)
吴金陵(WUK)
吴金清(HIB)
吴　凯(YNTCM)
吴明煜(EU)
吴鹏程(PE)
吴　琪(CPU)
吴清韩(CZH)
吴庆如(HIMC)
吴庆余(N)
吴容芬(IBSC)
吴世福(SHTU)
吴素蕊(KEF)
吴　涛(HLCM)
吴廷俊(WCU)
吴维春(SYPC)
吴纬生(NYA)
吴锡麟(KUN)
吴显坤(NFP)
吴修仁(CZH)
吴秀菊(NEAU)
吴印禅(IBSC)
吴　莹(LNCM)
吴永彬(CANT)
吴玉虎(HNWP)
吴玉环(HTC)
吴泽民(AAUF)
吴彰桦(PE)
吴兆洪(IBSC)
吴珍兰(HNWP)
吴振海(WUK)
吴征镒(KUN)
吴中伦(CAF)
伍煜庭(SZ)
武宝成(FGC)
武嘉庚(QDC)

武素功(KUN)

X

夏邦美(MBMCAS)
夏恩湛(MBMCAS)
夏富才(JLFC)
夏国华(ZJFC)
夏江林(NYA)
夏民生(GAUA)
夏念和(IBSC)
夏　泉(NWTC)
夏纬瑛(PE)
夏晓飞(BJM)
夏振岱(PE)
夏尊成(GXDC)
相桂权(NENU)
向春雷(KUN)
向　刚(GNUG)
向　红(LPSUN)
向其柏(NF)
向巧萍(PE)
向小果(PE)
向言词(HUST)
向应海(HGAS)
肖国平(KUN)
肖洪彬(HLCM)
肖洪兴(NENU)
肖绵韵(CANT)
肖培根(IMD)
肖　溶(KUN)
肖　酒(HNWP)
肖文发(CAF)
肖心楠(GACP)
肖娅萍(SANU)
肖育檀(CSFI)
谢爱芳(SABG)
谢宝贵(GAUA)
谢成章(CCAU)
谢春平(NFP)
谢大军(SCFI)
谢德慈(SITC)
谢德文(GACP)
谢　航(NENU)
谢　华(HGAS)
谢　晖(SHMU)
谢　磊(BJFC)
谢　明(LNCM)
谢培德(GXDC)
谢　强(GNU)
谢树莲(SXU)
谢义林(GAUA)
谢寅堂(WNU)
谢月英(GXMG)
谢志明(GXNM)
解新明(NMTC)
解正宽(N)
辛海量(SMMU-BH)
辛益群(JSPC)
邢福武(IBSC)
邢公侠(PE)
邢吉庆(XBGH)
邢其华(BNU)
熊济华(HWA)
熊若莉(HYU)
熊豫宁(NAS)
熊源新(GACP)
徐阿生(XZE)
徐爱国(AF)
徐　彪(HMUT)
徐炳声(FUS)
徐　波(CDBI)
徐春波(FGC)
徐粹新(HENU)
徐海燕(XMUZYMY)
徐汉卿(NAU)
徐　杰(NMTC)
徐景先(BJM)
徐克学(PE)
徐朗然(WUK)
徐　蕾(SHM)
徐丽霞(SSMM)
徐利国(SM)
徐玲玲(JJT)
徐　庆(CAF)
徐声修(JXU)
徐世松(ATCH)
徐廷志(KUN)
徐文斌(SHI)
徐文宣(HYU)

徐祥浩(CANT)
徐兴友(CHA)
徐艳琴(JXCM)
徐燕红(NFP)
徐养鹏(WUK)
徐耀良(ZM)
徐永椿(SWFC)
徐永福(CSFI)
徐永清(NEAU)
徐友源(GZAC)
徐增莱(NAS)
徐志杰(JXCM)
徐志远(CCM)
徐　柱(FGC)
许春全(SYPC)
许鸿鹓(SWCTU)
许介眉(SZ)
许　亮(LNCM)
许　宁(TEA)
许仁鑫(ANU)
许为斌(IBK)
许晓岗(NF)
许玉凤(SYAU)
宣淑洁(KUN)
薛彬娥(IBSC)
薛纪如(SWFC)
薛晓明(NFP)
薛跃规(GNU)

Y

鄢玉怀(IFP)
闫道良(ZJFC)
闫丽春(HITBC)
闫小玲(CSH)
严洪明(ZM)
严克俭(GXMI)
严　英(TIE)
严岳鸿(CSH)
严增南(FUS)
严子柱(MQ)
阎　平(SHI)
颜　济(SAUT)
颜素珠(SYS)
燕　玲(NMAC)
央金卓嘎(XZ)
杨柏云(JXU)
杨保民(HNNU)
杨斌生(SHTU)
杨昌煦(HWA)
杨昌友(XJA)
杨成华(GF)
杨春华(BJFC)
杨存存(HHNNR)
杨大荣(HITBC)
杨涤清(LBG)
杨逢建(NEFI)
杨凤梅(QDC)
杨福生(PE)
杨光辉(SAU)
杨光耀(JXAU)
杨汉碧(PE)
杨虎彪(ATCH)
杨　继(PEY)
杨金书(CZH)
杨金祥(WUK)
杨俊良(SAU, SAUT)
杨蕾蕾(SZG)
杨礼攀(YNTCM)
杨利民(JLAU)
杨　林(SIFS)
杨　柳(HMAS)
杨　龙(GNUG)
杨明今(SIFS)
杨　鹏(SXAU)
杨启银(NJNU)
杨亲二(IBSC, PE)
杨青山(ACM)
杨秋容(EMA)
杨人俊(SYAU)
杨瑞武(SAU)
杨世雄(KUN)
杨淑萍(SHI)
杨树德(YNTCM)
杨锡麟(NMTC)
杨喜林(LZD)
杨衔晋(NEFI)
杨相甫(HENU)
杨祥学(JXU)
杨小波(HUTB)

杨晓杰(QTC)
杨雅玲(N)
杨　扬(KUN)
杨耀文(YNTCM)
杨　野(ANTU)
杨　永(PE)
杨永昌(HNWP)
杨永平(KUN)
杨永清(CTC)
杨宇明(SWFC)
杨　悦(BJTC)
杨再新(SCFI)
杨祯禄(EMA)
杨志荣(PE)
杨祝良(HKAS, KUN)
杨宗岱(MBMCAS)
姚昌豫(HHBG)
姚崇怀(CCAU)
姚　淦(NAS)
姚关琥(HSNU)
姚明哲(TEA)
姚庆渭(NFP)
姚　榕(NFP)
姚一建(HMAS)
姚育英(LZD)
姚振生(JXCM)
叶爱华(AAUB)
叶创兴(SYS)
叶大进(SWCTU)
叶德娴(N)
叶东海(GDGM)
叶光汉(N)
叶华谷(IBSC)
叶　康(SG)
叶能干(GACP)
叶升儒(WZU)
叶胜明(BZCM)
叶永忠(HEAC)
伊廷双(KUN)
伊贤贵(NF)
易桂花(JJF)
易思荣(IMC)
易　俗(HUST)
易同培(SIFS)
易咏梅(ENS)
音扎布(NMTC)
殷建涛(HITBC)
殷学波(BJM)
银福军(SM)
尹国萍(SM)
尹海波(LNCM)
尹　航(ANTU)
尹俊梅(ATCH)
尹林克(TURP, XJBI)
尹　睿(SYAU)
尹文清(KUN)
尹五元(SWFC)
尹祖棠(BNU)
应建浙(HMAS)
应俊生(PE)
雍世鹏(HIMC)
游　浚(WH)
游水生(FJFC)
於玲珑(HHBG)
于　晶(SHTU-MOSS)
于　明(BNU)
于宁宁(PE)
于胜祥(PE)
于兴华(IFP)
于雪莹(NEFI)
于永莉(TIE)
于兆英(WUK)
余慧君(HENU)
余丽莹(GXMG)
余湘云(SXU)
余　岩(SZ)
余燕华(FFVTC)
余永年(HMAS)
俞德浚(PE)
俞筱押(QNUN)
俞泽华(N)
俞志雄(JXAU)
虞富莲(TEA)
郁文彬(HITBC)
喻勋林(CSFI)
袁　强(NEAU)
袁昌齐(NAS)
袁发银(NF)
袁海生(IFP)
袁家谟(HGAS)

袁　亮(GDMM)
袁　明(SAU)
袁　强(NEAU)
袁庆军(CMMI)
袁　琼(IBSC)
袁永革(SHM)
袁　媛(CMMI)
袁志良(HEAC)
苑淑秀(KUN)
乐崇熙(CMMI)
岳建英(HSIB)
乐静珠(HMAS)
岳　明(WNU)
岳松健(WCU)

Z

臧　穆(HKAS, KUN)
臧润国(CAF)
扎西次仁(XZ)
曾沧江(AU)
曾朝辉(BJM)
曾呈奎(MBMCAS)
曾范安(GF)
曾飞燕(IBSC)
曾　玲(GXNM)
曾庆钱(GDMM)
曾庆文(IBSC)
曾淑英(KUN)
曾文彬(AU)
曾宪锋(CHA, CZH)
曾孝濂(KUN)
曾新宇(HHBG)
曾昭琪(N)
翟大同(LINF)
翟延君(LNCM)
翟肇庄(CZH)
詹选怀(LBG)
张百誉(CTC)
张本能(IBK)
张斌成(HMAS)
张　波(CHA)
张　波(HMJAU)
张　博(QYTC)
张彩云(GDMM)
张昌兵(HON)
张朝芳(HZU)
张朝晖(GNUB)
张　潮(GNUB)
张春芳(PE)
张春宇(SYAU)
张大明(PE)
张代贵(JIU)
张道远(TURP)
张德明(SN)
张德瑞(MBMCAS)
张奠湘(IBSC)
张定成(ANUB)
张定宇(SXAU)
张恩厚(NMAC)
张发起(HNWP)
张方钢(ZM)
张　峰(SXU)
张刚民(BJFC)
张光初(IFP)
张光飞(HYU)
张光富(NJNU)
张广平(SSMM)
张贵一(HANU)
张桂萍(SES)
张桂芝(IFP)
张国梁(LZU)
张国维(JLFC)
张海琴(SAUT)
张　浩(WCU)
张盍曾(HNWP)
张鹤龄(KAI)
张宏达(SYS)
张　虹(CQNM)
张华海(GFS)
张　慧(LNCM)
张家辉(SWCTU)
张建琛(HON)
张建奎(LNCM)
张建强(SANU)
张建文(KUN)
张建新(ENS)
张　洁(YNTCM)
张晋豫(HENU)
张景龙(CCM)

张景祥(HBNU)
张　军(IMC)
张峻甫(MBMCAS)
张　珂(ACM)
张乐华(LBG)
张　力(IBSC, SZG)
张丽兵(CDBI)
张　良(CDBI)
张林静(LINF)
张满祥(WUK, XBGH)
张美珍(SHM)
张　勉(CPU)
张　勉(SXAU)
张明理(PE)
张铭哲(HENU)
张鹏云(LZU)
张　强(CCM)
张　强(IBK)
张巧艳(SMMU-BH)
张青林(GYBG)
张清其(FNU)
张娆挺(AU)
张仁波(ZY)
张　荣(NAUFH)
张荣厚(PE)
张荣京(SCAUB)
张若蕙(ZJFC)
张士良(EMA)
张寿洲(SZG)
张书东(KUN)
张淑梅(DNHM)
张淑贤(WNU)
张树仁(PE)
张遂申(WUK)
张泰利(PE)
张天柱(CCM)
张　炜(QDC)
张宪春(PE)
张向彬(HNNU)
张小冰(TYNUB)
张小波(CMMI)
张小杭(FJSI)
张小平(ANUB)
张小青(HMAS)
张晓玲(TYF)
张晓晓(TIE)
张欣欣(HANU)
张新厚(IGA)
张秀伏(LZD)
张秀实(HGAS)
张学杰(SDNU)
张学星(YAF)
张雪梅(SITC)
张　训(WCU)
张　燕(KUN)
张燕君(HIB)
张　洋(ZM)
张　阳(SHM)
张耀甲(LZU)
张一帆(YNUB)
张英涛(PEM)
张　莹(XBGH)
张永刚(JLAU)
张永洪(YNUB)
张永华(XBGH)
张永田(FJSI)
张咏梅(CDBI)
张　勇(BJFC)
张　勇(ZYTC)
张玉均(BJFC)
张玉良(IFP)
张玉武(HGAS)
张跃进(WUK)
张　越(SAUT)
张云飞(SHM)
张泽荣(SZ)
张昭洁(JSPC)
张肇骞(IBSC)
张振万(WUK)
张　峥(NAU)
张芝玉(SMMU-BH)
张植玮(SM)
张志翔(BJFC)
张志英(WUK)
张志耘(PE)
张　智(AAUB)
张忠廉(IMDY)
张重岭(YAK)
张紫刚(NAU)
章绍尧(HHBG)

章　菽(IMM)
章伟平(SWFC)
章卫民(GDGM)
章毓英(NAU)
赵宝惠(CCNU)
赵炳柱(YAK)
赵　博(DNHM)
赵洪全(ANTU)
赵厚涛(GYBG)
赵惠如(NJNU)
赵纪峰(SM)
赵继鼎(HMAS)
赵建成(HBNU)
赵凯歌(CCAU)
赵魁义(IGA)
赵来喜(FGC)
赵利清(HIMC)
赵莉娜(PE)
赵良成(BJFC)
赵良能(赵能)(SCFI)
赵　亮(WUK)
赵　泠(SYAUF)
赵美华(NMAC)
赵　敏(YAF)
赵明君(HMAS)
赵奇僧(NF)
赵清盛(SZ)
赵儒林(N)
赵瑞琳(HMAS)
赵士洞(IFP)
赵世望(KUN)
赵淑文(NMAC)
赵素云(SM)
赵文吉(HON)
赵文书(YCP)
赵　欣(LCU-L)
赵鑫磊(BZCM)
赵修谦(AU)
赵一之(HIMC)
赵英华(N)
赵毓棠(NENU)
赵　玥(SYPC)
赵云鹏(HZU)
赵子恩(HIB)
赵遵田(SDNU)
赵佐成(CDBI)
郑朝宗(HZU)
郑承剑(SMMU-BH)
郑国杨(GDGM)
郑　海(GDMM)
郑汉臣(SMMU-BH)
郑　勉(HSNU)
郑明轩(CANT)
郑清芳(FJFC)
郑儒永(HMAS)
郑师章(FUS)
郑世群(FJFC)
郑斯绪(PE)
郑士川(TIE)
郑万钧(CAF, NF)
郑维列(XZE)
郑小江(ENS)
郑　艳(ANUB)
郑亦津(JSPC)
郑元润(WCSBG)
郑　重(HIB)
钟本固(GNUB)
钟补求(PE)
钟国荣(HHBG)
钟国跃(SM)
钟军弟(ZHAN)
钟树英(HITBC)
钟霞军(GXCM)
钟心煊(AU, WH)
钟　鑫(CSH)
钟雄文(WH)
钟业聪(GXF)
钟远春(GF)
仲崇信(N)
周邦楷(CDBI)
周榜第(XZ)
周　兵(JGSU)
周秉珍(GAUA)
周根生(PE)
周广柱(SYAUF)
周桂玲(XJA)
周国齐(ENS)
周汉泉(IBSC)
周厚高(GAUA)
周华蓉(SM)

周建良(HUST)
周锦华(MBMCAS)
周立华(HNWP)
周丽双(GXNM)
周联选(IBSC)
周凌云(WH)
周卯勤(IMC)
周　琼(GAUA)
周日宝(HUCM)
周瑞昌(HNR)
周绍莉(SAU)
周世良(PE)
周世权(NMAC)
周仕顺(HITBC)
周守标(ANUB)
周颂东(SZ)
周太炎(NAS)
周　彤(JMSMC)
周蓄源(JXAU)
周　铉(KUN)
周亚东(HIB)
周以良(NEFI)
周永红(SAUT)
周云龙(BNU)
周云龙(SN)
周长发(NJNU)
周浙昆(KUN)
周珍诚(GXDC)
周忠泽(ANU)
周仲凯(NYA)
朱彩霞(IFP)
朱道光(HNR)
朱格麟(NWTC)
朱浩然(N)
朱　华(HITBC)
朱　欢(HBI)
朱蕙忠(HBI)
朱　军(XTNM)
朱明旗(NAUFH)
朱培智(HITBC)
朱瑞良(HSNU)
朱维明(HYU)
朱相云(PE)
朱有昌(HNR)
朱玉善(LBG)
朱昱萍(N)
朱长山(HEAC)
朱兆香(HMJAU)
朱兆仪(IMD)
朱政德(NF)
朱宗元(HIMC)
诸葛仁(SWFC)
祝世杰(EMA)
祝正根(EMA)
庄剑云(HMAS)
庄茂长(SG)
庄体德(NAS)
庄文颖(HMAS)
庄　璇(KUN)
庄雪影(CANT)
卓丽环(NEFI)
宗占江(ANTU)
邹惠渝(NF)
祖炬雄(HUFD)
祖元刚(NEFI)
左大勋(NAS)
左经会(LPSUN)
左　勤(SZG)
左显东(YCP)
左云娟(CSH)

附录V　类 群 索 引
Appendix V　Taxonomic index

半知菌亚门	
曲霉属	孔华忠 [HMAS，北京]；齐祖同 [HMAS，北京]；王龙 [HMAS，北京]
镰孢属	白逢彦 [HMAS，北京]；陈庆涛 [HMAS，北京]
蠕形分生孢子真菌	朱明旗 [NAUFH，杨凌]
鞭毛菌亚门	
霜霉	余永年 [HMAS，北京]
腐霉属	马国忠 [HMAS，北京]
担子菌亚门	
伞菌纲	李泰辉 [GDGM，广州]
多孔菌目	郑国杨 [GDGM，广州]
非褶菌目	张小青 [HMAS，北京]
鬼笔目	姜守忠 [GNUB，贵阳]
红菇目	王向华 [KUN，昆明]
口蘑目	毕志树 [GDGM，广州]
牛肝菌目	毕志树 [GDGM，广州]；李艳春 [KUN，昆明]；杨祝良 [KUN，昆明]
蘑菇目	毕志树 [GDGM，广州]；葛再伟 [KUN，昆明]；杨祝良 [KUN，昆明]；章卫民 [GDGM，广州]
锈菌目	王云章 [HMAS，北京]
银耳目	彭寅斌 [HNNU，长沙]
硬皮马勃目	杜复 [SXU，太原]
担子菌	邓叔群 [HMAS，北京]；刘培贵 [KUN，昆明]；姚一建 [HMAS，北京]；臧穆 [KUN，昆明]
多孔菌	曹支敏 [NAUFH，杨凌]；赵继鼎 [HMAS，北京]
粉褶蕈科	邓旺秋 [GDGM，广州]；沈亚恒 [GDGM，广州]
腹菌	姜守忠 [GNUB，贵阳]；刘波 [SXU，太原]
竹荪属	胡宁拙 [HGAS，贵阳]
黑粉菌	蔡磊 [HMAS，北京]；郭林 [HMAS，北京]；王云章 [HMAS，北京]
鸡油菌	魏铁铮 [HMAS，北京]
灵芝	赵继鼎 [HMAS，北京]；邓旺秋 [GDGM，广州]
牛肝菌科	吴刚 [KUN，昆明]
牛肝菌属	冯邦 [KUN，昆明]
伞菌	曹支敏 [NAUFH，杨凌]；李宇 [HMAS，北京]；刘波 [SXU，太原]；卯晓岚 [HMAS，北京]；魏铁铮 [HMAS，北京]；文华安 [HMAS，北京]；应建浙 [HMAS，北京]；赵瑞琳 [HMAS，北京]
鹅膏科	蔡箐 [KUN，昆明]
锈菌	曹支敏 [NAUFH，杨凌]；戴芳澜 [HMAS，北京]；郭林 [HMAS，北京]；李滨 [HMAS，北京]；魏淑霞 [HMAS，北京]；徐彪 [HMUT，阿拉尔]；庄剑云 [HMAS，北京]
厚壁菌亚门	
炭疽菌属	张荣 [NAUFH，杨凌]；朱明旗 [NAUFH，杨凌]
接合菌亚门	
接合菌	姚一建 [HMAS，北京]

毛霉	陈桂清 [HMAS，北京]；刘小勇 [HMAS，北京]；郑儒永 [HMAS，北京]
子囊菌亚门	
白粉菌目	卢东升 [XYTC，信阳]
茶渍衣目	热依木・马木提 [XJU-NALH，乌鲁木齐]
虫囊菌目	沈亚恒 [GDGM，广州]；叶东海 [GDGM，广州]
黄枝衣目	吾尔妮莎・沙一丁 [XJU-NALH，乌鲁木齐]
微孢衣目	阿不都拉・阿巴斯 [XJU-NALH，乌鲁木齐]
小煤炱目	胡炎兴 [GDGM，广州]；宋斌 [GDGM，广州]
星盾炱目	宋斌 [GDGM，广州]
发菌科青霉属	孔华忠 [HMAS，北京]；齐祖同 [HMAS，北京]；王龙 [HMAS，北京]
轮枝孢属	陈吉棣 [HMAS，北京]
脉孢菌属	戴芳澜 [HMAS，北京]
毛壳属	陈庆涛 [HMAS，北京]；王雪薇 [HMAS，北京]
蛇形虫草菌科虫草属	毕志树 [GDGM，广州]；李泰辉 [GDGM，广州]；章卫民 [GDGM，广州]
尾孢属	刘锡琎 [HMAS，北京]
白粉菌	陈桂清 [HMAS，北京]；戴芳澜 [HMAS，北京]；刘淑艳 [HMJAU，长春]；徐彪 [HMUT，阿拉尔]；余永年 [HMAS，北京]；郑儒永 [HMAS，北京]
地舌菌	戴芳澜 [HMAS，北京]
核菌	乐静珠 [HMAS，北京]；庄文颖 [HMAS，北京]
酵母菌	白逢彦 [HMAS，北京]；傅秀辉 [HMAS，北京]；乐静珠 [HMAS，北京]；李明霞 [HMAS，北京]；王启明 [HMAS，北京]
毛壳菌	郭云忠 [NAUFH，杨凌]
腔菌	戴芳澜 [HMAS，北京]
珊瑚枝科 [地衣型真菌]	黄满荣 [BJM，北京]
水生丝孢菌	刘晓娟 [HMAS，北京]
子囊菌	蔡磊 [HMAS，北京]；邓叔群 [HMAS，北京]；刘培贵 [KUN，昆明]；姚一建 [HMAS，北京]；臧穆 [KUN，昆明]；朱兆香 [HMJAU，长春]
真菌	陈发生 [HANU，哈尔滨]；韩芳 [TIE，天津]；李建宗 [HNNU，长沙]；李静丽 [WNU，西安]；李丽嘉 [BJM，北京]；李兆兰 [N，南京]；李宗英 [SXU，太原]；刘波 [SXU，太原]；陆定安 [N，南京]；王云 [IFP，沈阳]；徐阿生 [XZE，林芝]；鄢玉怀 [IFP，沈阳]；张斌成 [HMAS，北京]；张荣 [NAUFH，杨凌]；范宇光 [ANTU，安图]；王柏 [ANTU，安图]
大型真菌	陈晔 [JJT，九江]；邓旺秋 [GDGM，广州]；冯云利 [KEF，昆明]；何绍昌 [HGAS，贵阳]；何显 [NENU，长春]；何宗智 [JXU，南昌]；蒋思萍 [AF，拉萨]；李茹光 [NENU，长春]；李玉 [HMAS，北京]；马超 [AF，拉萨]；马可 [HENU，新乡]；蒲训 [LZU，兰州]；普布多吉 [AF，拉萨]；亓宝 [HMJAU，长春]；谭惠慈 [SHM，上海]；汤昕明 [KEF，昆明]；田恩静 [HMJAU，长春]；图力古尔 [HMJAU，长春]；吴素蕊 [KEF，昆明]；徐爱国 [AF，拉萨]；张家辉 [SWCTU，重庆]
木腐菌	朱明旗 [NAUFH，杨凌]
木生真菌	魏玉莲 [IFP，沈阳]；袁海生 [IFP，沈阳]
黏菌	李惠中 [HMAS，北京]；李玉 [HMAS，北京]；刘淑艳 [HMJAU，长春]；亓宝 [HMJAU，长春]；宋佳歌 [HMUT，阿拉尔]；王琦 [HMJAU，长春]；张波 [CHA，昌黎]
网柄菌	李玉 [HMAS，北京]；刘朴 [HMJAU，长春]
地衣门	
地衣	阿不都拉・阿巴斯 [XJU-NALH，乌鲁木齐]；艾尼瓦尔・吐米尔 [XJU-NALH，乌鲁木齐]；陈建斌 [HMAS，北京]；陈锡龄 [IFP，沈阳]；邓红 [HMAS，北京]；郭守玉 [HMAS，北京]；韩国营 [GYBG，贵阳]；姜玉梅 [HMAS，北京]；陆定安 [N，南京]；帕子来提・拜合提 [XJU-NALH，乌鲁木齐]；钱之广 [SHM，上海]；任强 [SDNU，济南]；王海英 [SDNU，济南]；王立松 [KUN，昆明]；王欣宇 [KUN，昆明]；魏江春 [HMAS，北京]；魏鑫丽 [HMAS，北京]；文雪梅 [AF，拉萨]；吴继农 [NJNU，南京]；吴金陵 [WUK，杨凌]；徐蕾 [SHM，上海]；赵继鼎 [HMAS，北京]；赵遵田 [SDNU，济南]；周秉珍 [GAUA，南宁]；胡玉琛 [ANTU，安图]

茶渍科	赵欣 [LCU，聊城]
文字衣科	贾泽峰 [LCU，聊城]
污核衣科	赵欣 [LCU，聊城]
藻类植物	敖成齐 [WZU，温州]；包文美 [HANU，哈尔滨]；毕列爵 [EU，武汉]；陈椽 [GNUB，贵阳]；程子俊 [NWTC，兰州]；冯佳 [SXU，太原]；杭金欣 [SHM，上海]；李建宗 [HNNU，长沙]；李朋富 [N，南京]；李艳晖 [TYNUB，太原]；李扬 [SN，广州]；李砧 [TYNUB，太原]；凌元洁 [SXU，太原]；刘应迪 [HNNU，长沙]；卢德炳 [EU，武汉]；潘仰东 [HTC，杭州]；石瑛 [TYNUB，太原]；王萌 [DNHM，大连]；王全喜 [SHTU，上海]；王智敏 [HTC，杭州]
淡水藻类	范亚文 [HANU，哈尔滨]；刘妍 [HANU，哈尔滨]；王志学 [BJM，北京]；肖洪兴 [NENU，长春]；于明 [BNU，北京]
海藻	王永川 [SCSG，广州]；严英 [TIE，天津]
红藻门	王永强 [MBMCAS，青岛]；夏邦美 [MBMCAS，青岛]；夏恩湛 [MBMCAS，青岛]；张德瑞 [MBMCAS，青岛]；张峻甫 [MBMCAS，青岛]；周锦华 [MBMCAS，青岛]；曾呈奎 [MBMCAS，青岛]
红藻	叶德娴 [N，南京]
淡水红藻	施之新 [HBI，武汉]
粉枝藻属	潘国瑛 [SCSG，广州]
紫菜属	潘国瑛 [SCSG，广州]
褐藻门	孙忠民 [MBMCAS，青岛]；陆保仁 [MBMCAS，青岛]；曾呈奎 [MBMCAS，青岛]
黄藻门	
无隔藻目	黎尚豪 [HBI，武汉]
甲藻门	
淡水甲藻	刘国祥 [HBI，武汉]
金藻门	魏印心 [HBI，武汉]
蓝藻门	黎尚豪 [HBI，武汉]；李仁辉 [HBI，武汉]；李尧英 [HBI，武汉]；饶钦止 [HBI，武汉]；夏邦美 [MBMCAS，青岛]；曾呈奎 [MBMCAS，青岛]
蓝藻	曾昭琪 [N，南京]；解正宽 [N，南京]；李启敏 [SANU，西安]；刘雪娴 [N，南京]；刘志礼 [N，南京]；阮嘉蓬 [N，南京]；叶德娴 [N，南京]；赵英华 [N，南京]；朱浩然 [N，南京]
淡水蓝藻	梁诗炎 [GNU，桂林]
轮藻门	李尧英 [HBI，武汉]
轮藻科	陈星球 [CCNU，武汉]；刘涟 [CCNU，武汉]；谢宝贵 [GAUA，南宁]
裸藻门	施之新 [HBI，武汉]
绿藻门	董美龄 [MBMCAS，青岛]；胡征宇 [HBI，武汉]；刘国祥 [HBI，武汉]；饶钦止 [HBI，武汉]；魏印心 [HBI，武汉]；朱欢 [HBI，武汉]；朱蕙忠 [HBI，武汉]；曾呈奎 [MBMCAS，青岛]
绿藻	曾昭琪 [N，南京]；凌元洁 [SXU，太原]
双星藻科	陈星球 [CCNU，武汉]；刘涟 [CCNU，武汉]；王志学 [BJM，北京]
苔藓植物	敖志文 [NEFI，哈尔滨]；白学良 [HIMC，呼和浩特]；蔡奇英 [JXU，南昌]；曹同 [SHTU，上海]；曾淑英 [KUN，昆明]；常红秀 [JXU，南昌]；陈邦杰 [PE，北京]；程夏芳 [HSNU，上海]；崔明昆 [YNUB，昆明]；高谦 [IFP，沈阳]；郭新弧 [ANUB，芜湖]；韩国营 [GYBG，贵阳]；何林 [ZY，遵义]；何强 [PE，北京]；胡人亮 [HSNU，上海]；黄榕辉 [FJFC，福州]；贾渝 [PE，北京]；江洪 [BJ，毕节]；蒋洁云 [BJ，毕节]；郎奎昌 [NENU，长春]；黎兴江 [KUN，昆明]；李登科 [SHM，上海]；李克纲 [JIU，吉首]；李琳 [HBNU，石家庄]；李薇 [IFP，沈阳]；李学东 [BJTC，北京]；林邦娟 [IBSC，广州]；刘蔚秋 [SYS，广州]；刘仲苓 [SHM，上海]；娄玉霞 [SHTU，上海]；陆定安 [N，南京]；罗健馨 [PE，北京]；马文章 [KUN，昆明]；买买提明・苏莱曼 [XJU，乌鲁木齐]；彭涛 [GNUB，贵阳]；茹欣 [TIE，天津]；沙伟 [QTC，齐齐哈尔]；邵小明 [BAU，北京]；师雪芹 [ANUB，芜湖]；石瑛 [TYNUB，太原]；万宗玲 [PE，北京]；汪庆 [NAS，南京]；汪正祥 [EU，武汉]；王桂花 [SXU，太原]；王健 [HSNU，上海]；王庆华 [PE，北京]；王淑芝 [SYAU，沈阳]；王晓宇 [GACP，贵阳]；王幼芳 [HSNU，上海]；韦玉梅 [IBK，桂林]；文雪梅 [AF，拉萨]；吴鹏程 [PE，北京]；吴玉环 [HTC，杭州]；熊若莉 [YUKU，昆明]；熊源新 [GACP，贵阳]；徐杰 [NMTC，呼和浩特]；徐文宣 [YUKU，昆明]；严英 [TIE，天津]；于明 [BNU，北京]；于宁宁 [PE，北京]；余慧君 [HENU，新乡]；袁志良 [HEAC，郑州]；张朝晖 [GNUB，贵阳]；张力 [SZG，深圳]；张满祥 [WUK，杨凌]；赵建成 [HBNU，石家庄]；赵修谦 [AU，厦门]；赵遵田 [SDNU，济南]；钟本固 [GNUB，贵阳]；周云龙 [BNU，北京]；朱瑞良 [HSNU，上海]；左勤 [SZG，深圳]

苔纲	
耳叶苔科	张力 [SZG，深圳]
角苔类	张力 [SZG，深圳]
指叶苔科	张力 [SZG，深圳]
藓纲	
凤尾藓科	邓坦 [ZY，遵义]；于晶 [SHTU，上海]；张力 [SZG，深圳]
花叶藓科	张力 [SZG，深圳]
棉藓科	李登科 [SHM，上海]；左勤 [SZG，深圳]
木灵藓科	郭水良 [SHTU，上海]
青藓科	李敏 [HBNU，石家庄]
曲尾藓科	于晶 [SHTU，上海]
缩叶藓科	郭水良 [SHTU，上海]
紫萼藓科	郭水良 [SHTU，上海]；于晶 [SHTU，上海]
藻苔纲	
藻苔	李学东 [BJTC，北京]
蕨类植物	包文美 [HANU，哈尔滨]；曹建国 [SHTU，上海]；常艳芬 [HITBC，勐腊]；常缨 [NEAU，哈尔滨]；陈波 [HTC，杭州]；陈功锡 [JIU，吉首]；陈仁钧 [ANUG，芜湖]；陈珍传 [SZG，深圳]；成晓 [KUN，昆明]；程景福 [JXU，南昌]；邓坦 [ZY，遵义]；董仕勇 [IBSC，广州]；傅书遐 [HIB，武汉]；苟光前 [GACP，贵阳]；管毕财 [JXU，南昌]；郭晓思 [WUK，杨凌]；郭治友 [QNUN，都匀]；韩全忠 [DNHM，大连]；何海 [CTC，重庆]；和积鉴 [YUKU，昆明]；和兆荣 [YUKU，昆明]；黄榕辉 [FJFC，福州]；蒋木青 [ANUG，芜湖]；孔宪需 [CDBI，成都]；李保贵 [HITBC，勐腊]；李书心 [IFP，沈阳]；林尤兴 [PE，北京]；刘炳荣 [HUST，湘潭]；刘红梅 [SZG，深圳]；刘家熙 [BJTC，北京]；刘静 [SAU，雅安]；刘利 [ANTU，安图]；陆树刚 [YUKU，昆明]；罗昌海 [SWCTU，重庆]；骆强 [BJ，毕节]；秦仁昌 [PE，北京]；裘佩熹 [HSNU，上海]；裘树平 [SHM，上海]；商辉 [CSH，上海]；孙煜铮 [BZCM，亳州]；王承录 [GNUB，贵阳]；王晖 [SZG，深圳]；王玛丽 [WNU，西安]；王培善 [HGAS，贵阳]；王育民 [GFS，修文]；王中仁 [PE，北京]；王铸豪 [IBSC，广州]；韦宏金 [CSH，上海]；卫然 [PE，北京]；吴世福 [SHTU，上海]；吴印禅 [IBSC，广州]；吴兆洪 [IBSC，广州]；武素功 [KUN，昆明]；奚亚 [JJF，九江]；向红 [LPSUN，六盘水]；谢寅堂 [WNU，西安]；邢公侠 [PE，北京]；徐声修 [JXU，南昌]；徐养鹏 [WUK，杨凌]；许鸿鹓 [SWCTU，重庆]；严岳鸿 [CSH，上海]；姚关琥 [HSNU，上海]；余慧君 [HENU，新乡]；詹选怀 [LBG，庐山]；张百誉 [CTC，重庆]；张朝芳 [HZU，杭州]；张刚民 [BJFC，北京]；张光飞 [YUKU，昆明]；张丽兵 [CDBI，成都]；张良 [CDBI，成都]；张寿洲 [SZG，深圳]；张宪春 [PE，北京]；张耀甲 [LZU，兰州]；赵厚涛 [GYBG，贵阳]；朱维明 [YUKU，昆明]
叉蕨科	刘红梅 [SZG，深圳]
凤尾蕨科	卢金梅 [KUN，昆明]
里白科	金孝锋 [HTC，杭州]
鳞毛蕨科	卢金梅 [KUN，昆明]
膜蕨科	王晖 [SZG，深圳]
爬树蕨科	刘红梅 [SZG，深圳]
石松科	何海 [CTC，重庆]；张百誉 [CTC，重庆]
水韭科	刘星 [WH，武汉]
种子植物	欧善华 [SHTU，上海]；钱明 [SHTU，上海]
裸子植物	陈家瑞 [PE，北京]；邓辉胜 [JJT，九江]；段澄云 [TIE，天津]；冯自诚 [GAUF，兰州]；傅德志 [PE，北京]；傅立国 [PE，北京]；韩全忠 [DNHM，大连]；郝景盛 [PE，北京]；火树华 [BJFC，北京]；李丙贵 [HNNU，长沙]；李林初 [FUS，上海]；李楠 [SZG，深圳]；李湘萍 [NF，南京]；毛宗铮 [IBK，桂林]；梅丽娟 [HNWP，西宁]；米吉提 [XJU，乌鲁木齐]；施兴华 [JXAU，南昌]；汪小全 [PE，北京]；王春波 [QNUN，都匀]；吴中伦 [CAF，北京]；向巧萍 [PE，北京]；杨逢建 [NEFI，哈尔滨]；杨永 [PE，北京]；张耀甲 [LZU，兰州]；张跃进 [WUK，杨凌]；赵奇僧 [NF，南京]；郑万钧 [NF，南京]
苏铁目	李楠 [SZG，深圳]

苏铁科	蒋宏 [YCP，昆明]；钟业聪 [GXF，南宁]
苏铁属	邓朝义 [XIN，兴义]
麻黄科	诚静容 [PEM，北京]
买麻藤科	诚静容 [PEM，北京]；万涛 [SZG，深圳]
柏科	赵洪全 [ANTU，安图]；左显东 [YCP，昆明]
红豆杉科	陈毓亨 [IMM，北京]；高连明 [KUN，昆明]；杨礼攀 [YNTCM，昆明]；赵洪全 [ANTU，安图]
红豆杉属	刘杰 [KUN，昆明]
穗花杉属	邓朝义 [XIN，兴义]
南洋杉科	刘海桑 [FJSI，厦门]
三尖杉科	高连明 [KUN，昆明]；司马永康 [YAF，昆明]；杨礼攀 [YNTCM，昆明]；章菽 [IMM，北京]
杉科	郭立群 [YCP，昆明]；马清温 [BJM，北京]
松科	郭立群 [YCP，昆明]；邝立刚 [TYF，太原]；刘玉壶 [IBSC，广州]；王文杰 [NEFI，哈尔滨]；赵洪全 [ANTU，安图]；赵敏 [YAF，昆明]；钟业聪 [GXF，南宁]
单子叶植物	高宝莼 [CDBI，成都]；李恒 [KUN，昆明]；唐进 [PE，北京]；汪发缵 [PE，北京]
芭蕉科	吴德邻 [IBSC，广州]
百部科	吉占和 [PE，北京]；李恩香 [JXU，南昌]；吴廷俊 [WCU，成都]
百合科	陈心启 [PE，北京]；戴伦凯 [PE，北京]；高云东 [CDBI，成都]；何兴金 [SZ，成都]；洪德元 [PE，北京]；胡光万 [HIB，武汉]；吉占和 [PE，北京]；郎楷永 [PE，北京]；李光照 [IBK，桂林]；李攀 [HZU，杭州]；李琴琴 [NMTC，呼和浩特]；梁松筠 [PE，北京]；刘国钧 [XJBI，乌鲁木齐]；孙启时 [SYPC，沈阳]；汤彦承 [PE，北京]；屠玉麟 [GNUG，贵阳]；万煜 [GXSP，南宁]；许介眉 [SZ，成都]；杨涤清 [LBG，庐山]；杨永平 [KUN，昆明]；袁强 [NEAU，哈尔滨]；张大明 [PE，北京]；张定成 [ANUB，芜湖]；张景祥 [HBNU，石家庄]；张树仁 [PE，北京]；张跃进 [WUK，杨凌]；郑土川 [TIE，天津]；周颂东 [SZ，成都]
菝葜属	傅承新 [HZU，杭州]；李恩香 [JXU，南昌]；李攀 [HZU，杭州]；邵美妮 [SYAU，沈阳]；赵云鹏 [HZU，杭州]
贝母属	罗毅波 [PE，北京]；齐耀东 [IMD，北京]；唐心曜 [WCU，成都]；王曙 [WCU，成都]；岳松健 [WCU，成都]
葱属	黄德青 [GLMC，桂林]
黄精属	刘代明 [CDCM，成都]；汪劲武 [PEY，北京]
龙血树属	张忠廉 [IMDY]
延龄草属	纪运恒 [KUN，昆明]
蜘蛛抱蛋属	高乞 [IBK，桂林]；何顺志 [GZTM，贵阳]；林春蕊 [IBK，桂林]
菖蒲科	李清义 [WH，武汉]；钟雄文 [WH，武汉]；周凌云 [WH，武汉]
灯心草科	孙纪周 [LZU，兰州]；王丰 [ZNU，金华]；吴国芳 [HSNU，上海]
谷精草科	张志翔 [BJFC，北京]
禾本科	蔡联炳 [HNWP，西宁]；陈德懋 [CCNU，武汉]；陈山 [NMTC，呼和浩特]；陈绍云 [HHBG，杭州]；陈守良 [NAS，南京]；陈文俐 [PE，北京]；褚晓芳 [NAS，南京]；崔建丽 [PEM，北京]；戴启惠 [GXFI，南宁]；德英 [FGC，呼和浩特]；方文哲 [NAS，南京]；冯学琳 [IBSC，广州]；耿伯介 [N，南京]；耿以礼 [N，南京]；郭本兆 [HNWP，西宁]；郭一敏 [SHI，石河子]；贺士元 [BNU，北京]；胡超 [SAU,雅安]；胡成华 [N，南京]；黄友儒 [FNU，福州]；蒋尤泉 [FGC，呼和浩特]；解新明 [NMTC，呼和浩特]；金凤 [NMTC，呼和浩特]；金岳杏 [NAS，南京]；刘国道 [ATCH，儋州]；刘磊 [FGC，呼和浩特]；刘亮 [PE，北京]；刘青 [IBSC，广州]；刘书润 [HIMC，呼和浩特]；卢生莲 [HNWP，西宁]；马海英 [YUKU，昆明]；彭华 [KUN，昆明]；秦忠时 [IFP，沈阳]；沈祖安 [ANU，合肥]；盛国英 [NAS，南京]；孙庆业 [ANU，合肥]；孙永华 [XBGH，西安]；汤彦承 [PE，北京]；王朝品 [NMAC，呼和浩特]；王松 [YUKU，昆明]；王正平 [N，南京]；吴玉虎 [HNWP，西宁]；吴珍兰 [HNWP，西宁]；武宝成 [FGC，呼和浩特]；徐柱 [FGC，呼和浩特]；许鸿鹓 [SWCTU，重庆]；严子柱 [MQ，民勤]；颜济 [SAUT，成都]；杨光辉 [SAU，雅安]；杨虎彪 [ATCH，儋州]；杨俊良 [SAUT，成都]；杨人俊 [SYAU，沈阳]；杨瑞武 [SAU,雅安]；杨锡麟 [NMTC，呼和浩特]；杨喜林 [LZD，兰州]；杨雅玲 [N，南京]；姚昌豫 [HHBG，杭州]；叶光汉 [N，南京]；俞泽华 [N，南京]；张昌兵 [HON，红原]；张淑贤 [WNU，西安]；张永华 [XBGH，西安]；张玉良 [IFP，沈阳]；章伟平 [SWFC，昆明]；赵来喜 [FGC，呼和浩特]；赵利清 [HIMC，呼和浩特]；周永红 [SAUT，成都]；庄体德 [NAS，南京]；宗占江 [ANTU，安图]

稻亚科	廖远能 [GACP，贵阳]
黍亚科	廖远能 [GACP，贵阳]
禾亚科	胡志浩 [YUKU，昆明]；孙必兴 [YUKU，昆明]；王跃华 [YUKU，昆明]；郑亦津 [JSPC，济南]
竹亚科	曾新宇 [HHBG，杭州]；陈嵘 [NF，南京]；陈世品 [FJFC，福州]；邓朝义 [XIN，兴义]；苟光前 [GACP，贵阳]；郭惠珠 [XMBG，厦门]；黄克福 [FJFC，福州]；黄榕辉 [FJFC，福州]；黄梓良 [FFVTC，南平]；辉朝茂 [SWFC，昆明]；贾良智 [IBSC，广州]；李德铢 [KUN，昆明]；李书春 [AAUF，合肥]；林万涛 [CANT，广州]；刘蔚漪 [SWFC，昆明]；罗昌海 [SWCTU，重庆]；马丽莎 [SIFS，都江堰]；阮嘉蓬 [N，南京]；沈绍金 [SG，上海]；石明 [SWFC，昆明]；孙纪周 [LZU，兰州]；汤庚国 [NF，南京]；夏念和 [IBSC，广州]；薛纪如 [SWFC，昆明]；杨保民 [HNNU，长沙]；杨光耀 [JXAU，南昌]；杨林 [SIFS，都江堰]；杨宇明 [SWFC，昆明]；易同培 [SIFS，都江堰]；游水生 [FJFC，福州]；赵惠如 [NJNU，南京]；赵奇僧 [NF，南京]；郑清芳 [FJFC，福州]；郑土川 [TIE，天津]；朱政德 [NF，南京]；邹惠渝 [NF，南京]
小麦族	卢宝荣 [SAUT，成都]；颜济 [SAUT，成都]；杨俊良 [SAUT，成都]；周永红 [SAUT，成都]
画眉草亚族	王徽勤 [WH，武汉]
芒属	韦若勋 [ZY，遵义]
黑三棱科	宗占江 [ANTU，安图]
黄眼草科	吴国芳 [HSNU，上海]
姜科	陈娟 [IBSC，广州]；陈升振 [IBSC，广州]；陈伟杰 [HTC，杭州]；陈忠毅 [IBSC，广州]；方鼎 [GXMI，南宁]；黄向旭 [IBSC，广州]；刘念 [IBSC，广州]；吴德邻 [IBSC，广州]；杨耀文 [YNTCM，昆明]；祝正根 [EMA，峨眉山]
兰科	安明态 [GZAC，贵阳]；陈利君 [NOCC，深圳]；陈文红 [KUN，昆明]；陈心启 [PE，北京]；陈旭辉 [NOCC，深圳]；邓朝义 [XIN，兴义]；丁慎言 [ATCH，儋州]；丁小余 [NJNU，南京]；樊杰 [SXTCM，太原]；侯小琪 [GYBG，贵阳]；胡超 [CSH，上海]；胡光万 [HIB，武汉]；黄明忠 [ATCH，儋州]；黄云峰 [GXMI，南宁]；吉占和 [PE，北京]；贾凌云 [SYPC，沈阳]；蒋宏 [YCP，昆明]；金效华 [PE，北京]；郎楷永 [PE，北京]；李剑武 [HITBC，勐腊]；李嵘 [KUN，昆明]；李雪霞 [NF，南京]；林敏 [NOCC，深圳]；刘登义 [ANUB，芜湖]；刘林翰 [HNNU，长沙]；刘淑珍 [IFP，沈阳]；刘卫荣 [NOCC，深圳]；刘晓娟 [HMAS，北京]；刘演 [IBK，桂林]；刘仲健 [NOCC，深圳]；卢炯林 [HEAC，郑州]；罗毅波 [PE，北京]；钱崇澍 [PE，北京]；饶文辉 [NOCC，深圳]；孙学刚 [GAUF，兰州]；唐光大 [CANT，广州]；唐颖 [SCFI，成都]；王喜龙 [XZ，拉萨]；王云强 [IMDY，景洪]；向小果 [PE，北京]；杨柏云 [JXU，南昌]；杨涤清 [LBG，庐山]；赵鑫磊 [BZCM，亳州]
石斛属	李涛 [WCU，成都]；吕洪飞 [ZNU，金华]；徐利国 [SM，重庆]
霉草科	李清义 [WH，武汉]；钟雄文 [WH，武汉]；周凌云 [WH，武汉]
莎草科	毕海燕 [BJM，北京]；戴伦凯 [PE，北京]；傅坤俊 [WUK，杨凌]；金孝锋 [HTC，杭州]；李沛琼 [SZG，深圳]；梁松筠 [PE，北京]；苏宋旺 [ANU，合肥]；汤彦承 [PE，北京]；王六英 [NMAC，呼和浩特]；王清隆 [ATCH，儋州]；杨虎彪 [ATCH，儋州]；杨雅玲 [N，南京]；杨永昌 [HNWP，西宁]；张树仁 [PE，北京]；张玉良 [IFP，沈阳]；郑朝宗 [HZU，杭州]；宗占江 [ANTU，安图]；祖元刚 [NEFI，哈尔滨]
石蒜科	陈心启 [PE，北京]；钱啸虎 [ANUB，芜湖]
薯蓣科	丁志遵 [NAS，南京]；胡高升 [SYPC，沈阳]；凌萍萍 [NAS，南京]；裴鉴 [NAS，南京]；秦云程 [CDCM，成都]，徐增莱 [NAS，南京]；张美珍 [SHM，上海]
薯蓣属	管开云 [TURP，吐鲁番]；秦慧贞 [NAS，南京]
水鳖科	王徽勤 [WH，武汉]
水车前属	纪运恒 [KUN，昆明]
水玉簪科	吴德邻 [IBSC，广州]；张奠湘 [IBSC，广州]
天南星科	傅青 [WUK，杨凌]；胡光万 [HIB，武汉]；胡世林 [CMMI，北京]；柯文山 [EU，武汉]；汤彦承 [PE，北京]；王丽娟 [NEAU，哈尔滨]；殷建涛 [HITBC，勐腊]；张寿洲 [SZG，深圳]
香蒲科	黄祥童 [ANTU，安图]；刘家宜 [TIE，天津]
鸭跖草科	洪德元 [PE，北京]；杨龙 [GNUG，贵阳]
眼子菜科	郭友好 [WH，武汉]；黄才江 [GNUB，贵阳]
雨久花科	吴国芳 [HSNU，上海]

鸢尾科	陈伟杰 [HTC，杭州]；黄祥童 [ANTU，安图]；孙明洲 [NENU，长春]；许玉凤 [SYAU，沈阳]；赵毓棠 [NENU，长春]
泽泻科	汪小凡 [WH，武汉]
竹芋科	吴德邻 [IBSC，广州]
棕榈科	陈三阳 [KUN，昆明]；郭丽秀 [IBSC，广州]；刘海桑 [FJSI，厦门]；裴盛基 [HITBC，勐腊]；童绍全 [HITBC，勐腊]；卫兆芬 [IBSC，广州]
双子叶植物	
安息香科	戴蕃晋 [SWCTU，重庆]；黄淑美 [IBSC，广州]；潘体常 [SWCTU，重庆]；郑朝宗 [HZU，杭州]
八角枫科	宋滋圃 [SZ，成都]
八角科	何铸 [HWA，重庆]；张本能 [IBK，桂林]
八仙花科	李光照 [IBK，桂林]
白花菜科	黄茂先 [IBSC，广州]
白花丹科	彭泽祥 [LZU，兰州]
败酱科	胡江琴 [HTC，杭州]；王汉津 [FUS，上海]
报春花科	陈封怀 [IBSC，广州]；方云亿 [HZU，杭州]；胡启明 [IBSC，广州]；黄荣福 [HNWP，西宁]；库尔班 [XJUG，乌鲁木齐]；杨永昌 [HNWP，西宁]
珍珠菜属	方云亿 [HZU，杭州]；郑朝宗 [HZU，杭州]
伯乐树科	陈伟球 [IBSC，广州]；李其允 [HWA，重庆]
山茶科	罗群 [YAF，昆明]；闵天禄 [KUN，昆明]
茶组	金基强 [TEA，杭州]；马春雷 [TEA，杭州]；马建强 [TEA，杭州]；姚明哲 [TEA，杭州]
车前科	刘君哲 [NKU，天津]
柽柳科	冯缨 [XJBI，乌鲁木齐]；兰登明 [NMAC，呼和浩特]；李青云 [MQ，民勤]；刘名庭 [TURP，吐鲁番]；刘銘庭 [XJBI，乌鲁木齐]；张鹏云 [LZU，兰州]；张耀甲 [LZU，兰州]；周世权 [NMAC，呼和浩特]
柽柳属	张道远 [TURP，吐鲁番]
川苔草科	赵修谦 [AU，厦门]
水石衣属	陶德定 [KUN，昆明]
川续断科	艾铁民 [PEM，北京]
酢浆草科	潘体常 [SWCTU，重庆]
唇形科	陈德媛 [GZTM，贵阳]；陈彦生 [WUK，杨凌]；陈佑安 [IFP，沈阳]；方云亿 [HZU，杭州]；郭新弧 [ANUB，芜湖]；哈斯巴根 [NMTC，呼和浩特]；黄蜀琼 [KUN，昆明]；黄咏琴 [KUN，昆明]；柯文山 [EU，武汉]；李凤兰 [NEAU，哈尔滨]；李娜 [SYPC，沈阳]；李攀 [HZU，杭州]；李锡文 [KUN，昆明]；刘柏玲 [QFNU，曲阜]；刘国钧 [XJBI，乌鲁木齐]；苏宋旺 [ANU，合肥]；孙雄才 [CPU，南京]；王强 [ZM，杭州]；吴征镒 [KUN，昆明]；向春雷 [KUN，昆明]；宣淑洁 [KUN，昆明]；严克俭 [GXMI，南宁]；杨昌友 [XJA，乌鲁木齐]；周铉 [KUN，昆明]；朱兆仪 [IMD，北京]
黄芩属	邓洪平 [SWCTU，重庆]；蒲训 [LZU，兰州]
鼠尾草属	李宏哲 [YNTCM，昆明]；李旻辉 [CMMI，北京]；魏宇昆 [CSH，上海]
香薷属	普春霞 [YNTCM，昆明]
大风子科	赖书绅 [LBG，庐山]；莫新礼 [GXF，南宁]
大戟科	段澄云 [TIE，天津]；顾子霞 [NAS，南京]；侯学良 [AU，厦门]；黄淑美 [IBSC，广州]；李秉滔 [CANT，广州]；刘淑珍 [IFP，沈阳]；丘华兴 [IBSC，广州]；王清隆 [ATCH，儋州]；尹文清 [KUN，昆明]；张永田 [FJSI，厦门]；韦发南 [IBK，桂林]
大戟属	马金双 [CSH，上海]
大血藤科	刘勇 [JXCM，南昌]
冬青科	曾沧江 [AU，厦门]；陈书坤 [KUN，昆明]；雷立公 [KUN，昆明]；农植林 [JXAU，南昌]；徐友源 [GZAC，贵阳]；郑朝宗 [HZU，杭州]

豆目	陈世锋 [XYTC，信阳]；李志敏 [YNUB，昆明]
豆科	常朝阳 [WUK，杨凌]；陈介 [KUN，昆明]；陈佑安 [IFP，沈阳]；崔鸿宾 [PE，北京]；方云亿 [HZU，杭州]；傅坤俊 [WUK，杨凌]；傅沛云 [IFP，沈阳]；富象乾 [NMAC，呼和浩特]；高淑贞 [SANU，西安]；高信芬 [CDBI，成都]；何业祺 [HTC，杭州]；胡宝忠 [NEAU，哈尔滨]；胡宝忠 [NEAU，哈尔滨]；黄德爱 [IBK，桂林]；黄鹏成 [NF，南京]；黄普华 [NEFI，哈尔滨]；黄素华 [YUKU，昆明]；黄以之 [ZM，杭州]；贾凌云 [SYPC，沈阳]；蒋尤泉 [FGC，呼和浩特]；冷巧珍 [XJBI，乌鲁木齐]；李昌龙 [MQ，民勤]；李海宁 [YNTCM，昆明]；李建强 [HIB，武汉]；李沛琼 [SZG，深圳]；李青云 [MQ，民勤]；李世晋 [IBSC，广州]；李树刚 [IBK，桂林]；连文琰 [IMD，北京]；刘国道 [ATCH，儋州]；刘磊 [FGC，呼和浩特]；刘林翰 [HNNU，长沙]；刘秀梅 [AAUF，合肥]；楼炉焕 [ZJFC，临安]；毛祖美 [XJBI，乌鲁木齐]；孟雷 [BAU，北京]；钱子刚 [YNTCM，昆明]；萨仁 [PE，北京]；宋柱秋 [GXNM，南宁]；苏亚拉图 [NMTC，呼和浩特]；孙航 [KUN，昆明]；孙纪周 [LZU，兰州]；唐宏亮 [HBU，保定]；涂铁要 [IBSC，广州]；韦思奇 [ZM，杭州]；韦裕宗 [IBK，桂林]；韦直 [ZM，杭州]；吴德邻 [IBSC，广州]；吴玉虎 [HNWP，西宁]；武宝成 [FGC，呼和浩特]；徐波 [CDBI，成都]；徐春波 [FGC，呼和浩特]；徐朗然 [WUK，杨凌]；徐柱 [FGC，呼和浩特]；杨昌友 [XJA，乌鲁木齐]；杨虎彪 [ATCH，儋州]；杨衔晋 [NEFI，哈尔滨]；杨野 [ANTU，安图]；音扎布 [NMTC，呼和浩特]；张奠湘 [IBSC，广州]；张振万 [WUK，杨凌]；赵来喜 [FGC，呼和浩特]；赵利清 [HIMC，呼和浩特]；郑斯绪 [PE，北京]；周琼 [GAUA，南宁]；朱相云 [PE，北京]；祖元刚 [NEFI，哈尔滨]
含羞草亚科	肖心楠 [GACP，贵阳]
云实亚科	陈邦余 [IBSC，广州]；陈德昭 [IBSC，广州]；胡嘉琪 [FUS，上海]；卫兆芬 [IBSC，广州]；郑师章 [FUS，上海]
蝶形花亚科	陈德昭 [IBSC，广州]；侯宽昭 [IBSC，广州]；肖心楠 [GACP，贵阳]；谢德文 [GACP，贵阳]
车轴草属	李景信 [HANU，哈尔滨]；王凤春 [HANU，哈尔滨]
甘草属	李学禹 [SHI，石河子]；林寿全 [IMD，北京]
葛属	卢先明 [CDCM，成都]
红豆属	张若蕙 [ZJFC，临安]
黄耆属	何善宝 [WUK，杨凌]；岳松健 [WCU，成都]；张明理 [PE，北京]
锦鸡儿属	刘媖心 [LZD，兰州]；赵一之 [HIMC，呼和浩特]
木蓝属	方云亿 [HZU，杭州]；郑朝宗 [HZU，杭州]
无叶豆属	张道远 [TURP，吐鲁番]
野豌豆属	夏振岱 [PE，北京]
杜鹃花科	丁炳扬 [HZU，杭州]；方明渊 [SZ，成都]；方瑞征 [KUN，昆明]；方文培 [SZ，成都]；耿玉英 [WCSBG，都江堰]；何明友 [SZ，成都]；胡琳祯 [SZ，成都]；胡文光 [SZ，成都]；黄岚杰 [EU，武汉]；金孝锋 [HTC，杭州]；李光照 [IBK，桂林]；毛子军 [NEFI，哈尔滨]；米吉提 [XJU，乌鲁木齐]；努尔巴依 [XJUG，乌鲁木齐]；孙学刚 [GAUF，兰州]；谭沛祥 [IBSC，广州]；唐赛春 [IBK，桂林]；童毅华 [IBSC，广州]；徐廷志 [KUN，昆明]；杨汉碧 [PE，北京]；张乐华 [LBG，庐山]；钟业聪 [GXF，南宁]
杜鹃花属	陈翔 [HGAS，贵阳]；冯国楣 [KUN，昆明]
杜鹃花亚科	高连明 [KUN，昆明]；闵天禄 [KUN，昆明]
杜英科	张志翔 [BJFC，北京]
椴树科	缪汝槐 [SYS，广州]；裘宝林 [HHBG，杭州]；施兴华 [JXAU，南昌]
番荔枝科	侯学良 [AU，厦门]；蒋英 [CANT，广州]；薛彬娥 [IBSC，广州]
防己科	黄岚杰 [EU，武汉]；连文琰 [IMD，北京]；王恒昌 [HIB，武汉]；张紫刚 [NAU，南京]；朱兆仪 [IMD，北京]
千金藤属	康云 [SHMU，上海]；赵素云 [SM，重庆]
凤仙花科	陈艺林 [PE，北京]；丛义艳 [HNNU，长沙]；旷仁平 [HNNU，长沙]；刘克明 [HNNU，长沙]；税玉民 [KUN，昆明]；熊源新 [GACP，贵阳]；于胜祥 [PE，北京]
凤仙花属	方亮 [JJT，九江]
珙桐科	粟和毅 [SZ，成都]
海桑科	高蕴璋 [IBSC，广州]

海桐花科	尹文清 [KUN，昆明]
红树科	高蕴璋 [IBSC，广州]；何椿年 [IBSC，广州]
胡椒科	程用谦 [IBSC，广州]；胡生福 [JXCM，南昌]；朱培智 [HITBC，勐腊]
胡桃科	匡可任 [PE，北京]；路安民 [PE，北京]；屠玉麟 [GNUG，贵阳]；王贵 [TYF，太原]；杨明今 [SIFS，都江堰]；张若蕙 [ZJFC，临安]
山核桃属	邓朝义 [XIN，兴义]
胡颓子科	陈学林 [NWTC，兰州]；兰登明 [NMAC，呼和浩特]；陆益新 [IBK，桂林]；张泽荣 [SZ，成都]
沙棘属	廉永善 [NWTC，兰州]
葫芦科	陈书坤 [KUN，昆明]；陈宗莲 [KUN，昆明]；李德铢 [KUN，昆明]；李建强 [HIB，武汉]；路安民 [PE，北京]；毋绪燕 [WUK，杨凌]；叶能干 [GACP，贵阳]；乐崇熙 [CMMI，北京]；张志耘 [PE，北京]；张智 [AAUB，合肥]；郑朝宗 [HZU，杭州]
绞股蓝属	余丽莹 [GXMG，南宁]
栝楼属	诚静容 [PEM，北京]；黄璐琦 [CMMI，北京]；余丽莹 [GXMG，南宁]
雪胆属	沈联德 [WCU，成都]
虎耳草科	陈世龙 [HNWP，西宁]；高庆波 [HNWP，西宁]；谷粹芝 [PE，北京]；郭兰斌 [NMAC，呼和浩特]；简焯坡 [PE，北京]；雷立公 [KUN，昆明]；陆玲娣 [PE，北京]；毛雪莹 [HTC，杭州]；潘锦堂 [HNWP，西宁]
绣球花亚科	陈焕镛 [IBSC，广州]；葛丽萍 [SXAU，太谷]；黄淑美 [IBSC，广州]；卫兆芬 [IBSC，广州]
虎皮楠科	钱崇澍 [PE，北京]
花荵科	刘果厚 [NMAC，呼和浩特]
桦木科	陈之端 [PE，北京]；方波 [YCP，昆明]；洪涛 [CAF，北京]；黄刚 [SHI，石河子]；李新平 [TYF，太原]；刘果厚 [NMAC，呼和浩特]；马恩伟 [NMAC，呼和浩特]；王春兰 [YAF，昆明]；杨野 [ANTU，安图]；张耀甲 [LZU，兰州]；赵泠 [SYAUF，沈阳]；郑斯绪 [PE，北京]
榛属	赵泠 [SYAUF，沈阳]
黄杨科	郑勉 [HSNU，上海]
蒺藜科	樊建华 [XJA，乌鲁木齐]；刘媖心 [LZD，兰州]；毛祖美 [XJBI，乌鲁木齐]；王镜泉 [NWTC，兰州]；张林静 [LINF，临汾]；赵美华 [NMAC，呼和浩特]
夹竹桃科	戴益源 [YAF，昆明]；黄久香 [CANT，广州]；蒋英 [CANT，广州]；李秉滔 [CANT，广州]；努尔巴依 [XJUG，乌鲁木齐]；潘体常 [SWCTU，重庆]
金莲木科	卫兆芬 [IBSC，广州]
金缕梅亚纲	路安民 [PE，北京]；潘开玉 [PE，北京]；张志耘 [PE，北京]
金缕梅科	谢磊 [BJFC，北京]；颜素珠 [SYS，广州]；伊廷双 [KUN，昆明]
金粟兰科	孔宏智 [PE，北京]；吴国芳 [HSNU，上海]；张强 [CCM，长春]
堇菜科	陈善墉 [SM，重庆]；陈又生 [PE，北京]；邵建章 [ANUB，芜湖]；王庆瑞 [NWTC，兰州]；吴家荣 [GZTM，贵阳]；徐永清 [NEAU，哈尔滨]；张春宇 [SYAU，沈阳]；张肇骞 [IBSC，广州]
堇菜属	李树英 [HANU，哈尔滨]；王臣 [HANU，哈尔滨]
锦葵目	冯国楣 [KUN，昆明]
锦葵科	范文涛 [HZU，杭州]
旌节花科	陈书坤 [KUN，昆明]；陈正蓉 [CQNM，重庆]；单汉荣 [LBG，庐山]；朱昱萍 [N，南京]
景天科	傅坤俊 [WUK，杨凌]；傅书遐 [HIB，武汉]；何业祺 [HTC，杭州]；金孝锋 [HTC，杭州]；蒙仁宪 [ANU，合肥]；孟世勇 [PEY，北京]；饶广远 [PEY，北京]
红景天属	李涛 [WCU，成都]；吴维春 [SYPC，沈阳]
桔梗科	陈彦生 [WUK，杨凌]；洪德元 [PE，北京]；王晶 [SYPC，沈阳]；钟补求 [PE，北京]
党参属	沈联德 [WCU，成都]
蓝钟花属	牛洋 [KUN，昆明]
沙参属	葛颂 [PE，北京]

菊科	安争夕 [XJA，乌鲁木齐]；陈封怀 [IBSC，广州]；陈青莲 [HNNU，长沙]；陈艺林 [PE，北京]；程用谦 [IBSC，广州]；丁景和 [JXCM，南昌]；杜珍株 [SHI，石河子]；范宗忠 [JSPC，济南]；傅竞秋 [WUK，杨凌]；富象乾 [NMAC，呼和浩特]；高天刚 [PE，北京]；胡启明 [IBSC，广州]；蒋兴麟 [SCFI，成都]；黎维平 [HNNU，长沙]；李桂琴 [NEAU，哈尔滨]；李冀云 [IFP，沈阳]；李晓东 [HIB，武汉]；林镕 [PE，北京]；林有润 [IBSC，广州]；刘大济 [HGAS，贵阳]；刘克明 [HNNU，长沙]；刘尚武 [HNWP，西宁]；刘胜祥 [CCNU，武汉]；刘莹 [SYS，广州]；路金才 [SYPC，沈阳]；潘以敏 [LZU，兰州]；彭玉兰 [CDBI，成都]；任琛 [IBSC，广州]；沈观冕 [XJBI，乌鲁木齐]；沈显生 [ACE，合肥]；石铸 [PE，北京]；谭进波 [SZ，成都]；王铁娟 [NMTC，呼和浩特]；王薇 [IFP，沈阳]；杨昌煦 [HWA，重庆]；杨亲二 [IBSC，广州]；姚育英 [LZD，兰州]；尹睿 [SYAU，沈阳]；于雪莹 [NEFI，哈尔滨]；袁琼 [IBSC，广州]；翟大同 [LINF，临汾]；张贵一 [HANU，哈尔滨]；张建文 [KUN，昆明]；张肇骞 [IBSC，广州]；赵洪全 [ANTU，安图]；郑朝宗 [HZU，杭州]
春黄菊族	饶广远 [PEY，北京]
蒿属	胡世林 [CMMI，北京]
菊属	汪劲武 [PEY，北京]
紫菀族	张小平 [ANUB，芜湖]
风毛菊属	王一峰 [NWTC，兰州]；毋绪燕 [WUK，杨凌]
鬼针草属	夏晓飞 [BJM，北京]
爵床科	崔鸿宾 [PE，北京]；邓云飞 [IBSC，广州]；王清隆 [ATCH，儋州]；赵泠 [SYAUF，沈阳]
壳斗科	陈焕镛 [IBSC，广州]；陈家瑞 [PE，北京]；陈丽 [HIB，武汉]；陈世品 [FJFC，福州]；郭锡昌 [SYAUF，沈阳]；何中声 [FJFC，福州]；黄成就 [IBSC，广州]；黄克福 [FJFC，福州]；蓝开敏 [GZAC，贵阳]；李新平 [TYF，太原]；刘秀梅 [AAUF，合肥]；马恩伟 [NMAC，呼和浩特]；缪汝槐 [SYS，广州]；农植林 [JXAU，南昌]；溥发鼎 [CDBI，成都]；祁承经 [CSFI，长沙]；任宪威 [BJFC，北京]；万绍宾 [HNNU，长沙]；汪正祥 [EU，武汉]；王良民 [SXAU，太谷]；徐永椿 [SWFC，昆明]；俞志雄 [JXAU，南昌]；张耀甲 [LZU，兰州]；张永田 [FJSI，厦门]；赵良能 [赵能][SCFI，成都]；赵奇僧 [NF，南京]；赵儒林 [N，南京]；赵文书 [YCP，昆明]；郑清芳 [FJFC，福州]；周浙昆 [KUN，昆明]
栲属	刘大昌 [SWFC，昆明]
苦苣苔科	蔡秀珍 [HNNU，长沙]；陈德媛 [GZTM，贵阳]；陈焕镛 [IBSC，广州]；陈文红 [KUN，昆明]；方鼎 [GXMI，南宁]；李家美 [HEAC，郑州]；李锡文 [KUN，昆明]；李振宇 [PE，北京]；刘柏玲 [QFNU，曲阜]；刘演 [IBK，桂林]；吕惠珍 [GXMG，南宁]；潘开玉 [PE，北京]；邱志敬 [SZG，深圳]；税玉民 [KUN，昆明]；王文采 [PE，北京]；王印政 [PE，北京]；韦毅刚 [IBK，桂林]；温放 [IBK，桂林]；许为斌 [IBK，桂林]
蜡梅科	陈龙清 [CCAU，武汉]；李秉滔 [CANT，广州]；张若蕙 [ZJFC，临安]
辣木科	陈伟球 [IBSC，广州]
蓝果树科	康洪梅 [YCP，昆明]
藜科	范文涛 [HZU，杭州]；冯缨 [XJBI，乌鲁木齐]；侯元同 [QFNU，曲阜]；简焯坡 [PE，北京]；孔宪武 [NWTC，兰州]；李安仁 [PE，北京]；李昌龙 [MQ，民勤]；马成功 [PE，北京]；毛祖美 [XJBI，乌鲁木齐]；王六英 [NMAC，呼和浩特]；王喜勇 [TURP，吐鲁番]；朱格麟 [NWTC，兰州]；朱宗元 [HIMC，呼和浩特]
楝科	陈邦余 [IBSC，广州]；陈锡沐 [CANT，广州]；戴天伦 [SM，重庆]；冯倩 [YAF，昆明]；黄茂先 [IBSC，广州]
蓼科	方云亿 [HZU，杭州]；侯元同 [QFNU，曲阜]；孔宪武 [NWTC，兰州]；赖学文 [JXCM，南昌]；兰志琼 [CDCM，成都]；李安仁 [PE，北京]；刘玉兰 [NWTC，兰州]；蒙仁宪 [ANU，合肥]；彭寅斌 [HNNU，长沙]；沈观冕 [XJBI，乌鲁木齐]；孙冬雪 [SYPC，沈阳]；乐崇熙 [CMMI，北京]；赵美华 [NMAC，呼和浩特]；周忠泽 [ANU，合肥]
沙拐枣属	潘伯荣 [TURP，吐鲁番]
列当科	马毓泉 [HIMC，呼和浩特]；张志耘 [PE，北京]
菱科	黄才江 [GNUB，贵阳]；万文豪 [JXU，南昌]
柳叶菜科	陈家瑞 [PE，北京]；李以镔 [JXU，南昌]
龙胆科	白佩瑜 [KUN，昆明]；陈世龙 [HNWP，西宁]；方云亿 [HZU，杭州]；郭伟娜 [BZCM，亳州]；何廷农 [HNWP，西宁]；何铸 [HWA，重庆]；林镕 [PE，北京]；刘尚武 [HNWP，西宁]；马毓泉 [HIMC，呼和浩特]；努尔巴依 [XJUG，乌鲁木齐]；孙爱群 [LPSUN，六盘水]；吴庆如 [HIMC，呼和浩特]

龙胆目	杨蕾蕾 [SZG，深圳]
龙脑香科	李巧明 [HITBC，勐腊]；莫新礼 [GXF，南宁]；陶国达 [HITBC，勐腊]；赵文书 [YCP，昆明]
鹿蹄草科	白佩瑜 [KUN，昆明]；米吉提 [XJU，乌鲁木齐]；努尔巴依 [XJUG，乌鲁木齐]；周瑞昌 [HNR，哈尔滨]；周以良 [NEFI，哈尔滨]
假水晶兰属	吴国芳 [HSNU，上海]
水晶兰亚科	刘振稳 [KUN，昆明]
萝藦科	贾凌云 [SYPC，沈阳]；蒋英 [CANT，广州]；李秉滔 [CANT，广州]；秦新生 [CANT，广州]
马鞭草科	林贵兵 [JXCM，南昌]；裴鉴 [NAS，南京]；苏宋旺 [ANU，合肥]
紫珠属	葛菲 [JXCM，南昌]；马仲辉 [GAUA，南宁]
马兜铃科	诚静容 [PEM，北京]；黄淑美 [IBSC，广州]；梁畴芬 [IBK，桂林]；林寿全 [IMD，北京]；史全芬 [AAUF，合肥]；杨祯禄 [EMA，峨眉山]
马兜铃属	黄俞淞 [IBK，桂林]；马金双 [CSH，上海]；张浩 [WCU，成都]
细辛属	田多贤 [PEM，北京]
马钱科	缪柏茂 [SHM，上海]
牻牛儿苗科	黄宝贤 [IBSC，广州]；谭仲明 [SZ，成都]；翁玉芳 [GLMC，桂林]；徐朗然 [WUK，杨凌]
毛茛科	方明渊 [SZ，成都]；费勇 [KUN，昆明]；傅德志 [PE，北京]；李海宁 [YNTCM，昆明]；李良千 [PE，北京]；李书心 [IFP，沈阳]；连艳 [CDCM，成都]；凌萍萍 [NAS，南京]；刘建国 [XJBI，乌鲁木齐]；罗燕 [HITBC，勐腊]；闵天禄 [KUN，昆明]；潘以敏 [LZU，兰州]；任毅 [SANU，西安]；王金平 [XYTC，信阳]；王晶 [SYPC，沈阳]；王蜀秀 [PE，北京]；王文采 [PE，北京]；王学文 [ACE，合肥]；肖培根 [IMD，北京]；谢磊 [BJFC，北京]；杨亲二 [IBSC，广州]；杨野 [ANTU，安图]；袁琼 [IBSC，广州]；张秀伏 [LZD，兰州]；赵亮 [WUK，杨凌]；赵鑫磊 [BZCM，亳州]
白头翁属	许亮 [LNCM，大连]
荷包牡丹亚科	吴征镒 [KUN，昆明]
黄连属	袁庆军 [CMMI，北京]
毛茛属	方亮 [JJT，九江]；李同建 [JJT，九江]；廖亮 [JJT，九江]；徐玲玲 [JJT，九江]
牡丹属	周世良 [PE，北京]
芍药属	洪德元 [PE，北京]；洪涛 [CAF，北京]；潘开玉 [PE，北京]
升麻族	汪小全 [PE，北京]
铁线莲属	管开云 [TURP，吐鲁番]；张美珍 [SHM，上海]
茅膏菜科	阮云珍 [IBSC，广州]
猕猴桃科	李新伟 [HIB，武汉]；梁畴芬 [IBK，桂林]；陆廷琦 [HZU，杭州]
毒药树属	王育生 [GLMC，桂林]
猕猴桃属	赵云鹏 [HZU，杭州]
水冬哥属	王育生 [GLMC，桂林]
木兰科	白平 [YAF，昆明]；曾庆文 [IBSC，广州]；陈忠毅 [IBSC，广州]；郭锡昌 [SYAUF，沈阳]；黄岚杰 [EU，武汉]；黄鹏成 [NF，南京]；姜春宁 [CANT，广州]；金德逊 [ANU，合肥]；梁健英 [IBK，桂林]；刘玉壶 [IBSC，广州]；莫亚鹰 [HHBG，杭州]；司马永康 [YAF，昆明]；夏念和 [IBSC，广州]；张光富 [NJNU，南京]；张寿洲 [SZG，深圳]；张学星 [YAF，昆明]；郑清芳 [FJFC，福州]
木兰属	贾敏如 [CDCM，成都]
木莲属	贾敏如 [CDCM，成都]；夏尊成 [GXDC，南宁]
木通科	陈德昭 [IBSC，广州]；李同建 [JJT，九江]；廖亮 [JJT，九江]；刘惠卿 [CDBI，成都]；覃海宁 [PE，北京]；徐玲玲 [JJT，九江]；刘勇 [JXCM，南昌]
木通属	韩兴杰 [JJT，九江]
木犀草科	陈伟球 [IBSC，广州]

木犀科	白佩瑜 [KUN，昆明]；柴勇 [YCP，昆明]；段一凡 [NF，南京]；季春峰 [JXAU，南昌]；刘大济 [HGAS，贵阳]；缪柏茂 [SHM，上海]；努尔巴依 [XJUG，乌鲁木齐]；文和群 [IBK，桂林]；向其柏 [NF，南京]；张美珍 [SHM，上海]
白蜡属	崔铁成 [XBGH，西安]
木犀属	陈林 [NF，南京]；王贤荣 [NF，南京]；姚崇怀 [CCAU，武汉]
葡萄科	韩艳婷 [XYTC，信阳]；李朝銮 [CDBI，成都]；王文采 [PE，北京]
漆树科	陈蒂 [SYAUF，沈阳]；闵天禄 [KUN，昆明]
槭树科	陈蒂 [SYAUF，沈阳]；陈又生 [PE，北京]；方文培 [SZ，成都]；裘宝林 [HHBG，杭州]；裘利洪 [JXAU，南昌]；伍煜庭 [SZ，成都]；徐廷志 [KUN，昆明]；尹航 [ANTU，安图]；俞志雄 [JXAU，南昌]；张学星 [YAF，昆明]
千屈菜科	李树刚 [IBK，桂林]；刘兰芳 [SYS，广州]
茜草科	陈涛 [IBSC，广州]；陈伟球 [IBSC，广州]；高蕴璋 [IBSC，广州]；侯宽昭 [IBSC，广州]；罗献瑞 [IBSC，广州]；努尔巴依 [XJUG，乌鲁木齐]；屠玉麟 [GNUG，贵阳]；王瑞江 [IBSC，广州]；严克俭 [GXMI，南宁]；张奠湘 [IBSC，广州]
粗叶木属	朱华 [HITBC，勐腊]
钩藤属	周珍诚 [GXDC，南宁]
蔷薇科	刘秀梅 [AAUF，合肥]；崔大方 [CANT，广州]；戴启金 [XYTC，信阳]；戴益源 [YAF，昆明]；冯缨 [XJBI，乌鲁木齐]；高信芬 [CDBI，成都]；高云东 [CDBI，成都]；谷粹芝 [PE，北京]；胡宝忠 [NEAU，哈尔滨]；黄祥童 [ANTU，安图]；姜彦成 [XJU，乌鲁木齐]；李丙贵 [HNNU，长沙]；李朝銮 [CDBI，成都]；李海宁 [YNTCM，昆明]；李冀云 [IFP，沈阳]；李淑久 [GACP，贵阳]；刘玉兰 [NWTC，兰州]；陆玲娣 [PE，北京]；路金才 [SYPC，沈阳]；买买提江・吐尔逊 [XJA，乌鲁木齐]；聂敏祥 [LBG，庐山]；聂绍荃 [NEFI，哈尔滨]；祁承经 [CSFI，长沙]；裘宝林 [HHBG，杭州]；石硕 [HBNU，石家庄]；宋宝玉 [SXAU，太谷]；孙纪周 [LZU，兰州]；孙权 [SYAU，沈阳]；吴庆如 [HIMC，呼和浩特]；吴泽民 [AAUF，合肥]；熊济华 [HWA，重庆]；徐文斌 [SHI，石河子]；叶胜明 [BZCM，亳州]；伊廷双 [KUN，昆明]；俞德浚 [PE，北京]；俞志雄 [JXAU，南昌]；张书东 [KUN，昆明]；周世良 [PE，北京]；祖元刚 [NEFI，哈尔滨]
花楸属	陈昕 [NF，南京]
苹果属	邓洪平 [SWCTU，重庆]；许晓岗 [NF，南京]
苹果亚科	汤庚国 [NF，南京]；叶能干 [GACP，贵阳]
悬钩子属	吴凯 [YNTCM，昆明]；郑朝宗 [HZU，杭州]
樱属	黎念林 [HHBG，杭州]；王贤荣 [NF，南京]；伊贤贵 [NF，南京]
茄科	胡高升 [SYPC，沈阳]；黄蜀琼 [KUN，昆明]；匡可任 [PE，北京]；李其允 [HWA，重庆]；路安民 [PE，北京]；涂铁要 [IBSC，广州]；许亮 [LNCM，大连]；叶能干 [GACP，贵阳]；张志耘 [PE，北京]；郑士川 [TIE，天津]
清风藤科	刘玉壶 [IBSC，广州]；吴容芬 [IBSC，广州]
秋海棠科	陈佩珊 [HITBC，勐腊]；董莉娜 [IBK，桂林]；谷粹芝 [PE，北京]；黄素华 [YUKU，昆明]；李宏哲 [YNTCM，昆明]；刘克明 [HNNU，长沙]；刘演 [IBK，桂林]；税玉民 [KUN，昆明]；田代科 [CSH，上海]；吴征镒 [KUN，昆明]；张寿洲 [SZG，深圳]
秋海棠属	管开云 [TURP，吐鲁番]
忍冬科	郝景盛 [PE，北京]；胡嘉琪 [FUS，上海]；黄祥童 [ANTU，安图]；李惠玉 [GZAC，贵阳]；李锡文 [KUN，昆明]；裘宝林 [HHBG，杭州]；孙学刚 [GAUF，兰州]；徐炳声 [FUS，上海]；周邦楷 [CDBI，成都]
忍冬属	宋宇环 [CCM，长春]
肉豆蔻科	陈介 [KUN，昆明]；李延辉 [KUN，昆明]
瑞香科	黄蜀琼 [KUN，昆明]；陆益新 [IBK，桂林]；齐耀东 [IMD，北京]；张定成 [ANUB，芜湖]；张永洪 [YNUB，昆明]
三白草科	戴天伦 [SM，重庆]
伞形科	程冠英 [SYPC，沈阳]；褚晓芳 [NAS，南京]；单人骅 [NAS，南京]；范宗忠 [JSPC，济南]；傅坤俊 [WUK，杨凌]；何兴金 [SZ，成都]；黄祥童 [ANTU，安图]；李颖 [SHMU，上海]；刘玫 [HANU，哈尔滨]；刘启新 [NAS，南京]；刘守炉 [NAS，南京]；刘应迪 [HNNU，长沙]；潘泽惠 [NAS，南京]；蒲训 [LZU，兰州]；溥发鼎 [CDBI，成都]；佘孟兰 [NAS，南京]；沈观冕 [XJBI，乌鲁木齐]；王利松 [PE，北京]；王铁僧 [NAS，南京]；徐朗然 [WUK，杨凌]；袁昌齐 [NAS，南京]；张盍曾 [HNWP，西宁]；赵玥 [SYPC，沈阳]；朱有昌 [HNR，哈尔滨]

柴胡属	潘胜利 [SHMU，上海]；谢晖 [SHMU，上海]
当归属	袁庆军 [CMMI，北京]
藁本属	蒋桂华 [CDCM，成都]；马逾英 [CDCM，成都]
桑寄生科	刘军 [SAUF，成都]；丘华兴 [IBSC，广州]；吴家荣 [GZTM，贵阳]
桑寄生属	卫莹芳 [CDCM，成都]
桑科	侯宽昭 [IBSC，广州]；吴征镒 [KUN，昆明]；谢华 [HGAS，贵阳]；伊廷双 [KUN，昆明]
榕属	曹子余 [PE，北京]；杨大荣 [HITBC，勐腊]
山茶科	曾范安 [GF，贵阳]；柯文山 [EU，武汉]；蓝开敏 [GZAC，贵阳]；李丙贵 [HNNU，长沙]；刘秀梅 [AAUF，合肥]；莫新礼 [GXF，南宁]；石祥刚 [SYS，广州]；王跃华 [YUKU，昆明]；杨世雄 [KUN，昆明]；叶创兴 [SYS，广州]；钟业聪 [GXF，南宁]
厚皮香亚科	林来官 [FNU，福州]
柃木属	邓洪平 [SWCTU，重庆]
山茶属	邓朝义 [XIN，兴义]；管开云 [TURP，吐鲁番]；梁盛业 [GXFI，南宁]；吕洪飞 [ZNU，金华]；虞富莲 [TEA，杭州]
山矾科	戴蕃晋 [SWCTU，重庆]；潘体常 [SWCTU，重庆]；吴容芬 [IBSC，广州]；郑朝宗 [HZU，杭州]
山柳科	胡琳祯 [SZ，成都]
山龙眼科	莫新礼 [GXF，南宁]；丘华兴 [IBSC，广州]
山柚子科	陈邦余 [IBSC，广州]
山茱萸科	胡文光 [SZ，成都]；李乡旺 [SWFC，昆明]；周瑞昌 [HNR，哈尔滨]
商陆科	范文涛 [HZU，杭州]
蛇菰科	彭寅斌 [HNNU，长沙]；谭沛祥 [IBSC，广州]
省沽油科	徐廷志 [KUN，昆明]；杨明今 [SIFS，都江堰]
十字花科	安争夕 [XJA，乌鲁木齐]；关克俭 [PE，北京]；郭荣麟 [NAS，南京]；郝淑芳 [HWA，重庆]；黄祥童 [ANTU，安图]；金孝锋 [HTC，杭州]；蓝永珍 [NAS，南京]；李晶 [NEAU，哈尔滨]；李其允 [HWA，重庆]；刘林翰 [HNNU，长沙]；陆莲立 [NAS，南京]；孙冬雪 [SYPC，沈阳]；吴秀菊 [NEAU，哈尔滨]；袁昌齐 [NAS，南京]；张定成 [ANUB，芜湖]；张秀伏 [LZD，兰州]；周太炎 [NAS，南京]
十字花目	苏俊霞 [LINF，临汾]
石榴科	罗献瑞 [IBSC，广州]
石竹科	崔友文 [WUK，杨凌]；柯平 [WUK，杨凌]；鲁德全 [WUK，杨凌]；皮锡铭 [XJU，乌鲁木齐]；邵建章 [ANUB，芜湖]；唐昌林 [WUK，杨凌]；文和群 [IBK，桂林]；吴征镒 [KUN，昆明]；肖心楠 [GACP，贵阳]；周立华 [HNWP，西宁]；朱有昌 [HNR，哈尔滨]；庄璇 [KUN，昆明]
无心菜属	陈建国 [KUN，昆明]
柿科	黄俞淞 [IBK，桂林]；李树刚 [IBK，桂林]；潘体常 [SWCTU，重庆]；谢德文 [GACP，贵阳]
鼠刺科	庄璇 [KUN，昆明]
鼠李科	陈艺林 [PE，北京]；徐友源 [GZAC，贵阳]；伊廷双 [KUN，昆明]；张书东 [KUN，昆明]；周邦楷 [CDBI，成都]
睡莲科	陈维培 [NJNU，南京]；施国新 [NJNU，南京]；王蜀秀 [PE，北京]
檀香科	谭沛祥 [IBSC，广州]
藤黄科	
金丝桃亚科	李锡文 [KUN，昆明]
金丝桃属	吕洪飞 [ZNU，金华]
卫矛科	诚静容 [PEM，北京]；何云核 [AAUF，合肥]；马启盛 [PEM，北京]；沐先运 [BJFC，北京]；尹航 [ANTU，安图]；张志翔 [BJFC，北京]
假卫矛属	高作经 [PEM，北京]
雷公藤属	左云娟 [CSH，上海]
南蛇藤属	高作经 [PEM，北京]

卫矛属	杜诚 [CSH，上海]；马金双 [CSH，上海]；左云娟 [CSH，上海]
无患子科	陈德昭 [IBSC，广州]；何椿年 [IBSC，广州]；黄威廉 [GNUG，贵阳]；蒋兴麟 [SCFI，成都]；罗献瑞 [IBSC，广州]
梧桐科	徐祥浩 [CANT，广州]
五加科	曾沧江 [AU，厦门]；何椿年 [IBSC，广州]；何景 [AU，厦门]；李嵘 [KUN，昆明]；孙祥钟 [WH，武汉]；唐中华 [NEFI，哈尔滨]；韦发南 [IBK，桂林]；向其柏 [NF，南京]；赵玥 [SYPC，沈阳]
五味子科	毕海燕 [BJM，北京]；董晓宇 [NAS，南京]；付玉嫔 [YCP，昆明]；何铸 [HWA，重庆]；林祁 [IBSC，广州]；刘玉壶 [IBSC，广州]；宋万志 [IMM，北京]
五桠果科	莫新礼 [GXF，南宁]
仙人掌科	陈景方 [SZG，深圳]；黄才江 [GNUB，贵阳]；李振宇 [PE，北京]
苋科	关克俭 [PE，北京]；孔宪武 [NWTC，兰州]；熊济华 [HWA，重庆]；徐志杰 [JXCM，南昌]；杨保民 [HNNU，长沙]；张恩厚 [NMAC，呼和浩特]
小檗科	包世英 [KUN，昆明]；胡启明 [IBSC，广州]；刘果厚 [NMAC，呼和浩特]；肖培根 [IMD，北京]；应俊生 [PE，北京]；张燕君 [HIB，武汉]；张跃进 [WUK，杨凌]
鬼臼属	邱英雄 [HZU，杭州]
小檗属	李新华 [NAU，南京]
淫羊藿属	郭宝林 [IMD，北京]；何顺志 [GZTM，贵阳]；施大文 [SHMU，上海]；徐艳琴 [JXCM，南昌]
玄参科	郭新弧 [ANUB，芜湖]；洪德元 [PE，北京]；李光照 [IBK，桂林]；努尔巴依 [XJUG，乌鲁木齐]；杨汉碧 [PE，北京]；郁文彬 [HITBC，勐腊]；郑朝宗 [HZU，杭州]；钟补求 [PE，北京]
翅茎草属	董莉娜 [IBK，桂林]
大黄属	高作经 [PEM，北京]
马先蒿属	董莉娜 [IBK，桂林]；管开云 [TURP，吐鲁番]；孙学刚 [GAUF，兰州]；王红 [KUN，昆明]；杨福生 [PE，北京]
旋花科	方瑞征 [KUN，昆明]；黄德爱 [IBK，桂林]；黄素华 [YUKU，昆明]
荨麻科	陈家瑞 [PE，北京]；钱崇澍 [PE，北京]；王文采 [PE，北京]；韦毅刚 [IBK，桂林]
苎麻属	李同建 [JJT，九江]；廖亮 [JJT，九江]；徐玲玲 [JJT，九江]
岩梅科	白佩瑜 [KUN，昆明]
杨柳科	董世林 [NEFI，哈尔滨]；段喜华 [NEFI，哈尔滨]；方振富 [IFP，沈阳]；郝景盛 [PE，北京]；何理 [FJFC，福州]；买买提江·吐尔逊 [XJA，乌鲁木齐]；蒲训 [LZU，兰州]；孙学刚 [GAUF，兰州]；王春兰 [YAF，昆明]；王镜泉 [NWTC，兰州]；王战 [IFP，沈阳]；杨昌友 [XJA，乌鲁木齐]；杨喜林 [LZD，兰州]；杨野 [ANTU，安图]；于兆英 [WUK，杨凌]；张志翔 [BJFC，北京]；赵良能 [赵能][SCFI，成都]；赵士洞 [IFP，沈阳]；周以良 [NEFI，哈尔滨]
柳属	周世权 [NMAC，呼和浩特]
杨属	刘军 [SAUF，成都]
野茉莉科	杨龙 [GNUG，贵阳]
野牡丹科	陈介 [KUN，昆明]；黄威廉 [GNUG，贵阳]
罂粟科	樊建华 [XJA，乌鲁木齐]；方明渊 [SZ，成都]；李娜 [SYPC，沈阳]；刘林翰 [HNNU，长沙]；许春全 [SYPC，沈阳]；张光富 [NJNU，南京]；庄璇 [KUN，昆明]
绿绒蒿属	杨福生 [PE，北京]
紫堇属	苏志云 [KUN，昆明]；王东 [CCNU，武汉]；赵云鹏 [HZU，杭州]；庄璇 [KUN，昆明]
榆科	李惠玉 [GZAC，贵阳]；李雪霞 [NF，南京]；李宗秀 [CDBI，成都]；毛宗铮 [IBK，桂林]；聂绍荃 [NEFI，哈尔滨]；汤彦承 [PE，北京]；郑亦津 [JSPC，济南]；周世权 [NMAC，呼和浩特]
朴属	马恩伟 [NMAC，呼和浩特]
玉蕊科	罗献瑞 [IBSC，广州]
远志科	陈书坤 [KUN，昆明]；樊杰 [SXTCM，太原]；梁健英 [IBK，桂林]；万德光 [CDCM，成都]；徐艳琴 [JXCM，南昌]

芸香科	黄成就 [IBSC，广州]；刘勇 [JXCM，南昌]；卢心固 [AAUB，合肥]；牟凤娟 [SWFC，昆明]；谭仲明 [SZ，成都]；陶德定 [KUN，昆明]；魏来 [BNU，北京]；尹航 [ANTU，安图]；于雪莹 [NEFI，哈尔滨]；张奠湘 [IBSC，广州]；左大勋 [NAS，南京]
花椒属	曹明 [IBK，桂林]；孙纪周 [LZU，兰州]
吴茱萸属	曹明 [IBK，桂林]
樟科	白佩瑜 [KUN，昆明]；陈焕镛 [IBSC，广州]；陈世品 [FJFC，福州]；陈小红 [SAUF，成都]；崔鸿宾 [PE，北京]；戴益源 [YAF，昆明]；何理 [FJFC，福州]；黄普华 [NEFI，哈尔滨]；蓝开敏 [GZAC，贵阳]；李捷 [HITBC，勐腊]；李朗 [HITBC，勐腊]；李树刚 [IBK，桂林]；李锡文 [KUN，昆明]；刘宝 [FJFC，福州]；刘冰 [PE，北京]；刘兰芳 [SYS，广州]；祁承经 [CSFI，长沙]；邵金平 [YAF，昆明]；沈祖安 [ANU，合肥]；汤庚国 [NF，南京]；韦发南 [IBK，桂林]；韦裕宗 [IBK，桂林]；向其柏 [NF，南京]；许为斌 [IBK，桂林]；杨衔晋 [NEFI，哈尔滨]；杨永 [PE，北京]；赵良能 [赵能][SCFI，成都]；郑清芳 [FJFC，福州]；郑世群 [FJFC，福州]；周蓄源 [JXAU，南昌]；庄雪影 [CANT，广州]
猪笼草科	阮云珍 [IBSC，广州]
紫草科	方云亿 [HZU，杭州]；刘全儒 [BNU，北京]；刘玉兰 [NWTC，兰州]；努尔巴依 [XJUG，乌鲁木齐]；皮锡铭 [XJU，乌鲁木齐]；蒲训 [LZU，兰州]；王镜泉 [NWTC，兰州]；王庆瑞 [NWTC，兰州]；王文采 [PE，北京]；魏来 [BNU，北京]；杨昌友 [XJA，乌鲁木齐]；朱格麟 [NWTC，兰州]
紫金牛科	胡启明 [IBSC，广州]；黄威廉 [GNUG，贵阳]；祝正根 [EMA，峨眉山]
叶子花属	陈涛 [IBSC，广州]
紫葳科	陶德定 [KUN，昆明]；尹文清 [KUN，昆明]；廉永善 [NWTC，兰州]

附录Ⅵ　学科领域索引
Appendix Ⅵ　Subject index

植物分类学
(1268)

艾铁民、安放舟、安明态、安争夕、敖志文、巴哈尔古丽、白佩瑜、白　平、白新生、白学良、包世英、包文美、蔡联炳、蔡奇英、蔡　箐、蔡希陶、蔡秀珍、曹　明、曹　瑞、曹铁如、曹　同、曹亚玲、曹子余、柴　勇、苌哲新、常朝阳、常红秀、常艳芬、常　缨、陈邦杰、陈炳华、陈德懋、陈德媛、陈德昭、陈　蒂、陈定如、陈封怀、陈阜东、陈国扬、陈汉斌、陈焕镛、陈家瑞、陈建华、陈　介、陈景方、陈　娟、陈开基、陈可贵、陈　丽、陈　林、陈龙清、陈明林、陈佩珊、陈谦海、陈青莲、陈　清、陈仁钧、陈　嵘、陈瑞雪、陈三阳、陈善墉、陈少风、陈少卿、陈绍云、陈升振、陈世锋、陈守良、陈书坤、陈潭清、陈桐庵、陈维培、陈伟球、陈文红、陈文俐、陈锡沐、陈贤兴、陈　翔、陈小红、陈心启、陈星球、陈旭辉、陈学林、陈彦生、陈耀东、陈艺林、陈永生、陈有民、陈又生、陈佑安、陈毓亨、陈云霞、陈珍传、陈正蓉、陈志萍、陈忠毅、陈宗莲、成　晓、诚静容、程冠英、程景福、程瑞梅、程夏芳、程用谦、褚晓芳、崔大方、崔鸿宾、崔建丽、崔明昆、崔铁成、崔友文、达娃次仁、戴蕃晋、戴伦凯、戴启惠、戴启金、戴天伦、戴伟民、戴益源、单汉荣、单人骅、德　英、邓朝义、邓洪平、邓辉胜、邓莉兰、邓伦秀、邓　敏、邓荣艳、邓　坦、邓旺秋、邓云飞、狄维忠、丁宝章、丁陈森、丁华娇、丁景和、丁慎言、丁小余、丁志遵、董川宏、董　刚、董莉娜、董美芳、董美龄、董全忠、董世林、董仕勇、董天英、董晓宇、杜　诚、杜凡章、杜珍珠、段澄云、段士民、段喜华、段一凡、凡　强、凡　星、樊建华、樊守金、范连琴、范隆庆、范文涛、范宗忠、方琫德、方　波、方　亮、方明渊、方文培、方文哲、方　晔、方云亿、方振富、方震东、冯　邦、冯国楣、冯虎元、冯晋庸、冯　倩、冯夔舟、冯学琳、冯　缨、冯志坚、冯自诚、奉树成、付玉嫔、傅承新、傅国勋、傅竟秋、傅坤俊、傅立国、傅沛云、傅　强、傅　青、傅书遐、富象乾、嘎日迪、高宝莼、高海宁、高　凯、高连明、高　乞、高　谦、高淑贞、高天刚、高信芬、高云东、高蕴璋、高志海、高作经、葛斌杰、葛　菲、葛丽萍、耿伯介、耿以礼、耿玉英、龚固堂、苟光前、谷粹芝、顾德兴、顾月萍、顾志建、关广清、关克俭、管毕财、管开云、郭宝林、郭本兆、郭春燕、郭惠珠、郭兰斌、郭立群、郭丽秀、郭木森、郭荣麟、郭水良、郭伟娜、郭文源、郭锡昌、郭小强、郭晓思、郭新弧、郭一敏、郭英兰、哈斯巴根、韩凤春、韩贵珍、韩国营、韩留福、韩全忠、韩兴杰、韩艳婷、韩远记、郝建华、郝景盛、郝淑芳、何椿年、何国生、何　海、何金铃、何　景、何　理、何　林、何明友、何　强、何汝保、何善宝、何廷农、何兴金、何艳霞、何业祺、何云核、和积鉴、和太平、贺士元、洪德元、洪　涛、侯宽昭、侯小琪、侯元同、侯月欣、侯惠宗、胡宝忠、胡　超、胡成华、胡高升、胡嘉琪、胡金良、胡琳祯、胡启明、胡人亮、胡仁勇、胡生福、胡世林、胡文光、胡先骕、黄宝贤、黄才江、黄成就、黄德爱、黄　刚、黄久香、黄　可、黄克福、黄岚杰、黄满荣、黄茂先、黄明忠、黄鹏成、黄普华、黄庆阳、黄荣福、黄榕辉、黄世满、黄淑美、黄蜀琼、黄松殿、黄素华、黄威廉、黄祥童、黄向旭、黄以之、黄咏琴、黄友儒、黄俞淞、黄志辉、黄梓良、辉朝茂、火树华、吉占和、纪运恒、季春峰、季　华、冀朝祯、贾良智、贾凌云、贾敏如、贾　渝、贾泽峰、姜春宁、姜如碧、姜在民、蒋桂华、蒋　宏、蒋洁云、蒋木青、蒋兴麟、蒋　英、蒋尤泉、蒋兆兰、解新明、金德逊、金　凤、金基强、金睦华、金　山、金孝锋、金效华、金岳杏、靳淑英、景望春、康洪梅、康木生、康　云、柯　平、孔冬梅、孔宪武、孔宪需、库尔班、匡可任、邝立刚、邝生舜、赖书绅、赖学文、兰登明、兰志琼、蓝永珍、郎楷永、郎奎昌、雷立公、冷巧珍、黎　斌、黎　桦、黎念林、黎同寿、黎兴江、李安民、李安仁、李保贵、李本良、李丙贵、李秉滔、李炳銮、李昌龙、李朝銮、李丹丹、李登科、李东海、李恩香、李法曾、李凤兰、李光照、李桂兰、李桂琴、李海宁、李　鹤、李　红、李宏庆、李宏哲、李惠玉、李冀云、李家美、李建强、李建堂、李娇兰、李　晶、李景信、李景原、李克纲、李林初、李　茂、李孟扬、李旻辉、李　敏、李　娜、李　楠、李　攀、李沛琼、李其允、李琴琴、李青云、李清义、李三青、李士謌、李世晋、李寿乔、李书春、李书心、李淑久、李树刚、李树英、李双智、李思锋、李　涛、李同建、李　薇、李文清、李锡畴、李先源、李宪庚、李乡旺、李湘萍、李新华、李新平、李新伟、李信贤、李学禹、李雪霞、李扬汉、李以镔、李　奕、李　颖、李永康、李　勇、李裕久、李泽贤、李　砧、李志敏、李治基、李智辉、李智选、李宗秀、连　艳、梁宝汉、梁畴芬、梁红平、梁健英、梁　葵、梁盛业、梁松筠、梁同军、梁永延、廖　亮、廖远能、林邦娟、林贵兵、林　红、林红梅、林来官、林　敏、林　祁、林万涛、林尤兴、林有润、林正眉、凌萍萍、刘柏玲、刘保东、刘　冰、刘炳荣、刘　波、刘朝晖、刘春荣、刘大昌、刘大济、刘代明、刘登义、刘国道、刘国钧、刘果厚、刘海燊、刘红梅、刘惠卿、刘家熙、刘家宜、刘建国、刘　静、刘　军、刘君哲、刘　坤、刘兰芳、刘　磊、刘立品、刘丽燕、刘　利、刘　涟、刘　亮、刘林翰、刘林馨、刘琳莉、刘路贤、刘　玫、刘名庭、刘鸣远、刘　念、刘　宁、刘启新、刘　青、刘全儒、刘尚武、刘慎谔、刘胜祥、刘守炉、刘书润、刘淑珍、刘天慰、刘卫荣、刘蔚漪、刘晓丽、刘秀梅、刘秀群、刘秀熙、刘　演、刘　鸯、刘一樵、刘媖心、刘应迪、刘永强、刘　勇、刘玉壶、刘玉兰、刘振华、刘振稳、刘仲苓、龙　鸿、龙　茹、龙文兴、隆卫革、娄玉霞、楼炉焕、卢金梅、卢炯林、卢生莲、卢先明、卢心固、卢雪峰、鲁德全、陆保仁、陆定安、陆　帆、陆莲立、陆玲娣、陆瑞琳、陆树刚、陆廷琦、陆益新、路安民、路端正、路金才、罗昌海、罗凤霞、罗　建、罗健馨、罗开文、罗　群、罗世家、罗献瑞、吕洪飞、马　超、马春雷、马恩伟、马海英、马建强、马金双、马丽莎、马启盛、马清温、马炜梁、马文章、马逾英、马毓泉、马仲辉、买买提江·吐尔逊、买买提明·苏莱曼、毛雪莹、毛子军、毛宗铮、毛祖美、梅丽娟、蒙仁宪、孟　雷、孟世勇、孟宪东、米吉提、闵天禄、闵祥鹏、缪柏茂、莫新礼、莫亚鹰、牟凤娟、倪陈凯、倪志诚、聂敏祥、聂绍荃、农植林、努尔巴依、欧阳海波、潘伯荣、潘锦堂、潘开玉、潘胜利、潘体常、潘以敏、潘泽惠、盘延明、裴　鉴、裴盛基、裴元蓉、彭定人、彭　涛、彭淼松、彭寅斌、彭泽祥、皮锡铭、蒲　训、普春霞、溥发鼎、戚继忠、齐耀东、钱家驹、钱士心、钱啸虎、钱之广、钱子刚、乔曾鉴、秦慧贞、秦仁昌、秦祥堃、秦新生、秦云程、秦忠时、丘华兴、邱　娟、邱志敬、裘宝林、裘利洪、裘佩熹、裘树平、饶广远、饶文辉、任　琛、任宪威、任　毅、茹　欣、阮嘉蓬、阮云珍、萨　仁、沙莉娜、沙世贵、沙　伟、商　辉、

植物分类学（1268）	尚富德、邵建章、邵剑文、邵金平、邵美妮、邵小明、佘孟兰、申聪香、沈霭如、沈朝栋、沈迪玉、沈观冕、沈绍金、沈显生、沈亚恒、沈祖安、盛国英、师雪芹、施大文、施国新、施兴华、石光裕、石　明、石亚亚、石　瑛、石　铸、时华民、史全芬、税玉民、司马永康、宋宝玉、宋朝枢、宋敏丽、宋万志、宋小玲、宋柱秋、宋滋圃、苏宏汉、苏俊霞、苏宋旺、苏亚拉图、苏志云、粟和毅、孙必兴、孙成仁、孙岱阳、孙德武、孙冬雪、孙纪周、孙明洲、孙启时、孙庆业、孙　权、孙祥钟、孙雄才、孙学刚、孙永华、孙煜铮、孙忠民、覃永华、谭策铭、谭敦炎、谭进波、谭经正、谭景燊、谭沛祥、谭烨辉、谭仲明、汤庚国、汤行春、汤晓辛、汤彦承、唐昌林、唐光大、唐宏亮、唐　进、唐明坤、唐盘昌、唐绍清、唐　耀、唐　颖、唐中华、陶德定、陶国达、陶明琴、田代科、田多贤、田　怀、田怀珍、田　琳、田　青、田先华、童绍全、童毅华、屠玉麟、万德光、万绍宾、万　涛、万文豪、万宗玲、汪发缵、汪劲武、汪　矛、汪　庆、汪书丽、汪小凡、汪小全、汪　远、汪振儒、汪正祥、汪志军、王柏青、王　兵、王彩玲、王朝品、王　臣、王成信、王承录、王春波、王春兰、王代兴、王道模、王　丰、王凤春、王戈戎、王　贵、王桂花、王汉津、王恒昌、王　虹、王　欢、王　桓、王焕冲、王　晖、王徽勤、王继丰、王　健、王金凤、王金平、王锦秀、王　晶、王镜泉、王　磊、王　丽、王丽娟、王六英、王　龙、王玛丽、王磐基、王培善、王　强、王清江、王清隆、王庆华、王庆瑞、王庆亚、王瑞江、王士俊、王世金、王淑芝、王蜀秀、王　曙、王　松、王遂义、王太霞、王铁娟、王铁僧、王万贤、王　薇、王　伟、王卫锋、王文采、王文杰、王希蕖、王喜勇、王晓宇、王学文、王雪明、王雪薇、王永强、王幼芳、王育民、王育生、王云强、王灶安、王正平、王志学、王中仁、王铸豪、王作宾、韦思奇、韦毅刚、韦玉梅、韦裕宗、韦　直、韦仲新、卫　然、卫莹芳、卫兆芬、魏　来、魏学智、文和群、文雪梅、翁玉芳、毋绪燕、吴德邻、吴　刚、吴国芳、吴家荣、吴　凯、吴鹏程、吴庆如、吴庆余、吴容芬、吴廷俊、吴维春、吴锡麟、吴显坤、吴秀菊、吴印禅、吴永彬、吴玉虎、吴泽民、吴彰桦、吴兆洪、吴珍兰、吴振海、吴中伦、伍煜庭、武宝成、夏邦美、夏恩湛、夏富才、夏江林、夏民生、夏念和、夏纬瑛、夏晓飞、夏振岱、向春雷、向其柏、向巧萍、向小果、向应海、肖洪彬、肖绵韵、肖　溶、肖心楠、肖娅萍、谢爱芳、谢宝贵、谢成章、谢大军、谢德慈、谢德文、谢　航、谢　华、谢　晖、谢树莲、谢义林、谢寅堂、谢志明、辛益群、邢公侠、邢吉庆、熊济华、熊若莉、熊豫宁、熊源新、徐　波、徐春波、徐粹新、徐汉卿、徐　杰、徐克学、徐朗然、徐　蕾、徐利国、徐玲玲、徐声修、徐世松、徐廷志、徐文斌、徐文宣、徐祥浩、徐兴友、徐艳琴、徐养鹏、徐耀良、徐永椿、徐永清、徐友源、徐志杰、徐　柱、许春全、许鸿鹡、许介眉、许　亮、许仁鑫、许为斌、许玉凤、宣淑洁、薛彬娥、薛晓明、严　英、严子柱、阎　平、颜　济、颜素珠、燕　玲、杨柏云、杨保民、杨昌煦、杨昌友、杨成华、杨涤清、杨逢建、杨福生、杨光辉、杨光耀、杨汉碧、杨虎彪、杨金祥、杨俊良、杨蕾蕾、杨礼攀、杨　林、杨　龙、杨明今、杨启银、杨亲二、杨瑞武、杨人俊、杨世雄、杨淑萍、杨锡麟、杨喜林、杨衔晋、杨祥学、杨晓杰、杨雅玲、杨　野、杨　永、杨永昌、杨永平、杨永清、杨宇明、杨　悦、杨祯禄、杨宗岱、姚昌豫、姚崇怀、姚　淦、姚关琥、姚明哲、姚庆渭、姚　榕、姚育英、叶光汉、叶　康、叶能干、叶升儒、叶胜明、叶永忠、伊廷双、伊贤贵、易同培、易咏梅、音扎布、殷建涛、尹国萍、尹　航、尹林克、尹　睿、尹文清、尹五元、尹祖棠、於玲珑、于　晶、于　明、于宁宁、于胜祥、于雪莹、于永莉、于兆英、余慧君、余湘云、余燕华、俞德浚、俞筱押、俞泽华、俞志雄、虞富莲、袁昌齐、袁家谟、袁　强、袁庆军、袁　琼、袁志良、乐崇熙、岳建英、曾沧江、曾呈奎、曾范安、曾庆文、曾淑英、曾孝濂、曾新宇、翟大同、詹选怀、张百誉、张昌兵、张朝晖、张　潮、张春芳、张春宇、张大明、张代贵、张道远、张德明、张德瑞、张奠湘、张定成、张恩厚、张方钢、张　峰、张刚民、张光飞、张光富、张贵一、张国梁、张国维、张海琴、张　浩、张盍曾、张华海、张建琛、张建强、张建文、张景祥、张峻甫、张乐华、张　力、张丽兵、张　良、张林静、张满祥、张美珍、张铭哲、张　强、张娆挺、张仁波、张荣厚、张荣京、张寿洲、张淑梅、张淑贤、张遂申、张泰利、张宪春、张小冰、张小平、张晓晓、张欣欣、张秀伏、张秀实、张学杰、张学星、张雪梅、张燕君、张耀甲、张一帆、张　莹、张永洪、张永华、张　勇、张玉均、张玉良、张跃进、张　越、张泽荣、张肇骞、张振万、张　峥、张志英、张志耘、张　智、张紫刚、章绍尧、章　菽、章伟平、章毓英、赵洪全、赵厚涛、赵惠如、赵建成、赵凯歌、赵魁义、赵来喜、赵利清、赵良能（赵能）、赵　泠、赵美华、赵　敏、赵奇僧、赵清盛、赵儒林、赵士洞、赵素云、赵文书、赵　欣、赵鑫磊、赵修谦、赵一之、赵毓棠、赵　玥、赵遵田、郑明轩、郑清芳、郑师章、郑斯绪、郑土川、郑万钧、郑维列、郑小江、郑亦津、钟本固、钟补求、钟国荣、钟心煊、钟　鑫、钟雄文、钟业聪、钟远春、周邦楷、周秉珍、周根生、周广柱、周桂玲、周国齐、周锦华、周立华、周凌云、周　琼、周瑞昌、周绍莉、周世权、周守标、周颂东、周太炎、周蓄源、周　铉、周以良、周永红、周云龙、周忠泽、周仲凯、朱格麟、朱培智、朱瑞良、朱维明、朱昱萍、朱长山、朱政德、朱宗元、庄茂长、庄体德、庄　璇、庄雪影、卓丽环、宗占江、邹惠渝、祖元刚、左大勋、左　勤、左显东
植物资源学（72）	白　洁、陈　锋、陈建民、陈　亮、陈　山、陈世品、陈伟杰、陈晓玲、崔顺昌、丁春邦、董全忠、方　芳、冯　图、格　桑、耿世磊、郭治友、何家庆、和兆荣、胡　东、胡江琴、胡雪华、胡志浩、黄帮全、黄少华、黄应钦、姜彦成、金水虎、李才旺、李根有、李　红、李　娟、李乾振、梁建平、梁瑞龙、林建勇、刘　翔、娄彦景、马丹丹、马　明、马世荣、莫健彬、南程慧、乔　继、秦松云、桑　兰、石福臣、史美中、汪正利、王惠玲、王喜龙、王　翔、王　馨、王跃华、王正伟、韦宏金、吴素蕊、夏国华、谢　强、闫道良、杨利民、银福军、尹俊梅、尹林克、袁　明、扎西次仁、张本能、张桂萍、张永刚、张植玮、张志翔、赵佐成、周榜第
植物生态学（98）	班继德、毕润成、陈　波、陈飞鹏、陈建国、陈坤浩、陈　磊、陈锡龄、陈延松、陈章和、邓贤兰、方　彦、冯　丽、冯　图、葛　刚、郭泉水、郭　相、贺学礼、侯勤正、黄　健、江　洪、蒋有绪、金　樑、柯文山、雷　耘、黎向东、李　博、李　博、李　晖、李建东、李铭红、李新荣、李忠孝、梁士楚、林长松、林　英、刘济明、刘伦辉、刘蔚秋、龙翠玲、逯永满、鹿占详、罗应华、马万里、马永红、梅再美、孟振农、苗艳明、牛　洋、欧祖兰、潘　刚、彭喜旭、彭珍宝、邱莲卿、容　丽、沈章军、石福臣、宋　波、孙叶根、谭惠慈、田兴军、铁　军、土艳丽、万佐玺、王　东、王海洋、王立辉、王雪宏、王一峰、王　云、王　战、温远光、温志国、吴德成、吴玉环、向　刚、向言词、肖文发、谢春平、徐　庆、薛纪如、鄢玉怀、央金卓嘎、杨小波、杨　扬、银福军、雍世鹏、袁永革、岳　明、臧润国、张鹏云、张新厚、张　洋、张　阳、张云飞、郑　海、郑元润、仲崇信

植物系统学（25）	陈之端、高庆波、葛　颂、郭延平、郝　刚、何奕騉、胡　超、李德铢、刘健全、刘　静、邱英雄、孙　坤、王　静、王雷宏、王宇飞、韦若勋、杨瑞武、杨相甫、易　俗、张　博、张晋豫、张芝玉、赵　亮、赵云鹏、周建良
药用植物学（225）	巴桑丹增、白拖琴、卞云云、才　毛、蔡岳文、曾庆钱、常自立、陈德荣、陈虎彪、陈美兰、陈　敏、陈　齐、陈永勤、陈玉秀、程铭恩、次旦多吉、崔光红、邓德英、邓明鲁、丁作超、樊丛照、樊　杰、范莹莹、方成武、方　鼎、傅　鹏、高昌兰、高成芝、高德民、高士贤、格桑索朗、葛传吉、郭兰萍、韩多宏、韩　梅、韩　婷、韩忠明、何顺志、何　铸、贺润丽、胡成刚、胡江琴、胡　莹、黄宝康、黄宝优、黄德青、黄璐琦、黄清泉、黄珊珊、黄燮才、黄颖锋、黄　云、黄云峰、黄增任、吉　涛、贾　敏、焦兴萍、金　艳、康廷国、赖茂祥、李宝霞、李德孝、李　峰、李海涛、李宏斌、李建秀、李景富、李　琳、李　青、李晓瑾、李应军、李永和、李镇魁、李志浩、李紫微、连文琰、梁社坚、廖　雯、林春蕊、林茂祥、林寿全、林余霖、林　云、刘春朝、刘翠晶、刘鹤龄、刘红燕、刘计权、刘　娟、刘丽仙、刘庆华、刘式乔、刘守金、刘寿养、刘思益、刘　霞、刘　杨、刘　洋、刘耀武、刘正宇、罗金裕、吕惠珍、马　林、马青青、莫小路、尼玛潘多、宁熙平、宁小清、牛　倩、欧阳蓓、裴莉昕、彭华胜、彭玉德、平莉莉、齐伟辰、秦路平、秦胜红、邱咏薇、任明波、桑杰曲珍、申　业、沈联德、舒　抒、宋宇环、苏燕秋、苏珍枝、孙爱群、孙庆文、谈远锋、覃德海、覃家理、谭士贤、谭杨梅、唐为萍、唐心曜、田谨为、田树革、万　鹏、万　煜、王　冰、王昌华、王春雷、王德群、王果平、王良信、王美华、王明川、王荣祥、王添敏、王星星、王旭红、王祝年、韦家福、韦　威、魏升华、魏宇昆、邬家林、吴　丰、吴　琪、吴修仁、吴　莹、武嘉庚、夏尊成、向　红、肖培根、谢　明、谢培德、谢月英、辛海量、徐海燕、徐丽霞、徐增莱、徐志远、严克俭、杨凤梅、杨金书、杨青山、杨秋容、杨树德、杨耀文、易思荣、尹海波、余丽莹、袁　亮、袁　媛、岳松健、翟延君、翟肇庄、张彩云、张广平、张　虹、张　慧、张建奎、张　洁、张景龙、张　军、张　珂、张　勉、张　强、张巧艳、张青林、张士良、张天柱、张　炜、张小波、张　训、张英涛、赵纪峰、赵文吉、郑承剑、郑　海、郑汉臣、郑　艳、钟霞军、周华蓉、周卯勤、周日宝、周　彤、周珍诚、朱　军、朱有昌、朱兆仪、祝世杰、祝正根、祖炬雄
植物科学画（17）	蔡淑琴、陈革新、邓晶发、邓盈丰、冯金环、冯钟元、顾子霞、黄少容、黄应钦、蒋祖德、李爱莉、刘运笑、童军平、翟肇庄、王红兵、张桂芝、朱玉善
保护生物学（40）	蔡邦平、陈利君、陈绍煋、杜凤国、方响亮、甘小洪、何中声、黄　钊、姜　明、鞠文彬、李迪强、李家湘、李新荣、李学东、廉永善、梁红柱、林亲众、刘克旺、刘　鹏、卢宝荣、孟振农、沐先运、农少丰、彭玉兰、上官铁梁、史作民、苏　雪、覃海宁、土艳丽、王国栋、王鸿斌、王仁卿、徐永福、严岳鸿、臧润国、张建新、张若蕙、张玉武、赵莉娜、赵淑文
植物区系（72）	曹　伟、陈邦余、陈炳辉、陈功锡、陈　涛、陈蔚辉、丛义艳、邓仲吾、丁炳扬、方瑞征、费　勇、傅德志、高润梅、胡光万、黄成林、黄劲松、黄义钧、黄云晖、江明喜、旷仁平、蓝开敏、黎维平、李　恒、李洪钧、李良千、李　嵘、李锡文、李晓东、李延辉、李延辉、廖　廓、刘恩德、刘　杰、刘克明、刘晓娟、刘以珍、刘　莹、龙飞云、骆　强、毛品一、缪汝槐、聂泽龙、农东新、彭　华、祁承经、钱崇澍、任善相、茹文明、石祥刚、宋建中、孙　航、涂铁要、王青锋、王映明、韦发南、吴金清、武素功、肖育檀、邢福武、叶创兴、叶华谷、喻勋林、张书东、赵宝惠、赵子恩、郑朝宗、郑　勉、郑　重、周联选、周亚东、朱　华
植物生理学（2）	卢　宁、万佐玺
传粉生物学（3）	郭友好、罗毅波、王　红
入侵植物学（10）	贺俊英、李惠茹、潘玉梅、彭　宇、强　胜、曲　波、唐赛春、韦春强、闫小玲、周　兵
谱系地理学（15）	龚　维、洪必恭、简焯坡、刘　星、刘钟龄、马成功、闻志彬、吴征镒、谢　磊、邢其华、薛跃规、应俊生、曾文彬、张明理、左经会
孢粉学（2）	王萍莉、徐景先
命名法规（1）	朱相云
标本技术（40）	班　勤、包伯坚、陈淑荣、陈有卿、邓　红、狄端初、杜玉芬、傅连中、海　仙、何惠珍、何　进、何　珍、李素英、刘爱红、刘福兰、刘慧圆、刘　琳、刘美斯、陆丽珍、马欣堂、庞厚新、沈　彬、师红斌、苏惠茹、苏永欣、田书荣、王静华、王忠涛、肖　洒、杨春华、杨存存、杨　柳、杨志荣、殷学波、袁发银、苑淑秀、曾飞燕、张　燕、赵明君、周汉泉
生物技术（9）	包　颖、陈　彬、侯学良、金　玲、孟　超、王利松、易桂花、余　岩、周世良

标本管理（8）	邓秀发、何云松、吴清韩、相桂权、严增南、于兴华、张咏梅、朱彩霞
木本植物（73）	安明态、巴哈尔古丽、曹铁如、苌哲新、陈国扬、陈　嵘、陈潭清、崔铁成、邓莉兰、邓荣艳、丁陈森、董天英、范隆庆、冯燮舟、冯自诚、傅　强、高志海、葛丽萍、龚固堂、苟光前、郭小强、韩贵珍、韩全忠、何国生、洪　涛、侯月欣、胡先骕、黄普华、黄志辉、季　华、李士諹、李书春、李宪庚、李信贤、李永康、梁永延、林亲众、刘济明、刘克旺、刘立品、刘丽燕、刘秀群、罗开文、马丽莎、彭定人、戚继忠、祁承经、沈朝栋、沈迪玉、宋宝玉、宋朝枢、覃永华、谭经正、唐明坤、汪志军、王柏青、王代兴、王道模、王文杰、谢大军、杨　林、杨再新、易同培、於玲珑、余燕华、张华海、章绍尧、赵凯歌、郑万钧、钟国荣、周国齐、庄茂长、邹惠渝
水生植物（13）	陈耀东、何金铃、廖　廓、刘家宜、马欣堂、万　涛、王承录、王　东、王青锋、王万贤、许仁鑫、杨永清、赵佐成
被子植物（15）	蔡如意、陈坤浩、董美芳、韩远记、何艳霞、贺学礼、胡先骕、李沛琼、刘路贤、刘　翔、王雪明、张代贵、张国梁、刘保东、谢树莲
观赏植物（4）	李智辉、罗风霞、周广柱、熊济华
草本植物（8）	戴伟民、李扬汉、刘琳莉、宋小玲、张　峥、章毓英、沙　伟、严子柱

中西医结合
心脏康复实践

主　审　陈可冀

主　编　李瑞杰　史大卓

副主编　姜红岩　杜廷海　丁荣晶　张兆国

编　者（以姓氏汉语拼音为序）

白瑞娜　曹云山　车　琳　陈　伟　陈琦玲　丁荣晶
杜廷海　杜峣楠　段一超　耿　敖　顾景辉　郝　颖
霍艳明　姜红岩　金雅丽　金钟一　李　慧　李　军
李海霞　李瑞杰　刘　用　刘瑞鑫　柳　萍　马　晶
牛琳琳　单鸿波　沈　锐　石亚君　史大卓　孙艳玲
田洪燕　万倩雯　王　丽　王　强　王东伟　王国栋
王铭铭　王肖龙　王晓峰　王彦辉　吴　旸　武　亮
先国峰　肖　雪　徐　浩　徐　勇　于美丽　余　学
张　璇　张红丽　张立晶　张兆国　赵　欣　赵扣荣
赵昱晗

人民卫生出版社

·北　京·

图书在版编目（CIP）数据

中西医结合心脏康复实践 / 李瑞杰，史大卓主编
. —北京：人民卫生出版社，2022.7
ISBN 978-7-117-33247-7

Ⅰ. ①中… Ⅱ. ①李…②史… Ⅲ. ①心脏病 —中西医结合 —康复 Ⅳ. ①R541.09

中国版本图书馆 CIP 数据核字（2022）第 107999 号

人卫智网	www.ipmph.com	医学教育、学术、考试、健康，购书智慧智能综合服务平台
人卫官网	www.pmph.com	人卫官方资讯发布平台

中西医结合心脏康复实践
Zhong-Xi Yi Jiehe Xinzang Kangfu Shijian

主　　编：李瑞杰　史大卓
出版发行：人民卫生出版社（中继线 010-59780011）
地　　址：北京市朝阳区潘家园南里 19 号
邮　　编：100021
E - mail：pmph @ pmph.com
购书热线：010-59787592　010-59787584　010-65264830
印　　刷：北京华联印刷有限公司
经　　销：新华书店
开　　本：787 × 1092　1/16　　印张：20
字　　数：487 千字
版　　次：2022 年 7 月第 1 版
印　　次：2022 年 8 月第 1 次印刷
标准书号：ISBN 978-7-117-33247-7
定　　价：168.00 元
打击盗版举报电话：010-59787491　E-mail：WQ @ pmph.com
质量问题联系电话：010-59787234　E-mail：zhiliang @ pmph.com
数字融合服务电话：4001118166　E-mail：zengzhi @ pmph.com

主编简介

李瑞杰，北京市第一中西医结合医院心血管内科主任医师，兼职教授，硕士研究生导师、博士研究生副导师。北京市中西医结合心脏康复中心常务副主任，心血管病学科带头人。

2015年在国内成立首家中西医结合心脏康复中心——北京市中西医结合心脏康复中心，组建中西医结合心脏康复团队，创新以全程关爱和“两纵一横”全新的心脏康复“4S”服务模式，设计中国特色的中西医结合心脏康复“五大处方”，制订中西医结合心脏康复的规范实施方案，组织撰写并出版发表《中医外治技术在心脏康复中应用的专家建议》和《稳定性冠心病中西医结合康复治疗专家共识》，并开展中西医结合心脏康复相关科学研究和发表相关学术论文。

2016年4月发起成立中国中医药研究促进会中西医结合心血管病预防与康复专业委员会。每年组织全国中西医结合心血管病预防与康复大会以及培训班，为全国从事中医、中西医结合心脏康复的同道搭建学术交流平台。

兼任第一届中国中医药研究促进会中西医结合心血管病预防与康复专业委员会主任委员、第八届北京中西医结合学会心血管内科专业委员会主任委员、中华医学会北京分会（北京医学会）心血管病学分会常务委员、中国医师协会心血管内科医师分会常务委员、中华医学会健康管理学分会委员等职务。科研获奖14项，发表学术论文100余篇，参编和著书30余部，培养硕士研究生16人。

史大卓，医学博士，二级教授，岐黄学者，中国中医科学院首席研究员，中国中医科学院内科学术带头人、心血管科学术带头人，中国中医科学院心血管病研究所所长，国家中医心血管病重点专科主任。国家药典委员，享受国务院政府特殊津贴专家，全国第六届中医师承老师。北京大学医学部和北京中医药大学教授、博士研究生导师。兼任世界中医药学会联合会心血管病专业委员会会长，中国中西医结合学会活血化瘀专业委员会名誉主任委员。同时任《中国中西医结合杂志》副总编，《环球中医药杂志》副主编，《中华心血管病杂志》编委等。*Evidence-based Complementary and Alternative Medicine* 客座主编和 *Scientific Reports*、*PLoS One*、*Phytomedicine* 等的特约审稿人。

从事中医、中西医结合内科临床 35 年，主编《中医内科辨病治疗学》《心血管内科手册》等 18 本临床专著；在国内外发表学术论文 500 余篇，其中 SCI 收录 90 余篇。获国家科学技术进步奖 2 项、省部级科技成果奖 15 项；主持研发国家 5 类新药 2 项、国家 6 类新药 2 项，获国家发明专利 8 项、美国专利 1 项。

序

我受邀为此书写序深感荣幸。

作为从事中西医结合心血管病诊治70年的临床工作者，亲历了中华人民共和国成立后医疗卫生事业取得的成就，尤其是心血管病治疗技术取得的快速发展。改革开放40多年我国取得辉煌成就，但心血管疾病发病率仍处于较高水平。面对大量深受病痛折磨的心血管病患者，我作为中西医结合心血管病医生深感责任重大，能否从中西医结合的角度广泛开展心血管疾病预防以降低心血管疾病的高患病率是我一直思考的问题。西医学者主张心脏康复与二级预防对心血管疾病患者提供综合长期医疗服务，能有效地减少心血管事件的再发率及死亡率，也有利于提高患者生活质量，改善其心理状态并促进其回归职业和社会生活。这与传统中医治疗心血管疾病的辨证施治理念完全相似，以心脏康复为桥梁，联合中西医治疗理论和方法将给心血管疾病治疗领域带来重大机遇。

“动静结合，愉悦康复”是中西医结合心脏康复的实践创新。此书精辟阐述了中西医结合心脏康复实践，对建立我国中西医结合心脏康复创新模式和中西医结合心脏康复规范化管理路径具有重要的临床指导意义，是培养心脏康复专业技术人员和指导其临床实践最有效的参考工具书之一。

主编李瑞杰教授从事心血管医疗工作及研究数十年，积累了深厚的理论基础和丰富的临床经验，其团队编写此书是对中国心脏康复事业的创新与传统中医文化的传承，感谢其为中西医结合心血管医疗事业做出的无私奉献，我愿将其推荐给广大中国心脏康复专业人员作为指导临床工作的重要工具书。

陈可冀

2021年7月

前言

大约在6年前，“心脏康复”在我国心血管专业领域破土而出，承担着“弥合裂痕，重建心血管疾病治疗链”的重任。而如今，“心脏康复”一词已席卷中国心血管医疗圈。

本书于3年前开始筹划，耗费不少时间和精力，凝聚着胡大一等全国从事心脏康复工作的知名专家、教授的心血，尤其是承蒙中西医结合心血管病专家陈可冀院士枨拨指教，包含了陈老从医70年的中西医心血管疾病诊治经验。因此，本书是中西医结合心脏病治疗临床实践的总结和萃取，既是对中国传统医学与西方医学心脏康复实践的传承与创新，也是对中西医结合心脏康复实践十分有价值的指导。

所谓心脏康复，是由多专业参与并从预防、医疗和康复三个环节全面持续进行的心血管疾病干预方法，其以治疗心血管系统疾病为目标，以运动系统、神经系统、呼吸系统、内分泌系统为中心，并结合运动生理学、护理学、药理学、营养学、心理学等综合的相关基础知识及干预技术。

本书详细介绍了心脏康复临床实践所必需的中西医相关知识及技术，内容不仅涵盖心血管疾病预防、治疗与康复的相关循证证据，而且也包括中医心血管疾病辨证治疗精髓与注重整体和功能治疗的中医经验。本书不仅可作为心脏康复相关专业人士的参考工具书，也可指导心脏康复多学科团队成员对其专业工作性质和内容的理解。

“遥知不是雪，为有暗香来”。本书作为中国特色心脏康复模式创新应用的实践工作总结，提出中西医结合心脏康复新理念犹如雪中绽放的梅花，其融合西方医学结构诊断、循证研究及逻辑分析方法，引领中西医结合心脏康复实践不断创新，以心脏康复作为中西医结合的桥梁，创新中国心脏康复实践模式，指出中西医结合心脏康复今后的研究方向，具有很强的实践性和实用性。

最后，衷心感谢工作在心脏康复一线的各位编者为本书成功编写所作出的贡献。

2021年7月

目 录

第一篇　心脏康复多学科综合干预方式

第一章　概述……2

第一节　现代心脏康复的发展与现状……2

一、心脏康复的发展历史……2

二、心脏康复的现状……3

三、现代心脏康复的优势及其面临的困境……7

第二节　传统中医心脏康复的发展与现状……8

一、中医康复的历史……8

二、中医心脏康复的特色和优势……10

三、中医心脏康复的局限与发展方向……12

第三节　中西医结合心脏康复的优势与前景……13

一、中西医结合心脏康复的特点……13

二、中西医结合心脏康复的优势……14

三、中西医结合心脏康复的现状与前景……14

第二章　心脏康复评估流程与技术……17

第一节　康复评定概述……17

一、康复评定分类……17

二、康复评定流程……17

三、康复评定内容……18

四、康复评定注意事项……18

第二节　心脏康复评定……18

一、体适能评估……19
二、危险因素评估……19
三、临床综合评估……20
四、运动风险及运动能力评估……21
第三节　心脏康复常用评估量表……29
一、西雅图心绞痛量表……29
二、主观用力程度分级……29
三、营养风险筛查量表……30
四、生活质量评价量表……31
五、睡眠评估……31
六、抑郁焦虑自评量表……32
七、日常生活活动能力评估量表(Barthel 指数)……32
八、平衡功能评估量表(伯格平衡量表)……33
九、认知功能评估量表……33
十、衰弱综合征筛查量表……34
第四节　中医辨证评估……35
一、中医辨证……35
二、中医体质测评……37

第三章　运动康复……42

第一节　个体化运动处方的制订……42
一、运动处方的基本原则……42
二、运动处方的组成……42
三、有氧运动处方及心肺耐力运动处方……43
四、抗阻训练运动处方……48
五、柔韧性训练运动处方……51
六、神经动作练习运动处方……51
第二节　中医运动康复在心脏康复领域的应用……52
一、中医运动康复的历史发展及基本理论观点……52
二、常用中医运动康复方法……53
三、中医运动康复的锻炼要点……60
四、中医运动康复的现状及展望……61

第四章　药物治疗……64

第一节　心脏康复的药物处方……64

一、药物处方在心脏康复中的地位和意义……64
二、心脏康复药物处方应用的原则……65
三、心脏康复中药物处方的注意事项……65
第二节 西药的选择与应用……65
一、控制危险因素……66
二、心血管疾病二级预防用药……71
第三节 中药的选择与应用……73
一、中药剂型……74
二、病证结合中药选择应用……75

第五章 营养治疗和辨证施膳……80

第一节 营养支持疗法……81
一、临床营养学知识简介……81
二、心血管疾病与消化代谢……84
三、食物、营养素与心血管疾病预防和康复……85
四、基于平衡膳食的心血管疾病预防和康复膳食模式……90
五、营养支持疗法……91
六、营养心理……95
七、保持健康体重……96
第二节 中医食疗法……98
一、中医食疗简介……98
二、药食与五脏一体观……99
三、药食的阴阳、四气五味……99
四、药食的季节特点……100
五、心脏康复患者的辨证施膳……101
六、食疗的现代研究……103

第六章 心理康复……106

第一节 心理康复流程……106
一、西医康复流程……107
二、中医康复流程……111
第二节 心理康复方法……113
一、西医康复方法……113
二、中医康复方法……114
第三节 中医情志疗法……116

一、原理……116
二、七情诊断……117
三、七情治疗规范……117
第四节　“双心医学”病例分享……120
一、病情介绍……120
二、分析……121

第七章　睡眠管理……122

第一节　失眠与管理……123
一、失眠的定义及分类……123
二、失眠的临床评估……123
三、失眠的临床诊断与鉴别诊断……123
四、失眠的治疗……124
五、失眠的非药物疗法……128
六、特殊人群失眠的治疗……129
第二节　中医睡眠管理……131
一、失眠……131
二、多寐……134

第八章　戒烟管理……137

第一节　戒烟的流程及方法……137
一、烟草依赖的定义……137
二、烟草依赖的干预方案……138
第二节　中医戒烟方法……140
一、中医病机……140
二、治法治则……141
三、药物治疗……141

第九章　传统中医外治疗法在心脏康复中的应用……146

第一节　皮肤官窍黏膜外治疗法……146
一、熏洗疗法……146
二、沐足疗法……148
三、湿化瓶鼻吸疗法……149
第二节　经络腧穴外治疗法……150
一、经穴体外反搏疗法……150

二、耳压疗法……150
三、中药穴位贴敷疗法……151
四、针刺疗法……152
五、艾灸疗法……153
六、推拿疗法……153
七、平衡火罐疗法……153
八、中药热奄包疗法……154
九、中药穴位注射技术……154
十、其他疗法……155
第三节　整体外治疗法……155
一、导引技术……155
二、中医五音疗法……157

第十章　指导患者行为改变的原则……162

一、患者的行为改变意愿评估……162
二、如何影响患者及其亲属做出选择……163
三、促进患者行为改变的常用方法……163

第二篇　心血管疾病及其危险因素的康复实践

第十一章　常见心血管疾病及其危险因素的心脏康复……168

第一节　高血压……168
一、高血压的定义、分类和流行病学……168
二、高血压介导的器官损害的临床评价与评估……169
三、高血压的康复治疗……171
第二节　糖尿病……179
一、疾病特点……179
二、预防原则及注意事项……180
三、早期干预与教育……180
四、健康促进……181
五、风险因素控制……181
六、运动干预……182
七、中医养生……183
第三节　血脂异常……186

一、血脂异常的概念……187
二、血脂异常的危险分层和控制目标……187
三、血脂异常的干预……188
四、血脂异常的中医养生……191
第四节 冠心病介入治疗术后……192
一、冠心病介入治疗流行病学……192
二、冠心病介入治疗术后心脏康复在国内外的研究进展……192
三、冠心病介入治疗术后心脏康复的具体内容……193
四、冠心病介入治疗后康复病例……197
第五节 心脏疾病外科手术后……200
一、康复评定……201
二、康复诊断……202
三、康复治疗……202
四、功能结局……204
五、健康教育……205
六、中医康复……205
七、冠心病外科冠状动脉旁路移植术后康复案例……205
第六节 慢性心功能不全……209
一、危险分层与运动风险控制……209
二、康复治疗方案……210
三、中医康复……216
第七节 原发性心肌病……218
一、原发性心肌病患者病变特点……219
二、风险评估及注意事项……220
三、康复治疗……221
第八节 肺动脉高压……225
一、肺动脉高压概念、分类与流行病学……225
二、运动康复与肺动脉高压……226
三、运动康复改善肺动脉高压机制……229
四、肺动脉高压与中医药……230
五、总结与展望……230
第九节 外周动脉疾病……233
一、流行病学特点……233
二、临床表现的特点及体征……234
三、外周动脉疾病的诊断方法……234
四、危险因素及控制……234

五、康复干预方案 ……235
第十节 代谢综合征(超重与肥胖) ……238
一、流行病学特点 ……238
二、代谢综合征的病变特点 ……238
三、代谢综合征与心血管疾病的关系 ……239
四、康复治疗 ……240

第十二章 特殊人群的心脏康复 ……246

第一节 老年心脏病患者 ……246
一、老年心脏病患者病变特点 ……246
二、病情、风险评估及注意事项 ……246
三、心脏康复管理与指导 ……250
第二节 女性心脏病患者 ……256
一、女性冠心病患者的特点 ……256
二、女性冠心病患者的管理原则 ……258
三、女性冠心病患者中医治疗 ……259

第三篇 中西医结合心脏康复中心建设

第十三章 中西医结合心脏康复中心建设标准 ……268

第一节 基层/社区心脏康复中心 ……268
一、社区心脏康复概述 ……268
二、社区医院心脏康复中心基本设置 ……270
三、社区心脏康复与二级预防融合 ……270
四、社区心脏康复管理路径 ……271
五、在社区建立长期管理与随访制度 ……272
六、中西医结合社区心脏康复实践 ……272
七、社区康复风险和质量保证 ……273
第二节 标准化心脏康复中心 ……273
一、心脏康复团队组成 ……273
二、核心成员要求 ……274
三、中西医结合心脏康复中心(初级)建设 ……274
四、中西医结合心脏康复中心(中级)建设 ……275
五、中西医结合心脏康复中心(高级)建设 ……276

六、安全和质量保证……276

第十四章　中西医结合心脏康复中心管理模式……278

第一节　中西医结合心脏康复单元模式……278
一、心脏康复单元……278
二、中西医结合心脏康复单元……279
第二节　心脏康复中心的智慧化管理……280
一、图像信息处理和会诊中心……280
二、建立智慧管理与随访系统……280
三、建立家庭远程监测系统……281
第三节　家庭和远程心脏康复的管控……281
一、家庭心脏康复……281
二、基于家庭的远程心脏康复……281
三、中西医结合心脏康复的远程管控……282
第四节　“智慧化”中西医结合心脏康复单元实施……282
一、中西医结合心脏康复单元工作模式……282
二、中西医结合心脏康复单元工作内容……284
三、制度建设……285
四、心脏康复中心就诊流程……285
五、技术路线……288
六、中西医结合心脏康复单元评价……288
第五节　“中西医结合心脏康复中心”建设实践……289
一、中西医结合心脏康复中心组织结构……289
二、心脏康复中心的工作模式……290
三、心脏康复中心的功能……290
四、心脏康复中心就诊流程……290

第十五章　中西医结合心脏康复专科医联体建设……293

第一节　中西医结合心脏康复医联体建设工作方案……293
一、组织结构……294
二、工作目标……294
三、工作内容……295
四、保障措施……296
第二节　中西医结合心脏康复医联体建设工作方案……296
一、“互联网＋心脏康复”模式工作方案……296

二、医联体管理规范工作方案……297
三、医联体单位管理制度……297
四、心脏康复技术规范工作方案……297
五、专业技术人才支持及培养……298

第一篇

心脏康复多学科综合干预方式

第一章 概 述

心脏康复是一门融合生物医学、运动医学、营养医学、心身医学和行为医学的专业防治体系，是指以医学整体评估为基础，将心血管疾病预防管理措施系统化、结构化、数字化和个体化，通过综合模型干预危险因素，为心血管疾病患者在急性期、恢复期、维持期以及整个生命过程中提供的生理、心理和社会的全面和全程管理服务和关爱。按照世界卫生组织（World Health Organization，WHO）的定义，"心脏康复"是确保患者获得最佳的体力、精神、社会功能的所有方法的总和，以使患者尽可能恢复正常的、主动的生活。心脏康复医学含义不仅包括临床症状的改善，也包括生理功能的恢复、心理状态的健康，恢复或接近病前的社会工作和能力。

第一节 现代心脏康复的发展与现状

一、心脏康复的发展历史

公元前5世纪，Herodicus提出运动可推迟衰老、促进健康；1910年"康复"一词应用于残疾人的治疗。第二次世界大战后康复领域的制度逐渐完善，确定了康复医学概念。心脏康复的概念被明确提出大概有100年的历史，但真正开展心脏康复工作有将近300年的历史。最初，一位临床医师在一些伐木工人的身上发现，通过运动可以改善患者的心绞痛症状。当时一位英国医师把患者组织起来，到空气新鲜的森林里伐木，每天锯树30分钟，3个月后，绝大多数患者心绞痛消失了。随后的100年，有医学科学家报道，运动可以调节心血管系统功能。1939年，Mallory等的形态学研究报告提出，心肌梗死的坏死组织转化为纤维化瘢痕至少需要6周时间，因担心患者早期活动引起心力衰竭、心脏破裂等，故建议长时间严格卧床休息。鉴于患者长期卧床多有胃肠道功能失调、血管舒缩功能不稳定及易患焦虑、恐惧等并发症，1944年，Levine开始主张对急性心肌梗死患者解除严格卧床，并提倡"椅子疗法"。1952年，Levine和Lown在"双下肢保持下垂的坐椅式体位与仰卧位或半卧位相比能使静脉回流减少而减轻心脏负荷"假说的基础上，对发病后1周内的急性心肌梗死患者试行椅子疗法显示了较好的安全性与有效性。1973年，Wenger等总结了住院期间心脏康复方案，首次发表以运动疗法为基础的急性心肌梗死康复程序疗法，得到美国心脏学会的肯定，被认为是心血管医学发展的里程碑。20世纪40年代，Levin和Lown提出急性心肌梗死早期活动疗法，对长期严格卧床提出了疑问。到20世纪70年代，急性心肌梗死早期运动治疗在英国、美国等国家掀起了研究热潮，发展了急性心肌梗死第一期康复方案。临床实践证明，对急性心肌梗死患者不分病情如何，一律绝对卧床 7~14 天的做法是不合适的，也是不必要的。对有并发症的患者只要病情允许，应尽早实行床旁排尿排便，9 周左右可出院。20 世纪 80—90 年代，以运动为核心的心脏康复疗法得以迅速发展，在工业发达国家，康复运动处方已成为心血管疾病的治疗手段之一。1983 年，日本曾制定了急性心肌梗死（无并发症）患者的 4 周康复治疗程序，1993 年又进一步修订为 3 周康复治疗程序。30 多年来，以早期活动和心理治疗为中心的急性心肌梗死康复医疗积累了不少经验，在缩短住院天数、减少住院费用、降低死亡率和致残率方面已取得重大进展，逐渐形成了综合性心脏康复治疗方案，成为心血管疾病医疗组成部分。传统心脏康复是从急性心肌梗死开始，近年还涉及有各种合并症的心肌梗死患者、心绞痛患者以及冠状动脉搭桥术后、冠状动脉支架植入术后、心脏移植和室壁瘤切除术后患者的康复等。年龄和医学复杂状态不是限制参加心脏康复的因素。心绞痛或心电图变化及有易患因素（高血压、高血脂、吸烟等）中年以上人群，改变生活方式进行体育锻炼（成人健身程序），可达到防治冠心病目的。

心脏康复在美国、日本、德国、新加坡等国家已经开展多年，具体实施方法除了根据 WHO 制订的心脏康复锻炼目标外，还各自拥有其先进的发展经验。不同的国家有着各自的心脏康复发展经验，如新加坡特别注重心脏康复过程中健康教育的开展，从心肌梗死的发生、急救方法，到培养健康的饮食习惯、药物的相关知识、心理健康指导等都有专职的健康小组落实执行。美国、德国、日本等注重心脏社区康复的发展，提倡缩短心脏病患者住院时间，使患者尽快适应社会生活，而且可有效地降低其发病后的忧郁状态。在发达国家，几乎所有的心肌梗死患者必须参加心脏康复。在美国，一些著名的心脏病研究所已将冠心病的康复治疗逐渐认定为常规治疗之一，心肌梗死治疗后或手术后出院前要由专门的护士或物理治疗师进行健康教育和提供咨询服务，由运动治疗师进行测试并开列运动处方，大部分患者出院后每周 3 次回医院康复中心进行康复运动，或由运动治疗师与其家庭医师共同策划回家后的运动处方。日本也于 2001 年开始了心脏康复指导教育与资格认定（通过考试）工作。对于从事心脏病康复的临床医师而言，如何在更为广大的贫困人口，以及某些特殊群体中开展心脏康复治疗是一个挑战，对发展中国家人口更是如此。

我国心脏康复的工作开始于 20 世纪 60 年代，当时开展的项目主要是风湿性心脏病的运动锻炼。之后 80 年代初周士枋教授和励建安教授等启动慢性冠心病的康复，80 年代末曲镭教授启动急性心脏康复进程，90 年代刘江生教授启动中国心脏康复专家共识工作，21 世纪初胡大一教授启动心脏康复五大处方进一步促进了心脏康复的普及。近年有关学会先后发布了心脏康复专家共识，如《慢性稳定性心力衰竭运动康复中国专家共识》《冠心病康复与二级预防中国专家共识》《稳定性冠心病心脏康复药物处方管理专家共识》《中国社区心肺康复治疗技术专家共识》《中西医结合Ⅰ期心脏康复专家共识》《中医外治技术在心脏康复中应用的专家建议》《稳定性冠心病中西医结合康复治疗专家共识》等，对开展心脏康复具有重要的指导意义。

二、心脏康复的现状

心血管疾病严重威胁人们的生命健康。为了改善患者的预后、提高生活质量、预防疾病复发、减少死亡率及患病率，除了基本的临床治疗，同步进行心脏康复越来越受到人们的重视。心脏康复是现代心血管疾病处理中不可或缺的重要组成部分，应具有综合性、尽早启动、持续性、阶段性、个体化等特点。目前，心脏康复发展现状有以下几个方面：

1. **心脏康复对象的扩大** 心脏康复的人群从以往针对年纪轻的或心脏术后患者，扩大为所有心血管疾病患者，包括心肌梗死、心绞痛、心力衰竭、心肌病患者，还包括风湿性心脏病（简称：风心病）、起搏器或转复除颤器植入术、心肺移植术患者，以及心脏外科或介入手术的患者，例如冠状动脉搭桥术（冠状动脉旁路移植术）、冠状动脉支架植入或心瓣膜置换术的患者。现有的各种指南，包括稳定型心绞痛、ST段抬高急性心肌梗死、非ST段抬高急性冠脉综合征、经皮冠脉介入术后、冠状动脉搭桥术、心力衰竭、瓣膜性心脏病指南，均将心脏康复作为建议强烈推荐。心脏康复不仅局限于心脏疾病，还应包括危险因素的治疗，如高血压、肥胖、高脂血症和糖尿病等。老年人常合并多系统功能障碍，如心、肺、脑、骨骼和肌肉病变，要求心脏康复医师有处理多系统疾病的能力，帮助他们回归社会。

心脏移植是世界公认的治疗终末期心脏疾病的方法，随着手术的标准化、离体心脏保存技术的进步、经静脉心内膜活检技术的开展和新型免疫抑制剂的应用，使得心脏移植有了长足发展。心脏作为人体单一器官，其功能具有不可替代性，因此，有学者称心脏移植依然是治疗终末期心脏疾病的“金标准”。心脏移植后平均24.9个月转诊心脏康复的患者和冠状动脉搭桥术后经心脏康复的患者分别提升最大氧耗量（maximal oxygen consumption，VO_{2max}）2.4ml/（kg·min）和5.5ml/（kg·min）。Karapolat等把40例心脏移植患者随机分为两组，其中一组接受运动康复，结果显示住院期间运动康复能明显提升心脏移植患者心功能。

2. **心脏康复程序内容更广泛** 心脏康复覆盖范围更广，方式更为多样。具有综合性，是运动、教育（矫正心脏疾病的各种危险因素）和心理康复治疗的有机结合。具体又分为患者评估、营养咨询、体重管理、血压管理、血脂管理、糖尿病管理、戒烟、心理调理、体能咨询、运动训练程序等。

3. **运动疗法** 19世纪60年代之前，人们普遍认为卧床休息或者体力活动限制对心脏疾病患者是有利的。20世纪70年代以来，运动疗法在心脏康复中的安全性和有效性逐步被认识和接受。实际上，中等甚至有一定强度的活动训练不仅可以预防心脏疾病，而且是治疗心脏疾病的手段。近年来，运动康复也被采纳为各种病因所致慢性心力衰竭患者的治疗手段。循证医学的研究成果表明运动疗法对患者的体能、心脏疾病各项生理指标有正面影响，而对不同强度运动疗法效果的评价尚缺乏足够的依据。运动作为一个单独的干预措施对患者的体能等方面的康复有积极的作用而无额外的危险。目前，临床上常见的运动疗法种类都应以改善心肺功能的有氧运动为主，配合一些活动关节、促进血液循环的体操和肌肉力量训练，同时，还可辅以气功、心理治疗等方面的内容。运动强度和持续时间是制定运动疗法的两个重要方面，它们直接关系到运动的效果和安全性。在一些医疗完善的国家和地区，患者可以根据自己的实际情况，在医师指导下实行运动处方的康复锻炼。完整的运动处方应依据患者疾病类型、所处康复治疗阶段等因素，分别制订出符合患者当前疾病状态的运动处方，包括运动形式、频率、时间及强度等。患者通过此类完整的运动处方，能够得到更为全面、规范化的运动疗法，从而提高心脏康复过程中的疗效。目前，根据运动医学与临床心血管的特点，建立了不同心血管疾病患者及其病后不同阶段的运动试验和终身试验的指征；开展了冠心病气体代谢的检查，将峰值摄氧量和无氧阈作为评估耐力运动水平和生活质量的指标，用以选择运动强度。心脏康复对心血管系统的作用机制已从整体器官、细胞和分子水平进行了广泛和深入的研究，运动提高心脏泵血能力的中心适应性机制得到进一步阐述。一些实验发现，运动训练可引起冠状动脉结构适应性变化和增加冠状动脉扩张储备能力，这与运动促进活性物质的释放有关。一些研究发现，冠状动脉成形术后运动训练可促进心肌缺血和缺血分数明显减少，可延缓和改善冠状动脉病变的进展。多年来，心脏康复运动采用等张运动为主要方式，近年注意到等长运动对心血管的训练作用具有相对安全性和一定的临床价值。运动训练在西方国家康复心脏学中发展迅速，并且已经成为最主要的促进康复的手段之一。如美国采取的个性化运动处方，根据每个心脏疾病患者的病程及心脏负荷能力制订不同的运动强度，并且在运动结束后测定心率、血压，并作出记录，以方便随访和身体状态的监测。德国在心脏疾病患者后期治疗所开展的运动疗法，首先以一个指示性功率试验(普遍为功率自行车试验)为开端，以确定患者的身体负载能力，然后统一安排患者在所住地门诊运动医师和专门教练的监护指导下进行。运动训练的规范和科学性都有助于评估心脏疾病患者的身体状况及心功能的康复情况。

随着对运动性疲劳及其恢复的分子生物学机制的深入研究，国内外专家们试图通过某些方法抑制运动性疲劳基因的表达或诱发恢复基因的表达，从而利用基因工程来防止运动性疲劳的发生，促进运动性疲劳的恢复。

4. **康复教育** 康复教育是要让患者了解冠心病的危险因素，以及二级预防的方法、目标；改变不良的生活方式，如吸烟；进行运动指导、给予饮食和营养方面的建议，例如如何进行血脂、血压、血糖和体重的调控。它能促进患者更加主动积极地参与心脏康复的活动。康复教育在以冠心病、高血压、糖尿病为代表的生活方式相关性疾病中的地位更为重要。教育内容包括冠心病的病因、并发症、预防措施、不良生活方式对心血管疾病的影响，冠脉造影及成形术的原理、并发症及术后护理，心血管康复的目的及程序，中医康复养生等。

5. **心理康复** 研究表明，心血管疾病的发生、发展与患者的心理因素相互影响。心理因素可以是导致心血管疾病的病因，精神障碍常伴发心血管问题，如精神药物的心血管反应。心血管疾病及急性事件发生后也可以导致相应的心理变化和精神症状(即共病状态)。社会心理方面对心血管疾病的危险因素包括工作压力过大、生活应激、缺乏社会支持、A型行为模式、重型抑郁和焦虑等。因此，开展针对心血管疾病的心理行为干预对心血管疾病患者的身心健康、生活质量和预后均具有积极的作用，已经是现代心脏康复不可分割的一部分。心理支持可使患者通过咨询和交流，减少或消除面对疾病时可能产生的抑郁、紧张、愤怒等心理问题，使患者树立信心、重返工作。社会心理干预措施能显著降低冠心病的发病率和死亡率。知识的增加不足以改变患者的行为或生活方式，但住院患者的健康教育已被证实能显著地改善吸烟行为、活动水平和患者依从性。

6. **心脏康复阶段的划分** 现代心脏康复应该在心脏疾病症状出现时就启动，并且贯穿冠状动脉事件或介入治疗的全部过程，但各阶段又有各自的侧重点，即阶段性。第一期：院内康复，为发生急性危及生命的心血管事件住院患者即刻启动康复治疗。患者在突然遭遇急性心血管事件时通常会合并严重焦虑和恐惧，及时评估患者的精神状态并向患者及其家属解释病情和治疗方案，有利于患者调整情绪并配合治疗。在病情许可的情况下，尽早为患者启动康复活动，安排循序渐进的活动模式。待患者病情稳定后随时评估出院时机、出院后的生活自理能力、相关的社区保健服务，并制订合理的二期康复计划。第二期：院外早期康复，为急性心血管事件后早期(3个月)的院外患者提供预防和康复服务，持续至事件发生后一年。通过对患者吸烟、饮食习惯、血脂、血糖、血压、体重指数、运动能力、服药情况及健康状况等方面进行评估，了解患者在病情、生活、心理和社交能力等各方面的进展。通过个别辅导，使患者建立健康生活模式。第三期：院外长期康复，为心血管事件一年后的院外患者提供预防和康复服务。主要是维持已形成的健康和运动习惯，一定要确保运动和良好的生活方式变成终生的习惯。此外，心脏康复也可分为住院期、恢复期、持续发展维持期和维持期四期。

7. **危险分层概念的广泛使用**　现代心脏康复更加重视对患者再发严重心血管事件的危险程度进行危险分层，从而更为科学和客观地指导实施个体化的心脏康复。危险分层不仅作为治疗建议时的参考，而且能清楚了解患者接受康复训练的危险性，从而制订相应运动量的运动处方，并在运动时进行专业化监护和防护措施。此外，危险分层还有助于患者恢复工作和病后活动的评估。其参考指标包括心血管疾病的危险因素、心脏疾病相关症状、并发症与合并症、心理状态与社会支持情况，以及心血管辅助检查结果，如静息和/或动态心电图、运动平板试验、超声多普勒、心肌酶学及冠脉CT或造影检查等。根据危险分组可以制订出有效的康复治疗原则。低危组患者可按常规心脏康复程序进行，一般不用心电监测，短期住院后即可回家康复；中高危组患者需要延迟运动或在医师和康复治疗师监护下进行锻炼。目前，危险程度分组法已在心脏康复中得到普遍应用，并取得了减少病死率和降低医疗费用的效果。

8. **强调心脏康复处理的个体化**　现代心脏康复强调个体化处理，有针对性的运动处方能根据个体情况制订不同的运动方式、运动强度，而且随时根据身体对运动的反应作及时调整。健康教育和心理康复更需要针对不同患者的冠心病易患因素、身心反应制订个体化方案，这将比不加区别地使用一成不变的康复程序更加有效、成功。

9. **远程监测技术在心脏康复中的应用**　目前已有研究证实高危人群的自我管理及监控可有效改善疾病的预后。远程监测技术充分利用了计算机技术、通信技术和多媒体技术，在网络覆盖的任何地方对心脏疾病患者进行实时监控、实时指导、及时救治，从院内监护扩展到院外实时监测，改善患者的生活质量。大数据背景下，智能手机已成为普及率极高的通信工具，信息产业的发展以及沟通方式的多样化使移动通信逐步替代了传统的沟通方式，进而影响了人们的生活方式和生活质量。国内外专家已研发出多种人工智能系统，针对不同心脏重症急性期后的运动康复，提供个体化运动处方的制订、监测和评价等，使评估、训练、监测一体化，对心脏康复起到有效帮助。Schoenrath等使用人工智能辅助的Lokomat系统对心脏外科术后的患者进行“步态疗法”训练，Lokomat系统可根据患者情况制订运动处方，以保证充分的有氧训练，同时运动过程中反馈记录运动速度和力量，研究发现同标准康复训练方案相比，在步行距离和下肢力量方面能够获得类似甚至更好的康复效果，没有增加刀口感染等风险，这为心脏外科术后的患者提供了更加有效安全的运动康复方法。Schindelholz和Hun设计了一种新的人工智能系统，可计算运动时靶心率、监测运动时心率，并使用心率反馈来控制跑步机踏板运动强度，从而保证了患者运动时的靶强度和运动处方的有效性，在心脏重症康复中有较大的应用前景。

远程心电监测的应用与传统的心脏康复训练模式相较而言，可以及时发现患者在运动训练时是否发生了心肌缺血和心律失常，并可对运动强度和频度适时进行调整，增加了运动训练的安全性。这一新兴技术开启了新型医疗服务模式，将传统的定期随诊变成按需随访，减少医疗服务的时空限制性，提高了心脏疾病患者的自我管理能力，为患者带来更加便捷有效的康复指导。

三、现代心脏康复的优势及其面临的困境

现代医学的优势主要体现在：①现代医学为心脏康复提供急救、监护等安全保障。心血管疾病患者不同于普通肢体康复的患者，每位实施心脏康复的医者都需要时刻把患者的心肺储备功能的精确评估放在首位，这样才能安全、有效、可持续地开展心脏康复。心脏康复评估目的在于协助制定康复方案、判断康复治疗风险、确定疗效和鉴定残疾程度。分别在康复前（初始评估）和出院前进行。运动安全性的关键是根据训练中发生急性心血管并发症的危险以及整体预后进行分层。危险分层是医务人员确定患者本人接受何种监测的重要临床依据。为了运动的安全性和有效性，运动监测是医学观察中最重要的安全手段。包括了必要的监测人员、需要哪些监测以及是否是连续的心电监测等。运动前、中、后临床参数如血压、心率、功率的监测也进一步提高了安全性。通过与患者的交流和坚持对患者的评估，包括健康状况及对运动处方的耐受性，专业的康复医务人员可确保运动安全有效。制订针对不良事件的应急计划、确保完善运动场地的监测、准备复苏设备、强调运动时限与运动强度、强调热身和放松的重要性等方案措施，有助于减少运动不良事件的发生。②心脏康复诊断评估和疗效评估标准客观化、国际化。康复前评估是对患者在康复过程中再次发生严重心血管事件的危险程度进行评估与危险分层，从而掌握总体健康状况和生活质量。初始评估包括既往和目前与心血管疾病相关的诊断、症状、危险因素、并发症与合并症、心理状态与社会支持情况，以及必要的心血管辅助检查，如心肺运动试验、心电图（包括标准导联静息心电图、动态心电图和分级运动试验）、超声心动图、心肌损伤标志物等，而且这些辅助检查需定期复查。出院前评估包括患者何时适合出院、出院后的生活自理能力及能否进入相关的社区保健服务，结合患者的需求，与心脏专家、全科医师和 / 或基层医疗保健人员联系，明确下一次随访的时间。推荐患者参加院外早期心脏康复计划，主要是维持已形成的健康和运动习惯。职业评估通过体力评估、运动试验、心率（脉搏）测定、自感劳累强度进行。工作回归前要评价的心理状况包括智力、解决问题能力、性格、情绪、复工的动力、工作人际关系、对工作负荷的自我感受及心理调节能力。在检测工作心理负荷（包括心理测验）时可监测心电图、心率、血压等心血管反应，判断工作心理负荷对心脏的影响。也可在工作锻炼（试用）期进行动态心电图、动态血压监测，实际测定工作心理负荷的影响。③心脏康复程序规范化。患者康复各期的划分、患者危险分层的确定和各类处方的制订，均参考国内外最新指南 / 专家共识，结合患者自身情况制订个性化的康复方案并实施治疗。以现代医学（西医）为重要支撑和保障，采用国际上公认最为精确的“心肺运动试验”为主要的评估标准（当然还包括临床评估、生活质量评估、精神心理评估和营养评估等），根据（心肺运动试验等）评估结果制订运动等处方，使心血管疾病患者的运动既有精确的数字化，又有安全的保障。

目前，现代心脏康复功能评估技术已达到专项化、规范化和量化，随着医疗、职业、心理、社会康复逐渐结合，功能训练技术、器械设备和康复工程不断出现。

在我国，心脏康复体系尚处于起步阶段，对于大多数心血管医师而言，心脏康复还是一个相对陌生的领域，心脏康复循证证据相对不足，依从性、参与率和完成率不高。中国首个大型心脏康复认知调研结果显示，83% 的公众不熟知心脏康复，仅有 25% 的医师经常进行

心脏康复的实践。心脏康复的干预不全面，近 1/3 患者未行心血管危险因素干预，1/2 患者未行戒烟干预和心理干预；康复运动作为现代康复的重要手段，主动运动、跑台运动枯燥无味，被动运动缺乏设施。患者及家庭对心脏康复的意义与重要性缺乏认识，对康复医疗费用承受能力不足。缺乏统一、系统的心脏康复人才培训和准入体系；缺乏保障康复及二级预防顺利进行的工作网络等。大部分冠心病血运重建术后患者只接受短期的心脏康复训练，缺乏对患者长期的康复指导。缺乏以整体观念和辨证论治为核心的中医理论对患者心脏康复的指导。

（杜廷海　李瑞杰）

第二节　传统中医心脏康复的发展与现状

一、中医康复的历史

中医康复学是指在中医学理论指导下，针对残疾者、老年病患者、慢性疾病患者及急性病后期患者，采用各种中医药特有的康复方法及其他有用的措施，以减轻功能障碍带来的影响，使之重返社会。古代医籍中“康复”的含义不仅指疾病的治愈和恢复，还包括精神情志的康复和正气的复原。

中医康复医疗可追溯至商周时代。在殷墟甲骨文中留有采用针灸、热熨、导引、按摩等方法进行康复活动的记录。随着社会的发展，春秋战国时期养生康复的思想开始出现，在《吕氏春秋·古乐》有“昔陶唐氏之始，阴多滞伏而湛积……筋骨瑟缩不达，故作为舞以宣导之”，《庄子·刻意》载“吹呴呼吸，吐故纳新，熊经鸟申”，提到了通过气功、导引等方法保持或恢复健康。《黄帝内经》提出了康复的治疗原则，即因时、因地、因人制宜，综合治疗。其广泛应用了调摄情志、针刺、灸焫、气功、导引、按摩、热熨、饮食、体育等养生康复方法，强调形体和精神、人与自然、人与社会的统一性。《金匮要略》将导引、吐纳、针刺、灸焫、膏摩、按摩等康复治疗手段综合运用，相较于《黄帝内经》又有所发展。《伤寒论》专门论述大病之后的药物食物康复法，三国时代的华佗在继承古代导引、行气、吐纳等方法的基础上，创编了医疗体操“五禽戏”，这是世界医学史上第一套由医师编成的医疗体操，堪称运动疗法的鼻祖。晋代皇甫谧所撰《针灸甲乙经》，系统总结了针刺、灸焫、热熨、导引、按跻等康复治疗手段，尤其对针灸疗法的原则已基本概括。晋代葛洪《肘后方》和《抱朴子》中记载了药物康复法、饮食康复法的实例及导引术在养生防病中的作用。隋唐时代，《诸病源候论》为第一部采用医疗体育与物理疗法对多种疾病进行康复治疗的专书。《千金要方》首创药枕疗法、香气疗法。《外台秘要》中详论了病后将息宜忌，记载有大量康复方法，如磁疗、光疗、热疗及美容方法等。《圣济总录》中除记载了食物康复的方法，对气功、导引、按摩和体育疗法的作用亦有详尽的记述。《太平圣惠方》则注意采用药物和食物相结合的养生康复方法。《本草衍义》中选药粥方共 129 首。体育康复方面，八段锦、太极拳也在宋代形成。张子和应用许多康复方法解决了不少疑难病症。刘河间也带动了养生康复的发展。清代官方编撰的《古今图书集成·医部全录》中比较全面地记载了多种疾病的养生康复方法。沈金鳌在《杂病源流犀烛》中对气功、按摩及动功等养生康复方法十分重视,列“运动规法”专篇进行讨论。俞根初所著《通俗伤寒论》对病后康复调理列“调理诸法”专篇讨论,内容包括药物调理、食物调理、气候调理、起居调理等,系统全面阐述养生康复。吴师机以内病外治为特色,所著《理瀹骈文》在外科康复理疗方面卓有成就,将熏、洗、熨、擦、敷、贴、坐、吹等疗法综合运用,提出“外之理即内治之理”,因此“虽治在外,无殊治在内也”的论点,称得上古代第一部物理治疗的专书。清代叶天士处处注意情绪治疗,提出久病入络,指出一切沉疴痼疾的最后病理转归为络虚或络痹,药物康复方面的应用尤为其特色,极力主张戒绝烟酒。中医康复内容丰富,蕴藏在中医宝库中,并且不断创新、发展和充实。

中医学认为,心,在五行属火,为阳中之阳脏,主血脉,藏神,为五脏六腑之大主、生命之主宰。心开窍于舌,在体合脉,其华在面,与小肠相表里。心藏神,为五脏六腑之大主,又主血而外合周身之脉。心脏阴阳调和、气血充足,则心神健旺,气血环流周身,洒陈于五脏六腑,灌溉于四肢九窍,使人体各脏腑组织生生不息,借以维持人体正常的生命活动。心包络为心之外卫,具有保护心脏、防御外邪的作用。心在脏腑中是一个重要的内脏,有“君主之官”之称。关于心脏康复,早在《素问·四气调神大论》中就阐述了涉及起居、情志、运动锻炼等方面的摄养。《灵枢·五味》根据“苦入心”理论,提出了“心病者,宜食麦、羊肉、杏、薤”“心病禁咸”等心病的饮食宜忌原则。《素问·阴阳应象大论》提出了“喜伤心,恐胜喜”等情志相胜法则,奠定了情志理论的基础。同时,《黄帝内经》还记载了包括按摩、导引、药酒外治的康复治疗手段。东晋许逊编制了“心脏导引法”,首次将运动疗法应用于心脏疾病治疗。唐代孙思邈的《备急千金要方》及王焘的《外台秘要》被后世公认为集中医康复方法之大成,其内容不仅包含了熨、敷、蒸、贴、熏、洗、吹、摩、灌、药枕等药物外治法,还有食疗、针灸、按摩、磁疗、光疗、冷疗、热疗、精神疗法、时序疗法、泉水疗法等丰富的非药物康复治疗方法。宋元时期,出现了诸如忽思慧的《饮膳正要》等大量养生保健书籍,极大地丰富和充实了养生康复学内容。金代张子和有通过针灸配合舞蹈及音乐疗法治疗心痛的记载,如《儒门事亲》记载:“余又常以针下之时便杂舞,忽笛鼓应之,以治人之忧而心痛者”。明清时期是中医康复学的成熟时期,越来越多医家重视康复医学,明代《普济方》中便有记录导引康复的处方,如卷一百八十七篇中记载胸痹导引法“以右足践地,左足上跷”。清代沈金鳌《杂病源流犀烛·卷六·心》中更有心痛、心痓等心系疾病的导引和运动康复方案记载,如篇中“心脏导引:可正坐,以两手作拳,用力左右互相筑各六度”。目前中医心脏康复学愈加系统,相应指南不断修订,如《稳定性冠心病中西医结合康复治疗专家共识》《中医外治技术在心脏康复中应用的专家建议》《中西医结合Ⅰ期心脏康复共识》,促进了中医心脏康复的发展。

根据文献记载和临床实践,康复可以初步归纳为以下种类。

1. **自然康复法** 包括泉水、岩洞、高山、森林、香花、泥土、空气、日光疗法等。
2. **物理康复法** 包括色彩、香气、冷疗、热疗、磁疗、声疗等。
3. **药物外治康复法** 包括蒸、烫、洗、浴、熨、敷等疗法。
4. **情志康复法** 包括怒疗、喜疗、思疗、悲疗、意疗及睡眠疗法等。
5. **音乐康复法** 包括安神、开郁、悲哀、激励、喜乐等疗法。
6. **其他文娱康复疗法** 包括舞蹈、钓鱼、风筝、弹琴、书画、弈棋、玩具、戏剧等疗法。
7. **体育康复法** 包括五禽戏、八段锦、太极拳、康复操等。

8. **气功康复法**　包括松静功、内养、站桩、动桩、长寿、固精、保健、强壮、延年、益智等。

9. **针灸康复法**　包括体针、皮内针、皮肤针、耳针、头针、灸法、拔罐等。

10. **按摩康复法**　包括推法、拿法、揉法、搓法、捏法等各种手法。

11. **饮食康复法**　包括各种各样的药膳方等。

12. **药物内治康复法**　包括各类药物内服增强抗病能力，促进疾病康复的方法。

以上各种方法有的简单，有的复杂，但很少单独使用，一般都是数种方法联合应用。

中医学在漫长的发展过程中，经过历代医家的发展和完善，由简单到复杂，创造了多种多样的治疗和养生康复方法。中医康复学的内容不断得到完善，康复方法不断得到补充，其中包括了大量的药物疗法和非药物疗法，如中药疗法、针灸疗法、按摩疗法、熏洗疗法、气功疗法、运动疗法等。各种方法均具有不同的治疗范围和优势。将这些方法综合起来，发挥各自优势、有机结合是中医学的特色之一。

二、中医心脏康复的特色和优势

整体观念、阴阳五行、脏腑经络、病因病机、四诊八纲、辨证论治、治疗原则等是中医学的理论精华，同样适用于中医心脏康复。心脏康复的对象大多病程长、病势缓、疗效慢，各种病症往往由多因素引起，多层次受累，多属性相兼，因此更强调运用多种方法，杂合以治，措施不一，这样才能获得较好效果。

1. **心脏康复整体观**　中医康复学有悠久的历史，其治疗原则体现了整体康复、辨证康复、功能康复、综合康复。人体是由脏腑、经络、肢体等组织器官所构成，脏腑之间、经络之间、脏腑经络与肢体之间都存在着生理功能或结构上的多种联系，这就使人体各部分形成一个完整统一的有机体，具体体现在人与自然一体观、人与社会一体观、形神康复一体观三个方面。在康复过程中，对局部的功能障碍也应从整体出发，采取全面的康复措施。中医康复学的具体方法丰富多彩，可分为精神、饮食、运动、药物、物理和环境等六大类康复措施。运动是心脏康复综合医疗模式的重要组成部分，中医康复学的运动形式具有动作和缓、形神和谐的特点，它通过精神意识驾驭形体运动，身心交融和高度统一，增强人体潜在机能，达到自我身心锻炼的目的。从整体观点来看，中医心脏康复更加重视精神与情志、功能与营养、人与自然社会的关系，以及对疾病发生、发展和治疗的影响，采取药物与非药物疗法相结合、内治与外治疗法相结合、医疗与自疗相结合，且更侧重非药物疗法、外治法和自我疗法的推广，以及功能的恢复。

2. **心脏康复辨证观**　辨证与心脏康复之间有着密切的关系，辨证是决定心脏康复的前提和依据，心脏康复则是根据辨证的结果，确定相应的康复原则和方法。辨证包含对内在生理功能障碍的辨识，而生理功能障碍的改善与外在形体及行为障碍的改善有因果关系，通过辨证论治能够改善造成各种功能障碍的内在原因。在中医康复临床中，不仅内服中药须辨证论治，针灸、推拿等都应当注意辨证论治，根据不同脏腑的虚实寒热采用相应的补泻方法，充分体现中医学“治病求本”的原则。饮食康复法主要是针对性地选择具有食养、食疗作用的食品，以促进机体的康复。食疗是中医康复学的重要内容和特色疗法之一。“天食人以五气，地食人以五味”，人依赖大地所产之五味而生存，五味摄入得当是康复医学中的又一内容。心脏疾病患者康复过程中，必须注意调理自己的饮食方式和饮食习惯。大规模的人群调查表明，心脏疾病的发生与营养不平衡有关，因此过食肥甘厚腻、辛酸苦辣等都不利于心血管疾病的恢复,其中所需要注意的饮食原则有控制总热量、维持热能平衡、防止肥胖。首先,控制脂肪与胆固醇摄入,蛋白质的质和量应适宜。采用复合糖类,控制单糖和双糖的摄入量。提倡多食新鲜蔬菜和水果,少量多餐,控制食盐摄入量。其次,中医学认为,中药与饮食有"四同",一同源,二者皆生于大自然,属天然产品;二同用,都能起到调和阴阳、补虚泻实的作用;三同性味,均分寒热温凉及平性,以及辛甘酸苦咸五味;四同归经,中医康复医疗在整体观和辨证观指导下,强调对患者的治疗应当因人、因时令、因环境和因病证的不同,分别采取2种、3种甚至多种不完全相同的方法,通过多种疗法的综合运用,以期取得最佳效果。如内服中药配合中药外用、推拿、针灸、手法康复等多种方法。

3. **康复运动动静结合、劳逸适度** 中医历来运用"动静思想"指导运动康复,以达到活动筋骨、疏通气血、畅达经络、和调脏腑、调节气息、静心宁神的作用。《黄帝内经》亦云:"静则生阴,动则生阳。阳虚动之,阴虚静之"。然诸事有度,不可妄为,动过则损,静过则废。过度运动会使机体疲劳、受伤,而一味静养则会使机体更加衰老、退化。中医心脏康复中的形体运动,如八段锦,刚柔相济、动中有静、静中有动、劳逸适度,正好避免了这样的情况。

4. **内外兼修,杂合而治** 中医心脏康复的对象虽同为心血管疾病引起的身心障碍者,但每人情形各异,或身患多种疾病,或多种脏腑功能退化,或起居环境、脾气秉性有异等,导致单一的康复手段可能收效不佳。故而内服外治,药膳结合,以期共奏良效。《素问·异法方宜论》亦云:"故圣人杂合以治,各得其所宜,故治所以异而病皆愈者,得病之情,知治之大体也"。在中医心脏康复过程中,既要根据病情从生理、情志、饮食等进行身心和谐统一的整体康复,又要注重个体性差异,因人而异,体现了整体康复与辨证康复的统一。

5. **简便易行,利于推广** 中医心脏康复除形体运动、针灸等特色疗法对于场地设施有一定要求外,其他均可在医师指导下自行进行,如膳食调养、药物调治、情志调养等。而形体运动多从中医养生康复手段衍生而来,如八段锦、太极等,讲究动作和缓、形神和谐,有着广泛的历史文化积累。此外,中医心脏康复将养生康复学引入其中,更易引起患者兴趣,避免了康复形式单一枯燥的弊病,使患者更能坚持,从而最大获益。

中医心脏康复特点和优势可概括为:第一,整体康复与辨证康复相结合。在心脏康复过程中,强调以平衡阴阳、调补气血、增强体质作为功能恢复的基础,并强调天人合一,从顺应自然、适应社会中求得个体的养生康复。中医治疗疾病方法的选择与应用,离不开辨证论治。对心脏疾病康复治疗,以活血化瘀等内治为主,结合情志、针灸、按摩、导引、熏洗、敷贴、体疗、食疗等。以整体观念指导综合干预,既注重患者心脏和外在形体功能训练,又注重患者脏腑经络气血功能调理,更重要的是关注患者精神人文心理上的调摄和与自然的和谐统一,实现了"人"的整体康复,而不只是"心脏"的康复;以辨证论治实现心脏康复个体化,以证候释病机,以证统方。主要体现在辨证配制中药处方、辨证使用中成药(口服及针剂)、辨证配制饮食处方和辨证循经取穴等方面。第二,形体康复与情志康复相结合。功能康复是康复的主要目的,传统养生康复"形神合一"是功能康复的基本原则。功能康复是训练"神"对"形"的支配作用,如导引、运动训练、气功等方法。传统养生康复学特别重视在康复过程中"形体"(身体)与"情志"(心理、精神)之间的相互作用,重视情志因素对伤病残的发生和发展的影响,因此在养生康复中注重"形神兼养",既有一套形体康复的手段,又有一套情志康复的手段,特别强调培养和保持松静的心境以对抗和克服"七情"的损害,从而促进康复。第三,自然康复与药物康复相结合。多种多样的治疗和养生康复方法均具有各自不同的治疗范围和优势，将这些方法综合起来，发挥多种优势，以取得好的疗效，这是中医学的特色之一。除了利用中医药的优势，以内服和外治的方式促进功能恢复外，更强调使用自然疗法，如太极拳、八段锦、易筋经、气功、饮食疗法、针灸、推拿等，来促进康复。第四，把中医传统的康复养生理念融入心脏康复实现"治未病"（二级预防与一级预防）。①"心主神志""神形统一"，强调精神调摄、修心养性的根本作用；②引入太极拳、八段锦、养生气功等具有中国文化背景的运动疗法；③注重中医针灸、理疗、外治法的康复和保健作用。

目前已有学者运用中药、针刺、艾灸、推拿、按摩、刮痧、药膳、太极拳、八段锦等中医传统手段和方式，针对冠心病、心力衰竭等病种进行了中医康复有益探索。实践证明，中医心脏康复在缓解临床症状、改善心功能、提高生存质量、降低再入院率等方面具有一定的优势。中医传统手段和方式将会在心脏康复领域发挥更大的作用。

三、中医心脏康复的局限与发展方向

虽然历代中医古籍蕴含着丰富的心脏康复理念，但目前相关的挖掘工作尚不充分，临床实践更显不足，相关临床研究整体重不高，缺乏对经典理论科学内涵的深入挖掘；缺乏对临床实践良好疗效的系统总结。尚需进一步系统梳理心脏康复的中医药手段，丰富研究证据，制定规范共识，并与现代心脏康复方案有机融合，形成具有中国特色的心脏康复方案。

对传统养生康复医学进一步整理、挖掘和提高是非常必要的。一是以科学的观点和方法全面、系统发掘、整理、研究，提高传统养生理论和方法。二是结合现代科学手段，对行之有效的传统康复疗法，如作业疗法、文娱疗法、心理疗法、膳食疗法等，进行临床及实验研究，科学地证实疗效，阐明作用机制，予以发展提高。三是针对当前人们面临的新问题，结合现实情况，提出新理论，创立新方法，进行更大范围的推广，使之成为心脏康复的指导原则。在进一步整理、挖掘传统养生康复医学基础上，要充分利用和发挥传统养生康复医学的特点和优势。

现代科学技术的飞速发展，为中西医结合养生康复医学的进步提供了有力的保证。当今养生康复医学的潮流，是在功能、康复手段、残疾三大概念模式的基础上，追求将有优良质量、满意结局和合理费用的一些新方法、新技术应用到养生康复医学中来。许多先进的用于诊断和评估的仪器设备都依靠计算机来进行数据运算和信息储存，实现了电脑控制操作和管理。随着计算机技术的发展和应用，不断涌现了新的仪器，一些康复治疗的仪器和设备正日益朝着数字化的方向发展，如微电脑上肢训练器、电脑伸展训练器、生物反馈治疗仪、功能性电刺激治疗仪、电脑辅助步行训练器、上肢精细动作和职业技巧的训练、电脑辅助认知功能康复、模拟驾驶训练系统、言语治疗软件、言语训练反馈系统、电脑辅助义肢矫形器等。这样，通过电脑的辅助，便可以极大地提高患者参与康复治疗的兴趣和积极性，从而更利于改善患者的功能水平。生物芯片等的开发也会带来诊治的简便易行，使得对非传染性慢性疾病的预防康复更为科学化，从青少年期就开始养生康复预防，从而大大推迟或减少这些病的发生，达到提高健康寿命的目的。

随着现代社会的发展和为了满足人们健康的需要，中医心脏康复不断发展，概括起来有以下几个方面。

1. 向社区康复及基层康复发展 许多功能障碍患者并不需要长期在专科病房住院，社区康复和基层康复不仅能够满足功能障碍患者回归家庭和社会的需要，还能够进一步改善患者的功能状况和提高患者的日常生活能力。

2. 贯彻预防为主的方针 “治未病”的康复预防观是中医康复医学的优势，也是中医康复医学今后的发展方向。我国卫生工作主张“预防为主”的政策，作为中医学分支学科的中医心脏康复学应在保障人民身心健康方面发挥巨大作用。

3. 现代化 随着社会的发展，中医康复学须具有现代康复学的理论思想。目前医学模式正由经验医学向循证医学转变，中医康复医学也可借助现代医学的研究方法对其机制、疗效等进行研究，使其自身不断得到完善和发展，从这个角度来看，中医康复医学的现代化是中医康复医学的一个发展方向。中西医结合心脏康复也是未来的发展趋势。

4. 国际化 许多中医康复疗法，包括肢体运动功能训练、传统作业疗法、气功康复法、自然疗养康复法、中医情志康复法、娱乐康复法、针灸康复法、按摩康复等的疗效都得到了国际上的认可，随着中医药逐渐被许多国家所接受，中医康复学必将迎来更为广阔的发展空间。

未来康复医学不仅深入到文化、艺术、美学领域，还会与美术、书法、音乐、歌舞、武术、美食、药膳、健康旅游、模拟环境等融为一体。康复手段不仅更人性化，还更加高科技化，增加更多的互动和参与。康复内容不仅更加丰富多彩，还会更加高效率和高质量。

（杜廷海 李瑞杰）

第三节 中西医结合心脏康复的优势与前景

一、中西医结合心脏康复的特点

中医和西医是在不同的历史条件下，运用不同的观点和研究方法发展起来的两种理论和体系。中医学作为传统医学，产生于经验医学时代，其医学模式为自然哲学模式，思维方式为形象思维，研究方法为观察法（直接领悟，取类比象），以“天人合一”的自然观、身心统一的整体观、辨证论治的治疗观为特点。西医产生于实验医学时代，其医学模式为生物医学模式，思维方式为逻辑思维，研究方法为实验分析方法，以实验分析方法为主说明人体的结构和功能，以及疾病的发生、诊断、预防和治疗。由于中西医产生的时代不同，各有其特点和不足。中西医结合发源于临床实践，以后逐渐演进为有明确发展目标和独特方法论的学术体系。

中西医结合必须运用现代高新科技对传统养生康复学理论和方法作深入发掘、系统研究，吸取当代一切先进的、科学的东西，在高层次上建立起中西医结合心脏康复医学，使古老的养生康复医学焕发青春。传统养生康复的优势在于整体康复与辨证康复相结合、养生康复与临床康复相结合、自然康复与药物康复相结合，可发挥更大的作用。运用中西医结合的运动疗法、物理疗法、作业疗法、心理疗法等，疗效将得到进一步提高。如在现代运动疗法中加入八段锦、易筋经、太极拳等，在现代物理疗法中加入针灸，在现代作业疗法中加入中国书法、国画、民族音乐治疗，在现代心理疗法中加入气功治疗等，都是有效的中西医结合养生康复疗法。

二、中西医结合心脏康复的优势

现代心脏康复包括临床评估、优化的药物治疗、物理治疗、心理康复治疗、健康教育、生活方式指导等，要求达到全程化、阶段化、早期化、个体化。中医心脏康复的理论基础在于整体观念、形神统一及辨证论治，在强调整体康复的同时，主张辨证康复，创造出中药、针灸、按摩、熏洗、气功、导引、食疗等行之有效的康复方法。中西医心脏康复具有共性、个性和较强的互补性。如何实现中西医优势互补、有机结合，是提高心脏康复疗效的重要环节。

目前，现代心脏康复评估技术将医疗、职业、心理、社会等多学科融合，并结合各种功能训练技术、器械设备和康复工程，已做到专业化、规范化和量化。中医康复疗法包括肢体运动功能训练、传统作业疗法、气功康复法、自然疗养康复法、中医情志康复法、娱乐康复法、针灸康复法、按摩康复等。这些康复疗法具有中医特色且实践证明疗效确切，两者应充分整合，做到优化和系统化。中西医结合心脏康复被学术界公认为最佳的心脏康复模式。

中西医结合心脏康复运动模式动静结合。康复运动是心脏康复程序的重要部分。中医康复运动以心身舒适为度，形式多样，身心交融、形神和谐，可弥补依从性和趣味性不足。功能康复主张动静结合、形神共养，根据不同体质、不同季节、不同年龄、不同性别以及不同生活背景的人采用个体化“运动处方”。例如，气虚体质就比较适合柔缓的康复运动方法，如气功、太极拳、八段锦等以健脾补气益气；阳虚体质可选用按摩穴位、五禽戏中的“虎戏”等以补肾助阳。根据营养处方，结合患者的体重、血脂、血压、血糖及心功能的程度和中医辨证，制订具体的辨证施膳处方或食谱。中医外治法是中医特色优势，在辨证论治的基础上，通过整体调节，在多方面、多环节发挥效能，具有直达病所、奏效迅捷、使用安全、毒副作用小等优点。心脏康复处方应根据心血管指南和中医辨证，实现宏观与微观、辨证与辨病、中药与西药、药物与非药物四个方面有机结合，达到治疗最优化。整体康复与辨证康复相结合、形体康复与情志康复相结合、自然康复与药物康复相结合，制订不同证型的个体化方案，从而形成我国独有的中西医结合心脏康复学。

三、中西医结合心脏康复的现状与前景

近年来我国医务人员对心脏康复重要性的认识有很大提高，开展了心脏康复预防、功能评定、心脏手术康复等中西医结合心脏康复工作。《中西医结合Ⅰ期心脏康复专家共识》《稳定性冠心病中西医结合康复治疗专家共识》对中西医结合心脏康复有一定促进作用。中西医结合心脏康复管控系统更为心脏康复分级诊疗、家庭康复指导、转诊会诊等提供了一体化服务。

目前，中西医结合心脏康复在以下几个方面迅速开展：

1. **复合评价**　应用中医、西医两套评估方法。中医辨证分型、中医体质测评是心脏康复评估的重要补充内容。体质不同，饮食、生活方式建议、运动、心理等治疗有一定差异，从体质着手，形成个性化康复方案。

2. **动静结合康复运动**　康复运动模式为动静结合、形神共养，根据不同体质、季节、年龄、性别、生活背景，采用个体化“运动处方”。导引技术是以五禽戏、八段锦、太极拳、六字

诀等传统功法为主要手段指导患者进行主动训练的推拿医疗技术，注重练身、练气、练意三者之间的紧密协调，达到动静结合运动的目的。

3. **中医外治疗法** 中医外治疗法是根据中医辨证论治原则，整体调节，多途径、多环节发挥作用，适用于心脏康复Ⅰ~Ⅳ期。适宜外治技术有：①经穴体外反搏疗法；②熏洗疗法；③沐足疗法；④耳压疗法；⑤中药穴位贴敷疗法；⑥针刺疗法；⑦艾灸疗法；⑧推拿疗法；⑨平衡火罐疗法；⑩中药热奄包疗法。

4. **辨证营养膳食** 营养处方列出了指导患者改变膳食习惯和生活方式的4A原则：评价、询问、劝告、随访。并对患者进行全面的营养评估、准确的营养诊断、科学的营养干预，以及系统的营养监测。辨证施膳是中医药膳疗法的特色和优势，针对患者的不同，中医证型能提供更加具体的饮食指导。结合体重、血脂、血压、血糖及心功能的程度和中医辨证，制订具体的饮食处方，以达到调和气血、平衡阴阳、防治疾病的目的。

5. **情志疗法** 中医一直以来就重视情志与疾病的关系，对于情志致病以及调理情志均有深入的探索。精神调理吸收了儒家、佛教和道教的精神修养法（如气功、瑜伽、禅宗及静坐等多种修炼方法）。心理治疗方法主要有语言开导法、移情易性法、情志相胜法、顺情从欲法等。结合五音疗法，提高治疗效果。

6. **循证辨证用药** 药物治疗是心脏康复的重要组成部分。药物治疗可以相对增强患者的运动能力、提高训练水平和效果，而运动训练的有益效应也有助于患者逐步减少用药量。心脏康复药物治疗应根据心脏康复特点，循证辨证用药，以达到药物治疗的最优化。

7. **康复教育** 根据中西医结合康复教程进行康复教育。向患者讲解目前的病情、治疗及下一步诊疗方案，评估有无心理障碍（如抑郁或焦虑），制订住院期间的活动计划，教育患者及护理者对可能发生的症状如何识别并作出早期反应，纠正危险因素。教育、帮助患者恢复体力及日常生活能力。通过健康教育教程和程序进行运动指导、给予饮食和营养方面的建议，以及讲解如何进行血脂、血压、血糖和体重的调控等。

8. **电子监控** 心脏康复具有长期性、阶段性、个体化、早期化要求。住院（Ⅰ期）康复需要监测运动的身体状况。应用电子遥控技术、穿戴式设备技术和互联网技术，可实现院内、外监控，从而更好地指导院内、社区、家庭心脏疾病患者的康复活动。

中西医结合康复不是中医疗法和西医疗法的简单整合，而是从理论上进行有机结合，从技术进行优化组合，组建具有中医特色的中西医结合心脏康复系统。

我国心脏康复医学模式应该充分考虑国情，发挥中医传统康复疗法优势，同时吸收借鉴国外现代科学技术和先进文明成果，形成中国特色的中西医结合心脏康复模式。它既有利于发挥医务人员和患者的积极性，在社区家庭广泛开展心脏康复工作，又可充分利用国内医药资源，低成本、高效益，进而提高心脏康复效果。

1. **指导思想** 根据中医康复学自身特色和优势，结合中医康复医学发展趋势，以中西医结合康复学理论为前提，组建中西医结合心脏康复系统（单元）。

2. **组织结构** 中西医结合心脏康复系统（单元）应该包括门诊、康复评估室、中西医结合外治室（物理治疗室、作业疗法室）、心理治疗室、康复教育室、辨证施膳室、康复病房。各治疗室、门诊、病房均由熟悉中西医康复业务的康复评定师、康复治疗师、康复医师、康复护士组成。

3. **业务管理** 中西医结合心脏康复系统（单元）在管理上应强调整体康复，创造有利于回归家庭和社会的康复训练环境，强调功能训练。首先，要选择合适的模式，在总体方案上真正做到中医与西医有机结合，对于病情稳定或进入恢复期的患者，应以中医为主、西医为辅。其次，要做到治疗与康复相结合，康复应尽早介入，中西药与中医外治结合，应根据实际情况辨证论治，强调个体化原则。最后，要降低心脏疾病发病率，预防是关键。要做到治疗与预防结合，“未病先防，已病防变”。诊疗原则上应遵循以患者为中心，突出疗效，发挥中医、西医两种康复诊疗方案各自的优势。

预防医学、康复医学和临床医学本是同一医学群体，但当前预防医学、康复医学及临床医学处于分裂和脱节状态。随着国民经济和文化水平的提高，群众不仅要求有病能及时得到治疗，而且要求懂得防病和保健的知识以提高自我保健能力。因此，预防医学、康复医学和临床医学的结合是医学发展的必然趋势。结合我国国情，中国康复心脏学的发展必须吸取国外先进的心血管康复方面的经验，并利用我国中医药在疾病防治及养生方面的优势，形成中国特色的中西医结合康复心脏病学。

（杜廷海　李瑞杰）

参考文献

[1] MARZOLINI S, GRACE S L, BROKS D, et al. Time-to-referral, use, and efficacy of cardiac rehabilitation after heart transplantation [J]. Transplantation, 2014, 99 (3): 594-601.

[2] KARAPOLAT H, EYIGOR S, ZOGHI M, et al. Effects of cardiac rehabilitation program on exercise capacity and chronotropic variables in patients with orthotopic heart transplant [J]. Clin Res Cardiol, 2008, 97 (7): 449-56.

[3] 代朋乙, 黄昌林. 运动性疲劳研究进展 [J]. 解放军医学杂志. 2016, 41 (11): 960.

[4] SCHOENRATH F, MARKENDORF S, BRAUCHLIN A E, et al. Robot-assisted training early after cardiac surgery [J]. J Card Surg, 2015, 30 (7): 574-580.

[5] SCHINDELHOLZ M, HUNT K J. Feedback control of heart rate during robotics-assisted treadmill exercise [J]. Technol Health Care, 2012, 20 (3): 179-194.

第二章　心脏康复评估流程与技术

第一节　康复评定概述

康复评定是对病、伤、残患者的临床资料及功能状况进行检查和测量，并对其结果进行比较、综合、分析和解释，最后形成结论的过程。按照评定内容不同，康复评定可分为临床评定和功能障碍评定两类。临床评定侧重于疾病和损伤等造成的相关生物学指标的描述，而功能障碍评定侧重于描述生物器官系统的整体能力，包括个体、环境和社会等之间的能力障碍等。康复评定是设定康复目标、制订康复治疗计划、实施康复治疗方案和评估康复疗效的基础，具有综合性和跨学科性的多专业评定特点。

一、康复评定分类

康复评定方法分为定性评定、半定量评定和定量评定三种。

定性评定是一种从整体上分析评定对象特性的描述性分析，是判断患者是否存在障碍及何种障碍，适用于个案分析和比较分析中的差异性描述。交谈、问卷调查和肉眼观察是康复评定中常用的定性分析方法，其优点是快速、仪器简单、不受场地限制，但有一定主观性。

半定量评定是将定性分析中描述的内容分等级量化，将等级赋予分值的方法。结果比定性分析更明确突出，但分值不精确地反映实际情况或结果。适合于等级资料的量化评定，如徒手肌力评定、Brunnstrom 功能分级、Barthel 指数和功能独立性量表（functional independence measure，FIM）等。

定量评定是将测量以数量化方式说明，资料用度量衡单位表示，使得出的分析结果更精确。定量分析适合计量资料的评定，常通过仪器测量静态和动态数据进行分析，是现代康复评定常用的分析方法之一，如心肺运动分析仪、步态分析仪等测量的数据及报告。

二、康复评定流程

康复评定的工作流程包括收集资料、检查与测量、分析资料和解释结果，在工作中普遍采用的是 SOAP 法。①主观资料（S）：指患者详细的病史，包括患者个人的主诉及其他临床症状；②客观资料（O）：指体格检查发现的客观体征和功能表现；③功能评定（A）：对上述资料进行整理和分析，确定问题和残存功能或能力，解释评定结果、分析障碍产生的原因；④制订康复治疗计划（P）：拟订处理计划，包括有关的进一步检查、会诊、诊断、康复治疗和处理等。

三、康复评定内容

康复评定内容包括人体形态与姿势评定、运动功能评定、感觉功能评定、脑高级功能评定、日常生活评定、社会功能评定和神经电生理检查等。康复评定是为了掌握功能障碍的情况、制订详细的康复治疗计划、评价康复治疗效果、帮助判断预后、分析卫生资源的使用效率等，具体内容包括：①发现和确定障碍的层面、种类及程度，拟定治疗目标；②确定康复治疗项目；③指导制订康复治疗计划；④判定康复疗效；⑤判断预后；⑥预防障碍的发生和发展；⑦评估投资-效益比；⑧为残疾等级的划分和作业职业能力恢复提出标准。康复治疗计划包括患者的一般信息、临床诊断、主要功能障碍、康复目标、康复方案、康复过程中的注意事项六部分。康复目标包括短期目标和长期目标，短期目标是实现长期目标的基础和具体步骤，是实现长期目标的一个又一个阶段性目标，而长期目标是康复治疗结束或出院时所期望的功能活动水平。

四、康复评定注意事项

康复医师、康复护士和康复治疗师组成康复小组（team work），共同组织康复评定会。康复评定会是康复评定工作的一种重要形式。一般由康复医师做评定组长并主持召开康复治疗组会议，参加人员主要有评定组长、参评患者经管医师及其上级医师、治疗师、心理医师、护士、护士长等。在会上评定组成员对患者功能障碍性质、部位、程度、发展、预后及康复目标充分发表意见，提出各自领域的康复及护理对策、康复目标和治疗处理意见，对计划执行情况进行评定、修改、补充。治疗中期和出院前再召开小组会，对康复疗效进行总结并为下阶段治疗或出院后康复去向提出意见。康复评定要根据患者实际情况选择具体评定方法，选择信度和效度高的评定工具，选择与国际接轨的通用方法进行准确评定。康复评定要做出功能障碍诊断，包含身体、言语、心理、职业和社会方面的功能评定，必要时再选择专科特点的评定内容，如对于心脏疾病患者选择心肺运动试验等；康复评定要做到评定与训练方法的一致性原则，掌握多次评定的时间，一般分为初期评定、中期评定、末期评定和随访。

（张兆国）

第二节　心脏康复评定

心脏康复是对心脏疾病患者进行长期干预的综合性管理计划，体现了个体化、全面、全程的医学管理理念，包括药物处方、运动处方、营养处方、心理处方（包括睡眠指导）和生活方式指导，其有效实施依赖于医务人员的共同参与和配合，心脏康复的目的是降低再发心血管事件和心肌梗死风险，减少反复住院和不必要的血运重建，也让患者恢复到最佳体力、精神状态及参与社会工作。为了实现上述目标，需要通过心脏康复评定精准地制订长期运动干预与治疗方案。心脏康复评定的实施需要团队配合，器械操作部分需要由心血管医师和有心血管护理经验的护师执行，徒手操作部分可以由有心血管护理经验的护士和接受一定培训后的康复治疗师执行。心脏康复评定的内容包括临床综合评估、体适能评估、危险因素评估、运动风险及运动能力评估等，其中临床综合评估包含生活质量、精神心理、睡眠营养等内容。通过各种相关因素评估，了解患者的整体状态、危险分层，以及影响其治疗效果和预后的各种因素，从而为患者制订急性期和慢性期最优化的心脏康复治疗策略，实现个体化、全面、全程的医学管理。

心脏康复评定的方法主要采用器械评定方法和徒手评定方法。器械评定方法精确、量化、科研价值高，但设备昂贵，操作者需要掌握一定的知识技能，主要用于评估危险分层、心肺运动耐力量化，如心电图、动态心电图、超声心动图、运动负荷试验和心肌核素检查等；徒手评定方法可作为器械评定的必要补充，无需大型设备，花费低，容易操作和推广，主要用于肌力、肌肉耐力评估检查，平衡和柔韧性检查，老年重症患者的心肺功能评定等，如 6 分钟步行试验等。通过对患者多种因素的综合评估，形成该患者的心脏康复评定报告，按照评定报告制订相应的心脏康复计划。

一、体适能评估

身高与体重是否相称是健康的重要标志之一。测量身高要求受检者不穿鞋站立，测量头顶到足跟的垂直距离，以厘米（cm）表示身高，体重以公斤（kg）表示。成年男女的标准体重正负 10% 为正常；正负 10%~20% 为体重过重或过轻；正负 20% 以上为肥胖或体重不足，其中 21%~30% 为轻度肥胖，31%~50% 为中度肥胖，50% 以上为重度肥胖。体重指数（body mass index，BMI）：通过公式计算，体重指数 = 体重（kg）/［身高（m）]^2。

评估患者的日常生活能力和生活质量，可选用 SF-36、EQ-5D、西雅图心绞痛问卷、综合抑郁量表 PHQ-9 等。可通过徒手肌力、平衡、柔韧性和步行能力等评估了解日常活动及习惯，检查患者是否有限制运动的因素，如肌肉骨骼系统疾病。肌力、肌肉耐力和柔韧性减退导致患者容易疲劳和疼痛，常伴随心肺运动耐力下降，运动损伤风险增加，无法完成日常活动和工作负荷。了解患者的肌力、肌肉耐力和柔韧性对提高患者的运动能力、心肺功能，以及改善生活质量，有着十分重要的意义。评估工具主要采用徒手评估技术和小器械评估方法。徒手评估简单易行，不受场地限制，推荐使用。常用方法包括 30 秒内坐下起立次数、30 秒内单手举哑铃次数。

平衡性评估量表主要有伯格平衡量表（Berg balance scale）、Tinnetti 量表（Performance-Oriented Assessment of Mobility）及“站起 - 走”计时测试（timed “Up&Go” test）。

静态平衡：评估患者单腿站立时间。当受试者双臂偏离身体两侧，或站立的下肢偏离原来的位置，或抬起的下肢接触到地面时应立即停止实验。如果受试者单腿直立的时间超过 60 秒，认为其平衡功能较好，则让受试者在闭眼的情况下重复实验。动态平衡：评估患者 1 分钟内双腿高抬腿交换次数。移动动作测定：评估患者在距离 3m 的两把椅子之间从坐起至来回的时间。

营养状态是判断老年心脏疾病患者体能虚弱的重要指标之一，膳食日记和膳食习惯分析是评价患者营养状态的金标准，目前没有统一的营养膳食结构测评量表，可以使用食物频率问卷，也可以通过问诊了解患者膳食结构，包括每日蔬菜、水果、肉类、蛋白质、油、盐、酒类的使用量等，以及家庭饮食习惯、外出就餐次数等。

二、危险因素评估

危险因素评估主要了解患者存在哪些影响预后的因素，包括肥胖、高血糖、高血压、高血脂、吸烟、生活方式和精神心理状态（包括睡眠），给予针对性预防和治疗。评估工具：血压计、听诊器、计时器、体重计、皮尺、量表测评。

1. **肥胖评估** 通过测量患者的身高、体重、腹围，计算BMI，了解患者是否存在超重或肥胖，是否有腹型肥胖。WHO推荐BMI正常标准为18~24kg/m^2；BMI ≥ 25kg/m^{2}为轻度肥胖；BMI ≥ 30kg/m^{2}为中度肥胖；BMI ≥ 35kg/m^{2}为重度肥胖。男性腰围>90cm、女性腰围>80cm提示为腹型肥胖。

2. **高血糖评估** 通过问诊了解患者是否有糖尿病，如确诊糖尿病，检测空腹血糖和糖化血红蛋白（glycosylated hemoglobin，HbA1c）、尿微量白蛋白及24小时尿蛋白、眼底情况，了解糖尿病控制效果；如没有糖尿病病史，对首次就诊的冠心病和高血压患者，应考虑进行糖耐量试验，评估患者是否存在糖耐量异常或糖尿病。

3. **高血压评估** 血压评估包括坐位和站立位双上肢血压，血压测量的仪器可使用水银柱血压计和自动或半自动上臂式血压计，不建议使用腕式血压计。如不同日3次血压均高于140/90mmHg，可明确诊断高血压。血压波动较大的患者或者怀疑有白大衣高血压的患者，推荐进行24小时动态血压监测。明确诊断高血压的患者，应采用24小时动态血压监测来评估血压是否达标，并评估合并的危险因素和靶器官损害，包括血脂、糖耐量、肾功能、全身动脉硬化、心肌肥厚、心功能、脑动脉、颈动脉狭窄情况。

4. **血脂评估** 每位患者应每年检测空腹血脂一次，检测内容包括总胆固醇、甘油三酯、高密度脂蛋白胆固醇和低密度脂蛋白胆固醇。血脂监测用于评价患者的血脂状态和降脂治疗的效果。

5. **吸烟评估** 通过问诊了解患者是否吸烟、吸烟支数和年数，了解戒烟意愿，通过FTND烟草依赖度量表评价患者的烟草依赖程度，从而预测患者戒烟过程中存在的障碍和困难程度。对不吸烟者需了解是否有二手烟接触史。对已经戒烟患者了解其戒烟时间，是否有过戒烟后复吸经历，对戒烟半年内的患者评估其是否有戒断症状及复吸风险。

6. **心理状态评估** 通过问诊了解患者的一般情绪反应，如是否有情绪低落、急躁、紧张、失眠等，进一步使用心理筛查自评量表，推荐采用躯体化症状自评量表、患者健康问卷-9项（patient health questionnaire-9，PHQ-9）、广泛焦虑问卷7项（generalized anxiety disorder-7，GAD-7）、医院焦虑抑郁量表（hospital anxiety and depression scale，HADS），这4个自评量表在心血管科经过效度和信度检测，有较好的阴性预测值，同时条目少，简单方便。自律神经测定仪和心理量表软件可以作为补充工具。评估结果提示为重度焦虑抑郁的患者，需请精神专科医师会诊，评估结果为轻度或中度的患者，可以给予对症治疗，包括正确的疾病认识教育和对症药物治疗。

7. **睡眠状态评估** 通过问诊了解患者自己对睡眠质量的评价，通过他人了解患者的睡眠状态，是否存在睡眠呼吸暂停；采用匹兹堡睡眠质量评定量表客观评价患者的睡眠质量；对高度怀疑有睡眠呼吸暂停的患者采用多导睡眠监测仪或便携式睡眠呼吸暂停测定仪了解患者夜间缺氧程度、睡眠呼吸暂停时间及次数。中度和重度睡眠呼吸暂停的患者需要治疗。

三、临床综合评估

通过问诊，了解患者的心血管疾病病史和其他脏器病史；是否规范使用二级预防药物，包括抗血小板药物、他汀类、β受体阻滞剂和血管紧张素转化酶抑制剂；是否服用其他药物，了解服药依从性和药物不良反应，了解未坚持服药的具体原因；通过测量患者的血压、心率及血糖、血脂、肝功能、肾功能等生化指标，了解患者是否治疗达标及药物的副作用；通过动态心电图、超声心动图、X 线胸片和心脏血管 CT 造影检查，了解心脏的结构、功能、心律失常和冠脉血管病变情况。通过全面临床治疗评估，准确把握患者二级预防用药的规范性和患病心脏的重构、疾病进展和预后判断。

四、运动风险及运动能力评估

运动作为一种治疗手段，需要一定强度的运动量才能够实现，运动强度不同对于心血管功能、体能和预后的改善效果不同，在一定范围内运动强度越大心血管获益越大，同时伴随运动风险增加。在保证患者安全的前提下促进机体功能改善的运动强度需要通过科学的运动能力评估来实现。因此，心血管运动风险评估是心脏康复评估中的重要内容，通过评估了解患者运动中发生心血管事件的风险（运动中心功能、心肌缺血、恶性心律失常）、心肺运动耐力、肌力和肌肉耐力、平衡及柔韧性，对患者进行准确的危险分层、治疗效果和疾病预后评估。临床医师要掌握患者运动中发生心血管事件的风险，控制运动治疗风险，为制订安全有效的运动处方提供依据。

运动中导致心血管事件的主要原因是运动量过大超过心脏的承受能力，诱发心肌缺血、心肌梗死和恶性心律失常。因此，运动中对心功能和心肌缺血的监测非常重要，运动负荷试验可以直接观察到心电图的 ST-T 改变，但不能直接观察运动中心脏泵血功能的变化，而心肌缺血发生在心电图变化之前，首先表现为心脏机械做功的变化，即每搏量的下降。通过血压、氧脉搏、心肌氧耗量等血流动力学等监测指标可以观察到心输出量（cardiac output，CO）的变化，及时减低运动强度或停止运动，避免心血管意外事件发生。因此，心血管运动风险评估贯穿于心脏康复的全程，根据实时评估结果调整运动康复策略，保证心脏康复的有效性和安全性，实现心脏康复的长期目的。

（一）心电图运动负荷试验

运动试验是一种心脏负荷试验。运动作为一种常见的生理负荷可诱发静息状态下未表现出来的心血管系统的异常，因此可用来评价心脏的功能状态。心电图是临床观察心肌缺血最常用的简易方法。对于许多冠心病患者，尽管冠状动脉扩张的最大储备能力已下降，但在静息状态的心肌摄氧量较少，冠状动脉血流量尚可满足心肌对氧的需要，患者无心肌缺血，不发生心绞痛。心电图运动负荷试验为揭示已减少的血液量，通过运动激发心肌摄氧量增加，超过冠状动脉供血能力而诱发心肌缺血表现，可辅助临床对心肌缺血作出诊断。运动时心率、血压和呼吸所能达到的运动水平均提供了其心功能状态的定量指标。这些指标也与骨骼肌的力量及灵活度等方面有关。运动中可连续监测心电图、心率和血压，以观察运动中血流动力学的反应及 ST 段变化，便于发现心率、心律、传导系统等方面的异常。

运动试验已成为应用广泛的无创心功能检查方法之一，其应用范围也在不断拓宽。目前临床主要用于冠心病的辅助诊断、冠状动脉病变严重程度判定及心脏疾病患者预后判定、内外科心脏疾病疗效评价、心功能储备评估、客观检查患者劳动能力、确定运动处方等。

1. 绝对禁忌证

（1）急性心肌梗死 5 天内。

（2）药物治疗未控制的不稳定型心绞痛。

(3)引起症状或血流动力学障碍的未控制的心律失常。

(4)有症状的严重主动脉瓣狭窄。

(5)未控制的有症状的心力衰竭。

(6)急性肺栓塞。

(7)急性心肌炎或心包炎。

(8)急性主动脉夹层。

2. 相对禁忌证

(1)冠状动脉左主干狭窄。

(2)中度狭窄的心脏瓣膜病。

(3)电解质异常。

(4)严重的高血压(收缩压>200mmHg 及 / 或舒张压>110mmHg)。

(5)肥厚梗阻型心肌病及其他形式的流出道梗阻。

(6)导致不能充分运动的心理障碍。

(7)高度房室传导阻滞。

3. 运动过程 运动试验包括三个阶段:起始热身运动(低负荷);进行性不间断运动伴随不断增加的负荷量,分级运动,每级维持足够的时间长度;运动终止恢复期。多数患者运动后的异常反应出现在恢复期,因此运动后应继续监测 6~8 分钟或到心率和心电图恢复至运动前状态。

4. 运动试验评价指标

(1)心电图 ST 段改变:排除了心室肥大、药物、束支阻滞或其他器质性心脏病的情况下,ST 段压低出现在胸前导联最有意义,尤其是 V_5 导联是诊断冠心病的可靠导联,Ⅱ导联较易出现假阳性,诊断价值有限。不同 ST 段形态阳性诊断标准不一致,一般认为下斜型、水平型和上斜型 ST 段阳性标准分别为 J 点后 60mm 处分别下移距离 ≥ 1mm、≥ 1.5mm 及 ≥ 2mm。ST 段改变持续时间长、涉及导联多及伴有血压下降是反映病变严重的可靠指标。

出现病理性 Q 波的导联不同,ST 段抬高的意义不同。运动诱发 ST 段抬高若出现于既往有心肌梗死的区域是左室室壁运动异常的标志,提示心肌无活动或室壁瘤存在,预后不佳。也有学者认为存在病理性 Q 波的导联,若出现运动诱发的 ST 段抬高,强烈提示有存活心肌,并可能从血管重建术中获益。如果静息心电图无 Q 波,运动诱发 ST 段抬高应考虑有可能存在因冠状动脉痉挛或高度狭窄所致的透壁性心肌缺血。

最大 ST 段 /HR 斜率:ST 段压低时的心率调节可提高运动试验的敏感性,ST 段 /HR 斜率 ≥ 2.4V/bpm 为异常,若该指标 ≥ 6V/bpm 则提示冠状动脉 3 支病变。ST 段 /HR 斜率预测冠心病的敏感性为 88%、特异性为 86%,并且不受药物及检测影响,但由于计算烦琐,不易被临床接受。

(2)心率变化:心率变化是预测心血管疾病及其主要心血管事件发生的有效独立危险因子。运动时心率的改变受多种因素的影响,包括年龄、性别、机体情况、自主神经反应、压力感受器反射等。其中,自主神经反应起着主要作用,故推测运动时心率的变时性改变反映心脏自主神经的功能,心脏变时功能不良提示心脏自主神经的损害。心电图运动试验开始后第 1 分钟心率的快速增加量(△ HR 1 minute)对心脏事件有独立预测作用,提示该项检查指标可能反映心肌潜在缺血的程度。心率恢复(heart rate recovery,HRR)是患者在行心电图运动试验检查时停止运动后心率恢复的速度。其评价指标为运动时最高心率与停止运动 1 分钟或 2 分钟时心率的差值,心电图运动试验停止 1 分钟后男性患者 HRR ≤ 18 次 /min 为异常,女性患者<12 次 /min 为异常。若患者以坐姿休息,停止运动 2 分钟后 HRR<22 次 /min 为异常。HRR 对严重冠心病的确诊有一定价值,并且对评估病死率有更显著的价值。

(3)血压变化:正常人运动中血压变化与运动强度呈正相关。运动试验的正常血压反映为收缩压随运动量增加而进行性增加,舒张压改变相对较小。如运动负荷逐渐加大的过程中收缩压不升高(收缩压峰值<120mmHg 或收缩压上升<20mmHg),或较运动前或前一级运动时持续降低 ≥ 10mmHg,或低于静息水平,均提示多支冠状动脉病变。以上情况与 ST 段等其他指标同时出现时,常提示严重心肌缺血引起左室功能障碍及心脏收缩储备功能差,可以作为冠心病的重要诊断根据,出现异常低血压反应的运动负荷量越低,病情越重。

(4)运动诱发心律失常:运动试验中出现频发、多源、连发性期前收缩或阵发性室性心动过速伴缺血型 ST 段改变者则提示有多支冠状动脉病变,发生猝死的危险性大,但若不伴缺血型 ST 段改变者则不能作为判断预后不良的独立指标。

(5)运动耐量测试:运动耐量是心电图运动负荷试验用来诊断冠心病和预测病死率最好的指标之一。运动耐量的大小用代谢当量(metabolic equivalent,MET)来衡量,1MET 表示每千克体重每分钟消耗 3.5ml O_2,相当于人静息状态下相应的摄氧量。患者运动耐量越大,确诊为严重冠心病(三支病变和左主干病变)的可能性越小,病死率越低。不同年龄的患者均可通过相同的运动耐量标准判断病情,随着临床标准化的发展,有两种根据年龄校正的运动耐量,分别是根据患者自身年龄计算出的运动耐量和不同年龄阶段运动耐量的固定值。根据年龄计算的运动耐量,男性预测值:MET=14.7−(0.11 × 年龄);女性预测值:MET=14.7−(0.13 × 年龄)。运动耐量<85% 预测值的患者预后欠佳。不同年龄段的特异性运动耐量的正常值不同,分别为 8~9MET(<50 岁)、7~8MET(50~59 岁)、6~7MET(60~69 岁)、5~6MET(≥ 70 岁)。年龄特异性运动耐量对预测患者病死率具有重要价值,运动耐量低于相应年龄特异性运动耐量值的患者 5 年及 10 年病死率均增高。运动能力每增加 1MET,生存率提高 12%。

(6)心脏变时性功能测定:当人体运动或者受到各种生理或病理因素作用时,心率可以随着机体代谢需要的增加而适当增加的功能称为变时性功能,当心率不能随着机体代谢需要的增加而增加并达到一定程度或者不能满足机体代谢需求时称为心脏变时性功能不全。运动试验是检测变时性功能的最重要方法。其判定标准为:

1)最大心率:当受试者极量运动时最大心率达到最大预测心率(220− 年龄)的 85% 时,则认为心脏变时性正常。若运动时的最高心率小于最大预测心率的 75% 时为明显的变时性功能不全。最大预测心率受年龄、静息心率及身体状况等因素影响。

2)变时性指数:变时性指数等于心率储备与代谢储备的比值。其中,心率储备 =(运动时最大心率 − 静息心率)/(220− 年龄 − 静息心率),代谢储备 =(运动时代谢值 −1)/(极量运动的代谢值 −1)。正常值大约为 1,正常值范围为 0.8~1.3。当变时性指数<0.8 时为变时性功能不全,当变时性指数>1.3 时为变时性功能过度。变时性是心脏重要的功能之一,不仅与受检者可能存在的多种疾病有关,也和受检者的运动耐量、心功能密切相关。变时性不良不仅是冠心病独立的相关因素,也是其重要的预后判定指标。运动试验中变时性不全可能是诊断冠状动脉病变的一个独立而敏感的阳性指标。当心率在 110~170 次 / 分时，心率与运动强度之间呈直线相关，在极限下强度运动时心率与摄氧量也呈线性相关，故心率可作为指导运动强度的指标。不过，要注意药物和疾病对心率的影响。

(7) 心率收缩压乘积：心率收缩压乘积是反映心肌摄氧量和运动强度的重要指标。心绞痛发病原因就是心肌摄氧量超过了冠状动脉的供血、供氧量，故可以用心肌摄氧量的大小来评价心功能。

(8) 主观用力程度分级（rating of perceived exertion，RPE）：是利用运动中的自我感觉来判断运动强度，在 6~20 级中每一单数级各有不同的运动感觉特征。RPE 与心率和摄氧量具有高度相关性。各级乘以 10 常与达到该点的心率大体一致（应用影响心率药物的除外）。一般运动锻炼的 RPE 分级在 12~15，说明运动强度是合理的，中老年人也应达到 11~13。确定合理运动强度的最好方法是靶心率和 RPE 两种方法结合。先按适宜的心率范围进行运动，然后在运动中结合 RPE 来掌握运动强度。这样，在锻炼中不用停下来测心率也能知道自己的运动强度是否合理。

（二）心肺运动试验

心肺运动试验是运动治疗前科学准确评估运动能力的重要方法之一，常用于患者体适能、运动能力、心肺储备功能和疾病诊断等。一般采用踏车或平板两种运动形式，评估心肺耐力包括心电图运动负荷试验和心肺运动试验，后者更准确，但对临床医师的操作质量和结果判读能力要求较高。踏车运动通常从无负荷开始，随后每 1 分钟 10~25 瓦的速度递增至运动峰值。平板运动一般采用 BRUCE 方案，重症患者可采用 Mod-BRUCE 方案或 NAUGHTON 方案。无论哪一种运动处方，理想的运动时间以 8~12 分钟为宜。临床上，应根据患者的病史、心功能和运动能力选择不同的运动负荷方案，包括低水平、亚极量和症状限制性运动负荷试验。

1) 低水平运动试验：适用于急性心肌梗死（acute myocardial infarction，AMI）后 1 周左右患者，运动时限制最大心率 100~120 次 /min，收缩压增加不超过 40mmHg；

2) 亚极量运动试验：适用于无症状心肌缺血及健康人冠状动脉血供和心功能评定，目标心率达到最大心率的 85%，即运动中最高心率 =195– 年龄；

3) 症状限制运动试验：通常用于 AMI 后 14 天以上患者。要求患者坚持运动，直到出现运动试验必须终止的症状和体征或心电图 ST 段下降 >1mm（或在运动前 ST 段的原有基础上下降 >1mm），或血压下降或过高。运动中血压下降是最危险信号，常提示左主干或对等病变。

在运动试验中要密切观察监测指标的变化，包括心率、血压、血氧饱和度，心肺运动试验的常用指标包括最大运动量、静息心率和血压，并注意恢复过程中心率和血压的变化、运动中是否出现心绞痛症状或心电图异常（ST 变化或心律失常）以及运动终止的原因等。在心肺运动试验过程中，除上述观察指标外，还可提供最大摄氧量（maximal oxygen uptake，VO_{2max}）、无氧阈（anaerobic threshold，AT）、二氧化碳通气当量、每分通气量等参数。

VO_{2max} 和 AT 是从心肺运动试验中获得的参数，是评价心肺运动耐量的金标准，是心血管疾病患者预后评价的最有效指标。健康人运动通常在 50%~60% 的 VO_{2max} 时达到无氧阈，超过无氧阈后，交感神经活性显著增加，血乳酸堆积，体内酸碱失衡，发生心脏停搏风险和肌肉损伤风险明显增加。研究证实，在 50%~70% 的峰值摄氧量范围内进行运动训练是有效安全的运动，且不依赖主观运动意愿，是制订运动处方和评价训练效果的良好指标，不仅安全且获益最大，因此峰值摄氧量也是决定理想运动强度的重要指标。下面介绍主要的心肺运动试验参数。

1. **最大摄氧量**　最大摄氧量是指人体在进行有大肌肉群参加的负荷运动过程中，当氧运输系统各个环节的储备都已被动员而达到最高水平时，即人体单位时间内所能摄取的最大氧量。目前已成为反映心肺功能的主要指标，体现了人体最大有氧代谢和心肺储备能力，用于评价有氧运动能力。通常情况下机体代谢时需氧与供氧平衡，从循环角度讲，氧耗量 = 心输出量 × 动静脉血氧含量差；从呼吸角度讲，氧耗量 = 每分通气量 × 吸气与呼气氧浓度之差。因此氧耗量本身就是心肺代谢等系统的整体功能指标。最大摄氧量的单位以 L/min 或 ml/（kg·min）表示。最大摄氧量随年龄、性别、身高、体重及日常活动水平的不同而有较大的个体差异，所以采用最大摄氧量的实测值与预计值的百分比（%Pred）来表示，使临床意义增大。最大摄氧量也与运动处方有关，参与运动肌群数量越多的运动形式其数值越大。

2. **无氧阈**　无氧阈是指运动中有氧代谢尚不需要无氧代谢补充供能时，即尚未发生乳酸过量产生（无氧代谢）时的最高氧耗量。临床上常用 3 种方法来确定：一是血乳酸法，运动中持续监测受试者桡动脉血的血气，出现乳酸显著升高时即是，但由于是有创性检查，使其在临床应用中受到一定限制；二是 V 斜率法，其测定原理是当出现无氧代谢乳酸过量产生时，相对于氧耗量而言二氧化碳排出量（carbon dioxide discharge，VCO_2）增加加速，在两者关系曲线上当线性部分的斜率 > 45° 角时的拐点处即是，临床应用较多；三是通气当量法，氧当量开始增加而二氧化碳当量未相应增加时即是。无氧阈预计值的计算和预计值的百分比使得临床意义有所增加。

无氧阈更敏感地反映组织氧供需平衡，且少受患者努力程度、功率增长速率及代谢底物的影响，因此不仅能用于运动耐力下降的诊断与鉴别诊断，还可用于评价治疗前后的心肺功能、运动耐力及康复训练的效果评价。理论上讲，人体可较长时间耐受无氧阈以下负荷的运动而无不良影响，这是建立康复训练运动处方的主要参照依据。

3. **二氧化碳通气当量和氧通气当量**　二氧化碳通气当量（ventilatory equivalent for carbon dioxide，$EQCO_2$）表示每排出 1L 二氧化碳所需要的通气量，反映的是肺通气 / 血流匹配状况。此指标在运动中逐渐降低达到最低值，之后再逐渐增高，主要以最低值和斜率表示。弥散性肺疾病、限制性肺疾病、阻塞性肺疾病、肺血管疾病、心力衰竭及心内右向左分流患者通气血流比例失调，一般其值越高代表基本疾病严重程度越重。但是当重度阻塞性肺疾病等患者呼出气气流严重受限时，上述指标的临床意义明显受限。

4. **摄氧有效性峰值平台**　摄氧有效性峰值平台表示运动中每升肺通气循环系统所能摄取氧气（ml）的最高平台值，反映的是肺血流 / 通气匹配状况。运动时从静息水平逐渐增高在无氧阈之前达到最高平台值，之后再逐渐降低。在无明显通气限制情况下，它是判断血液循环有效性的最佳指标，预测心血管疾病患者的存活、死亡价值优于其他心血管疾病传统预测指标。

5. **呼吸储备和心率储备**　呼吸储备一般用静态肺功能最大通气量与运动中最大分钟通气量的差值来表示。健康人的呼吸储备应 > 11L/min，或为最大通气量的 10%~40%。呼吸储备反映极量运动时的呼吸储备能力，呼吸储备降低是肺通气受限患者的特征性表现，如限制性或阻塞性肺疾病等常导致呼吸储备降低，而心血管或其他疾病限制运动时呼吸储备可升高。

心率储备用预计最大心率与运动中达到最大心率的差值来表示。健康人心率储备值<15%pred。但临床上广泛应用的β受体阻滞剂等影响心率的药物对它有影响。

6. **氧脉搏**　氧脉搏是指每次心搏的摄氧量，等于每搏量与动脉-混合静脉血氧含量差的乘积，即每分钟摄氧量与心率的比值。贫血、碳氧血红蛋白升高、严重低氧血症、肺血氧合能力降低及右向左分流均可导致动脉氧含量下降，氧脉搏也随之下降。心功能减退所致每搏量降低也可致氧脉搏下降。运动中随着功率的增加，动脉-混合静脉血氧含量差逐渐增加，因而氧脉搏也逐渐增加。氧脉搏受多种因素的影响，临床上应该注意β受体阻滞剂等影响心率的药物对它的影响。

（三）超声心动图

应用超声心动图进行运动风险评估可以在基线状态观察心脏结构及功能异常、负荷状态新发异常，均可为患者临床预后及运动处方的选择提供有价值信息，以便不良事件高危人群可以尽早开始有效干预。基线状态下发现新发的节段性室壁运动异常、左室流出道梗阻、主动脉夹层、心腔内异物均为运动禁忌，需即刻接受进一步评估及治疗。运动负荷超声心动图结果正常，心脏性死亡及非致死性心肌梗死的年发生率不足1%。伴有广泛缺血、射血分数（ejection fraction，EF）负荷反应差或运动后收缩末容积无缩小、多支血管分配区域出现室壁运动障碍、低负荷状态下心肌缺血、左室肥厚、前降支供血区域出现室壁运动异常时提示患者事件风险升高。运动状态下的生理指标也提供一定临床预测价值，运动负荷无法达到85%年龄相关最大预期心率作为预后预测因素广泛应用，但根据年龄及静息心率得出的低变时性指标心率储备，在运动负荷试验中的预测价值优于85%MPHR。运动试验中肺动脉压力升高、瓣膜反流加重均提示运动高风险，需审慎对待。

平板运动或踏车运动超声心动图是负荷超声心动图中的一种，可观察运动负荷状态下心脏节段运动、血流流速变化，以及与心率及血压变化相应的心功能储备。其血流动力学作用包括增加心率；正性肌力作用；提高收缩压；降低体循环阻力，促进静脉回流（交感神经对大静脉的收缩作用及骨骼肌泵血作用），通过Frank-Starling机制增加心输出量。运动过程中血压的升高主要是由于心输出量的增加幅度超过了外周阻力的降低。应用运动负荷超声心动图可为运动风险评估提供以下参考：

评估心肌缺血：运动负荷超声心动图及多巴酚丁胺负荷超声心动图诊断冠心病的敏感性分别为85%和80%，特异性分别为77%和86%。运动负荷超声心动图在明确心肌缺血的同时还可以观察运动过程中伴随的生理效应，比如肺循环压力的升高、二尖瓣反流的加重。负荷超声心动图评估心肌缺血主要通过观察室壁运动，根据运动幅度分为正常或运动增强、运动减弱、无运动、矛盾运动或室壁瘤。运动负荷状态下，冬眠心肌会随运动负荷增加出现运动改善，瘢痕心肌则无反应。多巴酚丁胺负荷状态下可识别存活心肌，即低剂量负荷状态心肌运动改善、高剂量负荷状态心肌运动反而恶化的双相反应。缺血的范围（左室室壁出现新的运动异常的节段数）及缺血严重程度（新出现的室壁运动异常的最大程度）可预测不良心脏事件发生率，存在广泛缺血、多支血管病变的患者死亡率及心脏事件发生率高。负荷状态下室壁运动积分高于1.4，左室射血分数（left ventricular ejection fraction，LVEF）低于50%的患者预后较差。对于再血管化治疗后的患者，负荷超声心动图可以检测再狭窄、桥血管堵塞，但外科术后早期不推荐此检查。

评估瓣膜反流：重度主动脉瓣反流且症状不明显的患者应用运动负荷试验可以对其功能状态及症状进行评估（ACC/AHA，Ⅱa级）。运动中LVEF降低5%，是外科手术后左室失代偿的预测因素。彩色组织多普勒成像测量二尖瓣瓣环收缩速度可作为检测亚临床左室功能障碍的替代指标。对于负荷试验中出现症状的重度主动脉瓣反流患者，建议外科治疗，此类情况是运动康复的禁忌证。运动负荷超声心动图可检测心功能不全患者的功能性二尖瓣反流，此类患者可出现急性肺水肿，预后较差，运动风险高。对于静息状态下心功能正常的重度二尖瓣反流患者，负荷超声心动图则可评估左室收缩储备能力。

评估流出道狭窄及瓣膜狭窄：负荷超声心动图可识别LVEF低下、低压力阶差下主动脉瓣狭窄的实际严重程度，需采集静息状态下的左室流出道位置脉冲多普勒与经主动脉瓣连续多普勒，在20μg/（kg·min）剂量多巴酚丁胺负荷下即可诱发典型表现。如负荷状态下跨瓣压差升高达到50mmHg时不适合接受运动训练。负荷超声心动图还可评估功能性二尖瓣狭窄的严重程度，如二尖瓣狭窄症状不典型或无症状时，或者劳力性呼吸困难症状严重程度与静息超声心动图测量的二尖瓣狭窄严重程度不成比例，负荷超声心动图也可用来明确是否有二尖瓣跨瓣压差的升高。测量肺动脉压力对运动的反应也是负荷超声心动图用于二尖瓣狭窄患者最重要的一个方面，运动试验中平均跨瓣压差>15mmHg或肺动脉收缩压>60mmHg是二尖瓣狭窄引起血流动力学变化的指征，这种情况需要干预，不适合运动训练。如跨瓣压差无显著变化，而肺动脉压力变化明显，需进一步探查肺部疾患。

评估舒张功能：负荷超声心动图还可以对舒张功能进行评估，需采集静息状态下及负荷状态下经二尖瓣瓣口血流及二尖瓣瓣环的脉冲多普勒。由于异常室壁运动的恢复比多普勒频谱更快，因此应在峰值负荷或负荷后即刻进行左室心肌图像的采集。但负荷过程中心率加快可能会影响测量值。在运动风险评估中，需考虑各项因素可能带来的风险。

（四）心肌核素检查

核素心肌灌注显像最主要的作用之一就是评估心肌缺血，核素心肌灌注显像发现心肌缺血是公认的金标准。在日常运动中，冠心病患者出现风险和心绞痛临床症状的主要原因是由于心肌缺血，无创性核素心肌灌注显像技术的价值在于可提供有关左室心肌灌注、心室功能、心肌活力等多方面的信息，在治疗前可以指导治疗方案的制订；在治疗后可以评价冠状动脉血管重建治疗的疗效。在冠心病治疗方案制订方面，国内外已经获得了大量的具有循证医学证据的资料。美国心脏病学会和影像学学会已经分别制定了临床指南。影像学技术所提供的各种信息对治疗方案的选择有重要的意义。在评价治疗效果方面，各种影像学方法的价值也不尽相同。超声心动图（ultrasonocardiography，UCG）、MRI和单光子发射计算机断层成像（singlephoton emission computed tomography，SPECT）可以评价心室功能和心脏形态的改变，CT冠状动脉造影可以评价血运重建前后血管管腔的解剖学变化，心肌灌注显像可以评价局部心肌血流灌注的改善情况等。

负荷/静息SPECT心肌灌注显像和正电子发射体层成像（positron emission tomography，PET）心肌灌注显像在诊断心肌缺血方面均有很高的准确性和相对较高的特异性。以冠状动脉狭窄>70%为标准，SPECT心肌灌注显像诊断心肌缺血敏感性大致为85%，特异性约为80%。与SPECT相比，PET心肌灌注显像的准确度更高。与目前其他无创性检查方法相比，核素心肌灌注显像有较高的敏感性和特异性，有很高的可重复性，安全可靠，是目前国际上评价心肌缺血最可靠的手段。另外，冠状动脉狭窄如位于远端，侧支血供丰富，并不一定会造成真正的局部心肌缺血，因此，评价心肌缺血和冠状动脉狭窄本身就并不一定是一致的。对于大量的稳定性冠心病患者，在各种影像学诊断技术中，心肌灌注显像是被普遍接受的应用最广泛的预后评价手段。心肌灌注显像预测疾病预后的价值已得到了广泛的临床证明。大量的临床资料表明，心肌灌注显像正常预示患者的预后良好，每年心脏事件的发生率小于 1%，与正常人群相似。另外，国外及我们自己的临床资料表明，即使冠状动脉造影显示冠状动脉狭窄的存在，心肌灌注显像正常患者的预后也良好。核素心肌灌注显像可以判断处于“高危险状态”的冠心病患者，这些患者的心肌灌注显像的表现为：①多发性的可逆性灌注缺损累及两个或多个冠状动脉血管床，在半定量分析为大面积（ >10%）的心肌灌注缺损；②在可疑或确诊的冠心病患者中，心肌灌注显像显示心肌灌注缺损的程度是心脏事件的独立预测因子。

在适合康复治疗患者中，可以通过无创性的运动试验核素心肌显像评价患者运动能力，通过评价心肌缺血和心肌存活帮助制订治疗方案和运动量级，通过治疗前后的血流灌注评价治疗效果。例如，对于冠心病合并左心功能不全的患者，如已经完成血运重建治疗，核素心肌灌注显像可以评估术后心肌血供情况、缺血是否完全缓解、完成运动风险评估，从而制订康复治疗的安全日常运动量指标；如未行血运重建，以药物治疗控制症状，核素心肌灌注显像可以评价在药物治疗过程中，局部心肌缺血有无得到控制、缺血范围和程度在药物治疗后有无进展，以及药物治疗后诱发局部心肌缺血的运动量的变化。再例如 X 综合征的患者，疾病可能与微循环障碍或血管痉挛有关，由于冠状动脉一般未有明确>50% 的狭窄，因此目前没有直接针对血管的介入治疗手段。这部分患者经药物控制、辅以心脏康复治疗、鼓励适量运动、控制饮食后，症状可得到改善。Szot W 等发现，除了症状改善外，运动和静息核素心肌灌注显像可以用于评价 X 综合征的女性患者心脏康复治疗前后微循环的改善，这部分女性患者经过心脏康复治疗后，反映左心室血流灌注细微变化的各项评分等均会有所改善。

现代医学治疗的每一点进步，都需要谨慎和创新相结合，并需通过循证医学的充分验证。核素心肌显像作为已有的成熟可靠的检查方法，可以在心脏康复实践中起到评估运动风险、判断预后、帮助制订康复治疗方案等重要作用，能为心脏康复临床实践的进步提供助益。

（五）6 分钟步行试验

6 分钟步行试验（6 minute walking test，6MWT）主要用于评价中、重度心肺疾病患者对治疗干预的疗效，测量患者的心肺功能状态，可作为临床试验的终点观察指标之一，也是患者生存率的预测指标之一。6MWT 需要地面平直坚硬的室内封闭走廊长达 40m，取 30m 的距离，在折返处放置锥形标记，起始的地板上有鲜艳的彩带，标记每圈的起始，准备好计时器、圈数计数器、记录表、椅子和标记折返点的标记物，还要准备好氧气源、血压计和除颤器等急救设备。试验前患者在起点旁坐椅子休息至少 10 分钟，核查有无禁忌证，测量脉搏、血压和血氧饱和度，填写记录表，向患者介绍试验过程。让患者站起，用博格评分分级评价患者运动前呼吸困难和全身疲劳情况。计时器设定到 6 分钟，请患者站在起步线上，一旦开始行走，立即启动计时器。患者在区间内尽自己体能往返行走。行走中不要说话，不能跑跳，折返处不能犹豫，医务人员不能伴随患者行走。允许患者必要时放慢速度、停下休息，但监测人员要鼓励患者尽量继续行走。试验结束后用博格评分分级评价患者的呼吸困难和全身疲劳情况，最后计算步行距离、记录患者血压和心率，有条件者测血氧饱和度，填写记录表。6MWT 的终止原因有：①胸痛；②难以忍受的呼吸困难；③下肢痉挛；④步履蹒跚；⑤出大汗；⑥面色苍白。6MWT 前注意事项有：①穿舒适的衣服和合适的鞋子；②晨间和午后进行试验的患者试验前可少量进餐；③试验前 2 小时内患者不要做剧烈运动，试验前不应进行热身活动；④患者应继续应用原有的治疗；⑤可以使用日常的行走工具（如拐杖等）。美国将患者 6 分钟步行的距离划为 4 个等级：① 1 级：少于 300m；② 2 级：300~374.9m；③ 3 级：375~449.5m；④ 4 级：超过 450m。级别越低代表心肺功能越差。达到 3 级与 4 级者，可以认为心肺功能接近或已达到正常。

（石亚君　徐 勇　沈 锐　武 亮）

第三节　心脏康复常用评估量表

一、西雅图心绞痛量表

西雅图心绞痛量表（Seattle angina questionnaiire，SAQ）共 19 项问题，包括躯体活动受限程度、心绞痛稳定状态、心绞痛发作频率、治疗满意程度、疾病认知程度 5 个维度。为了提高反应速度，西雅图心绞痛量表简短，自己独立回答，要求在 5 分钟内完成。SAQ 设计成可直接由电脑处理的格式以保证数据能够被快速、简单录入。此外，SAQ 还可以补充一个较广泛的身体功能状态的评估表，例如 Short Form-36（SF-36）。

西雅图心绞痛量表评价方法：躯体活动受限程度（PL，问题 1），心绞痛稳定状态（AS，问题 2），心绞痛发作情况（AF，问题 3~4），治疗满意程度（TS，问题 5~8），疾病认知程度（DS，问题 9~11），对 5 大项 19 个条目逐项评分，再将得分按公式转化成标准积分[标准积分 =（实际得分 – 该方面最低得分）/（该方面最高分 – 该方最低分）× 100]，评分越高患者生活质量及机体功能状态越好。

该量表通过为每个反应给予一个顺序值来评分，从 1 开始（1 表示该功能最低水平对应的反应），然后分别对 5 个大项中的条目进行加和。然后将分数转换成 0~100 范围内，通过每个大项得分减去该大项最低可能得分，除以该大项的范围再乘以 100。因为每个大项表示冠状动脉疾病的唯一的维度，所以不产生（5 个大项）总和的分数。患者在运动康复治疗 4 周前后比较西雅图心绞痛量表的得分变化情况，以及从上述 5 个维度评价其对冠心病患者生活质量的影响。

二、主观用力程度分级

主观用力程度分级（RPE）是瑞典著名的生理心理学家加纳·博格（Gunnar Borg）创立并应用自己感觉来评价运动强度的方法。运动者根据自己的劳累感觉来判断打分，又叫博格评分。通过凭受试者主观感受来推算运动负荷强度，在运动时医师和受试者可参照 RPE 来控制运动强度。主要针对的是成年人，把运动强度分成 1~20 个不同等级。“1” 是不做任何努力，“20” 是极度努力，改良版的评分从 6 到 20，一般使用的范围是从 “6” 开始。在运动中受试者根据自己的感觉来判断打分(表 2-1)。大量的科学研究已经证实 RPE 与客观指标和运动负荷强度之间有较高的相关性,如与每分钟通气量、血乳酸和每分钟摄氧量的相关系数为 0.85。使用 RPE 辅助生理指标的测试,能够对运动时人体功能的变化做出科学和准确的分析,还能够简单有效地推断运动能力、判定运动强度和医疗监督。

表 2-1　主观用力程度分级

<table>
<tr><th>RPE</th><th>主观运动感觉</th><th>对应参考心率</th></tr>
<tr><td>6</td><td>安静,不费力</td><td>静息心率</td></tr>
<tr><td>7</td><td rowspan="2">极其轻松</td><td rowspan="2">70</td></tr>
<tr><td>8</td></tr>
<tr><td>9</td><td>很轻松</td><td rowspan="2">90</td></tr>
<tr><td>10</td><td rowspan="2">轻松</td></tr>
<tr><td>11</td><td rowspan="2">110</td></tr>
<tr><td>12</td><td rowspan="3">有点吃力</td></tr>
<tr><td>13</td><td rowspan="2">130</td></tr>
<tr><td>14</td></tr>
<tr><td>15</td><td>吃力</td><td rowspan="2">150</td></tr>
<tr><td>16</td><td rowspan="3">非常吃力</td></tr>
<tr><td>17</td><td rowspan="2">170</td></tr>
<tr><td>18</td></tr>
<tr><td>19</td><td>极其吃力</td><td>195</td></tr>
<tr><td>20</td><td>精疲力竭</td><td>最大心率</td></tr>
</table>

三、营养风险筛查量表

营养状态是指营养物满足机体新陈代谢需要的充足程度。正确评估患者的营养状态包括评估患者摄入营养物的方式、种类以及每日的液体摄入量等多方面营养相关因素,为医务人员制定营养治疗方案和采取护理措施及监测营养治疗效果提供依据。营养评估主要分为选择对象、评估方法、干预措施与监测等步骤。

通过测量患者的身高、体重、上臂围、小腿围、三头肌皮褶厚度,了解近几个月来体重有无变化及其原因。计算体重指数,记录摄入量并计算其所提供的热量能否满足机体需要。评估患者每日的液体摄入量是否足够,要考虑年龄、性别、身高、体重因素,并计算出入量以观察液体平衡状态,必要时测量尿比重,评估患者有无水肿或脱水征。根据营养评估状态评估的结果准确记录全部信息,制订护理级别、采取护理措施。

目前最常用的是营养风险筛查 2002(nutrition risk screening 2002,NRS 2002)。NRS 2002 由丹麦肠外肠内营养协会开发并为欧洲肠外肠内营养学会(European Societyfor Parenteraland Enteral Nutrition,ESPEN)推荐,适用于住院患者营养风险筛查。该方法建立在循证医学基础上，简便易行，目前在欧洲已开始应用。NRS 2002 可用于住院患者营养不足和营养风险的评估，包括总体测量、近期体重变化、膳食摄入情况和疾病严重程度。

NRS 2002 总评分包括三个部分的总和，即疾病严重程度评分、营养状态低减评分、年龄评分（若 70 岁以上加 1 分）。

1. NRS 2002 对于营养状况降低的评分（3 项问题任何一个符合就按其分值，几项都有按照高分值为准）

（1）0 分：正常营养状态。

（2）轻度（1 分）：3 个月内体重丢失 5% 或食物摄入为正常需要量的 50%~75%。

（3）中度（2 分）：2 个月内体重丢失 5% 或前一周食物摄入为正常需要量的 25%~50%。

（4）重度（3 分）：1 个月内体重丢失 5%（3 个月内体重下降 15%）或 BMI<18.5kg/m^2 或者前一周食物摄入为正常需要量的 0%~25%。

2. NRS 2002 对于疾病严重程度的评分

（1）1 分：慢性疾病患者因出现并发症而住院治疗。患者虚弱但不需要卧床。蛋白质需要量略有增加，但可以通过口服补充剂来弥补；

（2）2 分：患者需要卧床，如腹部大手术后，蛋白质需要量相应增加，但大多数人仍可以通过肠外或肠内营养支持得到恢复；

（3）3 分：患者在加强病房中靠机械通气支持，蛋白质需要量增加而且不能被肠外或肠内营养支持所弥补，但是通过肠外或肠内营养支持可使蛋白质分解和氮丢失明显减少。

3. 评分结果与营养风险的关系

（1）总评分 ≥ 3 分（或胸水、腹水、水肿且血清蛋白<35g/L 者）表明患者有营养不良或有营养风险，即应该使用营养支持。

（2）总评分<3 分时需每周复查营养评定。以后复查的结果如果 ≥ 3 分，即进入营养支持程序。

（3）如患者计划进行腹部大手术，就在首次评定时按照新的分值（2 分）评分，并最终按新总评分决定是否需要营养支持（ ≥ 3 分）。

四、生活质量评价量表

生活质量是指不同文化和价值体系中的个体，对其生存目标、期望、标准及所关心的事情相关生存状态的感受。生活质量评价量表 SF-36（short form 36 questionnaire）是在 1988 年 Stewart 研制的医疗结局研究量表（medical outcomes study-short from，MOSS SF）的基础上，由美国波士顿健康研究发展而来的。1991 年浙江大学医学院社会医学教研室翻译了中文版的 SF-36，这是目前使用最多的普适性生命质量量表之一。SF-36 量表包括 36 个问题，由受试者自我测评回答，最后计算总分。

五、睡眠评估

睡眠是由于脑的功能活动而引起的人体生理性活动低下，给予适当刺激可使之达到完全清醒的状态。良好的睡眠与我们健康至关重要。睡眠障碍可引发消极的情绪。美国匹兹堡大学精神科医师 Buysse 博士等于 1989 年编制的匹兹堡睡眠质量指数（Pittsburgh sleep quality index，PSQI）常用于临床医师对患者睡眠质量的评估，PSQI 适用于对睡眠障碍患者、精神障碍患者睡眠质量的评估，同时也适用于对一般人睡眠质量的评估。

PSQI 用于评定最近 1 个月的睡眠质量，由 19 个自评和 5 个他评条目构成，其中第 19 个自评条目和 5 个他评条目不参与计分，在此仅介绍参与计分的 18 个自评条目。18 个条目组成 7 个成分，每个成分按 0~3 等级计分，累积各成分得分为 PSQI 总分，总分范围为 0~21，得分越高，表示睡眠质量越差。被试者完成试问需要 5~10 分钟。

六、抑郁焦虑自评量表

1. **抑郁自评量表**（PHQ-9）　抑郁症是最常见的精神障碍之一，它给患者本人及其家属造成极大的精神痛苦和生活负担，但由于各种原因大部分的抑郁症未被发现和治疗。抑郁自评量表（PHQ-9）作为筛查抑郁症的方法，适用于非医学心理科医师使用，以评价和判断患者抑郁症的程度和疗效。

2. **广泛性焦虑障碍量表**（generalized anxiety disorder，GAD-7）　GAD-7 焦虑自评量表共 7 个问题，主要调查患者过去一周内发生的情绪变化，按照患者情绪变化的频度评分，0 分 = 没有症状；1 分 = 有几天有症状；2 分 = 一半以上时间有症状；3 分 = 几乎天天有症状。由患者自己回答完成评分。结果判断标准为：

0~4	没有焦虑症	（注意自我保重）
5~9	可能有轻微焦虑症	（建议咨询心理医师或心理医学工作者）
10~13	可能有中度焦虑症	（最好咨询心理医师或心理医学工作者）
14~18	可能有中重度焦虑症	（建议咨询心理医师或精神科医师）
19~21	可能有重度焦虑症	（一定要看心理医师或精神科医师）

GAD-7 焦虑自评量表的 7 个问题包括：①感到不安、担心及烦躁；②不能停止或无法控制担心；③对各种各样的事情担忧过多；④很紧张，很难放松下来；⑤非常焦躁，以致无法静坐；⑥变得容易烦恼或易被激怒；⑦感到好像有什么可怕的事会发生。

如果发现自己有如上症状，且影响到你的家庭生活、工作、人际关系的程度是：

没有困难 ___，有一些困难 ____，很多困难 ____，非常困难 ____

七、日常生活活动能力评估量表（Barthel 指数）

日常生活活动（activities of daily living，ADL）在童年期逐步形成获得，并随着实践而发展，最终趋于完善。这些活动对健康人来说是简单易行的，但对于病、伤、残者来说，则可能变得相当困难和复杂。残疾人若无力去完成日常生活活动，就可能导致自尊心和自信心的丧失进而又会加重生活能力的丧失。在康复医学中日常生活能力指人们维持日常生活需要最基本能力，也反映人们在家庭（或医疗机构内）和在社区中最基本的能力，康复治疗目的是在日常生活活动中最大限度地恢复患者的自理。因此，ADL 的评定是康复工作重要的内容之一。根据功能分类不同，可以将日常生活活动分为躯体性日常生活活动（physical activities of daily living，PADL）和工具性日常生活活动（instrumental activities of daily living，IADL）。

躯体 ADL 是指每日生活中与穿衣、进食、保持个人卫生等自理活动和坐、站、行走等身体活动有关的基本活动。PADL 通常会使用 Barthe 指数评定。Barthe 指数评定由美国 Florence Mahoney 和 Dorothy Barthel 设计并应用于临床，是国际康复医学界常用的方法。

Barthel 指数评定简单，可信度高，灵敏度也高，使用广泛而且可用于预测治疗效果、住院时间和预后。

八、平衡功能评估量表（伯格平衡量表）

平衡是指在不同的环境和情况下维持身体直立姿势的能力。正常的平衡功能能够：①保持体位；②在随意运动中调整姿势；③安全有效地对外来干扰作出反应。老年人的平衡功能由于生理功能的退行性变化而下降，容易出现跌倒的情况。通过对老年人进行平衡功能的跟踪监测，有助于及早发现障碍、对可能发生的危险情况进行预测并及时采取有效的预防措施。平衡功能评估的目的在于：①确定是否存在影响行走或其他功能性活动的平衡障碍；②确定障碍的水平或程度；③寻找和确定平衡障碍的发生原因；④指导制订康复治疗计划；⑤监测平衡功能障碍的治疗（手术、药物）和康复训练的疗效；⑥跌倒风险的预测。常用的平衡功能检查方法有徒手检查、量表检查和仪器检查，常用的量表包括由 Fugl-Meyer 平衡功能检查、伯格平衡量表等。伯格平衡量表由 Katherine Berg 于 1989 年首先报道，包括站起、坐下、独立站立、闭眼站立、上臂前伸、转身一周、双足交替踏台阶、单腿站立等 14 个项目，测试一般可在 20 分钟内完成。

1. **伯格平衡量表检查前准备测评工具** 秒表或带有秒针的手表 1 块、直尺或带有 5cm、12cm、25cm 刻度的测量尺 1 把。测试所需的椅子要高度适中。在进行第 12 项任务时要用到一个台阶或一只高度与台阶相当的小凳子。

2. **测试计分与结果判定** 测评者按照以下说明示范每个项目和 / 或给予受试者以指导。如果某个项目测试双侧或测试 1 次不成功需要再次测试，并记录此项目的最低得分。在大多数项目中，受试者在要求的位置上需保持一定时间。如果不能达到所要求的时间或距离，或受试者的活动需要监护，或受试者需要外界支持或测评者的帮助，则按照评定标准给予相应的分数。受试者要意识到完成每项任务时必须保持平衡，至于用哪条腿站立或前伸多远则取决于受试者。如果测评者对评定标准不明确则可能影响评定结果。

0~20 分：平衡功能较差，患者需要坐轮椅；

21~40 分：有一定的平衡功能，需要在辅助下步行；

41~56 分：平衡功能较好，可以独立步行；

<40 分，提示有跌倒风险。

九、认知功能评估量表

认知是人类认识和知晓事物过程的总称。包括感知、辨别、记忆、学习、注意、理解、推理和判断方面的能力。简易精神状态检查（mini mental status examination，MMSE）由 Folstein 等于 1975 年编制，是最具影响的标准化智力状态检查工具之一，可以检查出患者是否存在认知障碍。其作为认知障碍检查方法，可以用于阿尔茨海默病的筛查，简单易行。

该量表包括以下 7 个方面：时间定向力、地点定向力、即刻记忆、注意力及计算力、延迟记忆、语言、视空间。共 30 项题目，每项回答正确得 1 分，回答错误或答不知道得 0 分，量表总分范围为 0~30 分。测验成绩与文化水平密切相关，正常界值划分标准为：文盲>17 分，小学>20 分，初中及以上>24 分。

十、衰弱综合征筛查量表

衰弱综合征(frailty syndrome)是一组由机体退行性改变和多种慢性疾病引起的临床症状,是一个动态变化的过程,是个体与环境相互作用的结果;不同个体在不同阶段衰弱程度不同,衰弱过程是可逆的。老年人衰弱的影响因素主要有性别、年龄、文化程度、收入、婚姻、独居、功能障碍等。暴露于衰弱中的老年人增加了长期照护负担、跌倒率、入院率、致残率、致死率。及时准确地评估衰弱及早期给予有效干预可以延缓从衰弱前期过渡到衰弱期的时间。临床上可采用 FRAIL 量表(表 2-2)筛查老年患者是否存在衰弱,符合下列 5 项中 3 项以上者,可诊断为衰弱;符合 1~2 项者为衰弱前期;不存在任何一项的情况为非衰弱。

表 2-2 FRAIL 衰弱评估量表

序号	内容	结果
疲劳(fatigue)	您过去 3 周大部分时间内感到疲惫吗?	是 否
耐力(resistance)	您能独立走上一层楼吗?(无辅助 10 个台阶)	是 否
行走(aerobic)	您能行走一个街区吗?(指无辅助行走)	是 否
疾病(illness)	您患有 5 种以上疾病吗?(高血压、糖尿病、癌症、慢性肺部疾病、慢性充血性心力衰竭、心绞痛、哮喘、关节炎、脑卒中、肾脏疾病)	是 否
消瘦(marasmus)	您最近 1 年体重减轻超过 5% 吗?	是 否

通过 FRAIL 筛查量表可以检出存在衰弱的患者,还需要通过客观数据诊断衰弱综合征。衰弱综合征的诊断无统一的标准,大多数学者推荐以上诊断方法。

(马 晶)

参考文献

[1] BERRINGTON DE GONZALEZ A, KIM K P, SMITHBINDMAN R, et al. Myocardial perfusion scans: projected population cancer risks from current levels of use in the United States [J]. Circulation, 2010, 122 (23): 2403-2410.

[2] APPIS A, HAYES K, KHOUDARY G, et al. Impact of Appropriate use criteria on estimate cancer risk in patients undergoing SPECT myocardial perfusion imaging [J]. J Am Coll Cardio, 2014, 63 (12): A1220-A1220.

[3] BRUNKEN R C. Promising new 18F-labeled tracers for PET myocardial perfusion imaging [J]. J Nucl Med. 2015: 56 (10): 1478-1479.

[4] MC ARDLE B A, DOWSLEY T F, DEKEMP R A, et al. Does rubidium-82 PET have superior Aaccuracy to SPECT perfusion imaging for the diagnosis of obstructive coronary disease？ A systematic review and meta-analysis [J]. J Am Coll Cardiol, 2012, 60 (18): 1828-1837.

[5] 刘遂心, 丁荣晶, 胡大一. 冠心病康复与二级预防中国专家共识 [J]. 中华心血管病杂志, 2013, 41 (4):

267-275.
[6] 中华医学会心血管病学分会预防学组, 中国康复医学会心血管病专业委员会. 冠心病患者运动治疗中国专家共识 [J]. 中华心血管病杂志, 2015, 43 (07): 575-588.
[7] American Association of Cardiovascular and Pulmonary Rehabilitaion. Guidelines for cardiac rehabilitation and secondary prevention programs 5th edition [M]. Nabucco: Human Kinetics Publishers, 2013: 228.
[8] ORNISH D, SCHERWITZ L W, BILLINGS J H, et al. Intensive lifestyle changes for reversal of coronary heart disease [J]. JAMA, 1998, 280 (23): 2001-2007.
[9] AUSTIN J, WILLIAMS R, ROSS L, et al. Randomised controlled trial of cardiac rehabilitation in elderly patients with heart failure [J]. Eur J Heart Fail, 2005, 7 (3): 411-417.
[10] GOEL K, LENNON R J, TILBURY R T, et al. Impact of cardiac rehabilitation on mortality and cardiovascular events after percutaneous coronary intervention in the community [J]. Circulation, 2011, 123 (21): 2344-2352.
[11] DUNN S L, DUNN L M, BUURSMA M P, et al. Home-and hospital-based cardiac rehabilitation exercise: the important role of physician recommendation [J]. West J Nurs Res, 2017, 39 (2): 214-233.
[12] BUCKINGHAM S A, TAYLOR R S, JOLLY K, et al. Home-based versus centre-based cardiac rehabilitation: abridged Cochrane systematic review and meta-analysis [J]. Open Heart, 2016, 3 (2): e000463.
[13] KAVANAGH T, MERTENS D J, SHEPHARD R J, et al. Long-term cardiorespiratory results of exercise training following cardiac transplantation [J]. Am J Cardiol, 2003, 91 (2): 190-194.
[14] THOMAS R J, BALADY G, BANKA G, et al. 2018 ACC/AHA clinical performance and quality measures for cardiac rehabilitation: a report of the American College of Cardiology/American Heart Association TaskForceonPerformance Measures [J]. J Am Coll Cardiol, 2018, 71 (16): 1814-1837.
[15] PIEPOLI M F, HOES A W, AGEWALL S, et al. 2016 European guidelines on cardiovascular disease prevention in clinical practice: the sixth joint task force of the European Society of Cardiology and other societies on cardiovascular disease prevention in clinical practice (constituted by representatives of 10 societies and by invited experts. Developed with the special contribution of the European Association for Cardiovascular Prevention & Rehabilitation [J]. G Ital Cardiol (Rome), 2017, 18 (7): 547-612.

第四节　中医辨证评估

高血压、心律失常、冠心病、心力衰竭等心血管疾病是心脏康复过程中的常见疾病。通过中医相关证候的评估，指导心脏康复中的中医方案，以期中西医结合康复治疗使得患者更加受益。

一、中医辨证

心脏疾病在祖国医学多属“心痹”“胸痹”“真心痛”范畴。其病因多为饮食不节、情志失调、疲劳内伤、年迈体虚或外邪入侵。其主要病位在心，常涉及肝、脾、肾。发病多以阳微为本，阴弦为标。心系疾病最早见于马王堆汉墓出土的帛书《足臂十一脉灸经》，其中有“臂泰阴脉……其病：心痛，心烦而噫”的记载。而对心系疾病较为详细的描述则出现在《素问·标本病传论》中，“心病者，胸中痛”“夫病传者，心病先心痛，一日而咳，三日胁支痛，五日闭塞不通，身痛体重”。不仅如此，还提出了如“真心痛”“厥心痛”“肾心痛”“脾心痛”“肝心痛”“胃心痛”等等不同分型与亚型。另外，《金匮·胸痹心痛短气病脉证治》中也提到：“夫脉当取太过不及，阳微阴弦，即胸痹而痛，所以然者，责其极虚也。今阳虚知在上焦，所以胸痹心痛者，以其阴弦故也。”开宗明义，从脉象论胸痹心痛的病机。《素问·六节藏象论篇》中提到：“心者，生之本，神之变也；其华在面，其充在血脉，为阳中之太阳，通于夏气。”阐述了可以通过面色的不同了解心的不同功能状态。心的功能异常主要表现在两个方面：心主血、心藏神。心主血的功能出现异常多表现为心悸、心痛、心烦等；心藏神的功能出现异常多表现为精神、情志活动的异常，如失眠、健忘、多梦、神昏等。

中医认为心为“君主之官”“主血脉”“主神志”。心主血脉的含义，相当于血液循环功能，而心主神志，却多是指脑的功能。按照中医理论，阴阳气血是滋养心脏、协调心功能的基础。心阴主要是指精和津液，具有滋养心脏、宁静心神、制约心阳的作用；心血是指濡养心脏的血液，具有养神、助气之功；心阳是指心脏通过运行气血而带给全身的热能，可以温煦全身、振兴心神、助气制阴；心气是鼓动心搏、推动血液运行的动力。阴阳气血相互为用、相互制约、协调一致地维持“主血脉”和“主神志”的功能。阴阳气血贯通全身、协调各脏腑的功能反映整体的统一性。如心气资生在脾，治节在肺，疏泄在肝，鼓动在肾，心血化源于脾胃吸收的水谷精微和肾所藏的脏腑之精，又要受“肝藏血”功能的调节；心阳直接受肾阳命火的助长，心阴要依靠肝肾之阴的滋助。故心的正常功能，不仅是本脏阴阳气血的协同作用，还要依靠全身各脏腑功能的协调一致。

外感邪热、饮食劳倦、情志过极、寒温失度均会成为“心病”发生的因素。如外感邪热可致“邪陷心包”；恣食肥甘，内生痰浊，可致胸痹心痛；体力过耗可伤心气，脑力过耗可伤心血；喜怒不节，情怀抑郁，首先乱及心神，进而伤及血脉；寒盛可致血脉凝泣，触发心痛；热盛可致心火上炎或迫血妄行。中医认为心属火，汗为心液，心开窍于舌，其华在面，心与小肠相表里，故一些火热证、血证、汗证、舌病、小肠病亦与心病相关。心病的虚证就是阴阳气血的不足，阴虚多半有血虚，阳虚多半有气虚，或为气阴两虚，或为气血两虚。心的阴虚、阳虚多累及肾，或为心肾阴虚（心肾不交证），或为心肾阳虚（肾水凌心）。心血虚常与肝血虚关联，为心肝血虚。心的气血两虚，主要为心脾两虚。心的实证常由邪热、寒气、痰浊、水饮、气滞、血瘀、内火等病邪所引起，而且多相互夹杂，如痰热相结、痰气相结、寒凝气滞、寒凝血瘀、气滞血瘀等，每多导致心神扰乱、心火内炽、胸阳不畅、心脉瘀阻等证。虚与实相互关联，每多致本虚标实证，如心火内炽最易伤及心阴，阴寒之气最易伤及心阳；心气虚行血无力可致心血瘀阻，阳虚不能化水可致水气凌心等。掌握阴阳气血、虚实寒热的辨证纲要，根据具体病情表现深入分析，才可作出全面辨证诊断。

对于心系疾病中医根据不同症状表现常分为心血虚证、心阴虚证、心气虚证、心阳虚证、心阳衰微证、心脉痹阻证、痰蒙心神证等。

1. **心血虚证**　心血亏虚引起的不能濡养心及心神所表现的证候，临床表现为心悸、头晕、失眠、多梦、健忘，面色淡白或萎黄，唇、舌色淡，脉细弱。

2. **心阴虚证**　心阴亏虚、虚火内扰所表现的证候，临床表现为心烦心悸、失眠多梦、五心烦热、午后潮热、盗汗、两颧潮红、舌红少津、脉细数。

3. **心气虚证**　心血不足、鼓动无力所表现的证候，临床表现为心悸、气短、精神疲倦、活动后加重、面色淡白或有自汗，舌质淡、脉虚。

4. **心阳虚证**　心阳虚弱、鼓动无力，虚寒内生所表现的证候。临床表现为心悸、怔忡、心胸憋闷、气短、自汗、形寒肢冷、面色㿠白或面唇青紫，舌质淡胖或紫暗，苔白滑，脉弱或结代。

5. **心阳衰微证**　心阳衰极、心阳暴脱所表现的证候。临床表现为冷汗厥冷、四肢厥冷、面色苍白、心痛剧烈、呼吸微弱、口唇青紫、脉微欲绝。

6. **心脉痹阻证**　瘀血、痰浊等痹阻心脉所表现的证候。临床常表现为心悸、怔忡、胸闷、胸痛、舌暗或有紫斑或白腻或淡红、脉细涩或结代或沉迟或沉紧或弦。

7. **痰蒙心神证**　痰浊蒙蔽心神而表现出神志异常的证候。临床表现为意识障碍，如意识模糊、精神抑郁、举止失常、突然昏仆等，常见面色晦暗、胸闷憋气、舌苔白腻、脉滑。

以冠心病为例，冠心病病性为“本虚标实，因虚致实”，本虚以气虚为主，标实以气滞、痰浊、血瘀为主，虚实夹杂为多。气虚血瘀为基本病机，痰瘀为主要病理产物，中医各家在临床实践中大都以此为纲，以益气、活血、化瘀为治疗大法，并结合自身临床经验，或偏重健脾补肾，或兼以疏肝理气。1994 年国家中医药管理局颁布的《中医病证诊断疗效标准》把胸痹分为六个证型：痰浊内阻、寒凝心脉、心血瘀阻、心气虚弱、心肾阳虚和心肾阴虚。2002 年国家食品药品监督管理总局修订了《中药新药临床研究指导原则(试行)》，将冠心病心绞痛分为八种证型：痰阻心脉、阴寒凝滞、心血瘀阻、阳气虚衰、心肾阴虚、气阴两虚、气虚血瘀和气滞血瘀。2007 年新世纪第二版《中医内科学》将胸痹心痛分为 7 个证型：心血瘀阻、痰浊痹阻、气滞心胸、寒凝心脉、气阴两虚、心肾阴虚及心肾阳虚。2008 年中华中医药学会发布的《中医内科常见病诊疗指南·中医病证部分》将该病分为心血瘀阻、痰阻心脉、寒凝心脉、气滞心胸、心气亏虚、心肾阳虚和心阴不足 7 个证型。纵观国家、行业、标准、教材中的冠心病中医证型，主要由病性(瘀、痰、寒实邪，气、阴、阳虚损)和病位(心、肾)组合而成。

二、中医体质测评

在运动试验(心肺运动试验、负荷超声、负荷心功能等)、生活质量评估、心理评估、职业评估等基础上，中医辨证分型、中医体质测评是心脏康复评估的重要补充内容。

体质是指在人体生命活动的过程中，以先天禀赋和后天所养为基础，形成的生理、心理状态和形态结构等方面的固有特征，一般为综合的、相对稳定的特质。在人体的生长发育过程中，体质是人体与自然、社会环境相适应的特征。体质分类就是根据人群中个体各自不同的表现按照一定的标准，采用一定的方法，通过整理、分析、归纳将人的体质系统地分成若干类型。中医体质测评参照中医药学会《中医体质分类与判定表》，根据体质测评结果生成个性化的康复方案，包括饮食建议、生活方式建议、运动、心理等，从体质着手，进行个性化康复。

从临床应用出发，以人体脏腑经络、气血阴阳津液在非正常状态下的差异表现、体质变化及与疾病的关系等方面为理论依据可将中医体质进行如下分类：①平和质：以体态适中、面色红润、精力充沛等为主要特征。②气虚质：以气息低弱、机体脏腑功能状态低下为主要特征的体质状态。平素语音低弱，气短懒言，容易疲乏，精神不振，易出汗，舌淡红，舌边有齿痕，脉弱。③阳虚质：以虚寒现象为主要特征的体质状态。平素畏冷，手足不温，喜热饮食，精神不振，舌淡胖嫩，脉沉迟。④阴虚质：以阴虚内热为主要特征的体质状态。手足心热，口燥咽干，鼻微干，喜冷饮，大便干燥，舌红少津，脉细数。⑤痰湿质：以黏滞重浊为主要特征的体质状态。面部皮肤油脂较多，多汗且黏，胸闷，痰多，口黏腻或甜，喜食肥甘甜黏，苔腻，脉滑。⑥湿热质：由于体内痰湿内盛，久而化火，煎灼津液，以湿重和热盛并见为主要特征的体质状态。面垢油光，易生痤疮，口苦口干，身重困倦，大便黏滞不畅或燥结，小便短黄，男性易阴囊潮湿，女性易带下增多，舌质偏红，苔黄腻，脉滑数。⑦血瘀质：以血液运行不畅的潜在倾向或瘀血内阻为主要特征的体质状态。肤色晦暗，色素沉着，容易出现瘀斑，口唇黯淡，舌暗或有瘀点，舌下络脉紫黯或增粗，脉涩。⑧气郁质：以性格内向不稳定、忧郁脆弱、敏感多疑为主要表现的体质状态。神情抑郁，情感脆弱，烦闷不乐，舌淡红，苔薄白，脉弦。⑨特禀质：以生理缺陷、过敏反应等为主要特征的体质状态。过敏体质者常见哮喘、风团、咽痒、鼻塞、喷嚏等；患遗传性疾病者有垂直遗传、先天性、家族性特征；患胎传性疾病者具有母体影响胎儿个体生长发育及相关疾病特征。

心脏疾病的发病是遗传与环境因素共同作用的结果，而各种体质是心脏疾病相关证型形成的重要体质基础。患者主要体质类型与证候的相关分析表明，瘀血质与心脉瘀阻证和心阳虚证显著相关；气虚质与心气虚证、心阳虚证和心阴虚证显著相关；痰湿质与心脉瘀阻证和心阳虚证显著相关；阳虚质与心阳虚证和心气虚证显著相关；阴虚质与心阴虚证和心脉瘀阻证显著相关。依据不同的体质特点所表现出的对致病因子的易感性差异，不同类型的个体决定了其患同一疾病时所表现出的证型、证候的不同，治疗效果不同，其预防措施亦应有所不同。因此，对心脏疾病的预防，痰湿质的患者应注意避免恣食膏粱厚味或过食辛热，而是应适当运动减肥，避免久居湿地；气郁质者应调畅情志，适当运动，使气血通畅，从而预防心脏疾病的发作；阳虚质者则应注意保暖，提高免疫力，避免寒邪入侵，罹患冠心病；阴虚质者应避免进一步耗伤阴精血，故应避免劳心过度，情志内伤，暗耗精血，以免阴虚质加重导致肾阴虚衰。

以冠心病为例，冠心病患者以病理体质和兼杂体质多见，中医体质类型与冠心病患者的性别、年龄、体重指数和血脂水平有一定的内在联系。王健等利用横断面调查冠心病中医体质类型特点及其与冠状动脉狭窄程度的关系，筛选出冠状动脉狭窄程度较严重的偏颇体质类型，其结果显示：气虚质、血瘀质、痰湿质、阳虚质可能为冠心病人群的主要体质类型，且体质类型与冠状动脉狭窄程度相关，气虚质、血瘀质、痰湿质冠心病患者冠脉狭窄程度较重。李小燕等对300例冠心病患者进行体质辨识，排名前3位的体质类型依次是血瘀质(31.0%)、痰湿质(23.0%)、气虚质(15.7%)。大量流行病学资料证实，冠心病患者中医体质类型以虚、痰、瘀为主，这与冠心病病因病机的共识一致：正虚为本，痰瘀邪实为标。

气虚质冠心病患者因素体气虚，常感乏力，气虚则气机不畅或气滞，气虚气滞不能推动血液运行，则出现胸部闷痛，劳累时耗气则病情加重。气虚质冠心病患者根据其临床表现，结合四诊，多分为气血两虚证、心脾两虚证、气滞心胸证，此三者病情为依次递进。气血两虚证的治法为益气养血养心，方用四君子汤、八珍汤，以生一身之气，气血伴生；心脾两虚证为气血两虚发展至脏腑之证，治法为益气健脾、补血养心，方用人参养荣汤、归脾汤等；气滞心胸证为心脾两虚证的进一步发展，治法为益气温阳、活血通络，方用升降散合逍遥散，或在心脾两虚证基础上，酌加香附、砂仁、枳壳、川芎、赤芍、薤白、苏木等。

在调体原则上，气虚质者应以培补元气、补气健脾为主。饮食调养选择性平偏温、健脾益气食物，如小米、土豆、鸡蛋、鸡肉等。孙思邈云：糜粥自养，为“天下第一补品”，易被人吸收，对气虚质者适宜。选择营养丰富而易消化吸收食物，不可不问寒热虚实而蛮补，更不可不考虑脾胃运化功能而一味乱补。“食疗不愈，然后命药”，以补中益气汤或四君子汤为基础调体用方，但注意把握剂量，不可峻补；佐以理气药，以防壅滞气机；避免虚中夹实。运动健身选择柔和传统健身功法，如太极拳、太极剑等，还可练“六字诀”的“吹”字功，注意“形劳而不倦”，锻炼采用多次数、低强度运动方式，循序渐进持之以恒。悲忧伤肺，悲则气消，在精神调摄方面不宜过思过悲，多参加有意义社会活动，多与人沟通，培养积极乐观豁达的生活态度。起居调摄，防寒保暖，防止劳汗当风；微动四肢，以流通气血，促进脾胃运化，但不可过于劳作，耗伤正气。

血瘀质冠心病患者体内必有瘀血，为血运不畅之体。出现瘀血的原因有血出致瘀、气滞致瘀、因虚致瘀、血寒致瘀、血热致瘀。因瘀血阻于心脉，心脉不通则心胸疼痛如刺如绞。血瘀质冠心病患者根据其临床表现，结合四诊，多为心血瘀阻证、气滞血瘀证、痰瘀互结证。心血瘀阻证治法为活血化瘀、通脉止痛，方用血府逐瘀汤、桂枝茯苓丸；气滞血瘀证治法为活血化瘀、散结止痛，方用桃红四物汤、失笑散，或者在心血瘀阻证方基础上再加乳香、没药、丹参、郁金，胸闷痛甚者加檀香、荜茇；兼阳虚或寒凝者加肉桂、细辛、高良姜、薤白、人参、附子；气滞者加香附、川楝子；痰瘀互结证治法为祛痰化瘀、温通心脉，方用瓜蒌薤白半夏汤合桃红四物汤或血府逐瘀汤。

血瘀质者调体原则是活血祛瘀，疏利通络。此类体质人群在饮食上选择具有活血化瘀功效的食物，如生山楂、红糖、葡萄酒、油菜、香菇等；但注意不宜食用收涩、寒凉、冰冻之品。选用药物调体时要结合患者具体情况，因“干血”内留而导致血瘀质者应注意养阴以活血；女性更当注意活血药物应用，以防动血而致月经过多。“流水不腐，户枢不蠹”，人体气血贵在流通，运动能够促进血液运行，使气血流通。步行健身法、徒手健身操及导引、五禽戏等都可促进全身血液运行，可经常坚持锻炼。已患冠心病者，由于心血管功能较弱，不宜进行大强度、大负荷体育锻炼。运动过程中随时监测心率和注意主观感觉，出现不适，立即停止，必要时到医院就医。寒冷等刺激容易导致血瘀，血瘀质者应注意避免寒冷刺激。长期精神抑郁容易导致血瘀质，诱发心血管疾病。应保持心情愉快、乐观，及时消除不良情绪。

痰湿质冠心病患者体内痰浊中阻，易导致体内津液不布、阳气不运而胸阳不振。痰为阴邪，易阻滞气机，痰气结于胸中，则出现心中痞满，胸满而痛，甚或胸痛彻背。痰湿质冠心病患者根据其临床表现，结合四诊，多为痰浊闭阻证、痰气互结证、痰饮互结证。痰浊闭阻证治法为通阳泄浊、豁痰宣痹，方用涤痰汤、枳实薤白桂枝汤；痰气互结证治法为通阳散结、祛痰下气，方用瓜蒌薤白半夏汤、橘枳姜汤；痰饮互结证治法为祛痰化饮、通阳宣痹，方用指迷茯苓丸、苓甘五味姜辛汤、茯苓杏仁甘草汤；若胸中老痰化热，发展为痰热闭阻证，则治痰必清其火，方用小陷胸汤、黄连温胆汤、礞石滚痰丸，药用海蛤壳、黑山栀、天竺黄、鲜竹沥；痰浊与瘀血往往同时伴见，因此，通阳豁痰、活血化瘀、宽胸理气、温散寒凝经常并用，临床上应根据具体情况及偏重灵活运用。

痰湿质调体原则是健脾祛湿、化痰泄浊。《素问·奇病论》“数食甘美而多肥也”，痰湿体质者在饮食上要少吃肥甘厚腻、滋补、寒凉饮食。以清淡为主，多摄取宣肺、健脾、化湿和通利三焦的食物，如薏米、赤小豆、扁豆、蚕豆等。单纯痰湿质者可用燥湿运脾的平胃散加减化裁调理，选药苍术、白术、茯苓、佩兰、砂仁、厚朴、陈皮等为主；临证用药时特别注意是否存在兼夹体质，灵活选方。“脾为生痰之源”，脾喜燥恶湿，痰湿体质之人应注意保持居室干燥，平时多进行户外活动，湿冷天气减少外出，避免受寒淋雨。痰湿体质之人形体大多较肥胖，应当加强机体物质代谢过程，做长时间有氧运动，如散步、乒乓球、羽毛球等。运动负荷强度较高时注意节奏和频率。

阳虚体质冠心病患者素体阳虚，阳虚则寒，寒性收引凝滞，心脉拘急则气血痹阻，阳虚多由脾肾阳虚所致，肾阳不足尤是关键，肾阳不足亦心阳不振，因此，阳虚冠心病，气候骤冷或骤感风寒则发病或加重，阳气不振，血运不畅，血脉挛急，则促进或加重瘀血的产生。阳虚质冠心病患者根据其临床表现，结合四诊，多为寒凝心脉证、寒凝气滞证、心肾阳虚证等。寒凝心脉证的治法为温经散寒、宣通心阳，方用枳实薤白桂枝汤、当归四逆汤；寒凝气滞证的治法为温阳行气、振奋心阳，方用瓜蒌薤白桂枝汤、茯苓杏仁甘草汤、橘枳姜汤等，气滞明显者加白檀香；心肾阳虚证的治法为温补心肾、益气回阳，方用四逆汤或四逆加人参汤合右归饮、桂枝甘草汤。以上诸症见阴寒极盛、胸痛剧烈、疼痛无休者，可予乌头赤石脂丸，加荜茇、高良姜、细辛；若冷汗出，即刻舌下含化苏合香丸或麝香保心丸；若兼见寒凝血瘀者，又当合用血府逐瘀汤；若因肾阳虚衰不能制水，而见水饮凌心，症见水肿、喘促、心悸、怔忡，用真武汤加黄芪、防己、猪苓、车前子，重者，可效仿李可之破格救逆汤法。此外，国医大师路志正认为，无论何脏何因引起的阳虚寒凝心痛当温脾胃，以鼓舞卫气，常用桂枝、生姜、干姜。

阳虚质调体原则是补肾温阳。应多吃甘温食物，以温补脾肾阳气为主。常用补阳食物可选用羊肉、狗肉、刀豆、荔枝、龙眼、樱桃、杏、核桃、栗子、韭菜、茴香；阳虚体质者，平时不宜多食生冷、苦寒黏腻之品，即使在盛夏也不要过食寒凉之品，如田螺、螃蟹、西瓜、黄瓜、苦瓜、冬瓜、芹菜、绿豆、蚕豆、绿茶、冷冻饮料等。药物调体时选用桂枝、附子、肉桂等温阳之品，但医师遣方用药时应注意适当添加养阴之药，使“阳得阴助而生化无穷”；同时兼顾脾胃；阳虚质者一定要在医师指导下使用辛热温阳的药物，不可自行滥用、误用。起居应根据“春夏养阳”理论，春夏季节适当多做户外锻炼，可选择适合项目，如散步、慢跑、太极拳、五禽戏、跳绳及各种球运动，以振奋阳气，促进阳气的生发和流通；适当短距离跑和跳跃运动，如跳绳、踢毽等，可振奋阳气；阳虚体质以振奋、提升阳气的锻炼方法为主，古代道家养生长寿术中核心功法卧功中以脊柱、腹部运动为主、以调节督脉、任脉，从而滋阴养阳；自行按摩气海、足三里、涌泉等穴位可补肾助阳、改善阳虚质。阳虚者性格多沉静、内向，常情绪不佳，易于低沉，应调情感、和喜怒、去忧悲、防惊恐；调摄方法，学会自我调节不良情绪，积极与人交流，培养开朗性格，提高心理素质。

可见，体质是参与中医证候形成的重要因素，体质的差异也因此带来疾病转归方向的差异性。心脏康复应注重饮食的偏嗜和相应体质的关联性。在虚实夹杂、相兼体质的患者身上，更要注意标本兼治，辨体质与辨证相结合。准确的证候辨析就要做到把握病机、标本兼顾、分清因果，治疗上要攻补兼施，或以补为主、辅以祛邪，或以攻为主、兼以扶正。同时通过对心脏疾病患者中医体质辨析分型的研究表明，体质测评、辨析有利于研究心脏疾病在病理上的某些病因和对此病的易感性或趋向性，以及疾病在传变、转归上的某种倾向性，从而改善与心脏疾病发生密切相关的体质，从根本上有效地控制本病的发生、发展，并减少或延缓心脏疾病及合并症(病)的发生。主要通过整体调养、辨证施治、摄生保健、调治结合来改善不良的内在因素，包括性格行为特征、不良的生活方式和饮食习惯，从而达到劳逸结合、适度运动、饮食结构健康的良好状态，以利于心脏疾病的预防、向愈。

（李海霞）

参考文献

[1] 王琦. 中医体质学研究与应用 [M]. 北京: 中国中医药出版社, 2012.
[2] 王琦. 9 种基本中医体质类型的分类及其诊断表述依据 [J]. 北京中医药大学学报, 2005, 28 (4): 1-8.
[3] 王健, 滕涛. 冠心病患者中医体质类型特点及其与冠脉狭窄程度的相关性研究 [J]. 中医药导报, 2015, 21 (11): 10-12.
[4] 李小燕, 何焯根, 陈润东, 等. 300 例冠心病患者中医体质类型与血脂水平的相关性分析 [J]. 中西医结合心脑血管病杂志, 2015, 13 (8): 964-965.

第三章　运动康复

运动康复是心脏康复的核心,需在患者实施了个体化的康复评估后才可以进行的阶段,运动康复阶段包括个体化运动处方的制订、个体化运动处方的有效实施、个体化运动治疗疗程结束后的再评估,以及进一步的进阶或维持。

第一节　个体化运动处方的制订

一、运动处方的基本原则

个体化运动处方的制订需结合患者疾病的当前阶段,根据其所评估得出的运动储备功能进行量化地制订,并符合运动处方的 FITT-VP 原则。

FITT-VP 原则具体是指频率(frequency,F;每周进行多少次运动训练)、强度(intensity,I;患者训练的速度、踏车功率,以及患者费力程度或需要达到的运动心率,根据训练形式而设定训练强度)、时间(time,T;训练一次持续时间或一周训练的总时间)、类型(type,T;运动模式或运动类型)、总量(volume,V;运动量)及康复进程的逐级进展(progression,P;进阶)。

运动处方的 FITT-VP 原则为患者提供了个体化的训练计划,具体组成多种多样,取决于患者的身体特点和训练目标,现场执行时需要根据患者的运动反应、需要、限制、运动的适应情况,以及运动计划的目的和目标的改变而进行调整。

二、运动处方的组成

个体化运动处方的基本组成包括热身运动、康复治疗强度的训练、整理活动及拉伸训练。

热身运动处方由 5~10 分钟的低等强度的有氧运动和力量训练组成(运动强度的区分见表 3-1)。

表 3-1　运动强度的区分

运动强度	%HRR 或 $\%VO_2R$	%peak VO_2 /(mL/(kg·min))	%peak HR /(次 /min)	RPE
很轻	<20	<25	<35	<10
轻	20~39	25~44	35~54	10~11
中等	40~59	45~59	55~69	12~13

续表

运动强度	%HRR 或 %VO_2R	%peak VO_2 /(mL/(kg·min))	%peak HR /(次/min)	RPE
重	60~84	60~84	70~89	14~16
很重	≥85	≥85	≥90	17~19
极重	100	100	100	20

热身阶段是运动康复治疗的重要步骤，它可以调节机体的生理、生物力和生物能，使机体可以适应康复课中运动训练的需要。热身活动不仅可以增加关节活动度(range of motion，ROM)，还可以降低运动损伤的风险。热身活动内容可依据训练课的主要内容而确定。如果康复训练以心肺耐力运动、有氧运动为主要内容，特别是那些持续时间较长或重复次数较多的活动，建议训练者在热身阶段采用动态的有氧运动，这比拉伸活动获得的效果更好。

训练阶段包括有氧、抗阻、柔韧性、神经动作练习，必要时也可以有竞技运动。有关这些运动的具体内容将在本节的后面详细介绍。

康复训练者在训练阶段完成后要进行整理活动，整理活动包括至少 5~10 分钟的低到中等强度的有氧和肌肉耐力练习。进行整理活动的目的是使患者训练时的心率和血压逐渐恢复到运动前的正常水平，同时消除机体在较大强度运动时肌肉产生的代谢产物。

热身和整理活动不能代替拉伸训练，由于肌肉温度升高会提高 ROM，所以运动者可以将拉伸训练安排在热身或整理活动之后，也可以在使用保温袋热敷肌肉后进行拉伸。

三、有氧运动处方及心肺耐力运动处方

有氧运动处方和心肺耐力运动处方是有区别的。有氧运动处方的运动强度需在无氧阈强度以下，进行包含气体代谢的心肺运动测试才能得到患者的无氧阈强度。适合重症心肺疾病患者运动康复的初始阶段。

(一) 运动强度

运动强度是运动处方的核心，关系到运动治疗的疗效和安全。

运动强度与获得的健康益处有着明确的量效关系。低强度的运动无法提高机体的最大摄氧量。因此，个体化运动处方的关键是明确患者本阶段运动治疗的目的，针对治疗目标选择安全有效的运动强度。

运动强度的评估方法有多种，最准确的方法是直接测试法，可以有效地制订适合个体改善其运动功能的运动处方。但当条件不允许时，也可用运动强度的推测法。

心率是确定运动处方强度的最简便指标，但首先需搞清楚几个与运动有关的心率的概念。

最大预测心率 = 220- 年龄(岁)或者 210-0.65×年龄(岁)，前者已在临床中普遍采用，但临床实际测得的最大运动时的心率可能与之有偏差。两者之差即：心率储备(heart rate reserve)，是指最大运动后心率的可增加程度，心率储备 = 最大预测心率 – 最大运动时实测心率。正常情况下，心率储备 ≤ 15bpm；而在有外周动脉疾病和心脏传导功能不全的患者，心率储备常增大。

运动治疗中常应用心率储备法来计算心率，即运动中的最高心率与安静时心率之差。主要有最大储备心率百分数法和靶心率方法。

最大储备心率 = 最大运动心率 – 安静心率

Jungman 法：年龄预计靶心率 =180（170）– 年龄

Karvonen 法：储备心率靶心率 =（最大运动心率 – 安静心率）× 期望强度 % + 安静心率

但由于目前绝大多数心血管疾病患者（除禁忌证患者）均应用了 β 受体阻滞剂，因此应用心率储备法时，切记需考虑到应用药物的问题，以防盲目追求心率的目标而忽略患者的安全。

本节以一位非 ST 抬高急性心肌梗死患者为例，采用其冠状动脉介入治疗术后实际测试的心肺运动数据，根据不同运动强度的计算方法，得出患者的康复强度，制订适合患者现阶段的个体化运动处方。此实例以示读者，方便读者工作中应用。

病例

徐某某，男性，1951 年 11 月 11 日出生（2013 年 5 月入院）。

因反复胸痛 3 天，加重 5 小时急诊，心电图可见下壁心肌缺血、左室高电压；心肌损伤标志物肌钙蛋白 4.5ng/ml；入院行急诊冠状动脉造影：右冠状动脉 100% 闭塞，左回旋支 85% 狭窄；于右冠状动脉植入支架 1 枚。术后胸痛缓解，收入病房。

既往有高血压史 10 年，服药为复方卡托普利，血压控制情况不详。有吸烟史，每天 1 包，达 30 年。无运动习惯。

入院后的阳性检查结果：

血脂显著升高，低密度脂蛋白胆固醇高达 5.1mmol/L；

心脏超声：左房增大（49mm），左室室间隔增厚（15mm），左室舒张功能减退；

治疗：经双联抗血小板聚集（氯吡格雷 75mg、拜阿司匹林 100mg）、改善左室重构、降压（氯沙坦钾 100mg）、控制心率（美托洛尔缓释片 23.75mg）、调脂（阿托伐他汀 40mg）治疗，病情稳定。

出院诊断：

（1）冠心病，急性非 ST 段抬高心肌梗死，心功能 Ⅰ 级（killip）

（2）高血压 3 级，极高危组，高血压性心脏病

（3）高胆固醇血症

于术后第 5 天行心肺运动试验（表 3-2）。

身高 165cm，体重 68kg，BMI：25kg/m^2，腰围：83cm。

运动测试方案：Ramp10 方案。

运动终点：下肢疲劳指数 10、呼吸困难指数 12。

运动试验终止原因：运动过程及恢复期均未出现动态心肌缺血改变及心律失常，因血压过高（220/75mmHg）终止试验，建议控制静息心率和随访血压变化。

表 3-2 患者心肺运动试验报告

	静息	热身	无氧阈	运动峰值
HR/(次 /min)	77	90	98	122(76% HRmax)
BP/mmHg	130/75	177/79	182/78	220/75
VO_2/($ml\cdot min^{-1}\cdot kg^{-1}$)	4	8.5	12.1	16.8
功率 /W	—	—	25	80

注:HR. heart rate,心率;BP. blood pressure,血压;VO_2. 摄氧量;HRmax. maximal heart rate,最大心率。

1. **心率储备法**

可用的数据:峰值心率(peak heart rate,HRpeak)122 次 /min;静息心率(resting heart rate,HRrest)77 次 /min

计划运动强度范围:40%~60%

最大心率储备 = HRpeak–HRrest = 122 次 /min–77 次 /min = 45 次 /min

Jungman 法:年龄预计靶心率 =180(170)– 年龄 = 180–51=129

Karvonen 法:储备心率靶心率 =(最大运动心率 – 安静心率)× 期望强度 % + 静息心率 = 45 次 /min ×(40%~60%)+ 77 次 /min =(95~104)次 /min

确定运动训练强度的心率范围为 95~104 次 /min。

结合患者的心肺运动试验结果,无氧阈强度对应的心率为 98 次 /min,该运动强度范围部分超出无氧阈强度,但整体运动试验患者均未出现运动诱发的动态心肌缺血和心律失常,因此心率储备的运动处方强度超过无氧阈强度的训练即是心肺耐力训练。

2. **储备摄氧量**(reserve oxygen uptake,VO_2R)**法**

可用的数据:峰值摄氧量(peak oxygen uptake,VO_2peak)16.8ml/(min·kg),无氧阈时摄氧量(oxygen consumption at anaerobic threshold,VO_2-AT)12.1ml/(min·kg),静息摄氧量(rest oxygen uptake,VO_2rest)=4ml/(min·kg)

计划运动强度范围:40%~60%

$$VO_2R = VO_2peak - VO_2rest$$
$$VO_2R = 16.8 - 4 = 12.4$$
$$40\%VO_2R = 0.4 \times 12.4 = 4.96$$
$$60\%VO_2R = 0.6 \times 12.4 = 7.44$$

公式:靶摄氧量 =(VO_2peak–VO_2rest)× 期望强度 % + VO_2rest

计算靶摄氧量 =(16.8–4)×(40%~60%)+4 = 8.96~11.44

靶 VO_2 范围:8.96~11.44ml/(min·kg)

靶 MET 范围:2.56~3.3(MET)

3. **最大心率百分比**(percentage maximum heart rate,%HRmax)**法**

可用数据:51 岁男性

计划运动强度范围:55%~70%

预测 HRmax = 220– 年龄 = 220–51 = 169

THR 范围:55% × 169~70% × 169 = 93~118

4. 峰值摄氧量百分比(percentage peak oxygen uptake,%VO_2peak)法

可用数据:VO_2peak =16.8ml/(min·kg),VO_2–AT=12.1ml/(min·kg)

计划运动强度范围:45%~60%

计算靶 VO_2 范围:(45%~60%) × 16.8ml/(min·kg)= 7.56~10.1ml/(min·kg)

结合患者的心肺运动试验结果,无氧阈强度 12.11ml/(min·kg),结合患者运动终点时下肢疲劳指数 10、呼吸困难指数 12,因运动中血压过高(220/75mmHg)终止试验,所以患者此次测得的运动峰值不代表患者真正的运动峰值,因血压过高而终止运动得出的 VO_2peak 运动强度会偏低,可以在早期适应性训练时,应用该强度范围注意运动中血压的变化,没有异常即可提高运动强度到实测的无氧阈强度。

5. 利用代谢公式确定使用跑台的速度或转化成平地的步行速度

跑台跑步速度公式:VO_2 = 3.5+(0.2 × 速度)+(0.9 × 速度 × 坡度 %)

跑台走路速度公式:VO_2 = 3.5+(0.1 × 速度)+(0.9 × 速度 × 坡度 %),当坡度为 0 时,即平地行走速度。

平地行走速度公式:VO_2 = 3.5+(0.1 × 速度)

当 VO_2 较低时,经计算得出的跑台跑步速度过低,无法开跑时,建议应用跑台走路速度公式计算平地的步行速度。

可用数据:51 岁男性,身高 165cm,体重 68kg,BMI:25kg/m^2,腰围:83cm。

VO_2peak = 16.8ml/(min·kg),VO_2–AT=12.1ml/(min·kg)

计划跑台坡度:0

期望运动强度范围:无氧阈强度和 80% 的峰值强度

跑台跑步速度公式:VO_2 = 3.5+(0.2 × 速度)+(0.9 × 速度 × 坡度 %)

(1)将相关数据代入公式:12.1ml/(min·kg)=3.5+(0.2 × 速度)+(0.9 × 速度 × 0)=3.5+(0.2 × 速度)

无氧阈强度跑台速度 =(12.1–3.5)/0.2=43m/min=2.58km/h

(2)80% VO_2peak=13.44ml/(min·kg),13.44ml/(min·kg)= 3.5+(0.2 × 速度)+(0.9 × 速度 × 0)= 3.5+(0.2 × 速度)

80% VO_2peak 跑台速度 =(13.44–3.5)/0.2=49.7m/min =2.98km/h

根据常识,跑台低于 6km/h,均无法进行跑步这一运动形式,所以需进行平地的步行速度的计算。

平地行走速度公式:VO_2 = 3.5+(0.1 × 速度)

(1)无氧阈强度:12.1ml/(min·kg)= 3.5+(0.1 × 速度)

无氧阈强度行走速度 =(12.1–3.5)/0.1 = 86m/min=5.16km/h

(2)80%VO_2peak=13.44 ml/(min·kg),13.44ml/(min·kg)=3.5+(0.1 × 速度)

80% VO_2peak 行走速度 =(13.44–3.5)/0.1=99.4m/min=5.96km/h

(二)运动持续时间

运动持续时间是指一段时间内进行体力活动的总时间,可以理解成每次康复课程的训练时间,以及每天或每周运动的总时间。我国成人体力活动的推荐运动量:每天累计进行至少 30~60 分钟、每周至少 150 分钟的中等强度运动,2016ESC 心血管疾病预防临床实践指南指出,中等强度的运动指中等强度的快步行走(速度为 4.8~6.5km/h),或自行车慢骑(15km/h)。若以较大强度运动的话,要求每周至少 75 分钟。

推荐的体力活动时间 / 持续时间可以一次完成（即一次训练课），也可以通过一天中几次或至少持续 10 分钟的活动累计完成。

对于体适能极其低下的患者不足 10 分钟的活动也可能产生良好的运动适应，但需长期坚持，逐步提高适合患者体适能运动强度的运动时间。

早期开始训练的患者，每天的运动时间不足 20 分钟对患者的健康也是有益的，尤其是常处于静坐少动的人群或患者，需鼓励患者循序渐进、长期坚持。

（三）运动频率

运动频率需与运动强度相结合。为保持或促进健康，推荐的有氧运动频率为：每周至少 5 次中等强度的运动，或每周至少 3 次较大强度的耐力运动。频率的设定也依据循序渐进的方式，以保证患者的安全和可持续性。

（四）运动量

运动量是由运动的频率（frequency）、强度（intensity）、时间（time）和类型（type）共同决定的，即训练的 FIT。运动量的单位是 MET-min/wk，是对人们从事各种活动的总和进行标准的量化。计算方法是用一项或多项体力活动的 MET 与每项活动时间的乘积，即 MET*min。流行病学和随机临床试验的研究结果显示，总运动量不少于 500~1 000MET-min/wk 与更低的心血管疾病发病率和死亡率密切相关。较小的运动量对于低体适能患者来说也可能有益，但目前无法提供最小推荐量。

计步器是一种促进体力活动的有效工具，可估算每天的运动量，每天日行 5 400~7 900 步即可满足日常的推荐量。但使用计步器估算运动量存在潜在误差，将步 /min 与运动时间和运动持续时间结合使用，会更好地管理患者本身的运动训练情况。

（五）运动方式

医务人员在为患者制订有氧运动处方时，需结合患者的爱好、家庭自身条件，选择有节律的、大肌肉群参与、技巧较低的有氧运动形式，以保证患者的依从性。

（六）运动进阶

运动处方不是一成不变的，尤其对刚刚经历了一次急性心血管事件的患者来说，第一次的运动储备功能的评估依循安全性原则，并非每一位患者均能达到亚极量运动试验；因此在运动处方的实施过程中，可以根据运动处方的 FITT 原则，通过增加患者可耐受的一项或几项内容来考察运动处方的执行情况，以推荐合理的进度。开始训练的 4~6 周，需按照患者的运动反应由低强度开始训练，比较轻易地达到强度训练后，每 1~2 周可将训练课时间延长 5~10 分钟，当患者规律训练至少 1 个月后，在接下来的 4~8 个月，老年患者或者体能低的患者可适当延长时间，逐渐增加 FIT，直到达到指南推荐的数量和质量。

提高运动处方的 FITT-VP 中的任意一项，都应遵循循序渐进原则，避免大幅度增加 FITT-VP 中的某一项，这样可以最大限度地避免肌肉酸痛、损伤、过度疲劳的发生，并将过度训练的长期风险降到最低。物理治疗师对运动处方进行任何调整时，都应该监控运动者的反应，观察运动后的血压、心率、呼吸、肌肉疲劳酸痛情况，当运动者无法耐受调整后的计划时应降低运动量。

Borg 评分的降低意味着患者可以重新评估以进入进阶阶段。总结有氧（心肺耐力）运动处方的 FITT-VP 原则如表 3-3 所示。

表 3-3　有氧(心肺耐力)运动处方的 FITT-VP 原则

FITT-VP	有氧(心肺耐力)运动推荐
频率	中等强度运动每周不少于 5d 或较大强度运动每周不少于 3d, 或中等强度加较大强度运动每周不少于 3~5d。
强度	推荐大多数成人进行中等和 / 或较大强度运动。 轻到中等强度运动可使非健康个体获益。
持续时间	推荐大多数成人进行每天 30~60min 的中等强度运动 或 20~60min 的较大强度运动, 或中等到较大强度相结合的运动。 每天小于 20min 的运动也可使静坐少动人群获益。
类型	推荐进行有目标的、能动用主要肌肉群、持续有节律性的运动。
运动量	推荐的运动量每周应至少 500~1 000MET-min。 每天至少增加 2 000 步使每天的步数不少于 7 000 步,可以获得健康益处。 不能或不愿意达到推荐运动量的个体进行小运动量的运动也可获得健康益处。
模式	运动可以是每天一次性达到推荐的运动量,也可以是每次不少于 10min 的运动时间的累积。 每次少于 10min 的运动适用于健康状况差的患者。
进度	对运动的持续时间、频率和 / 或强度进行调整,逐步达到运动目标。 循序渐进的运动处方可以促使锻炼者坚持锻炼,减少骨骼肌损伤和不良心血管事件。

四、抗阻训练运动处方

抗阻运动可增加肌肉力量、肌肉耐力和肌肉体积、心肺有氧能力,有助于改善身体成分控制体重、血糖水平和胰岛素敏感性,增加骨密度、骨矿含量和骨力,预防减缓甚至逆转骨质流失,还可以降低焦虑抑郁、增强活力和缓解疲劳,调控心血管危险因素,提高慢性疾病患者的生存质量,已成为心脏康复有氧运动和心肺耐力运动的重要补充,尤其对于体适能低的患者,有利于患者更快地恢复自主生活和工作。例如增加下肢肌肉力量训练有利于患者下床活动,减轻运动中和运动后的疲乏,改善患者运动康复的依从性;上肢力量训练可增加上肢肌肉力量,从而协助患者轻松完成日常家务活动和常规工作。

另外,合并多种慢性疾病包括腰腿痛、骨质疏松、肥胖、糖尿病等的心血管疾病患者也能从阻抗运动中获益;而且对于过度肥胖的患者需要先从抗阻训练中获益,以减轻体重从而减轻对关节的损伤;关节炎、神经系统疾病导致的步态不稳患者无法进行有氧运动时,选择患者可以耐受的抗阻训练方案进行训练,可改善心肺功能。

抗阻训练的热身和整理运动与有氧运动不甚相同,有其特殊性。

热身运动:包含全身大肌群的静态(static)或动态(dynamic)牵伸,包含肩部肌群、肱二头肌、肱三头肌、股四头肌、腘绳肌、腓肠肌、比目鱼肌、腰肌群、腹肌群,15~30 秒 / 次;

抗阻训练:全身大肌群抗阻力量训练,如:坐姿上肢前推、肱二头肌屈伸抗阻训练、肱三头肌屈伸抗阻训练、下肢负重屈伸抗阻练习、腹肌练习、俯卧腿弯举抗阻练习、坐位下肢屈伸抗阻练习、腓肠肌训练等;

以发展一般性肌肉适能为目的，推荐给患者抗阻训练的频率：每周对每一个大肌肉群训练 2~3 天，同一肌群的训练时间至少间隔 48 小时。

整理运动：包含全身大肌群的静态或动态牵伸，包含肩部肌群、肱二头肌、肱三头肌、股四头肌、腘绳肌、腓肠肌、比目鱼肌、腰肌群、腹肌群，15~30 秒 / 次。

参加抗阻训练时需根据每位患者个体情况及不同肌肉部位开出相应的运动处方。急性心肌梗死患者康复应当选择合适的运动负荷，每次锻炼应包括 8~10 项综合性训练，15~20 分钟完成，组间休息 1~2 分钟。

急性心肌梗死患者抗阻运动时期选择：患者至少 5 周后开始抗阻训练，且应连续 4 周在有医学监护的有氧训练之后进行；冠状动脉搭桥术后患者 3 个月内不应进行中到高强度上肢力量训练，以免影响胸骨的稳定性和胸骨伤口的愈合。

每组肌肉群的训练负荷不尽相同，需通过测定后量化，避免过高强度引发并发症。如果患者训练的 Borg 指数不高，但出现肌酶升高到 3 倍以上，排除病理和药物因素外，需要下调抗阻训练的强度。

一次反复最大重量（one repetition maximum，1RM）是指在保持正确手法且没有疲劳感情况下，一个人一次能举起（仅一次重复）的最大重量。抗阻负荷与重复次数之间的关系见表 3-4。

表 3-4　抗阻负荷与重复次数之间的关系

一次反复最大重量百分比	重复次数
100%	1
95%	3
90%	5
85%	7
80%	10
75%	12
70%	15

以股四头肌向心训练为例计算患者的 1RM：应用芬兰 HUR 气动阻力训练系统，被测者取屈髋 90° 坐位测试股四头肌。测试前调节仪器，使阻力能够在初始位置垂直作用于被测肢体远端。首先测 1RM 值，视情况选取适当负荷，嘱被测者尽力、尽快进行 0°~90° 膝关节屈伸活动直至力竭，根据被测者完成动作的重复次数计算出做该动作的 1RM。如果测试选用 30kg 作为测试负荷，被测者完成 12 次时力竭。经计算：重复 12 次对应 75% 的 1RM，30kg ÷ 0.75=40kg，故该位患者的股四头肌 1RM 为 40kg。为防止肌肉酸痛并使受伤危险最小，初始抗阻负荷建议为 1RM 的 50%~60%，重复 6~8 次。建议其心率、血压以不超过有氧运动处方的心率、血压为准，如果超过需要降低抗阻训练的负荷。下肢其他肌群以此类推，上肢肌群训练在排除禁忌证后，建议训练强度为 1RM 的 30%~40%。

抗阻训练可作为有氧训练的有力补充，但不能完全代替有氧训练，其注意事项包括：

（1）在有氧运动完成后进行，以保证充分的热身；

（2）使用重量器材或仪器前，要知道如何操作；

(3)低速或中速有节律地运动；

(4)全关节的运动，通过在用力相呼气和放松相吸气来避免屏气和 Valsalva 动作；

(5)上肢和下肢的运动交替进行以保证运动中有充分的休息；

(6)由于训练效果的特异性，抗阻训练应包含所有大肌群的运动；

(7)需测定不同肌群的 1RM，然后上肢以 30%~40%1RM 开始而下肢以 50%~60%1RM 开始。

常用的抗阻训练形式除抗阻设备外，还可利用身体重量(如俯卧撑)、哑铃或杠铃、运动器械及弹力带。其中弹力带具有易于携带、不受场地及天气的影响、能模仿日常动作等优点，特别适合基层应用。

每次训练 8~10 组肌群，躯体上部和下部肌群可交替训练，每周 2~3 次或隔天 1 次，博格评分 11~13 分，应注意训练前必须有 5~10 分钟的有氧运动热身或者单纯的抗阻训练热身运动，切记运动过程中用力时呼气，放松时吸气，不要憋气，避免 Valsalva 动作。

表 3-5 总结了抗阻训练的 FITT-VP 原则。

表 3-5　抗阻训练的 FITT-VP 原则

FITT-VP	抗阻训练推荐
频率	每周对每一个大肌群训练 2~3 次
强度	初学者以 60%~70%1RM(中等到较大强度)间歇训练提高力量； 有经验的力量练习者以 80%1RM(较大到大强度)提高力量； 老年人以 40%~50%1RM(低到较低强度)为起始强度提高力量； 久坐人群以 40%~50%1RM(低到较低强度)为起始强度可能也有益于力量增加； 以 <50%1RM(低到中等强度)训练，增加肌肉耐力； 老年人以 20%~50%1RM 提高爆发力
持续时间	尚无明确的时间被证明是有效的
类型	推荐进行包含所有大肌群的抗阻训练； 推荐所有人进行多关节运动，它不仅动用超过一个大肌群，并且能针对主动肌和拮抗肌； 抗阻运动计划中也可包含针对主要肌群的单关节练习，通常安排在特定肌群的多关节练习之后； 可以使用多种体育器材和 / 或自身重量来完成上述运动
重复次数	推荐大多数成年人以 8~12 次重复的负荷提高力量和爆发力； 中老年人开始练习时，以重复 10~15 次的负荷有效提高力量； 建议使用重复 15~20 次的负荷提高耐力
组数	推荐大多数成年人以 2~4 组重复提高力量和爆发力； 仅 1 组练习也是有效的，尤其是对老年人和初学者； ≤2 组用来提高肌肉耐力
模式	有效的组间休息 2~3min； 建议同一肌群练习时间应至少休息 48h
进度	推荐的进度是逐步增加阻力，和 / 或增加每组的重复次数，和 / 或增加频率

五、柔韧性训练运动处方

柔韧性训练能扩大关节韧带的活动范围，有利于提高身体的灵活性和协调性，让患者的关节活动维持在应有范围内，保持躯干部、下部、颈部和臀部的灵活性，在意外事件发生时有可能最大限度地避免和减轻损伤。

训练原则应以缓慢、可控制的方式进行，并逐渐加大活动范围。训练方法：每一部位拉伸时间 6~15 秒，逐渐增加到 30 秒，如可耐受可增加到 90 秒，其间正常呼吸，强度为有牵拉感觉同时不感觉疼痛，每个动作重复 3~5 次，总时间 10 分钟左右，每周 3~5 次，着重增强肩部、腰部和腿部的柔韧性训练。

柔韧性训练注意事项：要持之以恒，循序渐进；训练前要充分做好准备活动，提高肌肉温度，避免肌肉、韧带拉伤；柔韧性训练要适度，要注意全面协调发展，防止过分发展柔韧性，引起关节和韧带变形。以增强肩部协调性的训练处方举例：

(1)运动形式：肩部绕环(由直立双臂上举开始。一臂直臂向前、向下、向后、向上画圆摆动，同时另一臂向后、向下、向前、向上画圆摆动，均以肩关节为轴。依次进行)

(2)运动强度:(10~20)下 × (2~3)组

(3)运动时间:15 分钟

(4)运动频度：每周 3~4 次

表 3-6 总结了柔韧性训练运动处方的 FITT-VP 原则。

表 3-6 柔韧性训练运动处方的 FITT-VP 原则

FITT-VP	柔韧性练习运动处方推荐
频率	至少每周 2~3 次，每天练习，效果最好
强度	拉伸达到拉紧或轻微不适状态
持续时间	推荐大多数人静力拉伸保持 10~30s； 老年人拉伸保持 30~60s 获益更多； 在进行 PNF 时，最好是先进行 3~6s 的轻到中等强度收缩(即 20%~75% 最大随意收缩)，紧接着进行 10~30s 辅助拉伸
类型	建议对所有主要肌肉肌腱单元进行一系列的柔韧性练习
量	合理的练习量是每个柔韧性练习的总时间为 60s
模式	建议每个柔韧性练习都重复 2~4 次； 肌肉温度升高时进行柔韧性练习的效果最好，通过主动热身或热敷、洗澡等被动方法都可以提高肌肉温度
进度	尚无最佳进展计划建议法

注：PNF.proprioceptive neuromuscular facili-tation，本体感神经肌肉易化法。

六、神经动作练习运动处方

神经动作练习包括平衡、步态、协调、灵敏性和本体感觉等控制技能的练习，建议老年人每周至少进行 2~3 天的神经动作练习，可能需要每天至少练习 20~30 分钟，每周累计不少于60分钟，目前重复次数、强度、最佳进展的数据尚缺如。表3-7总结了神经动作训练的FITT-VP原则。

表3-7　神经动作练习运动处方的FITT-VP原则

FITT-VP	神经动作练习运动处方推荐
频率	建议每周至少2~3次
强度	有效的神经动作练习强度还不清楚
时间	可能需要每天至少练习20~30min
类型	建议老年人通过适当的训练和多种体力活动（如：太极、瑜伽）来提高控制技能（如：平衡、灵活性、协调性和步态），这样可以保持身体功能，并且降低跌倒的风险； 中青年人进行神经动作练习的效果并不十分明确，但是可能也会为运动者带来益处
量	最佳的运动量（如重复次数、强度）还不清楚
模式	最好的运动模式尚不清楚
进展	最适合的进展计划还不明确

（车　琳）

第二节　中医运动康复在心脏康复领域的应用

中医运动康复是在中国传统健身运动的基础上，将中国古典哲学及中医理论相结合所形成的运动养生行为，其注重精、气、神的调养，以达到修养身心的作用。其核心特点在于意守、调息、动形的统一，以意领气，以气动行，配合呼吸吐纳、按摩等术式，将皮肤、肌肉、筋骨充分拉伸舒展，同时刺激并调节人体的经络、脏腑功能，从而达到形神、气血及表里阴阳的和谐统一。

中医运动寓医理于动作中，强调发挥运动宣畅气血、调理脏腑的功能。如《老老恒言》中指出："导引之法甚多，如八段锦……之类，不过宣畅气血、展舒筋骸，有益无损"。多数运动均以通过屈伸俯仰、螺旋缠绕等肢体招式，使皮肉、筋骨得到充分拉伸舒展。

一、中医运动康复的历史发展及基本理论观点

1. 中医运动康复的历史发展　"康复"一词的概念最早可追溯至汉代的辞书《尔雅》，其中记载云："康，安也"；"复，返也"，康复的最核心释义即是恢复健康。康复用于现代医学领域，主要是指身心功能、职业能力和社会生活能力的恢复，"康复医学"又被称为继"临床医学""预防医学"之后的第三医学。我国的传统医学也十分重视疾病的康复阶段，如东汉张仲景所著的《伤寒论》一书，在《辨阴阳易差后劳复病脉证并治法》篇便专门论述了"伤寒解后""大病差后"卫气尚虚、气血未复时的康复治疗。在中医学理论的指导下逐渐形成了以药物、针灸、膏熨及运动导引功法为代表的诸多中医康复治疗方法，其中导引和运动功法是中医学康复疗法的重要组成部分。中医康复方法中"以动治病"的理念源流悠久，在春

秋时期的《吕氏春秋·古乐》一篇中就有记载云:“筋骨瑟缩不达,故作为舞以宣导之”,而该理念在心脏康复领域的运用则可追溯至晋代,许逊在《灵剑子》中创立了“五脏导引法……夏天补心”,开创了中医运动疗法在心脏康复领域的应用先河。巢元方在《诸病源候论》后附的“养生方导引法”中总结出260余条导引、按摩等外治方法,有针对性地选择运用于心腹痛、中风、骨关节功能障碍等病证。随着中医学理论的进步和完善,中医运动康复技术也在实践过程中不断地蓬勃发展,历经隋唐、宋元数代的沉淀,明清时期的医家已经对某些疾病或是某种疾病的某一阶段使用中医运动康复技术有了初步掌握,同时也形成了中国古代心脏运动康复技术的雏形,《普济方》卷一百八十七篇就明确记载了“以右足践地,左足上跷,除胸痹食热呕”的导引法;清代沈金鳌《杂病源流犀烛清·卷六·心》中“心脏导引法可正坐,以两手作拳,用力左右互相筑各六度”明确写出心痛等心系疾病的中医运动康复方案。时至今日,随着现代运动康复理论的建立和发展,国内外学者对以太极拳、八段锦、五禽戏等为代表的中国传统健身运动进行了大量的试验、研究和探讨,Wang等系统评价了中医传统健身运动对心血管疾病的临床疗效,发现中国传统健身运动可使收缩压降低9.12mmHg、舒张压降低5.12mmHg、甘油三酯水平降低0.33mmol/L,6分钟步行试验均数延长59.58m,明尼苏达心力衰竭生活质量量表评分均数下降17.08,SF-36生活质量量表评分升高0.82,情绪状态问卷评分下降3.02。研究表明了以太极拳、八段锦等运动功法为代表的中国传统健身运动能显著提高心血管疾病患者的运动功能、生活质量和情绪状态,在心脏运动康复的制订上有着极其重要的价值。

2. **中医运动康复理论的基本理论观点** 中医运动康复是在中医理论指导下,以传统运动功法或导引功法为主要手段的运动康复行为,其作为中医学的延续,有自身完备的理论体系。中医运动康复理论始终贯穿着几个基本观点:整体康复观和辨证康复观,这些康复观点有效地指导着中医运动康复的临床实践。

整体康复观:整体康复观指的是人与自然是一个整体及人体内脏腑经络是一个整体两部分。中医自有“天人合一”这个基本认识,在运动康复中也讲究脏腑之气出入有时,不同于“夏练三伏,冬练三九”的传统武术观点,中医学的康复功法更讲究起居有时、避寒暑、合于四时阴阳,通过脏腑经气活跃的时候导引、练功以达到辅助正气恢复的目的。同时中医理论认为人体是一个由脏腑、经络、皮肉组成的有机整体,生理功能的核心在脏腑,一身之气的枢纽在经络,以精、气、神三者的正常活动为生理健康的基本标准,故中医运动康复皆是从整体观出发,利用肢体运动和呼吸吐纳相结合的方式,达到行气活血、协调脏腑、疏通经络、强健筋骨、宁心安神的作用。

辨证康复观:辨证康复观则是根据中医理论辨证论治的基本观点,依靠辨病与辨证相结合的思路,在明确疾病的病情、病证及病机的特点之后,根据患者的气血、阴阳状况有针对性地去制订个体化康复方案。辨证是所有中医诊疗的前提和依据,中医运动康复疗法也不例外,通过准确的临床辨证才能明确运动康复方案的实施时间、实施频率及治疗周期。

二、常用中医运动康复方法

(一) 太极拳

太极拳是一种以传统儒、道哲学为根基,将医学的经络理论、气功的呼吸吐纳导引理论及外家拳法的招式套路相结合而创立的一门传统的中国武术。太极拳以太极为名,《周易·系辞》:“易有太极,是生两仪”,“太极”指万物的原始“混元之气”,其动而生阳、静而生阴。

现今最为人所熟知的太极拳分为杨式太极拳、武式太极拳、吴式太极拳、孙式太极拳、陈式太极拳五大流派。原国家体委1956年在杨氏太极拳基础上简化的24式太极拳,目前较为普及。太极拳讲究的是“形、气、神”三者的统一,在招式起落之间除了伸展肢体,还要有意识地调节呼吸,安养神识,练习太极拳时需舌尖轻抵上腭,以交通任督二脉;要求“虚领顶劲”,保持了百会穴与会阴穴的垂直,以利任督贯通;要求“气沉丹田”,使气血聚集于小腹,充盈气海,气血旺盛,充盈四肢百骸,改善脏腑功能,太极拳注重练气以化神,外练形体,内练精神,以达到“形神合一”的功法境界。

1. 太极拳在心脏康复领域的优势

(1)招式和缓运动量适中:太极拳的能量消耗可以达到(5.13 ± 1.36)代谢当量(中等强度有氧运动),其招式灵活、动作舒缓,满足了老年人和不耐受大当量运动的患者的临床需要,老年人行太极拳锻炼还可有效增强步态稳定性、促进平衡控制能力。另有研究表明,练习太极拳可明显改善中老年女性活力、情感职能和精神健康三维度评分,提高生活质量,因此,太极拳运动更容易受到心脏康复患者的选择。

(2)群众基础广泛利于普及和坚持:太极拳对于运动场所的要求很低,可在社区、广场及老年活动中心开展,具有显著的便捷性、普适性和社交属性。当下我国已经进入老龄化社会,各类健身操、广场舞成了老年人重要的健身和社交手段,太极拳作为我国传统运动的代表,在老年人群体中具有文化基础深厚、接受度高的特点。由于太极拳运动的观赏性、群体性,对同社区心脏康复患者进行太极拳锻炼可以增加感情交流、降低运动的孤独感,极大增强中国老年患者的运动依从性。

(3)形神俱养:太极拳除了改善心脏每搏输出量、6分钟步行距离等反应心脏生理功能的指标外,对血压、血糖等冠心病危险因素也具有保护作用。太极拳训练强调呼吸和意识舒缓凝聚,这一过程可能会降低心理压力,与单独的心脏康复运动模式相比,综合了减压项目的心脏运动康复计划可产生更好的临床效应。

太极拳运动有着很好的群众基础,对场地要求不高,在运动中调节呼吸,安养神识,达到形神一体,对心脏康复患者来说是一种十分理想的传统运动功法。

2. 太极拳在心脏康复领域的相关研究进展

原发性高血压:原发性高血压是多种心、脑血管疾病的重要病因和危险因素,陈健等通过对61例坚持1年太极拳运动的高血压患者进行研究发现,试验组患者平均血压的改善优于未坚持太极拳锻炼的对照组(P<0.05)。还发现,高血压的预后不仅与血压升高水平、脏器受累程度有关,还与患者是否坚持适当的运动锻炼有关,患者只要坚持长期有效的康复锻炼,就可以在很大程度上延缓疾病的进展,减少并发症。韩俏英等通过对60例老年高血压患者5年的系统观察表明,随太极拳运动坚持时间的延长,观察组血压逐年趋于正常,并发症少于对照组(P<0.05),且生活质量优于对照组(P<0.01)。在太极拳与传统步行的运动疗效比较方面,王纯等对3年以上病程的126位高血压患者进行了研究,其平均年龄为(62.13 ± 12.53)岁,实验前均无系统的体育锻炼习惯,研究结果表明传统健身运动(太极拳)对临界高血压总有效率在太极拳组为92.2%,在步行组为76.8%,对照组仅为15.3%,差异有统计学意义,可见太极拳和步行锻炼对轻、中度高血压均具有明显的降压作用,其中太极拳

运动降压效果优于步行锻炼。

冠心病：冠心病患者的康复一直是心脏康复领域的关注重点，冠心病心力衰竭患者的康复更是康复获益很大的人群。研究表明，太极拳运动可以使心肌梗死后的心肌纤维变粗、心肌壁变厚、心肌收缩力增强、心输出量增加、心肌摄氧量降低，同时降低交感缩血管神经的紧张度，增加交感舒血管神经的兴奋，使血管平滑肌弹性度提高、外周阻力增加、血管舒张、脑利尿钠肽（brain natriuretic peptide，BNP）水平降低，提高 6 分钟步行距离，从而改善心功能。

心血管主要危险因素：临床证据表明，太极拳不仅仅是一项强身健体的运动，更可以改善心血管疾病危险因素，从而降低心血管疾病的发病率。如曾永红等在广东省人民医院门诊入选患者 125 例，年龄 45~70 岁，其中男性 27 例，女性 98 例。根据自愿原则分为对照组 62 例、太极拳组 63 例，均进行为期 2 年的健康教育，对照组不改变日常生活习惯，太极拳组每周锻炼 3 次，每次 30~40 分钟，观察其对心脑血管危险因素影响及其慢性疾病的发病率。追踪随访 6 年后发现，对照组因心脑疾病死亡 2 例，伴其他心脑疾病 12 例；而太极拳组死亡 1 例，伴有其他心脑疾病 4 例。太极拳组慢性疾病发病率（9.52%）明显低于对照组（33.87%）（$P<0.01$）；太极拳组的血压、腰围、臀围显著低于对照组（$P<0.01$）。周涛等通过对操练太极拳的中老年人进行为期 3 个月的追踪式研究，结果显示太极拳能很好地降低患者血脂水平、增加肠道益生菌数量，且操练时间越长，肠道益生菌和血脂改善程度越明显，该研究证实太极拳运动更好地发挥了中医“未病先防”的优势，多方面改善心血管危险因素，对心血管疾病一级预防有着重要的作用。

（二）八段锦

八段锦是一项具有悠久历史的传统运动方式，最早见于北宋洪迈《夷坚志》，文中记载：“政和七年（1117 年），李似矩为起居郎。……尝以夜半时起坐，嘘吸按摩，行所谓八段锦者。”明代朱权在《活人心法》中不仅记载八段锦功法，同时还附有八幅练功插图，一时掀起了明清时期导引术的发展大热潮，成为养生与导引术发展史上的重要里程碑。2003 年，国家体育总局健身气功管理中心为便于统一推广、引导百姓学习、提高全民身体素质，对八段锦进行了重新研究与整理，并命名为“健身气功·八段锦”。

八段锦具有动静结合、气贯形神、柔和连贯的功法特点，长期训练可以达到舒经通络、平衡阴阳、滑利关节、增强体质等功效。近年来，八段锦在原发性高血压、冠心病、慢性心力衰竭及心血管危险因素控制等研究方面取得了良好的效果。

1. 八段锦在心脏康复领域的优势

形意结合：八段锦是集形体练习、呼吸训练、意念调节等为一体的有氧运动，强调“调形、调息、调心、调神”四者统一，饱含着“动静结合、形神共养”的中医康复内涵；每一式都伴随着呼吸对不同脏腑的功能锻炼，体现了中医脏腑辨证思想、形体训练配合呼吸训练的运动特点，特别适合用于心血管疾病合并呼吸系统疾病的患者。

动作和缓：八段锦动作柔和缓慢、圆活连贯，松紧有度、动静结合，形神具备、气贯始终，具有平衡阴阳、舒经通络、分解黏滞、滑利关节、活血化瘀、强筋壮骨、增强体质等功效。特别适宜心脏康复患者运动耐量低、长期卧床关节僵硬的生理特点。

可据个体特点选择运动处方：八段锦内涵丰富，在流派上分南八段锦和北八段锦，可根据患者南北不同地域、运动习惯进行兴趣推荐。在运动强度上分文八段锦与武八段锦，强度循序渐进，可根据患者不同心功能分级情况进行运动强度个体化指导。在运动形式上分坐式八段锦与站式八段锦，招式一脉相承，可根据患者的病情轻重进行分期康复指导，同时避免在康复过程中因患者运动耐量的提升不断更换运动形式而造成依从性降低的弊端。

2. 八段锦在心脏康复领域的相关研究进展

原发性高血压：高血压管理指南指出，规律的中等强度的有氧运动是非药物干预高血压的有效方式之一。八段锦作为一项低 - 中强度有氧运动，应用于早期原发性高血压康复，具有一定疗效优势。荟萃分析显示：与未参加运动人员比较，八段锦可降低中老年人收缩压 6.87mmHg，降低舒张压 4.07mmHg；八段锦联合抗高血压药，可进一步降低收缩压 7.49mmHg，降低舒张压 3.55mmHg。临床研究显示，八段锦降压效果与苯磺酸氨氯地平(5mg/d)疗效相当，表明八段锦可考虑作为轻度高血压患者或者正常血压高值人群的有效替代或者辅助降压手段。对于轻度高血压患者，八段锦练习可以将抗高血压药逐渐减至维持剂量；在坚持锻炼八段锦 1 年的随访中，患者即使停止八段锦练习，其后的随访中观察到维持降压效果可长达 12 个月，甚至更久。表明八段锦对早期高血压患者是一种较为经济实用、有效逆转不良生活方式的康复干预措施。

此外，八段锦配合药物降压不仅能更有效降低患者血压、缩短住院时间、减少并发症($P<0.05$ 或 $P<0.01$)，提高院内疾病康复速度，还能改善睡眠质量($P<0.05$)，同时缓解头痛、眩晕、心悸、失眠、五心烦热等临床伴随症状(总有效率可高达 94%，$P<0.05$)，降低头晕目眩、项强颈板、口干口苦等中医证候总积分($P<0.05$)，提高患者活动耐力，改善生活质量，增强自主神经调节功能，改善事件刺激下的自主神经反应($P<0.05$)。表明八段锦不仅具有良好的降压效果，与慢跑、抗阻训练相比，在改善患者头痛、眩晕、失眠等临床症状上有更加明显的优势，能有效改善患者生活质量。

冠心病：有氧运动训练可使冠心病患者产生缺血预适应，有助于提高心肌缺血耐受力、降低心肌损害、减少心绞痛的发生。研究显示，48 名老年人在进行 1 年的八段锦锻炼后，每搏输出量、心搏指数、心输出量、能量有效利用率、心肌收缩力均较锻炼前显著提高($P<0.05$ 或 $P<0.01$)，心耗氧指数、心肌摄氧量、左心搏动指数较训练前显著降低($P<0.05$)，提示八段锦可通过减少心肌耗氧、改善心肌能量代谢，提高心脏泵血功能。在西医心脏康复的基础上联合八段锦锻炼 12 周后，可进一步提高患者峰值运动等级、峰值心率、峰值代谢当量及峰值氧脉搏($P<0.05$)，提示心脏康复中西医相结合在提高患者心肺功能、增加运动耐量、改善生活质量等方面具有一定优势，表明现代运动模式与中医运动康复优势互补，可为进一步探索中西医结合运动康复程序提供一定参考。

在冠心病发生、发展和预后的过程中常合并焦虑、抑郁状态，这是诱发心绞痛的独立危险因素，严重影响疾病的转归。研究显示，八段锦可明显改善冠心病患者合并抑郁状态，抑郁自评量表(SDS)和汉密尔顿抑郁量表(Hamilton depression scale，HAMD)总分较干预前明显下降($P<0.05$)；在药物常规、健康教育和必要的心理指导上进行八段锦练习，可进一步减少心绞痛发作次数、缩短发作持续时间，显著改善焦虑、抑郁不良心理状态($P<0.05$)，对于冠心病合并焦虑、抑郁状态的患者来说，八段锦较常规运动模式获得了更好的临床收益，中医运动康复注重形神共养的优势得到了充分体现。

心力衰竭：是指心功能或结构发生异常导致心室充盈或射血能力下降的一组综合征，临床以呼吸困难、乏力和液体潴留为主要临床表现，患者运动耐力受限、生活质量下降，反复发病、反复住院，是各种心血管疾病的临床终末阶段。研究显示，在常规治疗的基础上联合八段锦练习12周,可进一步提高心力衰竭患者左室射血分数能力、增加6分钟步行距离、降低明尼苏达生活量表评分、减少12周心血管事件再入院率($P<0.05$),但血浆N末端B型利钠肽原(N-terminal pro-BNP,NT-proBNP)改善不显著,可能与练习时间偏短有关。而在常规治疗的基础上联合八段锦与六字诀练习长达1年,不仅能增加心力衰竭患者6分钟步行距离,而且显著降低血浆BNP水平($P<0.05$);同时还能减少1年内因心力衰竭再住院次数,降低住院总费用。对心力衰竭纽约心功能分级Ⅲ级以上的患者来说,体力活动往往难以耐受,八段锦在运动强度上分文八段锦与武八段锦,有站功和坐功两部分,文八段锦和坐功更适合体力活动不耐受心力衰竭患者的运动康复治疗。

心血管危险因素:心血管疾病是由多因素作用于多环节所致的慢性生活方式病,包括糖脂代谢异常、血压偏高、睡眠质量差及心理压力大等因素,这些因素常与心血管疾病互为因果,不断加剧疾病进程。荟萃分析显示:与未运动相比,八段锦能显著改善2型糖尿病患者空腹血糖、餐后2小时血糖及糖化血红蛋白水平,降低患者血清甘油三酯、总胆固醇、低密度脂蛋白水平,升高血清高密度脂蛋白水平;同时对患者的生活质量、睡眠质量、握力强度、灵活性、平衡力、血压及心率等均有不同程度改善,但对患者腿部力量、心肺耐力及肺功能的影响需要更多、更长时间的临床观察证实。八段锦具有“简、便、廉、验”的康复优势,能够改善包括各种人群、不同精神疾病及慢性疾病患者的心理健康和生活质量,八段锦除了对于冠心病、心力衰竭等器质性心脏病患者的运动康复治疗疗效突出外,对糖脂代谢、血压、睡眠障碍等主要心血管危险因素的改善也有着突出的疗效。

(三) 五禽戏

东汉末年,神医华佗依据中医学的阴阳、五行、脏象、经络、气血运行法则,观察多种不同禽兽的活动姿态,在总结了前人模仿鸟兽动作以锻炼身体的传统做法基础上,创编了一套保健体操,包括虎、鹿、熊、猿、鸟的动作和姿态,也就是五禽戏,是中国古代养生健身功法。一千多年来,华佗五禽戏作为中国最早的具有完整功法的仿生医疗健身体操,对后世的导引功法、气功武术有一定影响,五禽戏动作仿效虎之威猛、鹿之安舒、熊之沉稳、猿之灵巧、鸟之轻捷,力求蕴含五禽的神韵,具有五禽象形特征,具有防病、祛病、健身、益寿的功用,开创了世界体育医疗的先河。五禽戏通过动形、意宁、调息促使气血回流使全身气血通行任督二脉,调整周身脏腑的气血,达到形意一体、精气充盈的健康状态。

1. 五禽戏在心脏康复领域的优势

动作简单易学易练:五禽戏与太极拳、八段锦相比,更加侧重人体基本生理功能的调养和康复,其动作简单,更适用于运动量受限或者运动场所受限的心脏康复患者。

形气神俱养:五禽戏锻炼的基本要素为调身、调意、调息,分别对应人体的身形、精神和呼吸。具体而言,调身以使全身的肌肉骨骼运动、伸展,符合心脏康复要求患者完成力所能及的肢体活动的要求;调神就是炼养精神,意守入静使大脑皮质得到充分的休息,使心强脑健。调息则通过气随意走的吐纳调节,按摩脏腑、运行气血、通调经络,同时,可以兴奋呼吸中枢,进一步影响和调节自主神经系统。现代医学认为,人体的循环系统受神经和体液的双重调节,精神和呼吸状态的改善对心脏康复的价值也十分重要。

五戏调五脏:五禽戏的五戏各有所长,分别对应人体的五脏,在中医辨证理论的指导下,可以依据患者不同的证型特点,针对性地充分加强某种特定动作的操练,更加有效地辅助患者整体健康状况的提高。

2. 五禽戏在心脏康复领域的研究进展

原发性高血压：中医医家认为高血压与心、肝、肾三脏联系紧密，五禽戏的“鹿戏”“猿戏”“虎戏”十分适合高血压患者锻炼，李雯等对进行6个月五禽戏锻炼的受试者进行研究，证明五禽戏对老年高血压及肥胖具有良好的治疗效果。张海平等就太极拳、八段锦、五禽戏和易筋经作为辅助疗法治疗高血压方面的作用进行研究，发现五禽戏组及五禽戏结合其他养生功法组表现出了比较明显的辅助降压作用（$P<0.05$）。林红等通过对老年高血压患者锻炼五禽戏前、中、末期三个阶段的血压进行数据分析，发现锻炼末期血压较锻炼前有明显下降；动态血压显示与锻炼前相比，锻炼末期平均收缩压明显下降，而舒张压未见明显下降。临床证据表明，长期坚持五禽戏锻炼，对患者血压的控制效果明显。

心血管相关危险因素：大量的研究表明，五禽戏的锻炼对血脂、血糖、精神压力等心血管相关危险因素的改善效果显著，从而有效地降低了心血管事件的发生率。沈爱明等在五禽戏降低心血管疾病发病率的研究中发现，五禽戏可以降低10年缺血性心血管疾病发病的危险。汝雷等在五禽戏对老年人血脂及生理功能影响的研究中发现，五禽戏可以使老年人血胆固醇、低密度脂蛋白胆固醇的含量降低，高密度脂蛋白胆固醇的含量升高，血液在血管流动的阻力减小，进而减少心脑血管疾病的致病因素，使老年人患心血管疾病的概率降低。李兆伟、沙鹏等在五禽戏对血脂异常患者干预作用的研究中发现，五禽戏对血脂异常患者有显著的调脂作用，可提高心血管功能，有效降低心血管疾病的发病危险。由此可见，五禽戏锻炼对改善中老年人血脂代谢有积极作用。杜敏等在五禽戏对2型糖尿病患者血糖的影响研究中发现五禽戏能降低2型糖尿病患者的末梢血糖和糖化血红蛋白水平，是一种有效控制血糖的运动疗法。邱添莹在应用抗抑郁药的基础上进行临床研究，以五禽戏对轻中度抑郁症患者进行干预。将相关抑郁量表作为观察指标，分别从他评和自评的角度观察五禽戏对轻中度抑郁症患者抑郁症状的影响及其对由抑郁导致的睡眠障碍的影响，进行临床评价，结果显示五禽戏既能改善患者抑郁症精神病理学各症状及患者的自觉症状，又能有效地改善由抑郁导致的睡眠障碍。通过该研究可以得到通过五禽戏练习可以缓解改善心血管疾病诱发的焦虑抑郁的结论。

五禽戏在现代医学的范畴内属于中等强度的有氧运动，对心血管疾病及其危险因素的干预具有一定的积极作用。通过调节气、血、津液来保养脏腑，使精充、气足、神旺，又通过调形、调神、调意、调气方法来实现神形合一，最终达到整体的阴阳平衡。而协调平衡是中医养生学的关于健康的重要依据之一。

（四）六字诀

六字诀又称为六字气诀，功法以呼吸吐纳辅以简单肢体动作为主。最早记载见于南北朝时陶弘景所著《养性延命录》中，该方法注重呼吸吐纳，在众多导引功法中独具特色。调身、调息、调心三调合一是导引法的一项基本要求，也是对中医学形神合一健康观、整体观的应用，直接从呼吸这一纽带入手，辅以肢体动作，对人的精神意识和思维活动可以起到调节作用，也可以改善脏腑功能，增加肢体灵活性，进而达到身心安康。六字诀导引法在《诸病源候论》《千金要方》《遵生八笺》《道藏玉轴经》等中医学经典著作中都有记载，用于宣导气机、缓解相关症状。六字诀是中医康复运动导引功法的代表之一，将运动导引与脏腑经络功能相对应，充分体现了中医运动康复技术的整体观念和辨证观念。

1. 六字诀在心脏康复领域的优势

招式简单易学易练：与五禽戏和八段锦相同，六字诀也具有动作简单、招式轻柔的特点，适用于运动量受限或者运动场所受限的心脏康复患者。

可单独训练或辅助其他功法训练：六字诀功法是一部完整的中医运动康复方法，但每一个字诀又相对独立，分别代表了一种中医调养方法。呵字诀功法降气、导滞、散热，可以起到缓解肝脏疾病症状的作用；呼字诀功法可除热，主治心火亢盛的热证；吹字诀可温阳，主治胸阳不振、四末不温的寒证；嘻字诀功法健脾行气治疗脾病证候；嘘字诀功法可温寒化饮、利水行气，主治肺病证候；呬字诀功法补肾益精，主治肾脏证候。在制订中医运动康复方案时，可将六字诀功法进行拆分，然后根据季节、患者中医辨证特点与五禽戏、八段锦等功法重新整合，形成更适合患者的个体化运动处方。

2. 六字诀在心脏康复领域的研究进展

原发性高血压：高血压的中医证候主要分为肝火亢盛证、阴虚阳亢证、痰湿壅盛证和阴阳两虚证四种，杨光等将 60 位受试者随机分为试验组和对照组，每组各 30 人，对照组采用服用地平类抗高血压药及健康生活指导（清淡饮食、作息规律、戒烟限酒，不作任何规律运动干预），试验组在正常服用地平类抗高血压药及健康指导的基础上配合习练健身气功六字诀，每周练习 4 次，每次 30 分钟，其中 3 次为自行练习，1 次集中练习，共计 12 周，结果显示 12 周试验干预后，试验组收缩压下降（16.9 ± 5.17）mmHg，舒张压下降（10.6 ± 7.79）mmHg，对照组收缩压下降（8.75 ± 3.10）mmHg，舒张压下降（5.9 ± 2.57）mmHg，两组下降幅度经检验均具有统计学意义，同时六字诀联合地平类抗高血压药对肝火亢盛型高血压患者中医症状的改善较单纯服用地平类抗高血压药更明显。

冠心病：冠心病患者常伴发精神心理疾病，有研究结果显示，冠心病并发抑郁症的概率可达 62.3%，六字诀功法更加容易使练习者的情绪、心理及生理得到放松，并可对抗、治疗抑郁、烦躁等心理症状，从而促使练习者的机体内环境趋于平稳，进而有助于机体各项功能的恢复和提高。宋丽波等选取了 68 例冠心病合并抑郁状态患者，采用随机数字表法随机分为对照组和治疗组，对照组接受常规治疗与护理，治疗组在对照组基础上进行 2 周健身气功六字诀的锻炼，结果治疗 2 周后观察组 HAMD 量表评分为（9.56 ± 3.96）分，显著低于对照组（13.43 ± 4.37）分，差异具有统计学意义（$P<0.05$）；治疗组中医症状积分总有效率为 85.3%，显著低于对照组总有效率为 70%，差异具有统计学意义（$P<0.05$）；在西雅图心绞痛量表中，观察组心绞痛稳定状态、心绞痛发作情况、躯体活动受限、治疗满意度得分均明显优于对照组，差异均有统计学意义（$P<0.05$）。表明六字诀能显著改善冠心病合并抑郁患者的抑郁状态，缓解临床症状。

心力衰竭：患者往往具有年龄大、合并症复杂的病情特点，患病个体情况差异明显，更加适合六字诀的个体化锻炼模式，郑亮等为评价六字诀功法对慢性心力衰竭患者心功能的影响，选取 24 例经美国纽约心脏病协会（New York Heart Association，NYHA）心功能分级Ⅱ～Ⅲ级的慢性心力衰竭患者，并随机分为六字诀组（9 例）、步行组（8 例）、对照组（7 例），3 组均接受慢性心力衰竭的基础治疗，六字诀组每天练习 30~40 分钟，步行组每天步行 30~40 分钟，两组均要求达到靶心率 10 分钟以上，对照组保持基础活动量不变。治疗 3 个月后 3 组患者的 N 端前脑钠肽水平、左室射血分数（LVEF）、6 分钟步行试验距离（6MWT）、明尼苏达心力衰竭生活质量问卷（MLHF-Q）评分等指标均明显改善，与步行组、对照组相比，六字诀组在6MWT、MLHF-Q评分有明显优势，差异有统计学意义（P均<0.05）。证明六字诀可以明显改善慢性心力衰竭患者的心脏耐力和生活质量，但对LVEF、NT-proBNP等指标无明显影响。

相比于其他类型的功法，六字诀更加突出对具体病证的康复治疗作用，依据中医辨证选择锻炼时间、锻炼内容以加强病变脏腑的功能，充分体现了中医运动康复的个体性。该功法运动量较低，功法意义更侧重于调整具体脏腑经络的功能，适合不耐受高运动量患者或与其他功法一起锻炼应用。

（五）易筋经等导引、气功康复法

华夏武学源远流长，易筋经、静养功、站桩功等各类各家的养生导引功法种类庞杂，分支众多，以易筋经为例，目前影响最大的易筋经版本是清道光年间的来章氏《易筋经》，相传为达摩老祖所创，技法部分主体为易筋十二势。《易筋经》中“易”是指：简易，变易，大易，指宇宙中万事万物都在遵循规律而改变，大象无形，生生而不息。易筋经是一部通过系统化锻炼用以改变自身身体状况的经典养生方法。2014年以突出中医导引养生保健内涵的“古本易筋经十二势导引法”正式入选国家级非物质文化遗产目录，易筋经得到了更大的传承与发扬。

各类养生功法在心脏康复领域的研究也随着心血管疾病一级预防概念的进步而逐渐增多，以易筋经为例，洪浩等选择高血压前期及1级原发性高血压且未使用抗高血压药物的患者60名，随机分为试验组和对照组进行试验，12周后试验组及对照组血压变化呈显著性差异，试验组疗效指数接近显效，显示12周时间，少林易筋经干预对高血压前期及1级原发性高血压具有明显的降压效果，可改善习练者生存质量、健康状况、社会关系等内容，对受试者高血压中医证候具有明显改善，是治疗初期高血压患者的有效途径之一。

大众对易筋经的认识，许多还停留在武侠小说中的武林秘籍，对易筋经的养生康复作用认识不够，因此，普及率明显不足。其余各类气功及导引术在心血管领域的研究报告相对分散，缺乏代表性的临床随机对照试验（randomized controlled trial，RCT）研究报道或高质量的荟萃研究，故在本文中不做单独论述。

三、中医运动康复的锻炼要点

中医运动康复锻炼的基本原则是习练传统体育养生功法的人们在长期锻炼过程中不断摸索、长期实践、多年积累的概括和总结，它是指导人们进行传统体育养生功法锻炼的法则。包括太极拳、八段锦、五禽戏在内的各类功法在锻炼要求上往往遵循以下特点：

1. **松静自然**　松是指“身”而言；静是指“心”而言；“自然”是针对练功的各个环节提出来的，姿势、呼吸、意守、心情和精神状态都要舒展、自然。松静自然不仅是确保练功取得功效的重要法则，而且也是防止练功出现偏差的重要保障。

2. **动静相兼**　是思想与形体动与静的紧密配合及合理搭配，二者是对立统一的，形动则神易静，思静则动有形。因此，在练习过程中要做到动中有静、静中有动。一般来讲，动对疏通经络、调和气血、润滑关节和强壮肢体有良好的功效，而静对平衡阴阳、调整脏腑和安定情绪等有独特的作用。只有两者结合，发挥其长处，弥补其不足，才可达到事半功倍的功效，使身体强健、体质增强。

3. **练养结合**　是指练功和自我调养结合起来。练功对增强体质、促进身心健康的作用

是非常明显的。然而，只顾运动，不注意调养，就违背了练养结合的原则，也就达不到预期的康复效果。两者必须密切结合，才能相得益彰。

四、中医运动康复的现状及展望

（一）中医运动康复与现代康复来源不同理念相通

中医运动康复是在中医理论指导下，历经历代医家不断地探索和实践，逐渐发展并成为中医独特的康复医学体系。其在中医理论和康复原则的指导下进行康复训练，使用导引、气功等不同功法，虽然侧重不一，但均着眼于人体气血阴阳，强调四时阴阳的统一，注重形神相顾，突出动静结合。心脏康复是现代医学领域的重要组成部分，是将临床医学与心理学、社会学等多学科相结合的综合治疗，其主要利用现代化运动生理学标准，注重对人体生理、社会、职业等功能康复。心脏康复的运动建议主要以有氧运动为主，与中医学的“动则病消”理念相符合，中医运动康复也采取动静结合方式进行。同时，中医运动康复与现代康复医学均重视精神、意念或是心理康复对心血管疾病的影响。两者的理论来源和方式虽有所不同，但在理念上有共通之处，都将患者的生活质量作为疾病康复的重要衡量标准。因此，无论何种康复医学方法，在开展心血管疾病的康复治疗中，都应包括对心血管危险因素的干预、对不良行为的矫正，从而促进健康的生活方式，以达到生活质量的提升及疾病的向愈。

（二）中医运动康复在临床实施上尚有不足之处

1. **缺乏具体的量化标准** 中医运动康复在运动强度上提倡小劳，《保生要录》对此做出了定义，“养生者，形要小劳，无至大疲”。孙思邈的《千金翼方·养性》也对运动强度提出要求，即“量力行，但无令气乏气喘而已”。中国古人在描述问题时，经常讲究“意会而不可言传”，然而对于具体的运动强度概念及生理评价标准往往有失客观，难以重复。而现代医学的心脏康复医学则通过心率、心率储备、最大吸氧量、主观用力程度分级等客观科学指标对运动强度进行评定。对于具体问题的说明上较中医康复理论更具客观性。另外，中医运动康复疗法发展演化过程出现不同的流派、动作特色，其演练标准亦不统一，运动方式本身的差异性，也是影响中医运动康复临床效果评价的重要干扰因素。

2. **研究质量不高** 回顾目前中医运动康复技术相关的临床试验，发现在试验设计、结论总结方面往往存在诸多问题，样本量较小，研究质量不高。为了明晰中医运动康复疗法对心血管系统的影响，尚需设计严谨的高质量临床试验。

在今后的研究中，我们应加强中医运动康复疗法对心血管系统内在机制的研究，遵循心脏康复指南或专家共识，对不同功法制定相应标准，采用随机、双盲、对照的实验设计，重点观察心血管功能相关指标，同时建立随访系统，使研究者动态观察受试者在康复治疗或预防中存在的问题，确保心脏康复的安全性、有效性和依从性，为更深入研究心脏康复的预后奠定基础。

中医运动康复疗法对心血管患者心脏康复和预防方面的优势已经初步显现，由于其简便、有效，且耐受性良好，已成为心脏康复的重要组成部分。因此，如何在中医理论指导下，将中医运动康复向科学化、系统化发展，从而使其先进性得到国际认可，仍是我们需要钻研和努力的方向。

（李 慧 吴 旸 刘瑞鑫）

参考文献

[1] WANG X Q, PI Y L, CHEN P J, et al. Traditional chinese exercise for cardiovascular diseases: systematic review and meta-analysis of randomized controlled trials [J]. J Am Heart Assoc, 2016, 5 (3): e002562.
[2] 尹伟. 24 式太极拳呼吸及能量代谢特点研究 [D]. 北京: 北京体育大学, 2010.
[3] 叶超群, 王崇伟, 王广云, 等. 太极拳对中老年女性健康状况的影响 [J]. 北京: 中华保健医学杂志, 2016, 18 (6): 494-495.
[4] BARROW D E, BEDFORD A, LVES G, et al. An evaluation of the effects of Tai Chi Chuan and Chi Kung training in patients with symptomatic heart failure: a randomised controlled pilot study [J]. Postgrad Med J, 2007, 83 (985): 717-721.
[5] ZHENG G, LI S, HUANG M, et al. The effect of Tai Chi training on cardiorespiratory fitness in healthy adults: a systematic review and meta-analysis [J]. PloS One, 2015, 10 (2): e0117360.
[6] YEH G Y, MCCARTHY E P, WAYNE P M, et al. Tai Chi exercise in patients with chronic heart failure: a randomized clinical trial [J]. Arch Intern Med, 2011, 171 (8): 750-757.
[7] 陈健. 太极拳对社区中老年人高血压的影响 [J]. 医学信息 (上旬刊), 2011, 24 (6): 3435-3436.
[8] 韩俏英, 黄秀凤, 李蕾, 等. 太极拳运动对中老年原发性高血压患者远期生活质量的影响 [J]. 中华现代护理杂志, 2010, 16 (14): 1617-1619.
[9] 王纯, 卢文, 吴中远. 太极拳与步行运动对高血压的康复疗效比较 [J]. 现代预防医学, 2007, 34 (18): 3535-3536.
[10] 邓学军, 余冬梅, 张晓莉. 太极拳运动对急性心肌梗死后心功能不全患者心功能及心理的影响 [J]. 川北医学院学报, 2018, 33 (4): 545-547.
[11] 李慧, 吴旸. 心血管康复领域的中医运动疗法 [J]. 心血管康复医学杂志, 2017, 26 (4): 460-462.
[12] 曾永红, 曾彦平, 李琳, 等. 长期太极拳运动对心血管疾病及其危险因素的影响 [J]. 中国康复理论与实践, 2012, 18 (12): 1148-1150.
[13] 周涛, 邱宗忠, 刘巍. 太极拳锻炼对肥胖老年人肠道益生菌和血脂代谢影响的相关性研究 [J]. 山东体育学院学报, 2012, 28 (1): 62-66.
[14] 王建月, 丁勇, 李云卿. 八段锦对中老年人生理机能影响的 Meta 分析 [J]. 吉首大学学报 (自然科学版), 2016, 37 (2): 73-77+82.
[15] XIONG X, WANG P, LI S, et al. Effect of Baduanjin exercise for hypertension: a systematic review and meta-analysis of randomized controlled trials [J]. Maturitas, 2015, 80 (4): 370-378.
[16] 林芳, 何琼霞. 八段锦锻炼治疗老年人 1 级高血压的疗效观察 [J]. 中国老年保健医学, 2014, 12 (3): 25-26.
[17] 于海兰. 八段锦运动疗法干预高血压肥胖患者 104 例临床观察 [J]. 中国临床医师, 2013, 41 (8): 47-48.
[18] 林秀美, 林慧珠. 床上八段锦在 60 例老年高血压患者护理中的应用 [J]. 福建中医药, 2015, 46 (6): 75-76.
[19] 陈玉卿, 刘瑞珠, 何蕊. 八段锦对老年高血压患者睡眠质量的影响 [J]. 湖南中医杂志, 2015, 31 (4): 52-53+82.
[20] 凌昆, 王舰. 八段锦辅助治疗 50 例原发性高血压病的临床疗效观察 [J]. 中华中医药杂志, 2011, 26 (12): 3025-3026.
[21] 王琦, 艾静. 降压功法对康复治疗社区原发性高血压的影响 [J]. 中国药物经济学, 2013 (S3): 184-186.
[22] 杨慧. 八段锦对高血压患者生存质量及自主神经反应的影响 [D]. 河北联合大学, 2014.

[23] 潘华山. 八段锦运动负荷对老年人心肺功能影响的研究 [J]. 新中医, 2008, 40 (1): 55-57.
[24] 石晓明, 蒋戈利, 刘文红, 等. 八段锦对冠心病患者心脏康复过程心肺功能的影响 [J]. 解放军医药杂志, 2017, 29 (2): 24-27.
[25] 吴欣媛, 李莉, 丁沛然, 等. 八段锦对 62 例冠心病合并抑郁状态患者的影响 [J]. 世界中医药, 2014, 9 (1): 39-40+43.
[26] 王嵘, 关风光, 鄢行辉. 健身气功八段锦对老年冠心病患者的康复疗效 [J]. 长春中医药大学学报, 2016, 32 (4): 752-754.
[27] 林娟. 八段锦对冠心病稳定型劳累性心绞痛患者康复效果的研究 [D]. 南京中医药大学, 2012.
[28] 熊向晖, 邓旭. 八段锦对冠心病慢性心力衰竭患者的疗效观察 [J]. 中国现代医药杂志, 2016, 18 (5): 55-56.
[29] 鄢晓枫. 六字诀和八段锦训练对慢性心力衰竭患者运动耐量的影响 [J]. 中国中医药现代远程教育, 2016, 14 (16): 126-128.
[30] 杨继鹏, 刘璟莹, 吕纹良, 等. 健身气功八段锦治疗 2 型糖尿病疗效的 Meta 分析 [J]. 中华中医药杂志, 2015, 30 (4): 1307-1309.
[31] MEI L, CHEN Q, LI G, et al. Systematic review of chinese traditional exercise baduanjin modulating the blood lipid metabolism [J]. Evid Based Complement Alternat Med, 2012, 2012 (3): 282131.
[32] ZOU L, SASAKI J E, WANG H, et al. A systematic review and meta-analysis baduanjin qigong for health benefits: randomized controlled trials [J]. Evid Based Complement Alternat Med, 2017, 2017: 4548706.
[33] 李雯, 李慧, 栾海蓉. 五禽戏对老年高血压患者血压和肥胖的干预研究 [J]. 医学信息, 2015,(9): 48-49.
[34] 张海平, 包兴安, 白巍, 等. 传统养生功法与高血压防治 [J]. 实用中医内科杂志, 2013, 27 (24): 44-46.
[35] 林红, 黄世均. 健身气功五禽戏对老年高血压患者康复的促进作用 [J]. 中国老年学, 2013, 33 (7): 1645-1647.
[36] 沈爱明, 卫燕, 花佳佳. 五禽戏锻炼降低心血管病发病的研究 [J]. 体育科学研究, 2015, 19 (6): 38-40.
[37] 汝雷, 张斌. 健身气功五禽戏对老年人血脂及生理机能影响的研究 [J]. 兰州文理学院学报 (自然科学版), 2013, 27 (2): 75-78.
[38] 沙鹏. 健身气功五禽戏对中老年女性血脂指标及平衡能力的影响 [J]. 陕西中医, 2010, 31 (10): 1332-1335.
[39] 杜敏, 陈宝玲, 陈璇琼, 等. 五禽戏对 2 型糖尿病患者血糖的影响 [J]. 临床医学工程, 2013, 20 (7): 877-878.
[40] 邱添莹. 健身气功·五禽戏结合药物治疗轻中度抑郁症的研究 [D]. 南京中医药大学, 2011.
[41] 杨光, 贾亮. 健身气功六字诀与陶弘景六字诀对比研究 [J]. 当代体育科技, 2017, 7 (7): 158.
[42] 朱继芳, 李远琼, 陈朝容, 等. 特殊护理干预对冠心病患者焦虑抑郁心理的影响研究 [J]. 重庆医学, 2015, 44 (13): 1801-1803.
[43] 宋丽波, 董国菊, 杨丽丽, 等. 健身气功六字诀对冠心病合并抑郁状态患者的影响 [J]. 环球中医药, 2017, 10 (8): 869-871.
[44] 郑亮, 张驰, 武先奎, 等. 健身气功六字诀对慢性心力衰竭患者心功能的影响 [J]. 中国循证心血管医学杂志, 2017, 9 (6): 659-662.
[45] 洪浩, 王艺霖. 少林易筋经对高血压病患者的干预效应 [J]. 武汉体育学院学报, 2017, 51 (7): 74-79.

第四章　药物治疗

美国心脏协会（American Heart Association，AHA）于 2017 年发表在 *Circulation* 上的一项研究结果显示，2000 年到 2014 年美国国家心血管疾病死亡率呈下降趋势，得益于心脏康复的大力开展，包括积极提倡健康膳食，增强体力活动，控制吸烟、体重指数、血糖、血脂、血压等，多方面共同努力显著改善了心血管疾病患者预后，其中有效的药物治疗为心血管疾病防治的基石。在我国，心血管疾病预防用药并不理想，中国冠心病医疗结果评价和临床转化研究采用分层随机抽样的方法，纳入 162 家医院 13 815 例急性 ST 段抬高心肌梗死患者，结果提示 10 年间急性心肌梗死死亡率未见下降，且发病率，以及高血压、高血脂和糖尿病等危险因素显著增加。β 受体阻滞剂和血管紧张素转化酶抑制剂（angiotensin converting enzyme inhibitor，ACEI）/ 血管紧张素受体阻滞药（angiotensin receptor blockers，ARB）等二级预防药物 10 年间使用率仅 50% 左右；北京二、三级医院胆固醇达标率调查发现，40% 患者停用和未服用他汀类药物的原因是医师未出具处方；2014 年血脂异常国际研究 - 中国（DYSIS-China）发现，高脂血症接受降脂治疗的极高危患者达标率仅 38.1%。

心血管疾病预防用药应用严重不足的现状，考虑与患者对药物不良反应的错误认识、对长期用药的重要性认识不足、医患沟通不畅导致患者服药依从性差、医师未遵循指南建议予以规范化处方、过度担心药物相关不良反应而忽略远期获益导致用药不足、用量较低等相关。因此，加强患者教育和医师培训，尽快建立心血管疾病康复及一级、二级预防用药体系迫在眉睫。本章从心脏康复的药物处方、西药的选择应用、中药的选择应用等方面，阐述如何规范心血管疾病一级、二级预防用药，尤其是病证结合辨证应用中药制剂。

第一节　心脏康复的药物处方

一、药物处方在心脏康复中的地位和意义

随着经济的快速发展、国民生活方式的变化，以高血压、高脂血症、冠心病、心力衰竭、脑卒中等为代表的疾病发病率持续增加，且呈逐渐年轻化趋势。目前，心血管疾病治疗方法虽日渐增多，但循证用药仍是心血管疾病防治的基石，在心血管疾病的康复中占有十分重要的地位。心血管疾病的病理机制包括内皮功能损伤、血小板聚集、炎症反应、交感神经系统及肾素 - 血管紧张素系统激活、脂质紊乱等。大量基础及临床研究提示，改善血管内皮功能、

抗血小板聚集、抑制炎症反应、抑制交感神经及肾素 - 血管紧张素系统激活、调脂等均可降低心血管事件发生率及病死率，减少反复住院和不必要的血运重建，降低医疗费用。AHA 一项研究提示，2004—2014 年美国心血管疾病导致的死亡率下降了 25.3%，实际心血管疾病死亡人数下降了 6.7%，但全球范围内低收入及发展中国家心血管疾病发生及死亡率仍呈上升趋势，其原因主要为阿司匹林、他汀类药物、抗高血压药等使用不达标等。因此，有效合理的药物处方，包括使用有效药物、有效剂量、科学控制危险因素、检测药物相互作用及不良反应和提升治疗依从性等，是心脏药物康复的重要内容。

二、心脏康复药物处方应用的原则

药物处方应在用药指南基础上，根据患者自身情况个体化用药，同时考虑如何提高患者服药依从性。首先，需对患者相关因素进行综合评估，包括年龄、性别、体重、烟酒史、家族史、既往史、患者病情、合并病等，按照指南进行心血管疾病一级预防及二级预防用药；其次，心血管医师需充分掌握各个药物的适应证、禁忌证及相关不良反应，并具备应对能力及处理措施。在用药前，向患者介绍心血管疾病预防用药的必要性及长期获益性，避免患者因对药物不良反应的担忧而产生用药误区，加强患者健康教育并规律随访。在随访中实时观察药物可能的不良反应，及时调整用药，不仅可提高患者的依从性，亦可提高药物治疗的安全性；第三，需注意多学科协作，充分发挥临床药师的作用，分析药物间的相互作用及药物不良反应，审核临床医师药物处方，提高药物的有效性及安全性。

三、心脏康复中药物处方的注意事项

目前，心血管疾病药物防治中需解决的问题包括未遵循指南用药、服药达标率低、依从性差、药物不良反应及相互作用的监督和管理不足、对药物的运动耐量影响关注度不够。因此，在日常药物处方中需遵循指南用药，关注如何提高患者依从性，降低药物不良反应。其中，药物对运动耐量的影响是临床容易忽略的问题，而运动耐量不仅被认为是评定人体功能状态的重要指标，也是目前证实的评判心血管疾病患者预后的可靠预测指标。在药物处方中除强调使用改善预后的药物外，还需关注影响和提高运动耐量的药物。具体药物对运动耐量的影响将在药物的选择与应用章节叙述。

（史大卓　白瑞娜）

第二节　西药的选择与应用

高血压、高血脂、高血糖等是心血管疾病的重要危险因素，在心血管疾病发生、发展及预后过程中具有不可忽视的作用。因此，心血管疾病高危人群及心血管疾病诊断明确的患者进行预防用药时，应明确血压、血脂、血糖等的达标标准，合理选择药物治疗，综合防治，进而延缓心血管疾病及其终末期的到来；已发生心血管疾病的患者，严格控制危险因素基础上应积极行心血管疾病二级预防用药，以期有效降低再发心血管事件发生率，改善生存和生活质量。

一、控制危险因素

（一）高血压

2017 年 ACC/AHA 发布高血压管理指南，旨在制订心血管疾病预防指南，并为伴心血管疾病风险的患者提供临床实践建议。高血压定义为 ≥ 130/80mmHg，并取消了高血压前期分类，同时为心血管疾病的预防提出了可行性思路。高血压管理指南中提出对于已发生心血管疾病或 10 年心血管病风险 ≥ 10% 的患者，平均血压 ≥ 130/80mmHg 即应启动药物治疗，为心血管事件二级预防；无心血管疾病且 10 年心血管风险 <10% 的患者，平均血压 ≥ 140/90mmHg 即启动药物治疗，为心血管事件一级预防。我国高血压患者已达 2.7 亿，高血压防治可借鉴美国高血压指南早期干预、综合管理的理念，结合中国国情，制订适合中国人群的降压方案，评估心血管疾病风险并合理用药控制血压，这对于降低心脑血管疾病负担具有重要价值。

1. 治疗原则

（1）小剂量开始：采用较小的有效剂量以获得疗效同时减少不良反应；

（2）优选长效药物：24 小时内血压水平稳定在目标范围内，可有效防止靶器官损害，因此，优选药效可持续 24 小时的抗高血压药，不仅可减少服药次数，亦可提高患者依从性；

（3）联合用药：在低剂量单药治疗效果不满意时，联合使用两种或以上不同作用机制的抗高血压药，可有效增加降压效果且不增加不良反应；

（4）个体化用药：根据患者肝肾功能、血脂、血糖、是否合并靶器官损害等，选择不同类型的抗高血压药。

2. 常用抗高血压药　常用抗高血压药包括钙通道阻滞剂（calcium channel blockers，CCB）、血管紧张素转化酶抑制剂（angiotensin converting enzyme inhibitor，ACEI）、血管紧张素受体阻滞药（angiotensin receptor blockers，ARB）、利尿剂和 β 受体阻滞剂五类，以及由上述药物组成的固定配比复方制剂，此五大类抗高血压药均可作为高血压患者初始及维持用药；α 受体阻滞剂或其他种类抗高血压药亦可用于某些高血压人群。

（1）钙通道阻滞剂：包括二氢吡啶类 CCB 和非二氢吡啶类 CCB，无绝对禁忌证，对糖脂代谢无不良影响，主要通过阻断血管平滑肌细胞上的钙通道发挥扩张血管作用以达到降压效果。既往多项研究证实，以二氢吡啶类 CCB 为基础的降压治疗方案可显著降低脑卒中风险。此类药物可单药使用或与其他 4 类药物联合应用，对老年高血压、单纯收缩期高血压，伴稳定型心绞痛、冠状动脉或颈动脉粥样硬化及周围血管病患者尤为适用。常见不良反应为反射性交感神经激活导致心率加快、面部潮红、脚踝部水肿、牙龈增生等。急性冠脉综合征患者一般不推荐使用短效硝苯地平。

临床上常用的非二氢吡啶类 CCB 也可用于降压治疗，但其常见不良反应包括抑制心脏收缩功能和传导功能，部分患者会出现牙龈增生。禁忌证包括二度房室传导阻滞、三度房室传导阻滞、心力衰竭。因此，在使用非二氢吡啶类 CCB 前应详细询问病史，进行心电图检查，并在用药 2~6 周复查。

（2）血管紧张素转化酶抑制剂：通过抑制血管紧张素转化酶阻断肾素 - 血管紧张素系统而发挥降压作用，对糖脂代谢无不良影响，限盐或加用利尿剂可增加 ACEI 的降压效果。研究结果提示，此类药物具有良好的靶器官保护并降低心血管疾病终点事件的作用。对伴慢性心力衰竭、心肌梗死后伴心功能不全、心房颤动预防、糖尿病肾病、非糖尿病肾病、代谢综合征、蛋白尿或微量白蛋白尿患者尤为适用，所有冠心病患者均可从ACEI治疗中获益。最常见不良反应为持续性干咳，症状较轻者可坚持服药，不能耐受者可改用ARB；其他不良反应有低血压、皮疹，偶见血管神经性水肿；长期应用有可能导致血钾升高，应定期监测血钾和血肌酐水平。禁忌证为双侧肾动脉狭窄、高钾血症及妊娠妇女。

(3)血管紧张素受体阻滞药：其通过阻断血管紧张素Ⅱ与其受体1的结合发挥降压作用，可减少糖尿病或肾病患者的蛋白尿及微量白蛋白尿，具有明确的靶器官保护作用，远期可降低心血管疾病事件发生风险。其适应范围、禁忌证及不良反应同ACEI类药物，对不能耐受ACEI的患者可作为替代治疗用药。

(4)利尿剂：主要通过利钠排尿、降低容量负荷发挥降压作用，老年高血压、单纯收缩期高血压或伴心力衰竭患者尤其适用于利尿剂治疗。噻嗪类利尿剂为主要控制高血压的利尿剂，也是难治性高血压治疗的基础药物。其不良反应与剂量密切相关，小剂量噻嗪类利尿剂基本不会对糖脂代谢产生影响，但大剂量利尿剂可引起低钾血症、高尿酸血症及糖脂代谢紊乱，应注意定期监测血钾、尿酸及血糖。高尿酸血症及明显肾功能不全者慎用。

保钾利尿剂如阿米洛利、醛固酮受体拮抗剂如螺内酯等亦可用于控制血压。在利钠排尿同时不增加钾离子排泄，与其他具有保钾作用的抗高血压药如ACEI或ARB合用时需注意发生高钾血症的危险。此外，螺内酯长期应用有可能导致男性乳房发育、阳痿、性功能低下等不良反应。

(5)β受体阻滞剂：主要通过抑制过度激活的交感神经、抑制心肌收缩力、减慢心率发挥降压作用，同时可保护靶器官、降低心血管风险。对于伴快速性心律失常、冠心病、慢性心力衰竭、交感神经活性增高及高动力状态的高血压患者尤为适宜。大剂量长期使用可影响糖、脂代谢；二、三度房室传导阻滞、支气管哮喘患者禁用。长期应用者突然停药可发生反跳现象，出现撤药综合征。

(6)α受体阻滞剂：不作为一般高血压治疗的首选药，适用于高血压伴前列腺增生患者，也用于难治性高血压患者的治疗。开始给药应在入睡前，以预防直立性低血压。

(7)固定复方制剂：是常用的一组高血压联合治疗药物，通常由不同作用机制的两种抗高血压药组成，因其使用方便，可有效提高治疗依从性及疗效。我国传统的固定配比复方制剂包括复方利血平(复方降压片)、复方利血平氨苯蝶啶片(降压0号)、珍菊降压片等，在基层仍应用广泛，但存在争议。新型的固定配比复方制剂一般由不同作用机制的两种药物组成，多数每天口服1次，作用时间持续24小时，目前我国上市的新型固定配比复方制剂主要包括：ACEI+噻嗪类利尿剂、ARB+噻嗪类利尿剂、二氢吡啶类CCB+ARB、二氢吡啶类CCB+β受体阻滞剂、噻嗪类利尿剂+保钾利尿剂等。

3. **联合用药方案** 单药降压疗效欠佳时，主要推荐应用优化联合治疗方案：二氢吡啶类CCB+ARB、二氢吡啶类CCB+ACEI、ARB+噻嗪类利尿剂、ACEI+噻嗪类利尿剂、二氢吡啶类CCB+噻嗪类利尿剂、二氢吡啶类CCB+β受体阻滞剂。次要推荐使用的联合治疗方案是：利尿剂+β受体阻滞剂、α受体阻滞剂+β受体阻滞剂、二氢吡啶类CCB+保钾利尿剂、噻嗪类利尿剂+保钾利尿剂。

多种药物的合用：①三药联合的方案：在上述各种两药联合方式中加上另一种抗高血

压药便构成三联用药方案，其中二氢吡啶类 CCB+ACEI（或 ARB）+ 噻嗪类利尿剂组成的联合方案最为常用；② 4 种药联合的方案：主要适用于难治性高血压患者，可在上述三药联合基础上加用第 4 种药物，如 β 受体阻滞剂、螺内酯、可乐定或 α 受体阻滞剂等。

（二）血脂代谢异常

世界卫生组织报告显示，全球 58% 的缺血性心脏病归因于胆固醇异常，而我国人群血清胆固醇水平的升高将导致 2010—2030 年期间心血管疾病事件约增加 920 万。以低密度脂蛋白胆固醇（low-density lipoprotein cholesterol，LDL-C）或总胆固醇（total cholesterol，TC）升高为特点的血脂异常是动脉粥样硬化性心血管疾病的重要危险因素，降低 LDL-C 水平，可显著减少心血管事件发生及死亡风险。因此，有效控制血脂对我国心脑血管疾病的防控具有重要意义。

1. **诊断标准**　目前我国采用《中国成人血脂异常防治指南（2016 年修订版）》血脂水平异常分层标准及合适水平（表 4-1）。

表 4-1　中国动脉粥样硬化性心血管疾病（art eriosclerotic cardiovascular disease，ASCVD）一级预防人群血脂合适水平和异常分层标准［mmol/l（mg/dl）］

分层	TC	LDL-C	HDL-C	非 HDL-C	TG
理想水平		<2.6（100）		<3.4（130）	
合适水平	<5.2（200）	<3.4（130）		<4.1（160）	<1.7（150）
边缘升高	≥ 5.2（200） 且<6.2（240）	≥ 3.4（130） 且<4.1（160）		≥ 4.1（160） 且<4.9（190）	≥ 1.7（150） 且<2.3（200）
升高	≥ 6.2（240）	≥ 4.1（160）			≥ 2.3（200）
降低			<1.0（40）		

注：TC. 总胆固醇；LDL-C. 低密度脂蛋白胆固醇；HDL-C. 高密度脂蛋白胆固醇；非 HDL-C. 非高密度脂蛋白胆固醇；TG. 甘油三酯。

2. **危险分层**　依据 ASCVD 发病风险采取不同强度干预措施是血脂异常防治的核心策略。

总体心血管危险评估是血脂异常防治策略的基础。已诊断 ASCVD 者直接列为极高危人群；符合如下条件之一者直接列为高危人群：① LDL-C ≥ 4.9mmol/L（190mg/dl）；② 1.8mmol/L（70mg/dl）≤ LDL-C < 4.9mmol/L（190mg/dl）且年龄在 40 岁及以上的糖尿病患者。符合上述条件的极高危和高危人群不需要按危险因素个数进行 ASCVD 危险分层。

不具有以上 3 种情况的个体，在考虑是否需要调脂治疗时，应进行未来 10 年 ASCVD 总体发病危险的评估。《中国成人血脂异常防治指南（2016 年修订版）》根据 ASCVD 10 年发病平均危险按 < 5%、5%~9% 和 ≥ 10% 分别定义为低危、中危和高危。具体分层标准见表 4-2。

表 4-2 ASCVD 危险评估流程

符合下列任意条件者,可直接列为高危及极高危人群
极高危:ASCVD 患者
高危:(1)LDL-C ≥ 4.9 mmol/L 或 TC ≥ 7.2 mmol/L
(2)糖尿病患者 1.8 mmol/L ≤ LDL-C<4.9 mmol/L 或 3.1mmol/L ≤ TC<7.2mmol/L 且年龄≥ 40 岁

↓不符合者,评估 10 年 ASCVD 发病风险

危险因素个数*	血清胆固醇水平分层 /(mmol/L)		
	3.1 ≤ TC<4.1 或 1.8 ≤ LDL-C<2.6	4.1 ≤ TC<5.2 或 2.6 ≤ LDL-C<3.4	5.2 ≤ TC<7.2 或 3.4 ≤ LDL-C<4.9
无高血压 0~1 个	低危(<5%)	低危(<5%)	低危(<5%)
2 个	低危(<5%)	低危(<5%)	中危(5%~9%)
3 个	低危(<5%)	中危(5%~9%)	中危(5%~9%)
有高血压 0 个	低危(<5%)	低危(<5%)	低危(<5%)
1 个	低危(<5%)	中危(5%~9%)	中危(5%~9%)
2 个	中危(5%~9%)	高危(≥ 10%)	高危(≥ 10%)
3 个	高危(≥ 10%)	高危(≥ 10%)	高危(≥ 10%)

↓ ASCVD10 年发病危险为中危且年龄小于 55 岁者,评估余生危险

具有以下任意 2 项及以上危险因素者,定义为高危:
◎ 收缩压 ≥ 160mmHg 或舒张压 ≥ 100mmHg ◎ BMI ≥ $28kg/m^2$
◎ 非 HDL-C ≥ 5.2mmol/L(200mg/dl) ◎ 吸烟
◎ HDL-C<1.0mmol/L(40mg/dl)

注:*包括吸烟、低 HDL-C 及男性 ≥ 45 岁或女性 ≥ 55 岁。慢性肾脏病患者的危险评估及治疗请参见特殊人群血脂异常的治疗。ASCVD. 动脉粥样硬化性心血管疾病;TC. 总胆固醇;LDL-C. 低密度脂蛋白胆固醇;HDL-C. 高密度脂蛋白胆固醇;非 -HDL-C. 非高密度脂蛋白胆固醇;BMI. 体重指数。1mmHg=0.133kPa。

3. **治疗目标** 血脂异常治疗的宗旨是降低心血管疾病事件发生危险,临床中应根据个体罹患 ASCVD 危险程度,决定是否启动调脂治疗。LDL-C 水平下降,可发挥稳定、延缓或消退动脉粥样硬化病变的作用,并能显著减少 ASCVD 的发生率、致残率和死亡率。应根据 ASCVD 的不同危险 - 获益程度,确定调脂治疗需达到的胆固醇基本目标值。LDL-C 水平作为防控 ASCVD 危险的首要干预靶点,非 HDL-C 作为次要干预靶点,具体达标值见表 4-3。

表 4-3 不同 ASCVD 危险人群 LDL-C/ 非 HDL-C 治疗达标值

危险等级	LDL-C	非 -HDL-C
低危、中危	<3.4mmol/L(130mg/dl)	<4.1mmol/L(160mg/dl)
高危	<2.6mmol/L(100mg/dl)	<3.4mmol/L(130mg/dl)
极高危	<1.8mmol/L(70mg/dl)	<2.6mmol/L(100mg/dl)

注:ASCVD. 动脉粥样硬化性心血管疾病;LDL-C. 低密度脂蛋白胆固醇;非 HDL-C. 非高密度脂蛋白胆固醇。

4. **药物治疗**　他汀类药物是血脂异常药物治疗的基石。推荐将中等强度的他汀作为中国血脂异常人群的常用药物；他汀不耐受或胆固醇水平不达标者或严重混合性高脂血症者应考虑调脂药物的联合应用；处方用药过程中需注意观察调脂药物的不良反应。

（1）他汀类：他汀类（statins）亦称 3- 羟基 3- 甲基戊二酸单酰辅酶（3-hydroxy-3-methylglutaryl-coenzyme A，HMG-CoA）还原酶抑制剂，可抑制胆固醇合成限速酶 HMG-CoA 还原酶，减少胆固醇合成，继而上调细胞表面 LDL 受体，加速血清 LDL 分解代谢。他汀类可显著降低血清 TC、LDL-C 和载脂蛋白（apolipoprotein，Apo）B 水平，也可降低血清 TG 水平并轻度升高 HDL-C 水平。他汀类药物适用于高胆固醇血症、混合性高脂血症和 ASCVD 患者。目前国内临床上有洛伐他汀、辛伐他汀、普伐他汀、氟伐他汀、阿托伐他汀、瑞舒伐他汀和匹伐他汀。任何一种他汀剂量倍增时，LDL-C 进一步降低幅度仅约 6%；他汀类可使 TG 水平降低 7%~30%；HDL-C 水平升高 5%~15%。除阿托伐他汀可在任何时间服药外，其余均为晚上一次口服，应用他汀类取得预期疗效后应继续长期应用，如能耐受应避免停用。他汀类药物不良反应较轻，少数患者出现转氨酶升高，呈剂量依赖性；其他不良反应包括肌痛、肌炎和横纹肌溶解。患者有肌肉不适和 / 或无力，且连续检测肌酸激酶呈进行性升高时，应减少他汀类剂量或停药。

（2）胆固醇吸收抑制剂：依折麦布能有效抑制肠道内胆固醇的吸收，加速 LDL 的代谢，降低血清 LDL-C 水平，推荐剂量为 10mg/d，每日 1 次，可单药或与他汀类药物联合应用，治疗高胆固醇血症和以胆固醇升高为主的混合性高脂血症。不良反应轻微且多为一过性，常见不良反应为头痛和恶心，少数可见转氨酶升高。

（3）普罗布考：使 LDL 易通过非受体途径被清除而影响脂蛋白代谢，可降低 TC 和 LDL-C。普罗布考常用剂量为每次 0.5g，2 次 /d。主要适用于高胆固醇血症，尤其是黄色瘤患者，有减轻皮肤黄色瘤的作用。常见不良反应为胃肠道反应，也可引起头晕、头痛、失眠、皮疹等，偶见 QT 间期延长。

（4）胆酸螯合剂：胆酸螯合剂为碱性阴离子交换树脂，可阻断肠道内胆汁酸中胆固醇的重吸收。与他汀类联用，可明显提高调脂疗效。常见不良反应有胃肠道不适、便秘等。此类药物的绝对禁忌证为异常 β 脂蛋白血症和血清 TG> 4.5mmol/L（400mg/dl）。

（5）贝特类：贝特类药物通过激活过氧化物酶体增殖物激活受体 α（peroxisome proliferator activated receptor-α，PPARα）和脂蛋白脂肪酶（lipoprotein lipase，LPL）而降低血清 TG 并升高 HDL-C。适应证为高甘油三酯血症和以甘油三酯升高为主的混合性高脂血症。常见不良反应与他汀类药物类似，包括肝毒性、肌毒性和肾毒性等。

（6）烟酸类：烟酸属 B 族维生素，大剂量时具有降低 TC、LDL-C 和 TG 及升高 HDL-C 的作用。调脂作用与抑制脂肪组织中激素敏感脂酶活性、减少游离脂肪酸进入肝脏和降低 VLDL 分泌有关。适应证为高甘油三酯血症和以甘油三酯升高为主的混合性高脂血症。烟酸有普通和缓释 2 种剂型，缓释剂型更常用。缓释片常用量为每次 1~2g，1 次 /d，建议从小剂量（0.375~0.5g/d）开始，睡前服用。最常见的不良反应是颜面潮红，其他有肝脏损害、高尿酸血症、高血糖、棘皮症和消化道不适等。但由于其联合他汀类药物远期预后较单用他汀并无明显获益，故目前应用较少。

需根据患者血脂异常类型、调脂作用机制及药物作用特点等来选择药物。高胆固醇血症首选他汀类；高甘油三酯血症首选贝特类或烟酸类；混合性高脂血症如以 TC 和 LDL 增高为主，首选他汀；如以 TG 增高为主则首选贝特类；如 TC、LDL-C 和 TC 均显著增高，可考虑联合用药。但联合用药期间需关注药物不良反应发生，做到定期随访、严密监测。

（三）糖尿病

近年来我国糖尿病患者群迅速扩大，成年人总体患病率约为 11.6%，糖尿病前期患病率为 50.1%。糖尿病是 ASCVD 的独立危险因素，其可通过诱发血管内皮功能紊乱、氧化应激损伤，加剧炎症反应、升高促凝血活性、促使血小板功能障碍等，同时糖尿病是心力衰竭的重要危险因素，可大大增加了器质性心脏病患者心力衰竭的可能性，并对已经确诊的心力衰竭患者的预后具有不良影响。

关于血糖管理，应综合考虑患者年龄、病程、并发症及合并病等因素，制订科学的血糖监测计划、合理的血糖控制目标及安全有效的药物治疗方案。推荐所有冠心病患者病情稳定后应注意空腹血糖检测，必要时做口服葡萄糖耐量试验；总体建议糖尿病合并心血管疾病患者 HbA1c 应控制在 7%，可个体化调整至 7%~8.5%；指导并监督患者改变生活方式，包括严格的饮食控制和适当运动，无效者使用降血糖药同时强化其他危险因素的控制，包括控制体重、血压和血脂，必要时与内分泌科合作管理糖尿病。

糖尿病的药物治疗多基于纠正导致血糖升高的主要病理生理改变：胰岛素抵抗和胰岛素分泌受损。根据作用效果的不同，口服降血糖药可分为以促进胰岛素分泌为主要作用的药物（磺脲类、格列奈类、DPP-4 抑制剂）和通过其他机制降低血糖的药物（双胍类、噻唑烷二酮类、α- 糖苷酶抑制剂、SGLT2 抑制剂）。磺脲类和格列奈类直接刺激胰岛 β 细胞分泌胰岛素；DPP-4 抑制剂通过减少体内胰高血糖素样肽 -1（glucagon-like peptide-1，GLP-1）的分解、增加 GLP-1 浓度从而促进胰岛 β 细胞分泌胰岛素；双胍类的主要药理作用是减少肝脏葡萄糖的输出；噻唑烷二酮类的主要药理作用为改善胰岛素抵抗；α- 糖苷酶抑制剂的主要药理作用为延缓糖类在肠道内的消化吸收；SGLT2 抑制剂的主要药理作用为通过减少肾小管对葡萄糖的重吸收来增加肾脏葡萄糖的排出。此外，临床上常需要口服药物间及口服药与注射降血糖药间（胰岛素、GLP-1 受体激动剂）联合治疗，以使血糖达标。

二、心血管疾病二级预防用药

药物处方作为心血管疾病二级预防的重要组成部分，主要分为改善预后及改善症状用药两方面。有充分循证证据的二级预防用药包括抗血小板聚集药物、β 受体阻滞剂、ACEI/ARB、醛固酮受体拮抗剂、他汀类药物；β 受体阻滞剂、ACEI/ARB、醛固酮受体拮抗剂作为治疗心力衰竭患者的金三角药物，可改善预后，利尿剂可有效缓解心力衰竭患者症状。

（一）改善预后

1. 抗血小板聚集

阿司匹林：若无禁忌证，冠心病患者均应长期服用阿司匹林，最佳剂量范围为 75~150mg/d。因存在禁忌证或不能耐受阿司匹林者，可用氯吡格雷替代。

氯吡格雷：主要用于支架植入术后患者，联合应用阿司匹林至少 12 个月，氯吡格雷不能耐受或有明确抵抗证据者，用替格瑞洛或普拉格雷作为替代。

2. **他汀类** 他汀类药物可有效降低 TC 和 LDL-C，并具有延缓动脉粥样硬化进展、稳定斑块和抗炎等降脂以外的作用。所有的冠心病患者若无禁忌，无论入院时患者 TC 和 LDL-C 是否升高，都应启动并长期使用他汀类药物。如使用他汀类药物后 LDL-C 没有达到目标值，或不能耐受他汀类药物，可联合使用依折麦布 5~10mg/d。在应用他汀类药物治疗过程中应严密监测肝功能和肌酶变化。

3. **β 受体阻滞剂**　交感神经过度激活贯穿心血管事件链全过程，而 β 受体阻滞剂能够抑制交感神经活性，降低心率、减弱心肌收缩力、降低心肌摄氧量并延长心脏舒张期，增加缺血心肌的血液灌注，延缓心血管疾病的进程。国内外权威指南均推荐，对于无禁忌证的所有急性冠脉综合征患者都应使用 β 受体阻滞剂，冠心病患者均应长期应用 β 受体阻滞剂作为二级预防用药。指南推荐使用的 β 受体阻滞剂为美托洛尔、比索洛尔和卡维地洛。研究表明心率与心血管事件呈负相关，在使用此类药物时应从小剂量开始，逐渐增加剂量，以能缓解心绞痛症状同时清醒时静息心率控制在 55~60 次 /min 为宜。如未达到靶目标或不能耐受 β 受体阻滞剂，可单独或与伊伐雷定合用，其中伊伐雷定适用于窦性心律>70 次 /min 的慢性稳定型心绞痛患者。

4. **ACEI 和 ARB**　绝大多数慢性冠心病患者都能从 ACEI 的长期治疗中获益。对于无症状左心室收缩功能不全、慢性心力衰竭和心肌梗死后的高危慢性冠心病患者，以及合并高血压、糖尿病等疾病的冠心病患者，均应使用 ACEI 类药物。具有适应证但不能耐受 ACEI 治疗的患者，可服用 ARB 类药物。

5. **醛固酮受体拮抗剂**　心力衰竭患者心室醛固酮生成及活化增加，加之长期应用 ACEI/ARB 时会出现醛固酮逃逸现象，因此，心力衰竭长期治疗中加用醛固酮受体拮抗剂，可抑制醛固酮的有害作用（如心肌细胞凋亡、心肌重构、心肌纤维化等），改善心力衰竭患者生存率。

（二）改善症状用药

1. **硝酸酯类**　硝酸酯类药物通过扩张冠状动脉和扩张静脉系统降低心脏前负荷，改善心肌供血和降低心肌耗氧，发挥抗心绞痛作用，提高运动耐量。但长期口服长效硝酸酯类药物可能加重内皮功能损害，因此是否长期口服要根据临床症状判断。舌下含服或喷雾用硝酸甘油仅作为心绞痛发作时缓解症状用药，也可在运动前数分钟使用，以减少或避免心绞痛发作。长效硝酸酯制剂用于减低心绞痛发作的频率和程度，并可能增加患者的运动耐量。硝酸酯类药与 β 受体阻滞剂联合应用，可以增强抗心肌缺血作用，并抵消心率增快的不良反应。

2. **β 受体阻滞剂**　β 受体阻滞剂不仅可改善心血管疾病患者预后，同时可有效缓解心绞痛症状、减少心绞痛的发作，并提高心肌耐缺血缺氧能力。

3. **钙通道阻滞剂**　对变异型心绞痛或以冠状动脉痉挛为主的心绞痛，钙通道阻滞剂可作为一线药物。地尔硫䓬和维拉帕米能减慢房室传导，常用于伴有快速心房颤动或心房扑动的心绞痛患者。当稳定型心绞痛合并心力衰竭必须应用长效 CCB 时，可选择氨氯地平或非洛地平。

4. **其他治疗药物**

曲美他嗪：可与 β 受体阻滞剂等抗心肌缺血药物联用，可作为传统抗缺血治疗药物不能耐受时的替代药物。其主要作用机制是通过抑制脂肪酸氧化和增加葡萄糖代谢来改善心肌氧供而治疗心肌缺血。

尼可地尔：可改善心肌微循环，预防心绞痛的发作，长期治疗可改善心绞痛症状。

5. **利尿剂**

利尿剂是心力衰竭患者治疗的基础用药，通过排钠排水减轻心脏的容量负荷，对缓解淤血症状、减轻水肿有十分显著的效果。原则上慢性心力衰竭患者应长期使用利尿剂，水肿消失后也应长期使用，避免出现水钠潴留诱发心力衰竭。

6. **地高辛** 地高辛是改善心力衰竭症状的药物。若服药期间出现头晕、恶心、心律失常和意识障碍，可能是地高辛中毒症状，应注意早期识别，严密监测地高辛血药浓度，阻止发生严重或致命后果。

（三）药物对运动耐量的影响

运动耐量是评价生活质量的主要指标之一，在临床诊疗过程中药物对运动耐量的影响也是药物处方的重要考虑因素。评价运动耐量的金标准为最大摄氧量，主要由心脏泵血和运输氧的能力、肺脏气体交换能力和骨骼肌代谢能力共同决定。凡能改善心脏泵血、提高气体交换和骨骼肌代谢能力的药物都可以影响运动耐量。心血管疾病治疗用药，如β受体阻滞剂、硝酸酯类药物、CCB、伊伐雷定和曲美他嗪等，可通过增加心肌收缩力、减少心肌耗氧、减轻外周阻力、改善心肌氧的利用和扩张冠状动脉提高运动耐量。

1. 将心率作为运动靶目标时应考虑药物对心率的影响，部分药物可能会钝化心脏对急性运动负荷的反应能力，如β受体阻滞剂和非二氢吡啶类CCB可使患者心肌变时性（心率反应）和变力反应（泵血功能）相应下降，引起乏力、运动不耐受等，在评估患者运动耐量或指导患者运动时应充分考虑。

2. 硝酸酯类和CCB均具有扩张外周血管的作用，运动期间骨骼肌血管床进一步扩张，可能会出现直立性低血压相关的头晕或晕厥，应避免突然体位改变。硝酸酯类药物作为运动评估及治疗过程中的抢救用药，目的为防止急性心血管事件的发生，运动前亦可预防性使用硝酸酯类药物，以降低运动中缺血风险并提高运动依从性；CCB类药物通过降低心脏负荷及心肌摄氧量缓解心绞痛症状，进而提高运动耐量。

3. 他汀类药物可引起乏力或肌肉酸痛等不良反应，导致运动耐量下降。

4. 利尿剂可导致电解质失衡及糖脂代谢紊乱，出现疲劳、虚弱及痛风引起的疼痛等，用药期间应注意观察和监测。

5. 曲美他嗪可有效改善心肌细胞代谢并发挥抗缺血作用，其主要作用机制是通过抑制脂肪酸代谢途径，促进葡萄糖有氧代谢，并增加骨骼肌对葡萄糖的摄取和利用，从而提高患者运动耐量。

（史大卓 白瑞娜）

第三节 中药的选择与应用

尽管国内外心血管疾病患者的二级预防降低了心血管疾病死亡率，但仍是全球高发疾病，存在心绞痛症状反复发作、病情进行性变化、血运重建后再狭窄、心力衰竭反复发作等问题，中医药辨证治疗在改善症状及远期预后方面显示出一定的优势。如何发挥中药复方多效性的治疗优势，减少西药的毒副作用，建立心血管疾病中医药治疗规范具有重要意义。本节将从中药剂型及中医病证结合中药选择方面进行阐释。

一、中药剂型

心血管疾病常见中药的剂型有片剂、胶囊剂、丸剂、颗粒剂、口服液、气雾剂、汤剂、注射剂等，不同剂型具有不同的作用特点，同时剂型同疾病的治疗关系亦十分密切。

1. **片剂**　片剂系指药材提取物、药材提取物加药材细粉或药材细粉与适宜辅料混匀压制而成的圆片状或异形片状的制剂。片剂用量准确，质量稳定，服用方便，易于携带、贮存。片剂多采用机械化生产，效率高，成本低，是常用的现代剂型之一。

2. **胶囊剂**　胶囊剂的特点是外观整洁美观，崩解快，吸收好，容易吞服，可掩盖药物的不良嗅味，易于制成速效、长效或肠溶制剂。凡对光敏感、不稳定的药物，或有特异气味的药物，或需要定时、定位释放的药物，宜制成胶囊剂。

3. **丸剂**　丸者缓也，取丸以缓图疗效。根据基质可分为蜜丸、糊丸、水丸、蜡丸、浓缩丸五种类型。

蜜丸系用蜂蜜作剂，熬炼得当，包装严密，可经久而不失效，蜂蜜熬炼后相当黏稠，制成丸剂服用后逐渐地被吸收而发挥治疗作用。用淀粉调成糊状或使用动物脏器及果实、蔬菜汁液等为基质制成的丸剂谓之糊丸，服用后药物的吸收和发挥作用也很缓慢。水丸用清水、酒、醋等为湿润剂并利用原粉的黏性泛制而成。水丸的丸粒小，患者服用后较易崩解而被吸收，药效发挥作用较快。蜡丸用蜂蜡为基质制成。蜂蜡不溶于水及胃液，到肠内遇到碱性肠液，才逐渐释放而显药效。浓缩丸将部分药料经过煎煮，浓缩为浸膏，加蜂蜜或水再加余下的部分药料制成浓缩蜜丸、浓缩水丸，可减少服用量。滴丸系指将药材提取物与基质用适宜方法混匀后，滴入不相混溶的冷凝剂中，收缩冷凝而制成的制剂，质量易于控制，较为稳定，可提高难溶性药物的生物利用度。

4. **颗粒剂**　颗粒剂系指药材提取物与适宜的辅料或药材细粉制成的具有一定粒度的颗粒状制剂。颗粒剂既保持了汤剂作用迅速的特点，又克服了汤剂临用时煎煮不便的缺点，且口味较好、体积小，但易吸潮。

5. **口服液**　口服液系以中药材为原料，经过提取、精制，再兑入一定量的糖或蜜，灌封于安瓶中，口服液集汤剂、注射剂、糖浆剂之特点，既能保持汤剂的特点，又能避免汤剂临时煎煮的麻烦，具有质量较稳定、剂量较少、吸收较快、便于服用、携带和贮存等优点。

6. **气雾剂**　气雾剂系指药材提取物或药材细粉与适宜的抛射剂装在具有特制阀门的耐压严密容器中，使用时打开阀门即可。中药气雾剂的特点是给药剂量小、起效迅速、药物分布均匀、便于吸收、卫生条件好。

7. **注射剂**　注射剂具有剂量准确，作用迅速，给药方便，药物不受消化液和食物的影响，能直接进入人体组织、血液等优点。注射剂除用于皮下、肌肉、静脉外，还可用于穴位，发挥特有疗效。但由于中药化学成分复杂，在提取、精制过程中及在高温灭菌中，必然会损失一定成分，因此对中药注射剂的疗效和安全性问题，尚有待进一步研究。

8. **汤剂**　汤剂是在中医辨证论治基础上随证加减而得来，具有吸收快、发挥药效迅速的作用，可充分发挥中医方剂中各药物的配伍作用，但其煎液体胶较大，服用、携带均不方便。

二、病证结合中药选择应用

(一) 眩晕(高血压)

高血压归属于中医“眩晕”“头痛”范畴,以脏腑气血阴阳平衡失调为主要病机,病位在心、肝、脾、肾,病性有实有虚,也有虚实夹杂者,下述辨证分型参照《高血压中医诊疗指南》。

1. 肝火上炎

证候:以头晕胀痛、面红目赤、烦躁易怒为主症,兼见耳鸣如潮、胁痛口苦、便秘溲黄等症,舌红,苔黄,脉弦数。

治法:清肝泻火。

方药:龙胆泻肝汤加减,中成药可选择泻青丸、当归龙荟丸、脑立清胶囊。

2. 肝阳上亢

证候:头晕、头胀、头痛,烦躁耳鸣,腰膝酸软,脉细数或弦细。

治法:补肾平肝。

方药:清眩降压汤加减,中成药可选择清肝降压胶囊、松龄血脉康胶囊。

3. 痰湿内阻

证候:以头重如裹为主症,兼见胸脘痞闷、纳呆恶心、呕吐痰涎、身重困倦、少食多寐等症,苔腻,脉滑。

治法:化痰祛湿,和胃降浊。

方药:半夏白术天麻汤加减。中成药可选择眩晕宁片、牛黄降压丸。

4. 瘀血内阻

证候:以头痛如刺、痛有定处为主症,兼见胸闷心悸、手足麻木、夜间尤甚等症,舌质暗,脉弦涩。

治法:活血化瘀。

方药:通窍活血汤加减。中成药可选择心脉通片、心安宁片。

5. 阴虚阳亢

证候:以眩晕、耳鸣、腰酸膝软、五心烦热为主症,兼见头重脚轻、口燥咽干、两目干涩等症,舌红,少苔,脉细数。

治法:滋补肝肾,平肝潜阳。

方药:天麻钩藤饮、杞菊地黄汤加减。中成药可选择六味地黄丸、杞菊地黄丸 / 平眩胶囊。

6. 肾精不足

证候:以心烦不寐、耳鸣腰酸为主症,兼见心悸健忘、失眠梦遗、口干口渴等症,舌红,脉细数。

治法:滋养肝肾,益精填髓。

方药:左归丸加减。中成药可选择健脑补肾丸。

7. 气血两虚

证候:以眩晕时作、短气乏力、口干心烦为主症,兼见面色苍白、自汗或盗汗、心悸失眠、纳呆、腹胀便溏等症,舌淡,脉细。

治法:补益气血,调养心脾。

方药：归脾汤加减。

8. 冲任失调

证候：以头痛、头晕为主症，头晕烘热汗出、烦躁不宁，咽干口燥，兼见心烦、失眠、胁痛、月经紊乱等症，血压波动，舌淡，脉弦细。

治法：调摄冲任，补肾平肝。

方药：二仙汤加减。中成药可选择龟鹿补肾胶囊。

（二）胸痹心痛病

冠心病归属于中医胸痹心痛病范畴，冠心病心绞痛不外虚实两方面：虚为气虚、阳虚、阴虚，病位在心，涉及肺、脾、肾、肝；实为气滞、寒凝、血瘀、痰阻。但无论虚实，血脉瘀滞总是冠心病心绞痛的一个基本病理环节，根据病证的寒热虚实不同，逐渐形成了益气活血、理气活血、化痰活血、芳香温通活血等治法和相应方药，下述辨证分型综合各指南归纳制订。

1. 气虚血瘀

证候：胸痛、胸闷，动则尤甚，休息时减轻，乏力气短，心悸汗出，舌体胖，舌边有齿痕，舌质暗、有瘀斑或瘀点、苔薄白，脉弦或有间歇。

治法：益气活血。

方药：保元汤合冠心Ⅱ号方加减。

2. 气阴两虚、心血瘀阻

证候：以胸闷隐痛、时作时止、遇劳则甚为特点，心悸气短，倦怠懒言，面色少华，头晕目眩，舌暗红少津，脉细弱或结代。

治法：益气养阴，活血通脉。

方药：生脉散合冠心Ⅱ号方加减。中成药可选用参松养心胶囊、益心舒丸。

3. 痰瘀互阻

证候：胸脘痞闷如窒而痛，或痛引肩背，多以闷痛为主要特点，气短，肢体沉重，形体肥胖，痰多，纳呆恶心，舌暗、苔浊腻，脉弦滑。

治法：通阳泄浊，豁痰活血。

方药：瓜蒌薤白半夏汤合冠心Ⅱ号方加减。中成药可选择丹蒌片。

4. 气滞血瘀

证候：胸闷胸痛，时痛时止，或胁下窜痛，性质多为胀痛，疼痛多与情绪因素有关，伴有胁胀，喜叹息，舌暗或紫暗、苔白，脉弦。

治法：行气活血、通络止痛。

方药：冠心Ⅱ号方或血府逐瘀汤加减。中成药可选择血府逐瘀胶囊、冠心丹参滴丸、心可舒片、银丹心脑通软胶囊。

5. 热毒血瘀

证候：胸痛发作频繁，口干口苦，口气浊臭，烦热，大便秘结，舌紫暗或暗红、苔黄厚腻，脉弦滑或滑数。

治法：清热解毒，活血化瘀。

方药：冠心Ⅱ号方加减。

6. 寒凝心脉

证候：以猝然心痛如绞、感寒痛甚为特点。症见形寒肢冷，冷汗自出，面色苍白，心悸气短，苔薄白，脉沉紧。

治法：温经散寒、活血通痹。

方药：瓜蒌薤白白酒汤加减。中成药可选择宽胸片、脑心通胶囊。

7. 心肾阴虚

证候：胸痛时作时止，症见腰膝酸软，心悸失眠，五心烦热，口燥咽干，潮热盗汗，舌红少苔，脉细数。

治法：滋阴清热，养心安神。

方药：左归饮加减。中成药可选择心元胶囊。

8. 心肾阳虚

证候：以胸闷痛、遇寒加重为特点。症见畏寒肢冷，心悸怔忡，自汗神倦，面色㿠白，便溏，肢体水肿，舌淡胖、苔白，脉沉迟。

治法：补益阳气、温振心阳。

方药：参附汤合右归饮加减。中成药可选择金匮肾气丸。

心绞痛发作时，中医药干预可缓解胸痛症状、改善心功能和生活质量。胸痛发作期常用中成药：速效救心丸，10~15 粒 / 次，舌下含服，以行气活血、祛瘀止痛；复方丹参滴丸，5~10 粒 / 次，舌下含服，以活血化瘀、理气止痛；胸痛兼畏寒肢冷者，可选用麝香保心丸，2~4 粒 / 次，舌下含服，以芳香温通、益气强心；宽胸气雾剂，喷服，以辛温通阳、理气止痛。

（三）心力衰竭病

中医学古代文献对心力衰竭类似症状的记载散见于心悸、怔忡、喘证、虚劳等的论述中。急性期多表现为心悸，喘咳不能平卧，口唇、爪甲青紫，甚则烦躁，咯粉红色泡沫痰，大汗淋漓，四肢厥冷，舌紫，脉细数或促；慢性期多见水肿，尿少，腹痛痞满，恶心食少，甚则腹部膨胀，胁下痞块，脉虚数或结代。心力衰竭为本虚标实之证。本虚以气虚、阳虚、气阴两虚或阴阳两虚为主，标实以瘀血、痰饮、水湿内停为标；且气、血、水三者又可相互为病、相互转化。心气虚是慢性心力衰竭正虚的一个主要方面，心阳虚是心气虚的发展，"血不利则为水"是慢性心力衰竭的基本病理环节，水停是慢性心力衰竭的必然病理产物。中西医结合治疗心力衰竭可进一步提高疗效，减轻西药利尿剂伤阴耗气的副作用，减轻利尿剂抵抗，减缓心力衰竭病情进展，提高患者生活质量；下述辨证分型参照《慢性心力衰竭中西医结合诊疗专家共识》及《慢性心力衰竭中医诊疗专家共识》。

1. 气虚血瘀水停

证候：心悸喘促，动则喘甚，四肢或全身水肿，舌淡暗、苔白，脉滑沉缓。

治法：益气活血利水。

方药：保元汤合血府逐瘀汤加减。中成药可选择补心气口服液、芪参益气滴丸、麝香保心丸。

2. 气阴两虚，血瘀水停

证候：喘促气短，心悸耳鸣，自汗盗汗，口干尿黄，舌质暗，脉细数。

治法：益气养阴，活血利水。

方药：生脉饮合六味地黄汤加减。中药注射液可选用生脉注射液、参麦注射液。

3. 心肾阳虚，血瘀水停

证候：喘促日久，动则喘甚，胸闷心悸，汗出肢冷，神疲腰酸夜尿多，面浮胫肿，舌质淡暗，脉沉细无力。

治法：温通心肾，活血利水。

方药：真武汤合防己黄芪汤、血府逐瘀汤加减。中成药可选择参桂胶囊、芪苈强心胶囊；中药注射剂可选择参附注射液。

（史大卓　白瑞娜）

参考文献

[1] WRITING GROUP MEMBERS, BENJAMIN E J, BLAHA M J, et al. Heart disease and stroke statistics—2017 update: a report from the American Heart Association [J]. Circulation, 2017, 135 (10): e146-e603.

[2] JING L, XI L, QING W, et al. ST-segment elevation myocardial infarction in China from 2001 to 2011 (the China Peace-retrospectvice acute myocardial infarction study): a retrospective analysis of hospital data [J]. Lancet, 2015, 385 (9966): 441-451.

[3] 丁荣晶, 马长生, 陈红, 等. 北京地区心内科门诊冠心病患者胆固醇控制现状调查 [J]. 中华心血管病杂志, 2013, 41 (3): 251-255.

[4] ZHAO S, WANG Y, MU Y, et al. Prevalence of dyslipidaemia in patients treated with lipid-lowering agents in China: results of the DYSlipidemia international study (DYSIS)[J]. Atherosclerosis, 2014, 235 (2): 463-469.

[5] 中国康复医学会心脏康复专业委员会. 稳定性冠心病心脏康复药物处方管理专家共识 [J]. 中华心血管病杂志, 2016, 44 (1): 7-11.

[6] 丁荣晶.《稳定性冠心病心脏康复药物处方管理专家共识》解读[J]. 中国实用内科杂志, 2016, 36 (4): 284-287.

[7] MYERS J, PRAKASH M, FROELICHER V, et al. Exercise capacity and mortality among men referred for exercise testing [J]. N Engl J Med, 2002, 346 (11): 793-801.

[8] WHELTON P K, CAREY R M, ARONOW W S, et al. 2017ACC/AHA/AAPA/ABC/ACPM/AGS/APhA/ASH/ASPC/NMA/PCNA Guideline for the prevention, detection, evaluation, and management of high blood pressure in adults: a report of the American College of Cardiology/American Heart Association Task Force on Clinical Practice Guidelines [J]. J Am CollCardiol, 2018, 71 (19): e127-e248.

[9] 中国高血压防治指南修订委员会. 中国高血压防治指南 2010 [J]. 中国医学前沿杂志, 2011, 3 (5): 42-93.

[10] 丁文清, 董虹孛, 米杰. 中国儿童青少年血脂异常流行现状 meta 分析 [J]. 中华流行病学杂志, 2015, 36 (1): 71-77.

[11] BAIGENT C, KEECH A, KEARNEY P M, et al. Efficacy and safety of cholesterol-lowering treatment: prospective meta-analysis of data from 90, 056 participants in 14 randomised trials of statins [J]. Lancet, 2005, 366 (9493): 1267-1278.

[12] 诸骏仁, 高润霖, 赵水平, 等. 中国成人血脂异常防治指南 (2016 年修订版)[J]. 中国循环杂志, 2016, 31 (10): 937-953.

[13] 中华医学会糖尿病学分会. 中国 2 型糖尿病防治指南 (2017 年版)[J]. 中华糖尿病杂志, 2018, 10 (1): 4-67.

[14] 中华中医药学会. 高血压中医诊疗指南 [J]. 中国中医药现代远程教育, 2011, 9 (23): 108-109.

[15] 中华中医药学会心血管分会. 冠心病稳定型心绞痛中医诊疗专家共识 [J]. 中医杂志, 2018, 59 (5): 447-449.

[16] 中国医师协会中西结合医师分会, 中国中西医结合学会心血管专业委员会, 中国中西医结合学会重症医学专业委员会, 等. 急性心肌梗死中西医结合诊疗专家共识 [J]. 中国中西医结合杂志, 2014, 34 (4): 389-395.

[17] 国家心血管病中心, 中西医结合Ⅰ期心脏康复专家共识委员会. 中西医结合Ⅰ期心脏康复共识 [J]. 中国循环杂志, 2017, 25 (12): 1140-1148.

[18] 中国中西医结合学会心血管疾病专业委员会, 中国医师协会中西医结合医师分会心血管病学专家委员会. 慢性心力衰竭中西医结合诊疗专家共识 [J]. 中国中西医结合杂志, 2018, 38 (2): 133-141.

[19] 冠心病中医临床研究联盟, 中国中西医结合学会心血管疾病专业委员会, 中华中医药学会心病分会, 等. 慢性心力衰竭中医诊疗专家共识 [J]. 中医杂志, 2014, 55 (14), 1258-1260.

第五章　营养治疗和辨证施膳

营养是机体摄取、消化、吸收、代谢和利用食物或营养素以维持生命活动的整个过程。食物作为营养素的载体，是维持人体生命和机体活动的最基本物质条件之一。我国古代先贤对食物与人类健康的关系早有论述。如“民以食为天”的食物与苍生共存观，“若饮食，热无灼灼，寒无怆怆，寒温中适，故气将持，乃不致邪僻”“谷肉果菜，食养尽之，无使过之，伤其正也”的食物与疾病预防观，“五谷为养，五果为助，五畜为益，五菜为充，气味合而服之，以补精益气”的健康膳食平衡观，“损其脾者，调其饮食，适其寒温”“夫大病后……宜先与粥饮、次糊饮、次糜饮，循序渐进，切勿失其序”的朴素食疗与疾病康复观，均阐述了食物及食疗的重要性。医圣张仲景的“脉数而滑者实也，此有宿食……”“桂枝三两(去皮)、芍药三两、甘草三两(炙)、生姜三两(切)、大枣十二枚，上五味，㕮咀，以水七升，微火煮取三升，去滓，适寒温，服一升，服已须臾，啜稀粥一升余，以助药力……禁生冷、粘滑、肉面、五辛、酒酪、臭恶等物”，不仅将五味中含三味药食同源中药材的桂枝汤作为《伤寒论》的第一方，更将食物与疾病的发生发展、症状体征、治疗方法、治疗和康复效果等之间的关系，以及食物对疾病预防、治疗、康复整个过程的影响做了系统论述。

对人类健康影响最大的指标是日常生活行为是否健康，其中，伴随人一生的膳食及体育锻炼和体重管理是最主要的指标。自 1995 年开始美国心血管疾病病死率的增长速度呈现下降趋势，全国胆固醇教育计划及其他一系列调整生活方式的措施是重要的影响因素。他山之石可以攻玉，以营养支持疗法为主的生活方式干预应成为心血管疾病预防和康复过程中基础治疗措施之一。

营养支持疗法(nutrition therapy，NT)和辨证施膳有各自的特点。制订营养支持疗法方案不仅要考虑食物中营养物质含量、三大营养素所占供能比及营养成分平衡，也要从整体的角度考虑食物的结构、阴阳、四性五味、归经、升降沉浮、季节、地域等属性特点，同时结合患者的代谢特点、症状、体征、舌、苔、脉、实验室指标和体力活动等情况，通过辨证、综合分析发挥营养支持疗法和辨证施膳在心血管疾病预防和康复中的作用。由于能兼顾高血糖、高血脂、高尿酸、高同型半胱氨酸、肠道菌群紊乱、肿瘤预防等代谢异常状态的调理，对减少药物用量、改善临床结局、提高患者的生活质量意义重大。它们的作用绵长而持久，滋润身体而无声。其安全性、实用性、简便性、经济性是其他治疗方法无法替代的。

发生和发展，如肠道壁渗透性增高，细菌细胞壁产生脂多糖和肽聚糖可通过肠壁入血，循环中的这些物质可激活巨噬细胞，从而影响脂质的转运，增加胰岛素抵抗，升高血脂、血压，造成血管炎症反应等。

三、食物、营养素与心血管疾病预防和康复

心血管疾病康复中的膳食和营养方案不是时间节点的概念，而是过程管理。所有降低心血管疾病发病风险的因素可以看作是心血管疾病再发和/或急性加重的预防因素。《中国居民膳食指南2016》和《心血管疾病营养处方专家共识》所梳理的营养素和食物摄入与心血管疾病关系的研究证据同样适用于心血管疾病康复的膳食指导（表5-6、表5-7）。

表 5-6　营养素与患心血管疾病风险研究证据水平

证据	降低危险	没有相关	增加危险
令人信服	亚油酸、钾、 鱼和鱼油（EPA、DHA） 植物固醇	维生素E补充剂	SFA（豆蔻酸和棕榈酸） 反式脂肪酸
很可能	α-亚麻酸 油酸 膳食纤维	硬脂酸	膳食胆固醇
可能	大豆制品 类黄酮		富含月桂酸的脂肪 β-胡萝卜素

注：摘选自《心血管疾病营养处方专家共识》。

EPA.eicosapentaenoic acid，二十碳五烯酸；DHA.docosahexaenoic acid，二十二碳六烯酸；SFA.saturated fatty acid，饱和脂肪酸。

表 5-7　食物摄入与心血管相关健康证据

食物类别	与心血管健康	观察人数	可信等级 *
全谷物	降低发病风险	4 336 411	B
	减轻体重增加	140 000	B
燕麦	改善血脂	8 000	B
薯类	降低便秘发生风险	870	C
蔬菜和水果	降低发病风险	1 431 477	B
蔬菜	降低发病和死亡风险	169.4 万	B
水果	降低发病风险	687 705	C
坚果	降低发病风险（所有）	29 836	B
	改善血脂（核桃、杏仁、花生等）	1 362	B
鱼肉	降低发病风险	992 688	B
禽肉	与发病风险无关	394 147	B
	过多摄入，增加肥胖发病风险	996 932	C

续表

食物类别	与心血管健康	观察人数	可信等级 *
鸡蛋	对血清胆固醇微弱(3~4 个 / 周)	3 500	
	适量摄入与发病风险无关	13 426	B
畜肉	过量摄入增加男性全因死亡	1 440 417	B
食盐	高盐(钠)增高高血压发病风险,降低摄入降低血压	163 743	B
油脂	反式脂肪酸增加冠心病发病风险	1 184 166	B
	总油脂及动物脂肪增加肥胖发病风险	17 598	A
酒	适量降低发病风险,过量增加发病风险	457 984	B

注:摘自《中国居民膳食指南 2016》。

*A. 确信的证据;B. 很可能的证据;C. 可能的证据;D. 证据不足。

(一) 全谷物和杂豆与心血管疾病预防和康复

我国一项大型流行病学调查显示,1989—2006 年 18~45 岁居民的膳食纤维的摄入量呈现下降的趋势,虽然蔬菜提供的膳食纤维量逐年增加,但是其增加量不能补充谷类提供的膳食纤维量的减少,因此谷类食物提供的膳食纤维量减少是造成居民膳食纤维摄入量下降的主要原因。

全谷物可以减少冠心病等心血管疾病的发生风险及死亡风险。哈佛 1970 年—2010 年 786 076 人进行研究,结果显示,每吃一份 16g 的粗粮,死于心脏疾病的风险降低 9%,死于与癌症相关疾病的风险下降 5%;若把粗粮摄入量增加至每天三份或 48g,死于心脏疾病和癌症相关疾病的危险分别下降 18% 和 12%。

杂豆类脂肪含量仅有 1% 左右,而蛋白质高达 20% 左右,当各种杂豆混合食用,则蛋白质的利用率将显著提高。另外,豆类蛋白质中缺乏含硫氨基酸,没有肉蛋奶的质量高,但因富含赖氨酸,可与谷类营养互补而提高蛋白质的生物利用率。豆类中低聚糖含量高,其中主要是蔗糖、棉籽糖、水苏糖和毛蕊花糖,它们在肠道内能促进益生菌——双歧杆菌增殖。豆类中 B 族维生素含量均高于大部分谷类种子,是维生素 B_1 的最佳来源之一,它们可弥补精白米面维生素少的缺点。豆类钾、镁、磷、钙、铁、锌的含量也高于谷类,是膳食中矿物质的良好来源,豆类钠含量很低,钾、镁是心血管的保护因子。

总之,全谷类、杂豆类、薯芋类在膳食中均应占有一定的比例。

(二) 蔬菜和水果与心血管疾病预防和康复

我国上海的一项研究,共 13.48 万人纳入到观察中,结果发现当男性食用蔬菜量从 144g/d 增到 583g/d 后,心血管疾病死亡风险下降了 36%;女性食用蔬菜量从 124g/d 增到 506g/d 后,心血管疾病死亡风险下降 16%。一项纳入 687 705 人的研究显示,水果能降低心血管疾病发病和死亡风险。越橘、柑橘能降低心血管患者血清炎性标志物,利于心血管疾病的转归。另一项针对 1 431 477 人的研究显示,同时增加蔬菜和水果,降低了心血管疾病和糖尿病的发病风险。《中国居民膳食指南 2016》《中国糖尿病防治指南》《中国心血管病预防指南》等均将多吃蔬菜和水果作为重点推荐。

（三）肉类、蛋、奶、大豆与心血管疾病预防和康复

畜禽肉类：肉类矿物质含量为1%~2%，主要含钾、磷、钠、铁、锌，也有铜、硒等，是身体必需微量元素的重要来源。畜类肉食也是B族维生素的极好来源，猪肉中的维生素 B_1 含量特别丰富。畜血含多种矿物质，是膳食铁的优质来源。但畜肉中必需脂肪酸含量低，非蛋白质的含氮物质占1.65%，其中胆碱、磷脂酰胆碱和左旋肉碱可被肠道细菌利用产生TMAO而危害心血管健康。

禽肉的脂肪含量低，必需氨基酸亚油酸含量为20%，氨基酸模式与人体接近。

水产品：中国、美国等9个国家的科研人员纳入992 688人作为观察对象，发现增加鱼类摄入可降低心血管疾病的发病风险。两项大型研究结果建议，鱼的消费量增加到每周至少2份，可降低冠心病发病风险。另一项研究显示，不管是海鱼还是河鱼，也不管是有鳞鱼还是无鳞鱼，每周食用1次，可使冠心病发病风险降低15%；冠心病高危者每周食用40~60g脂肪含量高的海鱼，病死率减少约50%；第1次心肌梗死后每周食用2次，2年病死率降低29%。另外，吃鱼可降低各种死亡危险。

蛋类蛋白质优于其他动物性蛋白质。鸡蛋营养物质丰富，包括脂肪，B族维生素，脂溶性维生素，微量的维生素C，矿物质磷、钙、锌、硒，这些主要集中在蛋黄中。蛋黄中的脂肪以单不饱和脂肪酸为主。胆固醇是人体激素及细胞膜中的重要成分。人体内胆固醇60%~70%来源于自身合成，30%~40%来源于食物。对于心血管疾病康复期患者，应将每天的胆固醇摄入量限制在300mg以内。一个40~50g的鸡蛋中，蛋黄按28g计，可提供的胆固醇约188mg。

乳类及其制品：奶类是膳食钙和优质蛋白质的重要来源。人们常食用的有牛奶和酸奶。推荐平均每天食用低脂或脱脂的液态奶250~300g。

大豆及其制品：大豆含有丰富的蛋白质，不饱和脂肪酸、钙、钾和维生素E。大豆中的脂肪含量在15%~20%，其中的85%为不饱和脂肪酸，亚油酸高达50%。亚油酸能抑制小肠对胆固醇的吸收，促进胆固醇在肝脏的降解。大豆中的饱和脂肪酸很低。大豆蛋白富含精氨酸，是一种潜在的血管抑制剂，也是血管舒张物质一氧化氮的前体。另外含有植物固醇、大豆异黄酮等化学物质。大豆异黄酮可降低胆固醇，防止动脉粥样硬化。对于冠心病患者，大豆摄入量推荐为每天30g。

坚果：观察美国、澳大利亚、英国和希腊29 836人，每天摄入坚果（所有坚果）28g，与几乎不摄入坚果的人相比，心血管疾病的发病风险降低19%~28%。另一项研究发现，核桃、杏仁、榛子、胡桃、开心果、松子、花生等可以改善血脂，主要降低总胆固醇和低密度胆固醇脂蛋白。建议每天的食用量为15~25g。

（四）油脂与心血管疾病预防和康复

油脂通常分为动物油脂和植物油。

动物油脂：室温下常呈固态，能增加心血管疾病发病风险。乳脂也是动物油脂，指乳类中的脂肪，又称奶油。推荐冠心病患者选用低脂和脱脂奶。

植物油：植物油中的油酸能降低总胆固醇、甘油三酯和低密度胆固醇脂蛋白。橄榄油和茶油中油酸含量丰富，达80%左右，并含有丰富的酚类物质和其他抗氧化剂，具有抗炎、抗血栓形成、降压等功效。氧化的低密度胆固醇脂蛋白是形成动脉粥样硬化的主要作用因子。橄榄油中的多酚类物质可抑制低密度胆固醇脂蛋白的氧化、维持高密度胆固醇脂蛋白的浓

度，有效降低冠心病、糖尿病、脑卒中的患病风险。

（五）其他食物与心血管疾病预防和康复

盐：高盐能增加高血压的发病风险。降低盐摄入能够降低血压水平。《中国高血压防治指南》（2013）总结中国14组人群，膳食钠摄入量平均每天增加2g（食盐5g），则收缩压和舒张压分别增加2mmHg和1.2mmHg。食盐摄入量应将食物中的隐性盐计算在内。

糖：糖在心血管疾病中的作用越来越受到学界的重视。研究显示，摄入较高量的单糖与高血压、高甘油三酯血症、高尿酸血症、肥胖症、高胰岛素血症、慢性交感神经活性增强、内皮功能受损、氧化应激相关。与摄入糖占总能量10%相比，占比10%~25%的患者心血管疾病死亡率增加30%，而占比25%的患者，相应风险增加3倍。添加糖，包括砂糖、果糖、玉米甜味剂、玉米糖浆、葡萄糖、高果糖玉米糖浆、转化糖、蜜糖、粗糖、蔗糖等，它们常作为食品和饮料的添加剂以提高口适性，这样只是增加了能量，却没有提供必需营养素，且给心血管健康等带来诸多影响。天然糖，如水果或牛奶里的糖不属于添加糖。

酒：乙醇是明确的一类致癌物。乙醇与心血管疾病发病风险呈剂量依赖性，即饮酒量越大，发生心血管疾病的危险性越大。少量酒能升高高密度胆固醇脂蛋白，但也升高甘油三酯及低密度脂蛋白。而且当每天饮酒的乙醇量>24g/d时，饮酒对身体的保护作用就失去了。对饮酒的高甘油三酯血症的冠心病患者，戒酒是首要治疗措施。

茶：茶多酚及茶色素有调血脂、降血压并预防动脉粥样硬化和保护心肌的作用。有研究每天1~2杯红茶可使动脉粥样硬化的风险降低46%，4杯降低69%。对唐山开滦地区8万多健康志愿者的队列研究结果显示，6年时间内，保持喝茶习惯者HDL-C下降要少0.06mmol/L，患心血管疾病的风险减少8%，且年龄大于60岁的男性、生活方式评分低于5分、有代谢综合征的三类人群获益大于与他们条件相反的人。茶的品种以红茶和绿茶更好。

大蒜：大蒜提取物对心脏手术狗有抗血小板聚集作用。大蒜油能明显增强正常人和冠心病患者的纤维蛋白溶解活性。研究表明，进食脂肪餐时加食大蒜汁能使胆固醇下降7.1%；可减少冠心病的再梗死率及病死率。我国研究发现，每天食用生蒜20g习惯的人，心血管疾病的病死率明显低于不食生蒜者。

（六）膳食纤维与心血管疾病预防和康复

膳食纤维是糖类中的一类非淀粉多糖。膳食纤维中的纤维素、半纤维素、果胶、树胶和海藻类等均为具有不同结构的多糖成分。有研究表明每天增加4~19g的膳食纤维就会使血糖和心血管危险因素有所控制。国内有零星报道每日补充小麦膳食纤维粉30g有降低血压的作用。用富含膳食纤维的药食同源馒头和小麦纤维馒头50g替代早晚餐各50g日常主食，食用12周，对于入组的2型糖尿病患者，不管是否合并高血压、高脂血症等心血管疾病，食用药食同源馒头组（成分中含有枸杞子、茯苓、玉竹、山药）试验后血压、体重指数、低密度脂蛋白、空腹血糖，餐后2小时血糖、糖化血红蛋白均显著降低。食用小麦纤维馒头组舒张压、体重指数、餐后2小时血糖均显著降低。膳食纤维主要通过以下途径实现对心血管的保护作用。

1. 减少胆固醇的吸收，可降低血中总TC和LDL-C的水平。

2. 增加饱腹感，延缓胃排空，使葡萄糖吸收趋缓，降低餐后血糖，从而降低血糖或胰岛素水平。

3. 增加粪便的体积，软化粪便，缓解便秘。

4. 刺激结肠内的发酵，有助肠道有益菌生长，抑制有害细菌生长，增进肠道健康。

5. 盐和水被结肠内细菌利用，致使循环中含量减少，从而减少水钠潴留、降低血压。

6. 饱腹感增加，利于体重控制。

7. 膳食纤维主要来源于粗杂粮、蔬菜和水果、薯类和豆类、菌藻类。过量摄入膳食纤维则会影响其他营养素的吸收。

(七) 膳食脂肪和脂肪酸与心血管疾病预防和康复

饱和脂肪酸(saturated fatty acid，SFA)：黄油、牛油和棕榈油中含有较多的 SFA，常呈固态，这些油品因货架期长，易于保存，常用于食品加工业。畜类和禽类的脂肪组织中也富含 SFA。食入量过多则升高血胆固醇、甘油三酯和 LDL-C。

单不饱和脂肪酸(monounsaturated fatty acid，MUFA)存在于橄榄油、茶油、菜籽油、花生油和大多数坚果中。MUFA 增加 LDL 受体的活性，使循环中的 LDL 和 VLDL 清除更快。同时拮抗膳食中胆固醇对 LDL 受体的抑制作用。

多不饱和脂肪酸(polyunsaturated fatty acid，PUFA)主要来源于部分植物油和植物种子中。ω-3(n-3)脂肪酸存在于深海鱼、亚麻籽和核桃中，EPA 和 DHA 是存在于海产品中的长链 n-3 脂肪酸。有利于心血管疾病的康复，但过量补充鱼油可能产生脂质过氧化反应，产生自由基和活性氧，对细胞和组织有一定的破坏性。因此应当用富含 n-3 脂肪酸的高脂海鱼类作为 EPA、DHA 等 n-3PUFA 的来源。

对于心血管康复患者，PUFA、MUFA 和 SFA 三者的供给比例是选择脂肪类膳食的重点。

反式脂肪酸(trans fatty acid，TFA)是种不饱和脂肪酸，主要存在于起酥油、部分氢化的植物油及含有这些油的食物、反刍动物的脂肪中，在结构上不同于天然植物性食物中的不饱和脂肪酸，它们影响心血管健康。使血浆 LDL-C 升高，HDL-C 下降，不利于心血管疾病患者的康复。来自芬兰的研究显示，男性反式脂肪酸摄入 6.2g/d 与 1.3g/d 相比，冠心病死亡危险性提高 39%。另一项研究显示，女性将反式脂肪酸降低后，发生冠心病危险性降低 53%。另有研究用反式脂肪酸替代 2% 的饱和脂肪酸，结果冠心病危险性增加 84%。

(八) 胆固醇与心血管疾病预防和康复

低密度脂蛋白和高密度脂蛋白的胆固醇中 80% 以上以胆固醇酯的形式存在。人类通过食物每日摄入胆固醇 300~500mg，而合成的内源性胆固醇为 1~1.2g。在动脉粥样硬化病灶中，堆积在动脉壁的脂类以胆固醇最多。富含胆固醇的食物有动物内脏、动物脑、蛋黄、鱼子、蛤贝类、奶油和肉类中。

植物固醇其结构与胆固醇类似，它可以干扰肠道对膳食胆固醇的吸收，具有降低血总胆固醇和低密度脂蛋白胆固醇的作用。有研究显示，每天给予 1.5~2.4g 植物固醇，可减少膳食中胆固醇吸收，降低低密度脂蛋白胆固醇 10%~11%，对高密度脂蛋白胆固醇和甘油三酯无影响。推荐的植物固醇量每天为 2g。植物固醇主要存在于植物性食品中，可以从大豆、种子、坚果等食品中获取。虽然机体对植物固醇吸收能力很低，但只要饮食结构合理，食物中的植物固醇完全可以满足机体需要量。

(九) 蛋白质与心血管疾病预防和康复

蛋白质摄入量降低时患者会出现冠状动脉新的损伤。对于动物性蛋白，如果不摄入脱脂奶、精瘦肉则会同时增加胆固醇的摄入。而大豆中精氨酸、植物固醇、大豆异黄酮等，对于心血管疾病的康复非常有利,故建议增加豆制品的摄入。

(十) 维生素和矿物质与心血管疾病预防和康复

维生素:维生素 C、维生素 E 联合抗氧化,可清除氧自由基,从而保护血管内皮。维生素 B_6 和叶酸能降低心血管疾病独立的危险因素——血浆同型半胱氨酸的水平。

矿物质:钾对血压的影响通过扩张血管、改变血管紧张肽原酶 - 血管紧张肽 - 醛固酮轴对肾钠控制及排尿钠实现。另外低钙、低钾膳食会增加血压对盐的敏感性。缺钙可引起血 TC 和 TG 升高。镁具有降低胆固醇、降低冠状动脉张力、增加冠状动脉血流量的作用。

需要强调的是,食物对心血管疾病预防和康复的影响不是单一营养素孤军作战,而是协同作用的结果。补充营养素制剂不是明智的选择,食物多样化及合理的膳食结构才是获取各种营养物质的最佳途径。

四、基于平衡膳食的心血管疾病预防和康复膳食模式

营养素根据各自的分工,相互影响、相互协作,维持正常的生长发育(生长发育期)和新陈代谢(全生存期)。不同营养素的 RNI 不等。膳食不平衡,则营养素的比例不平衡和比例不当。例如,当膳食中的其他二价离子增多时,则会影响钙的吸收;过量的镁可增加铁的吸收。宏量营养素及其比例也会影响微量营养素的吸收和作用。α- 酮酸的前体来自于糖类及氨基酸的代谢,而维生素 B_1 是 α- 酮酸羟化酶重要的辅助因子,而脂肪具有节约维生素 B_1 的作用。可见维生素 B_1 的摄入量取决于膳食中糖类、脂肪和蛋白质的比例。当宏量营养素脂肪供应量过多,则容易引起高脂血症,当脂质沉积于血管壁,则引发动脉粥样硬化,增加冠心病的风险。

平衡膳食是健康生活的永恒主题。膳食模式虽然承载着生产力发展水平、科学技术发展水平、文化习俗、宗教信仰、自然环境和资源等众多因素的烙印,但体现祖先智慧的“五谷为养,五果为助,五畜为益,五菜为充”平衡膳食模式一直被我国人民所尊崇。现代的地中海膳食模式和我国膳食指南推荐的平衡膳食宝塔涵盖所有必需营养素且符合推荐摄入量,其结构合理,能满足人体健康需求,维持健康体重,预防和减少慢性疾病的发生、发展风险。著名的地中海饮食模式、降高血压饮食模式(dietary approaches to stop hypertension,DASH)均是与心血管健康密切相关的健康膳食模式。按照健康膳食模式进餐应该成为终生的习惯性行为。在合理的总能量范围内,以平衡膳食为基础的心血管疾病康复膳食模式应包括:

1. **谷物类** 至少有近一半是全谷物,另外还应有薯类和杂豆类。
2. **多种蔬菜品种** 包括深绿色、红色、紫色和橙色蔬菜,豆类蔬菜,淀粉和其他蔬菜。
3. **水果类** 尤其是整个的水果。
4. **富含蛋白质的多种食物** 鸡蛋;强化的黄豆或黑豆豆浆;脱脂或低脂奶制品,包括牛奶、酸奶、奶酪;海产类,瘦畜肉和去皮的禽肉;豆制品;坚果,种子等。
5. **植物油** 尤其是富含 MUMA 的植物油。
6. **需要限制下列食物成分** 饱和脂肪、反式脂肪、糖和钠。
7. **不建议任何理由的饮酒** 成年人在病情允许、医师指导下适量饮酒。
8. 多样化的食物与运动相结合,控制体重。
9. 尽量通过食物获取各种营养素。
10. 个体化的动态膳食指导方案。

五、营养支持疗法

营养支持疗法包括治疗性的膳食指导、口服营养补充(额外口服特殊医学用途配方食品或肠内营养剂)、肠内和肠外营养治疗。在营养评估或营养风险筛查的基础上制订营养支持疗法方案。

(一) 营养评估和营养风险筛查

1. **营养评估** 可用于门诊和住院的心血管疾病康复期的患者。应用营养评估和诊断清单(表 5-8)评估患者营养相关状态,决定营养支持疗法的方案。

表 5-8 营养评估和诊断清单

心血管疾病相关病史:了解
营养相关病史
食欲:食欲减退的时间,相关原因
有无体重减轻:什么时间、持续时间、减轻多少等
有无胃肠道症状:包括有无反酸、嗳气、恶心、呕吐;有无便秘;有无黑便、大便次数等
有无营养相关其他症状:呛咳、吞咽障碍、胸闷、头晕、视物模糊、四肢麻木等
膳食调查和评估:饮食习惯(油煎油炸、甜食糕点、肥厚油腻、动物内脏、水果、零食等);食量(包括零食)、进食速度和食用频次
既往史和家族史:了解
用药史及目前用药
体格检查
体征:体型;精神反应状态;有无贫血貌;浅表骨骼肌、毛发指甲情况、人体测量(腹围、握力、皮褶厚度等);口腔咀嚼能力评估;有无颈部腋下黑棘皮征、皮赘等;腹部体征;有无四肢水肿等
诊断技术
人体成分分析:身高、体重、BMI、四肢肌肉情况、脂肪分布、体液潴留等
实验室检查
重点关注:血脂谱,肾功能,肝功能,同型半胱氨酸、电解质、糖化血红蛋白、血糖,血胰岛素、血常规、尿常规等。
选择性检查:微量元素、铁、维生素 B、叶酸和 25- 羟维生素 D 等
腹部超声(肝胆胰脾双肾)
呼吸科睡眠呼吸监测(必要时:打鼾或可疑者)
营养心理评估:(必要时心理医学科)
个体情绪(焦虑、抑郁);患者对健康膳食模式的认知;行为意愿;生活是否规律、零食获取的条件、家庭膳食习惯;社会支持系统对膳食行为的影响;饮食过程中可能存在的阻力,评估依从性的风险等

2. **营养风险筛查** 营养相关因素对临床结局产生不利的影响,这类患者即存在营养风险。心血管疾病患者是存在营养风险的高危人群。对于住院的心血管疾病患者,多种指南和专家共识所推荐的评估工具是 ESPEN 推荐使用的住院患者营养风险筛查方法——NRS 2002(表 5-9)。此工具不仅考虑了营养状态的改变,而且考虑疾病的严重程度和年龄因素。医务人员均可使用,其操作快速简便。对于总分 ≥ 3 者,结合临床,决定营养支持疗法的方式和途径。

表 5-9　NRS 2002

疾病评分	营养需要量	疾病
1 分	轻度增加	髋骨折、慢性疾病有并发症、慢性阻塞性肺疾病、血液透析、肝硬化、一般恶性肿瘤
2 分	中度增加	腹部大手术、脑卒中、重度肺炎、血液恶性肿瘤
3 分	重度增加	颅脑手术、骨髓移植、APACHE>10 分的 ICU 患者
营养状态评分	体重下降	或进食量较从前减少
1 分	3 个月内>5%	1 周内 25%~50%
2 分	2 个月内>5%	1 周内 50%~75%
3 分	1 个月内>5%	1 周内 75%~100%；或 BMI <18.5kg/m^2
年龄评分		
	超过 70 岁	
	18~69 岁	

注：ICU.intensive care unit，加强监护病房；BMI. 体重指数；APACHE.acute physiology and chronic health evaluation，急性生理学和慢性健康状况评分。

3. **营养不良(不足)的诊断**

(1)定义：由于能量摄入不足或营养底物利用障碍或营养素缺乏，引起机体成分改变，生理和精神功能下降，导致不良临床结局。

(2)分类：能量和营养素摄入不足引起的原发性营养不良；疾病和治疗引起的继发性营养不良；包括肌肉减少症和衰弱在内的年龄相关性营养不良；混合型营养不良。

(3)评定：使用表 5-9 评定。患者 BMI<18.5kg/m^2 且一般状态差直接确定为营养不良。住院患者，近 1 个月非意愿性体重下降>5%，近 1 周进食量减少>75% 有助于评定营养不良(不足)。

(4)后果：心室腔缩小、心肌水肿、心肌萎缩、顺应性和心输出量下降。

(二) 治疗性的膳食指导

研究证据显示，膳食成分中的全谷类、豆类、薯类、蔬菜、水果、豆制品、坚果、鱼类等有益于心血管健康，而饮食中饱和脂肪酸、反式脂肪酸、高钠、高人工糖(尤其是蔗糖和果糖)将增加心血管疾病的发生风险，膳食中的营养素与心血管疾病风险也有不同的研究证据。不容忽视的是饮食模式和饮食内容还可通过影响肠道菌群的多样性、TMAO 及细菌毒素等影响心血管疾病的发生、康复和愈后。在制订治疗性膳食指导方案时也应一并考虑。

国外研究建议心血管疾病患者饮食中的糖类、脂肪和蛋白质的供能比分别为 50%~60%、25%~35% 和 15%，减少饱和脂肪的摄入量(占总热量的 7%)和胆固醇(200mg/d)，增加多不饱和脂肪酸(约占总热量的 10%)和单不饱和脂肪酸(约占总热量的 20%)摄入量，增加膳食纤维的摄入量(20~30g/d)。也有学者提出了不同心血管疾病危险因素下(胆固醇血症、高甘油三酯血症、低 HDL-C、胰岛素抵抗、血小板聚集、脂质过氧化、高凝状态、血管反应性)的膳食策略。我国《心血管疾病营养处方专家共识》就膳食要素的摄入比例也提出了具体要求。基于以上，提出心血管疾病康复中营养支持疗法膳食要素推荐量(表 5-10)。

表 5-10　心血管疾病康复中营养支持疗法膳食要素推荐量

膳食要素	推荐量
脂肪总量	总能量的 15%~30%
饱和脂肪酸	低于总能量的 7%
多不饱和脂肪酸	总能量的 6%~10%
单不饱和脂肪酸	总能量的 10%~20%
反式脂肪酸	0~1g/d
糖类	总能量的 55%~65%
人工糖[a]	≤15g/d
蛋白质	总能量的 10%~20%
蔬菜	400~500g/d
水果	200g/d
胆固醇	<300mg/d
膳食纤维	25~30g/d(来自食物)
可溶性膳食纤维	>20g/d(来自食物)
盐(钠)	<5g/d(<2g/d)

注:[a] 指额外加入到食品中的单糖、双糖和糖浆。

制订治疗性膳食指导方案可遵从以下原则:

1. 确定每天能量的摄入量,维持能量平衡。计算标准体重。根据体重、体力活动、所患疾病及各项生化指标、临床观察指标等综合分析,制订合理的营养支持疗法方案,推荐摄入量见表 5-10。

2. 平衡膳食是基础。食物多样化,除了 6 个月内母乳喂养的婴儿,食物种类平均每天 15 种以上。保证充足的维生素、矿物质等微量营养素的摄入。

3. 超重和肥胖者控制总能量的摄入,将饱和脂肪酸和人工糖控制在推荐量利于总能量的控制,减少腹腔和内脏脂肪的堆积。

4. 谷类为主,粗细搭配。采用复合型糖类,每天尽量保证全谷类、杂豆类、薯类等的摄入。限制各种点心、饼干(包括无糖点心)、饮料及含人工糖的食物摄入量。

5. 尽量从蔬菜、水果和全谷类、杂豆类食物中获取膳食纤维。

6. 保证一定量的新鲜蔬菜和水果,尤其应选择深颜色蔬菜水果、十字花科蔬菜及豆类等。除非无法摄入,摄入完整的水果而不是果汁或果汁饮料。

7. 保证充足的优质蛋白质摄入。每天适量食用鱼、瘦肉、鸡蛋、豆制品、低脂奶或脱脂奶。每周食用 2~3 次鱼类,尤其是高脂海鱼。

8. 控制饱和脂肪酸和胆固醇的摄入。尽量减少食用肥肉、荤油、奶油、动物内脏和全脂奶品等。尽量不用椰子油和棕榈油制作食品。尽可能避免反式脂肪酸的摄入,限制摄入反复高温煎炸的食物、含有人造黄油、可可脂及代用品的糕点、含有起酥油的饼干、咖啡伴侣、奶茶等。保证摄入充足的单不饱和脂肪酸和比例合适的多不饱和脂肪酸[n-6∶n-3=(4~6)∶1]。在烹调油中橄榄油或茶油等可占总食用油量的一半，尽量保证玉米油、米糠油、亚麻籽油、花生油等占有一定比例。每日烹调油用量控制在15~20g。

9. 注意水和电解质的平衡。根据疾病及病情变化控制钠的摄入量，同时应将酱油、味精、咸菜、腐乳、各种酱菜等含钠高的食物考虑在内。根据患者是否使用保钾药、有无肾功能损害等决定是否使用低钠盐。

10. 各种原因导致摄入不足或不能保证摄入均衡膳食时，在专业人员的指导下选择特殊医用用途食品作为补充。

(三) 口服补充特殊医学用途配方食品或肠内营养剂

各种原因引起的摄入不足、消化功能低下、吸收功能尚可的心血管疾病患者均可以口服补充特殊医学用途配方食品或肠内营养剂。补充量和补充的品种视患者的具体情况而定。可以以食物为主，不足的热量由特殊医学用途配方食品或肠内营养剂提供。原则是只要是食物能提供的热量和微量营养素就由食物提供，只有在食物摄入不足时才利用特殊医学用途配方食品或肠内营养剂。

(四) 肠内营养(enteral nutrition，EN)和肠外营养(parenteral nutrition，PN)治疗

1. 营养治疗方案路径选择(图5-1)

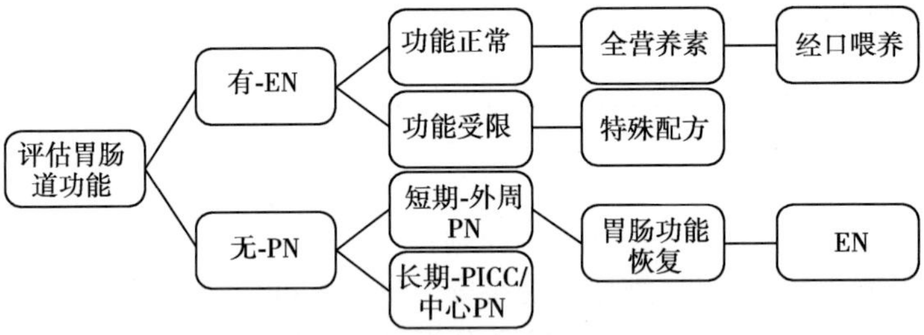

图5-1　营养治疗方案路径选择

2. 肠内营养　肠黏膜的营养30%来自动脉血液供应，70%来自腔内营养物质。肠黏膜屏障由机械屏障(完整上皮、蠕动黏液)、化学屏障(消化液、消化酶)、免疫屏障(肠道相关淋巴组织、IgA、库普弗细胞)、生物屏障(肠道原籍菌)组成。当胃肠道没有营养物质时，肠绒毛萎缩、肠黏膜缺血，肠道菌群发生改变，肠道通透性提高，肠道内毒素进入血液，出现低度的周身性炎症，甚至菌群移位，引起菌血症等。低度的周身性炎症也是心血管疾病发病的危险因素。EN能增加肠黏膜血流，直接为肠黏膜提供营养物质，刺激肠道激素和消化液的分泌，刺激肠黏膜增殖，促进肠上皮修复，刺激肠蠕动，为肠道原籍菌提供食物，维持肠黏膜屏障的完整性。因此只要胃肠道有功能，就开始EN。

(1)适应证：不能经口进食者；患有心功能障碍的ICU患者、消化功能低下、吸收功能尚可；同时患有意识障碍，以及口腔、咽喉、食管疾病等；同时患有肠衰竭疾病(胃肠道瘘、炎性肠病、短肠综合征、胰腺疾病、肠道吸收不良等)；同时患有高代谢疾病(烧伤/创伤、感染)、围手术期处理及其他脏器功能障碍(肝、肺、肾功能障碍)。

(2)禁忌证：完全性肠梗阻、血流动力学不稳定和大面积肠缺血。

(3)途径：经管饲的途径有经鼻胃管、经胃空肠营养管、经胃造口、经空肠造口四种。

(4)制剂种类和选择：主要有以下 4 种类型。

要素膳：包括氨基酸单体和短肽类，适用于消化功能障碍的患者。

非要素膳：整蛋白制剂和匀浆膳，适用于胃肠道功能较好的患者。

组件膳：包括蛋白组件、维生素组件、矿物质组件、糖类组件和脂肪组件，适应于某一类营养素缺乏者。后两者须慎用。

特殊应用膳食：即疾病配方的营养制剂。

制剂选择：原则上选用低容量，高热卡的制剂。由于心血管患者多存在不同程度的代谢障碍，还应兼顾不含蔗糖、果糖等加工糖及植脂末，富含膳食纤维、优秀蛋白、单不饱和脂肪酸、中链甘油三酯（medium-chain triglyceride，MCT）等的营养制剂。在保证能量供给和条件许可的情况下，也可以选择符合心血管疾病预防和康复治疗性膳食指导方案原则的食物制成匀浆管饲。

(5)常见不良反应及处理：常见不良反应有腹胀、腹泻和反流。营养液输注过多、速度过快、温度过低，以及渗透压过高、菌群失调、消化不良和肠道运动功能障碍是出现不良反应的常见原因，也是管饲困难的主要问题。另外，家属的配合程度也是影响管饲实施的重要因素。

处理：调整输注速度、营养液温度和浓度或更改配方。重视肠壁水肿所致的肠道运动功能障碍，纠正慢性水过多和低蛋白血症。运动功能障碍者可根据病情使用胃肠动力药、中医技术；胃瘫者使用空肠营养管等。针对消化功能障碍者，加用胆盐、胰酶，调整肠内营养液的配方等。对总体消化功能障碍给予预消化短肽配方、低脂配方、可溶膳食纤维配方、含 MCT 的配方；针对肠屏障功能障碍者，应用膳食纤维，促进结肠黏膜增殖与分化，促进水钠吸收，减少腹泻，减慢糖的吸收，调控菌群失调，软化大便。加强与患者家属的沟通，保证 EN 顺利实施。

(6)护理注意事项：关注护理过程中的细节，才能保证营养方案执行顺利，防止发生并发症，杜绝差错事故的发生。

体位：床头抬高 30°~40°，喂饲后保持该体位至少半个小时。

温度：使用质检合格的加热棒，防止烫伤。冰箱取出后适当加温。

速度：结合年龄、病情、症状，从小剂量 20~30ml/h 开始，耐受后逐步增加。

浓度：根据胃肠道情况，可先稀释，从低浓度开始。

标识：管饲营养通路必须有明确的醒目标识。

3. **肠外营养**　只有无胃肠道功能、需要营养治疗、无 PN 禁忌证的心血管疾病患者才使用 PN。两周内的可经周围静脉给予，大于两周的建议经周围置中心静脉或经中心静脉输注。不建议单瓶输注。

治疗性膳食指导、口服营养补充、肠内营养治疗和肠外营养治疗四种支持方法，在临床中可以集束式应用，即同一患者可以视具体的临床情况、在患者 / 家属知情同意下将不同的方法集合在一起应用，使患者获益最大化。

六、营养心理

治疗性膳食方案的实施是日常生活领域的活动形式与行为特征。心理过程对活动形式和行为起重要的作用。心理过程中的内在动机、需求与外界影响密切相关。行为与个体内部因素和外部环境相互作用,影响着膳食干预的效果。社会化因素尤其是家庭其他成员的支持度往往也是营养支持疗法能否顺利执行的关键因素。

狭义地说,膳食和心理的关系就是饮食行为和对食物欲望控制的关系。保持两者平衡,物化的治疗性膳食指导方案才能落实到行动中,才能达到方案设计的效果,才能有利于心血管疾病的预防和康复。但如果后者僭越了本性职责,变得贪得无厌,打破了两者的平衡,则达不到干预的效果。

人类对于香甜、油滑的食物有先天的亲和力。这与人类生长过程一脉相承。对于美食的贪婪多缘于前期的不断强化刺激。肥甘厚味类的甜食通过刺激味蕾,兴奋沿着神经通路传达到大脑多个甜味觉皮质区域,使人愉悦。“美味”每入口一次,愉悦感就增强一次。随着人类饮食经验的积累,味蕾追求肥甘厚味的欲望越加剧烈,加上日新月异的食物加工技术推波助澜,使得这些食物更加充满诱惑。欲望控制着行为,甜品、饮料、油煎炸食物、快餐等成了选择。每一次刺激都使得人们对此类食物的依赖加深。嗜咸也是如此,人吃咸的食物时,激活大脑的岛叶皮质和眼窝前额皮质,这两个区域同样对咸味的感受具有增强作用,使人更加嗜咸。随着这种能量的不断积累,强大的势能最终成为获取这类食物的内驱力。好习惯坏习惯的形成均与此有关。美味对大脑的控制与内脏的代谢负担总是相向而行。代谢系统在反复代偿性地劳作后不堪重负,出现各种病症,心血管系统是重灾区。

对某些食物的偏好的内驱力具有强大的势能,很难在短时间消减,这也是生活行为方式改变过程中最大的敌人。同样遵循健康饮食模式所形成的内驱力也是逐渐刺激强化的过程,也会形成强大的势能,只是在开始之初有诸多的不适应。在开始进行饮食生活行为调整之初,正视困难,坚持健康行为的理念,形成内在的对话机制,通过自我对话、自我争论,选择健康的饮食模式。类似的想法慢慢变成健康生活的信念,并指导和影响我们的生活行为。日积月累,健康的生活方式就有了继续下去的惯性。

应用精神分析、认识行为疗法及自我效能理论等指导患者遵循有益于心血管疾病预防和康复的生活行为均是可行的。

七、保持健康体重

营养疗法和运动疗法相结合,维持摄入量和消耗量的平衡,有利于心血管疾病的预防和康复。能量守恒定律是自然界普遍的基本定律之一,万物遵从。人体是丰富的能量体,通过摄取外界的物质供给机体能量,获得生存和繁殖的能力。食物摄入量和身体消耗量达到平衡,才能维持健康体重,保持身体健康。

身体活动量是身体能量消耗的一部分,也是维持健康体重的重要方法。

研究表明,地中海饮食模式和糖尿病患者健康行动研究方案是在饮食干预的同时规律运动,并经常与健康专业人士沟通,结果体重下降>5%,糖化血红蛋白、血脂和血压均明显下降。强化生活方式干预 8 年,50% 的研究对象体重减轻 ≥ 5%,肥胖伴有的糖尿病、高脂血症、高血压、冠心病等共病状态也因此得到了改善。在控制饮食的基础上,运动能提高 HDL-C、降低 LDL-C。

饮食和营养支持疗法的目的是提供能量合理、营养素均衡的食物,以维持机体生长发育和正常代谢需求。运动的目的是减少脂肪量,尤其是内脏脂肪量,增加肌肉量,锻炼和增强心肺功能，控制体重，防止超重、肥胖，改善胰岛素抵抗、提高胰岛素的敏感性，同时还有提高精力、减轻压力、愉悦身心、促进睡眠等作用。

（柳 萍　陈 伟　李瑞杰）

参考文献

[1] 李东垣. 脾胃论 [M]. 北京: 人民卫生出版社, 2005.
[2] 田代华. 黄帝内经素问脏气法时论篇 [M]. 北京: 人民卫生出版社, 2005.
[3] 张仲景. 伤寒论 [M]. 北京: 人民卫生出版社, 2005.
[4] 蒋朱明, 钟紫红, 高雪山. 问题与讨论 [J]. 中华临床营养杂志, 2011, 19 (3): 187.
[5] MOZAFFARIAN D, BENIAMIN E J, GO A S, et al. Heart disease and stroke statistics—2016 update a report from the American Heart Association [J]. Circulation, 2016, 133 (4): e38-360.
[6] XU J, LIAN F, ZHAO L, et al. Structural modulation of gut microbiota during alleviation of type 2 diabetes with a Chinese herbal formula [J]. ISME J, 2015, 9 (3): 552-562.
[7] CHANG C J, LIN C S, LU C C, et al. Ganoderma lucidum reduces obesity in mice by modulating the composition of the gut microbiota [J]. Nat Commun, 2015, 6: 7489.
[8] 王惠君, 张兵, 杜文雯, 等. 1989—2006 年中国九省 (区) 居民膳食纤维摄入状况及其变化趋势 [J]. 中华预防医学杂志, 2011, 4 (45): 318-322.
[9] 中国营养学会. 中国居民膳食指南 (2016)[M]. 北京: 人民卫生出版社, 2016.
[10] 中华医学会心血管病学分会预防学组, 中国康复医学会心血管病专业委员会. 冠心病患者运动治疗中国专家共识 [J]. 中华心血管病杂志, 2015, 7 (43): 575-588.
[11] 柳萍, 李瑞杰, 陈伟, 等. 富含膳食纤维的代餐主食对 2 型糖尿病患者血压的影响 [J]. 中国医药, 2016, 11 (6): 824-829.
[12] 中华医学会心血管病学分会. H 型高血压诊断与治疗专共识 [J]. 中华高血压杂志, 2016, 24 (2): 123-127.
[13] WHEELER M L, DUNBAR S A, JAACKS L M, et al. Macronutrients, food groups, and eating patterns in the management of diabetes: a systematic review of the literature [J]. Diabetes Care, 2012, 35 (2): 434-445.
[14] HUANG S, LI J, WU Y, et al. Tea consumption and longitudinal change in high density lipoprotein cholesterol concentration in Chinese adults [J]. J Am Heart Assoc, 2018, 7 (13): e008814.
[15] 牟建军, 严定一. 添加糖与心血管病风险新认识 [J]. 中华高血压杂志, 2017, 4 (25): 308-311.
[16] 杨月欣, 王光亚, 潘兴昌. 中国食物成分表 2014 第一册 [M]. 北京: 北京大学出版社, 2005.
[17] 中国康复医学会心血管病专业委员会, 中国营养学会临床营养分会, 中国预防医学会慢性病预防与控制分会, 等. 心血管疾病营养处方专家共识 [J]. 中华内科杂志, 2014, 53 (2): 151-158.
[18] 王增武, 郝光, 王馨, 等. 我国中年人群超重/ 肥胖现况及心血管病危险因素聚集分析 [J]. 中华流行病学杂志, 2014, 35 (4): 354-358.
[19] 许静涌, 杨剑, 康维明, 等. 营养风险及营养风险筛查工具营养风险筛查 2002 临床应用专家共识 (2018 版)[J]. 中华临床营养杂志, 2018, 26 (3): 131-135.
[20] 许静涌, 王艳, 唐普贤, 等. 对中国十一家三甲医院老年冠心病诊断相关组患者营养风险和营养不足发生率横断面调查及营养支持情况回顾分析 [J]. 中华临床营养杂志, 2018, 26 (3): 149-155.
[21] FRANZ M J, BOUCHER J L, RUTTEN R S, et al. Lifestyle weight-loss intervention outcomes inover-

weight and obese adults with type2 diabetes: a systematic review and meta-analysis of randomized clinical trials [J]. J Acad Nutr Diet, 2015, 115 (9): 1447-1463.

[22] The Look AHEAD Research Group. Eight-year weight losses with an intensive lifestyle intervention: the look AHEAD study [J]. Obesity (Silver Spring), 2014, 22 (1): 5-13.

第二节　中医食疗法

一、中医食疗简介

（一）中医食疗的概念

食疗是我国传统医药宝库的重要组成部分，具有悠久的历史和丰富的内容，是在中医药理论指导下，以食物性味理论为依据，根据不同体质或疾病，选取具有保健治疗作用的食物或药食两用物质，通过合理的烹调加工，使之成为具有一定色、香、味、形及养生疗疾效能的膳食。广义的食疗还包括将药食两用之外的中药与食物相配伍制作成的膳食，通常称之为药膳。食疗，取中药之性、食物之味，借助食品的形式，达到保健强身、促进康复、治病延年的目的。

食疗历来为中国人所重视，素有“医食同功”之说。不管是中药还是食物，都有其四气五味、升降浮沉的特性，食疗的应用同样讲求辨证施膳、因人施膳，基于食物的性味，以食物之偏性，纠人体之失衡。宋代陈直云“大体用药之法，以冷治热，以热治冷。实则泻之，虚则补之”，饮食者，“与药无殊”，“人若能知其食性，调而用之，则倍胜于药也”。古人以药入食，药材多选用性味平和之类，《素问·五常政大论》云“谷肉果菜，食养尽之，无使过之，伤其正也”，道出了食疗在疾病治疗中的重要性，也强调了“药以祛邪，食以扶正”，即不同于药物治疗，食疗以调养脏腑、补益正气为主。

食忌，通常所说的忌口，是食疗中不可忽视的重要内容。“凡饮食滋味，以养于生，食之有妨，反能为害”。忌口可分为平常忌口和病时忌口，根据患者的体质、年龄、疾病状况、服用药物等多方面因素考量，凡是有损正气、助长病势，与治疗原则违背、影响调养或治疗效果的食物都应忌而不食。

（二）食疗烹调原则

食疗烹调应以清淡为原则，烹饪方法多选择以水为媒介的煮、炖、蒸等，主要为粥、羹、汤饮等含汁量多、容易消化的剂型，选料应坚持卫生、道地、鲜活、合乎时令的原则，食用时间以饭前空腹为主，也可配餐食用，以“饥中饱，饱中饥”的七、八成饱为度。食疗作为膳食形式，“食”“养”“医”相结合，要求具有一定的色、香、味、形，不仅能达到保健强身、防病治病的目的，还能给人以感官上、精神上的享受。

（三）药食同源中药材

2018年，国家卫生健康委员会公布了《按照传统既是食品又是中药材物质目录管理办法（征求意见稿）》，将“按照传统既是食品又是中药材的物质”定义为具有传统食用习惯且列入国家中药材标准（包括《中华人民共和国药典》及相关中药材标准）中的动物和植物可使用部分（包括食品原料、香辛料和调味品）。目录中的“既是食品又是中药材的物质”全部来源于中药材,传统应用广泛,是中国传统“药食同源”思想的体现,这 101 种物质也称为“药食同源”物质。

二、药食与五脏一体观

以五脏为中心的整体观是中医理论突出的特点,也是中医食疗学的理论基础。人体以五脏为中心,通过经络,把五脏、六腑、四肢百骸等组织器官联系成有机整体,并通过气、血、津、液、精的作用,完成机体的功能活动。五脏各有其所对应的五色、五味、时辰、季节等,在结构上不可分割,在功能上相互协调、相互制约、相互为用,在病理上相互影响。五脏的生理功能由五味所维持,《素问·六节脏象论》云“地食人以五味……五味入口,藏于肠胃,味有所藏,以养五气”,说明五脏受五味的滋养,方能使气血充盛。五行学说则将人体的脏腑经络分别配属五行,同时又将自然界的五方、五时、五气、五味、五色等与人体的五脏、六腑、五体、五官等联系起来,这些理论在食疗配膳中起着非常重要的指导作用。

饮食不节所致的胸痹,多因过食肥甘厚味,或嗜烟酒成瘾,以致聚湿成痰、上犯心胸、心脉闭阻,病位在心,涉及肝、肺、脾、肾等脏。肺失治节,则血行瘀滞,可选人参、黄芪、杏仁、莱菔子、紫苏子等以补肺理肺;肝失疏泄,则气郁血滞,可选佛手、香橼、玫瑰花、薄荷等以疏肝;脾失健运,则痰湿内生,气血乏源,可选薏苡仁、赤小豆、芡实、白扁豆等以化湿,当归、山药、龙眼肉、大枣等以养血;肾阴亏损,心血失荣,可选黄精、桑椹、枸杞子等以填精;肾阳虚衰,君火失用,可选干姜、肉桂以温阳。

三、药食的阴阳、四气五味

(一) 药食四气五味的理论基础

《素问·阴阳应象大论》中阐述:“阳为气,阴为味。味归形,形归气;气归精,精归化。精食气,形食味;化生精,气生形。味伤形,气伤精,精化为气,气伤于味。阴味出下窍,阳气出上窍。味厚者为阴,薄为阴之阳;气厚者为阳,薄为阳之阴。味厚则泄,薄则通;气薄则发泄,厚则发热。壮火之气衰,少火之气壮;壮火食气,气食少火;壮火散气,少火生气。气味辛甘发散为阳,酸苦涌泄为阴。”

药食阴阳属性的划分,可根据其气味、寒热、升降浮沉等不同来进行。就气味与滋味相比较而言,气味清轻上升,多作用于人体的上部而属阳;滋味重浊下行,多作用于人体的下部而属阴。然阴阳之中又可再分阴阳,气味浓厚者为阳中之阳,有助阳增热的作用;气味淡薄者为阳中之阴,有发汗解表的作用;滋味浓厚者为阴中之阴,有泻下的作用;滋味淡薄者为阴中之阳,有淡泄通利的作用。

单纯从五味的角度而言,辛甘之味有发散及化生阳气的作用,为阳;苦泄下行,酸味收敛,作用多趋下趋里而属阴。

《素问·至真要大论》关于饮食五味对人体的作用提出:“夫五味入胃,各归所喜,故酸先入肝,苦先入心,甘先入脾,辛先入肺,咸先入肾”。饮食药物进入人体后,其气与味可分别转化为人体的精、形,以补益精气、强壮形体。而人体精、形与气、化之间又相互依赖、相互转化,这种关系也反映了阴阳互根、转化的关系。但是药食五味必须调用得当,不使有偏。倘若久嗜偏食或“矫枉过正”,就会导致有偏盛,有偏盛必有偏衰,因致五脏之气盛衰失调,而引起疾病发生。中医认为,根据五味入五脏,“久而增气”“气增而久,夭之由也”的道理,应注重对饮食五味的调节。饮食过饱，恣食肥甘，五味营养摄入过剩，其危害比一般的五味营养摄入不足更为严重。如偏食甘味，摄入过多，特别是蔗糖，易使人发胖，导致衰老加快，亦与心脑血管病、糖尿病等老年多发病的发生有很大关系。

《素问·宣明五气篇》又有“气病无多食辛”“血病无多食咸”“肉病无多食甘”“筋病无多食酸”之禁，说明调节药食五味，要知所宜忌，久服多生流弊，滥用尤为不宜。

(二) 四气五味药食分类及功效

1. **温性食物**　补中益气，健脾养胃，补肾填精，养心安神，解毒散瘀等。如韭菜、生姜、葱白、红茶、栗子、鸡肉、芒果、荔枝、大枣、桃子、杨梅、核桃、山楂等。

2. **热性食物**　温中散寒，温肾壮阳。如狗肉、羊肉、黄鳝、辣椒、樱桃、榴莲等。

3. **凉性食物**　清热解毒，凉血通络，利尿消肿。如薏苡仁、绿豆、豆腐、豆腐皮、腐竹、芹菜、菠菜、西红柿(微凉)、白萝卜(生)、丝瓜、黄瓜、冬瓜、黄花菜、金针菇、西兰花、鸭蛋、鸭肉、水牛肉、梨、苹果(微凉)、火龙果、绿茶、菊花、金银花、胖大海、决明子等。

4. **寒性食物**　生津润燥，清热解毒，软坚散结，利水。如藕(生)、马齿苋、鱼腥草、芦荟、绿豆芽、黄豆芽、苦瓜、慈姑(微寒)、松花蛋、螃蟹、牡蛎肉、鸭血、哈密瓜、西瓜、柚子、猕猴桃、苦丁茶、大黄、黄柏、牡丹皮等。

5. **平性食物**　滋阴健脾和胃，补益气血，生津润燥，除湿利水，养血安神。如大米、大麦、玉米、燕麦、黑芝麻、番薯、黄豆、扁豆、蜂蜜、甘草、土豆、胡萝卜、豇豆、鸡蛋、鹌鹑蛋、猪肉、鹌鹑肉、蛇肉、鲫鱼、银鱼、菠萝、葡萄、橄榄、葵花籽、榛子、腰果、牛奶、酸奶、枸杞子等。

6. **五味**　一是指药物的真实滋味，包括辛、甘、酸、苦、咸五种基本滋味；二是指药物的作用。除五种基本滋味以外，还有淡味、涩味。习惯上淡附于甘，涩附于酸，故称“五味”。辛味能散即发散；能行即行气、行血。如辣椒、葱、姜、韭菜、蒜等。甘味能补即补益；能缓即缓急止痛，能和即调和药性、和中、解毒，如人参、熟地黄、蜂蜜、甘草、大枣等。酸味能收即收敛；能涩即具有收敛固涩作用。另外，酸味药还具有生津、开胃、消食、安蛔等作用。如乌梅、梨、柠檬、葡萄、山楂、石榴等。苦味能泄即清泄、降泄、通泄，能燥即燥湿(苦温燥湿、苦寒燥湿)，如苦杏仁、菊花、番泻叶、陈皮等。咸味能软，即咸味有软坚散结的作用，能下即咸味有泻下的作用，如昆布、马鹿茸、牡蛎、石决明、鳖甲、龟甲等。

四、药食的季节特点

(一) 春季养生药食特点

1. **春季饮食调养原则**　在五脏与五味的关系中，酸味入肝，具收敛之性，不利于阳气的生发和肝气的疏泄，饮食调养要投其脏腑所好。《素问·藏气法时论》：“肝主春……肝苦急，急食甘以缓之……肝欲散，急食辛以散之，用辛补之，酸泻之……肝色青，宜食甘，粳米、牛肉、枣、葵皆甘。”

2. **春季饮食调养的方法**

(1)养阳气：李时珍《本草纲目》主张以葱、蒜、韭等辛辣之菜，杂和而食，就是主张用谷、果、菜蔬中具辛温性质者配合。但此时阳气为少阳，仅宜助其升发，正常情况下不可食大温大热之品，如附片炖狗肉、羊肉之类。

(2)养肝气：有目的地选择一些柔肝养肝、疏肝理气的草药和食品。食物可选择辛温发散的大枣、豆豉、葱、香菜、花生等。中药如枸杞子、郁金、丹参、延胡索等。

（二）夏季养生药食特点

1. **夏季饮食调养原则** 饮食之五味分别通于五脏，《素问》认为苦味与心气相适应，《素问·五运行大论》说："南方生热，热生火，火生苦，苦生心，心生血，血生脾。"苦味和赤色的食物均有促进心气的作用，赤色可以助阳，苦味可以清热，这类食物于时令于脏气均有裨益。

2. **合时令特性以调饮食** 酷暑蒸腾，阳热炽盛，热是这个季节的突出特点。所谓时令饮食，主要是指能解暑清热、生津止渴的食物。如西瓜、黄瓜、西红柿、草莓、乌梅等。此外，当夏暑损伤到人体五脏气机时，又当根据五味的性能来调理饮食。《素问·藏气法时论》中说道："心主夏……心苦缓，急食酸以收之……心欲耎，急食咸以耎之，用咸补之，甘泻之……心色赤，宜食酸，小豆、犬肉、李、韭皆酸。"

（三）秋季养生药食特点

1. **秋季饮食调养的原则** 秋令阴阳的变化是阳降而未衰，阴长而未壮，当着眼于养"阴"；秋令之气肃杀收敛，万物结实成熟，当注重养"收"；秋季雨水减少，燥气流行，当关注"润燥"；肺应秋气，其味辛，其色白，宜以辛味色白的食物综合搭配调理肺脏气机，总以养阴润燥为主。滋阴润肺法：一般主张"少酸增甘，以养肺气"。《素问·藏气法时论》说："肺主秋……肺苦气上逆，急食苦以泄之……肺欲收，急食酸以收之，用酸补之，辛泻之"。《素问》指出，苦味具有降下作用，肺为气逆而困迫时，可选择苦味食品降其逆气；"收"为秋季之主令，酸味具收敛作用，故可补肺敛气；辛味发散肺气，故可泄肺气之壅遏。

2. 能养阴润燥的食品主要有银耳、梨、甘蔗、莲藕、燕窝、菠菜、动物肺脏、豆浆、饴糖、蜂蜜等。或用沙参、黄精、玉竹、银耳、雪梨、香蕉等加粳米、糯米或玉米煮粥，也具有良好的润燥滋阴效果。

体质适宜者可经常食用生梨、芦根、百合、白木耳、豆腐、苹果等，以清热润肺、滋阴养颜；咳嗽有痰者，可食用枇杷、橄榄、柚子、白果、白萝卜、芥菜等以宣肺化痰、平喘止咳。忌过食辣椒、大蒜等辛辣刺激之品，以及花生、橘子、荔枝、桂圆、油炸食品等燥热生痰之物。肺胃有病者忌食河蟹。

（四）冬季养生药食特点

1. **冬季饮食调养的原则** 饮食调养当养"藏"；人体肾应冬时之气，饮食应注重养肾；肾其味咸，其色黑，食物搭配应留意黑色、咸味等食物的配合，遵循"无扰乎阳"的原则，选用滋阴潜阳、热量较高的膳食。

《素问·藏气法时论》："肾主冬……肾苦燥，急食辛以润之，开腠理，致津液，通气也……肾欲坚，急食苦以坚之，用苦补之，咸泻之……肾色黑，宜食辛，黄黍、鸡肉、桃、葱皆辛。"

2. **祛寒就温的饮食调养** 忽思慧《饮膳正要》曰："……冬气寒，宜食黍以热性治其寒"。根据食物的性能，温热类食物能够补阳，味辛、甘食物的组合能够化阳，因而应当适当注意辛甘温热食品的搭配，用于冬季以温养阳气。属于温热性的食物主要有狗肉、羊肉、鸡肉及干姜、辣椒、砂仁、草果、胡椒、核桃、山药、枸杞子、红薯等。

五、心脏康复患者的辨证施膳

（一）痰浊内阻证

1. **病因** 肥甘厚味；痰浊内停；脾虚痰生。

2. **临床表现**　心胸窒闷或如物压，气短喘促，多形体肥胖，肢体沉重，脘腹痞满，痰多口黏，阴雨天容易发作或加重，纳呆便溏，泛恶欲呕，舌淡苔腻，脉滑。

3. **推荐食疗处方**

陈皮薏苡仁粥：陈皮5g，薏苡仁50g，粳米50g。以上诸味洗净，加水适量，文火熬至成粥。每日1剂，分2次服食。

香菇炒多仁：香菇100g，桃仁6g，甜杏仁6g，葱、姜、盐、味精适量。将桃仁、杏仁水浸去皮，入锅先煮10分钟，撇去浮沫，加油、盐等，再煮10分钟，入香菇煮15分钟，起锅时加入葱花、味精。佐餐服食，连服7~10天。

玉米粉粥：玉米粉50g，粳米100g。玉米粉放入碗内，加冷水调稀。粳米洗净，放入锅内，加清水适量，用武火烧沸后，转用文火煮至米九成熟，将玉米粉糊倒入，边倒边搅，继续用文火煮至成粥。每日2次，早、晚餐食用。

（二）瘀血内停证

1. **病因**　情志失调；寒邪内侵；久病入络。

2. **临床表现**　心胸疼痛，痛如锥刺，固定不移，入夜为甚，伴有面色晦暗、舌质紫暗有瘀斑，苔润，或见舌下络脉青紫，脉沉涩或结代。

3. **推荐食疗处方**

丹参饮：丹参20g，砂仁6g，红糖10g。将丹参与砂仁加水煎煮，去渣取汁，加入红糖搅匀。每日1剂，分2次服食。

葛参山楂汤：葛根、丹参、山楂各15g，蜂蜜适量。将前3味共入锅内，加水适量煎煮，去渣取汁，将蜂蜜调入药汁中，搅匀即成。每日1剂，连服30天。

山楂粥：山楂30g（鲜者60g），粳米100g，砂糖适量。将山楂洗净入砂锅，煎取浓汁，去渣，而后加粳米、砂糖，文火煮粥。可作点心服用，不宜空腹食用。

（三）寒凝心脉证

1. **病因**　素体阳气虚弱；阴寒之邪内侵；过服寒凉药品。

2. **临床表现**　心胸疼痛，遇寒而作，形寒肢冷，胸闷心悸，甚则喘息不得卧，冷汗自出，心悸气短或心痛彻背，背痛彻心，舌质淡苔白滑，脉弦紧。

3. **推荐食疗处方**

二姜葱白粥：干姜30g，高良姜30g，葱白50g，大米100g。将干姜、高良姜装入纱布袋内，与大米、葱白同煮作粥，粥熟去药袋。每日1剂，分2次服食。

羊肉饺子：鲜羊肉500g，葱白50g，五香粉、生姜、盐、味精、香油适量。将各原料共剁碎，调味做成馅，做成饺子。分次酌量食用。

（四）心气虚弱证

1. **病因**　久病不愈；年老体弱。

2. **临床表现**　心胸隐痛，反复发作，面色淡白，胸闷气短，动则喘息，心悸汗出，倦怠懒言，舌淡或有齿痕，苔薄白，脉弱或结代。

3. **推荐食疗处方**

人参茯苓麦冬粥：人参3g，茯苓10g，麦冬5g，粳米100g，红糖10g。将上药水煎取汁，去渣后加粳米煮至八成熟，加红糖，同煮为粥即可。每日1剂，分2次服食。

黄芪汁：黄芪15g。将黄芪水煎，去渣取汁。每日1剂，分2次服食，常服有益。

龙眼红枣粥：龙眼肉 10g，红枣 10 枚，大米 60g。将以上诸味洗净，加适量水，用文火共煮成粥。早、晚分次服用。

参芪鸡汤：人参 3g，黄芪 40g，乌骨鸡 1 只。先杀鸡去内脏、洗净，切块备用。黄芪、人参装入药袋。文火同炖至肉烂，弃药袋，加适量盐即可食用。吃肉喝汤，分服，连用 7 天。

（五）心肾阴虚证

1. **病因**　体质虚弱；久病伤阴。

2. **临床表现**　心胸隐痛，憋闷不舒，心悸怔忡，潮热盗汗，心烦少寐，腰酸膝软，耳鸣如蝉，口干不欲饮，舌红，苔少，脉细数。

3. **推荐食疗处方**

麦冬粥：麦冬 30g，生地黄 30g，薏苡仁 50g，生姜 10g，大米 100g。将生姜切片，与麦冬、生地黄、薏苡仁同煎，去渣取汁，与大米煮粥。每日 1 剂，分 2 次服食。

人参银耳汤：人参 5g，银耳 15g。先将银耳温水浸泡 1 小时，洗净。人参切小片后，用微火煮熬 2 小时，再入银耳熬 1 小时即可。温热即服，连吃 7 天。

香菇炒瘦肉：干香菇 10g 左右，猪瘦肉少许，大蒜适量。将干香菇用热水（70℃）泡胀后，加少许猪瘦肉和大蒜合炒至熟，即可食用。每日或隔日食用。

豆浆粥：豆浆 500ml，粳米 50g。将粳米洗净后与豆浆同放入砂锅内，煮至粥稠，表面有粥油时即可。每日早、晚餐温热食。

六、食疗的现代研究

食疗的现代研究多基于对食材成分组成及某种或某组成分功能的研究，如对食物进行营养成分分析，发现补气补血的食物多富含蛋白质、锌、铁、维生素 B_2 等营养素；健脾理湿的食物多有高钾低钠的特点，且富含锌；养阴滋补食物中抗氧化营养素含量较高。由于食物成分复杂，尤其是配料、烹调、加工方法多样，目前多限于单种食材。

近年来，现代营养学发现食物的作用不仅取决于其中的营养素，也取决于植物化学物等生物活性物质。植物生物活性物质一直是中草药研究的重点，如生物碱、植物多糖、黄酮类、皂苷、酚类化合物、微量元素等活性成分。多项研究证实，含有黄酮、异黄酮、花青素类和皂苷类等的植物，具有抗氧化、降低血浆胆固醇及抗动脉粥样硬化形成的作用。黄芪化学成分中的黄芪皂苷具有增强心肌收缩力、抗血栓的功效，C- 氨酪酸还具有血压双向调节作用；人参中人参皂苷同样具有双向调节血压、强心、抗再灌注损伤的作用；当归中挥发油具有调节血管生成、抑制心肌细胞肥大和抗心律失常的作用，阿魏酸具有抗血小板聚集，抗动脉粥样硬化作用；葛根中的葛根素和葛根总黄酮，具有降压、扩张冠脉作用；荷叶生物碱类物质具有较好的降脂减肥作用，其中甲基莲心碱可通过作用于钙通道而发挥抗心律失常的作用；干姜中姜辣素、姜黄中的姜黄素，能很好地改善心肌缺血状态；肉桂的主要成分桂皮醛，对平滑肌有松弛样作用，可扩张外周血管、降低血压，同时也可观察到其升高血压、抗血栓形成作用；薤白不同溶剂提取物具有抑制凝血、抗血栓作用；山楂有扩张外周血管并具有持久的降压作用，山楂总黄酮能减轻缺血再灌注损伤心肌心电图的 ST 段变化，保护内皮细胞免受损害。

有研究通过对 176 种常用食物寒热属性与六类营养素含量相关性的多元分析发现，六类营养素与食物的寒热属性具有一定的相关性，但不是唯一因素，食物的寒热属性同时可能与一些非营养素之间存在相关性，食疗研究需要结合营养素和非营养素治疗来探讨辨证施膳的实质内容。随着预防性天然药物研究的兴起，会有更多传统食疗的疗效及机制得到验证。

附：《按照传统既是食品又是中药材物质目录》

丁香、八角茴香、刀豆、小茴香、小蓟、山药、山楂、马齿苋、乌梢蛇、乌梅、木瓜、火麻仁、代代花、玉竹、甘草、白芷、白果、白扁豆、白扁豆花、龙眼肉（桂圆）、决明子、百合、肉豆蔻、肉桂、余甘子、佛手、杏仁（甜、苦）、沙棘、牡蛎、芡实、花椒、红小豆、阿胶、鸡内金、麦芽、昆布、枣（大枣、酸枣、黑枣）、罗汉果、郁李仁、金银花、青果、鱼腥草、姜（生姜、干姜）、枳椇子、枸杞子、栀子、砂仁、胖大海、茯苓、香橼、香薷、桃仁、桑叶、桑椹、桔红（橘红）、桔梗、益智仁、荷叶、莱菔子、莲子、高良姜、淡竹叶、淡豆豉、菊花、菊苣、黄芥子、黄精、紫苏、紫苏籽、葛根、黑芝麻、黑胡椒、槐米、槐花、蒲公英、蜂蜜、榧子、酸枣仁、鲜白茅根（或干白茅根）、鲜芦根（或干芦根）、蝮蛇、橘皮（或陈皮）、薄荷、薏苡仁、薤白、覆盆子、藿香。

新增中药材物质：

人参、山银花、芫荽、玫瑰花、松花粉、粉葛、布渣叶、夏枯草、当归、山柰、西红花、草果、姜黄、荜茇，在限定使用范围和剂量内作为药食两用。

（顾景辉　李瑞杰　郝　颖）

参考文献

［1］YECHENG J, QIAN C, XIANG L, et al. Astragali Radix protects myocardium from ischemia injury by modulating energy metabolism [J]. Int J Cardiol, 2014, 176 (3): 1312-1315.

［2］查益中. 黄芪对血压的双相调节作用 [J]. 中医杂志, 2000, 41 (6): 329.

［3］李朋, 刘正湘. 人参皂苷 Rb_1 对急性心肌梗死大鼠心室重构的影响 [J]. 实用心脑肺血管病杂志, 2006, 14 (2): 118-121.

［4］李福龙, 李继红, 刘艳凯, 等. 川芎嗪、当归注射液对 DIC 大鼠血小板功能和器官血流量的影响 [J]. 基础医学与临床, 2006, 26 (8): 909-910.

［5］倪秀芹, 李星, 赵玲辉, 等. 葛根素对大鼠心肌梗死后梗死部位胆碱能神经支配的影响 [J]. 中国新药与临床杂志, 2005, 24 (12): 968-970.

［6］丁鑫, 郭建平, 王欣. 葛根黄酮滴丸对心肌缺血大鼠血液中脂肪酸含量变化的影响 [J]. 天津医科大学学报, 2008, 14 (1): 115-116+120.

［7］叶林虎. 荷叶代谢性药物相互作用及体内成分研究 [D]. 北京协和医学院, 2014.

［8］周静, 杨卫平, 李应龙, 等. 干姜水煎液对急性心肌缺血大鼠血浆血管紧张素Ⅱ、血清肿瘤坏死因子 α、丙二醛、一氧化氮的影响 [J]. 时珍国医国药, 2014, 25 (2): 288-290.

［9］黄敬群, 罗晓星, 王四旺, 等. 桂皮醛对抗血小板聚集和血栓形成的特点 [J]. 中国临床康复, 2006, 10 (31): 34-36.

［10］谢辉, 许惠琴, 李虹. 薤白提取物对小鼠凝血时间及体内血栓形成的影响 [J]. 时珍国医国

药, 2004, 15 (12): 811-812.
[11] 叶希韵, 张隆, 张静, 等. 山楂叶总黄酮对乳鼠心肌细胞缺血缺氧损伤的实验研究 [J]. 中国现代应用药学, 2005, 22 (3): 202-204.
[12] 章涵, 赵玉霞. 176 种常用食物寒热属性与六类营养素含量相关性的多元分析 [J]. 时珍国医国药, 2008, 19 (6): 1467-1469.

第六章 心理康复

心脏康复的目的不仅在于改善器官功能,更重要的是改变不良的心理行为习惯,解除心理压力和多种心理障碍,帮助心脏疾病患者安全度过康复期、预防心血管事件的发生,降低病死率,提高生活质量,高质量地回归社会。1992年美国心肺康复学会对评定心脏康复的方法提出了三个测量领域,即临床、健康和行为。临床包括缓解症状,改善功能,控制血压、血脂等高危因素;健康相关的主要是生活质量的评估;行为相关的是饮食、烟酒、运动及心理行为的康复。由于心理应激对心血管事件的发生发展和康复具有显著的影响,因此,心理康复在心脏康复中占有重要的地位。

双心医学(psychocardiacology)又称为心理心脏病学或精神心脏病学,是心身医学的一个重要分支,主要研究心理疾患与心脏疾病的关联,也包括人的情绪与心血管系统之间的深层联系。早在1818年,德国精神病学家Heinroth提出心身疾病的概念,经历了上百年的发展,对心身疾病的认识不断深入,并促进了双心医学的发展。目前,随着医学模式由过去单纯的生物医学模式转变为生物-心理-社会医学模式,面对冠心病患者心理健康水平低于正常人,存在明显抑郁、焦虑情绪的不争事实,双心医学概念逐渐受到重视,心血管疾病和相关的心理问题成为了我国最严重的健康问题之一。

近年,中国心血管疾病发病率逐年升高,但一部分具有典型症状的患者在经过系统诊查甚至冠状动脉造影术后发现未见血管异常或血管仅有轻度病变,并在正规使用药物治疗后,仍不见明显好转;也有患者在植入支架或起搏器前后判若两人,术后发生精神障碍的比例明显增加。这时,部分心内科医师在排除器质性病变所致的直接原因后会考虑诊断为心血管神经症或自主神经功能紊乱,并通知患者出院,很少随访。

在中国,双心疾病发病率高,但识别率和治疗率低。有研究表明,2011年随机抽取上海市9家综合医院1 000名医务人员进行问卷调查,结果表明,目前我国综合医院对心身疾病的识别能力不高,普遍存在重视躯体疾病的诊治,而忽略精神、心理疾病的现象,医务人员接受的精神卫生培训较少,因此,综合医院日益增长的精神卫生需求与所提供的相关服务间的矛盾,成为目前乃至今后医疗活动中亟待解决的问题。胡大一教授曾对2005年1~2月就诊的北京心血管疾病患者进行调查,结果表明在心血管科最常见的冠心病和高血压患者中,抑郁发生率分别是9.2%和4.9%,焦虑的发生率分别是45.8%和47.2%。

第一节 心理康复流程

随着科学技术的进步和社会压力的增加,心理问题和心血管疾病已成为主要的公共卫生问题。世界卫生组织近年在世界卫生报告中指出，心理问题已成为世界的第四大疾患。而在我国，到 2020 年心理问题将成为社会负担最重的第一大疾病，而心血管疾病的排名列于第三位。有越来越多的证据表明，心理问题和心血管疾病可以互为因果，互相影响，共同导致患者预后恶化，二者的共病问题已成为最严重的健康问题之一，应引起临床工作者的高度重视。我国著名心血管专家胡大一教授曾多次提到"健康从心做起"，这里的"心"有两个方面的含义，一是心脏，心脏是人体重要器官，只有综合预防多种危险因素，才能保证心脏健康。二是心理，在目前强大社会压力和医学模式的环境中，必须保证心理的健康才能更好地面对躯体疾病。健康从"心"做起就是在关注心脏的同时，也要关注患者、公众的心理，关注全面的身心健康。

一、西医康复流程

（一）精神心理问题的诊断

精神心理问题已被证实会影响心血管疾病的预后，其机制可能与易发心律失常、血小板聚集力增加、炎性反应增强、促进动脉粥样硬化发生发展及不良医学行为（吸烟、依从性差、难以控制饮食等）影响相关。研究表明，在日常生活中具有精神压力的人比无精神压力的人患心肌缺血的风险要高 2 倍，而当抑郁症和缺血性心脏病同时存在时将可能给社会带来更大的负担。

参照欧美发布的临床处理建议并结合中国国情，对于冠心病患者应该常规进行抑郁筛查，推荐首先应用患者健康问卷 -2（patient health questionnaire 2，PHQ-2；表 6-1）开始。如果患者评分 ≥ 3 分，显示抑郁症的敏感性为 83%，特异性为 92%；0 分可以除外抑郁。如果患者评分在 3 分以上，应推荐进入到患者健康问卷 -9（patient health questionnaire 9，PHQ-9；表 6-2）评估阶段。

表 6-1　患者健康问卷 -2

在过去的 2 周内， 您被以下症状所困扰的频率	完全没有	≤7 天	>7 天	几乎每天
常觉得难过，没有兴趣做事情	0	1	2	3
觉得悲观、绝望	0	1	2	3

表 6-2　患者健康问卷 -9

问题	完全不会	好几天	一半以上的天数	几乎每天
做事情毫无兴趣或高兴不起来	0	1	2	3
觉得悲伤压抑甚至绝望	0	1	2	3
入睡困难、睡眠质量差或嗜睡	0	1	2	3
感觉疲乏无力	0	1	2	3
没有食欲或进食过多	0	1	2	3
感觉糟透了，自己很失败	0	1	2	3

续表

问题	完全不会	好几天	一半以上的天数	几乎每天
难以专注，如读报或看电视	0	1	2	3
语速慢以至于被别人发觉，或老是不停地走来走去	0	1	2	3
觉得自己还不如死了好，或想采取某种方式伤害自己	0	1	2	3

大部分患者都能在 5 分钟内完成，可用做治疗和随访的参考。PHQ-9 对冠心病患者有明确的特异性和敏感性，对于有轻微抑郁症状的患者，应进行系统的随访。其他的评估工具也会提供有用信息，但必须同时关注与患者躯体疾病并存的抑郁症状。如患者还有其他更复杂的临床问题，如其他精神心理障碍（包括焦虑症），可能与心脏疾病不良预后相关，也应特别对待。无论是否需要治疗或转诊，心脏科医师应将抑郁因素纳入日常的冠心病诊疗流程中。

（二）精神心理问题的治疗

1. 入院患者的心理康复

（1）建立心理康复治疗小组

1）小组的组成：一般由接受过心理学知识培训的医师和护士共同组成，有条件的可在心理专业医师或精神科医师的指导下开展患者的心理康复治疗和护理。

2）了解相应的病情：了解疾病的起因、诊疗经过、临床表现、预后等，对于疾病的诊断和治疗方案至关重要，须根据病情安排个体化的治疗方案，以确保较好的治疗效果。

3）个体化治疗方案：①药物治疗。经过相关研究和调查发现，在患有冠心病的患者中，发生抑郁等负面情绪的概率非常高，患有冠心病同时存在焦虑情绪的患者占 50% 以上；患有冠心病同时存在抑郁情绪的患者占 33% 以上，还有 17%~20% 的冠心病患者不仅有焦虑症状，还有抑郁症状。如果患有冠心病的患者具有抑郁及焦虑的情绪，那么不仅会影响患者对冠心病的治疗，还有可能会加重患者的症状，对患者的生活及身体都会造成严重影响，同时，长期的抑郁及焦虑情绪还有可能会增加健康人群患冠心病的风险。因此，对患有冠心病同时伴有心理障碍的患者进行治疗，不仅要治疗冠心病的症状，还要减轻患者抑郁及焦虑的情况。劳拉西泮、奥氮平、舍曲林等药物能够起到抗焦虑及镇静的作用，从相关的研究结果中能够看出，在对冠心病伴有心理障碍的患者常规治疗的基础上，根据患者心理状况，再进行抗抑郁及焦虑的药物治疗，能够起到非常好的治疗效果。②运动治疗。运动可以改善心肌供血，促进侧支循环的建立，减少冠状动脉血栓形成的危险，松弛而愉快的运动还可以显著降低交感张力，减少儿茶酚胺的释放，提高心率变异性，降低心律失常的易感性，从而避免严重室性心律失常的发生，因此，心情愉悦的松弛的康复运动也是心理康复的一个重要成分。③心理干预。心理面貌是由认知、情感、意志和行为四方面组成的。心理干预首先要从转变患者的认知能力下功夫，做到晓之以理、动之以情、炼之以意、导之以行，才能有效地转变患者的认知偏差；此外，要使患者培养一种既有兴趣又能放松的活动（如绘画、书法、听音乐等），转移患者注意力，并有一个放松的好心情，这是心理康复的基础。④认知和行为治疗。认知和行为治疗能够使心脏疾病患者受益，应作为重要的治疗措施之一。对于中重度抑郁患者，认知和行为治疗与药物治疗相结合会有更好的效果。转诊至精神专科也是必要的。

⑵建立良好的医患关系

1）分析病因：医务人员针对患者的心理状态，采用“解释问题”的三阶段模型——解释前（弄清患者所知、所想）、解释中（清楚地向患者解释）、解释后（确保患者理解），科学、认真地向其分析疾病发生的原因，以缓解甚至消除患者的紧张、恐惧心理。

2）详细介绍诊疗方案：针对不同的患者应采取个体化的治疗方案，并详细解释诊疗方案，包括用药的原因、作用、有何不良反应，以及相关检查的必要性和选择性等。让患者对整个诊疗过程有大致的了解，增加对医务人员的信任。

3）注意交流沟通技巧

语言沟通技巧：声调、语调、语气的控制是语言沟通的关键，可有效避免医患纠纷的问题。遇到医患事件，要创造友善、和谐的气氛，调整说话速度与声音，不快不慢地陈述事件的前因后果，使得语言让人有亲近感，以拉近患者与医务人员之间的距离。“我理解……”等语句是医患语言沟通的常见例句，营造互相体谅、患者至上的沟通氛围。另外，若不得已否定对方无理要求，无需当众提出批评，即使是善意的批评也可私下进行沟通，并尽量保持平静的心情或幽默的形式完成对话。

非语言沟通技巧：接触沟通、目光沟通、表情沟通、动作沟通等构成了非语言沟通的关键要点，为患者与医务人员提供了深入了解的渠道。当患者家属表现出痛苦状态时，老年人、妇女、儿童等群体优先，医务人员需要构建与家属合理的相处距离，不宜过近或过远，正面对视对方眼睛，并依据对方申请判断心理活动，以配合点头微笑等动作，更好地获得对方好感。

用心倾听的技巧：家属易对就医患者抱有过分多余担忧，医务人员要用心倾听家属观点，便于达到释放家属紧张情绪和不断安慰家属的目的。在进行医患沟通时，医务人员需要耐心听、用心听、主动听患者的意见，尊重患者提出的建议，不打断患者讲话，也不要急于对其下定论。面对部分过多担心患者就医状态的家属，医务人员不可忽略主要信息，过度注意患者家属所讲的是否存在“话外音”，要迅速捕捉主要信息点，并就相关问题提出合理建议，让家属感受到医务人员对患者的关爱与呵护。此外，当家属说出自己看法后，配合身体前倾、点头等动作，提出“您说得很好……”等相关语句，使得家属安心与放心。

⑶帮助患者尽快地适应环境

1）详细介绍科室、诊疗水平等：针对患者恐惧和担心等心理，鼓励患者说出心理需求及存在问题，根据患者的文化程度、社会背景、性格、承受能力，用通俗易懂的语言向患者及家属介绍我院医疗技术水平、医务人员的操作熟练程度、治疗的大致步骤、目的、效果及需要患者配合的内容。树立医务人员专业权威的存在可以增强患者的依赖感，较好地发挥安慰剂效应。医务人员的学历、学位、技术职称、获得过奖励等资历应该在病区中明示；同时，医务人员的言谈举止应该具有亲和力，工作严肃认真、稳重大方，对患者提出的疑问能做出合理的解答，适当展现对治愈疾病的信心，用积极的情绪感染患者。在用药、手术等治疗前，详细说明药物性质、效用、不良反应等，解除患者的疑虑，主动在患者心中建立起“专业权威”的印象，坚决避免在患者和家属面前谈论提及主管护士和主治医师的负面信息。

2）对周围环境有一定的自主权：患者自主权是患者的基本权利之一，是保障其生存权与健康权的基本条件，也是医学人道主义的重要内容。因此，患者的自主权必须受到充足的尊重。在不影响其他患者应有的权益下，可尽量满足该患者的自主要求，给予其幸福感，以获得信任感。患者入院治疗后由于环境的陌生、疾病的存在、经济上的负担等会心情抑郁、焦虑不安，对治疗处于消极状态，医务人员则可给予积极性的语言。如进行处置时可以说“你今天精神状态很好”等。针对不同的患者，应给予不同的积极性语言，同时注意语调、语速等，在患者可接受情况下，适时表达语意。

3）尊重患者隐私权：患者的隐私权、人格尊严应获得尊重。患者的个人信仰及意愿，在不损害其他患者或医务人员权益的情况下，应得到尊重。医院应尽量保护患者的隐私权和人格尊严不受侵犯。比如在病例讨论、会诊、检查和治疗时，与患者治疗无直接关系者，必须取得患者同意才可以在场。医师非经患者同意不得泄露患者医疗上的秘密，也不可以和其他不相关的人讨论患者的病情和治疗。每一个人都有权利不让自己的姓名、照片、身体或私人事务被公开于众人面前，所以，医师应以尊重的态度对待患者，并确保患者个人的隐私。只有承担医疗、护理工作的医务人员，才有权利去看、检查或处理患者的身体。在患者感到上述权益受到侵犯时，有权立即向医务人员提出意见。

2. 病情平稳后的心理康复

（1）盲目自信、过分乐观患者的心理康复：部分心脏疾病患者病情平稳后往往过于乐观，对于自身的康复状况没有客观的评价，造成心理上的放松，甚至要求提前出院或拒绝服药，大大增加了复发的风险。因此，应使患者认识到疾病康复的过程性、治疗的阶段性。

（2）紧张、过分谨慎患者的心理康复：慢性疾病患者因为需要承受长期的疾病折磨、经历漫长的病程，所以往往产生极为复杂的心理活动。病情平稳后的患者追求疾病的“痊愈”，但心血管疾病造成的损伤往往不可逆，患者一开始大都有侥幸心理，即不肯承认自己真的患了疾病，迟迟不愿进入患者角色；一旦确诊，又易产生急躁情绪，想朝夕之间把病治好。这时他们对自己的疾病格外敏感、格外关心，向医务人员寻根刨底，向病友“取经”，或翻阅大量有关书籍，渴望弄清疾病的来龙去脉，企图主动地把握病情。但是，目前许多慢性疾病还没有令人满意的特效治疗方法，所以迫使广大慢性疾病患者只好无可奈何地去适应漫长的疾病过程。

慢性疾病患者随着病情变化，有时高兴、有时悲伤、有时满意、有时失望；紧张、焦虑、忧愁、愤懑、急躁、烦闷等消极情绪也经常出现。有些患者，由于长期的疾病折磨，人格特征也往往发生变化。对慢性疾病患者的心理护理，必须紧紧围绕慢性疾病病程长、见效慢、易反复等特点，调节情绪、变换心境、安慰鼓励，使之不断振奋精神，顽强地与疾病作斗争。

3. 出院患者的心理康复

（1）定期随访给予必要的卫生宣教和健康指导：二级预防社会心理康复中关键是随访。与其他干预相比，仅对参加心理康复的患者进行评价和教育而不进行随访毫无意义。因此，康复人员在面谈、邮寄调查问卷和电话等任何形式的随访中，均应包括心理适应的内容，并根据调查的评价结果与患者医师沟通，特别是在心理问题持续存在时，给予必要的卫生宣教和心理康复指导是很有必要的。

（2）定期复诊身体和心理的双重评估：患者在治疗的阶段性会因为不同病情而更换药物，复查也就起到这样的作用，如果患者病情有所恶化，或者是有所改变，需要使用不同的药物,这样也有利于疾病的恢复。心脏疾病患者后期复发的概率是很大的,日常生活中有很多的饮食或者是作息方面需要注意。定期复查,可以了解自己目前的身体状况,且对心理状况做一个全面的评估可以让自己更加安心,有助于身心的康复。

⑶家庭干预给予支持鼓励、监控情绪变化等:人到老年,生理上日趋衰老,认识能力与自理能力日趋下降,年龄越大,心理问题会越明显,出现一些消极性的心理,这种现象在老年冠心病患者身上更加明显,当人受到心理刺激后会出现心理体验,然后产生生理反应,如血压升高、心率加快等,这是一种保护机制,也是暂时的反应,但如果这种反应持续很久,就会损伤心血管系统,导致内膜发生病变,产生或加重心血管疾病,现代医学研究证明,当老年人受到严重精神创伤,出现愤怒、焦虑、仇恨等激动情绪时,很可能诱发血压突然升高,严重可引发脑卒中、心力衰竭、合并冠心病心肌梗死、猝死等。因此我们认为,老年心血管疾病患者要格外注意心理健康问题,要注意时刻保持良好的心态,情绪应该以平和为主,不应大起大落。

应付精神压力,寻求各种途径来调解生活上的压力:①可以培养爱好或通过运动来松解日常生活中的紧张情绪,保持乐观的情绪。②适当地参加一些活动,可以减少孤独感,使心情变得愉悦,预防心血管疾病的复发。要注意科学锻炼,避免不当运动带来的风险与损伤。③合理饮食,戒除不良生活习惯。④定时检查身体并遵照医嘱,积极控制高血压、高胆固醇血症和糖尿病。总之,加强患者的心理护理及家庭综合干预,可显著减少负性心理,提高患者战胜疾病的信心,有助于提高患者的生活质量。

二、中医康复流程

(一) 中医心理病机

中医认为在疾病发生发展的过程中存在广泛的心理病机,可概分为阴阳,如阴证沉默、悲哀、无言;而阳证则多言、躁动、漫骂。另外七情引发的气机异常变化是心理疾病产生的重要原因。七情致病,即七情过激导致气机错乱而成。《素问·举痛论》曰:“余知百病生于气也。怒则气上,喜则气缓,悲则气消,恐则气下,寒则气收,炅则气泄,惊则气乱,劳则气耗,思则气结。”虽然不同情志扰乱气机各有特点,但乱气为病一也。《景岳全书》记载,“气之为用,无所不至,一有不调,则无所不病。故其在外,则有六气之侵;在内,则有九气之乱。凡病之为虚为实,为热为寒,至其变态,莫可名状。欲求其本,则止一气字足以尽之。盖气有不调之处,即病本所在之处也”“所以病之生也,不离乎气;而医之治病也,亦不离乎气。但所贵者,在知气之虚实,及气所从生耳”。

(二) 中医心理诊断

中医望闻问切四诊充分渗透了对心理因素的审察内容。“得神者昌,失神者亡”是其总要,望神察色听音问情辨脉,综合全面了解患者的心理状况,纳入辨证。另外,脉象也可反映情志问题,《三因极一病证方论》提出“故因怒则魂门弛张……脉必弦涩;因喜则神廷融泄……脉必沉散;因思则意舍不宁……脉必弦弱;因忧则魄户不闭……脉必洪短;因恐则志室不遂……脉必沉缓。”说明七情可以作为正常的心理过程和心理反应。根据不同的七情脉象,即喜脉、怒脉、忧脉、悲脉、恐脉、惊脉、思脉,可以反映相应的心理特征。《备急千金要方》指出:“性急而脉缓,性缓而脉躁,人壮而脉细,人羸而脉大,此皆为逆,逆则难治。反此为顺,顺则易治。”因此脉象特点也可因平素情志而异。

(三) 中医心理咨询

情志异常可以导致多种心系疾病，如心悸、胸痹心痛、失眠等。心脏异常也能导致情志的异常，二者互为因果。《灵枢·本神》云："凡刺之法，先必本于神"，通过医患的交流咨询，医师根据三因制宜的原则，因时因地因人，告诉患者的体质、心理、经络等综合情况，提示其平时的养生调养知识，帮助患者运用各种方法，调节失去平衡的心理或身心状态。

(四) 中医心理治疗

包括顺志从欲法、精神内守法、认知引导疗法、情志相胜疗法、暗示疗法、中国传统健身术、中药疗法、三因制宜等。

1. **顺志从欲法**　通过满足人的意愿、感情和生理需要，来达到祛除心理障碍的方法。古医家张景岳说"若思虑不解而致病者，非得情舒愿遂，多难取效。"明代医家李渔认为，一物与一事均可以意为医，有 7 种药：①本性酷好之物；②其人急需之物；③一心钟爱之人；④欲得未得之物，一生未之物；⑤平时契慕之人；⑥平素常乐为之事；⑦生平痛恶之物与切齿之人，忽而去之；此皆可以为药。当然具体实施，需要看是否合情合理，是否现实可行，是否适度适量。

2. **精神内守法**　中医认为，心为五脏六腑之主，心动则五脏六腑皆摇。肯定了心理因素对机体各脏器生理状况和过程的重要影响。"恬淡虚无，真气从之，精神内守，病安从来。"保持心理的平衡和对环境的适应性是减少疾病和加快身体康复的基本健康策略。方法：①顺应季节变化的自然规律，起居有常，建立一种有规律的生活节奏；②减少接触那些可能引起内心不安和骚动的外界刺激来保持内心的平静；③对待七情变化，保持中庸，即喜怒悲哀皆勿太过，尤其在大病施治后更应"净神不乱思"；④调节欲望，有节，不贪不纵。

3. **认知引导疗法**　《素问·移精变气论》中说："古之治病，惟其移精变气，可祝由而已。"所谓移精变气，就是移易精神，改变气机。所谓"祝由"就是古代巫医运用祝咒祷攘等手段来"祝说病由"，驱邪治病。人的行为受信念、兴趣、态度等认知因素所支配，所以要改变当事人的不良行为，就必须先引导其认知的改变。根据"人之情，莫不恶死而乐生"的本能，"告之以其败，语之以其善，导之以其所便，开之以其所苦，虽有无道之人，恶有不听者乎？"提示不良行为的危害，注意调节改变为良好正确的行为，善于调养，并促使病者释放内心的苦闷和压抑，纠正不良行为和改变认知，与西方现代行为主义心理学的认知行为疗法不谋而合。

4. **情志相胜疗法**　根据中医五行相生相克的理论，人的各种情志之间具有相互滋生和相互制约的动态关系。如《素问·阴阳应象大论》中有"怒伤肝，悲胜怒；""喜伤心，恐胜喜；""思伤脾，怒胜思；""忧伤肺，喜胜忧；""恐伤肾，思胜恐；"即是说，当某种情绪过甚而致发病时，可以用另一种"相胜"的情志来"转移""制约"或"平衡"它，从而使过度的情绪得以调和。该法的核心在于情绪转移、制约和平衡，具体应用根据具体情况而定，不必拘泥于机械地固守古典的五行模式，亦可用文学、美术和音乐等文雅的方法来实现。

5. **暗示疗法**　采用语言或某种刺激物以含蓄、间接的方式对患者的心理状况施加影响，诱导患者接受某种信念重建自信心，或改变其情绪和行为，使其情绪和行为朝向特定的方式反应。该法尤其适合因疑心、误解、猜测、幻觉等所导致的心理障碍和文化因素相关的精神疾病情况。《素问·调经论》说："按摩勿释，出针视之，曰我将深之，适人必革，精气自伏，邪气散乱。"这是与针灸并用的暗示疗法。《名医类案》记载某医师以巴豆掺细红线泻下治疗患者怀疑自己体内有蛆的心病。此皆为"意在疗心而非在治病"的治法。

6. **中国传统健身术** 中国传统健身术源远流长,内容丰富,如五禽戏、八段锦、太极拳、易筋经等,一向强调中医学的“形神合一”观,认为:“形为神之宅,神乃形之主;无形则神无以生,无神则形无以活”。养形不忘调神,形神共养,相得益彰“。比如传统太极拳的动作特点是轻松柔和、连贯均匀、圆活自然、协调完整,一些学者认为太极拳是”精神体操““形意体操”“松弛运动”“静心运动”等,练习太极拳,可以起到协调身心的保健养生作用。从某种意义而言,太极拳也是一种行为疗法,通过长期的练习,可以使习练者对人生充满信心,并能运用东方太极学的放松自然、圜活运转、刚柔并济的思路去面对人生的诸多压力和挑战。悉心习练太极拳可以达到完善人格、升华精神的效果。另外传统健身术中重要部分——气功,也是调节精神心理的有效方法之一。运用气功导引的方法,进行调心、调息、调形,通过养心安神,吐浊纳清,运行气血精气,炼意调神,增强定力,可以治疗精神心理疾患,尤其适合精神过度紧张、身心失调诸疾患者。气功人体科学研究发现,气功调节的核心在于调节大脑,诱导进入潜能状态,通过激发大脑潜能,调频、谐振,疏调大脑的气血阴阳,改善脑内神经生化物质的分布平衡,激发脑细胞内潜态DNA信息密码子的优化表达,调节兴奋和抑制功能平衡结构,再通过生物多路信息传导系统,调节体内环境和各局部的生理病理状态,从而调治疾病。这是从中枢到局部,从整体到个体的心身综合调节。

7. **中药疗法** 某些中药也有直接调节心理、安神定志的功用。如人参、五味子、田七等有益气兴奋的作用,灵芝、酸枣仁、菖蒲、丹参等有养阴镇静的作用。方剂中有专门治疗神志不安疾患的安神类,其中重镇安神的方剂有朱砂安神丸、生铁落饮、磁朱丸等;补养安神的方剂有天王补心丹、柏子养心丸、酸枣仁汤、甘麦大枣汤等。通过综合辨证施治,可以治疗神经衰弱导致的心悸、健忘、失眠,精神抑郁症、精神分裂症、癫痫、更年期综合征。对调节康复阶段患者出现的各种精神心理症状可以施治调节。

8. **三因制宜** 如根据四时季节的阴阳气机不同,给予适当的调节方法,如春调肝气适宜疏导情志、夏调心气适宜喜悦精神、秋调肺气适宜收敛宁神、冬调神气适宜藏神定志,注意节气交节前后的调整等,配合地域和个体的差异,因时因地因人三因制宜。

（张立晶　刘　用）

第二节　心理康复方法

一、西医康复方法

(一) 心理修养

已有研究表明,心理性危险因素的致病机制主要包括扰乱下丘脑-垂体轴、影响内皮细胞功能及促血液高凝状态等,对心脏疾病患者进行心理治疗可降低死亡率及心血管事件再发率。

心血管疾病及其急性事件与人格特征、心理冲突和生活方式密切相关,而有害的生活方式毕竟是不健康的心理因素决定的。心脏疾病及急性事件发生后,患者多有焦虑、恐惧、抑郁等心理障碍,需要心理支持。可通过心理安慰、疏导、暗示疗法、心理支持疗法、家庭干预疗法等调节心理状况。

(二) 饮食调理

高血压、高脂血症、糖尿病及肥胖等冠心病危险因素与有害的生活方式、不良饮食结构和饮食习惯密切相关;因此,指导患者改变有害的生活方式、改善饮食结构与饮食习惯、运用食物进行调理是心脏康复的重要组成部分。西方国家提倡低热量低胆固醇饮食在防治心血管疾病方面取得一定成效;现代营养学研究成果为人们提供膳食指南。饮食具有感官享受、营养热能和生理调节三大功能;大量研究资料显示,食物具有调节血脂、增强免疫、调节血糖、改善循环、调节血压、改善睡眠、耐缺氧、抗氧化、延缓衰老、减肥、抗焦虑、抗抑郁等诸多功效,为心血管疾病康复治疗和临床应用提供科学依据。近年来,国内外对食物的药效研究和功能食品的开发方兴未艾,正是中医食物疗法与"药食同源"思想的现代发展。

(三) 运动锻炼

运动锻炼可以增加心肌供氧量、提高心脏工作效率、降低血液胆固醇含量、改善情绪、提高应激能力。西方国家把运动视为心脏康复程序的核心组成部分。运动固然是心脏康复综合医疗模式的重要组成部分,但运动形式、项目、强度、频率与持续时间等必须考虑减轻患者心脏负荷与心理应激,选择患者颇感兴趣且易于坚持的运动,量力而行,适可而止,以心身舒适为度。中医康复学的运动形式具有动作和缓、形神和谐的特点,更为适合我国心脏康复医学模式,且无需特别场地器材,老少皆宜,患者随时随地可以进行康复运动;它通过精神意识驾驭形体运动,达到身心交融,增强人体潜在功能,从而达到自我身心锻炼的目的。

(四) 药物治疗

对于心脏风险的影响,有研究显示在 5- 羟色胺再摄取抑制剂(selective serotonin reuptake inhibitor,SSRI)中,舍曲林和西肽普兰对于冠心病患者安全有效,可用于治疗中重度抑郁症。急性心肌梗死后应用 SSRI 治疗安全有效也不昂贵,心肌梗死后抑郁的筛查和治疗可以改善患者的情绪和生活质量,研究显示抑郁影响患者依从性,抗抑郁治疗对于依从性的纠正可改善急性心肌梗死原有躯体疾病的治疗。舍曲林和西肽普兰是冠心病合并抑郁的一线药物。如患者为再发抑郁症,并且先前应用的另一类抗抑郁药有效,还应建议选用原来药物除非有禁忌情况。如三环类药物和单胺氧化酶抑制剂有心脏毒性作用,应禁用于多数心脏疾病患者。药物治疗一旦开始应在最初的 2 个月内随访观察,监测不良反应及自杀风险,确保治疗的依从性。应注意药物之间的交叉作用和不良反应。

另外,对于急性冠脉综合征伴有严重胸痛的患者,应用劳拉西泮加用硝酸甘油或单纯应用硝酸甘油作为对照进行观察,结果发现,合并应用有抗焦虑作用的劳拉西泮患者胸痛缓解的速度与止痛效果均显著优于单用硝酸甘油的患者。应用肾上腺素能和 5- 羟色胺(5-HT)双通道再摄取抑制剂文拉法辛(怡诺思)治疗伴有广泛性焦虑的患者,在应用不同剂量的怡诺思治疗后,治疗组抗焦虑与缓解胸闷、胸痛症状的效果显著大于对照组,社会功能也有明显的改善,并且症状与功能的恢复是与剂量成正比的。

二、中医康复方法

(一) 精神摄养

精神摄养是中医康复学的首要组成部分,在形神统一观的指导下,强调形神共复、首先治神的原则，通过调节患者的精神、意识、情绪和思维活动以促进身心健康的恢复。精神因素在疾病发生、发展和转归中有着重要影响，精神摄养在疾病康复过程中起着首要作用。中医康复学在精神摄养方面主要强调德性修养，培养乐观积极的精神状态和生活情趣，树立战胜病残的信心；要求患者保持宁静淡泊的心境，从而促进疾病的康复过程。

通过五志相胜等疗法可以较好地调节心境。五志相胜疗法也称为五情相胜疗法，是指医师或心理学家在五行学说和情志相胜理论的指导下，有意识地运用情志刺激，以消除患者不良情志引起的心理疾病和心身疾病的方法。五志相胜疗法作为情志疗法中运用最为广泛的方法，是我国古代心理疗法中的重要组成部分，也是最能体现中医理论中整体观和五行相生相克的治疗方法之一。

五志相胜疗法的主要理论依据来源于中医理论中的形神一体观、五行学说和情志致病说。形神一体观是中医整体观的重要组成部分，形指的是躯体，神是神明的意思，指人的精神活动，其中包括情志类活动。中医认为形和神是不可分割的，形为神之体，神为行之主，形神合一，乃成为人。正是这种形神合一的理论体系，为五志相胜疗法的产生奠定了其病理病机的基础。

五行学说则在中医基本理论的病因病机解释、治法治则方面起着重要作用。五行学说认为，世间万物的相互关系均可用五行的相生相克规律来进行说明。五行相生规律为：木生火、火生土、土生金、金生水、水生木。依次滋生循环无尽。而五行相克则是：木克土、土克水、水克火、火克金、金克木。五行的相克也是无穷尽的。任何一行都有“生我”和“我生”，“克我”和“我克”，相互促进却又相互制约，以达到一个和谐的整体。人体五脏分属五行，肝属木、心属火、脾属土、肺属金、肾属水。

五志概念首载于《素问·阴阳应象大论篇》：“人有五藏化五气，以生喜怒悲忧恐”，这五种情志则为：怒归肝属木、喜归心属火、思归脾属土、悲归肺属金、恐归肾属水。情志生于五脏，五脏分属五行，故五志之间相生相克的关系就和五行一样，五志失衡则病，五志平衡则和。五脏之病，可运用五志之间的相生相克进行治疗。例如恐胜喜法：恐归肾属水，喜归心属火。喜伤于心者，为癫为痫，以恐胜之。喜伤心，喜则气并与心，而肺金受邪，火太过则心亦自病。心藏神，若因喜太过伤及心，则神不守舍，心身涣散，多表现为神情恍惚、嬉笑不休，健忘等症状。恐则气下则有泻心火之作用。恐为肾志，喜为心志，水能制火，这就是所谓的水火既济之道。

（二）饮食调理

饮食调理是通过合理膳食促进人体疾病康复的一种方法。中国饮食文化和饮食结构有利于心血管疾病的防治和康复；中医康复学在饮食调理方面有独特理论知识和行之有效的实践经验。根据中医“药食同源”和饮食宜忌的理论，运用药茶、药酒、药膳、药粥等措施，对不同疾病和患者体质进行辨证的饮食康复治疗，即食物疗法（食疗）是中医康复学的重要内容和特色。自古至今，食疗著作不胜枚举，内容极其丰富；中国传统饮食疗法已经被现代医学和临床营养学研究证明是安全有效的。

（三）形体运动

形体运动作为我国养生康复方法历史悠久。时至今日，步行、气功、导引、武术、乐舞、拳操等运动项目都具有动静结合、刚柔相济的独特风格，追求形神统一、身心和谐的完善境界，逐步形成具有我国传统特色的运动康复体系。实践证明，我国传统运动康复措施具有疏通经络、调理气血、培育元气、平秘阴阳等功效，对心血管、呼吸、神经、消化、内分泌等系统的某些慢性疾病的康复有良好效果。

（四）中药调治

中药调治包括中药内治外治与单方验方。我国历代中药调治对各科慢性疾病的康复治疗发挥重要作用，积累了丰富实践经验。益气活血类中药如人参、五味子、龙眼肉具有补气宁心的功效；镇静安神类如远志、柏子仁、牡蛎有安神之功；补虚类如大枣、莲肉具有养心安神的功效。

（五）物理疗法

物理疗法在中医康复学主要采用针灸、按摩等。中医理论认为，心理活动的传导途径就是经络系统。《灵枢·邪气脏府病形》曰："十二经脉，三百六十五络，其血气皆上于面而走空窍，其精阳气上走于目而为睛，其别气走于耳而为听，其宗气上出于鼻而为臭，其浊气出于胃，走唇舌而为味。"这里认为，"精阳之气""别气""宗气""浊气"分别是产生视觉、听觉、嗅觉、味觉的基础。经络作为中医基本理论之一，作为心理活动的通路，指导着针灸临床，与现代医学模式相融，经络针灸的诊疗过程和心理状态的调整过程与现代心理学治疗过程应该有着某种联系。研究结果表明，针灸对各系统多种疾病有不同程度的效果，尤其对心脑血管疾病的康复；且现代科学技术已对其进行评估，并揭示作用机制。针灸的适应病症及独特的诊断原则，望、闻、问、切，要求医师在实施针灸治疗过程中，仔细倾听、观察患者、耐心询问、详尽解释，这在客观上增加了医患合作、密切了医患关系，是一般心理治疗的最基本的要求。

（六）环境疗养

环境疗养是充分利用自然环境的各种条件促进人体身心疾病康复的医疗方法。人类是大自然造化的万物之灵，依赖大自然而生存；在我国古代医药文献中，充分阐述了天人合一的自然哲学思想和适应自然的养生康复原则。运用自然环境中的森林、空气、日光、泉水、园艺及花卉等物理化学因素进行不同方式的治疗与调养，对心理康复及多种慢性疾病具有其他康复措施不可替代的作用。

（张立晶　刘　用）

第三节　中医情志疗法

一、原理

五神、七情是中医学神志理论的重要理论之一，《黄帝内经》提出"五脏藏神"，其中"心藏神""肝藏魂""肺藏魄""脾藏意""肾藏志"（见《素问·宣明五气》《灵枢·本神》《灵枢·九针论》等篇），即以五行划分神志活动并归属五脏；提出五脏与七情的关系，即以阴阳五行划分情志活动。神、魂、魄、意、志是《黄帝内经》借五行五脏对神志活动所作的分类，即心为火藏神、肝为木藏魂、肺为金藏魄、脾为土藏意、肾为水藏志。不仅根据其各自的特性而进行了阴阳五行的划分，将之与五脏分别配属，而且提出所划分的七情之间具有五行相克关系，正如《素问·阴阳应象大论》所言："悲胜怒""恐胜喜""怒胜思""喜胜忧""思胜恐"；又由于七情作用于人体可引起人气机的不同变化（如《素问·举痛论》："怒则气上，喜则气缓，悲则气消，恐则气下""惊则气乱""思则气结"），为临床治疗因情志异常导致的疾病提供了依据。

情志疗法是我国传统医学中所包含的心理疗法成分，主要内容是将人的情绪归结为喜怒忧思悲恐惊七种，称之为七情。七情过度即产生相应的身心疾病，而治疗则按照五行相生相克的原理实施。

二、七情诊断

（一）症状的严重程度

中医望闻问切的诊断法针对心理症状显得不足。因为心理症状难以通过目测、把脉等准确判断，并且患者可以逃避自己的问题，从而左右诊断结果。因此，情志的诊断需要结合多种技术。

症状的严重程度采用李克特量表中的五级评分法，一般 5 分为最严重，1 分为最轻。这样结果处理起来较简易。为了确保评分的准确性，可由多名医师共同执行。西方心理学诊断往往也采用量表法，属于定量评价的一种。五级评分法的特点在于评分由医师评定，从而避免患者故意回避问题。相对西方心理测量（其中还有患者自评的情况），此法的优点在于简单快捷，且不需要正常人的分数来做参照。

（二）情志症状的试探

在医师面前，患者可能因为面子、隐私而故意掩盖事实。要摸清患者真实的情志状态需要使用试探手段，即用一些语言、问题、任务等进行测试，目的是暴露患者的真实情况。医师通过观察得到真相。试探的方法应根据不同情志进行设计。

（三）间接诊断

当患者可能故意掩饰问题或对自身问题难以准确表达时，可进行间接诊断：一是向患者亲友进行询问；二是间接观察患者，即让患者置身无防备的环境中，医师在暗处观察；三是类推法，即在一批患者中，情志问题的诱发因素如相似，则他们往往具有类似的心理症状。例如地震幸存者、车祸死亡者家属等。

（四）外围诊断

患者的情志问题往往与其现有疾病、病史、性格、心理承受能力、知识结构、遭受的具体事件等有关，这些可统称为外围情况。也需进行评估诊断。

三、七情治疗规范

（一）喜的治疗规范

喜的治疗用恐。因喜属火，恐属水。此外，与喜相反的情志悲和怒也能对喜产生疗效。

恐治疗喜：古代医师常用"死"恐吓因喜致病的患者。操作要领：用现代医学仪器进行伪诊断，医师可以用某种重症绝症来惊吓患者。治疗后患者应在医师、亲属的监督下，待病情缓解后或达到理想效果后，再以"误诊""笔误"等为由作解释，消除患者对死亡的恐惧。亲属应及时告知患者医师故意误诊的原委。

悲治疗喜：古代医师用悲治疗喜，仍然是借助"死"，不同的是承担"死亡"角色的一般是患者重要亲属。操作要领：告知患者其某位重要亲友病危或意外死亡，让患者悲伤，待病情好转，再告知原委。

怒治疗喜：操作要领为故意激怒患者。可试用羞辱、辱骂、损坏患者心爱之物，以及诋毁患者能力与业绩等。一般安排其亲友执行，也可是患者憎恶之人。待病情好转，告知原委，消除余怒，避免患者因怒报复。因激怒对方可能导致过激行为，因此怒治喜应放在前两种疗法无效之后。

流程小结：①掌握患者喜因；②掌握患者特别在乎的其他事件；③患者的亲友一反常态激怒之；④利用患者厌恶的人物进行激怒；⑤如上述效果不佳，辅以破坏、隐藏患者喜欢的物品；⑥激怒疗效达到满意，及时告知原委，解除愤怒。

(二) 怒的治疗规范

怒的治疗一般用悲和喜。怒属木，悲属金，金克木。由于喜的疗法更为人性化，因此首先尝试用喜来治疗怒。

喜治疗怒包括三方面：一是幽默疗法，如喜剧片、幽默故事；二是激励疗法，鼓励、夸奖患者，告知喜讯等；三是感动干预，就是感动患者，让患者心生感激，用感恩化解愤怒。

悲治疗怒的疗法有两个内容：一是让患者悲伤；二是使患者自卑。给患者以打击，或者指出患者不足、缺点等使其自卑，皆可转移或化解愤怒情绪。

流程小结：①掌握患者怒因；②掌握患者自身的缺点、缺陷；③让患者远离愤怒的诱因；④尝试让患者振奋起来；⑤以上效果不佳或实施困难时酌情采用悲伤、羞辱的方法；⑥显效后及时告知患者故意为之的缘由，并适当肯定赞扬患者。

(三) 忧的治疗规范

忧伤肺，五行属金，治疗用喜，喜属火，火克金。操作要领：喜的疗法在此可以扩展到四个方面：一是用喜事、幽默的方式进行干预治疗；二是激励、鼓励患者，提升患者的自尊感、自信心；三是帮助患者在学业、事业上取得成功，获取成就感；四是给予患者经济物质上的实际救助。

流程小结：①掌握患者病因，了解患者的困境及迫切需求；②解决患者所忧之事；③帮助患者取得成功，提升自信；④对经济贫困患者给予经济、物质上的实际救助；⑤待病情好转后可持续给予帮助。

(四) 思的治疗规范

喜可以促使肾上腺素分泌，进而使人精神振奋。喜的介入常在怒疗之后。患者虽然消除了过度思虑，但思虑起因往往没有得到根本解决。因此，帮助患者排忧解难即可更全面地恢复心理健康。恐治疗思，原理是用患者害怕的东西惊吓患者，让患者停止思索，回到现实中来。

流程小结：①掌握患者忧思根源，掌握患者非常在乎、在意的事件；②从源头入手对症下药，解除发病诱因；③用羞辱、嘲讽等激怒患者；④怒疗见效后，适当用喜振奋患者，给患者带来希望；⑤治疗目的达到后，向患者说明故意激怒原因。

(五) 悲的治疗规范

喜属火，悲属金，火能克金，故以喜治疗悲。此外，思也能辅助治疗，就是帮助患者思考，正确认识问题。

喜治疗悲：喜的疗法在此主要是指戏谑患者，让患者大笑。例如古代医师使用“月经不调”“喜脉”等故作糊涂戏谑男患者，让患者忍俊不禁。但不宜带有侮辱、惊吓成分。见效后，亲友酌情向患者如实相告医师的初衷。

思治疗悲：就是引导患者科学思考，认清问题，达到知之而不怕的效果，或掌握正确处理问题的方法。当患者对医务人员存在不信任感时，应通过第三方进行解说，包括权威教材上的信息，或建议患者咨询其他医院的专家。

流程小结：①掌握患者悲伤的缘由；②了解患者乐见的一些事情；③对症下药，帮助患者处理好诱因，转移患者的注意力；④巧用反差大的事件诱使患者发笑；⑤当患者存在错误思想时，给予科学引导。

（六）恐的治疗规范

思属土，恐属水，土能克水。恐的治疗用思，就是用科学的方法引导患者正确认识问题，掌握科学应对的方法。操作要领：首先掌握患者恐的根源，然后给予科学解说、实地验证，让患者眼见为实。另外也可用安慰剂法。如古籍案例：某人在夜晚喝了石槽里的水，第二天才发现石槽里有很多红线虫，于是一病不起。医师将红线剪短埋在药丸里，嘱其服下，患者看到自己排出无数红线，以为是红线虫出来了，于是不治而愈。

流程小结：①掌握患者恐惧的原因；②查找诱发事件的真相，给予科学解释；③用事实证明，让患者亲见被自己误解的事情；④第三方解释。

（七）惊的治疗规范

惊的治疗用恐，就是以惊恐抑制惊恐，目的是使患者习以为常，见惯不惊。这类似于现代西方心理学里的脱敏疗法。惊与恐有相似处，五行皆属水，因此还可以用思来治疗，即让患者科学认识惊恐。人对未知事物常怀恐惧，认识后即可消除。另外，也可以用鼓励激发患者的勇气。

流程小结：①掌握患者受惊吓原因；②给予患者科学解释；③用鼓励、激将法给患者壮胆；④在亲友陪同下实施脱敏疗法。

（张立晶　刘　用）

参考文献

[1] 刘梅颜. 双心医学的发展与争议 [J]. 中国循环杂志, 2013, 28 (1): 74.
[2] 程鎏. 综合医院医务人员对心身疾病认识的调查分析 [J]. 中国医药导报, 2011, 8 (18): 189.
[3] 刘梅颜, 胡大一. 抑郁症与缺血性心脏病 [J]. 中国医药导刊, 2005, 7 (4): 271-274.
[4] 余瑾, 傅杰英. 精神心理康复和中医情志疗法 [J]. 中国组织工程研究, 2001, 5 (21): 26-28.
[5] 郭媛, 杨天, 许丹焰, 等. 心脏康复措施的现状及研究进展 [J]. 中国动脉硬化杂志, 2013, 21 (7): 668-672.
[6] BOYER P, MAHE V, HACKETT D. Social adjustment in generalized anxiety disorder: a long term placebo controlled study of venlafaxine extended release [J]. Eur Psychiatry, 2004, 19 (2): 272.
[7] 杨菊贤, 卓杨. 心脏康复与心理的康复 [J]. 心血管康复医学杂志, 2006:(S1): 55-59.

第四节　“双心医学”病例分享

在心血管内科就诊的患者中，有的可能确实患有不同程度的心血管疾病，心理障碍加重或扩大了原有的心血管症状；而有的却是心理疾病本身所表现出的心血管疾病症状和体征。在临床上，心血管疾病和心理障碍互为因果，有时会给疾病的诊治带来一定的困难。现就1例双心医疗门诊患者诊疗情况进行分享。

一、病情介绍

43岁男性患者，既往有吸烟史20余年，应酬性饮酒。就诊前1年开始偶有胸闷感，持续时间短暂，与体力运动不相关，对日常工作生活无影响，1年来症状无变化，未进一步检查。就诊前2个月在朋友劝说下至当地医院进行体检，查体未见异常体征，静息心电图未见异常改变。冠状动脉CT结果提示：前降支D2轻度狭窄，回旋支中段狭窄95%，右冠脉中远段、左室后支狭窄40%~50%。患者遂至省级三甲医院再次复查冠状动脉CT，结果同前。当地心内科医师告知患者立即住院行冠脉支架治疗，否则随时有生命危险，因患者本人对支架治疗心存顾虑，未听从医师意见。但回家后一方面担心有生命危险，随时发生猝死；另一方面又对支架治疗心存顾虑，无法说服自己。原来的工作无法继续进行，不敢外出参加社会活动，焦躁不安，夜不能寐，整日纠结其中。同时自觉胸闷症状逐渐加重，伴胸痛，常持续数小时不能缓解。为进一步诊治来我院双心门诊就诊。

经仔细分析患者病变过程及胸闷、胸痛特征，尽管冠状动脉CT结果提示回旋支严重狭窄，但患者症状并非典型心绞痛发作，随即为患者进一步行心肺运动负荷试验评估，评估过程顺利，过程中无任何胸痛、胸闷等不适症状，心电图未见心肌缺血改变。同时由心理医师对患者进行心理评估，提示中度焦虑。向患者全面介绍评估结果及下一步康复方案：建议患者系统冠心病二级预防用药治疗，同时加用抗焦虑药，并根据心肺运动负荷试验结果为患者制订了运动康复方案。

患者对治疗方案基本接受，并同意短期服用抗焦虑药。在院监护下运动康复训练2周，过程中无任何不适症状，心电图监护未见心肌缺血改变，之后患者回家继续运动康复训练。对患者进行了长期随访：在院监护下的运动康复帮助患者树立了充分的信心，患者回家后坚持骑自行车户外活动，每日骑行10~15km，从未间断，每日坚持冠心病二级预防用药治疗。同时恢复了正常的工作和生活，未再出现明显胸闷等不适症状。1年半后再次对患者进行了心肺运动负荷试验评估，患者运动耐量较前明显提高，心电图未见心肌缺血改变。

回顾性总结该患者，冠心病症状明确，合并中度焦虑，焦虑导致的躯体症状与冠心病心绞痛症状相似，被误认为冠心病、心肌缺血的表现。患者明确诊断冠心病后已经开始了药物治疗，但并未针对焦虑导致的躯体症状进行诊断和治疗，从而使患者误以为冠心病症状在进行性加重，形成恶性循环。经过双心诊疗后，患者充分了解了冠心病及焦虑的状态，并针对性地进行了相应的治疗和康复训练，使患者临床症状很快得以缓解。由于患者运动负荷试验没有明显的心肌缺血表现，因此可以继续进行药物保守治疗和康复训练方案，长期随访，监测病情变化。

二、分析

心血管疾病患者常同时存在精神心理问题，临床调查资料显示，伴有焦虑和/或抑郁的心血管疾病患者数量超过50%，而这种精神心理问题经常被忽视，使患者的治疗效果、依从性、临床预后和生活质量明显降低，成为目前心血管医师在临床工作中必须面对又迫切需解决的问题。

因此，心血管疾病患者进行心理问题筛查尤为重要。可用简短的“三问法”初步筛出可能有问题的患者。常用的三个问题是：①是否有睡眠不好，是否已经明显影响白天的精神状态或需要用药？②是否有心烦不安，是否对以前感兴趣的事情失去兴趣？③是否有明显身体不适，但多次检查都没有发现能够解释的原因？3个问题中如果有2个回答是，符合精神障碍的可能性80%左右。如果能在患者就诊时，采用双心门诊的模式进行诊疗，将对存在精神心理问题患者的及时诊治提供更大的帮助。

识别并诊断心血管疾病患者存在精神心理问题后，即应为患者制订全面的治疗方案。药物治疗是全面治疗的基础，指导患者正确服用心血管疾病药物。患者充分了解服药的目的和时程、药物的特点、可能出现的副作用和应对方案，可以提高依从性，有效治疗疾病，预防复发。对于合并精神心理问题的心脏疾病患者，对症用药可改善患者的精神症状，提高生活质量。

运动康复效果同样不容忽视。运动康复对大多数稳定性心血管疾病的益处已经是医学界的共识，大量临床研究也证明运动康复可以提高心血管疾病患者的长期生存率，同时能够明显改善患者的焦虑、抑郁症状。运动康复治疗前，需要对患者进行综合评估，包括①确认患者有无器质性病变及程度；②患者焦虑、抑郁情况及程度，既往治疗情况，有无复发史等；③心肺功能及运动能力评估。

如果有条件尽量对患者进行运动评估，并结合患者的兴趣、需要及健康状态来制订运动处方，并遵循个体化的运动处方进行运动康复指导。如果条件受限不能进行运动评估，或者患者未合并器质性心脏病，也可以根据年龄、运动习惯等因素给予合适的运动康复指导。对于大多数患者，医师应鼓励其进行每周3~5天、每次30~50分钟的中等强度有氧运动训练，每周2~3次的抗阻运动训练，辅以日常活动，如散步、园艺、家务等。对于综合评估为中高危的患者，一定要在医务人员监测指导的条件下进行训练；低危患者则可以在社区或家庭进行运动康复训练。

在药物和运动康复训练的同时，应加强对患者和家属的健康教育。心血管疾病患者常因对疾病不了解、误解和担忧导致情绪障碍，需要从心理上帮助患者重新认识疾病，合理解释患者心脏疾病转归和预后，从而恢复患者的自信心，尽快缓解焦虑、抑郁情绪。对于合并中度以上焦虑和/或抑郁的患者，需要专业心理医师定期的心理支持和疏导。由于患者的治疗和康复是一个长期的过程，因此临床医师应该对患者进行长期随访，定期了解患者病情变化和指导患者进一步治疗，提高患者对治疗的信心，同时尽量避免可能出现的意外情况发生。

（金钟一　姜红岩）

第七章 睡眠管理

睡眠是人类最基本的生理需求，良好的睡眠质量及充足的睡眠时间能够解除疲劳、恢复体力。而睡眠障碍易引起人体免疫功能下降、焦虑、烦躁，这些又与睡眠障碍互为因果，形成恶性循环，极易引起高血压、心脑血管意外、食欲下降、溃疡病、胃肠功能紊乱等多系统器质和功能异常。

冠心病患者常由于病程长和反复发作等疾病特点影响其心理状态，容易产生焦虑、抑郁和睡眠障碍等。近年来，研究发现疾病因素、环境因素、心理因素、社会因素及一些其他的如不良生活习惯和突发事件等是导致冠心病患者睡眠障碍的主要影响因素，尤其是社会因素对其睡眠质量的影响越来越受到人们的重视。社会因素对冠心病患者睡眠障碍的影响主要体现在：长期治疗给家庭和患者带来了沉重的经济和精神负担，且可能会影响家庭和谐或者致使患者失去家庭成员的陪伴，使患者的社会支持降低，从而诱发睡眠问题，而睡眠障碍又可反过来影响心血管疾病的恢复和预后。文献报道导致冠心病介入术前患者睡眠障碍的因素很多，诸如疾病引起的不适症状、医院环境因素和患者对手术的风险、费用及疗效等担忧。老年冠心病患者由于共患疾病较多，用药复杂，且病程长、反复发作和症状较严重等特点，更容易出现焦虑和抑郁等负面情绪及睡眠障碍；睡眠质量问题在心血管疾病患者中十分常见，临床诊疗中表现为失眠、易醒、日间睡眠过多和睡眠呼吸障碍等，尤其是失眠最为常见，研究发现睡眠时间过长或过短都会增加心血管疾病的发生率。

冠心病患者因心肌缺血、缺氧而引起的心悸、心前区不适或疼痛，易造成心理负担过重而致失眠。文献报道冠心病患者通过改善睡眠障碍，提高睡眠质量，对病情的稳定与康复有着直接或间接的良好的影响作用。

据有关文献报道，内心和谐与睡眠质量正相关，其中包含生理、心理和社会方面的诸多因素，既是影响睡眠的重要原因，也是影响睡眠质量的根本原因，因此内心和谐是提高睡眠质量的根本措施。而随着睡眠质量的改善和提高，也对疾病的康复起到了重要的辅助治疗作用。

近年来，在临床诊疗过程中，因冠心病就诊的患者并发或继发的失眠越来越受到关注，失眠已成为严重影响冠心病患者生活质量的重要原因，而失眠带来的危害也会进一步诱发或加重冠心病。冠心病合并失眠患者在临床广泛存在，无论从中医理论还是现代研究都证明失眠与冠心病有着极其密切的关系。冠心病患者并发或继发的失眠可增加心血管疾病的风险，直接或间接影响心功能的恢复，进一步加重患者的临床症状。

因此，有必要对冠心病患者的睡眠进行管理，针对出现的睡眠障碍给予积极的干预。

第一节 失眠与管理

一、失眠的定义及分类

失眠是指尽管有合适的睡眠机会和睡眠环境，依然对睡眠时间和/或质量感到不满意，并且影响日间社会功能的一种主观体验。主要症状表现为入睡困难（入睡潜伏期超过 30 分钟）、睡眠维持障碍（整夜觉醒次数≥2 次）、早醒、睡眠质量下降和总睡眠时间减少（通常少于 6.5 小时），同时伴有日间功能障碍。失眠引起的日间功能障碍主要包括疲劳、情绪低落或激惹、躯体不适、认知障碍等。失眠根据病程分为：短期失眠（病程<3 个月）和慢性失眠（病程≥3 个月）。

二、失眠的临床评估

失眠的临床评估包括病史采集、睡眠日记、量表评估和客观评估等手段。对于每一例患者都应仔细进行病史采集。鉴别诊断和疗效评估时可以纳入量表和其他客观评估方法。

1. **病史采集** 临床医师需仔细询问病史，包括具体的睡眠情况、用药史、可能存在的物质依赖情况、其他躯体疾病史，并进行体格检查和精神心理状态评估，获取睡眠状况的具体内容，如失眠的表现形式、作息时间、与睡眠相关的症状，以及失眠对日间功能的影响等。可以通过自评量表、症状筛查表、精神筛查测试、家庭睡眠记录（如睡眠日记）及家庭成员陈述等多种手段收集病史资料。

2. **睡眠日记** 由患者本人或家人协助完成为期 2 周的睡眠日记，记录每日上床时间，估计睡眠潜伏期，记录夜间觉醒次数及每次觉醒的时间，记录从上床开始到起床之间的总卧床时间，根据早晨觉醒时间估计实际睡眠时间，计算睡眠效率［睡眠效率=（实际睡眠时间/卧床时间）×100%］，记录夜间异常症状（异常呼吸、行为和运动等），记录日间精力与社会功能受影响程度的自我体验，记录午休情况、日间用药和饮料品种。

3. **量表评估** 辅助失眠诊断与鉴别诊断的自评与他评量表包括：①匹兹堡睡眠质量指数（Pittsburgh sleep quality index，PSQI）；②失眠严重程度指数（insomnia severity index）；③广泛性焦虑障碍量表（generalized anxiety disorder-7，GAD-7）；④状态特质焦虑问卷（state-trait anxiety inventory）；⑤ Epworth 思睡量表（Epworth sleepiness scale，ESS）；⑥疲劳严重程度量表（fatigue seventy scale）；⑦生活质量问卷（SF-36）；⑧睡眠信念和态度问卷（dysfunctional beliefs and attitudes about sleep questionnaire）；⑨清晨型与夜晚型睡眠问卷（morning and evening questionnaire）。临床实践中可根据患者具体情况选用。

4. **客观评估** 有条件的可以采取整夜多导睡眠图（polysomnography，PSG）检查。PSG 主要用于失眠的鉴别诊断和疗效评估。

三、失眠的临床诊断与鉴别诊断

1. 慢性失眠的诊断标准（必须同时符合 1~6 项标准）

（1）存在以下一种或者多种睡眠异常症状：①入睡困难；②睡眠维持困难；③比期望的起

床时间更早醒来；④在适当的时间不愿意上床睡觉。

(2)存在以下一种或者多种与失眠相关的日间症状：①疲劳或全身不适感；②注意力不集中或记忆障碍；③社交、家庭、职业或学业等功能损害；④情绪易烦躁或易激动；⑤日间思睡；⑥行为问题(比如：多动、冲动或攻击性)；⑦精力和体力下降；⑧易发生错误与事故；⑨过度关注睡眠问题或对睡眠质量不满意。

(3)睡眠异常症状和相关的日间症状不能单纯用没有合适的睡眠时间或不恰当的睡眠环境来解释。

(4)睡眠异常症状和相关的日间症状至少每周出现3次。

(5)睡眠异常症状和相关的日间症状持续至少3个月。

(6)睡眠和觉醒困难不能被其他类型的睡眠障碍更好地解释。

2. **短期失眠的诊断标准** 符合慢性失眠第1~3、6条标准，但病程不足3个月和/或相关症状出现的频率未达到每周3次。

3. **失眠的鉴别诊断** 失眠需要与精神障碍、躯体疾病、药物或物质滥用及其他类型的睡眠障碍相鉴别。需要鉴别的其他睡眠障碍类型包括呼吸相关性睡眠障碍、不宁腿综合征、周期性肢体运动障碍、环境性睡眠困难、睡眠不足综合征等。如果在冠心病之前就存在失眠可以下共病的诊断；如果失眠出现在冠心病之后，且与冠心病密切相关，可以诊断冠心病继发的失眠。

四、失眠的治疗

(一) 总体目标和干预策略

总体目标：改善睡眠质量和/或增加有效睡眠时间，恢复日间社会功能，提高生活质量，防止短期失眠转化成慢性失眠；减少失眠对冠心病的不利影响。

干预策略：失眠的干预方式主要包括心理治疗、药物治疗、物理治疗和中医治疗。心理治疗主要包括睡眠卫生教育和针对失眠的认知行为疗法(cognitive behavioral therapy for insomnia，CBT-I)及对患者进行冠心病知识的正常宣教，消除患者对冠心病的不良认知。应强调睡眠卫生教育的重要性，即在建立良好睡眠卫生习惯的基础上，开展其他治疗手段。CBT-I能够有效纠正失眠患者错误的睡眠认知与不恰当的行为因素，有利于消除心理生理性高觉醒，增强入睡驱动力，重建正确的睡眠觉醒认知模式，持续改善失眠患者的临床症状，且没有不良反应。药物治疗失眠的短期疗效已经被临床试验所证实，但是长期应用仍需承担药物不良反应、成瘾性等潜在风险。物理治疗如光照疗法、经颅磁刺激、生物反馈治疗、经颅微电流刺激疗法等，以及饮食疗法、针灸按摩等，可作为补充治疗方式。

(二) 失眠的药物治疗

药物治疗的关键在于把握获益与风险的平衡，同时要兼顾药物获取的容易程度、经济负担及患者主观意愿上的依从性。选择干预药物时需要考虑症状的针对性、既往用药反应、患者一般状况、与当前用药的相互作用、药物不良反应，以及其他的现患疾病(如当前的冠心病)。

目前临床治疗失眠的药物，主要包括苯二氮䓬类受体激动剂(benzodiazepine receptoragonists，BZRAs)、褪黑素受体激动剂、食欲素受体拮抗剂和具有催眠效应的抗抑郁药。处方药加巴喷丁、喹硫平、奥氮平治疗失眠的临床证据薄弱，不推荐作为失眠治疗的常规用药。

1. **苯二氮䓬类受体激动剂(BZRAs)** 分为苯二氮䓬类药物(benzodiazepine drugs, BZDs)和非苯二氮䓬类药物(nonbenzodiazepine drugs, non-BZDs)。BZDs于20世纪60年代开始使用,可非选择性激动γ-氨基丁酸受体A上不同的α_1亚基,具有镇静、催眠、抗焦虑、肌肉松弛和抗惊厥的药理作用。20世纪80年代以来,以唑吡坦和右佐匹克隆为代表的non-BZDs先后应用于失眠的临床治疗,它们选择性激动γ-氨基丁酸受体A上的α_1亚基,主要发挥催眠作用,不良反应较BZDs轻,已经逐步成为治疗失眠的临床常用药物。① non-BZDs:唑吡坦、右佐匹克隆和佐匹克隆属于快速起效的催眠药,能够诱导睡眠始发,治疗入睡困难和睡眠维持障碍。扎来普隆的半衰期较短,仅适用于治疗入睡困难。虽然non-BZDs具有与BZDs类似的催眠疗效,但是由于non-BZDs半衰期相对较短,次日残余效应被最大限度地降低,一般不产生日间困倦,产生药物依赖的风险较传统BZDs低,治疗失眠安全、有效,无严重药物不良反应;② BZDs:美国FDA批准了5种BZDs(艾司唑仑、氟西泮、夸西泮、替马西泮和三唑仑)用于治疗失眠,其中三唑仑属于唯一的短半衰期催眠药,但是由于其成瘾性和逆行性遗忘发生率高,已被我国列为一类精神药品管理。国内常用于治疗失眠的BZDs还包括阿普唑仑、劳拉西泮和地西泮。BZDs药物可以改善失眠患者的入睡困难,增加总睡眠时间,不良反应包括日间困倦、头昏、肌张力减低、跌倒、认知功能减退等。持续使用BZDs后,在停药时可能会出现戒断症状和反跳性失眠。对于有物质滥用史的失眠患者需要考虑到潜在的药物滥用风险。肝肾功能损害、重症肌无力、中重度阻塞性睡眠呼吸暂停综合征(obstructive sleep apnea syndrome, OSAS)及重度通气功能障碍患者禁用BZDs。

2. **褪黑素及褪黑素受体激动剂** 褪黑素参与调节睡眠觉醒周期,可以改善时差变化所致睡眠觉醒障碍、睡眠觉醒时相延迟障碍等昼夜节律失调性睡眠觉醒障碍,但使用普通褪黑素治疗失眠尚无一致性结论,故不推荐将普通褪黑素作为催眠药使用。褪黑素受体激动剂雷美替胺属于褪黑素MT1和MT2受体激动剂,能够缩短睡眠潜伏期、提高睡眠效率、增加总睡眠时间,可用于治疗以入睡困难为主诉的失眠及昼夜节律失调性睡眠觉醒障碍。雷美替胺对于合并睡眠呼吸障碍的失眠患者安全有效,由于没有药物依赖性,也不会产生戒断症状,故已获准长期治疗失眠。阿戈美拉汀既是褪黑素受体激动剂也是5-羟色胺2C受体拮抗剂,因此具有抗抑郁和催眠双重作用,能够改善抑郁障碍相关的失眠,缩短睡眠潜伏期,增加睡眠连续性。褪黑素受体激动剂可以作为不能耐受前述催眠药的患者和已经发生药物依赖患者的替代治疗。

3. **抗抑郁药** 部分抗抑郁药具有镇静作用,在失眠伴随抑郁、焦虑心境时应用较为有效。①三环类抗抑郁药:小剂量的多塞平(3~6mg/d)因有特定的抗组胺机制,可以改善成年和老年慢性失眠患者的睡眠状况,具有临床耐受性良好、无戒断效应的特点,近年已作为治疗失眠的推荐药物之一。阿米替林能够缩短入睡潜伏期、减少睡眠中觉醒、增加睡眠时间、提高睡眠效率,但其同时减少慢波睡眠和快速眼动睡眠,不良反应多(如抗胆碱能作用引起的口干、心率加快、排尿困难等),因此,老年患者和心功能不全患者慎用,不作为治疗失眠的首选药物。②曲唑酮:小剂量曲唑酮(25~150mg/d)具有镇静催眠效果,可改善入睡困难,增强睡眠连续性,可以用于治疗失眠和催眠药停药后的失眠反弹。③米氮平:小剂量米氮平(3.75~15mg/d)能缓解失眠症状,适合睡眠表浅和早醒的失眠患者。④ 5-羟色胺选择性重摄取抑制剂(serotonin-selective reuptake inhibitor,SSRI):虽无明确催眠作用,但可以通过治疗抑郁和焦虑障碍而改善失眠症状。部分SSRI能够延长睡眠潜伏期、增加睡眠中的觉醒、减少睡眠时间和睡眠效率、减少慢波睡眠,多用于治疗共病抑郁症状的失眠患者;SSRI可能增加周期性肢体运动,某些患者在服用时甚至可能加重其失眠症状。因此,一般建议SSRI在白天服用。⑤选择性5-羟色胺和去甲肾上腺素再摄取抑制剂:包括文拉法辛和度洛西汀等,可通过治疗抑郁和焦虑障碍而改善失眠症状,更适用于疼痛伴随失眠的患者,不足之处与SSRI相似。⑥抗抑郁药与BZRAs联合应用:慢性失眠常与抑郁症状同时存在,部分SSRI与短效non-BZRAs(如唑吡坦、右佐匹克隆)联用,可以快速缓解失眠症状,提高生活质量,同时协同改善抑郁和焦虑症状。

4. 药物治疗的注意事项

(1)给药方式:镇静催眠药每晚睡前服用1次,称为连续治疗。若非每晚服用,比如每周选择数晚服药而不是连续每晚用药则称之为间歇治疗。间歇治疗具体的频次尚无定论,推荐间歇给药的频率为每周3~5次。至于具体哪一晚给药更合适,基于唑吡坦的临床试验结果认为,应由患者根据睡眠需求"按需"服用"。"按需"的具体决策可参考如下标准:①预期入睡困难时(比如当日的各种事件导致了情绪变化),于上床睡眠前5~10分钟服用;②根据夜间睡眠的需求,上床后30分钟仍不能入睡时,立即服用;③夜间醒来无法再次入睡,且距预期起床时间>5小时,可以服用(仅适合使用短半衰期药物);④根据次日白天活动的需求(有重要工作或事务),于睡前服用。对于慢性失眠患者,若需长期服药,从安全角度和服药依从性方面考虑,推荐使用non-BZDs进行药物间歇治疗。具有镇静作用的抗抑郁药和褪黑素受体激动剂可于睡前服用。由于药理学机制不同,抗抑郁药一般不采用间歇给药或按需用药的方式。

(2)治疗疗程:少数药物,如唑吡坦、右佐匹克隆、雷美替胺具备长期应用的临床证据,但考虑到潜在的成瘾问题,仍建议尽可能短期使用,一般不超过4周。4周以内的药物干预可选择连续治疗,超过4周需重新评估,必要时变更干预方案或者根据患者睡眠改善状况适时采用间歇治疗。

(3)药物变更:换药指征包括①推荐的治疗剂量无效;②产生耐受性;③不良反应严重;④与治疗其他疾病的药物有相互作用;⑤使用超过6个月;⑥高危人群(有成瘾史的患者)。

(4)终止治疗:当患者感觉能够自我控制睡眠时,可考虑逐渐停药。如失眠与其他疾病(如抑郁障碍等)或生活事件相关,当病因去除后,应考虑停用镇静催眠药。需要注意,长期接受药物连续治疗的患者应当避免突然终止药物治疗,后者可能带来潜在的失眠反弹和严重的精神症状。常用的减量方法包括逐步减少夜间用药量和变更连续治疗为间歇治疗。

(5)药物治疗无效时的处理:部分失眠患者对药物治疗反应有限,或者是仅能获得一过性的睡眠改善。此外,一些失眠患者同时罹患多种疾病,多种药物同时应用存在药物交互反应,干扰治疗效果。当规范的药物治疗无法获得满意效果时,应将认知行为干预作为添加或替代的治疗手段。

推荐意见:①失眠患者药物治疗的具体策略(可视为序贯方案),首选non-BZDs,如唑吡坦、右佐匹克隆;如首选药物无效或无法依从,更换为另一种短-中效的BZRAs、褪黑素受体激动剂、食欲素受体拮抗剂;添加具有镇静催眠作用的抗抑郁药(如多塞平、曲唑酮、米氮平或帕罗西汀等),尤其适用于伴随焦虑和抑郁症状的失眠患者(Ⅱ级推荐);②长期应用

BZRAs 的慢性失眠患者至少每 4 周进行 1 次临床评估（Ⅰ级推荐）；③推荐慢性失眠患者在医师指导下采用间歇治疗或按需治疗方式服用 non-BZDs（Ⅲ级推荐）；④抗组胺药物、抗过敏药物及其他辅助睡眠的非处方药不宜用于慢性失眠的治疗（Ⅰ级推荐）。

（三）失眠的心理治疗

心理治疗的本质是改变患者的信念系统，发挥其自我效能，进而改善失眠症状。心理治疗通常包括睡眠卫生教育、刺激控制疗法、睡眠限制疗法、认知疗法和放松疗法。CBT-I 是认知疗法和行为治疗（睡眠限制、刺激控制）的组合。CBT-I 能够缓解入睡困难（缩短睡眠潜伏期）、增加总睡眠时间、提升睡眠效率、改善睡眠质量，对老年失眠亦有治疗效果，并可以长期维持疗效。

1. **睡眠卫生教育**　大部分失眠患者存在不良睡眠习惯，破坏正常的睡眠模式，形成对睡眠的错误概念，从而导致失眠。睡眠卫生教育主要是帮助失眠患者认识不良睡眠习惯及其在失眠发生与发展中的重要作用，重塑有助于睡眠的行为习惯。睡眠卫生教育的主要内容包括①睡前 4~6 小时内避免接触咖啡、浓茶或吸烟等兴奋性物质；②睡前不要饮酒，特别是不能利用乙醇帮助入睡；③每日规律安排适度的体育锻炼，睡前 3~4 小时内应避免剧烈运动；④睡前不宜暴饮暴食或进食不易消化的食物；⑤睡前 1 小时内不做容易引起兴奋的脑力劳动或观看容易引起兴奋的书刊和影视节目；⑥卧室环境应安静、舒适，保持适宜的光线及温度；⑦保持规律的作息时间。保持良好的睡眠卫生是消除失眠的前提条件，但是单纯依靠睡眠卫生教育治疗失眠是不够的。

2. **放松疗法**　应激、紧张和焦虑是诱发失眠的常见因素，放松治疗可以缓解这些因素带来的不良效应，已经成为治疗失眠最常用的非药物疗法。其目的是降低卧床时的警觉性及减少夜间觉醒。减少觉醒和促进夜间睡眠的技巧训练，主要包括渐进性肌肉放松、指导性想象和腹式呼吸训练。放松训练的初期应在专业人员指导下进行，环境要求整洁、安静，患者接受放松训练后应坚持每天练习 2~3 次。

3. **刺激控制疗法**　刺激控制疗法是一套行为干预措施，目的在于改善睡眠环境与睡眠倾向（睡意）之间的相互作用，恢复卧床作为诱导睡眠信号的功能，消除由于卧床后迟迟不能入睡而产生的床与觉醒、焦虑等不良后果之间的消极联系，使患者易于入睡，重建睡眠觉醒生物节律。刺激控制疗法具体内容：①只在有睡意时才上床；②如果卧床 20 分钟不能入睡，应起床离开卧室，可从事一些简单活动，等有睡意时再返回卧室睡觉；③不要在床上做与睡眠无关的活动，如进食、看电视、听收音机及思考复杂问题等；④不管何时入睡，应保持规律的起床时间；⑤避免日间小睡。

4. **睡眠限制疗法**　睡眠限制疗法通过缩短卧床清醒的时间，增加入睡驱动能力以提高睡眠效率。睡眠限制疗法的具体内容：①减少卧床时间以使其和实际睡眠时间相符，在睡眠效率维持 85% 以上至少 1 周的情况下，可增加 15~20 分钟的卧床时间；②当睡眠效率低于 80% 时则减少 15~20 分钟的卧床时间；③当睡眠效率在 80%~85% 则保持卧床时间不变；④可以有不超过半小时的规律午睡，避免日间小睡，并保持规律的起床时间。

5. **认知疗法**　失眠患者常对失眠本身感到恐惧，过分关注失眠的不良后果，常在临近睡眠时感到紧张，担心睡不好。这些负性情绪使失眠症状进一步恶化，失眠的加重又反过来影响患者的情绪，形成恶性循环。认知疗法目的就是改变患者对失眠的认知偏差，改变对于睡眠问题的非理性信念和态度。认知行为疗法的基本内容：①保持合理的睡眠期望，不要把所有的问题都归咎于失眠；②保持自然入睡，避免过度主观的入睡意图（强行要求自己入睡）；③不要过分关注睡眠，不因为一晚没睡好就产生挫败感，培养对失眠影响的耐受性。

6. CBT-I **联合药物治疗**　CBT-I 不仅具有短期疗效，只要患者坚持应用，可以长期保持疗效。CBT-I 治疗的初期阶段联合应用 non-BZDs 可以在短期内改善失眠症状，提高患者的依从性，当联合治疗的效果稳定后，将 non-BZDs 改为间断治疗或者逐步停药，继续坚持 CBT-I 仍然能够维持疗效，充分体现这种优化组合治疗的远期效果。

推荐意见：①睡眠卫生教育需要同其他干预方式同时进行，不推荐将其作为独立的干预方式实施（Ⅰ级推荐）；②放松疗法与刺激控制疗法可以分别作为独立的干预措施或参与到其他 CBT-I 之中（Ⅰ级推荐）；③睡眠限制疗法可作为独立的干预措施或参与到其他 CBT-I 之中（Ⅱ级推荐）；④ CBT-I 联合药物（首选 non-BZDs）治疗可以发挥更好的效果（Ⅱ级推荐）。

五、失眠的非药物疗法

本部分讨论的失眠的非药物疗法主要指心理治疗以外的治疗措施，目前常用的有：

（一）生物反馈治疗

生物反馈治疗是 20 世纪 60 年代由实验心理学发展起来的一项新的医疗技术。该项技术应用的历史并不长久，但已证明它对多种疾病具有独到的疗效。它借助于医学电子工程技术，将使用者身体器官发出的微弱生物电加以放大，转换成视觉（光点、指针的移动）、听觉（声音的强弱或有无）信号反馈给使用者，使其能随时了解自身的机体变化状态，这样可以通过强化手段让使用者学会自主地控制自身机体的反应变化，使之逐步趋向某一预定目标。脑电生物反馈同步仪是根据操作条件反射的原理，利用信号检测仪器监测脑电波，当脑电波与设定信号发生同步时给使用者一个信号（一般为声音或光信号），这样通过训练，使用者可以达到自行调节和强化临床用于治疗失眠所需要的脑波节律。

（二）重复经颅磁刺激治疗

重复经颅磁刺激（repeated transcranial magnetic stimulation，rTMS）是基于经颅磁刺激发展而来的一项新的神经电生理技术，它利用电磁感应原理，非侵入性地刺激大脑皮层，从而改变刺激部位及与其存在解剖连接部位的皮层兴奋性。rTMS 技术被逐步应用于原发性失眠的治疗，刺激部位一般选择大脑额叶背外侧区，其机制可能是导致对应部位的大脑皮质细胞超极化，进而抑制大脑皮质过度兴奋的状态来缓解失眠症状；也可能是促进松果体分泌褪黑素，进而调节睡眠 - 觉醒周期来改善失眠。相对于药物治疗的易复发和易产生耐受性、成瘾性及戒断症状等诸多缺点，rTMS 技术具有安全、简单、有效等优点，在失眠障碍的治疗中应用日渐增多。

（三）音乐治疗

音乐疗法（music therapy）是通过生理和心理两个方面的途径来治疗疾病。一方面，音乐声波的频率和声压会引起生理上的反应。经过临床研究发现，通过那些特定的、有规律的音乐频率、节奏产生的声波振动，能够在人体内激发起巨大的物理能量，并与人体组织细胞发生共振，直接作用于人类的大脑、内脏、肌肉组织，放松人类的神经系统、促进人体新陈代谢，进而调整由于疾病、压力而产生的功能失调。基于这种医学原理，音乐治疗被广泛运用于失眠、头痛、心悸、焦虑、忧郁等多类现代疾病的治疗。研究表明，音乐疗法可通过影响内啡肽等物质释放及经听觉直接作用于大脑边缘系统、网状结构、下丘脑和大脑皮质，缓解焦虑和抑郁，达到镇静和催眠的作用。研究表明，音乐疗法对老年冠心病经皮冠脉介入术（percutaneous coronary intervention，PCI）术后患者的生理指标有积极改善作用，有效缓解患者的焦虑抑郁情绪和失眠症状。每天睡前聆听 45 分钟的镇静音乐，连续 3 周，能够缩短入睡时间、延长睡眠时间、改善白天社会功能。

（四）光照疗法

光照疗法的作用机制主要是抑制褪黑素的分泌。褪黑素的昼夜节律性分泌受视交叉上核控制，并且跟黑暗周期成比例，其有助于时差、情绪和睡眠的恢复。合适的定时光照能够重塑昼夜节律，早晨光照用于睡眠时相延迟的患者；晚上用于睡眠时相提前的患者，从而将睡眠时相后移。内在昼夜节律受短波可见光谱的影响，最敏感波长在 470nm 处，接近于蓝色光。我们可以使用自然光或是光照装置发出的人造光。将光箱放于桌面，能够与眼平视，置于患者面前约 1m 的地方，最佳的暴露时间因人而异。一般推荐光照强度为 1 000Lux，持续 30~45 分钟。晚上使用需做适当调整，以达到预期效果。

六、特殊人群失眠的治疗

（一）老年

老年失眠患者应首选非药物治疗，如睡眠卫生教育，尤其强调进行 CBT-I。CBT-I 能够缓解老年患者的失眠程度，提升睡眠质量，缩短睡眠潜伏期，减少入睡后觉醒，提升睡眠效率，且无明确不良反应。患者无法依从非药物治疗时，可以考虑药物治疗。右佐匹克隆可以改善老年失眠患者的失眠症状，缓解日间功能障碍，疗效持续 3 个月无严重不良反应，停药后无反弹。唑吡坦可以缓解老年失眠患者的入睡困难。食欲素受体拮抗剂苏沃雷生（suvorexant）可以缩短老年失眠患者的睡眠潜伏期，增加总睡眠时间，减少睡眠后觉醒，耐受良好。褪黑素受体激动剂可以缓解老年失眠患者的入睡困难。褪黑素缓释剂用于 55 岁以上的失眠患者，可以改善睡眠质量。小剂量多塞平（3~6mg/d）可以降低老年失眠患者的失眠严重指数评分，缩短睡眠潜伏期，增加总睡眠时间，减少入睡后觉醒。老年失眠患者使用 BZDs 药物时需谨慎，若发生共济失调、意识模糊、幻觉、呼吸抑制时，需立即停药并妥善处理，同时需注意 BZDs 引起的肌张力降低有可能产生跌倒等意外伤害。老年患者的用药应从最低有效剂量开始，短期应用或采用间歇疗法，不主张大剂量给药，治疗过程中需密切观察药物不良反应。

推荐意见：①老年失眠患者首选非药物治疗，尤其强调进行 CBT-I（Ⅰ级推荐）；②药物治疗推荐选择 non-BZDs（右佐匹克隆、唑吡坦）、褪黑素受体激动剂、食欲素受体拮抗剂和小剂量多塞平（Ⅱ级推荐）；③褪黑素缓释剂可用于改善老年失眠患者的睡眠质量（Ⅲ级推荐）；④镇静催眠药应该采用最低有效剂量，尽可能短期应用，密切观察药物不良反应（Ⅰ级推荐）；⑤老年慢性失眠患者长期用药时，在维持疗效的前提下推荐使用间歇疗法（Ⅳ级推荐）。

（二）妊娠期及哺乳期

妊娠期妇女使用镇静催眠药的安全性缺乏资料。所有 non-BZDs 均为美国 FDA 妊娠期用药分级中的 C 级，阿米替林、多塞平、曲唑酮和米氮平等抗抑郁药也属于 C 级，此类药物只有在明确其获益可能胜于潜在危害的情况下才能谨慎使用。大多数 BZDs 为 D-X 级，属于妊娠期禁用。苯海拉明（B 级）可用于处理妊娠期呕吐，同时具有催眠作用，但是用于治疗妊娠期失眠缺乏循证医学证据。哺乳期应用镇静催眠药及抗抑郁药需谨慎，避免药物通过乳汁影响婴儿。

推荐意见：①妊娠期和哺乳期失眠患者首选睡眠卫生教育，推荐 CBT-I（Ⅱ级推荐）；②心理治疗不满意或者难以依从时可以选择 non-BZDs（Ⅳ级推荐）；③哺乳期确需用药时应谨慎，不能确定药物是否通过哺乳影响婴儿时应当停止哺乳后用药（Ⅰ级推荐）。

（三）围绝经期和绝经期患者

对于围绝经期和绝经期的失眠患者，应首先鉴别和处理同时存在的影响睡眠的常见疾病，如抑郁、焦虑和睡眠呼吸暂停综合征等，依据症状给予相应的诊断和处理。应当关注患者的激素水平，必要时经专科会诊给予激素替代治疗。

推荐意见：建议围绝经期和绝经期失眠患者接受妇科、内分泌科及必要的精神心理专科会诊，处理相应的躯体和心理问题；失眠症状的处理与普通成人相同（Ⅳ级推荐）。

（四）共病精神障碍

精神障碍患者中常存在失眠症状，此类失眠患者在治疗失眠的同时还应该由精神科医师按专科原则治疗和控制原发病。抑郁障碍常与失眠共病，此时不能仅治疗失眠症状，以免陷入恶性循环的困境。针对抑郁障碍的治疗包括认知行为疗法和抗抑郁药。抗抑郁药和催眠药组合可以同时改善抑郁和失眠症状。需要注意抗抑郁药和催眠药的使用有可能加重睡眠呼吸暂停综合征和周期性肢体运动障碍。焦虑障碍患者存在失眠时，以抗焦虑药为主，必要时在睡前加用镇静催眠药。精神分裂症患者存在失眠时，应选择抗精神病药治疗为主，必要情况下可辅以镇静催眠药治疗失眠症状。

推荐意见：①共病精神疾病的失眠患者应当由精神科专业医师会诊，同时对精神疾病和失眠进行干预（Ⅰ级推荐）；②共病抑郁的失眠患者应当采用组合治疗，包括抗抑郁药（单药或组合）加镇静催眠药（如 non-BZDs 或褪黑素受体激动剂）及采用 CBT-I 的同时应用具有镇静作用的抗抑郁药（Ⅱ级推荐）。

综上所述，失眠治疗的总体原则包括：①失眠继发于或伴发于其他疾病时，应同时治疗原发或伴发疾病（Ⅰ级推荐）；②应及时发现并纠正失眠患者存在的睡眠卫生不良，给予正确的睡眠卫生教育，并在此基础上给予其他干预方式（Ⅰ级推荐）；③ CBT-I 是治疗成人（包括老年人）失眠的首选方案之一，即使已经接受药物治疗的慢性失眠患者，也应当辅以 CBT-I（Ⅰ级推荐）；④短期失眠患者无法完成 CBT-I 时应及时选择药物治疗（Ⅱ级推荐）；⑤慢性失眠患者无法完成 CBT-I，或者 CBT-I 无效时可以选择药物治疗，长期给药应参照药物治疗推荐意见个体化实施（Ⅲ级推荐）；⑥物理治疗可以作为补充和替代干预方案（Ⅳ级推荐）。

（余学 肖雪）

参考文献

[1] 张鹏, 李雁鹏, 吴惠涓, 等. 中国成人失眠诊断与治疗指南 (2017 版)[J]. 中华神经科杂志, 2018, 51 (5): 324-335.

[2] 方理刚, 朱文玲. 有心血管表现的阻塞性睡眠呼吸暂停综合征成功治疗一例. 中华心血管病杂

志, 2000, 30 (1): 51.
[3] 刘玲, 方琴. 失眠对心血管疾病患者的影响 [J]. 中国医药指南, 2011, 9 (35): 261-262.
[4] 范文静, 杨静, 金雁, 等. 心内科住院患者睡眠质量分析与护理干预机制 [J]. 现代生物医学进展, 2012, 12 (20): 3917-3920.
[5] 胡大一, 于欣. 双心医学 [M]. 北京: 中华医学电子音像出版社, 2008: 126-128.
[6] 李颖军, 孙晓春, 王琼, 等. 老年人的睡眠障碍及其对生活质量的影响 [J]. 中国临床保健杂志, 2009, 12 (6): 615-617.
[7] CROWKY K. Sleep and sleep disorders in older adults [J]. Neuropsychol Rev, 2011, 21 (1): 41-53.
[8] 刘梅颜. 心血管疾病与精神心理关系最新研究进展 [J]. 山东医药, 2012, 52 (4): 1-3.
[9] 胡大一. 心脏病人精神卫生培训教程 [M]. 北京: 人民军医出版社, 2006: 217-241.

第二节 中医睡眠管理

一、失眠

(一) 中医对失眠的认识

失眠,中医学中称为“不寐”“目不瞑”“不得眠”“不得卧”,为各种原因导致神不守舍所引起的睡眠障碍性疾病。中医学认为,失眠的病因主要有外邪所感、七情内伤、思虑劳倦太过或暴受惊恐,亦可因禀赋不足、房劳久病或年迈体虚所致。其主要病机是阴阳、气血失和,脏腑功能失调,以致神明被扰,神不安舍。中医治疗失眠以临床辨证论治为主,配合针灸等非药物治疗方法,并给予养生运动、心理指导,以促进心身健康的恢复。

(二) 失眠的药物治疗

1. 辨证论治

(1)实证

肝郁化火证:症见心烦不能入睡,性情急躁易怒,或入睡后多梦易惊;胸胁胀闷,善太息,口苦咽干,目赤,小便黄,大便秘结。舌红、苔黄,脉弦数。治法:疏肝解郁,清热化火。方用龙胆泻肝汤(《卫生宝鉴》)。

痰热内扰证:症见失眠时作,噩梦纷纭,易惊易醒,头目昏沉,脘腹痞闷,口苦心烦,不思饮食,口黏痰多。舌红、苔黄腻或滑腻,脉滑数。治法:化痰清热,和中安神。方用温胆汤(《备急千金方》)加减。

阴虚火旺证:症见虚烦不眠,入睡困难,夜寐不安,甚则彻夜难眠,手足心热,盗汗,口干少津,健忘耳鸣,腰酸梦遗,心悸不安。舌红、少苔,脉细数。治法:滋阴降火,清热安神。方用黄连阿胶汤(《伤寒论》)加减。

胃气失和证:失眠多发生在饱食后,脘腹痞闷。食滞不化,嗳腐酸臭,大便臭秽,纳呆食少。舌红苔、厚腻,脉弦或滑数。治法:消食导滞,和胃降逆。方用保和丸(《丹溪心法》)加减。

瘀血内阻证:症见失眠日久,躁扰不宁,胸不任物,胸任重物,夜多惊梦,夜不能睡,夜寐不安。面色青黄,或面部色斑,胸痛、头痛日久不愈,痛如针刺而有定处。舌暗红、舌面有瘀点，唇暗或两目暗黑，脉涩或弦紧。治法：活血化瘀，通经活络。方用血府逐瘀汤（《医林改错》）加减。

心火炽盛证：症见心烦难眠，五心烦热。头晕耳鸣，口舌生疮，口干腰酸，梦遗滑精。舌红、苔干，脉细数。治法：清心泻火，养血安神。方用导赤汤（《小儿药证直诀》）合交泰丸（《韩氏医通》）加味。

（2）虚证

心脾两虚证：症见头蒙欲睡，睡而不实，多眠易醒，醒后难以复寐。心悸、健忘，神疲乏力，纳谷不香，面色萎黄，口淡无味，食后作胀。舌淡苔白，脉细弱。治法：益气健脾，养心安神。方用人参归脾汤（《正体类要》）。

心胆气虚证：症见心悸胆怯，不易入睡，寐后易惊。遇事善惊，气短倦怠。舌淡苔白，脉弦细。治法：益气养心，镇静安神。方用安神定志丸（《医学心悟》）。

心肾不交证：症见夜难入寐，甚则彻夜不眠。心中烦乱，头晕耳鸣，潮热盗汗，男子梦遗阳痿，女子月经不调，健忘，口舌生疮，大便干结。舌尖红少苔，脉细。治法：交通心肾，补血安神。方用交泰丸（《医方集解》）及天王补心丹（《摄生秘剖》）。

2. 中成药

（1）柏子养心丸，每次 6g 蜜丸，2 次 /d。适用于心气虚寒、心悸易惊、失眠多梦、健忘等症。

（2）枣仁安神液，10~20ml/ 次，1 次 /d，临睡服。适用于心肝血虚引起的失眠、健忘，头晕、头痛等症。

（3）人参养荣丸，每次 9g 蜜丸，2 次 /d。适用积劳虚损，呼吸少气，行动喘息，心虚惊悸，咽干唇燥，舌淡，脉细弱无力。

（4）天王补心丹，每次 9g 蜜丸，2 次 /d。适用于阴亏血少，虚烦少寐，心悸神疲，梦遗健忘，大便干结，口舌生疮，舌红少苔，脉细而数。

（5）归脾丸，蜜丸，每丸重 9g，空腹时，服 1 丸 / 次，开水送下，3 次 /d。适用于失眠，易醒，醒后难以复寐；心悸、健忘，神疲乏力，纳谷不香，面色萎黄，口淡无味，食后作胀。舌质淡苔白，脉细弱。

（6）七叶神安片，口服，一次 50~100mg，3 次 /d；饭后服。用于心气不足所致的心悸、失眠、神经衰弱、偏头痛等。

（7）健脑补肾丸，口服，淡盐水或温开水送服，15 粒 / 次，2 次 /d。用于健忘失眠、头晕目眩、耳鸣心悸、腰膝酸软、肾亏遗精、神经衰弱和性功能障碍等病症。

（8）朱砂安神丸，口服，1 丸 / 次，日服 1~2 丸。温开水或灯心汤送下。主治：心烦失眠、心悸怔忡、舌苔薄黄，脉细数。

（三）失眠的非药物疗法

1. 针灸疗法 针灸可从整体上调理脏腑，平衡阴阳，有安全、无副作用的优势，近年来被越来越多的人所喜爱。常用主穴：神门、三阴交、百会；辅穴：四神聪；配穴：心脾两虚加心俞、厥阴俞、脾俞穴，肝郁化火证加肝俞、胆俞、期门、大陵、行间，心肾不交加心俞、肾俞、照海穴，肝火上扰加肝俞、行间、大陵穴，胃气不和加中脘、足三里、内关穴，痰热内扰证加神庭、中脘、天枢、丰隆、内关、公孙，阴虚火旺证加神庭、太溪、心俞、肾俞、郄门、交信，心胆气虚证加神庭、大陵、阴郄、胆俞、气海、足三里、丘墟。侯春英等采用针刺治疗失眠患者 150 例，取穴为百会、四神聪、内关、神门、安眠、三阴交、太溪，针刺以平补平泻，若肝气不舒属肝火上扰型加合谷、太冲、行间，并用捻转泻法，心脾两虚型加脾俞、心俞、足三里、阴陵泉，用捻转补法；阴虚火旺型加大陵、太溪，用捻转补法，再加太冲，用捻转泻法。每天 1 次，留针 30 分钟，10 次为 1 疗程，治疗 3 疗程，结果总有效率高达 94%。

2. **耳穴疗法** 耳穴是指分布在耳郭上的一些特定的区域，根据形如胚胎的耳穴分布图可以在耳郭上找到与之对应的身体穴位，刺激耳穴可以起到治疗相应部位病症的作用。具体操作：a. 取皮质下、心点、脾点、神门，埋压王不留行籽或绿豆。中等刺激，使患者有胀感，每天自行按摩数次，3~5 天换压 1 次。b. 常用穴：皮质下、交感、神门、枕、心、脾、肝、肾。c. 随证加减：早醒加垂前。d. 方法：在穴位处寻找敏感压痛点，用胶布贴生王不留行籽，嘱患者每日自行按压 4~6 次，每次 10~15 下，以穴位局部疼痛、发热、有烫感为佳。隔日换贴 1 次，双耳交替选用，10 次 1 个疗程。郭之平辨证用耳穴治疗失眠 56 例，主穴：神门、交感、皮质下，配穴：心脾两虚型：心、脾、胃；阴虚火旺型：肝、肾、内分泌；肝郁化火型：肝、胆、心；痰热内扰型：脾、胃、三焦，结果总有效率为 85.71%，高于对照组的 69.09%，结论耳穴治疗失眠效果良好。

3. **艾灸疗法** 灸法主要是借灸火的热力给人体以温热性刺激，通过经络腧穴的作用，以达到预防治疗疾病目的的一种方法。有单纯清艾条施灸（包括直接灸、悬灸），主要穴位有百会、涌泉、双侧华佗夹脊穴、神门、内关、三阴交等；隔药（物）施灸，常用穴位气海、关元、背俞穴、足三里、中脘等。袁广宇比较艾灸治疗与口服药物治疗失眠症的疗效差异，用艾灸百会穴、涌泉穴治疗失眠症 40 例作为治疗组，具体操作为：患者仰卧位，暴露百会穴及双足。点燃艾条，先灸百会穴 15 分钟，再灸涌泉穴 15 分钟。可采用雀啄灸、回旋灸等。每日 1 次，10 次为1疗程，2 个疗程统计治疗效果。口服安定片、谷维素片、维生素 B_1 片治疗 40 例作为对照组。结果：治疗组总有效率为 95%，对照组总有效率为 75%（$P<0.05$），结论艾灸治疗失眠症疗效优于口服药物组。

4. **推拿疗法** 推拿手法是通过作用于人体特定的部位而对机体生理、病理产生影响，具有疏通经络、调整脏腑功能、增强抗病能力的作用。推拿治疗失眠有宁心安神、平衡阴阳的神奇功效。常见操作为推攒竹、推坎宫、按揉太阳穴、按揉风池穴、按揉百会穴、按揉中脘穴、按揉肾俞穴、按揉足三里穴。马学林采取推拿治疗功能性失眠患者 150 例，观察组 75 例采用推拿治疗，分为头面及颈肩部推拿和腰背部推拿，取神庭、太阳、鱼腰、印堂、攒竹、百会、风池、睛明、角孙、安眠、心俞、肾俞、肝俞、胃俞、脾俞、命门穴等穴位，对照组采取艾司唑仑治疗，疗程均为 1 个月，结果观察组有效率为 97.33%，高于对照组的 76.00%，观察组的治疗效果明显优于对照组。

5. **音乐疗法** 音乐治疗指运用音乐活动的各种形式，包括听、唱、演奏、律动等各种手段，使人消除焦虑、烦躁等负面情绪，从而促进身心健康、改善睡眠质量。在中国，主要以放松音乐为主，具有中医理论特色的五行音乐、十二经络音乐、脏腑音乐研究目前正处于起步阶段。许峰等运用五音辨证配合归脾安寐汤治疗心脾两虚型失眠患者，结果发现五音辨证联合中药与单纯中药治疗相比，总有效率及匹兹堡睡眠质量指数改善情况均优于对照组。

6. **运动疗法** 失眠的运动疗法包括气功、五禽戏、太极拳等运动，作为我国所独有的传统养生保健运动，是民族体育的瑰宝，能调整人体阴阳、疏通经络、和畅气血，有增强体质、祛病延年之功效。以下将以气功为代表简述具体操作方法。a. 晚临睡前，先观想一下百会穴、涌泉穴，从这两个穴位吸入天地自然之精气，使之在脐正中的神阙穴化合，再上行至手心劳宫穴，对治疗失眠大有益处。b. 卧床后，排除杂念，身体放松，默念“六字诀”以诱导入睡，六字诀即呼气声念：“嘘、呵、呼、泗、吹、嘻”六字配六组，即“嘘”配肝，“呵”配心，“呼”配脾，“泗”配肺，“吹”配胃、“嘻”配三焦。此法对诱导入睡有益处。c. 取坐式，默念“空”“松”，面带笑意。“空”须同时默念：“身松息均意入静，意守丹田体似空，导引有疗经络通，人天合一乐无穷”。“松”，首先从百会穴想起，头顶松→印堂松→人中松→喉头松→两肩松→胸部松→腹部松→臀和大腿松→膝和小腿松→涌泉松。“笑意”，嘴角微翘带笑意。每日早晚各式 1 次，20min/ 次，逐步增加至 1~2 小时。

7. **情志调适**　中医认为七情郁结，情志所伤，是失眠的重要病因，故中医对失眠具有很好的辅助治疗作用。近年来心理治疗失眠症的报道较多，多作为辅助治疗配合药物治疗。有情志疏导法、以情胜情法、移情易性法、释疑解惑法、顺情从欲法、行为指导法、习以平惊法、入静诱导法、阴阳调适法、精神内守法等。具体可参见有关心理治疗书籍，或请心理治疗师治疗。杨利杰运用心理治疗治疗失眠症患者 52 例，对照组予佐匹克隆，观察组采用心理治疗，主要为改变患者对失眠的错误认知、自我放松训练、安慰剂等暗示治疗，治疗 4 周，结果同对照组相比，治疗组平均入睡时间短，觉醒次数少，总睡眠时间延长。

8. **综合治疗**

针刺结合推拿治疗失眠：周卫军等采用针灸推拿治疗失眠患者 140 例，对照组 70 例予常规治疗，观察组在常规治疗基础上加用针灸推拿，针灸穴位取双侧神门、三阴交、风池、内关、四神聪、太溪、太冲、百会、印堂、太阳等，推拿操作为：按揉印堂、太阳、神庭、百会、角孙、风池、安眠等穴，一指禅推法施于心俞、肝俞、脾俞、肾俞、命门穴，治疗 20 天，比较两组治疗效果，结果显示观察组临床总有效率为 92.86%，对照组为 75.71%，观察组明显高于对照组。

针刺结合耳穴治疗失眠：王亚东将 290 例失眠患者随机分为两组。观察组 148 例，采用针刺配合耳穴治疗，针刺取穴百会、神庭、印堂、神门、安眠、三阴交、太溪，属肝火上扰型加合谷、太冲；心脾两虚型加脾俞、心俞、足三里、阴陵泉；阴虚火旺型加大陵、照海，太冲。耳穴贴压主穴取神门、交感、枕、脑干、皮质下；配穴取肾、心、脾、肝。对照组 142 例，采用艾司唑仑治疗。两组分别治疗 1 个月，进行疗效比较。结果：观察组痊愈率为 50.7%，总有效率为 92.6%；对照组痊愈率为 28.9%，总有效率为 56.3%，观察组优于对照组，差异显著（$P<0.05$）。结论：针刺结合耳穴治疗失眠临床效果确切，疗效优于艾司唑仑。

针刺结合艾灸治疗失眠：张永兵采用针刺配合艾灸治疗失眠患者 50 例，针刺主穴取神门、内关、三阴交、太阳、四神聪。心脾两虚加公孙，心肾不交加照海、太溪，肝火上扰加风池、行间，胃腑不和加足三里。艾灸：于每晚睡前用艾条悬灸百会、涌泉穴，肝火上扰者不灸百会。结果显示治愈 38 例、好转 10 例，总有效率为 96%。

二、多寐

（一）中医对多寐的认识

多寐是以精神疲倦、不分昼夜时时欲睡、呼之能醒、醒后又想睡为主要临床特征的病证。又称嗜睡、多卧、嗜卧。多系阳虚阴盛、气血虚损、湿邪困脾所致。《黄帝内经》认为睡眠现象和阴阳二气有关，清醒是阳气盛的表现，入睡是阴气盛的结果，多寐的病机是阳虚阴盛。金代李东垣观察到多寐常见于脾胃虚弱的患者。清代沈金鳌《杂病源流犀烛》认为多寐属心脾两虚。清代何梦瑶《医碥》则认为多寐可由热邪引起。西医的发作性睡病、睡眠呼吸暂停低通气综合征与多寐症状类似者，可参考中医对多寐的辨治。

（二）多寐的药物治疗

1. 实证

湿困脾胃证：症见倦怠身重，头重如裹，嗜睡多卧，纳呆呕恶，胸闷脘痞，头晕目眩，小便少，口中黏腻。舌淡胖有齿痕，苔白厚腻，脉濡。治法以燥湿健脾。方剂可选用胃苓汤（《局方》）加减。

瘀血内阻证：症见头部沉重或有刺痛，神倦嗜睡，嗜睡多卧，面色晦暗，肌肤甲错、肌肤不泽，但欲嗽水不欲咽，病情较久，此为外伤，或术后气滞血瘀引起。舌质紫暗或有瘀斑，脉涩。治法以活血通络醒脑。通窍活血汤加减。

痰浊内阻证：症见倦怠多卧，嗜睡时作，鼾声如雷，口多痰涎，肢重眩晕，胸闷呕恶。舌苔白厚腻或水滑，脉滑。治法以健脾化痰，和中醒神。方药以导痰汤合通窍活血汤化裁。

2. 虚证

气血不足证：症见嗜睡时作，精神不振，四肢无力，少气懒言，头晕目眩，面色无华，心悸怔忡。舌质淡苔薄，脉虚细。治法以益气养血，方剂以人参养荣汤（《局方》）加减。

心脾两虚证：症见精神萎靡，嗜睡多卧，嗜睡难醒，健忘易惊；心悸气短，饭后尤甚。肢体困重，四肢无力，自汗或动则汗出，少气懒言，脘痞腹胀，纳少便溏，面色萎黄。舌淡苔白，脉虚细而沉。治以养心健脾，养心醒神。方剂以六君子与养心汤加减。

阴盛阳虚证：症见精神萎靡，嗜睡多卧，饭后尤甚。四肢不温，形寒怯冷，腹中冷痛，喜温喜按，便溏。舌淡胖有齿痕，苔白滑，脉沉缓或沉迟。治法为温中散寒。方剂选择附子理中丸（《局方》）加减。

髓海不足证：多见于老年体弱，或素体虚弱之体。症见嗜睡疲惫，神志恍惚，头晕眼花，腰酸耳鸣，遇事善忘，思维迟钝，舌质淡，脉细弱等。治法为填精益髓，方剂选择左归丸、右归丸合用。

（三）多寐的非药物治疗

多寐的非药物治疗以针灸、耳穴常用，临床观察较少，多为个案报道。徐佳采用针刺治疗阻塞性睡眠呼吸暂停低通气综合征患者 30 例，选取上廉泉、哑门、风池、迎香、列缺、隐白、照海等穴位，每次留针 30 分钟，每周治疗 3~5 次，10 次为 1 个疗程，治疗 3 个疗程，分析治疗前后脑电图的睡眠相关指标及嗜睡评估，结果与治疗前相比，浅睡眠百分比与深睡眠百分比有明显的改善（$P<0.01$），结论：针刺治疗可减少浅睡眠比例，增加深睡眠比例，调整睡眠结构，提高睡眠质量。朱慧明等用电针联合耳穴贴压法治疗发作性睡病患者 32 例，电针取穴：第一组："督脉十三针" 即百会、风府、大椎、陶道、身柱、神道、至阴、筋缩、脊中、悬枢、命门、腰阳关、长强；第二组：心俞、肝俞、脾俞、肾俞、三阴交、足三里。操作方法：每日取一组穴，两组穴交替应用。根据实则泻之、虚则补之的原则，分别施以提插捻转补泻手法，得气后接治疗仪，强度以患者所耐受为度，频率 20~40 次 /s，留针 30 分钟，耳穴贴压穴位取神门、脑干、皮质下、枕小神经点、肝、脾、心，每次只贴一侧耳，左右耳交替进行。嘱患者每天自行按压穴位 3~4 次，每次 5 分钟。每隔 2 天压丸 1 次。结果痊愈 23 例，好转 8 例，无效 1 例，总有效率为 97%。

（霍艳明　王 强　赵昱晗）

参考文献

[1] 中医中医科学院失眠症中医临床实践指南课题组. 失眠症中医临床实践指南 (WHO/WPO)[J]. 世界睡眠医学杂志, 2016, 3 (1): 8-25.
[2] 侯春英, 刘强. 针刺治疗失眠 150 例疗效观察 [J]. 新中医, 2005, 37 (3): 61-62.
[3] 郭之平. 辨证运用耳穴治疗失眠证 56 例 [J]. 陕西中医, 2005, 26 (8): 825.
[4] 赵非一, 赵英侠, 段怡汝, 等. 艾灸治疗失眠的临床研究进展 [J]. 中华中医药学刊, 2016, 34 (10): 2371-2375.
[5] 袁广宇. 艾灸治疗失眠症 80 例疗效观察 [J]. 针灸临床杂志, 2007 (10): 37-38.
[6] 张惠珍, 郝厚碧, 叶小英, 等. 怎样用非药物疗法治疗失眠 [J]. 求医问药, 2010 (1): 11-12.
[7] 马学林. 中医推拿治疗失眠的疗效分析 [J]. 医药前沿, 2016, 6 (6): 46-46.
[8] 许峰, 冯志涛, 王中男. 五音辨证配合归脾安寐汤治疗心脾两虚型不寐证 [J]. 吉林中医药, 2014, 34 (6): 582-585.
[9] 杨利杰. 心理治疗失眠症 52 例疗效观察 [J]. 中国实用神经疾病杂志, 2008, 11 (11): 88-89.
[10] 周卫军. 针灸推拿治疗失眠症 70 例临床疗效观察 [J]. 现代养生, 2014 (20): 249-250.
[11] 王亚东. 针刺结合耳穴治疗失眠临床疗效对比观察 [J]. 内蒙古中医药, 2016, 35 (2): 135-136.
[12] 张永兵. 针刺加艾灸治疗失眠症 50 例 [J]. 实用中医药杂志, 2011, 27 (6): 387-387.
[13] 郝桂凤. 辨证治疗多寐临床分析 [J]. 中外健康文摘, 2009, 6 (20): 227-228.
[14] 路永坤, 宋坤, 李富成, 等. 嗜睡症的临证辨治 [J]. 中医学报, 2017, 32 (10): 1918-1920.
[15] 徐佳, 刘征, 牛艳霞, 等. 针刺对阻塞性睡眠呼吸暂停低通气综合征患者深浅睡眠的调节作用 [J]. 辽宁中医杂志, 2010, 37 (10): 2029-2031.
[16] 朱慧明, 杨国晶, 李阿玲. 电针与耳穴贴压法治疗发作性睡病临床观察 [J]. 白求恩医科大学学报, 2001, 27 (1): 81-82.

第八章　戒烟管理

戒烟可降低心血管疾病发病和死亡风险。戒烟的长期获益至少等同于甚至优于目前常用的冠心病二级预防药物，如阿司匹林和他汀类药物，戒烟也是挽救生命最经济有效的干预手段。因此，戒烟是冠心病一级预防和二级预防的重要措施。

第一节　戒烟的流程及方法

一、烟草依赖的定义

1998年世界卫生组织正式将烟草依赖作为一种慢性高复发性疾病列入国际疾病分类（ICD-10）（F17.2）。按照世界卫生组织国际疾病分类ICD-10诊断标准，确诊烟草依赖综合征通常需要在过去一年内体验过或表现出下列六条中的至少三条：①对吸烟的强烈渴望或冲动感；②对吸烟行为的开始、结束及剂量难以控制；③当吸烟被终止或减少时出现生理戒断状态，表现为戒烟后出现烦躁不安、易怒、焦虑、情绪低落、注意力不集中、失眠、心率降低、食欲增加、体重增加、口腔溃疡、咳嗽流涕等；④耐受性增加，必须使用较高剂量的烟草才能获得过去较低剂量的效应；⑤因吸烟逐渐忽视其他的快乐或兴趣，在获取、使用烟草或从其作用中恢复过来所花费的时间逐渐增加；⑥固执地吸烟不顾其明显的危害性后果，如过度吸烟引起相关疾病后仍然继续吸烟。核心特征是患者明确知道自己的行为有害但却无法自控。

存在戒断症状复吸的患者或已经患有心血管疾病的患者，经过吸烟危害教育，仍然吸烟，提示患者存在烟草依赖。尼古丁依赖程度可根据国际通用的尼古丁依赖量表（fagerström test for nicotine dependence，FTND）得分来确定（表8-1）。该量表分值范围0~10分。不同分值代表依赖程度分别是：0~3分为轻度依赖；4~6分为中度依赖；≥7分提示高度依赖。其中“晨起后5分钟内吸第一支烟”是烟草依赖最有效的判断方法。当FTND≥4分时，提示戒烟过程中容易出现戒断症状，并且容易复吸，强烈提示需要戒烟药物辅助治疗及持续心理支持治疗。

表8-1　尼古丁依赖性评分表

评估内容	0分	1分	2分	3分
晨起后多长时间吸第一支烟	>60分钟	31~60分钟	6~30分钟	≤5分钟
在禁烟场所是否很难控制吸烟需求	否	是	—	—

续表

评估内容	0分	1分	2分	3分
哪一支烟最不愿放弃	其他时间	晨起第一支	—	—
每天吸多少支	≤10 支	11~20 支	21~30 支	>30 支
晨起第一个小时是否比其他时间吸烟多	否	是	—	—
卧病在床时仍吸烟吗	否	是	—	—

注：积分 0~3 分为轻度依赖；4~6 分为中度依赖；≥7 分提示高度依赖。

二、烟草依赖的干预方案

烟草依赖是一种慢性高复发性疾病。只有少数吸烟者第一次戒烟可完全戒掉，大多数吸烟者均有戒烟后复吸的经历，需要多次尝试才能最终戒烟。烟草依赖的治疗是一个长期过程，需要持续进行，在这个过程中应强调心理支持和建议的重要性。医师要帮助每个吸烟者朝着戒掉最后一支烟的目标努力。

引起烟草依赖的因素包括生物因素、心理因素和社会文化因素。因此烟草依赖戒断的过程需要医师指导，包括针对心理依赖和生理依赖的治疗。治疗原则：①医师榜样示范作用；②重视宣教，抓住一切机会进行戒烟教育；③非药物干预：给予心理支持治疗和行为指导；④药物干预：给予戒烟药物治疗；⑤安排随访。

（一）重视医师的示范效应

我国是男性医师吸烟率最高的国家之一，2008 年中国医师协会心血管内科医师分会组织的“中国医师心血管风险评估”显示，在全部参与调查的医师中，56% 的男性医师吸烟，33% 的男性心血管医师吸烟。有 1/3 的吸烟医师在患者面前吸烟。相比而言，在全球吸烟率最低的英国、澳大利亚和冰岛，男性医师吸烟率仅为 2%~5%，美国为 9%。各国医师都自觉做到不在患者面前吸烟。医务人员的吸烟行为，尤其在患者面前吸烟，使劝阻患者吸烟的效果显著降低。调查显示，吸烟医师劝告患者戒烟的比例显著低于不吸烟医师或戒烟医师，即使劝诫，态度并不坚决，收效甚微。呼吁心内科医师首先戒烟，至少不在患者面前吸烟，是心血管医师的责任，是帮助患者戒烟成功的前提和保障。

2009 年，我国卫生部出台《关于 2011 年起全国医疗卫生系统全面禁烟的决定》，将工作人员戒烟、不在工作场所和公共场所吸烟、宣传烟草危害知识、劝阻吸烟和提供戒烟服务等指标纳入《医院管理评价指南》《各级疾病预防控制中心基本职责》及其他医疗卫生机构管理规定。规定军地各级各类医疗机构应建立首诊询问吸烟史制度，并将其纳入病历考核标准，为吸烟患者提供戒烟指导。

（二）重视戒烟教育：戒烟干预的重要手段

了解吸烟危害和戒烟获益的相关知识是吸烟者成功戒烟的强动力。呼吁心血管医师抓住一切机会、利用各种渠道进行戒烟教育，包括接诊患者时、冠状动脉介入术前后、冠状动脉旁路移植术前后、发生急性心脏事件等。建议各心血管病房和心血管门诊设立吸烟危害专栏及戒烟警示牌。

(三) 非药物干预:心理支持治疗和行为指导

国外研究显示,没有戒烟指导,吸烟者能够成功戒烟 1 年以上的比例不超过 5%。大多数吸烟者认为自己想戒烟就能戒烟,完全低估了吸烟习惯对他们的影响,没有意识到戒烟不仅是改变一种行为,而是改变一种生活状态。因此,临床医师需要给予戒烟者行为指导。

进行戒烟治疗之前,医师应首先了解戒烟者戒烟的通常模式(表 8-2)。Prochaska 和 Diclemente 采用该模式描述了戒烟的一系列阶段,在不同阶段吸烟者对问题的看法和认识不同。对尚未准备戒烟者和准备戒烟者需要给予不同的戒烟指导。对愿意戒烟者用 5A 法帮助吸烟者戒烟;对不愿意戒烟者用 5R 法增强吸烟者戒烟动机,增加戒烟愿望。

表 8-2 戒烟者戒烟的通常模式

尚未准备戒烟期	在未来的 6 个月内尚未打算戒烟
戒烟思考期	打算在未来的 6 个月内开始戒烟
戒烟准备期	打算在未来 1 个月内开始戒烟
戒烟行动期	已经戒烟,但时间少于 6 个月
戒断维持期	保持无烟状态达 6 个月以上
复吸期	保持无烟状态一段时间后重新再吸

(四) 药物干预:应用戒烟药物减轻戒断症状,增加戒烟成功率

世界卫生组织和 2008 年美国戒烟指南建议,治疗烟草依赖,除存在禁忌证或缺乏有效性充分证据的某些人群[如妊娠女性、无烟烟草使用者、轻度吸烟者(每日吸烟量少于 10 支)、青少年]以外,临床医师应鼓励所有尝试戒烟的患者使用戒烟药物。

目前,许多欧美和亚太国家和地区都将烟草依赖作为一个独立的疾病,并将戒烟药物纳入医保报销目录,如澳大利亚、爱尔兰、英国、日本、比利时、西班牙、加拿大、美国、韩国、法国等。这些国家的实践表明:将戒烟服务作为公共补偿的一部分,对降低与烟草有关的疾病负担能起到积极和促进的作用。

一线戒烟药物包括伐尼克兰、烟碱替代疗法(nicotine replacement therapy,NRT)相关制剂、安非他酮等。

1. **伐尼克兰** 伐尼克兰是非尼古丁类药物,也是一种高选择性 $\alpha_4\beta_2$ 乙酰胆碱受体部分激动剂,在合并心血管疾病吸烟者中的疗效和安全性已经得到证实。meta 分析结果显示,与安慰剂组相比,使用伐尼克兰组的长期戒烟率明显提高,1mg/d 组提高约 2 倍,2mg/d 组提高约 3 倍。随机对照研究显示,伐尼克兰治疗 1 年时的戒烟率分别为 NRT 和安非他酮的 1.31 倍和 1.52 倍。

2. NRT 多项临床试验证实,与安慰剂组相比,所有 NRT 药物能使戒烟率增加 1 倍。目前有关 NRT 对心血管疾病患者安全性的研究,包括随机对照研究、实效研究和观察性研究,均一致证实 NRT 无安全性问题。即使使用高剂量 NRT 药物的患者同时吸烟,短期也未发现心血管系统不良反应。有证据表明,NRT 类药物对于每天吸烟 10 支及以上的人群戒烟效果较为显著。

3. **安非他酮** 安非他酮是一种氨基酮,于 1997 年被 FDA 批准用于戒烟治疗,荟萃分析显示,安非他酮可使长期(>5 个月)戒烟率增加 2 倍。到目前为止,没有研究显示安非他

酮用于戒烟治疗时增加心血管事件的发生率。

（五）随访和复吸处理

研究显示，我国急性冠脉综合征患者 6 个月戒烟率为 64.6%，复吸率为 38.1%，与国外相关研究结果相似。复吸主要原因是渴求，占 90.32%，其他原因占 9.68%。尼古丁依赖评分 4 分以上是预测患者复吸的独立危险因素。出院后 2 个月内是患者复吸的高发时间。

在实施防止复吸的规范方案期间，医师需要帮助患者识别那些可能不利于患者成功戒烟的因素。可能的问题及可采取的相应对策如下：

1. **缺少支持**　可以安排随访或电话访视，帮助吸烟者寻找其周围存在的支持力量，介绍他们参加可以提供戒烟咨询或支持的组织，如戒烟门诊。

2. **心情不好或忧郁**　转诊给戒烟专家；酌情服用中药以疏肝解郁、化痰解郁、补益心脾。

3. **强烈或持续的戒断症状**　继续提供戒烟咨询，分析戒断症状的原因；延长戒烟药使用时间或增加（或联合）药物治疗。

4. **体重增加**　建议规律运动，强调健康饮食，反对严格节食。使吸烟者确信戒烟后体重增加是正常的，但也是可以自我控制的，不会太严重。采用可延缓体重增加的药物，如盐酸安非他酮缓释片。

5. **精神萎靡不振或时感饥饿**　加以安慰，告知这种感觉是常见的、自然的反应。要进一步调查吸烟者确实没有沉溺于周期性的吸烟，建议自我奖励，强调开始吸烟（即使只是闻一下）也将增加吸烟的欲望，使戒烟变得更困难。

随访可强化戒烟效果。戒烟后的头 1 个月内，戒断症状较严重，应注意安排随访，随访时间至少 6 个月。近期的随访应频繁，安排在戒烟日之后的第一个星期、第二个星期和第一个月内，总共随访次数不要少于 6 次。随访的形式可以要求戒烟者到戒烟门诊复诊，或通过电话、短信、邮件形式了解其戒烟情况。在随访时，应鼓励每个戒烟者就以下问题进行主动讨论：①戒烟者是否从戒烟中获得了益处；获得了什么益处，如咳嗽症状减轻、形象改善、自信心增强等；②在戒烟方面取得了哪些成绩，如从戒烟日起完全没有吸烟、戒断症状明显减轻、自己总结的一些戒烟经验，等等；③在戒烟过程中遇到了哪些困难，如烦躁、精神不集中、体重增加等；如何解决这些困难；④戒烟药物的效果和存在的问题；⑤在今后可能遇到的困难，如不可避免的吸烟诱惑、戒烟意识的松懈等。

（丁荣晶　姜红岩）

第二节　中医戒烟方法

一、中医病机

清代医家在《救世良方》中阐述了烟草依赖的病机，认为烟为无形之物，由肺之宣发肃降遍布全身，弥漫于五脏，烟刚入口，即觉全身上下舒畅不可言语，正如文中所说“烟乃有气无形之物……脏腑赖烟而后快，精神赖烟而后爽，耳目手足赖烟而后安”。由此可见吸食烟草虽令人产生欣快感,但久之脏腑乃至全身都可产生依赖,当无烟可吸时身体出现一系列不适。中医学认为烟草辛香、酸涩、性温、有毒,归十二经。辛香走窜、苦温燥烈,最能伤阴耗气。初吸时以其气辛香开泄气道、振奋精神,可损津耗液、伐伤气血,久则成瘾,使气血运行失度,导致元气耗竭、脏腑俱损。故长期吸烟的人群,辛热熏灼其津液,导致阴液亏损耗伤,同时烟草的有毒气体成分内蕴,阻塞呼气道,而致痰、湿、瘀、血日渐凝结,烟毒循经传导到相关的脏腑,导致脏腑功能失和、气血阴阳失调,从而引发此病。探其病因病机,初期多由气、痰、火相因为病,盖气郁而湿阻、湿阻则成痰,痰热致化火,或"痰、火、毒"蕴结三焦、充斥血脉,动扰心神,或"肾阳虚损、瘀血阻滞",或邪热伤阴、脾虚湿浊。后期形成阴阳两虚、气阴两虚或气血两虚,而以阳虚或气虚为主。因此,邪实正虚是烟草成瘾的主要病机。其总的特点是脏腑功能紊乱、气血阴阳失调、虚实兼见、寒热错杂。病因不外乎痰湿、火毒、瘀血,病位涉及五脏六腑、三焦,病位在肺、胃、脾三脏,病理基础为气血津液受损。

二、治法治则

本病的证候分析较为复杂,中医辨证分型并没有规范、统一的标准。病机特点包括:①损气:烟草辛香性温,用后可使人一时"神清气旺",但由于其辛香走窜,久用可耗散元气。症见精神萎弱,周身疲惫,倦怠乏力,咳嗽气喘,语音低怯等。②伤血:烟草温燥可耗血助火,使成瘾者出现血虚、血瘀诸症。烟草辛温性燥,辛可散血,温燥伤血,久致血虚,见心失血养,则心悸怔忡,失眠多梦;瘀血日久,旧血不去,新血不生,见唇甲紫暗、身体羸瘦、瘀血阻滞之症。③伤津液:烟草辛温性燥,可灼伤津液,而使吸烟者出现津液虚损甚至枯竭,诸燥丛生之证,如津伤口渴,胸中烦乱;肺燥干咳,痰中带血;肠燥便秘等。根据上述病机,确立中医治则是扶助正气,调畅气血,滋养肺阴。

三、药物治疗

早在清代至民国期间,我国就有关于中医药戒烟的专著(此中的烟实为鸦片类毒品),如《鸦片瘾戒除法》《戒烟指南》《吞烟救急方》等,其组方原理突出了中医戒毒用药时辨证论治的特色,根据不同个体虚实寒热的不同佐以不同的药物;众多的戒毒方药都涵盖了扶助正气、排解烟毒的治疗思想,形成了独具特色的用药规律。例如《鸦片瘾戒除法》有赵制军松毛膏一方,即将松枝洗净捣碎,取汁过滤,与红糖熬炼制膏,用于戒毒,疗效显著;"救苦救难戒烟方",根据烟毒轻重和患者体质调整甘草用量,并云:"甘草能补脾胃,通行十二经,解百毒……故最利于吸烟人之体质。"虽然古之戒烟实为戒毒,但因吸毒对人体产生的影响与当今吸烟产生的影响有很多相似之处,且二者戒断症状亦有相似,故可以指导现代对中医药戒烟的一些研究。

明清医家积累了大量行之有效的中药复方制剂,其中著名的方剂有杨际泰的"十九味戒烟药汁"、林则徐的"忌酸丸"和"补正丸"等,均是以扶正祛邪、平肝息风、镇静安眠药物组成,目前临床仍在使用。

(一) 固定方剂

清燥救肺汤:辨证属烟毒伤肺,气阴两伤,治疗当以清宣烟毒、养阴润肺为主。方选清燥救肺汤加减:霜桑叶、石膏、甘草、党参、桑白皮、阿胶、麦冬、杏仁、枇杷叶、知母、地骨皮、胡麻仁、贝母、瓜蒌、生地黄。

归脾汤：针对出现不同虚证，采取益肺健脾、益气养血等法。要注意的是，此时调补，不同于其他虚人之大补，宜清补而不宜黏腻，疏通其二便，排泄不致阻滞。以恢复脾胃功能、巩固后天之本为主。戒烟后出现头晕目眩，失眠健忘，精神恍惚，心悸怔忡，气短懒言，肌肉疼痛，食少便溏等症，舌淡、苔薄白，脉细。辨证为气血亏损，心脾两虚。治疗当以益气补血、健脾养心为主。方选归脾汤加减：党参、白术、炙甘草、当归、黄芪、酸枣仁、远志、龙眼肉、木香、茯神、川芎、赤芍、砂仁。

柴胡疏肝散：气滞血瘀，既是吸烟的病理产物，又是稽延性戒断症状的致病因素，是心烦易怒、烦躁的主要原因，因此调理气血是常用的治则。患者戒烟后，仍时时感到胁肋胀满不舒，胸闷喜太息，心烦，情志抑郁易怒，或嗳气，脘腹胀满，头痛，神思恍惚，失眠多梦，大便秘结。舌红、苔薄或薄腻苔，脉弦或涩。辨证为意欲不遂，气滞血瘀。气滞血瘀治疗当疏调气机，行气活血。方选柴胡疏肝散加减：柴胡、青皮、陈皮、香附、枳壳、炙甘草、延胡索、赤芍、川芎、红花、当归、桃仁、丹参、生地黄。

"戒烟一号"：卢玉起的戒烟基础方药化裁的"戒烟一号"。该方主要受林则徐"救迷良方"戒烟毒理论的启迪，结合戒断症状而研究开发。中医认为烟草辛温燥烈，吸食成瘾，烟毒稽留，耗气伤血，损阴及阳，累及脏腑，且伤正气，形成了正虚邪实的病机，该方采用 12 种中药，如蒲公英、双花、甘草、黄芪、白花蛇舌草等共同达到扶助正气、排解烟毒、脱毒除瘾的效果。

（二）代茶饮

甘草、薄荷、鱼腥草是戒烟方中最常用的 3 种药物。甘草和胃养胃，缓急止痛，故能治疗烟草依赖患者的戒断症状；鱼腥草主入肺经，以清肺热见长，故用于清解烟草依赖患者的肺内火热之邪；而薄荷气味芳香，可以满足烟草依赖患者寻求烟草芳香之味的欲望。常用代茶饮方举例如下：

取鱼腥草 250g，水煎代茶饮。

取地龙、鱼腥草各 12g，远志 15g，水煎代茶饮。

取绿茶、薄荷、藿香、甘草各等份，白砂糖少许，水煎代茶饮。

（三）壮药含漱

长期吸烟可致口腔异味，出现口臭、口腔烟味等异味，并有明显吸烟欲望，难以戒断。黄瑾明用壮药含漱，可有效清除口腔异味，并能降低患者吸烟欲望。常用壮药方：鱼腥草 35g（鲜品可用至 50g），鹅不食草 20g，三叉苦 15g，煎水频频含漱数分钟即行吐出，不要咽下。鱼腥草是常用壮药，性辛，微寒，属壮医母药。功能清热解毒，排脓消痈。鹅不食草是特色壮药，性辣、热。属壮医公药，功能调气道、谷道，除湿毒，祛风通窍，解毒消肿。三叉苦是道地壮药，其性苦、寒，属壮医母药。功能清热解毒，消炎止痛，祛风除湿。

（四）非药物疗法

1. 针灸及其作用机制 从中医理论的角度看，吸烟是由口入肺，故近人多依脏腑经络理论用于临床实践，大都从肺经或耳肺穴、神门等着手，以调整肺气为主导，戒烟后可出现心烦意乱、饮食不香等"戒烟综合征"，故辅以镇静安神为治疗原则。

有报道针刺后吸烟者味觉发生改变，认为其改变有一定物质基础。许多学者认为吸烟成瘾是因为外源性成瘾物质进入脑内后抑制了内源性阿片物质的分泌而致其缺乏，使吸烟者对外源性成瘾物质产生依赖，而针刺可使脑内内源性阿片物质的含量明显增加，从而消除吸烟者对外源性成瘾物质的依赖。而耳针戒烟是通过神经的调节作用,使吸烟者对烟草雾产生一种恶臭感,且使其血浆皮质醇与血浆脑啡肽类物质均恢复至正常水平,从而达到戒烟目的。

(1)体针:根据中国中医科学院针灸研究所的研究报告,针刺戒烟选用率最高的 5 个腧穴:甜美穴、足三里、合谷、列缺、百会。

甜美穴:20 世纪 80 年代,美国一位针灸师 James S.Olms 发现戒烟穴,也叫"甜美穴",并将其应用于临床,取得满意的戒烟效果,将此穴用于治疗 5 000 名烟瘾患者,成功率达 80%。James S.Olms 描述此穴位于距离解剖桡骨茎突边缘约一拇指宽,在列缺穴附近柔软小凹处,他认为用一弯嘴钳按压列缺穴附近柔软处有一小凹陷,针能顺利插入凹陷中 3 至 4 吋,使针直立不倒。从中医理论分析,甜美穴属于肺经,可通调肺气,施巍等认为针刺甜美穴可改变吸烟后的感觉,使患者在吸烟后感觉苦、涩,或烟味变淡等以达到戒烟目的。吸烟者本人也可经常按压此穴,或者在烟瘾发作时按压此穴,对吸烟的欲望有明显抑制作用。

足三里:归属足阳明胃经,是胃经合穴,脾胃为生痰之源,取足三里以调理脾胃功能,畅达中焦气机,改善戒烟带来的胃脘不适。

合谷:归属手阳明大肠经,是大肠经原穴,吸烟可导致热灼津液,炼液成痰,痰热阻塞气道,取合谷可以清热化痰。

列缺:归属手太阴肺经,是肺经络穴,同时也是八脉交会穴,吸烟耗伤肺气,肺失肃降,取穴多以肺经为主,列缺是肺经的络穴,有沟通表里、通调肺气的作用。

百会:归属督脉,位于头部,是督脉与足太阳膀胱经的会穴,可醒脑安神,治疗烟瘾的烦躁情绪。

穴位配伍:与足三里配伍,脾胃为生痰之源,足三里为足阳明胃经的合穴,既可健脾胃、化痰浊而止咳平喘,又能增强体质;与合谷配伍,合谷为大肠经原穴,肺与大肠相表里,故其可清泻肺与大肠经之邪热,利咽止咳;与列缺配伍,列缺为肺经络穴,同时也是八脉交会穴,可通调肺气,止咳平喘;与中脘配伍,可调理中焦之气机,改善戒烟带来的胃脘不适;与神门穴相配伍,可镇静安神,消除戒烟带来的烦躁不安;吸烟可导致热灼津液,炼液成痰,痰热阻塞气道,肺失宣降,吸烟者常有咳嗽、痰多等症状,取迎香以通肺窍;戒烟后可有烟瘾烦躁、疲倦等症,取与"神"有关的内关、神门、百会调心安神;诸穴相配,共奏清咽喉、宣肺止咳之效,故能消除因长期吸烟而致的胸闷憋气、咳嗽气喘、咽干咽痒、汗出乏力等症状。

(2)耳针:中医认为,耳郭就像是一个倒置的胎儿,相当于人体的一个缩影,全身五脏六腑、皮肤九窍、四肢百骸等部位,都通过经络与耳郭有密切联系。加上整个耳朵神经分布比较丰富,因而通过对耳部某些与人体相对应部位轻缓而持久的刺激,可起到调节全身功能的作用。

此方法一般都采取王不留行籽贴压耳穴,选取穴位,以胶布固定,用示指、拇指按压至酸麻或疼痛始为得气。贴压耳穴之后,还可配合体针加强疗效。刺激耳穴可达到调理肺气、镇静安神的作用,能消除或阻断慢性吸烟者的烟瘾。而耳穴与体穴配伍还能起到协同作用,既可改变吸烟者对香烟的口感,又可改善戒烟所带来的烦躁不安等戒断综合征,从而达到戒烟之目的。

根据中国中医科学院针灸研究所的研究报告,针刺戒烟选用率最高的耳穴:肺、神门、口、皮质下。中医学认为吸烟与肺的关系密切,烟于口入肺,戒烟初期的患者多具有肺胃热象，因此临床常选用耳穴肺、口。神门穴具有镇静安神之功效，徐兰凤等认为神门穴可以升高脑内啡肽，降低人体对尼古丁的依赖，从而起到戒烟作用。

2. **穴位贴敷**　人体表皮下的真皮有 95% 是血管丰富的结缔组织，活跃的血液循环能够快速运转药物。将中药中的芳香性药物敷于局部，可使透皮能力提高 8~10 倍，促进被动扩散，增强表皮脂膜对药物的吸收率。使用经浓缩提纯等现代科技手段制剂成的易透过血脑屏障的芳香剂贴膏作穴位贴敷，能够使药物经皮肤由表入里循经络内达脏腑，发挥调节和治疗效应。通过利用中药药性和穴位疗法的双重作用原理，中药穴位贴敷戒烟疗法能够调节并恢复中枢神经系统生理功能，减少直至阻断尼古丁与生成多巴胺的受体结合，阻断因多巴胺带来的平静愉悦感，使吸烟者不再依赖尼古丁。中药穴位贴敷戒烟疗法的优点在于药物经皮吸收不损肝伤胃，对人体不会造成新的损害。中药穴位贴敷可使烟味变苦变涩，口腔味感不爽，有青草味或干木壳味。将相关诸药与穴位贴敷联合应用戒烟，能共奏调神宁心、祛痰止咳、健脾和中、润肺柔肝之效，从而从根本上调节脏腑功能，平衡阴阳，控制烟瘾。

中药贴敷选用穴位精简，易于操作，多选用甜美穴及列缺，亦有配合足三里及三阴交等，根据患者辨证特点以交通阴阳，补脾胃后天之本或滋养阴血。

中药贴敷的药物多以入肺经的芳香类药物为主，结合其中医辨证特点进行配伍。例如，顾正荣等通过中药穴位贴敷结合心理疏导戒烟，选用药物：麝香、藿香、薄荷、甘草、鱼腥草、菊花、人参、枇杷叶、荷叶、干姜等，经浓缩提纯制成贴膏，在甜美穴、列缺穴上双侧贴敷，治疗组进行中药贴敷加心理疏导，对照组进行心理疏导，结果对两组戒烟治疗的疗效进行比较，治疗组总戒断成功率为 83%，对照组总戒断成功率为 16%。

3. **穴位埋线**　穴位埋线是在针灸学理论基础上产生的一种穴位刺激疗法，通过生物蛋白线代替银针，以长期刺激穴位，产生疗效。其埋入穴位内以后，慢慢分解、液化、吸收，这个过程就对穴位产生了一种刺激，这种刺激往往会持续 15 天或更长的时间。疾病在这么长的时间里受到这种持续不断的良性刺激，达到恢复和痊愈的目的。针对戒烟戒断综合征的患者也可起到长期持续治疗的作用。穴位埋线戒烟可通过刺激穴位，使身体内中枢系统产生阿片类物质，来补充因外源性成瘾物质停止供应而引起的阿片类物质缺乏的症状，改变患者对烟草的依赖。

穴位埋线选穴与穴位贴敷类似，赵玉娟等通过穴位埋线治疗 60 例戒烟戒断综合征，选择甜美穴、神门、足三里，总有效率达 94.9%。

4. **拔罐疗法**　拔罐机理是通过拔罐把身体内的邪气拔出来，从而达到治愈疾病的目的。拔罐取穴以膀胱经、足少阴经穴及足厥阴经穴为主，如肺俞、章门、行间、太溪、肾俞、水泉、肝俞。在上述穴位应用拔罐法，玻璃罐或竹、陶罐均可。其中肺俞可宣发肺气、化痰止咳，肝俞、肾俞可调补肝肾、生精益血。使患者对吸烟的兴趣减少，烟味感觉发生变化，如感觉烟味变苦、变淡、有青草味、无味或感觉烟味冲、凶猛难以忍受等。

5. **综合治疗**　联合行为方式干预、教育咨询等多种方法综合治疗。联合行为方式干预能有效帮助人们戒烟。对使用戒烟药物的人群进行不同程度的行为干预，包括简短的言语干预、电话随访等，可以提高戒烟成功率。目前国内许多戒烟门诊针对吸烟者制订了专门的戒烟方式，如 5A 戒烟干预法，包括询问（ask）、建议（advice）、评估（assess）、帮助（assist）和安排随访（arrange follow-up），为患者制订个性化戒烟方式，对其讲述吸烟的危害，帮助其树立成功戒烟的信心。为吸烟者提供个人咨询，在戒烟专家处得到个别的咨询可能有助于吸烟者做出戒烟的成功尝试。社区可以通过警示、宣传等多种途径影响吸烟行为,尤其对年轻人吸烟进行社区引导和干预,可以提高戒烟成功率。

6. **心理调适** 烟草依赖是一种慢性疾病,包括躯体依赖和精神依赖。精神依赖是导致戒烟者复吸的主要因素。因此在戒烟过程中心理辅导是至关重要的。心理辅导包括对患者进行戒烟相关知识的教育、鼓励戒烟者树立戒烟信心、巩固戒烟决心。同时让戒烟者在戒烟过程中寻找自己的兴趣爱好,做一些自己喜欢的事情,增加适当的运动转移注意力。尽量避开吸烟场合,寻找健康的生活方式。

7. **运动疗法** 尼古丁能刺激人体内多巴胺的释放增加,使人体产生愉快感。运动过程中会刺激人体产生更多的多巴胺,也会使人产生愉快感,既然尼古丁与运动能产生同样的生理效能,都能使人体产生愉快感,那么运动就有可能代替尼古丁成为一种新的刺激条件。因此,当人想抽烟时参与运动可以转移其注意力,同时产生愉快感,减少吸烟量。另外,当人处在戒烟过程中,可出现一些不适症状,通过参加运动释放多巴胺等相关激素来减轻这一症状能使戒烟变得更为容易。

运动方式多采用有氧运动,戒烟后尼古丁刺激消失,使得食欲与食物量摄取增加,同时能量的消耗与代谢率减小,所以戒烟后的人常出现体重增加现象,借由运动可以控制体重增加。长期吸烟使快感阈值提高,而戒烟者因快感缺乏会有心情抑郁的戒断症状相继出现,而运动介入可以降低忧郁状况。运动也能改善戒烟后的失眠。

8. **戒断综合征的中医治疗** 中医治疗戒烟戒断综合征亦有较好疗效,戒断综合征阶段与戒烟期相比,其中医辨证有所不同,此阶段肺气阴耗伤日久,累及于肾,同时子虚及母,常导致脾土亦虚,故治疗以宣肺益肾、健脾补中为原则。骆燕宁等运用针灸治疗戒烟戒断综合征取得较好疗效。中药中补气安神、镇惊熄风、解痉止痛等方面的药物如人参、附子、川芎、钩藤、天麻、洋金花、延胡索等有明显的镇静、镇痛及改善戒断症状的作用,其中人参的有效成分人参皂苷能阻止吗啡酮的生成,提高肝脏中谷胱甘肽水平,解除吗啡对脑内释放神经递质的抑制,从而有效地缓解戒断症状。中医治疗根本在于辨证论治,不外从寒、热、虚、实来辨证,以扶正、祛邪来论治。

(霍艳明 王 强 万倩雯)

参考文献

[1] 张凡凡, 王莹莹, 刘朝, 等. 针刺戒烟临床取穴规律分析 [J]. 上海针灸杂志, 2016, 35 (2): 230-232.
[2] 谭晓红. 赴美行医验案 5 则 [J]. 湖南中医学院学报, 1996, 16 (1): 63.
[3] 施巍, 李达, 张浩, 等. 电针 "甜美穴" 戒烟的临床观察 [J]. 医学前沿, 2013 (16): 188.
[4] 徐兰凤, 杨兆民. 耳压戒烟 257 例疗效观察 [J]. 上海针灸杂志, 2000, 19 (3): 23-24.
[5] 顾正荣. 中药穴位贴敷与心理疏导结合戒烟疗法临床观察 [J]. 世界中西医结合杂志, 2012, 7 (8): 64-66.
[6] 赵玉娟, 冯佳明, 魏淑娟, 等. 穴位埋线治疗戒烟综合征的临床研究 [J]. 中医药学报, 2015, 43 (4): 121-122.
[7] 骆燕宁, 孙彩霞. 针灸治疗戒烟戒断综合征 52 例 [J]. 中国针灸, 1999, 18 (12): 31-32.

第九章　传统中医外治疗法在心脏康复中的应用

中医外治技术是在长期的医疗实践中逐渐总结、丰富和发展起来的，运用特定的手段对人体相应的体表位置及特定部位产生不同程度的刺激，从而调整机体功能、恢复生理状态、祛除疾病。一般认为外治是与内治（口服给药）相对而言的治疗方法。如《中医大辞典》对外治法所下的定义为："泛指除口服药物以外施于体表或从体外进行治疗的方法。"外治分为广义外治和狭义外治，广义外治泛指除口服及单纯注射给药以外施于体表皮肤（黏膜）或从体外进行治疗的方法，比如音乐疗法、体育疗法等。狭义外治则指用药物、手法或器械施与体表皮肤（黏膜）或从体外进行治疗的方法。现在一般意义上理解的外治为狭义外治法，中医和现代医学都有外治法，中医外治的一般概念应为在中医学基本理论指导下的狭义外治活动或者是可为中医治疗过程所用的狭义外治活动。这个活动既包括理论活动也包括临床活动。

中医外治技术在辨证论治的基础上，通过整体调节，在多方面、多环节发挥效能，费用低廉、不良反应较少。研究显示，运用中药、针刺、艾灸、推拿、按摩、药膳、太极拳、八段锦等中医传统手段和方式，针对冠心病、心力衰竭等病种进行的有益探索，在缓解临床症状、改善心功能、提高生存质量、降低再入院率等方面具有一定的优势。结合我国的国情，充分发挥中医药学及其养生康复学的优势，将中医外治技术规范化应用于心脏康复，有助于康复效果的提升。

第一节　皮肤官窍黏膜外治疗法

一、熏洗疗法

熏洗疗法是以中医药基本理论为指导，将药物煮煎后，先用蒸气熏蒸，再用药液在全身或局部进行敷洗的治疗方法。熏洗疗法是祖国医学中外治疗法的重要组成部分。此疗法是借助药力和热力，能刺激神经系统和心血管系统，通过皮肤、黏膜作用于机体，促使腠理疏通、脉络调和、散风除湿、气血流畅、透达筋骨、活血理气，改善局部营养状况和全身功能从而达到治愈疾病的目的。

熏洗疗法历史悠久。在古代，当人们用水洗浴身体时，用树叶、柴草等点燃熏烤某一部位，发现可以起到减轻或消除病痛作用，这就是熏洗疗法的起源。我国古代的文史地理书籍中对熏洗疗法都有记载，《五十二病方》有着熏洗疗法药用器械的最早文字记载。到了秦汉时期，熏洗疗法已从临床应用的基础上，开始逐渐转向理论上的初步探索，《黄帝内经》中的"渍形""浴之"即为熏洗法。首次将熏洗疗法列为重要而常用的治则治法，为熏洗疗法奠定了理论基础。《伤寒杂病论》有着使用熏法达到助阳解表治疗表证的记载，也是现代汤药熏蒸治病之先导，为推动熏洗疗法的应用起到了积极作用。晋代与南北朝时期，熏洗疗法已成为治疗急症的常用方法。葛洪《肘后备急方》、陈延之《水晶方》均有相关记载。唐代，熏洗疗法的应用较为广泛，《千金要方》《千金翼方》《外台秘要》等，均载有大量的熏洗疗法，不仅将熏洗疗法应用于内、外、妇、儿、五官、皮肤等各科疾病的治疗，而且还将其应用于疾病的预防。宋金元时期，熏洗疗法的应用较为普及，《太平圣惠方》《太平惠民和剂局方》《圣济总录》《儒门事亲》《世医得效方》等医籍中，对熏洗疗法的记载颇多，其熏洗药物和方剂之多、治症之广、应用此法的医家之众，是前所未有的。明代，熏洗疗法的应用更加普遍。《普济方》和《本草纲目》均记载了许多熏洗疗法的方剂，据初步统计达数百首之多，为后世对熏洗疗法的应用和研究提供了非常宝贵的参考资料。清代，熏洗疗法不仅得到了空前普遍的应用，而且同时注重了熏洗疗法的理论探讨，使得熏洗疗法日臻完善，《串雅外编》专列熏法门、蒸法门与洗法门，所载诸方具方简、效验的特点，切临床应用，熏洗疗法广泛用于全身内、外、妇、儿、皮肤、五官等各科病证。随着中医药事业的发展，以及中医外治法研究热潮的到来，熏洗疗法也得到了突飞猛进的发展。熏洗疗法已成为治疗某些疾病的常用方法或预防疾病的保健方法，一些中医院校和科研机构的有识之士，已经着手或即将着手从理论和科研的高度对熏洗疗法进行探讨、研究。在熏洗剂的改革方面也做了不少工作，如将临时制备的中药煎剂改成颗粒剂、煮散剂或溶液剂，用时加开水冲即可熏洗。总之，随着熏洗疗法的应用和研究工作的广泛深入开展，熏洗疗法将会为防病治病、保障人民身体健康发挥出更重要的作用。

1. 操作方法

(1)器具：中药熏蒸仪(治疗胸痹应用中药局部熏蒸仪)。

(2)方法：通过数字智能化控制恒温，将辨证配制的中药药液加温为中药蒸气，利用中药蒸气中产生的药物离子，对皮肤或患部进行直接熏蒸。

2. 推荐中药配方　①血瘀偏寒证：桂枝 6g，川芎 6g，羌活 6g，冰片 1g；②血瘀偏热证：葛根 6g，郁金 6g，薄荷 6g，徐长卿 6g；③血瘀痰湿证：瓜蒌 6g，厚朴 6g，乳香 6g，没药 6g；④水湿泛滥证：茯苓 6g，槟榔 6g，泽泻 6g，桂枝 6g。

3. 临床应用　可用于冠心病、心律失常、慢性心力衰竭、高血压等多种心脏疾病患者，根据患者体质，辨证组方治疗，并选择不同的透皮促进剂。

4. 研究现状　在动物实验研究方面发现，中药熏洗可以下调大鼠血液中异常升高的致炎因子血清肿瘤坏死因子(tumor necrosis factor，TNF)的水平，抑制白细胞介素 -1β 的表达。也有研究发现中药熏洗可上调大鼠血清中细胞因子白细胞介素 -4、白细胞介素 -10 水平，下降干扰素 -γ、TNF 水平，且存在一定的量效关系，因此中药熏洗法抗炎作用机制可能与调节 Th1/Th2 平衡有关。

目前，临床学者选用方剂多根据自身用药经验，关于熏洗疗法不良反应报道少，试验对象筛选不严格，疗效不一，评价标准也多种多样，缺乏多中心、大样本且设计严谨的对照试验验证。归纳而言，目前临床所采用熏洗方剂多为活血化瘀、温补心肾药物，另配伍枝、藤、叶、花等富含挥发油成分的植物。利用中药水煎液趁热在皮肤和关节患处进行熏蒸淋洗，借助热力，使中草药挥发油成分从毛孔进入，贯通经络，促进药物的透皮吸收，直达病所，从而达到治疗目的。如川乌、草乌、威灵仙、白芷、细辛、川芎、寻骨风、羌活、独活等可疏通经络、行气开郁、胜湿止痛；当归、白芍可补血活血、柔肝止痛；伸筋草、透骨草、红花、艾叶等可活血行气止痛。

熏洗疗法主要作用机制为热力和药力双重作用。但是，在实际熏洗操作过程中，操作者仍根据自身经验和患者自觉舒适度执行，如怎样根据患者证型选方、煎煮汤液方法、熏洗液温度、熏洗时间、熏洗频次及熏洗疗程等方面都缺乏标准和依据，导致患者治疗效果受到影响，又不易掌握，不利于熏洗法进一步推广。中药熏洗法浸洗时，通常将药液温度控制在43~46℃，将肢体慢慢浸入药液，并用长镊夹纱布擦洗。临床实际应用中，标准温度并未达成统一，多数以患者自觉舒适为宜；且经过文献检索发现，多数临床研究并未提及熏蒸和淋洗的具体温度。由调查发现，患者在进行膝关节熏洗时最舒适温度为（40.7 ± 2.15）℃，且不同的中药熏洗温度和时间对疾病的治疗效果产生不同影响，44℃熏洗组治疗后活动功能最佳，而41℃熏洗组缓解疼痛最佳。熏洗时，热药液可促进血管扩张，但持续用热超过30~45分钟后，则血管收缩，这是机体为避免长时间受热而产生的防御反应即继发效应。因此，熏洗时间不宜过长，以20~30分钟为宜，如需反复使用则必须间隔1小时，让机体组织有一个复原过程。目前临床运用时一般熏洗时间为20~30分钟，每日1~2次，1个疗程为15~30天。

二、沐足疗法

沐足疗法是根据中医辨证论治理论，将药物煎煮成液或制成浸液后通过浸泡双足、按摩足部穴位等方法刺激神经末梢，改善血液循环，从而达到防病治病强身健体作用的治疗方法。该疗法根据传统中医理论和现代生物学理论，应用托毒透邪、补肾活血养血方药，通过足部药浴，使药性经穴位直达脏腑，并施以足部穴位按摩，刺激神经末梢，从而达到改善血液循环、疏通经气、调理气血，以及托毒透邪、补肾活血养血作用。人体的足部有丰富的穴位，与生血有关的穴位有涌泉穴、照海、太溪、水泉、解溪、厉兑、内庭、冲阳、三阴交、昆仑、至阴，这些穴位通过经络与相应的脏腑相连。中医理论认为，通过刺激这些穴位，可达到疏通经气、调理气血、调节脏腑功能的作用。现代全息生物学理论认为，全身各部位在足部都有其对应的反射区，刺激足部这些反射区，可引起相对应身体部位的生理反应和变化，从而对其对应部位的疾病起到治疗作用。

沐足疗法源于我国远古时代，是人们在长期社会实践中的知识积累和经验总结，至今已有3 000多年的历史传统。我国是沐足疗法起源最早的国家。几千年前的中国就有关于足部按摩的记载。据考证，当年足疗与针灸在我国为“同根生”之疗法。《黄帝内经》《华佗秘籍》《史记》均已有了足部疗法的记载；隋朝《摩诃止观》之“意守足”指出常擦足心，能治多种疾病。沐足疗法在唐代即传入日本、朝鲜。元朝以后又传入欧洲。明朝时期，沐足疗法得到进一步发展。后因封建礼教、女子裹脚等轻视足部健康的政策、民风，大大影响了该疗法的健康发展。特别是到了清末年间，这一中国历史文化遗产更是遭到了外国列强的残酷掠夺，一度在国内“销声匿迹”，几乎失传。

中医以局部观全体，把脚看作是人体的全息胚，上面充满了五脏六腑的信息，对脚的按摩就是对全身的按摩。从拥有两千多年历史的中医经络学说的角度，更能说明双脚与全身的密切关系。经络学说认为，双足通过经络系统与全身各脏腑密切相连，构成了足与全身的统一性。人体十二正经中，有六条经脉即足三阴经和足三阳经分布到足部。足部为足三阴经之始，足三阳经之终。这六条经脉又与手三阳经、手三阴经相连属，循行全身。奇经八脉的阴跻脉、阳跻脉、阴维脉、阳维脉，也都起于足部，冲脉有分支到足部，从而加强了足部与全身组织、器官的联系。因此，脏腑功能的变化都能反映到足部上来。通过刺激这些穴位，可达到疏通经气、调理气血、调节脏腑功能的作用。现代医学认为沐足疗法通过反射区促进大脑传导信号，进而改善人体内分泌和血液循环，从而调节生理环境。

1. 操作方法

⑴器具：沐足治疗盆或其他类似设备。

⑵方法：应用电动足浴盆，加入中药方配制的药液，调节适宜温度，以 35℃ ~45℃为宜。浸泡并按摩足趾足心和足部常用穴位，或电动按摩足部反射区，每天 1 次，每次 30 分钟。

2. 推荐中药配方　桂枝 10g，鸡血藤 20g，凤仙草 30g，食盐 20g，常用于冠心病、心力衰竭。夏枯草 30g、钩藤 20g、桑叶 15g、菊花 20g，常用于高血压。

3. 临床应用　可用于冠心病、心律失常、心力衰竭、高血压等多种心脏疾病患者，根据患者体质及合并病、兼夹症状（如失眠、肢体疼痛麻木等），辨证组方治疗。忌空腹及餐后立即沐足。

4. 研究现状　中医认为，劳则气耗，气为血之帅，血为气之母，气行则血行，气滞则血停。推动无力，血流瘀滞，血得热则行，得寒则凝，总之气滞、气虚、血瘀、寒凝均可导致血液运行不畅，所以治疗上主要选用活血、祛瘀、行气、补气、温阳的药物。足浴疗法是通过水的温热作用、机械作用，以及借助药物蒸汽和药液熏洗的治疗作用，起到疏通腠理、活血化瘀、理气和血，从而达到增强心脑血管功能、改善睡眠、消除疲劳、增强人体抵抗力等功效。有效防治冠心病、高血压、高血脂和动脉痉挛性疾病等。

中药足浴作为一种防病治病的有效方法，近年来在临床得到了推广应用。研究发现中药足浴治疗失眠效果尤其显著，且因其操作方便，受到了广大失眠患者的青睐。功能性消化不良为消化科的常见病，患者多有程度不同的焦虑、抑郁、失眠及多梦症状，然而目前学术界有关中药足浴治疗功能性消化不良的文献尚少，临床经验与实验研究不足。在未来的科学研究和临床过程中，可尝试对这一领域进行深入探索，探究其治法，辨证论治，同病异治，因人制宜，对不同的患者制订最适合其病情需要的浴足方，以使中药浴足得到广泛的应用。

三、湿化瓶鼻吸疗法

湿化瓶鼻吸疗法是指将药物制成一定的剂型（如散、丸、锭、糊、膏、吸入剂等），作用于鼻腔以激发经气、疏通经络、促进气血运行、调节脏腑功能，从而治疗疾病的方法。本药物作用部位仅局限于鼻腔，而不包括鼻腔以外的其他部位，其历史悠久，源远流长，在历代史、志书中多有零散记载，并在古越族中流传，当时称之为“鼻饮”。

（牛琳琳　李瑞杰　杜廷海　姜红岩）

第二节　经络腧穴外治疗法

一、经穴体外反搏疗法

经穴体外反搏疗法是以中医经络理论为指导，将中药颗粒或替代品置于丰隆、足三里等穴位，借助体外反搏袖套气囊，通过心电反馈，对穴位进行有效刺激，以达到舒通气血、化瘀通络目的的一种治疗方法。

1. **操作方法**　将中药颗粒利用橡胶球、电极片或电磁产品等替代品固定在所选穴位上，然后外缚体外反搏袖套气囊行体外反搏治疗。气囊压力大小根据患者耐受程度因人而异，既不影响体外反搏治疗效果又能起到穴位刺激作用。每日一次，每次30分钟，疗程为10天。

2. **推荐穴位**　常用丰隆、足三里等。

3. **临床应用**　体外反搏的作用机制与运动训练有相似之处，且其适应证较有氧运动更为宽泛，除了发挥辅助循环、增加冠状动脉血流、促进侧支循环形成的作用外，还可改善血管内皮功能及降低血管僵硬度，改善左室功能，提高运动耐量。可用于冠心病、慢性心力衰竭等。经穴体外反搏疗法是将经络理论应用于体外反搏，集运动和血流动力学效应、穴位刺激、经络传感作用为一体的综合治疗。其非单纯经络刺激和体外反搏功能的简单叠加，而是通过心电反馈，产生与心脏跳动、经络循行和气血津液循行相一致的穴位刺激和机械舒缩，达到疏通气血、化瘀通络的作用。通过改善血管内皮功能，进而阻抑动脉粥样硬化、减轻心肌缺血，从而达到治疗冠心病心绞痛的目的。也可作为运动训练的替代方式，对于存在运动禁忌的患者，如不稳定型心绞痛、直立性低血压、静息心电图显示严重心肌缺血改变及合并肢体活动障碍（偏瘫）等，可先行此法治疗，待情况好转无运动禁忌时再开始运动训练。急性心肌梗死、中至重度的主动脉瓣关闭不全患者禁用；血压170/110mmHg以上者，应预先将血压控制在140/90mmHg以下；伴充血性心力衰竭者行反搏治疗前，病情应得到基本控制，体重稳定，下肢无明显水肿，反搏治疗期间应密切监护心率、心律和动脉血氧饱和度（arterial oxygen saturation，SaO_2）等生理指标；心率>120次/min者，应控制其在理想范围内。

二、耳压疗法

耳压疗法是将药籽贴敷耳穴上并给予适度的揉、按、捏、压使其产生酸、麻、胀、痛等刺激效应以达到治疗作用的方法。

1. **操作方法**　将医用胶布剪成0.5cm×0.5cm，逐个取王不留行籽粘在胶布中央。用玻璃棒探针在耳穴相应穴位探查反应点，选择压痛点取穴。找准穴位后，用镊子夹取贴附药籽的小方块胶布，先将胶布一角固定在穴位的一边，然后将药籽对准穴位，用左手手指均匀按压胶布，直至平整。取3~4穴，每次取一侧耳穴，两耳交替施治，每日按压4~5次，发作时亦可按压刺激。隔2~3天换贴一次，10天为1疗程。

2. 推荐穴位

(1)冠心病：主穴为心、皮质下、神门、交感。配穴选用内分泌、肾、胃。

(2)高脂血症：脾、胃、内分泌等穴，或取敏感点。临证加减，如肠燥便秘者加肺、大肠，脾虚湿盛者加肾、三焦。

(3)高血压：降压沟、肝、心、交感、肾上腺、神门、肾。

(4)心力衰竭：心、肺、脾、肾、三焦、小肠、内分泌、交感等。

(5)心律失常：心、神门、交感、皮质下、内分泌、胸、小肠等。

3. 临床应用　耳穴疗法治疗的操作简单易行，较安全，一般无不良反应和绝对禁忌证。耳部分布有面神经、耳颞神经、耳大神经、枕大神经等，刺激不同的耳穴，其相关的神经核调节中枢神经系统，对交感、副交感神经进行调节。对改善心绞痛、负性情绪、睡眠等有一定作用。

三、中药穴位贴敷疗法

中药穴位贴敷疗法是将中药或中药提取物与适当基质和/或透皮吸收促进剂混合后，制成敷贴剂，贴敷于人体腧穴上，利用其药物对穴位的刺激作用和中药的药理作用来治疗疾病的无创穴位刺激疗法。

中药穴位贴敷疗法以中医经络学说为理论依据，把药物研成细末，用水、醋、酒、蛋清、蜂蜜、植物油、清凉油、药液甚至唾液调成糊状，或用呈凝固状的油脂(如凡士林等)、黄醋、米饭、枣泥制成软膏、丸剂或饼剂，或将中药汤剂熬成膏，或将药末散于膏药上，再直接贴敷穴位、患处(阿是穴)，用来治疗疾病的一种无创穴位疗法。它是中医治疗学的重要组成部分，是我国劳动人民在长期与疾病斗争中总结出来的一套独特的、行之有效的治疗方法，它经历了无数次的实践、认识、再实践、再认识的发展过程，有着极为悠久的发展历史。

1. 操作方法　用75%乙醇或0.5%~1%碘附棉球或棉签在穴位部位消毒，进行贴、敷等。①贴法：将已制备好的药物直接贴压于穴位上，然后外覆医用胶布固定；或先将药物置于医用胶布粘面正中，再对准穴位粘贴。将硬膏剂直接或温化后对准穴位中心贴牢。②敷法：将已制备好的药物直接涂搽于穴位上，外覆医用防渗水敷料贴，再以医用胶布固定。使用膜剂者可将膜剂固定于穴位上或直接涂于穴位上成膜。使用水(酒)浸渍剂时，可用棉垫或纱布浸蘸，然后敷于穴位上，外覆医用防渗水敷料贴，再以医用胶布固定。③熨贴：将熨贴剂加热，趁热外敷于穴位。或先将熨贴剂贴敷穴位上，再用艾火或其他热源在药物上温熨。

2. 推荐穴位及中药配方

(1)推荐穴位：心俞、膻中、内关、厥阴俞、至阳、通里、巨阙、足三里、三阴交、脾俞、肺俞、关元等。根据患者的辨证或病位辨证取穴。

(2)推荐中药配方根据病情辨证选用活血化瘀、芳香开窍等药。推荐药物：①三七、蒲黄、乳香、没药各2份，冰片1份，焙干研末；②黄芪30g，川乌、川芎、桂枝、红花、瓜蒌各15g，细辛、荜茇、丁香、延胡索各10g，冰片、三七各6g，焙干研末；③吴茱萸2份，肉桂1份，焙干研末；④以白芥子、延胡索、甘遂、细辛等作为基本处方，粉碎研末后加姜汁调匀敷在专用贴敷膜上；⑤将冰片、血竭、人工牛黄、郁金、细辛、生大黄、赤芍、生地黄及当归烘干制成粉剂，再加入二甲基亚砜制成软膏剂。

3. 临床应用　穴位贴敷能明显减少心绞痛发作次数、减轻疼痛程度、缩短心绞痛持续时间、减少硝酸甘油用量、改善患者的临床症状，且疗效确切、安全无不良反应。用于冠心病、心律失常、心力衰竭、高血压等多种心脏疾病患者，也可根据患者体质及合并病、兼夹症状，辨证选药组方治疗。同一穴位敷贴时间为 2~6 小时，每天或隔日 1 次。敷贴过程中注意观察病情变化，询问患者有无不适，敷药后若出现红疹、瘙痒、水疱等现象应暂停使用。对药物或敷料成分过敏者或贴敷部位有创伤、溃疡者禁用。

4. 研究进展 由于社会的发展和科学进步，专家学者们对历代的文献进行考证、研究和整理，大大提高了贴敷疗法在临床应用上的实用价值，在传统方法基础上，对贴敷的外治疗效和推广应用，起到了较大的促进作用。贴敷疗法主要是运用中药通过体表皮肤、黏膜等的吸收发挥作用，现代医学对吸收机制的认识也对提高外治疗法有着重要作用。近年来，在科技日新月异发展的今天，许多边缘学科及交叉学科的出现，为贴敷疗法等中药外治方法注入新的活力。由于贴敷疗法大多局限于广义上的外敷，故而人们在治疗器具新方法的研究中，主要从促进药物吸收和多种方法协同使用的角度着眼。一方面运用现代生物、物理学等方面的知识和技术，研制出新的具有治疗作用的仪器并与贴敷外治协同应用；另一方面研制出不少以促进药物吸收为主，且使用方便的器具。其中利用声、光、电、磁等原理配合中药治疗的方法也被普遍应用。此外，外治剂型不断涌现，中药硬膏剂是对中医传统薄贴的发展，由橡胶及配合剂组成基质，再加上中药提炼的挥发油或浸膏制成。如麝香虎骨膏，其对肌肉劳损、扭挫伤、类风湿性关节炎、晕车船等有较好疗效。再如用于治疗晚期恶性肿瘤的膏药，镇痛时间可达 3~6 小时。

四、针刺疗法

针刺疗法是一种利用针刺进行治疗的方法。

1. 操作方法

(1) 常规消毒。

(2) 进针法有指切进针法、夹持进针法、舒张进针法、提捏进针法。针刺的角度有直刺(90°)、斜刺(45°)、平刺(15°)。行针基本手法：捻转法、提插法。行针辅助手法：循法、刮法、弹法、搓法、捏法、震颤法、飞法。施术完毕后即可出针或酌留 10~20 分钟。出针时，以左手拇、示指按住针孔周围皮肤，右手持针轻微捻转并慢慢提至皮下，然后迅速拔出并用干棉球按压针孔防止出血，最后检查针数，防止遗漏。根据患者体型、体质、疾病虚实等选取合适的针具，辨证取穴，并实施恰当的补泻手法，得气留针。每天 1 次，5 次为 1 个疗程。

2. 推荐穴位

(1) 主穴：心俞、厥阴俞。配穴：内关、膻中、通里、间使、足三里等。心血瘀阻加膈俞、阴郄；痰瘀痹阻加膻中、丰隆；心阴虚加三阴交、神门、太溪；心阳虚加关元、气海。适用于冠心病心绞痛。

(2) 主穴：内关、神门、心俞、膻中、厥阴俞。配穴：气虚加脾俞、足三里、气海。阴虚加三阴交、肾俞；心脉痹阻加膈俞、列缺；阳虚加关元、大椎；痰湿内蕴加丰隆、脾俞；阴虚火旺加厥阴俞、太冲、太溪。适用于室性早搏等快速心律失常。

(3) 取穴内关、足三里、关元、郄门等，温针或针后艾灸。适用于缓慢性心律失常。

3. 临床应用 针刺在基因、转录、蛋白、代谢等多个水平发挥作用以改善心肌缺血。归纳现代针灸文献中治疗冠心病所使用的腧穴，常用穴位有内关、心俞、膻中、膈俞、足三里、心俞、膈俞、厥阴俞、肾俞、脾俞、太冲、三阴交、太溪、丰隆、关元、巨阙、气海等，根据患者体质及合并病、兼夹症状，辨证选穴治疗。用于冠心病、心律失常、高血压等多种心脏疾病患者。针刺应注意：①过于饥饿、疲劳、精神高度紧张者，不行针刺。体质虚弱者，刺激不宜过强，并尽可能采取卧位。②避开血管针刺，防止出血；常有自发性出血或损伤后出血不止的患者不宜针刺。③背部第11胸椎两侧、侧胸（胸中线）第8肋间、前胸（锁骨中线）第6肋间以上的腧穴，禁止直刺、深刺，以免刺伤心、肺，尤其对肺气肿患者，更需谨慎，防止发生气胸。④病情不稳定者或有严重并发症者，不宜针刺，如急性冠脉综合征、心力衰竭、严重心律失常等。

五、艾灸疗法

包括艾炷灸（直接灸、间接灸）、艾条灸（温和灸、雀啄灸、回旋灸）、温针灸及温灸器灸等。

1. 操作方法

（1）直接灸：把艾绒直接放在皮肤穴位上施灸，每穴3~5粒。

（2）间接灸：对于心脏疾病气虚阳虚轻症或痰阻血瘀证可选隔姜灸，阳虚重症选用隔盐灸或隔附子饼灸。

（3）艾条灸：穴位点燃后在穴位熏灸，可应用温和灸、雀啄灸、回旋灸法。每次选取5穴，每穴灸治10分钟，每天1~2次。

（4）温针灸：针刺得气后，在针柄上穿置一段长2~3cm的艾条施灸，至艾绒烧完为止。

（5）温灸器灸：胸背部穴可用温灸盒或固定式艾条温灸器灸，四肢穴可用圆锥式温灸器灸疗。

2. 推荐穴位　神阙、关元、膻中、肾俞、命门、足三里、厥阴俞、气海、心俞等。根据患者辨证、病位、主症不同辨证取穴。

3. 临床应用　艾灸具有清除自由基、提高免疫功能、调整脂质代谢、改善血液流变性质、调节内分泌等作用。常用于气虚、阳虚、痰湿、血瘀证型的心脏疾病患者。糖尿病或其他疾病等引起感觉功能减退、皮肤愈合能力差者忌用。

六、推拿疗法

推拿治疗具有扩张血管、增强血液循环、改善心肌供氧、降低血流阻力、促进病变组织血管网重建、改善心脏和血管功能，并有调整自主神经和镇痛作用。

1. 操作方法　一指禅推法、按揉法或擦法、摩法。以一指禅推法或指按揉法在穴位处操作，每穴约3分钟，按揉同时，嘱患者配合深呼吸；横擦前胸部或背部，以透热为度。

2. 推荐部位和穴位　胸部、背部；心俞、膈俞、厥阴俞、内关、间使、三阴交、心前区阿是穴。

3. 临床应用　循经络按摩能够疏通经络，减少疾病发作，提高生活质量。用于冠心病、心绞痛等，心血瘀阻者操作时用力宜稍重，由肺俞至膈俞重推背部膀胱经，以泻为主。气滞血瘀、寒邪壅盛者，揉心俞、厥阴俞，横擦屋翳，使热透胸背。痰涎壅盛、痹阻脉络者，摩腹，擦督脉胸段。心肾阳虚者操作时用力宜轻，轻摩心俞、厥阴俞10分钟左右，以补为主。

七、平衡火罐疗法

拔罐技术是以罐为工具，利用燃烧、抽吸、蒸气等方法造成罐内负压，使罐吸附于腧穴或相应体表部位，使局部皮肤充血或瘀血，以达到防治疾病的外治方法。平衡火罐疗法是以中医基本理论为基础，以现代医学的神经反射为治疗途径，以自我修复、自我调节、自我完善为治疗核心，以不同的火罐手法为治疗手段的非药物的自然疗法。

1. **操作方法**　根据病情选合适的体位，暴露拔罐部位。在背部两侧沿膀胱经闪罐 3 个来回，一个从上到下，一个从下到上。背部涂适量甘油、沿背部两侧膀胱经、督脉循经走罐 3 个来回、沿背部两侧膀胱经摇罐。用小毛巾擦净背部甘油，留罐（根据患者病情留大椎、肺俞、膈俞、脾俞、肾俞）5 分钟。观察吸附、皮肤情况，起罐。注意行平衡火罐疗法前应评估患者皮肤情况，同时有溃疡、皮肤受损处避免拔罐。

2. **临床应用**　可应用于阳虚质、痰湿质、湿热质、血瘀质心脏疾病患者，或疾病过程中兼见上述证型者。根据患者辨证、病位、主症辨证取穴施治。临床应用中要检查火罐口是否光滑，以防损伤患者皮肤。走罐、摇罐时用的力度以患者能耐受为度。要注意观察患者的反应，患者如有不适感应立即取罐；重度心脏病、呼吸衰竭、皮肤局部溃烂或高度过敏、全身消瘦以致皮肤失去弹性、全身高度水肿者及有出血性疾病者禁用。

八、中药热奄包疗法

中药热奄包疗法是将加热好的中药药包置于身体的患病部位或身体的某一特定位置（如穴位上）。通过奄包的热蒸气使局部的毛细血管扩张，血液循环加速，达到温经通络、调和气血、祛湿驱寒的一种外治方法。

1. **操作方法**　首先评估患者体质及热奄部位皮肤情况。告知治疗过程中局部皮肤出现烧灼、热烫的感觉，应立即停止治疗。患者取舒适位，暴露热奄部位，将药包加热，每次贴敷后红外线照射 30 分钟，红外线灯应距皮肤 20~30cm 以免皮肤烧伤，照射后应注意皮肤保暖避免受凉。

2. **推荐中药配方及穴位**

（1）推荐中药配方：①肉桂 3g，补骨脂 15g，吴茱萸 12g，制南星 10 个，姜半夏 10g，白芷 10g。适用于痰阻寒凝证。②厚朴 12g，大腹皮 12g，广木香 12g，佛手 12g，吴茱萸 10g。适用于气滞血瘀证。研粉后白酒或姜汁调为糊状，制成热奄包。

（2）推荐穴位：足三里、膻中、内关、太溪等，或阿是穴。

3. **临床应用**　可用于冠心病、动脉硬化等，具有一定疗效。胸痛发作期和严重糖尿病、截瘫等感觉神经功能障碍的患者，以及对药物过敏、皮肤溃烂、有出血倾向的患者禁用或慎用。

九、中药穴位注射技术

穴位注射又称“水针”，是选用中西药物注入有关穴位以治疗疾病的一种方法。所谓“水针”，是相对于原来针灸所采用的“金针”而言。这种疗法始创于 20 世纪 50 年代，当时在蓬勃地搞中医现代化，于是很多医师在临床中尝试用注射器代替原来的金针，很快，这种方法拓展到穴位封闭等很多治疗领域，并取得了巨大发展。由于使用了现代提纯的药物，这种疗法又不同于传统的针灸，药物进入经络，其治疗规律和传统的针灸治疗规律不尽相同。但两种疗法都是以传统经络理论为基础进行的。现代医学还不能解释经络理论。用传统的经络理论也不能完全解释和指导现代的“穴位注射疗法”。

1. **常用穴位**　足三里、曲池、肺俞、血海等。

2. **操作方法**　患者取正坐位，每次取 2~4 穴，皮肤常规消毒，取 5ml 注射器抽取注射液 2ml 左右，在穴位上斜刺 10~15mm，缓慢提插至有针感，抽吸针筒无回血后，注入药液（每穴注入药液 0.2~0.4ml），隔日一次，6~10 次为一疗程。

3. **注意事项**

（1）严格遵守无菌操作规则，防止感染。

（2）使用穴位注射时，应该向患者说明本疗法的特点和注射后的正常反应。如注射局部出现酸胀感，4~8 小时内局部有轻度不适，或不适感持续较长时间，但是一般不超过 1 天。

（3）要注意药物的有效期，并检查药液有无沉淀变质等情况，防止过敏反应的发生。

（4）药物不宜注入脊髓腔。误入脊髓腔有损伤脊髓的可能，严重者可导致瘫痪。

（5）年老体弱及初次接受治疗者，最好取卧位，注射部位不宜过多，以免晕针。

（6）孕妇的下腹部、腰骶部和三阴交、合谷穴等，不宜用穴位注射法，以免引起流产。

十、其他疗法

直流电药物离子导入是指使用直流电将药物离子通过皮肤、黏膜导入体内进行治疗的方法，称为直流电药物导入疗法。可用于冠心病、心律失常、心力衰竭、高血压等多种心脏疾病患者，也可根据患者体质及合并病、兼夹症状，辨证选穴治疗。

多功能艾灸仪是根据传统的壮灸原理，采用现代的计算机电子技术、磁疗方法，在保持传统艾灸所需要艾绒的基础上，消除了艾灸燃烧冒烟、污染环境、操作不便、效率低等弊端。通过电子加热和磁疗作用，充分利用艾的有机成分，同时对多个穴位施灸。

冠心病超声治疗仪是运用超声波原理，由电能通过高科技数字信号处理，转换超声波治疗冠心病的治疗方法。其超声波必须是脉冲超声，而且空间占用比为 1∶1。发射比率必须在 0.8~1.25w/cm^2，低于 0.8w/cm^2 起不到治疗作用，高于 1.25w/cm^2 则对人体有害。

中医学在漫长的发展过程中，经过历代医家的发展和完善，由简单到复杂，创造了多种多样的康复方法，各种方法均具有不同的治疗范围和优势。宜加强循证医学研究，进一步优化、规范化，及时吸收康复技术新观念、新成果、新手段，应用遥控技术、穿戴式设备技术和互联网技术，使中医心脏康复医学自身内容不断丰富，也使中医康复医学更好地为人们的健康提供保障。

（牛琳琳　李瑞杰　杜廷海　姜红岩）

第三节　整体外治疗法

一、导引技术

中医导引术是建立在中国传统文化哲学和生命科学理论基础之上，以主动性肢体运动、呼吸调节、心理调养为基本手段，旨在改善身心协调程度、激发人体自身抗病能力、维护和提升健康状态的养生技法体系。其内容包括了传统气功、健身气功，以及以太极拳为代表的有养生作用的传统武术项目等。

对于“导引”内涵的理解，我国第一部病因证候学专著《诸病源候论》中记载了隋太医令巢元方的观点：“……令身囊之中满其气，引之者，引此归身内恶邪伏气，随引而出，故名导引。”将“导引”解释为具有引邪气外出功效的呼吸运动。从先秦至当代，关于“导引”观点的记载丰富多样，综合归纳起来可以表述为：第一，“导引”的本质属性是一种主动性的锻炼手段、养生方法；第二，“导引”的运动形式包含了三大要素——呼吸控制（即导气）、肢体运动（即引体）、心神调养（即养魂）；第三，“导引”的功能价值在于伸展形骸、宣导气血，从而祛病健体、益寿延年。从严格意义上讲，中华导引术有广义和狭义之分。在广义的层面上，只要是符合“内导外引，内外合一”的中国的主动锻炼理论和方法皆应被涵盖于内，其外延就包括了吐纳、引体、按摩、丹道、坐禅、存想等。这些内容按照从古代沿袭下来的习惯分类方法，可以归为“导引”和“行气”两大类别。虽然“导引”和“行气”均以精、气、神的炼养为核心精髓，但对三个要素的要求程度却各有侧重。行气术，以呼吸锻炼为主，辅以形体和意念的训练，是后世所谓“静功”之肇基；而导引术，则以形体锻炼为主，辅以呼吸和意念的训练，是后世所谓“动功”的先导，也就是狭义的中华导引术。

导引术是中华民族养生文化的重要组成部分，早在先秦时期就已经产生，是行气、养生文化的源头，后发展分化出许多流派，形成了今天我们所能了解到的源远流长的导引文化。中医导引术以“形气神”三位一体生命观为基础，在具体的实践中最重要的表现为“调身、调息、调心”之间的“三调合一”。“三调合一”是导引术的本质属性，是导引术区别于其他运动的根本特点。“调身”“调息”和“调心”，从外部表现上，看似三个相互独立的状态，但实际上讲究的恰恰是三者的融合与统一，是一个统一的整体，而这一点恰恰是导引术区别于一般体育运动的根本。

目前，现代科学研究已经证明，“调息”可以调节自主神经系统中交感神经和副交感神经的张力，从而调整相应的内脏组织器官功能。调息的内容既包括呼吸形式的调控，也包括出入气息的调控。“调心”是调节心理活动，也称之为炼神、炼己。其目的和意义在于改变日常意识活动的内容和方式，使机体进入练功所需要的意识状态。调心的状态包括意念调控和境界调控两个方面，意念调控是有意的、主动性操作；境界调控是无意的、伴随性操作。二者之间的关系是稳定的意念有助于形成境界，而特定的境界往往会产生其相应的意念。意念调控是指练功中有意引导、形成或消除特定意识内容的操作，其中包括意守、存想和入静。意守是主观上将意识移置于某一现实事物的心理操作活动，目的在于排除杂念，一念代万念。如意守丹田，即要求感觉到意识自身移位。存想是想象特定的景物至身临其境的状态。如八段锦中的“双手托天理三焦”、易筋经中的“倒拽九牛尾”、五禽戏虎举下拉中的“手拉重物”“手按浮球”等都属于存想的范畴。入静便是逐渐消除一切思维活动的心理过程。入静并不意味着意识的空白，而是要求达到恬淡虚无的境界，体现“如动不动”“寂而常照”的状态。境界调控则是伴随性的，不是主动引导的过程，而是顺其自然的过程，如水到渠成。三调（调身、调息、调心）是导引术的本质特征和基本操作内容，习练者从“学练三调”到“三调合一”是一个不断体会的过程，在学练的初期会“三调分离”或“三调协同”，即学练之初首先学习三调的内容，先调身，再调息，最后达到特定的意念和境界。按照从外到内、逐渐深化的训练过程，导引术在修炼过程中调心、调息、调身是一个统一的有机整体，三调中的每一调都与其他两调相联系，每一调都并非独立存在。调身可以影响调心，练功时身体缓慢柔和节律性的运动与平静的意念活动相适应，而剧烈的运动往往伴随着精神的紧张状态，因此导引术习练力求“寓静于动”。调心与调息更为显而易见，心平方能气和。由此可见，调身、调息和调心是一个有机的统一整体。三调合一的整体观是习练导引养生功法的关键所在，是导引术疗病养生的难点和重点，更是导引术发展的本质特征。

八段锦、太极拳、六字诀、易筋经、五禽戏等传统导引功法在运动康复章节已有相关论述，此处不再详述。这些功法可以单独或组合运用，也可以选用属于导引技术的其他功法及根据现代运动医学原理创制的医疗体操，比如放松功、内养功等，视具体情况辨证施功。

二、中医五音疗法

五音分属五行木、火、金、土、水通肝、心、肺、脾、肾五脏。具体应用时应该在全面分析病情的基础上，针对病症发生的脏腑、经络结合阴阳五行之间的相生相克关系，选择相应的音乐对患者进行治疗。一般用来治疗由于社会心理因素所致的身心疾病。

(一) 起源

1. 远古　中国音乐疗法的历史，可以从遥远的古代回溯到近代，从距今七八千年前的新石器时代出土文物的研究发现一些图案中已有音乐舞蹈行为，并可以意会到其中的保健治疗意义。如仰韶文化、马家窑文化、龙山文化等。《吕氏春秋·古乐》云：“昔陶唐氏之始……民气郁阏而滞著，筋骨瑟缩不达，故作为舞以宣导之。”原始歌舞实际就是一种音乐运动疗法，对舒解郁气、畅达筋脉、调理心身确有好处，而且容易普及施行。

2. 春秋战国时代　随着中华古代文明的全面发展，中国音乐保健治疗意识和方法也得到完善和发展，这以《乐记》音乐理论和《黄帝内经》的五音学说为集中代表，形成早期的中医音乐疗法的思想体系。

《乐记》是我国最早、影响最大的音乐理论专著，为《礼记》的一个篇章，是儒家重要典籍之一。相传为孔子再传弟子公孙尼子所作。汉成帝时，刘向校《礼记》辑得二十三篇，以十一篇编入《乐记》，这十一篇包括：乐本、乐论、乐礼、乐施、乐言、乐象、乐情、乐化、魏文侯、宾牟贾、师乙等。《乐记》对音乐理论进行系统的整理，把五音（角、徵、宫、商、羽）的理论确定下来，探讨音乐的原本；音乐的产生与欣赏；音乐对社会与个人作用，重视乐和礼的关系。《乐记》云：“乐者乐也，琴瑟乐心；感物后动，审乐修德；乐以治心，血气以平”，从中可透视出音乐与心身调理的关系。

《黄帝内经》认为音乐与宇宙天地和人体气机密切相通，把五音引入医学领域，不但与人体内脏、情志、人格密切联系，而且可以用来表征天地时空的变化。

《灵枢·五音五味》有专章命题论述，把五音所属的人，从性质和部位上，分别说明它和脏腑阴阳经脉密切关系，并指出在调治方面所应取的经脉。同时又列举五谷、五畜、五果和五味，配合五色、五时对于调和五脏及经脉之气各有重要作用。

《素问·阴阳应象大论》《素问·金匮真言论》把五音阶中宫、商、角、徵、羽与人的五脏（脾、肺、肝、心、肾）和五志（思、忧、怒、喜、恐）等生理、心理内容用五行学说有机地联系在一起，详细地提出：“肝属木，在音为角，在志为怒；心属火，在音为徵，在志为喜；脾属土，在音为宫，在志为思；肺属金，在音为商，在志为忧；肾属水，在音为羽，在志为恐。”《灵枢·阴阳二十五人》中，根据五音多与少、偏与正等属性来深入辨析身心特点，是中医阴阳人格体质学说的源头，由此可见辨证配乐的思想。

中医五运六气学说，提出五音健运，太少相生。五运的十干各具阴阳，则阳干为太，阴干为少。例如：甲巳土宫音，阳土甲为太宫，阴土巳为少宫，太为有余，少为不足。又如甲为阳土，阳土必生阴金乙，即太宫生少商；阴金必生阳水丙，即少商生太羽；阳水必生阴木丁，即太羽生少角、阴木必生阳火戊，即少角生太徵；阳火必生阴土巳，即太徵生少宫。如此太少反复相生，则阴生于阳，阳生于阴，而不断地变化发展。应用五音来表征大自然时空变化的规律，成为“天人合一”学说的重要基石。

3. 从汉代到清代这两千多年来，一些医家在临床医学的多个方面，开展实践运用中医音乐疗法，并积累了不少经验，但就整体理论和操作方法体系而言，发展缓慢，也不系统，未得到广泛传播和应用。

近十多年来，随着人类医学模式的变化和对中国传统医学的再认识，中医传统音乐疗法开始受到不少国内外音乐治疗学者的积极关注，逐渐成为一个新的研究领域。

（二）作用

音乐能养生、治病，已被中外许多学者公认，尤其是中国古典音乐，曲调温柔，音色平和，旋律优美动听，能使人忘却烦恼，从而开阔胸襟，促进身心健康。

经典著作《黄帝内经》提出“五音疗疾”的观点。中医认为，五音，即角、徵、宫、商、羽，对应五行（木、火、土、金、水），并与人的五脏和五种情志相连。如宫调式乐曲，悠扬沉静、淳厚庄重，有如“土”般宽厚结实，可入脾；商调式乐曲，高亢悲壮、铿锵雄伟，具有“金”之特性，可入肺；角调式乐曲，朝气蓬勃，生机盎然，具有“木”之特性，可入肝；徵调式乐曲，热烈欢快、活泼轻松，具有“火”之特性，可入心；羽调式音乐，凄切哀怨，苍凉柔润，如行云流水，具有“水”之特性，可入肾。中医的“五音疗疾”就是根据5种调式音乐的特性与五脏五行的关系来选择曲目，以调和情志、调理脏腑、平衡阴阳，达到保持机体气机动态平衡、维护人体健康的目的。

（三）分类

浮躁在五行中属“火”，这类人做事爽快，爱夸夸其谈，争强好胜。平时未发作时，应引导其积极的一面，听些徵调音乐，如《步步高》《狂欢》《解放军进行曲》《卡门序曲》等，这类乐曲激昂欢快，符合这些人的性格，能使人奋进向上。在情绪浮躁时，则应用水来克制，听些羽调式音乐，如《梁祝》《二泉映月》《汉宫秋月》等，缓和、制约、克制浮躁情绪。

压抑在五行中属“土”，这些人多思多虑，多愁善感。平时应多听宫调式乐曲，如《春江花月夜》《月儿高》《月光奏鸣曲》等。这些曲目悠扬沉静，能抒发情感。当遇到挫折、极度痛苦压抑时，应听角调式音乐，如《春之声圆舞曲》《蓝色多瑙河》《江南丝竹乐》，此类乐曲生机蓬勃，能以肝木的蓬勃朝气制约脾土的极度压抑，使其从痛苦抑郁中解脱出来。

悲哀在五行中属“金”，悲痛时，应听商调式乐曲，如《第三交响曲》《嘎达梅林》《悲怆》等，能发泄心头郁闷，摆脱悲痛，振奋精神。对于久哭不止、极度悲伤的患者，应听徵调式音乐，如《春节序曲》《溜冰圆舞曲》《闲聊波尔卡》等。其旋律轻松愉快、活泼，能补心平肺，摆脱悲伤与痛苦。

愤怒在五行中属“木”，愤怒生气时，应多听角调式乐曲，疏肝理气，如《春风得意》《江南好》等。在愤怒至极，大动肝火时，应听商调式乐曲，如德沃夏克的《自新大陆》、艾尔加的《威风堂堂》等，以佐金平木，用肺金的肃降制约肝火的上亢。

绝望在五行中属“水”，这些人多因遇到大的挫折及精神创伤而对生活失去信心，产生绝望，故必须以欢快、明朗的徵调式乐曲，如《轻骑兵进行曲》《喜洋洋》，以及中国的吹打乐等，补火制水，重新唤起对美好未来的希望。

音乐治疗每天 2~3 次，每次以 30 分钟左右为宜。最好戴耳机，免受外界干扰。治疗中不能总重复一首乐曲，以免久听生厌。治疗的音量应掌握适度，一般以 70dB 以下疗效最佳。

在用五音治疗情志时，可依据五志相胜的原理，选择相应的曲目。

如以悲切的商调式来音乐治疗因怒极而致的神经亢奋、狂躁的病态；

用恐惧的羽调式音乐来治疗因过度喜悦而致的心气涣散、神不守舍的疾病；

用鲜明、舒畅的角调式音乐来治疗思虑过度而致的神情低落、沉闷的疾病；

用热烈、明快、欢乐的徵调式音乐来治疗因为悲哀过度导致的精神萎靡不振、时时哀叹哭泣的疾病；

用敦厚、庄重的宫调式音乐来安定极度恐惧引起的情绪不稳定，治疗神志错乱的疾病。

（四）注意事项

1. 尽可能排除各种干扰，使身心沉浸在乐曲的意境之中；

2. 某些乐曲兼具两种以上的意义和作用，必须灵活选用，以避免有悖病情的内容；

3. 必须控制音量，一般在 40~60dB 即可，用于安神的可更低些；

4. 选择乐曲或者表演方式应该根据患者的病情及民族、区域、文化、兴趣、爱好、性格特点，不应该强迫患者反复听一首曲子或厌烦的乐曲，或参加不喜欢的表演及交流活动，否则会适得其反。

（牛琳琳　李瑞杰　杜廷海　姜红岩）

参考文献

[1] BROWN R A. Rehabilitation of patients with cardiovascular disease. Report of a WHO expert committee [J]. World Health Organ Tech Rep Ser, 1964, 270: 3-46.

[2] 刘遂心, 丁荣晶, 胡大一. 冠心病康复与二级预防中国专家共识 [J]. 中华心血管病杂志, 2013, 41 (4): 267-275.

[3] 毕颖斐, 毛静远, 郑颖, 等. 中医及中西医结合心脏康复发展现状 [J]. 中西医结合心脑血管病杂志, 2016, 14 (14): 1616-1618.

[4] 张丙义. 经穴体外反搏治疗稳定型心绞痛患者的临床疗效 [J]. 中国药物经济学, 2015, 10 (10): 73-75.

[5] 张丙义, 张婷婷. 经穴体外反搏对冠心病稳定型心绞痛患者血清 hs-CRP、血脂的影响 [J]. 中医学报, 2014, 29 (1): 145-147.

[6] 杜廷海, 程江涛, 陈彦. 经穴体外反搏治疗冠心病心绞痛的理论探讨 [J]. 中国社区医师 (医学专业), 2011, 13 (30): 210-211.

[7] 潘萌, 张新霞. 体外反搏在心脏康复中的应用进展 [J]. 中国心血管杂志, 2016, 21 (2): 160.

[8] 国家中医药管理局医政司. 24 个专业 105 个病种中医诊疗方案. 北京: 国家中医药管理局, 2010.

[9] 徐欢. 耳穴压籽改善冠心病失眠患者睡眠质量的疗效观察 [J]. 湖北中医杂志, 2016, 38 (5): 55.

[10] 王洪燕. 耳穴压豆在冠心病急性心绞痛患者中的应用 [J]. 齐鲁护理杂志, 2016, 22 (7): 26-27.

[11] 黄雁明, 杨帆. 穴位贴敷配合耳穴贴压治疗冠心病心绞痛 65 例观察 [J]. 河北中医, 2015, 37 (3): 411.

[12] 张洁, 赵凌, 冷俊艳, 等. 心绞痛穴位敷贴治疗特点的文献分析 [J]. 针灸临床杂志, 2015, 31 (4): 72-76.
[13] 王浩, 申国明. 俞募配穴协同效应及机制研究进展 [J]. 中国针灸, 2011, 31 (9): 862-864.
[14] 常明, 何金森. 中药穴位透皮治疗心脏疾病的进展 [J]. 中医药学刊, 2006, 24 (1): 90-91.
[15] 韩亚男. 中药穴位敷贴对心肌缺血大鼠心肌酶的影响 [J]. 上海中医药大学学报, 2001, 15 (3): 58-59.
[16] 柏琳, 任玉兰, 陈琳, 等. 近 20 年来穴位敷贴治疗冠心病心绞痛的临床研究进展 [J]. 辽宁中医杂志, 2016, 43 (3): 646-647.
[17] 张丽君, 孙胜振, 李雪梅, 等. 穴位贴敷疗法治疗冠心病研究现状 [J]. 西部中医药, 2014, 27 (7): 141-142.
[18] 李根, 陈鹏毅, 邢洁, 等. 护心贴外敷心俞内关穴治疗冠心病心绞痛临床观察 [J]. 山西中医, 2008, 24 (10): 27-28.
[19] 蒋友琴, 程玉峰. 舒心贴穴位敷贴治疗冠心病不稳定性心绞痛 30 例临床观察 [J]. 中医药临床杂志, 2013, 25 (9): 769-770.
[20] 江武. 通痹散穴位贴敷治疗冠心病 50 例临床观察 [J]. 光明中医, 2007, 22 (12): 80-81.
[21] 尼娜·尼亚孜别克. 穴位贴敷治疗阳虚型心绞痛 60 例体会 [J]. 新疆中医药, 2011, 29 (5): 25-27.
[22] 朱玉婕, 张培影. 运用穴位贴敷疗法治疗劳力型心绞痛临床经验 [J]. 中医学报. 2011, 26 (4): 504-505.
[23] 张秋英, 刘影. 胸痹膏穴位贴敷治疗稳定型心绞痛 (气滞血瘀证)[J]. 光明中医. 2013, 28 (1): 116-117.
[24] ZHANG A, SUN H, YAN G, et al. Systems biology approach opens door to essence of acupuncture [J]. Complement Ther Med, 2013, 21 (3): 253-259.
[25] 梁宪如, 席强, 李晓梅, 等. 针刺内关穴对急性心肌缺血大鼠缺血心肌基因表达谱的影响 [J]. 天津中医药, 2012, 29 (4): 349-355.
[26] HUANG Y, LU S F, HU C J, *et al*. Electro acupuncture at Neiguan pretreatment alters genome-wide gene expressions and protects rat myocardium against ischemia-reperfusion [J]. Molecules, 2014, 19 (10): 16158-16178.
[27] 杨孝芳, 崔瑾, 刘小雨, 等. 心肌缺血损伤小型猪模型内关穴位埋针后血管新生及成纤维细胞生长因子 mRNA 和蛋白的表达 [J]. 中国组织工程研究与临床康复, 2011, 15 (46): 8630-8634.
[28] ZHAO Y H, SUN Z R, CUI X J. Effects of Acupuncture Pretreatment on Ischemic Cardiac Muscle Cell Apoptosis and Gene Expression in Ischemia reperfusion ats [J]. Journal of Acupuncture and Tuina Science, 2009, 7 (2): 71-74.
[29] LI W S, ZHONG M, YANG J H, et al. Effects of electroacupuncture preconditioning at "Neiguan" (PC 6) on gene expression of myocardial opioid receptors in rats with myocardial ischemia-reperfusion injury [J]. Zhongguo Zhen Jiu, 2011, 31 (5): 441-445.
[30] 陈琳, 吴巧凤, 柏琳, 等. 基于不同分子水平探讨针刺改善心肌缺血的机制 [J]. 辽宁中医杂志, 2016, 43 (1): 199-200.
[31] 梁睿智, 刘运珠. 近 10 年针灸治疗冠心病选穴规律探讨 [J]. 中国针灸, 2010, 36 (4): 446.
[32] 张洁, 樊海龙, 柏琳, 等. 近 5 年针灸治疗心绞痛的临床文献计量学分析 [J]. 成都中医药大学学报, 2015, 38 (4): 100.
[33] 谭杏, 杨茜芸, 林亚平. 艾灸足三里穴对衰老大鼠心脑组织中 SOD MDA LF 的影响 [J]. 湖南中医药大学学报, 2013, 33 (11): 86-89.
[34] 赵彩娇, 范郁山, 李灿, 等. 艾灸神阙穴对肾阳虚家兔肾组织超氧化物歧化酶基因表达的影响 [J]. 中国老年学杂志, 2013, 33 (21): 5386-5388.
[35] 苏妆, 王淑娟, 王艳杰, 等. 艾灸关元、足三里穴对更年期大鼠血脂含量、性激素水平及细胞凋亡的影响 [J]. 时珍国医国药, 2013, 24 (8): 2044-2046.
[36] 李建萍, 姚永年, 何培达, 等. 艾灸治疗血脂异常患者的临床研究 [J]. 中国针灸, 2005, 25 (11): 825-828.

［37］张周良, 李斌, 刘树林, 等. 艾灸对血液流变性影响的研究 [J]. 中国血液流变学杂志, 2004, 14 (4): 554-555.
［38］梁欣, 钟愉. 艾灸对亚急性衰老大鼠松果体中超氧化物歧化酶 mRNA 表达脂褐素含量的影响 [J]. 中国老年医学杂志, 2012, 32 (2): 347-349.
［39］何新荣, 张静, 高园. 穴位按摩缓解或减少冠心病心绞痛发作的临床研 [J]. 护理管理杂志, 2012, 12 (4): 266-267.
［40］罗玫, 杨雨竹, 莫凤梅. 循时经络推按配合治疗冠心病心绞痛患者的效果观察 [J]. 护理学报, 2013, 30 (7A): 54-55.
［41］石向东, 赵捷, 吕瑛. 针灸推拿改善冠心病患者生活质量的临床观察 [J]. 上海医药, 2012, 33 (10): 37-39.
［42］刘鹏, 齐兆双. 通阳散结推拿法治疗冠心病稳定型心绞痛的疗效观察 [J]. 中国社区医师, 2014, 30 (13): 79-80.
［43］梅莹. 中医经络推按配合药膳疗法对冠心病心绞痛患者生活质量的影响 [J]. 内蒙古中医药, 2015, 34 (11): 136-137.
［44］徐翀. 中药热奄包外敷内关穴治疗冠心病心绞痛的临床研究 [D]. 广州中医药大学, 2011.
［45］YEH G Y, WANG C, WAYNE P M, et al. Tai chi exercise for patients with cardiovascular conditions and risk factors: asystematic review [J]. J Cardiopulm Rehabil Prev, 2009, 29 (3): 152-160.
［46］石爱桥, 李安民, 王广兰, 等. 参加健身气功、易筋经锻炼对中老年人心理、生理影响的研究 [J]. 成都体育学院学报, 2005, 31 (3): 95-97.
［47］张胜强, 陈香花. 太极拳锻炼对急性心肌梗死患者的康复作用 [J]. 按摩与康复医学, 2011, 56 (7): 32-33.
［48］郑景启. 太极拳对老年冠状动脉性心脏病患者康复效果观察 [J]. 中国康复理论与实践, 2004, 10 (7): 429.
［49］潘华山. 八段锦运动负荷对老年人心肺功能影响的研究 [J]. 新中医, 2008, 40 (1): 55-57.
［50］林小丽, 陈静薇, 张广清, 等. 八段锦运动对冠状动脉搭桥术后患者生存质量的影响 [J]. 护理学报, 2012, 19 (8B): 63-67.
［51］卞伯高, 潘华山, 冯毅歙. 健身气功五禽戏对中老年人心血管功能的影响研究 [J]. 广州中医药大学学报, 2013, 30 (1): 26-29.
［52］周信文, 徐俊, 顾菊康, 等. 易筋经锻炼对心功能和心血管功能影响初探 [J]. 医学生物力学, 2006, 9 (1): 60-61.
［53］杜少武, 程其练, 王珩, 等. 健身气功易筋经锻炼对中老年人心功能的作用 [J]. 中国运动医学杂志, 2006, 25 (6): 721-722.
［54］汪德欣. 健身气功——八段锦对机体心血管功能影响的观察和机理研究 [D]. 南京中医药大学, 2009.
［55］章文雯. 习练八段锦对广泛性焦虑症临床疗效影响的研究 [D]. 北京中医药大学, 2014.
［56］代金刚, 曹洪欣. 八段锦导引法对脏腑功能改善作用的研究 [J]. 中国中医基础医学杂志, 2014, 20 (4): 440-441.
［57］孙卉丽, 王硕仁, 王亚红. 八段锦应用于冠心病心脏康复的系统评价 [J]. 长春中医药大学学报, 2016, 32 (2): 329.
［58］LIU H, FRANK A. Tai chi as a balance improvement exercise for older adults: a systematic review [J]. J Geriatr Phys Ther, 2010, 33 (3): 103-109.

第十章　指导患者行为改变的原则

代谢性心血管疾病是一种生活方式病，改变不健康生活方式是防治心血管疾病的重要措施。然而，由于人民生活水平的提高和社会经济的进步，越来越多的人选择不健康生活方式，把大口喝酒、大口吃肉看作生活改善的标志；把出门有车代步不走路看作生活富裕的标志；把抽好烟喝好酒、随心所欲熬夜静养看作是现代生活的标志。这些特征成为很多人的生活观念和行为习惯。因此当医务人员建议患者恢复健康生活方式的时候，大多数患者都不能很好执行，这是因为改变不健康生活方式不仅仅是对与错的问题，实际上是改变一个人的人生观的问题。临床医生更专业的称呼是医师，医务人员既是医治疾病的医师也是患者的老师，需要通过一些教育和管理技术手段，触动患者反思和思考，改变其不健康人生观，从而实现健康行为的改变。

一、患者的行为改变意愿评估

很多医务人员有这样一种反馈，在耐心指导患者如何戒烟、如何运动、如何控制体重后，患者根本没有听进去，反而再次询问自己的病怎么能好，感觉很是受挫。实际上，在对一个没有考虑行为改变的患者大谈特谈行为改变的方法，无异于对牛弹琴。因此，在指导患者行为改变时，首先需要评估患者是否愿意改变，是否考虑改变，行为改变的不同阶段见表 10-1。对于处于尚未准备行为期和行为思考期的患者，给予患者行为改变的指导，患者很难听进去，这时提供给患者一些行为改变后获益的信息，建议患者考虑行为改变就足够了。对于行为准备期的患者给予行为指导会起到事半功倍的效果。在这一阶段，医务人员应该以尊重明确的态度，向患者提出行为改变的建议，并提供给患者关键知晓信息，但避免独断和替患者下决心，应允许患者自己选择是否改变行为，鼓励患者考虑行为改变，并真诚表示如果患者需要，愿意提供帮助，共同制订计划。

表 10-1　行为改变的不同阶段

尚未准备行为期	在未来的 6 个月内尚未打算行为改变
行为思考期	打算在未来的 6 个月内开始行为改变
行为准备期	打算在未来 1 个月内开始行为改变
行为行动期	已经行为改变，但时间少于 6 个月
行为维持期	保持行为改变状态达 6 个月以上
恢复不健康行为	保持行为改变状态一段时间后恢复不健康行为

二、如何影响患者及其亲属做出选择

目前临床上，医务人员在建议患者进行不健康生活方式改变的时候，常常采用非常直接的建议策略，如：你应该戒烟，应该运动，应该服药，应该减重。认为患者没有选择，应该听医师的。对于患者提出的质疑，有时会使用一些教训、隐性威胁、独断、威压等语言内容或语气，认为这样会增加患者对行为改变的重视程度，从而促进行为改变。然而，这一交流形式往往效果很差，很多患者因此出现焦虑抑郁情绪。作为医务人员，我们有医学知识和临床经验，但是在建议患者行为改变时，应小心并有技巧地使用医学知识。

患者在考虑改变行为习惯的时候，除了行为与健康的关系，还有很多因素可能影响患者的行为改变决策。比如：社会压力，如亲属和朋友都有吸烟习惯和烹调用很多油盐的习惯；心理需求，如不健康习惯，如吸烟被患者视为生活中唯一感到舒适的行为，是缓解日常工作压力的方式；社会协调，生活习惯可能涉及社会性或宗教性内容；社会经济状况，如工人农民的心血管疾病危险因素较白领精英多，受教育程度低的人员疾病暴露风险性高；健康状况受损，如锻炼功能限制、焦虑和抑郁症状、患者对诊断和危险性的感知。这些情况可影响患者对治疗的依从性及采取健康行为的意愿。患者及其亲属对心血管疾病的认识，依赖医务人员的认识不同而不同，错误观念可导致患者情绪低落、内疚、自信心低，可能导致患者采取被动应对策略，如回避、拒绝和过度依赖医疗卫生人员，这个时候都需要首先探查出患者的错误认知并澄清，才能开始与患者讨论制订行为改变方案。

许多理论有助于我们理解健康行为的心理判断，包括健康信念模式、保护动机理论、理性行为理论、计划行为理论、健康控制点、社会学习理论、自我效能理论、转化理论模式。将上述行为改变理论总结如下图 10-1。

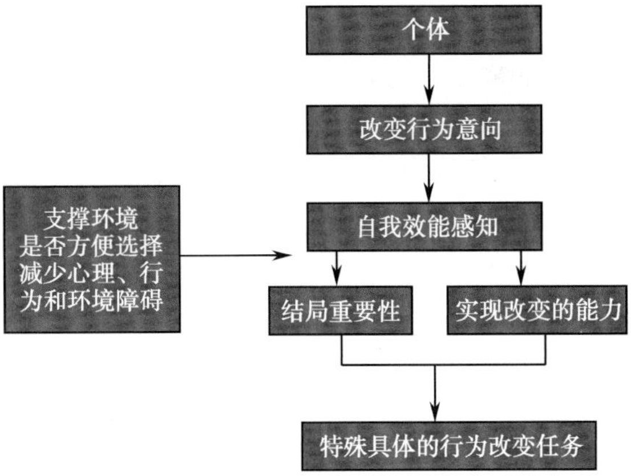

图 10-1　行为改变理论

三、促进患者行为改变的常用方法

如何促进一个个体进行行为改变，采用有效的行为改变理论和技术是非常重要的，1991 年 Rollnick 和 Miller 研发的动机访谈技术（motivational interviewing，MI）是目前行为改变重要的理论和技术之一。动机访谈技术吸收了大量社会心理学的理论，如认知理论、自我效能、Rogers 的移情法及行为改变的跨理论模式，由这些理论综合发展而来。动机访谈理论由动机访谈原则、核心访谈技能（OARS）、改变式谈话和动机访谈精神四个重要部分组成。动机访谈原则为表达同情、避免抵抗、显现分歧、支持自我效能；OARS 即开放性问题（open-ended question）、肯定（affirmations）、反馈式倾听（reflective listening）和概括性总结（summarize）；改变式谈话就是帮助和引导患者积累改变的理由，增强改变的意愿，做出改变的承诺和行动；动机访谈精神就是医患双方合作（collaboration）、激发（evocation）和自主（autonomy）的理念。四者的关系是有机地交叉和融合。

动机访谈具备三种沟通风格：跟随风格、指导风格和引导风格。跟随风格是专业人员采用倾听和理解的方法，指导风格是专业人员采用告知和指导的方法，引导风格是专业人员采用帮助患者发现自己能力的方法。一般情况下，当患者对疾病不了解时，可以指导风格为主；当患者有了初步认识，可以引导风格为主；当患者有了更多的认识和经验时，可以采用跟随风格为主。当然，这三种风格也可以同时使用在一个患者身上，根据患者遇到的问题而有所侧重。

动机性访谈的基本流程包括建立沟通关系，开始制订计划，评估改变动机，变换信息，形成分歧，处理抵触，探讨看法，设置行为改变目标，克服消极思维方式，认知行为疗法等。

1. **建立沟通关系**　通常采用 OARS 原则，临床医务人员开始与患者交流时，采用开放性问题，并认真倾听患者的回答，通过描述患者想说什么，表达作为医务人员对患者的理解，即重复、意译和 / 或总结患者所述内容。

在此过程中，医务人员需要注意以下几点：向患者表达同情、选择关键信息、澄清主要问题、积极处理阻力、支持患者的自我效能、避免争论。

2. **开始制订计划**　如果患者同意讨论行为改变，则按照患者优先权制订计划。询问是否可以讨论行为改变，就他们当前想要谈什么、咨询什么和将来想要咨询什么达成一致，制订所采取措施和随访计划。

3. **评估改变动机**　如果患者不确定是否进行行为改变，则评估患者改变动机。动机是个体认识改变重要性、进行改变的信心和改变准备的混合体。采用问题评分法评估患者对行为改变重要性的认识和信心：您认为行为改变重要性有多大？您感觉有多大信心进行改变？为什么有如此信息？是什么使您想变得更好？

4. **交换信息**　对于患者希望提供一些信息的要求，按照如下模式进行信息交流。采用“引出 - 提供 - 引出”模式与患者交换信息。

引出：您想了解什么？您已经了解什么？

提供：清楚且无偏见信息。

引出：你就此想做什么？

5. **形成分歧**　交换信息后，帮助患者识别并提高对分歧问题的知晓度，启发患者思考并提出行为改变的争议。注意，是患者而不是专业人员提出改变争议；避免激发负面想法，避免导致患者自信心降低的可能后果。

6. **处理抵触**　抵触分为 4 类：争议、妨碍、拒绝和忽视。当患者出现抵触时，避免与其争论。方法如下：强调个人控制；抵触是反映专业性差异，不是患者感觉困难的迹象；采用反映 / 倾听方式，接受抵触，顺其自然；重点是您理解患者困境 / 问题，而不是直面患者抵触；在决定改变过程中，强调个体选择和控制；重新评估改变准备情况、重要性、自信心和障碍。

7. **探讨看法,就是否决定改变行为和随访达成一致**　引导患者自我认为可以进行改变,而不是告诉他们做什么;帮助患者自己做出决定;尊重个人价值和自主性,承认只有患者才能做出改变决定;允许患者处理关于改变的不确定性,制订行为改变计划;提供患者行为改变的自信心,特别是指出患者行为改变的能力;对每种行为改变应就可达到的日标和策略达成一致,就电话、咨询或就诊随访计划达成一致。

8. **行为改变目标设置**　采用SMART原则。S:specific,根据评估结果和患者的意愿,明确建议患者做什么行为改变,如明确建议患者运动治疗;M:measurable,行为改变可评估,如建议患者运动强度的心率靶目标为90~100次/min;A:attainable,行为改变可实现,如建议患者每天运动10分钟,每周5天,这样的时间设定对大多数患者是可以实现的;R:relative,行为改变有科学依据,并与健康相关;T:time,行为改变具有时间性目标,如建议患者行为改变阶段性目标为坚持30天。这样一来患者就知道,他需要在30天内,每周5天,每天10分钟,完成靶目标心率为90~100次/min的运动治疗。相比于我们平时给患者的建议,如可以运动、避免过劳、中等强度,每天运动30分钟,前者是否更可执行。

9. **克服消极思维方式**　行为改变应在无焦虑、没有情绪低落和消极思维方式的情况下才能更有效实现。消极思维方式可因以下因素激发:对疾病的错误理解、抑郁情绪或健康观念错误。这些异常想法可通过与患者及其同伴进行专业讨论而发现,也可通过填写焦虑、抑郁筛查量表和疾病感知问卷发现。

10. **认知行为疗法(cognitive-behavioral therapy,CBT)**　CBT是一种证实有效的处理消极思维方式的模式。CBT通过以下方式对患者进行帮助:将问题分解成几部分,便于观察每部分之间衔接如何及其对个体的影响如何;揭开患者的潜在想法、情感、躯体感觉和行为存在的问题;通过纠正患者的错误认知并提供行为改变,打破患者的消极感觉和行为周期。CBT对多种疾病有效,特别是焦虑、抑郁和创伤后应激性疾病,已成功用于心脏疾病患者抑郁情绪的治疗。

(丁荣晶　姜红岩)

第十一章　常见心血管疾病及其危险因素的心脏康复

第一节　高　血　压

高血压在流行病学、病理生理学和相关风险方面已取得了实质性进展，有大量证据表明降低血压可以大大降低过早的心血管疾病发病率和死亡率。已经证实，良好的生活方式、耐受性好的药物治疗可有效降低血压。尽管如此，全球血压控制率仍然很低，高血压控制仍是全球心血管疾病和全因死亡的主要可预防因素。

一、高血压的定义、分类和流行病学

（一）定义

高血压定义为安静状态下、在海平面诊室收缩压≥140mmHg 和/或舒张压≥90mmHg。这是基于多项随机对照试验的证据，可用于年轻人、中年人和老年人，而不适用于儿童和青少年。

（二）全球高血压的患病率

2015 年全球高血压患病人数估计为 11.3 亿，中欧和东欧超过 1.5 亿。成人高血压总患病率为 30%~45%，2015 年全球年龄标准化患病率男性和女性分别为 24% 和 20%。无论收入状况如何（即低收入、中等收入和高收入国家），高血压患病率在世界范围内都是一致的。随着年龄的增长，高血压逐渐变得越来越普遍，年龄>60 岁人群患病率>60%。随着人口老龄化、采取更久坐的生活方式、增加体重等，全球高血压患病率将继续上升。估计到 2025 年，高血压患者将增加 15%~20%，达到接近 15 亿。

（三）中国高血压流行病学调查

血压升高是 2015 年全球导致过早死亡的主要原因，导致近 1 000 万人死亡，超过 2 亿人残疾（调整生命年后）。重要的是，尽管在过去 30 年中诊断和治疗取得了进展，但自 1990 年以来，因高血压引起的残疾仍以每年 40% 的速度上升（表 11-1）。收缩压≥140mmHg 占死亡率和致残负担的大部分（70%），每年与收缩压相关的死亡中大多是缺血性心脏病（490 万）、出血性卒中（200 万）和缺血性卒中（150 万）。

表 11-1　中国高血压流行病学调查

年份	患病率 /%	知晓率 /%	治疗率 /%	控制率 /%
1991	13.6	26.3	12.1	2.8
2002	18.8	30.2	24.7	6.1
2012	25.2	46.5	41.1	13.8
2015	27.6	51.5	45.1	16.9

诊室血压和诊室外血压都与几个严重心血管事件［即出血性卒中、缺血性卒中、心肌梗死、猝死、心力衰竭、外周动脉疾病（peripheral artery disease，PAD）及终末期肾病］的发生率有独立和持续的关系。越来越多的证据提示，高血压患者发生心房颤动的风险增加，早期血压升高增加了认知功能障碍和阿尔茨海默病发病的风险。

（四）高血压和总心血管风险评估

高血压很少孤立地发生，通常伴有其他心血管风险因素，如血脂异常和糖耐量异常等。影响高血压患者心血管危险的因素见表 11-2。

表 11-2　增加心血管风险的修正因素——系统性心血管风险评估（SCORE）系统

社会剥夺，许多心血管疾病病因的起源
肥胖（以 BMI 衡量）和中心性肥胖（以腰围衡量）
缺乏体力活动
心理社会压力，包括极度疲倦
早发性心血管疾病的家族史（男性年龄<55 岁，女性年龄<60 岁）
自身免疫和其他炎症性疾病
严重精神疾病
人类免疫缺陷病毒感染
心房颤动
左心肥厚
CKD
阻塞性睡眠呼吸暂停低通气综合征

注：BMI. 体重指数；CKD.chronic kidney disease，慢性肾脏病。

新的证据表明，血清尿酸水平升高，但低于痛风的水平，与一般人群和高血压患者的心血管风险增加独立相关。

二、高血压介导的器官损害的临床评价与评估

（一）临床评估的目的

1. 确定高血压的诊断和分级。
2. 筛查潜在的高血压继发性原因。

3. 确定可能导致高血压发展的因素(生活方式、伴随药物或家族史)。

4. 确定伴随的心血管危险因素(包括生活方式和家族史)。

5. 确定伴随疾病,并确定是否有高血压介导器官损害或现有心血管、脑血管或肾脏疾病的证据。

(二) 我国指南对各种血压测量方法评价

诊室血压是临床诊断高血压和分级的常用方法。

有条件者应进行诊室外血压测量,用于诊断白大衣性高血压及隐蔽性高血压、评估降压治疗的疗效、辅助难治性高血压的诊治。

动态血压监测还可评估 24 小时血压昼夜节律、直立性低血压、餐后低血压等。

家庭血压监测还可辅助调整治疗方案,基于互联网的远程实时血压监测是血压管理的新模式。精神高度焦虑的患者,不建议频繁自测血压(表 11-3、表 11-4、表 11-5)。

表 11-3　高血压不同测量诊断标准

类别	收缩压 /mmHg		舒张压 /mmHg
诊室血压	≥140	和 / 或	≥90
动态血压			
白天(或清醒)	≥135	和 / 或	≥85
夜间(或睡着)	≥120	和 / 或	≥70
24 小时平均值	≥130	和 / 或	≥80
家庭血压平均值	≥135	和 / 或	≥85

表 11-4　高血压患者心血管危险分层血压

单位:mmHg

其他心血管危险因素和疾病史	SBP130~139 或 DBP85~89	SBP140~159 或 DBP90~99	SBP160~179 或 DBP100~109	SBP ≥ 180 或 DBP ≥ 110
无	—	低危	中危	高危
1~2 个其他危险因素	低危	中危	中 / 高危	很高危
≥3 个其他危险因素,靶器官损害或 CKD3 期,无并发症的糖尿病	中 / 高危	高危	高危	很高危
临床并发症或 CKD ≥4 期,有并发症的糖尿病	高 / 很高危	很高危	很高危	很高危

注:SBP. systolic blood pressure,收缩压;DBP. diastolic blood pressure,舒张压。

表 11-5　临床评估和 HMOD 评估

建议	推荐等级	证据级别
心脏		
建议所有高血压患者使用 12 导联心电图。	Ⅰ	B
超声心动图		
• 当有心电图异常或左室功能障碍的体征或症状时，建议高血压患者使用。	Ⅰ	B
• 当检测到左室肥厚可能影响治疗决策时可以考虑。	Ⅱb	B
血管		
超声检查颈动脉	Ⅰ	B
• 可考虑用于检测明确血管疾病患者的无症状动脉粥样硬化斑块或颈动脉狭窄。	Ⅱb	B
可以考虑测量 PWV 以测量动脉硬度。	Ⅱb	B
可以考虑测量 ABI 用于检测严重 LEAD。	Ⅱb	B
肾脏		
建议在所有高血压患者中测量血清肌酐和 eGFR。	Ⅰ	B
建议在所有高血压患者中测量尿白蛋白：肌酐比率。	Ⅰ	B
对于肾功能受损、白蛋白尿或疑似继发性高血压患者，应考虑进行肾脏超声检查和多普勒检查。	Ⅱa	C
眼底检查		
建议 2 级或 3 级高血压患者和所有糖尿病高血压患者使用。	Ⅰ	C
可考虑用于其他高血压患者。	Ⅱb	C
脑		
在患有神经症状和/或认知能力下降的高血压患者中，应考虑脑部 MRI 或 CT 来检测脑梗死、微出血和白质病变。	Ⅱa	B

注：ABI. 踝臂指数；CT. 计算机断层扫描；eGFR. estimated glomerular filtration rate，估计肾小球滤过率；HMOD. hypertension mediate organ damage，高血压介导的器官损害；LEAD. 下肢动脉疾病；MRI. 磁共振成像；PWV. 脉搏波速度。

三、高血压的康复治疗

（一）生活方式干预

毫无疑问，生活方式干预可以降低血压。高血压或正常高限血压患者生活方式的干预见表 11-6。

表 11-6　高血压或正常高限血压患者生活方式的干预

推荐	推荐级别	水平*
盐限制在每天 5g 以下	Ⅰ	A
限制饮酒量 1. 男性每周少于 14 个单位。 2. 女性每周少于 8 个单位。	Ⅰ	A

续表

推荐	推荐级别	水平*
避免暴饮暴食	Ⅲ	C
增加蔬菜、新鲜水果、鱼、坚果和不饱和脂肪酸（橄榄油），减少红肉，增加低脂肪乳制品。	Ⅰ	A
控制体重，避免肥胖，为减少血压和心血管风险，以健康的BMI（20~25kg/m^2）和腰围值（男性低于94cm，女性低于80cm）为目标。	Ⅰ	A
有规律的有氧运动（例如每周5~7d的中等强度运动，每次至少30min）。	Ⅰ	A
戒烟、支持性护理和推荐戒烟计划。	Ⅰ	B

注：BMI. 体重指数。* 主要基于对血压和/或心血管风险分布的影响的证据水平。饮酒量1个单位被定义为10ml（或8g）纯酒精。BMI与腰围是两个测量方法。

（二）运动疗法

规律的体育锻炼可以改善心血管危险因素（血压、血脂和血糖），并降低患其他慢性疾病的风险。运动训练降低血压是由于运动后的血流动力学或神经体液改变所致。体育锻炼可降低交感神经兴奋性，提高迷走神经系统张力，缓解小动脉痉挛。运动时活动肌群中血管扩张、毛细血管的数量和密度增加、血液循环和代谢改善、总外周阻力降低，从而有利于降低血压。运动训练可以提高钠排泄，相对降低血容量，从而降低过高的血压。运动中一过性的血压增高可作用于大脑皮质和皮质下血管运动中枢，重新调定机体的血压调控水平，使运动后血压能够平衡在较低水平。运动和饮食控制相结合，可以有效降低血液低密度脂蛋白胆固醇的含量，增加高密度脂蛋白胆固醇的含量，从而有利于血管硬化过程的控制。运动与放松性训练均有助于改善患者的情绪，从而有利于减轻心血管应激水平，降低血压。躯体病状的改善可能与血压的控制有关。运动可促进血流速度增加，其产生的切应力刺激内皮细胞NO合成及释放增加，减少内皮素对血管的直接影响。运动训练可改善运动肌肉的氧化酶活性和氧化功能，降低局部肌肉血流量，减少心输出量，降低外周血管阻力，降低肾素-血管紧张素-醛固酮系统和交感神经系统活动，增强压力感受器、胰岛素受体敏感性，从而降低血压。

运动处方主要采取动态的下肢或合并上肢的运动。运动形式和其他心血管疾病相似，运动强度应维持在中等程度以下，更强的运动似乎并不增加疗效，甚至使效果下降。采取步行程序者的靶心率可定为安静立位心率增加25~30次/min。使用β受体阻滞剂者为安静立位心率增加10~15次/min。运动强度指标也可采用自感劳累程度，通常是12~14级。热身时间5~10分钟，这对于高血压患者特别重要，因为可促进肌肉血管扩张。达到处方运动强度的锻炼期应持续5~10分钟，最多可逐渐增至60分钟。恢复期时间为10分钟。运动频率3~5次/周。

（三）中医外治疗法

1. 中药足浴

（1）夏枯草30g、钩藤20g、桑叶15g、菊花20g。上药制成煎剂，用时加温至50℃左右，浸泡双足，两足相互搓动，每次足浴20~30分钟，每天2次，10~15天为1个疗程。

(2) 钩藤 20g、吴茱萸 10g、桑寄生 30g、夏枯草 30g，水煎取药液 1 500ml，加入食醋 100ml，每次足浴 30 分钟左右，每天一次，十天为一疗程。

(3) 钩藤 15g、野菊花 10g、豨莶草 30g、夏枯草 20g、川牛膝 20g、赤芍 20g、川芎 15g、葛根 20g、花椒 10g，浸泡 1 小时后，大火煮开，小火再煮 30 分钟，后下钩藤，连水带药倒入盆中，水温 40~45℃，赤足泡药中，浸过踝部，双足互搓，每次 30 分钟，每天 1 次，10 次为 1 疗程，间隔 3 天，做第二疗程。

2. 耳穴压豆

(1) 常用穴：耳背沟、肝、心、交感、肾上腺；备用穴：耳神门、耳尖、肾。常用穴每次取 3~4 穴，酌加备用穴，以 7mm × 7mm 的胶布，将王不留行籽贴于所选之穴，贴紧后并稍加压力，使患者感胀痛及耳郭发热。每隔 2 天换贴 1 次，每次一耳，双耳交替，15 次为一疗程。

(2) 肾气亏虚证、肝火亢盛证、阴虚阳亢证选用肾、枕、皮质下；痰浊壅盛证选用脾、枕、皮质下。耳穴定位：肾，在对耳轮下脚下缘；枕，在对耳屏后上方；皮质下，在对耳屏的内侧面；脾点，耳甲腔后上方，在耳轮脚消失处与轮屏切迹连线的中点。

(3) 操作流程：①将胶布剪成 0.7cm × 0.7cm 的小方块，将磁珠粒或生王不留行籽或白芥子或六神丸贴在胶布中央备用；②然后用 75% 酒精棉球消毒耳郭，将贴有药子的胶布对准穴位贴压；③贴压后用手指按压穴位半分钟，嘱患者每天自行按压 5 次，每次 10 分钟，局部微热微痛为宜；④每次贴一只耳朵，下次轮换对侧，症状较重者可双耳同时贴。

3. 穴位敷贴

(1) 肾气亏虚证：吴茱萸散（吴茱萸 1 份，清醋 1 份）涌泉、太溪、太冲穴贴敷。痰湿壅盛证：吴茱萸散内关、丰隆、解溪穴贴敷。肝火亢盛证：清肝散（吴茱萸 1 份，黄连 6 份，清醋 1 份）涌泉、太溪、太冲穴贴敷。肝阳偏亢伴有头晕者，以吴茱萸、川芎颗粒剂各 3g，混匀，白醋调成糊状，每天晚间临睡前贴敷双侧涌泉穴，2 周为 1 个疗程；肝阳偏亢伴头痛明显者，以决明子 10g 焙干研末，以绿茶水调成糊状，贴敷两侧太阳穴，干后更换。

(2) 生大黄 2g、生石决明 5g、牛膝 5g、冰片 0.5g 诸药为末，过 600 目筛，适量凡士林调为糊状，等分 4 份，均匀涂于自黏性无菌敷料上，贴于双侧穴位上，每天 1 次，每次贴 6 小时，次日对时更换，15 天为 1 疗程，可以连续 2 个疗程或以上。肝阳上亢证：曲池、风池、合谷、太冲；风痰上扰证：曲池、合谷、丰隆、太溪；肝肾阴虚证：曲池、合谷、足三里、三阴交；阴阳两虚证：曲池、足三里、气海、涌泉；气虚血瘀证：曲池、合谷、气海、丰隆。

4. 艾灸法

(1) 取穴：常用穴分两组。①足三里、悬钟；②百会、涌泉。备用穴：风池、阳陵泉、照海、委中。常用穴为主，效果不佳时配加备用穴。

(2) 方法：第一组用艾炷直接灸（无瘢痕灸），双侧均取，穴位消毒后，在穴区涂上大蒜汁或凡士林油膏，将麦粒大之艾炷直立于穴位上，用线香点燃，待艾炷烧至皮肤有灼热感时，用镊子将艾炷夹去，换一新艾炷重灸，方法同上，灸 3~5 壮。第二组及备用穴用艾卷灸，每次取 1~2 穴。百会穴为雀啄灸，艾卷点燃后，从远处向穴区接近，当患者感觉烫为 1 壮，然后再将艾条提起，从远端向百会穴接近，如此反复操作 10 次再停灸，壮与壮之间应间隔片刻，以免起疱。涌泉为温和灸，可双侧同时进行。令患者取仰卧位，将点燃的艾卷置于距 2~3cm 间施灸，以患者感温热而不灼烫为度。每次灸 15~20 分钟。备用穴亦用温和灸法。上法每天 1 次，7~10 次为一疗程。

5. **推拿治疗**　取心俞、厥阴俞、神道、至阳、内关、三阴交等，每穴按摩 1 分钟，内关、三阴交按摩时间可稍长。或揉摩膻中穴，力量由轻渐重，以胸部舒畅为度。阴虚阳亢，取穴：以足厥阴肝经及其俞募穴为主，取百会、期门、章门、太冲、行间、太溪、肝俞、胆俞。痰湿中阻证取穴：以足太阴脾经和足阳明胃经及其俞募穴为主，取中脘、丰隆、膻中、脾俞、胃俞。血脉瘀阻证取穴：以局部取穴为主，取风府、哑门、风池、肩井、合谷、阿是穴。阴阳两虚证取穴：以足少阴肾经及其俞募穴为主，取肾俞、关元、气海、三阴交、神庭、太溪。另外，洗面、揉头发、浴眼、擦鼻、梳头、鼓耳、抚枕后、举手、揉腰眼、擦腹、练眼、搓脚心和涌泉等，可疏导气血，改善眩晕症状。

（四）药物治疗

1. 降压治疗策略

达标时间：对大多数高血压患者而言，应根据病情，在 4~12 周内将血压逐渐降至目标水平。

抗高血压药治疗的时机：在改善生活方式的基础上，血压仍 ≥ 140/90mmHg 或高于目标血压的患者应启动药物治疗。

2. 抗高血压药应用的基本原则

一般患者采用常规剂量：老年人及高龄老年人初始时通常应采用较小的有效治疗剂量。根据需求，可考虑逐渐增加至目标剂量；优先使用长效抗高血压药，以有效控制 24 小时血压，更有效地预防心脑血管并发症发生；对血压 ≥ 160/100mmHg、高于目标血压 20/10mmHg 的高危患者，或单药治疗未达标的高血压患者，应进行联合治疗，包括自由联合或单片复方制剂；对血压 ≥ 140/90mmHg 的患者，也可起始小剂量联合治疗；个体化治疗。

3. 高血压药物（表 11-7）

表 11-7　特定抗高血压药物的绝对和相对禁忌证

药物	绝对禁忌证	相对禁忌证
利尿剂（噻嗪类利尿剂）	痛风	1. 代谢综合征 2. 葡萄糖耐受不良 3. 妊娠 4. 高钙血症 5. 低钾血症
β 受体阻滞剂	哮喘 任何级别的窦房结或房室传导阻滞	代谢综合征 葡萄糖耐受不良 运动员与体力活动患者
钙拮抗药（二氢吡啶类）		快速心律失常 心力衰竭（心功能Ⅲ级或Ⅳ级） 已经存在的严重下肢水肿
钙拮抗药（维拉帕米，地尔硫䓬）	任何级别的窦房结或房室传导阻滞 严重的左室心功能不全（LVEF<40%） 心动过缓（心率<60 次 /min）	便秘

续表

药物	绝对禁忌证	相对禁忌证
ACEI	妊娠 高钾血症（血钾>5.5mmol/L） 双侧肾动脉狭窄	缺乏可靠避孕能力的育龄妇女
ARB	妊娠 高钾血症（血钾>5.5mmol/L） 双侧肾动脉狭窄	缺乏可靠避孕能力的育龄妇女

注：ACEI.angiotensin converting enzyme inhibitor，血管紧张素转化酶抑制剂；ARB.angiotensin receptor blockers，血管紧张素受体阻滞药。

4. 高血压的药物治疗策略　ACEI、ARB、利尿剂、CCB 和 β 受体阻滞剂均可用于高血压的初始与维持治疗。

重视联合用药在降压治疗中的作用。为改善血压控制疗效与速度，建议多数高血压患者首选单片复方制剂治疗；其中首先推荐由肾素 - 血管紧张素系统（renin-angiotensin system，RAS）抑制剂与 CCB 或利尿剂的组合方案；若两药组成的单片复方制剂不能满意控制血压，可选用由 RAS 抑制剂、CCB 与利尿剂组成的三药单片复方制剂；血压仍不能满意控制者，若无禁忌证，可加用螺内酯。高血压患者药物治疗流程见表 11-8。

表 11-8　高血压患者药物治疗流程

推荐	级别	水平
ACEI、ARB、β 受体阻滞剂、CCB 及利尿剂（噻嗪类及噻嗪型药物，如氢氯噻嗪、氯沙利酮和吲达帕胺）已显示出有效降低血压和减少心血管事件，因此被作为抗高血压治疗策略的基础。	Ⅰ	A
对于大多数高血压患者推荐联合治疗作为初始治疗。	Ⅰ	A
当有特定的临床症状，如心绞痛、心肌梗死、心力衰竭或需要控制心率，推荐 β 受体阻滞剂联合其他类主要药物。	Ⅰ	A
推荐用两种药物联合起始治疗，最好使用单药固定复方制剂。虚弱的老年患者和低危患者及 1 级高血压（特别是当收缩压低于 150mmHg 时）除外。	Ⅰ	B
如果两种药物联合不能控制血压，推荐三药联合，通常是用 RAS 抑制剂联合 CCB 和噻嗪 / 噻嗪类利尿剂，优选为单药固定复方制剂。	Ⅰ	A
如果用三种药物组合仍不能控制血压，则应增加螺内酯，如果不能耐受，应联合应用其他利尿剂、β 受体阻滞剂或者 α 受体阻滞剂。	Ⅰ	B
不推荐使用两个 RAS 抑制剂的组合。	Ⅲ	A

注：ACEI. 血管紧张素转化酶抑制剂；ARB. 血管紧张素受体阻滞药；CCB. 钙通道阻滞剂；RAS. 肾素 - 血管紧张素系统。

5. **高血压伴糖尿病患者的治疗策略（表 11-9）**

表 11-9 伴糖尿病患者的治疗策略

推荐内容	推荐类别	证据水平
糖尿病患者当诊室血压 ≥ 140/90mmHg 时推荐应用抗高血压药治疗。	Ⅰ	A
糖尿病患者接受降压治疗的推荐： • 目标收缩压为 130mmHg，如果可耐受 < 130mmHg，但不能 < 120mmHg。	Ⅰ	A
• 在老年人（年龄 ≥ 65 岁），目标收缩压为 130~139mmHg。	Ⅰ	A
• 目标舒张压为 < 80mmHg，但不能 < 70mmHg。	Ⅰ	C
推荐 RAS 抑制剂联合 CCB 或噻嗪 / 噻嗪类利尿剂作为起始治疗。	Ⅰ	A
两种 RAS 抑制剂联合应用未被推荐，如 ACEI 和 ARB。	Ⅲ	A

注：RAS. 肾素 - 血管紧张素系统；CCB. 钙通道阻滞剂；ACEI. 血管紧张素转化酶抑制剂；ARB. 血管紧张素受体阻滞药。

6. **高血压合并慢性肾脏病** 高血压是 CKD 发生和发展的一个主要危险因素，与 CKD 的病因无关。对于 CKD 患者，顽固性高血压、隐匿性高血压和夜间血压升高很常见，并且与 eGFR 下降、尿蛋白高水平和高血压靶器官损害相关。

CKD 患者降压的效果是很多荟萃分析的主题。近期一项荟萃分析结果显示，CKD 患者血压下降可明显减少终末期肾病的发生，但仅仅是伴有蛋白尿的患者，且未看到心血管事件的获益。最近一个更大规模的荟萃分析显示，CKD 患者血压降低使全因死亡率明显下降。高血压伴 CKD 患者的治疗策略见表 11-10。

表 11-10 高血压伴 CKD 患者的治疗策略

推荐内容	推荐类别	证据水平
糖尿病或非糖尿病 CKD 患者，诊室血压 ≥ 140/90mmHg 时建议开始生活方式指导和抗高血压药治疗。	Ⅰ	A
糖尿病或非糖尿病 CKD 患者： 建议收缩压降至 130~139mmHg。	Ⅰ	A
根据患者耐受性和对肾功能及电解质的影响进行个体化治疗。	Ⅱa	C
RAS 抑制剂比其他抗高血压药减少尿蛋白的效果更好，对于伴有微量白蛋白尿或蛋白尿的高血压患者，推荐降压治疗中包含 RAS 抑制剂。	Ⅰ	A
建议 RAS 抑制剂联合 CCB 或利尿剂作为起始治疗。	Ⅰ	A
不推荐两种 RAS 抑制剂联合使用。	Ⅲ	A

注：CKD. 慢性肾脏病；RAS. 肾素 - 血管紧张素系统；CCB. 钙通道阻滞剂。

7. **高血压合并慢性阻塞性肺疾病** 高血压是 COPD 患者最常见的合并症，约 2.5% 成年人中两种疾病共同存在。高血压和 COPD 共病的患者心血管风险特别高。两种疾病有类似的环境风险，而且缺氧可能增加风险。COPD 治疗中应用抗胆碱能药物和长效 β_2 肾上腺素受体激动剂可能对心血管系统产生不利影响（增加心率和升高血压）。合并 COPD 也会影响抗高血压药物的选择，应考虑药物可能对肺功能的影响。人们主要关注的是 β 受体阻滞剂的使用，尽管有证据表明在 COPD 患者中使用会有心血管保护作用。在 COPD 患者中应用β受体阻滞剂可能会对基底细胞减少产生负面影响，减弱β受体激动剂紧急应用时的效果，减少长效β受体激动剂治疗的作用，使哮喘和COPD的鉴别更加困难。也就是说，如果可接受，已证实在COPD患者中使用心脏选择性β_1受体阻滞剂在不同的情况下都较安全，包括高血压。应注意利尿剂可能降低血浆钾离子水平（除了糖皮质激素和β_2肾上腺素受体激动剂），加重二氧化碳滞留（包括在低通气患者中代谢性碱中毒相关的缺氧），增加血细胞比容。因此，一般来说在高血压合并COPD患者中不推荐常规使用利尿剂。

8. **高血压合并冠心病**　冠心病与高血压之间有很强的流行病学联系。INTERHEART研究显示心肌梗死的人群归因风险中，50%由血脂异常造成，25%由高血压造成。另一项对100多万患者的注册研究表明，30岁以上高血压人群中缺血性心脏病（心绞痛和心肌梗死）的发生使得无心血管疾病生命年缩短43%。

更引人注目的是降压治疗对降低心肌梗死风险的有益作用。最近一项关于降压治疗的RCT荟萃分析显示，收缩压每降低10mmHg，冠心病风险降低17%。也有研究提示，更严格的血压控制有类似的风险降低。在高危人群中减少心脏事件的好处也很明显，例如糖尿病患者。

高血压伴有冠心病患者的最优血压目标值仍存在争议，尤其是降压治疗达到的血压值与心血管事件结局的J型曲线关系是否存在。近期一项对22 672例接受降压治疗的稳定型冠心病患者的研究发现，中位随访5年后，收缩压≥140mmHg及舒张压≥80mmHg会增加心血管风险。收缩压<120mmHg与舒张压<70mmHg也会增加心血管风险。另一项关于血压目标值和心血管事件结局关系的RCT研究也报告了类似的发现。血运重建后的冠心病患者不确定是否有J型曲线现象。其他分析不支持J型曲线的存在，即使是心血管风险增加的高血压患者。ONTARGET研究纳入冠心病且最初无充血性心力衰竭的患者，血压下降超过检测的血压范围对心血管风险影响不大，预测中风的风险较低。因此，冠心病患者目标血压<130/80mmHg似乎是安全的且值得推荐，但不推荐达到120/80mmHg。

在患有冠心病的高血压患者中，β受体阻滞剂和RAS抑制剂可能改善心肌梗死的预后。对于有症状的心绞痛患者，β受体阻滞剂和钙拮抗药是药物治疗策略的首选。伴有冠心病的高血压患者降压治疗见表11-11。

表11-11　伴有冠心病的高血压患者降压治疗

推荐内容	推荐类别	证据水平
伴有冠心病的高血压患者降压治疗的推荐如下：		
• 如果可耐受，收缩压可≤130mmHg，但不能<120mmHg	I	A
• 老年患者（≥65岁）收缩压目标范围为130~140mmHg	I	A
• 舒张压目标值<80mmHg，不能<70mmHg	I	C
有心肌梗死病史的高血压患者，推荐应用β受体阻滞剂和RAS抑制剂治疗	I	A
有症状的心绞痛患者中，推荐应用β受体阻滞剂和/或CCB	I	A

注：CCB. 钙通道阻滞剂。

9. **高血压伴左室肥厚和心力衰竭的治疗策略**　高血压是心力衰竭发生的一个主要危险因素，大部分心力衰竭患者有前期的高血压病史。这可能是冠状动脉疾病的结果，会导致射血分数降低的心力衰竭（heart failure with reduced ejection fraction，HFrEF）。高血压还会导致左室肥厚（left ventricular hypertrophy，LVH），这使得左心室舒张受损（所谓的舒张功能障碍），是心力衰竭的一个强有力的预测因子，即使左心室收缩功能正常及既往无心肌梗死。高血压所致的大动脉和小动脉（微血管）纤维化和结构改变也起了促进作用。

降压治疗对降低心力衰竭发生有重大作用，尤其是老年人和高龄老人。利尿剂、β 受体阻滞剂、ACEI 和 ARB 均有效，钙拮抗药效果欠佳。

降低血压也可逆转左室肥厚，同时可降低心血管事件和死亡率。左室肥厚逆转的程度与基线左心室治疗、治疗持续时间、收缩压下降和使用的药物有关，与 β 受体阻滞剂或利尿剂相比，ARB、ACEI 和 CBB 有较好逆转左心室肥厚的作用。

对于 HFrEF 患者，当血压>140/90mmHg 时应使用抗高血压药治疗。心力衰竭患者的血压目标值尚不清楚。研究证实，如果血压目标值过低，心力衰竭患者的预后差，这提示避免过度积极降压（<120/70mmHg）是明智的（尽管因为反向因果关系使数据结果很难解释）。然而，有些患者应用心力衰竭治疗药物出现血压水平达标甚至偏低时，如果患者可耐受，建议继续应用。

建议使用指南推荐的心力衰竭治疗药物用于 HFrEF 患者高血压的治疗。ACEI、ARB、β 受体阻滞剂和盐皮质激素受体拮抗剂（如螺内酯和依普利酮）均能有效改善 HFrEF 患者临床疗效，而对于利尿剂的证据仅限于症状改善。如果需要进一步降低血压，可以考虑使用二氢吡啶 CCB。沙库巴曲 / 缬沙坦也被证明可以改善 HFrEF 患者的预后，而且作为 ACEI 或 ARB 的替代药物用于 HFrEF 患者的治疗。不应使用非二氢吡啶 CCB（地尔硫䓬和维拉帕米）、β 受体阻滞剂和中枢性抗高血压药（如莫索尼定）。

射血分数保留的心力衰竭（heart failure with preserved ejection fraction，HFpEF）患者常需降压治疗；降压治疗应采用与 HFrEF 患者相同的降压起始阈值和目标值。对于高血压合并 HFpEF 患者的最佳治疗策略尚不清楚，但上述针对 HFrEF 患者的治疗策略也可用于 HFpEF 患者的治疗。HFpEF 患者通常有多种并存疾病，可能会对预后产生不利影响并使其管理复杂化。心力衰竭或左心室肥厚的高血压患者的治疗策略见表 11-12。

表 11-12　心力衰竭或左心室肥厚的高血压患者的治疗策略

推荐内容	推荐类别	证据水平
伴心力衰竭的高血压患者（HFpEF 或 HFrEF），当血压 ≥ 140/90mmHg 时建议开始降压治疗	Ⅱa	B
如果需要，推荐 ACEI 或 ARB、β 受体阻滞剂、利尿剂和 / 或盐皮质激素受体拮抗剂用于 HFrEF 患者的降压治疗	Ⅰ	A
如果血压不达标可加用二氢吡啶 CCB	Ⅱb	C
HFpEF 患者的降压治疗应采用与 HFrEF 患者相同的起始阈值和目标值	Ⅱa	B
对于 HFpEF 患者，因为无明确的药物证明有其优越性，所有药物种类均可应用	Ⅰ	C
所有伴左室肥厚的患者： 推荐应用 RAS 抑制剂联合 CCB 或利尿剂进行治疗； 收缩压应降至 120~130mmHg	Ⅰ	A

注：HFpEF. 射血分数保留的心力衰竭；HFrEF. 射血分数降低的心力衰竭；ACEI. 血管紧张素转化酶抑制剂；ARB. 血管紧张素受体阻滞药；CCB. 钙通道阻滞剂；RAS. 肾素 - 血管紧张素系统。

10. **常用的中成药抗高血压药**　包括珍菊降压片、复方罗布麻片、山绿茶降压片、杜仲降压片、复方丹参滴丸、罗布麻片、风宁心片、牛黄降压丸、天麻钩藤颗粒、松龄血脉康胶囊、全天麻胶囊、养血清脑颗粒、脑立清丸、安脑丸、芪苈强心胶囊、玉丹荣心丸、龙胆泻肝丸、脑立清、牛黄降压丸、降压片、高血压速降丸、知柏地黄丸、杞菊地黄丸、杞菊地黄液、降压丸、金匮肾气丸、壮腰健肾丸、半夏天麻丸、白金降脂丸、胆酸降压片、血府逐瘀丸、愈乃宁心片等。

中医治疗高血压，是从阴阳学说、平衡学说来调整人体，临床工作中需根据患者的症状和体质来选择抗高血压药。

（陈琦玲）

参考文献

[1] WHELTON P K, CAREY R M, ARONOW W S, et al. 2017 ACC/AHA/AAPA/ABC/ACPM/AGS/APhA/ASH/ASPC/NMA/PCNA Guideline for the prevention, detection, evaluation, and management of high blood pressure in adults: executive summary: a report of the American College of Cardiology/American Heart Association Task Force on Clinical Practice Guidelines [J]. Circulation, 2018, 138 (17): e484-e594.

[2] WILLIAMS B, MANCIA G, SPIERING W, et al. 2018 ESC/ESH Guidelines for the management of arterial hypertension [J]. Eur Heart J, 2018, 39 (33): 3021-3104.

[3] 孙英贤. 中国医师协会关于我国高血压诊断标准及降压目标科学声明 [J]. 中华高血压杂志. 2018, 26 (2): 107-109.

第二节　糖　尿　病

一、疾病特点

随着我国人口生活方式的变化，糖尿病逐渐从少见病变成流行病，2013 年我国糖尿病的患病率从 1980 年的 0.67% 升至 10.4%，成为我国第三大慢性疾病。糖尿病患者可继发多种慢性并发症，如糖尿病心血管病变、糖尿病肾病、糖尿病视网膜病变、糖尿病神经病变及糖尿病下肢血管病变等。其中糖尿病心血管病变是发病率高、严重影响患者预后及生活质量的重要并发症。心功能不全可导致终末期患者生活质量下降及死亡率上升。研究显示，正常人群中心功能不全的发生率为 1%~4%，而糖尿病患者则高达 12%，其中男性患者较普通人增加 2~3 倍，女性增加 5.1 倍。

1974 年，Hamby 首次提出糖尿病心肌病的概念，其发病率高，危害性大，表现为早期心肌顺应性降低和舒张期充盈受阻的舒张功能不全，晚期发展为收缩功能不全。胰岛素作用减弱和高血糖是糖尿病患者发生心脏损伤的主要病因，与其相伴的还有脂质代谢异常、氧化应激、肾素 - 血管紧张素 - 醛固酮系统的活化、线粒体损伤、交感神经和输送异常等，可导致心肌室壁增厚，心肌细胞肥大、坏死及凋亡，肌纤维减少，胶原沉积、心肌间质弥漫性纤维化、微小血管损害及微动脉瘤等病理特征改变，促使心肌细胞的结构受到明显损害，最终发生心功能不全。

二、预防原则及注意事项

一级预防目标是控制2型糖尿病的危险因素，预防2型糖尿病的发生。在一般人群中开展教育，提高人群对糖尿病预防的知晓度和参与度，倡导合理膳食、控制体重、适量运动、限盐、限酒、控烟、心理平衡的健康生活方式，提高社区人群的糖尿病预防意识。

二级预防目标是早发现、早诊断和早治疗2型糖尿病患者，在已诊断的患者中预防糖尿病并发症的发生。在高危人群中开展疾病筛查、健康干预等，指导其进行自我管理。

三级预防的目标是延缓已发生的糖尿病并发症的进展、降低致残率和死亡率，并改善患者的生存质量。继续控制血糖、血压、血脂，并强化治疗，推荐已出现严重糖尿病慢性并发症患者至相关专科治疗。

三、早期干预与教育

对糖尿病前期及糖尿病患者进行早期干预与教育，可降低糖尿病发病风险、延缓糖尿病病程及并发症、提高患者治疗依从性、改善心血管并发症预后，从而提高生活质量。

1. **早期筛查**　通过居民健康档案、基本公共卫生服务和机会性筛查等渠道可发现糖尿病高危人群。糖尿病的筛查有助于早期发现糖尿病，提高糖尿病及其并发症的防治水平。对于成年人的糖尿病高危人群，应尽早进行筛查，对于儿童及青少年，应从10岁开始，首次筛查结果是正常者，应每3年至少筛查一次。

2. **生活方式干预**　对糖尿病患者进行生活方式干预，可有效逆转、控制糖尿病进程，改善预后，主要包括饮食能量摄入、能量来源及体育锻炼等部分，根据患者的性别、年龄、身高、体重、基础健康情况等，综合改善患者的生活方式，平衡并量化饮食及运动情况，控制体重逆转、延缓疾病的发生，调整饮食结构有效控制血糖。

3. **药物干预**　目前在糖尿病前期人群中进行的药物干预临床试验显示，二甲双胍、α-糖菊糖苷酶抑制剂、噻唑烷二酮类药物、GLP-1受体激动剂及奥利司他等药物可以降低糖尿病前期人群发病的风险。其中，二甲双胍及阿卡波糖在中长期应用的安全性证据较为充分，但是目前尚无充分证据表明药物干预具有长期疗效及经济学益处，也无相关指南推荐其为预防糖尿病的主要手段。

4. **血糖干预**　DCCT、UKPDS等研究提示，对处于糖尿病早期阶段的患者进行严格控制血糖，可显著降低糖尿病微血管病变的发生风险，减少心肌梗死及死亡的发生率。对新诊断的2型糖尿病患者，早期进行严格血糖控制可降低微血管和大血管病变的发生。口服降血糖药者可每周监测2~4次空腹血糖或餐后2小时血糖，使用基础胰岛素者根据空腹血糖调整睡前剂量，使用预混胰岛素者根据空腹及晚餐前血糖调整晚、早胰岛素剂量。

5. **血压、血脂干预**　在UKPDS研究中，强化血压控制可降低新诊断的2型糖尿病患者大血管及微血管病变的发生风险。HOT试验也显示，强化血压控制可以降低无明显血管并发症患者发生心血管病变的风险。CARDS临床研究提示，采用他汀类药物降低低密度脂蛋白可以降低糖尿病患者心血管事件的发生率。大多数2型糖尿病患者的目标血压<130/80mmHg，低密度脂蛋白胆固醇（low-density lipoprotein cholesterol，LDL-C）<2.6mmol/L（合并动脉粥样硬化心血管疾病者<1.8mmol/L）。

6. **教育管理**　每位糖尿病患者一旦确诊应立即接受糖尿病教育。教育的目的是使其充分认识糖尿病并掌握糖尿病的自我管理能力。糖尿病自我管理教育的总体目标是支持决策制订、自我行为、问题解决和与医疗团队积极合作，最终改善临床结局和生活质量。

四、健康促进

糖尿病为慢性终身性疾病，病程较长，容易反复，并且该疾病的防治与患者生活方式有着密切关系。然而，很少有患者准备或有足够的信心坚持糖尿病自我管理、改变不良行为。因此，需要对其综合管理，保证患者坚持正确用药，定期复诊，监测血糖，保持良好的生活方式及饮食习惯，以控制血糖水平，减少或延缓糖尿病心血管并发症的出现。

1. **登记管理**　建立健康档案，记录患者基本信息，纳入规范管理，并根据患者自我管理能力、危险因素及并发症情况进行分层，以便必要时进行强化管理。

2. **定期随访**　定期进行电话随访、追踪，利用现代化通信技术对患者药物、饮食、生活方式与血糖控制进行了解，并且该方式是双向的，在患者需要专业知识咨询时及时解答疑问，并提出针对性建议。

3. **健康宣教**　制作宣传材料发放给糖尿病患者，介绍糖尿病的病因、危险因素、症状、预防、综合治疗及健康的生活方式，开展糖尿病专题讲座，采取集中授课、观看教育录像，开展糖尿病知识竞赛，加深群众对糖尿病的认识，提高患者对疾病治疗的依从性。

4. **用药指导**　糖尿病患者需终身服药或皮下注射胰岛素，患者很难接受和坚持，必须端正患者的用药意识，遵守用药原则，按时、按量、按规定使用。针对老年患者经常忘记服药问题，应发放用药盒，分装每天药物。对于使用胰岛素的患者，在其固定每天饮食摄入量后，应根据其血糖监测值予以及时调整指导，避免出现严重的低血糖反应发生危险。

5. **营养制订**　根据登记信息，个体化制订出不同的饮食方案，调整总能量的摄入，合理、均衡分配各种营养素，达到患者的代谢控制目标，保证脂肪、糖类、蛋白质分别占总能量的20%~30%、50%~65% 及 15%~20%。并提高膳食纤维的摄入量，补充糖尿病患者容易缺乏的维生素 B 族、维生素 C、维生素 D 及铬、锌、硒等多种微量元素，建议患者每天定时、定量饮食。

6. **心理辅导**　长期糖尿病可致患者经常出现情绪低落，尤其血糖控制不佳或合并严重并发症患者，应经常调整患者的心理障碍和不良倾向，对存在问题的患者，进行一对一的心理辅导，使其树立顽强的信心，积极主动配合治疗，保持积极乐观的生活态度。

五、风险因素控制

糖尿病是心脑血管疾病的独立危险因素。糖尿病患者发生心脑血管疾病的风险较非糖尿病人群增加 2~4 倍。对多重危险因素的综合控制可显著改善糖尿病患者心脑血管病变和死亡发生的风险。因此对糖尿病大血管病变的预防，需要全面评估和控制心血管疾病危险因素主要包括高血糖、高收缩压、高胆固醇、低密度脂蛋白增高、高密度脂蛋白下降、年龄、性别、吸烟、家族史等；另外脂蛋白升高、高胰岛素血症、胰岛素抵抗、载脂蛋白 B 和小而密的低密度脂蛋白（low density lipoprotein，LDL）增高，蛋白尿、血小板聚集异常等亦与糖尿病冠心病发生有关。

经》中有“怒则气上……惊则气乱”及“怒伤肝……恐伤肾”的情志论述。情志因素损害健康日益严重，情志致病的概率越来越高，消极情志的危害也越来越大，疾病的预防和治疗，不仅需要现代的医疗手段，更需要通过调节情志，来实现良好的身心调节效果，从而达成养生的目标。情志养生贵在养神，养神之道贵在静。得神者昌，失神者亡，静则神藏，躁则神亡，恬惔虚无，病安从来。

2. **起居养生**　中医学特别强调天人相应的整体观念，重视人与自然的关系，顺应自然规律，并充分发挥主观能动性。《素问·四气调神大论》曰：“夫四时阴阳者，万物之根本也，所以圣人春夏养阳，秋冬养阴”。

3. **食疗养生**　中医素有“药食同源”之说，饮食疗法寓治于食，既可保健强身又可享受美味，人们容易接受，可长期运用，适于慢性疾病的调理。药物、食材均有性味归经，需结合患者体质进行选择。

(1)气虚质宜益气健脾、养肺益肾。药膳可选：参枣汤、山药茯苓包子、参芪羊肉汤、鳝鱼补气汤、莲子猪肚、西洋参养生汤、砂仁鲫鱼、黄芪炖母鸡、红枣炖羊心等。

(2)阳虚质宜温脾养肾，助阳化湿。药膳可选：韭菜花炒虾仁、核桃人参汤、狗肉汤、锁阳红糖饮、虫草炖鸡、苁蓉羊肾汤、当归生姜羊肉汤、巴戟蒸狗肉等。

(3)阴虚质宜补益肝肾，养阴降火。药膳可选：银耳鸡蛋汤、沙参麦冬瘦肉汤、雪羹汤、麦门冬粥、秋梨川贝膏、百合粥、红烧甲鱼、甲鱼枸杞汤等。

(4)血虚质宜补益气血。可多食黑米、猪肉、羊肉、牛肝、羊肝、甲鱼、海参、红糖、乌骨鸡、菠菜、番茄、黄鳝、黄豆、花生、龙眼肉、黑芝麻、阿胶、白芍、何首乌、当归、桑椹、荔枝、黄精、黑木耳、熟地黄、枸杞子等。药膳可选：归脾汤、八珍汤、十全大补汤、当归补血汤等。

(5)痰湿质宜健脾利湿，化痰泄浊。药膳可选：海带薏苡仁汤、萝卜海带汤、萝卜豆腐汤、杏仁粥、杏梨枇杷饮、甘草桔梗茶、枇杷叶桔梗茶、冬瓜莲蓬薏米煲瘦肉等。

(6)湿热质宜清热利湿。药膳可选：绿豆薏米粥、冬瓜汤、茵陈粥、木棉花土茯苓煲猪腱、泥鳅炖豆腐、赤小豆薏苡仁粥等。

(7)血瘀质宜行气活血。药膳可选：黑豆红花汤、山楂汤、海带紫菜汤、红花乌鸡汤、桃仁粥、田七鸡、化瘀止痛粥等。

(8)气郁质宜疏肝理气。药膳可选：佛手甲鱼汤、橘皮粥、菊花鸡肝汤、玫瑰花鸡蛋汤、合欢花猪肝汤等。

4. **运动养生**　孙思邈在《千金方·道林养性篇》中记载“养性之道，常欲小劳”“体欲常劳，但勿多极”。汉代华佗指出“人体欲得劳动，但不当使极耳，动摇则谷气得消，血脉流通，病不得生”。古人倡导运动达养生长寿目的。常见的养生功法有达摩易筋经、罗汉十八手和少林拳、五禽戏、二十四节气导引法、太极拳、八段锦等。现代研究表明传统功法在糖尿病、心脏疾病控制方面都有积极的影响。

糖尿病确诊时及以后，至少应每年评估心血管病变的风险因素，评估的内容包括心血管疾病现病史及既往史、年龄、有无心血管风险因素（吸烟、高血压、血脂紊乱、肥胖特别是腹型肥胖、早发心血管疾病的家族史）、肾脏损害（尿白蛋白排泄率增高等）、心房颤动（可导致卒中）。静息时的心电图检查对2型糖尿病患者心血管疾病的筛查价值有限，对大血管疾病风险较高的患者应进一步检查来评估心脑血管病变情况。

（李　军）

参考文献

[1] HAFFNER S M, LEHTO S, RÖNNEMAA T, et al. Mortality from coronary heart disease In subjects with type 2 diabetes and in nondiabetic subject with and without prior myocardial infarction [J]. N Engl J Med, 1998, 339 (4): 229-234.

[2] THRAINSDOTTIR I S, ASPELUND T, THORGEIRSSON G, et al. The association between glucose abnormalities and heart failure in the Population-Based Reykjavík Study [J]. Diabetes Care, 2005, 28 (3): 612-616.

[3] DEVEREUX R B, ROMAN M J, PARANICAS M, et al. Impact of diabetes on cardiac structure and function: the strong heart study [J]. Circulation, 2000, 101 (19): 2271-2276.

[4] von BIBRA H, St JOHN SUTTON M. Diastolic dysfunction in diabetes and the metabolic syndrome: promising potential for diagnosis and prognosis [J]. Diabetologia, 2010, 53 (6): 1033-1045.

[5] KNOWLER W C, BARRETT C E, FOWLER S E, et al. Reduction in the incidence of Type2 diabetes with lifestyle intervention or metformin [J]. N Engl J Med, 2002, 346 (6): 393-403.

[6] WANG L, GAO P, ZHANG M, et al. Prevalence and Ethnic Pattern of Diabetes and Prediabetes in China in 2013 [J]. JAMA, 2017, 317 (24): 2515-2523.

[7] NATHAN D M, CLEARY P A, BACKLUND J Y, et al. Intensive diabetes treatment and cardiovascular disease in patients with type1 diabetes [J]. N Engl J Med, 2005, 353 (25): 2643-2653.

[8] HOLMAN R R, PAUL S K, BETHEL M A, et al. 10-year follow-up of intensive glucose control in type2 diabetes [J]. N Engl J Med, 2008, 359 (15): 1577-1589.

[9] SNOW V, WEISS K B, MOTTUR P C. The evidence base for tight blood pressure control in the management of type2 diabetes mellitus [J]. Ann Intern Med, 2003, 138 (7): 587-592.

[10] COLHOUN H M, BETTERIDGE D J, DURRINGTON P N, et al. Primary prevention of cardiovascular disease with atorvastatin in type 2 diabetes in the Collaborative Atorvastatin Diabetes Study (CARDS): multicentrerandomised placebo-controlled trial [J]. Lancet, 2004, 364 (9435): 685-696.

[11] HAAS L, MARYNIUK M, BECK J, et al. National standards for diabetes self-management education and support [J]. Diabetes Care, 2014, 37 (Suppl 1): S144-153.

[12] NELSON K M, MCFARLAND L, REIBER G. Factors influencing disease self-management among veterans with diabetes and poor glycemic control [J]. J Gen Intern Med, 2007, 22 (4): 442-447.

[13] YUDKIN J S. To: Gerstein HC, Pogue J, Mann JFE, Lonn E, Dagenais GR, McQueen M, Yusuf S, for the HOPE investigators (2005) The relationship between dysglycaemia and cardiovascular and renal risk in diabetic and non-diabetic participants in the HOPE study: a prospective epidemiological analysis. Diabetologia 48: 1749-1755 [J]. Diabetologia, 2006, 49 (3): 611-612.

[14] PUNTHAKEE Z, WERSTUCK G H, GERSTEIN H C. Diabetes and cardiovascular disease: explaining the relationship [J]. Rev Cardiovasc Med, 2007, 8 (3): 145-153.

[15] GAEDE P, LUND A H, PARVING H H, et al. Effect of a multifactorial intervention on mortality in type 2 diabetes [J]. N Engl J Med, 2008, 358 (6): 580-591.

[16] 陈灏珠, 林果为. 实用内科学 [M]. 上海: 人民卫生出版社, 2011: 1044.

[17] MOHIUDDIN S M, MOOSS A N, HUNTER C B, et al. Intensive smoking cessation intervention reduces mortality in high-risk smokers with cardiovascular disease [J]. Chest, 2007, 131 (2): 446-452.

[18] 中国 2 型糖尿病防治指南 (2017 年版)[J]. 中国实用内科杂志 [J], 2018, 38 (4): 292-344.

[19] 诸骏仁, 高润霖, 赵水平, 等. 中国成人血脂异常防治指南 (2016 年修订版)[J]. 中国循环杂志, 2016,

31 (10): 937-953.
[20] 刘遂心, 丁荣晶, 胡大一. 冠心病康复与二级预防中国专家共识 [J]. 中华心血管病杂志, 2013, 41 (4): 267-275.
[21] SVACINOVÁ H, NOVÁKOVÁ M, PLACHETA Z, et al. Benefit of combined cardiac rehabilitation on exercise capacity and cardiovascular parameters in patients with type 2 diabetes [J]. Tohoku J Exp Med, 2008, 215 (1): 103.
[22] 杨文超. 运动疗法对糖尿病干预的研究进展 [J]. 养生保健指南, 2018,(13): 271.
[23] 牛衍龙, 陈德明. 运动治疗 2 型糖尿病训练学处方制定的分析 [J]. 哈尔滨体育学院学报, 2015, 33 (3): 91-96.
[24] 王正珍. ACSM 运动测试与运动处方指南 (译)[M]. 北京: 人民卫生出版社, 2012: 275-281.
[25] 卓大宏. 中国医学百科全书运动医学 [M]. 上海: 上海科学技术出版社, 1983: 100.
[26] U. S. Department of Health and Human Services. 2008 Physical Activity Guidelines for Americans [EB/OL]. http://www. health. gov/paguidelines.
[27] TANISHO K, HIRAKAWA K. Training effects on endurance capacity in maximal intermittent exercise: comparison between continuous and interval training [J]. J Strength Cond Res, 2009, 23 (8): 2405-2410.
[28] GARBER C E, BLISSMER B, DESCHENES M R, et al. American College of Sports Medicine position stand. Quantity and quality of exercise for developing and maintaining cardiorespiratory, musculoskeletal, and neuromotor fitness in apparently healthy adults: guidance for prescribing exercise [J]. Med Sci Sports Exer, 2011, 43 (7): 1334-1359.
[29] DEMPSEY P C, LARSEN R N, SETHI P, et al. Benefits for type 2 diabetes of interrupting prolonged sitting with brief bouts of light walking or simple resistance activities [J]. Diabetes Care, 2016, 39 (6): 964-972.
[30] BISWAS A, OH P I, FAULKNER G E, et al. Sedentary time and its association with risk for disease incidence, mortality, and hospitalization in adults: a systematic review and meta-analysis [J]. Ann Intern Med, 2015, 162 (2): 123-132.
[31] 中国康复医学会心血管病专业委员会, 中国老年学学会心脑血管病专业委员会. 慢性稳定性心力衰竭运动康复中国专家共识 [J]. 中华心血管病杂志, 2014, 42 (9): 714-720.
[32] 王瑞云, 李红. 糖尿病患者的中医养生 [J]. 中国疗养医学, 2012, 21 (12): 1108-1110.
[33] 范文昌, 梅全喜. 辨体质药膳养生 [J]. 亚太传统医药, 2017, 13 (3): 43-45.
[34] 沈意娜, 刘宇, 何巧. 中医传统功法应用于 2 型糖尿病患者的研究进展 [J]. 中华现代护理杂志, 2016, 22 (12): 1656-1659.
[35] 张宝玲. 传统健身功法对冠心病患者心脏康复的研究进展 [J]. 医疗装备, 2016, 29 (11): 203-204.

第三节　血脂异常

血脂是血浆中所有脂质的总称，包括脂肪酸（fatty acid，FA）、甘油三酯（triglyceride，TG）、总胆固醇（total cholesterol，TC）和磷脂（phospholipid，PL）。血浆中的胆固醇又分为游离胆固醇（free cholesterol，FC）和胆固醇酯（cholesterol ester，ChE），两者统称为血浆总胆固醇（total cholesterol，TC）。与临床密切相关的血脂主要是 TC 和 TG。血脂不溶于水，必须与特殊载脂蛋白（apolipoprotein，Apo）结合形成脂蛋白才能被运输至组织进行代谢。脂蛋白主要包括乳糜微粒（chylomicron，CM）、极低密度脂蛋白（very low density lipoprotein，VLDL）、中密度脂蛋白（intermediate density lipoprotein，IDL）、低密度脂蛋白（low density lipoprotein，LDL）和高密度脂蛋白（high density lipoprotein，HDL）。其中，与心血管疾病密切相关的载体主要为低密度脂蛋白和高密度脂蛋白。LDL 是胆固醇的主要载体，经 LDL 受体介导而被外周组织摄取和利用，引起大量胆固醇沉积于血管壁，导致血管狭窄，是独立的动脉粥样硬化危险因素。HDL 能够将血管壁内胆固醇转运至肝脏进行分解代谢，减少胆固醇在血管壁的沉积，起到抗动脉粥样硬化的作用。

一、血脂异常的概念

血脂异常又称为高脂血症，通常表现为甘油三酯、总胆固醇、低密度脂蛋白胆固醇（LDL-C）和 $ApoB_{100}$ 升高，高密度脂蛋白胆固醇（HDL-C）、ApoA Ⅰ、ApoA Ⅰ/$ApoB_{100}$ 比值和 ApoA Ⅱ下降。通常根据引起血脂异常的原因分为原发性高脂血症和继发性高脂血症。原发性高脂血症主要是由于脂代谢相关基因缺陷和获得性因素所致，具体机制尚不明确。而引起继发性高脂血症的主要疾病有糖尿病、甲状腺功能减退、肝肾疾病、系统性红斑狼疮、骨髓瘤、急性卟啉病等。此外，某些药物如利尿剂、β 受体阻滞剂、糖皮质激素等及高脂饮食、体重增加、增龄、雌激素缺乏都可以引起血脂增高。临床所见的血脂异常患者多数同时合并有高血压、糖尿病、肥胖、冠心病等。因此，肥胖、高血压、胰岛素抵抗和代谢综合征也是脂质异常的主要危险因素。

血脂异常根据临床常见类型简易分类，可分为 4 类：高胆固醇血症、高甘油三酯血症、混合性高脂血症及低 HDL-C 血症。高胆固醇血症主要是以血浆中总胆固醇升高为主；高甘油三酯血症是以血浆中甘油三酯增高为主；混合性高脂血症是以血浆中总胆固醇和甘油三酯同时升高为主；低 HDL-C 血症是以高密度脂蛋白胆固醇降低为主。

二、血脂异常的危险分层和控制目标

血脂异常是 ASCVD 最主要的危险因素，其中，LDL-C 或 TC 水平对个体或群体 ASCVD 发病危险具有独立的预测作用，但是 ASCVD 总体危险并不是胆固醇水平和其他危险因素独立作用的简单叠加，而是胆固醇水平与多个危险因素复杂交互作用的共同结果。因此，总体心血管危险评估是血脂异常治疗决策的重要前提；同时，也有助于临床医师针对多重危险因素，根据每个患者自身的特点制订出个体化的综合治疗方案，从而最大限度地降低患者 ASCVD 总体危险。目前，国内外发布的血脂异常防治指南的核心内容均包括 ASCVD 发病总体危险的评估方法和危险分层的标准。根据《2011 ESC/EAS 血脂异常管理指南》对高血脂的冠心病人群危险分层，可分为 4 层，将心血管疾病（cardiovascular disease，CVD）、合并靶器官损害的 2 型或 1 型糖尿病、中重度肾功能不全[肾小球滤过率（glomerular filtration rate，GFR）<60ml/（min·1.73m^2）]、冠心病危险评分>10% 的患者归为极高危患者；单个危险因素显著升高、5% ≤ SCORE 评分<10% 患者为高危患者；1% ≤ SCORE 评分<5% 为中危患者；SCORE 评分<1% 为低危患者。对于极高危患者指南建议 LDL-C 的治疗目标值<1.8mmol/L（70mg/dl）和 / 或 LDL-C 下降>50%；高危患者建议 LDL-C 的治疗目标值<2.5mmol/L（100mg/dl）；中危患者建议 LDL-C 的治疗目标

值<3.0mmol/L（115mg/dl）。在《中国成人血脂异常防治指南（2016年修订版）》中更明确地定义了极高危和高危人群，指出ASCVD患者直接列为极高危人群。只要符合以下任何1项条件者，可直接列为高危人群：① LDL-C ≥ 4.9mmol/L 或 TC ≥ 7.2mmol/L；②糖尿病患者合并 1.8mmol/L ≤ LDL-C<4.9mmol/L 或 3.1mmol/L ≤ TC<7.2mmol/L 且年龄 ≥ 40岁。具有以下任意2项及以上危险因素者，也定义为高危：①收缩压 ≥ 160mmHg 或舒张压 ≥ 100mmHg；②非-HDL-C ≥ 5.2mmol/L（200mg/dl）；③ HDL-C<1mmol/L（40mg/dl）；④ BMI ≥ 28kg/m^2；⑤吸烟。这意味着有ASCVD病史者、存在多项ASCVD危险因素（如高血压、糖尿病、肥胖、吸烟）的人群、有早发性心血管疾病家族史者（指男性一级直系亲属在55岁前或女性一级直系亲属在65岁前患缺血性心血管疾病）、家族性高脂血症患者及皮肤或肌腱黄色瘤及跟腱增厚者都应是血脂检查的重点对象，特别是患有高血压和糖尿病的患者。《中国成人血脂异常防治指南（2016年修订版）》指出，为了及时发现血脂异常，建议20~40岁成年人至少每5年检查1次血脂（包括TC、LDL-C、HDL-C和TG）；40岁以上男性和绝经期后女性每年检查1次血脂；ASCVD患者及其高危人群，应每3~6个月检查1次血脂。因ASCVD住院患者，应在入院时或入院24小时内检测血脂，做到早发现、早治疗。

三、血脂异常的干预

（一）西医治疗

在血脂异常方面，临床医师应根据个体ASCVD危险程度，结合血脂水平进行全面评价来决定是否启动药物调脂治疗。一般临床首选的调脂药物是他汀类药物。他汀类药物属于β-羟基-β-甲戊二酸单酰辅酶A（β-hydroxy-β-methylglutaryl-CoA，HMG-CoA）还原酶抑制剂。HMG-CoA还原酶是肝内合成胆固醇的必需物质，他汀类药物可抑制上述还原酶作用，在减少肝脏合成胆固醇的同时，还能增加LDL-C受体数量和活性、增加血清胆固醇的清除，进一步降低血清TC水平。他汀类药物除了调脂作用以外，还具有稳定、缩小动脉粥样斑块、改善血管内皮功能、抗炎症、抗氧化、抑制动脉平滑肌细胞（smooth muscle cell，SMC）增殖和迁移、抑制凝血、促进纤溶、抗血小板聚集、减少血栓形成等作用。因此，他汀类药物也是冠状动脉粥样硬化性心脏病一级预防和二级预防的一线药物。在一级预防中，长期服用他汀类药物能使有动脉粥样硬化危险因素而尚未发展为冠心病的人群延缓动脉硬化的发展，使全因死亡率减少10%，心血管疾病死亡率减少20%。在二级预防中，长期服用他汀类药物能延缓、逆转动脉硬化的发展，减少高血压、冠心病等患者心脑血管意外事件和死亡，使24%~40%冠心病患者避免搭桥或介入治疗。因此，他汀类药物在心血管疾病防治中的作用是不可替代的。

研究表示，具有高血压等动脉粥样硬化多种危险因素的人群，作为动脉粥样硬化或冠心病的一级预防时建议采用小剂量他汀类药物治疗。降脂目标为：TC降至5.20mmol/L（200mg/dl）以下，LDL-C降至3.12mmol/L（120mg/dl）以下。对于冠心病、靶器官损害、肾功能不全、糖尿病、心肌梗死、不稳定型心绞痛或其他动脉粥样硬化等高危和极高危心血管疾病患者，欧美学者建议采用大剂量他汀类药物治疗。降脂目标为LDL-C降至1.8mmol/L（70mg/dl）以下，即使LDL-C基线值较高不能达目标值，LDL-C至少降低50%；而原来血脂在正常水平者，也应把治疗前的低密度脂蛋白胆固醇进一步降低30%~40%。根据若干大型临床研究结果证实，强化降脂治疗可以进一步减少高危患者的心脑血管意外事件发生率和死亡率，并且总体上认为安全可行。

降脂作用强度随剂量增加而增强，一般剂量增加一倍，血清 LDL-C 能进一步降低 6% 左右。但大剂量应用他汀类药物，副作用的发生率明显增加，主要造成肝功能、骨骼肌和神经三个方面的损害。因此，高危、极高危患者服用大剂量他汀类药物应当十分谨慎。如果在治疗过程中出现转氨酶明显增加，或者出现肌无力或肌痛，并明确除外由高强度运动、肌肉外伤、肌肉炎、皮肌炎等其他疾病所致，或者出现外周神经病或认知功能损害等神经症状并排除糖尿病、肾功能不全、乙醇滥用、维生素 B_1 或维生素 B_{12} 缺乏、癌症、甲状腺功能减退、获得性免疫缺陷综合征、莱姆病或重金属中毒等疾病时，应停用或减量使用他汀类药物。当出现可耐受的皮疹、头痛、胸痛、恶心、呕吐、腹泻等轻微副作用时，一般不影响继续服药。多数学者建议服用后 1~3 个月时监测一次肝功能，如转氨酶正常，以后不必再重复或常规定期监测肝功能。在服用他汀类药物时，如同时服用同样依赖细胞色素 P450 同工酶 CYP3A4 代谢的贝特类药物、烟酸、CCB 类抗高血压药、氯吡格雷、地高辛、华法林、胺碘酮及大环内酯类抗生素、抗真菌药时，应减少他汀类药物剂量，并应和他汀类药物错时服用，密切观察对肌肉和肝脏的副作用。

（二）中医治疗

尽管他汀类药物已作为动脉粥样硬化性疾病治疗的基石，但一项研究发现，采用最优降脂方案的 9 950 例血脂异常的冠心病患者，在服用他汀类药物治疗后仍有 30% 的患者低密度脂蛋白胆固醇没有达标。南非的 DYSIS 研究数据显示，在纳入的 1 000 名服用足量他汀类药物的患者中，仍有 50.3% 患者没有达到他们的 LDL-C 目标水平，而在高危患者中，73.5% 的患者没有达到 LDL-C 目标水平。中药治疗血脂异常有传统的优势，采用中药联合西药干预有可能发挥更大的作用。

中医在预防和治疗高脂血症方面做了大量研究。血脂异常在中医学中并没有确切的病名，按照其临床表现将血脂异常归属于“痰浊”“血瘀”“湿浊”“肥胖”范畴。其产生与肝脾肾三脏关系最为密切，主要的病因病机是因肝脾肾亏虚，肝胆气机失调，肝失疏泄，脾升胃降失调，运化失司，清浊难分，凝而为脂、为痰；又因胆郁结不畅，失去清净之府的功能，脂浊难化而生痰瘀；属本虚标实之证。朴胜华收集了 316 例血脂异常患者，发现血脂异常的最常见 5 个证型，分别为肝郁脾虚、肝肾阴虚、脾肾阳虚、痰浊内阻、阴虚阳亢。唐大晅等研究了 200 多例临床资料，应用因子分析法、典型相关分析法，发现脾肾阳虚、痰浊瘀血证候的患者占 70%。

在单味药中，研究发现，含有大豆异黄酮成分的山楂、柚肉均可以通过抑制酰基辅酶 A-胆固醇酰基转移酶，进而减少肠道胆固醇的吸收和胆固醇酯的合成。含有皂苷类成分的中药如柴胡、人参、党参、绞股蓝、三七、西洋参、知母、刺五加等也可以降低高脂饲料喂养的小鼠血清中 TC、LDL-C 和 TG 水平，提高 HDL-C 水平。含有蒽醌衍生物的决明子可以促进肝细胞中胆固醇转化成胆汁酸，同时提高肝细胞中 LDL 受体的活性，促进 LDL 与 LDL 受体相结合，从而促进 LDL 的消除。在血脂异常临床治疗中，脾虚明显者多选用具有益气健脾功效的黄芪、白术等；风痰明显者多选用熄风化痰的天麻、钩藤和僵蚕等；气滞血瘀较明显者可选用柴胡、陈皮、丹参、香附等理气活血；肾气亏虚者可用制附子、肉桂、山药等补肾化痰湿；药理机制研究表明，以上中药均可促进血浆脂蛋白的转运和血脂清除，抑制 TC 吸收，促进 TC 排泄，提高血浆高密度脂蛋白及载脂蛋白 A 的作用。

在中成药中，血脂康胶囊可用于治疗脾虚痰凝血脂异常的患者。研究发现，1 200mg/d 和 2 400mg/d 治疗 4~12 周可使非 HDL-C 降低约 24%、使 LDL-C 降低约 27%，治疗第 8 周开始，高剂量组 LDL-C 比低剂量组 LDL-C 进一步降低约 4.6%。还有临床常用的绞股蓝总苷片和降脂通脉胶囊也都主要作用于脾虚痰凝的患者，均能够显著降低血清中 TC、LDL-C 和 TG 水平，并且升高 HDL-C 水平。中成药脂脉康胶囊和脂必妥均具有理气活血的作用，脂脉康胶囊不仅降低血脂水平，还能抑制脂质氧化修饰，阻止内皮细胞分泌内皮素，而使内皮细胞持续释放一氧化氮，改善内皮功能。脂必妥是一种天然 HMG-CoA 还原酶抑制剂，其可以阻止内源性胆固醇的合成，从而降低血清胆固醇水平。降脂灵片和脂康颗粒主要是治疗血脂异常肝肾阴虚的患者，降脂灵片可以补肝益肾、养血明目；脂康颗粒可以滋阴清肝养肾、活血通络。松龄血脉康胶囊不仅可以用于阴虚阳亢的高血压患者，还可以用于阴虚阳亢的高脂血症患者，能明显降低 TC、TG 水平，升高 HDL-C 水平，调节脂代谢，阻止血脂质在血管内壁沉积，增强免疫功能，起到降低血脂、血液黏度及减轻血小板聚集的作用。

（三）非药物治疗

血脂异常明显受饮食及生活方式的影响，饮食治疗和生活方式改善是治疗血脂异常的基础措施。《中国成人血脂异常防治指南（2016 年修订版）》Ⅰa 类推荐：无论是否进行药物调脂治疗，都必须坚持控制饮食和改善生活方式。良好的生活方式包括坚持心脏健康饮食、规律运动、远离烟草和保持理想体重。

（1）控制饮食：人体内血脂有内源性和外源性两大来源途径。内源性血脂是指人体的肝脏等组织中细胞自身分泌、合成的血脂成分，约占总血脂的 70%。外源性血脂就是指食物中摄入的血脂成分，约占总血脂的 30%。正常情况下，外源性和内源性血脂相互制约，当人体从食物中摄入脂类食物后，外源性血脂水平升高，相应内源性血脂分泌就会减少，反之亦然，这样可以使人体血脂维持在一个相对平衡、稳定的状态。但是，若长期生活饮食习惯不良，如高脂、高热量食物大量摄入，会导致血脂代谢紊乱，血脂升高。

在日常食物中，主要有两类脂肪家族。第一类是饱和脂肪酸和反式脂肪酸，前者主要存在于肥肉中，后者主要在人造黄油、奶油、奶茶中。过量的摄入会导致血脂的增高，应减少和避免食用。第二类是单不饱和脂肪酸和多不饱和脂肪酸，如植物油、深海鱼油等，这些不会升高甘油三酯水平，同时还能起到降血脂的作用。

此外，含糖量高的食物也会引起血脂的升高，因为糖类的过多摄入会在体内转化为脂肪，导致脂肪堆积。此外，研究发现过量乙醇摄入也是高脂血症的一大元凶，酒类能激活脂肪酶，使脂肪酸释放入血；能消耗辅酶，使脂肪酸氧化不足，转化为甘油三酯；同时还会抑制血液中低密度脂蛋白的清除，诱发高脂血症。而富含优质蛋白质的食物和纤维素含量高的食物则对体内血脂影响较小。因为蛋白质摄入后，大部分转化为氨基酸，进一步在人体内合成所需的蛋白质。食用纤维素含量高的食物可减缓消化速度，并且通过增加肠道蠕动加速排泄体内多余的胆固醇，可使血液中的血糖和胆固醇控制在最理想的水平。因此，平时应该多食入富含优质蛋白质的鱼、禽、瘦肉、牛奶等和纤维素含量高的芹菜、竹笋、四季豆、韭菜、油菜、黄瓜等食物。

（2）运动干预：对于高脂血症的患者指南推荐不仅要改善饮食习惯，还要加强运动锻炼。研究观察表明甘油三酯与运动量关系密切，在一定范围内，运动量越大，甘油三酯降低程度越多。让不运动的患者进行 3~4 个月的运动，运动前甘油三酯正常者运动后变化不大，而高甘油三酯者则明显降低；并且运动还可以使高密度脂蛋白升高，对血管和心脏起到保护作用。综上所述，通过运动是可以调节血脂的。

一项荟萃分析发现，太极拳锻炼能显著降低血清甘油三酯，且有降低总胆固醇的趋势，但是对于低密度脂蛋白胆固醇和高密度脂蛋白胆固醇未有明显影响。健身气功八段锦也可以改善甘油三酯、总胆固醇、低密度脂蛋白胆固醇及 ApoB，可以调节脂质代谢，防治高脂血症。荟萃分析发现，五禽戏气功对健康成年人血脂有一定的改善作用，尤其对总胆固醇降低效果明显。

血脂异常人群应当科学地进行运动，选择合适的运动方式、运动强度及运动时间。运动方式包括有氧运动、抗阻运动和柔韧性运动。有氧运动如走跑锻炼、打乒乓球、打羽毛球、游泳和骑自行车等，抗阻运动包括上下肢体的力量训练，而柔体运动则包括瑜伽、健身操等，这些运动形式的侧重点不同，交替训练效果可能会更好。血脂异常人群一定要选择合理的运动强度，才能取得良好的效果，并且减少心脑血管意外的发生。通常推荐中等强度的运动量，由于每人的运动耐量不同，一般以稍有疲劳感的强度为宜，以后可循序渐进；也可以用心率进行估计，以最大摄氧量为 60%、心率为 100~120 次 /min 的有氧耐力运动最佳。运动时间推荐每次 30~60 分钟，运动前应当做 5~10 分钟的准备活动，运动后应有 5~10 分钟的整理活动。建议中等强度以上的运动每周进行至少 5 次以上，并且运动应在饭前进行。因为脂肪是身体中最高效的能量储存库，而能量的利用主要通过有氧耐力运动，在长时间耐力运动中，人体大量利用脂肪供应能量，使血清中甘油三酯水平降低；同时，长时间有氧耐力运动导致身体消耗增加，恢复过程中也需要消耗胆固醇。

运动疗法因费用低廉、简便易行，是防治血脂异常安全有效的方法。虽然运动对于高脂血症的患者是有益的。但是，也并不是所有的患者都适合采用运动疗法，比如合并有严重心功能不全或恶性心律失常等的患者，不宜采用运动疗法。

对于非药物治疗者，开始 3~6 个月应复查血脂水平，如血脂控制达到建议目标，则继续非药物治疗，但仍须每 6 个月 ~1 年复查一次，长期达标者可每年复查 1 次。

四、血脂异常的中医养生

血脂异常除了药物治疗、饮食控制、坚持运动外，还应注重中医养生。

研究发现，药茶具有很好的降脂效果。普洱茶是中国云南省特有的饮用茶品种，由大叶晒青毛茶经过特殊工艺加工而成。普洱茶中主要含有茶多酚、茶多糖、生物碱、氨基酸、维生素类和矿物元素等多种成分，其中以茶多酚、茶多糖类为主要的生物活性成分。研究表明，普洱茶可以调节高血脂动物模型的血脂水平、延缓动脉粥样硬化等心血管疾病的发病进程，是防治血脂异常最有效的药茶。研究发现患有高血脂的老人在饮用黑茶后，血液中的 TC、TG 水平降低，体内过氧化脂质的活性下降。苦丁茶是我国民间传统的“代用茶”品种。它内含丰富的苦丁茶苷类、鞣质、氨基酸、黄酮类和多种维生素、矿物质等成分，具有清热解毒、健胃消积、止咳化痰的功效。研究发现苦丁茶能显著降低血清和肝脏脂质的含量，使大鼠肝脏脂质的含量下降。能降脂的养生茶还有寄生调脂茶、山楂荷叶茶、首乌丹参茶、菊花山楂茶等。中医养生调脂，药茶可能最为简单有效。

中医养生中，针灸在防治血脂异常方面也具有潜在优势。研究发现，针灸治疗高脂血症主要以特定腧穴为主，较常用的腧穴为丰隆、足三里、三阴交、内关与天枢穴，特定腧穴以络穴、五输穴（井穴、荥穴、输穴、经穴、合穴）、交会穴、募穴、八脉交会穴、背俞穴和原穴为主。

临床上除了针灸以外，艾灸还可以通过温热刺激激发人体经络之正气加速机体 TG 代谢，降低 LDL-C 含量，提高周围组织对胰岛素的敏感性，调整胰岛素分泌功能，改善胰岛素抵抗，从而达到调脂、降糖的作用。研究表明，艾灸神阙穴能显著降低高脂血症患者血清 TG 水平。艾灸足三里和悬钟可降低血清 TG 和 TC 的水平。

总之，高脂血症的患者不论是否服用药物治疗都一定要控制饮食、坚持运动，注重中医养生，辅助调理，这样才能取得满意的疗效。

（王肖龙）

第四节　冠心病介入治疗术后

一、冠心病介入治疗流行病学

冠心病（coronary artery heart disease，CHD）尤其是急性心肌梗死（acute myocardial infarction，AMI）作为全球广泛流行的疾病，亦是全球心血管疾病中最重要的致死原因之一。急性心肌梗死是指因严重的心肌缺血所致的部分心肌急性坏死，在临床上常表现为胸痛。目前，许多冠心病患者因接受经皮冠脉介入术（percutaneons coronary intervention，PCI）而得以生存。PCI 是急性心肌梗死患者的重要治疗手段，它能迅速恢复冠状动脉的血液循环，改善心肌缺血，挽救心功能。根据国家卫生健康委员会冠心病介入治疗注册数据，2017 年我国冠心病介入治疗总例数为 753 142 例（数据暂不含香港特别行政区、澳门特别行政区和台湾省），较 2016 年增长 13%。平均植入支架数为 1.47 枚。尽管总量在不断地增长，但术后仍有可能再次出现心肌梗死症状而影响预后。不健康的生活方式和心血管疾病危险因素都可以加快冠状动脉再狭窄进程。对美国约 785 000 名急性心肌梗死患者的研究发现，约 22% 的 65 岁以上介入治疗术后患者会再发心肌梗死或出现致死性冠心病。与此同时，由于冠心病是一种慢性迁延性疾病，很多心肌梗死患者由于未能坚持服药及控制相关危险因素，术后冠状动脉再狭窄率依然很高，加之心肌梗死后并发症（如栓塞、室壁瘤、心功能不全等）致使多数患者处于带病生存状态，术后反复心绞痛发作，运动耐量下降，心理处于焦虑、抑郁状态，严重影响患者生活质量。那么，如何控制危险因素、降低发病率，减少再发心血管事件、改善生活质量、维持患者正常社会功能呢？答案就是正在我国快速发展的心脏康复。

二、冠心病介入治疗术后心脏康复在国内外的研究进展

1973 年，Wenger 等总结了住院期间的心脏康复方案，首次发表了以运动疗法为基础的急性心肌梗死康复程度疗法，被认为是心血管医学发展的里程碑。随后，心脏康复运动疗法从最初的消极观点逐步转变为一种新型的治疗方式，内容也从简单的预防心血管事件发展到多方面、多层次的干预。Niebauer 等研究发现，心脏康复运动疗法用于急性心肌梗死 PCI

术后能显著降低患者热激蛋白的抗体水平，且在减少术后自身免疫方面较他汀类药物治疗效果更显著。亦有研究证实，心脏康复能减少再狭窄急性心肌梗死患者 PCI 术后血栓形成、内膜增生，并促进血管重构，增加冠状动脉血流的切应力，促进氧化亚氮介导具有完整内膜的冠状动脉扩张，从而加速心脏的康复，减少并发症及不良反应，对患者的预后均有积极意义。另有研究表明，心脏康复能改善 PCI 术后患者的心功能，增加运动能力，改善其心肺功能，从而提高生活质量。临床研究数据显示，心脏康复运动治疗能巩固和提高急性心肌梗死 PCI 术后患者的疗效，减少心血管死亡率，同时能减少术后心绞痛的发作、降低再次住院率、再次促进血运重建等，这不仅可减少患者治疗中的痛苦、增加治疗依从性、提升临床疗效、改善患者预后和生活质量，还可节约大量医疗成本和医疗资源，对医疗资源的合理分配和减轻患者的经济负担均具有重要价值，为心脏康复运动治疗用于急性心肌梗死行急诊 PCI 术后的辅助治疗提供客观指标支持。Choi 等以急性心肌梗死 PCI 术后患者为研究对象，随机分为两组分别予以常规治疗联合心脏康复运动治疗和常规治疗，并对其心理状态和社会适应能力进行比较性研究，结果表明，心脏康复运动治疗有助于急性心肌梗死 PCI 术后患者克服焦虑、抑郁等不良情绪，提升自信和社会适应能力，有利于其回归家庭生活和工作。这为心脏康复运动治疗在急性心肌梗死 PCI 术后患者治疗中的应用提供心理康复的数据支持。同阶段，诸多研究者均从不同方向对心脏康复运动治疗应用于急性心肌梗死 PCI 术后患者康复治疗的可行性和价值进行了研究，虽然研究数据存在一定的差异，但研究结论均一致，表明在急性心肌梗死 PCI 术后常规治疗的基础上予以心脏康复运动治疗对患者术后的安全性、手术治疗的依从性、心理状态及生活质量的改善均具有积极意义。

心脏康复是心血管疾病治疗的一个组成部分，而且是药物、手术、支架治疗无法替代的重要一环。美国心脏病学会、AHA 已将心脏康复作为ⅠA 类推荐写入指南中。有研究表明，接受心脏康复的 PCI 患者再狭窄率明显降低。PCI 术后心脏康复可以缩短住院时间、减少并发症、提高和改善生活质量。

三、冠心病介入治疗术后心脏康复的具体内容

目前，国内外指南建议的心脏康复训练的五大处方如下。

（1）药物处方：合理用药。

（2）运动处方：定期体育活动。

（3）心理处方：良好的心态。

（4）营养处方：控制体重、控制饮食。

（5）戒烟限酒。

在实施心脏康复过程中要鼓励患者坚持参与，任何能够改善生活方式风险因素的干预都可考虑作为心脏康复项目的内容，比如戒烟、步行等；参与心脏康复项目应该考虑家庭成员和护理者在患者康复中发挥的作用。护理者在处理其家庭成员的心脏疾病时可能会遇到某些问题，专业医务人员可以考虑组成护理支持小组以提供帮助。此外，每一个患者都是独立的个体，因此心脏康复项目应该注意个体化及多样化。医师应根据评估结果来调整康复计划，根据患者需求提供针对性的干预。对可能继续工作的心脏康复患者应该同时考虑职业康复干预，以助于患者重回工作岗位。

1. **规范的药物治疗**　为了预防 PCI 术后出现各种问题影响患者预后，需要强调对患者

的后续用药治疗。主要药物有：①扩张冠状动脉类药物，可以扩张冠状动脉、预防冠状动脉痉挛、防止或缓解心绞痛和心肌梗死，代表药物有硝酸甘油；②抗血小板药，最常应用的是阿司匹林，其廉价易得，副作用低，便于长期应用；此外还有其他抗血小板药，如氯吡格雷等；③β受体阻滞剂，可以降低心率而降低心肌摄氧量，预防心肌缺血及预防猝死，代表药物有美托洛尔；④钙拮抗药，代表药物有地尔硫䓬；⑤抗心律失常药，合并心律失常时应用；⑥其他药物，还有抗高血压药及调节血糖、血脂的药物，用以控制血压、血糖、血脂。

2. **运动康复**　运动疗法作为心脏康复最经典的治疗方式，其内容、方案和实施都已经得到广泛的公认。

(1)运动康复分期：冠心病的运动康复一般可分为3个阶段，即院内康复期、院外早期康复期及院外长期康复期。①院内康复期：医院康复有助于患者身体康复和日常生活能力的恢复，并实现基本生活的自理。文献研究表明，患者术后3天内无严重并发症发生即可开始运动康复。急性心肌梗死后3天危险分层的低风险和中风险的患者可以开始运动康复治疗。每名患者在这一时期的运动康复计划是不同的，病情严重、预后差的患者应该缓慢开展运动康复，相反，可以适当加快程序。运动康复应循序渐进，从床上被动运动开始，逐步进行床边站立、自行如厕、病房内步行锻炼等。本期患者的运动康复必须全程在心电和血压监护下进行。运动时间为5~20分钟，运动强度控制在静息心率增加20次/min左右，同时患者没有任何不适主诉(博格评分<12分)。心率增加大于20次/min或出现任何不适情况，应该立即停止活动，视患者的具体情况调整运动程序。②院外早期康复期：本期为运动康复的核心阶段，在出院后1~12周进行。冠心病患者运动康复方案必须以患者实际情况为依据来制订，即个性化原则，但仍应该遵循普遍性的指导原则，这对AMI患者的运动康复有重要的指导意义。③院外长期康复期：为患者发生心肌梗死事件半年后进行的运动康复活动，是前期运动康复的延续。这一时期的关键是保持健康的生活方式和锻炼习惯，进一步降低心肌梗死或其他心血管疾病复发的风险。

(2)运动训练方式：运动训练根据患者的心功能分级、冠状动脉的病变程度、自觉的劳累、血压、心率等一些生理指标，采用步行、骑车、慢跑等强度不高的有氧运动。中国心肌梗死参考方案表明，下肢运动较上肢运动更加有效，上下肢同时参与或者交替进行的运动，比上肢或下肢单独运动的效果要好，应该鼓励患者采取多种多样的运动，比如爬山、游泳等。

(3)运动处方的制订：根据个体具体的情况采取针对性的运动处方，并随时根据个体对运动处方的反应采取及时地调整。运动处方有以下几个要素：运动方式、运动量(运动的强度、时间、频率)和一些注意事项。其中，最重要的部分应该是运动强度，比如运动强度过低时，就起不到对患者心血管中心效应及周围效应的作用；当患者运动量过度时，又会使心血管负担过重，从而引发心血管事件。运动强度需要康复医师依据运动评估实验来制订。运动强度分为三个等级(低等强度、中等强度和较大强度)，日常运动中常根据心率的变化作为衡量运动强度的标准。冠心病患者进行低等强度至中等强度的运动均可达到锻炼目的，需要注意的是，锻炼必须要有三个阶段，每个阶段都不可缺少，即活动准备阶段、活动训练阶段及活动恢复阶段，判断一次运动的强度是否合适，最普遍的方式是身体稍出汗、呼吸轻度加快但是又不影响交谈的运动，每周3~5次为宜。每次运动30~40分钟为宜，运动准备阶段5~10分钟；运动训练阶段15~20分钟，就可达到预定的心率；活动恢复阶段也需要5~10分钟，不可或缺；运动的原则：循序渐进，不可突然高强度运动，要持之以恒、运动适度，切忌过量运动。同时，方便易行、经济可行也是衡量标准之一，可有效地使患者坚持下去。

3. **增强型体外反搏**（enhanced external counterpulsation，EECP）　EECP能作为PCI后的辅助治疗，可以降低再狭窄的发生。Lawson WE等报道，选取24例PCI后1个月内患者，随机分为反搏组及单纯药物组，反搏组在药物治疗基础上给予反搏治疗，观察终点是6个月内主要心脏事件发生率，包括心肌梗死、血管重建术、造影示再狭窄、心血管死亡，对于目标区心肌同时利用显像复检，结果提示反搏组发生心脏事件比例为2/15（13%）、药物组为4/9（44%），说明EECP有减少支架术后再狭窄的倾向。EECP治疗冠心病的标准疗程是根据国内外研究并结合临床实践而制订的，其标准方案为每次1~2小时，每天1次，共36小时。通常建议半年后，重复治疗36小时。

4. **生活方式的改变**　生活方式的改变可以让生活质量大大提高。引发心血管疾病的危险因素很多，比如高血压、高胆固醇、高血糖，以及肥胖、吸烟、大量饮酒、缺乏锻炼等，这些危险因素会在心脏疾病的恢复阶段引发再梗等严重问题。控制这些危险因素的主要手段包括控制体重，管理血压、血糖，纠正脂质代谢异常，引导戒烟，帮助患者解除精神紧张，以及为患者争取社会支持等。

5. **心理社会康复**　心血管疾病的发生、发展与患者的心理因素相互影响，故CHD作为心身疾病早已得到医学界的公认。现代医学认为医疗工作必须包括解除躯体疾病和心理行为两个内容，两者紧密相连而不能分割。据国内外大量研究资料报道，心理行为治疗对CHD患者的康复是肯定的，经心理康复治疗者抑郁、焦虑情绪及自我效能感都明显进步；心理行为治疗还可有效改善心功能，控制心率，降低外周阻力和减少心脏并发症。CHD在社会心理方面的危险因素包括生活应激、A型行为模式、重型抑郁、焦虑、工作压力过大、缺乏社会支持等。抑郁、焦虑等负性情绪在CHD患者中普遍存在，这些负性情绪常预示不良的预后和康复效果，降低患者的生活质量，且长期的负性情绪会增加患者的死亡率。心理干预有常规护理、教育讲解、行为疗法、认知行为疗法、放松训练、支持疗法和集体疗法等。近年来，社会支持作为可重复利用的外部资源一直受到康复医学的关注，它与人的身心健康密切联系。Kähkönen等认为CHD患者所获得的社会支持越多，越常采用对疾病康复有促进作用的应对方式，获得的社会支持越少，越常采用消极应对方式。综上所述，心理社会康复治疗在心脏康复中正扮演着越来越重要的角色。

6. **职业康复**　职业康复是协助患者最大限度地达到功能恢复、重返工作岗位的多程序的医疗手段，内容包括评估患者心功能级别和病情预后、观察患者学习新技术和对新生活方式的适应能力、帮助患者恢复工作和掌握就业前的必要技巧。美国多数AMI患者在梗死后3个月内可恢复工作。CHD患者职业康复受到病情、心理因素、社会因素、年龄、性别、职业种类、教育水平、家庭成员态度及医师和雇主态度等一系列因素影响。Mital提出了一种注重肌肉强度和柔韧性训练的心脏康复运动处方，有利于患者重返工作岗位。目前一些发达国家已建立职业康复机构，提供职业分析、职业模拟、职业锻炼等服务。我国由于心脏康复研究起步较晚，职业康复内涵尚待进一步完善。

7. **科学膳食**　膳食营养是影响心血管疾病的主要环境因素之一，在各疾病的康复中具有举足轻重的作用，心脏康复也不例外。许多心血管疾病及其危险因素均与饮食和营养密切相关。膳食中过多的反式脂肪酸、胆固醇、盐及能量、饱和脂肪酸摄入，蔬菜水果摄入不足等会增加心血管疾病的发生风险。而科学合理的膳食可以有效降低心血管疾病风险

（表 11-13）。例如地中海式饮食，它与心血管风险降低有关，因此称为心脏保护性饮食。此种饮食模式中的不饱和脂肪酸比饱和脂肪酸含量高；豆类、坚果、种子类、谷物类、水果、蔬菜、马铃薯和鱼类较多，而肉及肉制品较少；新鲜食品比加工食品多。心脏保护性饮食通过对不同的危险因素，包括高血压、高血脂、胰岛素抵抗、血小板聚集、凝血因子、心律失常、高半胱氨酸浓度和感染，产生积极作用而发挥对心血管的作用。因此，营养处方成为了心脏康复五大核心处方之一。

表 11-13　各类膳食营养素与心血管疾病

证据	降低危险	没有相关	增加危险
令人信服	亚油酸、鱼和鱼油（EPA 和 DHA）、蔬菜和水果（包括浆果）、钾、适量乙醇（对冠心病）、植物固醇、规律的身体活动	维生素 E 补充剂	饱和脂肪酸（豆蔻酸和棕榈酸）、反式脂肪酸、高钠摄入、大量饮酒
很可能	α- 亚麻酸、油酸、膳食纤维、全粒类谷物、无盐坚果、叶酸	硬脂酸	膳食胆固醇、未过滤的熟咖啡
可能	大豆制品、类黄酮		富含月桂酸的脂肪、β- 胡萝卜素补充剂、胎儿营养不良
证据不足	钙、镁、维生素 C、维生素 D		糖类、铁

注：EPA.eicosapentaenoic acid，二十碳五烯酸；DHA.docosahexoenoic acid，二十二碳六烯酸。

营养处方与手术治疗、药物处方一样，在疾病的治疗康复中发挥重要作用。开具营养处方涉及对患者全面的营养评估、准确的营养诊断、科学的营养干预，以及系统的营养监测。营养处方制订步骤如下：①评估。通过主观评估、客观评估、膳食评估三个方面，充分了解患者每天各种物质的摄入情况，了解患者饮食行为及相关的危险因素，了解身体活动水平和状态、掌握习惯生化指标。②制订个体化处方。根据评估结果，针对膳食和行为习惯存在的问题，制订个体化膳食营养处方。③膳食指导。根据营养处方和个人饮食习惯，制订食谱，选择健康膳食，纠正不良饮食行为，指导行为改变。④营养教育。教育患者及其家庭成员，关注自己的膳食目标，并指导如何完成；了解常见食物中盐、脂类、胆固醇等含量，各类食物营养价值等。⑤注意事项。膳食指导和生活方式调整应根据个体的实际情况考虑可行性，针对不同危险因素进行排序，循序渐进，逐步改善。将行为改变模式与贯彻既定膳食方案结合起来。

8. **戒烟的指导与坚持**　在预防心血管疾病所推荐的所有要修正的生活方式中，戒烟最重要且成本效益最好，但戒烟具有非常大的挑战性，除了个体在身体和精神上的成瘾，社会和其他行为因素也影响深远，但仍应为患者提供相关个体化咨询，以期实现和强化戒烟行动。对于冠心病 PCI 术后患者应采用心理支持、行为指导和药物辅助等综合治疗方案帮助患者戒烟。《中国临床戒烟指南（2015 版）》指出，对于暂时没有戒烟意愿的吸烟者采取“5R”干预措施增强其戒烟动机。“5R”包括相关（relevance）、危害（risk）、益处（rewards）、障碍（roadblocks）和重复（repetition）。对于愿意戒烟的戒烟者采取“5A”戒烟干预方案。“5A”包括询问（ask）、建议（advise）、评估（assess）、提供戒烟帮助（assist）和安排（arrange）随访等。

9. **中医外治疗法**

（1）体针：心俞、厥阴俞为主穴，配穴为内关、膻中、通里、间使、足三里等。心血瘀阻加膈俞、阴郄；痰瘀痹阻加膻中、丰隆；心阴虚加三阴交、神门、太溪；心阳虚加关元、气海。

(2)灸法：适用于心阳不振，寒凝心脉者。可选关元、气海、心俞、厥阴俞。

(3)耳针：主穴为心、皮质下、神门、交感。配穴选用内分泌、肾、胃。埋针或埋王不留行籽。发作时按压刺激以缓解疼痛。

(4)穴位注射：选用具有活血化瘀作用的注射液进行穴位注射，取双侧内关穴。

(5)穴位贴敷法：以黄芪、苏合香、冰片、丹参等制成贴膏，贴敷于心俞、膻中、气海、足三里等穴位。

(6)推拿按摩：以拇指或手掌按揉心俞、膈俞、厥阴俞、内关、间使、三阴交、心前区阿是穴。

10. **中药在心脏康复中的应用** 药物治疗是心脏康复的重要组成部分，中药制剂亦日益广泛应用于心血管疾病，与西药联合应用达到协同增效、标本兼顾、改善对药物敏感性等目的。而国内诸多医家逐渐认识到单用西方医学现行的心脏康复技术难以解决术后所有问题。中医药治疗可能会在 PCI 术后患者的心脏康复方面发挥作用。

梁士民等纳入冠心病 PCI 术后患者 80 例，给予常规心脏康复（院外常规用药、生活方式干预、有效健康教育、规律康复运动）及自拟中药口服，结果显示在心肌缺血、调节血脂代谢、提高患者生活质量等方面效果显著，且安全性高。研究中配伍的益心方以黄芪、党参、丹参、瓜蒌、鬼箭羽、郁金、降香等基本药物为主。其中，黄芪、党参为益气药，味甘，性温，入肺脾二经，健脾而益心，使心气推动有力，促进气血运行，从而达到通而不痛效果。药理研究证实，黄芪、党参均具有保护心血管细胞、增强心肌收缩力、降低血小板聚集、稳定斑块、改善冠状动脉血流的作用。而丹参、鬼箭羽、郁金、川芎、当归、赤芍、丹参、桃仁、红花、三七等均为活血药，旨在活血止痛、行气解郁，提高生活质量。郭志英等亦得出益气活血中药有利于急性心肌梗死介入术后患者的心脏康复。

中药成分复杂，治疗疾病是通过多途径、多靶点的整合作用而发挥作用。应用中药时既要符合中医辨证论治，又要符合辨病论治；既要符合合理方剂配伍，又要符合与西药的协同作用，以达到提高疗效。

四、冠心病介入治疗后康复病例

患者，男性，63 岁，以“发作性胸闷 4 天，再发加重 7 小时”为主诉急诊入院。4 天前患者下飞机后出现胸闷，持续约 3 分钟，不伴恶心、呕吐、胸痛，未诊疗。7 小时前患者无明显诱因再次出现胸闷、胸痛，向后背部放射，伴大汗淋漓、乏力、呼吸急促、面色苍白，胸痛持续 10 分钟，胸闷仍持续存在，含化速效救心丸稍缓解，后胸闷反复发作，急来我院，行心电图示“急性前侧壁心肌梗死”，急诊行冠状动脉造影示“前降支中段完全闭塞”，于前降支植入支架 1 枚。术后规范药物治疗，仍反复发作胸闷，夜间不能平卧，经积极利尿、纠正心力衰竭治疗，未再出现夜间阵发性呼吸困难，活动耐量低，行走 10 米即可诱发，午后为重，为进一步诊治，入院 17 天后转入心内科行心脏康复治疗。

1. **评估**

(1)危险因素评估：入院后检查发现“高尿酸血症”（尿酸：504.4μmol/L）、“外周动脉粥样硬化症”。无高血压、糖尿病病史，入院后检查血脂、同型半胱氨酸正常，否认吸烟史。

(2)心力衰竭评估：B 型钠尿肽 157.2pg/ml。心脏彩超示左室壁节段性运动减低，左心室室壁瘤，二、三尖瓣少量反流，左心收缩功能减低（LVEF 43%）。

（3）心率、血压控制评估：动态心电图结果为窦性心律，全天平均心率 69 次 /min，心率动态变化在正常范围。QRS 波群符合心肌梗死样改变。ST-T 呈缺血型改变，心率变异性中度降低。动态血压结果显示白天平均血压 94/58mmHg，夜间平均血压 91/57mmHg，全天平均血压 93/58mmHg，夜晚收缩压波动大，昼夜血压下降比不正常，24 小时血压负荷在正常范围。

（4）心理状态评估：汉密尔顿焦虑量表评分 10 分，提示可能焦虑。抑郁自评量表（self-rating depression scale，SDS）评分 0 分，提示无抑郁。压力评估报告显示患者当前压力等级为 3 级，压力反应水平较低，压力主要来源于健康方面，压力对于患者造成的影响不大，患者能应付生活和工作中各种挑战。

（5）营养评估：身高 170cm，体重 56kg，腹围 81cm，BMI 19.37kg/m^2。营养测评及人体成分分析示正常虚弱型，内脏脂肪超标，下肢水肿，下肢肌肉量减少。

（6）心肺运动试验：患者对行心肺运动试验无信心，经给予心理鼓励、安全性分析保证，顺利完成心肺运动试验。以 15W/min 阻力递增，因胸闷、下肢无力停止运动，Peak VO_2 842ml/min，Peak VO_2/kg 15.04ml/（min·kg），4.5MET，最大心率 105 次 /min，未见明显 ST-T 改变。

2. 心脏康复具体内容

（1）药物治疗：规范抗血小板聚集、抗动脉硬化、ACEI 类、硝酸酯类药物应用，根据心率、血压情况逐步增加 β 受体阻滞剂用量。患者隐性水肿，除应用螺内酯外，根据体重监测、临床症状、BNP 复查结果，逐步调整呋塞米用量。还可同时联用中药制剂，中西药在药理作用、理化性质和毒性反应方面不同，二者相互作用，可避免或减少一些不良反应，但需在辨证论治的基础上选择合适的中药；抗血小板作用药物可应用川芎、丹参、红花等活血化瘀药物，以及黄酮类、生物碱类等药物；抗心肌缺血药物可应用酚类化合物、生物碱、黄酮等；丹参、金银花、川芎嗪、黄芪等具有预防冠状动脉介入术后再狭窄的作用。

（2）心理治疗：心理治疗师给予心理疏导、音乐治疗；临床医师给予疾病健康教育，使患者树立战胜疾病、回归正常生活信心；康复运动过程中康复治疗师给予心理疏导、鼓励；心理治疗贯彻于心脏康复治疗的各个过程中。通过了解疾病、树立信心、生活能力的逐步增强，焦虑逐渐缓解。

（3）营养处方：充分摄入蔬菜水果（至少 400g/d）；摄入膳食纤维，限制精制淀粉及糖类摄入；食用不饱和脂肪酸代替饱和脂肪酸，减少肥肉、奶油摄入；避免反式脂肪酸；限盐；增加优质蛋白摄入；低嘌呤饮食。

（4）运动形式：患者转入时已处于稳定期，经评估，根据心肺运动试验结果制订运动处方。

有氧运动

运动形式：快步走、骑自行车。

运动时间：25~30 分钟。

运动频率：5 次 / 周。

运动方法：热身运动 5 分钟；康复运动于 15~20 分钟内完成，间歇高强度运动，其中要求维持目标心率（95~100 次 /min）5~10 分钟；整理活动，5 分钟整理恢复。

要求：如果出现任何不适、心率及血压下降，应减慢速度，直至恢复或停止，嘱患者心情轻松、不紧张。

(5)体外反搏治疗：每天 2 次，20min/ 次。

治疗 2 周，复查心肺运动试验：以 15W/min 阻力递增，因下肢无力停止运动，Peak VO_2 964ml/min，Peak VO_2/kg 16.62ml/(min·kg)，5.1MET，最大心率 113 次 /min，未见明显 ST-T 改变。根据心肺运动试验结果调整有氧运动总时间 30~40min，康复运动时间 20~30 分钟内完成，间歇高强度运动目标心率 100~105 次 /min。

增加抗阻运动

运动形式：弹力绷带、哑铃、抗阻运动器械。

运动时间：10 分钟。

运动频率：2 次 / 周。

要求：训练前需有 5~10 分钟有氧运动热身，最大运动强度不超过 50%~80%，用力时呼气，放松时吸气，不憋气。

治疗 4 周，出院前复查心肺运动试验：以 15W/min 阻力递增，因下肢无力停止运动，VO_2 peak 1 123ml/min，VO_2 peak/kg 19.53ml/(min·kg)，5.8 MET，最大心率 125 次 /min，未见明显 ST-T 改变。

患者经心脏康复治疗 4 周，可缓慢步行 2km，上 4 层楼，对恢复正常生活极有信心，予以办理出院。

指导院外康复运动：①有氧运动方式有快步走、骑自行车、爬楼梯，有氧运动总时间：为 30~50 分钟，康复运动于 20~40 分钟内完成，间歇高强度运动目标心率 100~110 次 /min，运动频率为 5 次 / 周；②抗阻运动有弹力绷带、哑铃，运动时间为 10 分钟，运动频率为 2 次 / 周；③柔韧性训练有太极拳、八段锦，每次 30min。

定期心肺运动试验，并根据检查结果指导运动处方制订。

出院 3 个月后复查心肺运动试验：以 15W/min 阻力递增，因下肢无力停止运动，VO_2 peak 1 147ml/min，VO_2 peak/kg 19.61ml/(min·kg)，6.2MET，最大心率 115 次 /min，未见明显 ST-T 改变。

出院 1 年半后复查心肺运动试验：以 20W/min 阻力递增，因下肢无力停止运动，Peak VO_2 1 152ml/min，Peak VO_2/kg 19.20ml/(min·kg)，5.7MET，最大心率 125 次 /min，未见明显 ST-T 改变。

3. **讨论**　运动治疗可改善冠状动脉危险因素，具有抗动脉硬化、抗缺血、抗血栓、抗炎症、改善内皮功能、改善骨骼肌代谢、改善自主神经功能等作用，尤其在心肌梗死患者中具有改善左心室功能、减轻心肌重构、降低交感神经活性、升高副交感神经活性的作用，在心肌梗死患者心脏康复治疗中起主导地位。

心肌梗死患者需要在评估病情及危险因素后制订康复治疗方案。具体而言，就是根据梗死面积、梗死种类、运动耐量、有无左心室功能障碍、有无心力衰竭、有无低血压、有无心律失常等，进行危险分层，确定运动处方。早期根据病情制订运动方式（床上被动训练、床边站立、室内步行等），病情稳定后，可根据患者对康复运动的反应和能力做出增加运动能力的调整，可进行 6 分钟步行试验、心肺运动试验等，根据运动试验危险分层进行选择性的心电、血压监护下的间歇高强度有氧运动，早期不建议抗阻运动，5 周后可开始抗阻运动治疗。

心肌梗死患者的康复治疗贯彻于终身，只有对药物治疗、营养治疗、心理治疗、运动康复治疗、危险因素治疗的调整进行充分评估，才能制订合适的、个体化的心脏康复治疗方案。

（王东伟）

参考文献

［1］胡盛寿, 高润霖, 刘力生, 等. 中国心血管病报告 2018 [J]. 中国循环杂志, 2019, 34 (3): 209-220.

［2］URBINATI S, TONET E. Cardiac Rehabilitation after STEMI [J]. Minerva Cardioangiol, 2018, 66 (4): 464-470.

［3］HA Y C, HEE J H, JI W C, et al. Superior effects of high-intensity interval training compared to conventional therapy on cardiovascular and psychological aspects in myocardial infarction [J]. Ann Rehabil Med, 2018, 42 (1): 145-153.

［4］LAWSON W E, HUI J C, COHN P F. Long-term prognosis of patients with angina treated with enhanced external counterpulsation: five-year follow-up study [J]. Clin Cardiol, 2000, 23 (4): 254-258.

［5］CARNEY R M, FREEDLAND K E. Depression and coronary heart disease [J]. Nat Rev Cardiol. 2017, 14 (3): 145-155.

［6］中国康复医学会心血管病专业委员会. 中国心脏康复与二级预防指南 2018 精要 [J]. 中华内科杂志, 2018, 57 (11): 802-810.

［7］KÄHKÖNEN O, KANKKUNEN P, MIETTINEN H, et al. Perceived social support following percutaneous coronary intervention is a crucial factor in patients with coronary heart disease [J]. J Clin Nurs, 2017, 26 (9-10): 1264-1280

［8］赵明. 人体成分分析及其应用 [J]. 肠外与肠内营养, 2016. 23 (1): 50-54.

［9］梁士民, 李贵双. 中药对冠状动脉支架术后心脏康复的干预作用 [J]. 饮食保健, 2019, 6 (3): 110-111.

［10］郭志英, 李玉锋. 益气活血中药干预急性心肌梗死介入术后患者心脏康复的疗效 [J]. 光明中医, 2019, 34 (3): 5-7.

第五节　心脏疾病外科手术后

心脏疾病外科手术主要包括心脏移植、冠状动脉旁路移植术（coronary artery bypass grafting，CABG；又称冠状动脉搭桥术）、心脏瓣膜置换、先天性心脏病矫治术等。其中目前数量最多的是冠状动脉旁路移植术。

1967 年南非医师 Barnard 进行了首次人类心脏移植（cardiac transplantation），但术后排斥反应未能得到很好解决。直到 20 世纪 80 年代抑制排斥反应的有效药物问世后，心脏移植才得到广泛开展。现已公认心脏移植是临床治疗终末期心脏病的唯一有效手段。心脏移植后关注的康复问题主要是术后并发症，常见有排斥反应、感染、移植心脏冠状动脉血管病及肿瘤，还有呼吸系统病变、神经系统病变、视力改变、声音改变、泌尿系统问题。

冠状动脉搭桥术是一项缓解心绞痛和减少冠心病死亡风险的手术。搭桥所用的动脉或静脉均来自患者自身(乳内动脉、桡动脉、胃网膜右动脉、大隐静脉)。将血管桥接于冠状动脉,以绕过冠脉粥样硬化狭窄部,从而提高冠状动脉灌注,增加心肌氧供。第一例冠状动脉搭桥术于1960年完成,现在已经发展成为复杂冠心病血运重建的主要手段之一。CABG后康复问题主要是手术并发症及心肺功能下降等。患者主要面临的问题有:

1. **伤口问题**　CABG胸部切口不同于普通外科切口,除了皮肤切口,还要锯开胸骨。胸骨的愈合时间至少需要6个月,老年人则需要更长时间。主要是上肢桡动脉切口及下肢大隐静脉切口。伤口的感染,不愈合等因素都会影响患者术后的康复效果。

2. **并发症问题**　主要有胸腔积液、贫血、低蛋白血症、水肿等。CABG后约半数以上患者会出现胸水问题,左侧多见。大部分2~3周可以吸收,有些则持续时间较长,可影响患者术后心肺功能。

3. **心肺适应能力下降问题**　主要表现为最大摄氧量、无氧阈等下降。肺功能、心功能下降,日常活动能力等下降。

4. **精神心理问题**　CABG患者多伴有焦虑抑郁情况,部分患者出现后悔手术或生活绝望等问题。

5. **其他**　如乏力、食欲下降、长期卧床、营养不良、静脉血栓等。

先天性心脏病是由于胎儿的心脏在母体内发育有缺陷或部分发育停顿所造成的畸形。大部分先天性心脏病经过矫治术后可以治愈,对心功能影响不大;但由于家庭过度保护等原因,此类术后患者容易发生心肺功能下降及心理障碍等问题。

心脏瓣膜病患者经换瓣手术后大部分心功能恢复良好,对心肺功能影响较小;合并心律失常如心房颤动等情况可能引起心力衰竭等并发症,带来心肺功能下降及相应生活质量的下降。

心脏外科术后康复治疗的目的是恢复和改善心功能、增加心肌侧支循环,减轻残疾、减少复发及危险因素、使患者尽早回归于正常的工作、社会生活及社交活动。心脏外科手术后康复一般分为三期:术后ICU康复(Ⅰ期,急性阶段院内康复),出院前后康复(Ⅱ期,院外早期康复),出院后(Ⅲ期,院外长期康复)。

一、康复评定

1. 生理功能评定

(1)心功能评定:患者进入术后监护室是术后最危险的阶段,病情可能随时发生变化,因此应对患者施行24小时连续监护,严密观测心电图、血压、呼吸、电解质及出凝血时间。每天行床旁胸部X线检查。心功能评估方法有:①纽约心脏学会的心功能分级(NYHA);②超声心动图测定左室射血分数;③床旁有创血流动力学监测直接测定心输出量,或进行无创心输出量测定。

(2)运动功能评定:运动功能主要通过6分钟步行试验测定步行距离。心肺运动试验(cardiopulmonary exercise test,CPET)可以全面准确评估心脏移植患者的运动功能能力,可以测定最大摄氧量、无氧阈、肺功能、通气效率等,但对于心脏移植患者要注意移植患者的心率变异性的不同,测试时主要根据自感劳累度分级来进行。

(3)排斥反应的监测:超声心动图示左室舒张功能减退,左心室重量增加,室间隔及左心室后壁增厚，回声光点增粗、不匀，心内膜回声增强和心功能异常；外周血淋巴细胞计数、可溶性白细胞介素 -2 受体水平增高等变化常是排斥反应的表现。心内膜活组织检查可对排斥反应的轻重进行分级标准判断并可指导排斥反应的治疗。

（4）心理功能评定：主要通过住院患者焦虑抑郁量表（HADS）、汉密尔顿焦虑量表、汉密尔顿抑郁量表等评定移植术后心理功能状态。

（5）营养状态评定：一般进行身高、体重的测定并计算 BMI。

2. **结构评定**　心脏外科术后定期 X 线检查心影大小、肺部及胸水情况；MR 观察心肌变化情况；心电图观察心律及心肌缺血等情况；心脏彩超观察心脏大小、结构、瓣膜完整性、心肌肥厚等情况。

3. **ADL 评定**　采用改良巴氏指数评定表评价日常生活活动能力。

4. **社会参与能力评定**　主要进行生活质量评定、劳动力评定和职业评定，以及社会参与能力评定。

二、康复诊断

1. 生理功能障碍

（1）心功能障碍：CABG 后早期或心脏移植后均有不同程度的心功能障碍，主要表现为乏力、呼吸困难、食欲减退，胸部 X 线可见心影增大，超声心动图提示心脏扩大、射血分数下降等。

（2）呼吸功能障碍：心脏外科术后，由于开胸手术的创伤，胸廓活动受限，尤以双肩关节活动度受限明显，膈肌活动受限，常需用力呼吸而形成不正确的呼吸方式，呼吸浅快而且用力。严重呼吸肌疲劳时，可出现错误的腹式呼吸，即吸气时收腹、呼气时鼓腹。

（3）运动功能障碍：长期患病不活动加之心脏外科术后卧床，可引起全身肌肉萎缩、肌力下降，导致身体运动能力明显下降。

（4）营养障碍：终末期心力衰竭患者大都伴有不同程度的营养不良，再加上心脏移植后不能进食，更加重营养不良的程度，甚至出现消瘦、恶病质等表现。

2. **心理功能障碍**　主要表现为焦虑、抑郁、恐惧并绝望、无价值和疑病。患者长期患病，受呼吸困难困扰且进行性加重，处于长期卧床或反复住院治疗状态。由于长期被局限在病床或室内，几乎与社会隔离，加之对心脏移植的不理解与恐惧，使患者产生焦虑、抑郁、悲观甚至绝望等心理改变。

3. **日常生活活动能力受限**　长期患病加上心脏移植使患者身体虚弱、肌肉萎缩、肌力及耐力均降低，关节活动度不同程度地受限，严重影响患者的进食、排便、个人卫生、散步及购物等日常生活能力。

4. **社会参与能力受限**　长期患病加上心脏移植使患者丧失工作能力，很多心脏移植患者不愿意参加社交活动，容易出现社会孤立；家庭环境的过度保护及紧张，更容易使患者与社会生活脱节。

三、康复治疗

心脏外科手术后康复治疗的目标为减少并发症的发生，降低并发症的严重程度，延长生存时间，增加运动耐力，改善心功能、ADL 能力，最大限度提高患者出院后的生活质量及最大限度地促进患者回归家庭、回归社会。康复治疗方法主要包括物理治疗、康复工程、心理治疗、健康教育等。

1. **物理治疗**　在患者充分理解的基础上，使其积极配合，逐步进行以下各项训练。

(1) 咳嗽训练：目的是促进分泌物排泄和咳痰。方法主要有强制呼气借助法、震动法和叩击法。有条件者可由专业物理治疗师（physical therapist，PT）进行床旁呼吸排痰训练，适合于术后早期卧床患者。

(2) 呼吸机通气下的呼吸训练及坐立训练：在呼吸机通气下，一边观察胸廓的活动和柔软性，一边进行放松训练、胸廓体操、呼吸借助手法及体位排痰。进一步努力调整和改善呼吸模式，进行脱机。这时进行四肢和躯干的肌力强化训练及坐位训练。当患者可以长时间保持坐位时，应尝试早期离床训练。

(3) 扩胸伸展训练：具有扩大胸廓和改善肩关节活动范围的作用。训练方法为在PT帮助下双手交叉放在腹前，深吸气时前伸至头上，深呼气时将两手从两侧放下。

(4) 呼吸训练：呼吸训练的呼吸方式可分为静态的呼吸运动和配合有躯体动作的呼吸运动。呼吸训练的方式有腹式呼吸和缩唇呼吸。

1) 腹式呼吸：增大膈肌的活动范围，进行深而慢的呼吸。腹式呼吸能提高肺的伸缩性。膈肌较薄，活动时摄氧量较小，其活动每增加1cm，可增加肺通气量250~300ml。呼吸深而慢，使呼吸频率及每分通气量减少，但一次通气量及肺泡通气量增加；提高了呼吸效能，可纠正过度通气；有利于气体交换，提高动脉血氧饱和度。PT可在床旁辅助患者进行腹式呼吸训练，PT一手扶患者肩部，另一手搭在患者腹部，配合患者腹式呼吸训练。

2) 缩唇呼吸：由鼻吸气口呼气，呼气时口唇缩成吹哨状，可使支气管内压增高约0.49kPa（5cmH_2O），防止支气管过早萎陷，减少无效腔通气。由于呼气阻力减小使呼吸耗功减少。

对呼吸训练的要求：①全身放松，特别要放松颈部及肩胛带紧张的呼吸辅助肌；②纠正不正确的姿势，如耸肩；③加强颈、胸椎间小关节及肩胛部活动；④取各种体位练习腹式呼吸、深慢呼吸、吹哨式呼吸。

(5) 体能训练：目标是最大限度地保持或提高现有健康水平，防止长期卧床引起体力活动能力进一步减退及其他制动综合征的发生，预防术后综合征如肺不张、关节僵硬等。采用低负荷运动训练，不做耐力训练。NYHA心功能Ⅲ级者能量消耗限制在1.5MET以下。可在床上洗漱和进食、床边大小便、坐在床上或床边进行膈肌呼吸练习及肢体被动运动或简单主动运动。也可以长时间坐在椅子上，做较多的上下肢节律性主动运动或简单的柔软体操。在病房或病区走廊走动，上厕所、去浴室等。

(6) 有氧运动训练：若患者耐受良好，可根据CPET进行有氧训练，如步行或踏车等。开始可以取间歇训练法，并在一天中分次完成，训练中可以吸氧。需要注意的是，在心脏移植中，缺乏摄氧量与心率的线性相关关系。对于此类患者，不能通过常规Karvonen公式或摄氧量储备来制订运动处方，而应该通过RPE或AT来制订运动处方。

2. **作业疗法**（occupational therapy，OT）　鼓励心脏外科术后患者根据兴趣参与作业疗法小组，改善患者的感知能力及运动发育受损情况。建议家属参与小组，有助于减少家属对患者体力活动的关注和焦虑，减少过度保护行为。

3. **康复辅具**

(1) 轮椅：对行走困难的患者使用轮椅改善其步行功能和社会交往能力。

(2)呼吸训练器：临床上常采用吸气性呼吸训练器进行呼吸锻炼，以提高肺活量。要求练习者取站位，由口吸气鼻子呼气。吸气要缓慢，按照训练指示器的提示流速范围缓慢吸气。采用胸腹式呼吸最大限度吸气和呼气。按照正常人身高、体重设置肺活量目标值。早晚各 1 次，每次练习 10~15 分钟。根据患者体力情况逐渐增加练习次数和时间。该训练可以增加肺活量和呼吸肌力量，促进有效咳嗽和排痰，减少术后肺部感染的发生。

4. **心理治疗**　心理治疗具有改善或消除心脏外科手术后患者焦虑、抑郁、恐惧甚至绝望等的作用。一般采用心理支持、疏导的治疗方法。要鼓励患者正确认识疾病，树立战胜疾病的信心，积极配合治疗，使 CABG 或移植术后患者从支持系统中得到帮助、消除心理障碍。

心理治疗师可以通过肌肉放松、中医气功等方式来完成放松训练，首先，为患者选择一些放松精神和心灵的音乐以助于其在家里舒缓焦虑的情绪。其次，鼓励患者参加一些同病者的社会活动，减少患者的社会孤立感。

5. **其他治疗**

(1)排斥反应的预防和治疗：排斥反应在术后 3 个月左右最易发生，免疫药物应及早应用，此后再逐渐将剂量调整至既不过度抑制免疫系统又不产生免疫抑制不足的水平。排斥反应的治疗：超急性排斥反应以急性泵衰竭为突出表现，通常须立即再次行心脏移植。急性排斥反应最为常见，大部分病例由细胞免疫引起，可出现于心脏移植后的任何阶段。应立即给予泼尼松龙冲击疗法，甚至全身淋巴结放疗(2.4~6.4Gy)，仍无效应考虑再次心脏移植。对于急性或慢性血管性排斥反应，目前尚缺乏有效的治疗手段。

(2)感染的预防和治疗：术后将患者置于有层流装置的隔离病房内监护是较为理想的预防措施。严格消毒、严格执行无菌操作技术也是防止感染的必要措施。应定期拍胸片，抽取气管分泌物或其他相应标本进行有关细菌学或病毒学方面的检查，及时给予抗感染治疗。

(3)移植心脏冠状动脉血管病的预防和治疗：有研究表明钙通道阻滞剂地尔硫䓬和他汀类药物可预防移植心脏冠状动脉血管病的发生。冠状动脉介入治疗和 CABG 均无很好的疗效，再次心脏移植是唯一的治疗选择，但 1 年存活率仅 48%。

(4)胸腔积液的处理：胸水原因主要有低蛋白血症、心功能不全、水负荷过多、手术损伤等。处理措施主要有利尿、纠正低蛋白、限水等，必要时进行胸水穿刺引流。

(5)周围伤口愈合问题：部分患者存在伤口愈合延迟问题，如桡动脉切口、胸腔纵隔引流口、下肢静脉切口等。对于此类问题，若患者无发热，血白细胞不高，无需抗生素，坚持局部换药即可。

四、功能结局

1. **生理功能方面**　心脏外科手术后患者生理结局一般良好。但少部分心脏移植后患者可因排斥反应再次行心脏移植；CABG 后患者结局为急性桥血管闭塞二次 CABG 等。极少部分患者以心力衰竭、死亡为结局。

2. **心理功能方面**　心脏移植后患者有不同程度的沮丧、焦虑、抑郁甚至绝望等心理障碍。

3. **日常生活能力**　心脏移植患者无排斥反应者生活良好，有排斥反应者日常生活能力明显下降；CABG 患者大部分日常生活能力良好，少部分由于心力衰竭、胸水、下肢伤口愈合问题导致生活能力下降。

4. **社会功能方面**　心脏外科手术后患者 ADL 能力及其相关活动明显受限，加之焦虑和抑郁心理使患者社会交往受限，劳动能力下降或丧失、职业受限使患者生活质量严重下降；就业能力往往受到较大限制。

五、健康教育

在治疗的同时向患者宣教，让患者了解有关心脏外科手术的知识，积极配合治疗，加快身心的恢复，提高生活质量，使患者更早、更好地回归社会。

1. 饮食起居

(1)营造舒适和谐的生活环境：治疗师应指导患者家属尽可能为患者营造一个舒适和谐、充满亲情的生活环境，和睦的家庭氛围与融洽的社会环境，以帮助患者消除恐惧、悲观失望、焦虑和抑郁情绪，使其重新树立生活信心，加快心功能的恢复。

(2)饮食调节：术后可恢复进食时，宜进食清淡易消化的食物，并且少量多餐，逐渐恢复正常饮食。

2. 自我锻炼　患者出院后可根据自身情况，进行自我锻炼。如医疗体操、快走、骑自行车、跑步等锻炼。应教会患者数心率，运动中心率不超过休息时心率 20 次 /min。自感劳累计分不应超过 12 分。

3. 休闲性作业　患者可根据个人兴趣，参加各种娱乐活动，如玩扑克、游戏、下棋等。作业治疗师对患者的娱乐功能进行评定，并指导患者，使其在娱乐活动中达到治疗疾病、促进康复的目的。

六、中医康复

中医药在我国有已几千年的历史，其“治未病”的思想早已深入人心。近年来常用一些调理气血的中药方剂作为辅助治疗，且其有效性已被临床实践所证实。

八段锦、太极拳等锻炼方式在部分研究中对心肺功能及功能能力改善方面得到了证实，可以结合外科术后患者情况制订相应的锻炼方式。

（王国栋）

七、冠心病外科冠状动脉旁路移植术后康复案例

1. CABG 前

病情概要：

(1)个人情况

患者，男性，60 岁，2017 年 2 月就诊。

主诉：发作性喘憋、胸闷半月。既往史：否认高血压、糖尿病、脑血管疾病等慢性疾病史。

(2)个人史：吸烟史 35 年，平均 15~20 支 /d，未戒烟，无饮酒史。平时运动以散步为主，每周低强度运动，时间不足 150 分钟，无其他不良嗜好。

(3)家族史：否认家族遗传病史。

(4)现病史及治疗方案

现病史：患者半月前感冒后夜间出现憋喘、呼吸困难、胸闷，伴有心慌、气短、乏力，不能平卧，在诊所输液治疗后略有好转。半月来上述症状未再发作，自觉运动耐量略有下降，昨夜再次加重，遂前来就诊。现症见阵发憋喘、呼吸困难、胸闷、气短、乏力，二便可。

(5)诊疗经过：入院后完善相关检查，心脏超声(2017.2.14)示左心室内径 67mm、左心房内径 42mm、右心室内径 19mm、室间隔 10mm、左心室后壁 9mm、射血分数 43%、左室缩短率 21%，节段性室壁运动异常，左房左室大，二尖瓣中度反流，三尖瓣轻度反流，左心功能减低(收缩 + 舒张)，心包少量积液。颈部血管超声示双侧颈动脉硬化并粥样斑块形成。下肢血管超声示双下肢动脉硬化并细小粥样斑块形成。化验回示：NT-proBNP 2 836.17pg/ml。6 分钟步行试验结果提示肺通气功能正常，小气道功能障碍，6 分钟步行距离为 440m，血氧饱和度为 94%。冠状动脉造影(2017.2.23)结果提示：①冠状动脉分布呈左优势型；左冠状动脉开口、起源、分布正常。左主干内膜光滑，未见明显狭窄及夹层病变。左前降支内膜不光滑，中段弥漫性狭窄，最严重程度达 90%，远段弥漫性斑块。左回旋支内膜不光滑，远段局限性斑块；钝缘支近段弥漫性狭窄，最严重程度约 70%；②右冠状动脉开口、起源、分布正常，内膜不光滑，开口狭窄 70%，近段弥漫性狭窄 40%~70%，中段次全闭塞，狭窄 99%，远段闭塞，狭窄 100%。右冠状动脉至回旋支侧支循环形成。

根据患者的评估检查结果和临床症状，建议病情稳定后外院行 CABG 治疗，目前继续给予药物治疗。心脏康复医师为患者制订个体化康复处方，为 CABG 作术前准备，具体见表 11-14。

表 11-14　患者 CABG 前心脏康复运动处方

<table>
<tr><th colspan="6">心脏康复运动处方</th></tr>
<tr><td>姓名</td><td>李某</td><td>性别</td><td>男</td><td>年龄</td><td>60 岁</td></tr>
<tr><td>诊断</td><td>冠心病多支病变</td><td>主要问题</td><td>CABG 术前准备</td><td>危险分层</td><td>极高危</td></tr>
<tr><td>频率</td><td colspan="5">有氧运动 3~5 次 / 周，抗阻训练 2~3 次 / 周</td></tr>
<tr><td>强度</td><td colspan="5">低强度：有氧运动(热身阶段 65~75 次 /min，运动阶段 80~90 次 /min，恢复阶段 65~75 次 / min)；抗阻运动(50%~60%1RM，10~15 REP/ 组，1~2 组 / 次)；RPE 12~14min</td></tr>
<tr><td>时间</td><td colspan="5">功率车：10~15min/d，跑步机 10~15min/d(3.4~4.4km/h)，八段锦 10~15min/d，抗阻运动 5~10min</td></tr>
<tr><td>类型</td><td colspan="5">功率车 + 跑步机 + 八段锦 + 抗阻训练</td></tr>
<tr><td>总量</td><td colspan="5">低强度有氧运动 100~150min，抗阻运动每周对每个大肌群训练 1~2 次</td></tr>
<tr><td>注意事项</td><td colspan="5">1. 若运动过程中发生胸闷、胸痛、严重呼吸困难等，应立即停止运动，并及时告知医师；
2. 运动前保持良好状态，起始运动热身和恢复阶段适当延长时间，运动中、后适当饮水，抗阻运动中避免屏气，应发力呼气、放松吸气，每次运动结束后进行拉伸活动；
3. 请遵医嘱运动，避免出现运动损伤；
4. 必要时随时联系本人的主管医师或康复医师。</td></tr>
</table>

注：RPE. 主观用力程度分级；CABG.coronary artery bypass grafting，冠状动脉旁路移植术。

2. **CABG 后**　患者病情减轻，3 个月后前往北京某医院行冠状动脉旁路移植术，术后恢复良好。但患者近半年来自觉四肢乏力，活动耐量下降，再次就诊。

(1)入院诊疗经过：入院后完善相关检查，化验回示：糖化血红蛋白 6.42，肌酸激酶同工酶 5.34ng/ml，心脏超声示左心室内径 56mm、左心房内径 37mm、右心室内径 18mm、室间隔 9mm、左心室后壁 8mm、射血分数 59%、左室缩短率 32%，左房、左室增大，主动脉瓣三尖瓣中度反流，二尖瓣中度反流，左室舒张功能减低。颈部血管超声示双侧颈动脉硬化并粥样斑块形成，左侧颈总动脉体部狭窄，右侧颈总动脉血流速度减低。下肢血管超声示双下肢动脉硬化并细小粥样斑块形成。腹部超声示肝多发囊肿，右肾囊肿。肺部 CT 示两肺感染，右肺中叶微小结节，建议定期复查。

心肺运动试验提示：肺通气功能存在轻度限制性通气功能障碍、小气道功能障碍；心电图运动试验阳性，心电图提示频发室性期前收缩。结果提示：①心肺运动功能正常，运动耐量轻度低下；②建议进行运动疗法，强度为 52~67W；③患者因双下肢酸困无力停止试验，注意下肢训练，患者运动时有明显心电图改变，仍为高危风险。

动态无创血流动力学负荷试验报告提示：①心室壁运动未见异常；②静息每搏输出量、心输出量、心肌收缩力偏低，心率、外周血管阻力、前负荷、左心做功指数未见明显异常；③血流动力学运动评估结论提示心率 113 次 /min 时，出现每搏输出量平台期，建议 103~113 次 /min 制订运动处方；④正常血流循环状态，运动中血流循环趋势变化正常。

(2) 处理措施

1) 运动处方：依据患者心肺运动及无创心排数据，给予制订精确个人运动处方(表 11-15)，并同时给予运动康复治疗。心肺运动试验结果示最高心率为 140 次 /min，最高代谢当量为 5.2MET，AT 时心率为 109 次 /min，AT 时代谢当量为 3.8MET，AT 时摄氧量(VO_2)为 931ml/min，每千克体重氧耗量(oxygen consumption per kg body weight，VO_2/kg)为 13.3ml/(kg·min)，最大摄氧量(VO_{2max})为 1 274ml/min，最大每千克体重氧耗量(maximal oxygen consumption per kg body weight，VO_{2max}/kg)为 18.2ml/(kg·min)。测试过程中，心电图示窦性心律，V_1~V_5 导联 ST 段压低 0.2~0.3mv，患者无明显不适，运动风险为极高危组，应在监护下运动。

表 11-15　患者 CABG 后心脏康复运动处方

心脏康复运动处方					
姓名	李某	性别	男	年龄	60 岁
诊断	CABG 后	主要问题	心肺运动耐力偏低，自觉乏力	危险分层	极高危
频率	有氧运动 3~5 次 / 周，抗阻训练 2~3 次 / 周				
强度	中等强度：有氧运动(热身阶段 80~90 次 /min，运动阶段 100~113 次 /min，恢复阶段 80~90 次 /min)；抗阻运动(50%~60%1RM，10~12REP/ 组，1~2 组 / 次，避免扩胸动作)；RPE12~14 分				
时间	功率车：20~40min/d，八段锦 10~15min/d，抗阻运动 5~10min				
类型	功率车 + 跑步机 + 八段锦 + 抗阻训练				
总量	中等强度有氧运动 100~200min，抗阻运动每周对每个大肌群训练 1~2 次				
注意事项	1. 若运动过程中发生胸闷、胸痛、严重呼吸困难等，应立即停止运动，并及时告知医师； 2. 在 Q-tel 系统监护下运动； 3. 运动前保持良好状态，运动起始热身和恢复阶段适当延长时间，运动中、后适当饮水，抗阻运动中避免屏气，发力呼气，放松吸气，每次运动结束后进行拉伸活动； 4. 请遵医嘱运动，避免扩胸动作，避免出现运动损伤； 5. 必要时随时联系本人的主管医师或康复医师。				

注：RPE. 主观用力程度分级。

2）药物处方：给予冠心病二级预防用药，阿司匹林肠溶片 100mg，每日 1 次；阿托伐他汀 20mg，每小时；单硝酸异山梨酯片 20mg，每日 2 次；氯化钾缓释片 0.1g，每日 3 次。中医查舌质淡暗，苔白，脉涩，属于胸痹心痛病，辨证为气虚血瘀证，中医治以益气活血化瘀，方用保元煎和血府逐瘀汤加减，药物组成如下：炙黄芪 50g，党参 40g，川芎 20g，当归 20g，丹参 20g，醋延胡索 20g，北柴胡 10g，麸炒白术 20g，煨木香 10g，桔梗 15g，牛膝 30g，葛根 30g，炒白芍 10g，炙甘草 10g，共 3 剂，日一剂，水煎留汁 400ml，早晚各 200ml。

3）心理处方：躯体化症状自评量表（somatic self-rating scale，SSS）、PHQ-9、GAD-7 量表评估结果提示轻度焦虑、抑郁倾向。①躯体化症状自评量表总分 38 分；② PHQ9 总分 5 分；GAD7 总分 6 分（两项量表均为轻度患者 5~9 分；中度患者 10~19 分；重度患者 >20 分）。考虑患者存在轻度焦虑、抑郁状态，心理咨询师进行心理疏导，暂未药物治疗。

4）营养处方：患者身高 168cm，体重 72kg，BMI25.5kg/m^2，体型中等，建议限制脂类（低脂肪、低胆固醇）、高多不饱和脂肪酸饮食、高蛋白饮食原则。注意维持血液钾、钠平衡，饮食宜清淡，少食多餐，多食易消化的食物，要有足够的蔬菜水果。不宜食用动物脂肪、含胆固醇较高的食物，不食用含盐量较高的食物，不宜用兴奋神经系统和触发血管痉挛的食物，增加膳食纤维的摄入，均衡饮食，另外应减少在外就餐。

5）戒烟处方：患者已自行戒烟，其他无不良嗜好。

3. **效果评价**　2 个月后对患者进行了系统评估。

运动方面：

心肺运动试验示最高心率为 135 次 /min，最高代谢当量为 6.2MET，AT 时心率为 112 次 /min，AT 时的代谢当量为 5MET，AT 时 VO_2 为 1 218ml/min，VO_2/kg 为 17.40ml/（kg·min），VO_{2max} 为 1 501ml/min，VO_{2max}/kg 为 21.44ml/（kg·min）。心电图示窦性心律，V_1~V_5 导联 ST 段压低 0.05~0.1mv，患者无明显不适。患者运动处方调整为增加有氧运动及阻抗运动时间和强度。

具体如下：目标心率 102~112 次 /min，其中功率自行车 20~30 分钟（功率 59~69W），跑步机 10~20min（4.8~5.5km/h）；八段锦 10~15 分钟；阻抗运动适当增加。

心理方面：GAD-7 量表 3 分，PHQ-9 量表 1 分。提示患者焦虑、抑郁倾向消失。心理咨询师给予心理疏导，巩固疗效。

药物方面：去掉氯化钾缓释片。余继续给予冠心病二级预防用药。

营养方面：患者身高 168cm，体重 70kg，BMI 24.8kg/m^2，患者饮食习惯良好，继续保持。

患者无胸闷、胸痛症状，运动后乏力基本消失，自身感觉精力充沛，对生活充满希望，计划外出旅游。应用 Q-tel 健康管理系统继续指导患者院外康复。

4. **病例讨论**　CABG 后康复治疗是一项包括康复评定、运动疗法、风险控制、健康教育及疾病随访在内的综合治疗方案。该例患者经过精准、全面的评估，制订了个体化的康复方案，并通过健康管理系统加强了院外康复，取得了较好的疗效。

（孙艳玲）

第六节　慢性心功能不全

慢性心功能不全是由不同病因引起的心脏舒缩功能障碍，发展到使心输出量在循环血量与血管舒缩功能正常时不能满足全身代谢的需要，从而导致具有血流动力异常和神经激素系统激活两方面特征的临床综合征，又称慢性心力衰竭。国际上慢性心功能不全康复始于20世纪70年代末，大量循证医学研究表明，运动康复可降低慢性心功能不全患者的病死率，减少反复住院次数，改善患者运动耐力及生活质量，合理控制医疗成本，证实了运动康复对慢性心功能不全的安全性和有效性。2005年，欧洲心脏病协会心脏康复和运动生理工作组和AHA下属的运动心脏康复和预防分会建议，运动康复是慢性心功能不全患者有效的二级预防措施，运动锻炼应作为心脏康复的一部分应用于稳定型心力衰竭患者。2013年，美国心脏病学会基金会（American College of Cardiology Foundation，ACCF）/AHA心力衰竭管理指南把运动康复列为慢性稳定型心力衰竭患者ⅠA类推荐。

一、危险分层与运动风险控制

据统计，运动相关的死亡风险约为1/60 000，运动康复对于高交感活性的心力衰竭患者更是存在一定风险。因此，必须严格把握慢性心功能不全患者运动康复适应证与禁忌证。NYHA心功能分级Ⅰ～Ⅲ级的稳定型心力衰竭患者均应考虑接受运动康复。对于符合运动康复标准的患者需进行危险分层（表11-16，根据2013年美国心脏协会运动试验和训练标准制订），以判断运动中是否需要心电图、血压监测及监测次数，争取最小风险、最大获益。

表11-16　美国心脏协会危险分层标准

危险级别	NYHA心功能分级	运动能力	临床特征	监管及心电图、血压监护
A	Ⅰ级	>6MET	无症状	无须监管及心电图、血压监护
B	Ⅰ级或Ⅱ级	>6MET	无心力衰竭表现，静息状态或运动试验≤6MET时无心肌缺血或心绞痛，运动试验时收缩压适度升高，静息或运动时出现阵发性或持续性室性心动过速，具有自我调节运动强度能力	只需在运动初期监管及心电图、血压监护
C	Ⅲ级或Ⅳ级	<6MET	运动负荷<6MET时发生心绞痛或缺血性ST段压低，收缩压运动时低于静息状态，运动时非持续性室性心动过速，有心脏停搏史，有可能危及生命	整个运动过程需要医疗监督指导和心电图及血压监护，直至确立安全性

续表

危险级别	NYHA 心功能分级	运动能力	临床特征	监管及心电图、血压监护
D	Ⅲ级或Ⅳ级	<6MET	失代偿心力衰竭，未控制的心律失常，可因运动而加剧病情	不推荐以增强适应为目的的活动，应重点恢复到C级或更高级，日常活动需要根据患者评估情况由医师确定

注：NYHA. 纽约心脏病学会；MET. 代谢当量。

参照2011年欧洲心血管预防与康复学会和心力衰竭协会共同发布的共识中所列慢性心功能不全患者运动试验和训练禁忌证如下：

(1) 运动试验与训练禁忌证：急性冠脉综合征早期(2天内)；致命性心律失常；急性心力衰竭(血流动力学不稳定)；未控制的高血压；高度房室传导阻滞；急性心肌炎和心包炎；有症状的主动脉狭窄；严重梗阻性肥厚型心肌病；急性全身性疾病；心内血栓。

(2) 运动训练禁忌证：近3~5天静息状态进行性呼吸困难加重或运动耐力减退；低功率运动负荷出现严重的心肌缺血(<2MET，或<50W)；未控制的糖尿病；近期栓塞；血栓性静脉炎；新发心房颤动或心房扑动。

(3) 运动训练可增加风险：过去1~3天内体重增加>1.8kg；正接受间断或持续的多巴酚丁胺治疗；运动时收缩压降低；NYHA心功能分级Ⅳ级；休息或劳力时出现复杂性室性心律失常；仰卧位时静息心率≥100次/min；先前存在合并症而限制运动耐力。

二、康复治疗方案

(一) 病因的防治

目前，冠状动脉粥样硬化性心脏病已成为慢性心功能不全主要的常见病因。随着科技的发展，冠状动脉支架以及冠状动脉搭桥等改善早期再灌注治疗，可以很大程度减少心肌坏死，对于预防慢性心功能不全的发展进程具有重要作用。近年来，我国针对冠心病治疗也取得进一步进展，尤其是各医院联合开展胸痛中心建设，在很大层面上加强了对急性心肌梗死的救治，从而减少早期心血管事件的死亡率。同时，积极的防治有利于促进心血管患者改善预后。此外，高血压作为全民发展迅速的疾病，也很大一部分导致慢性心功能不全的发生。目前，全球范围内由风湿性疾病导致的瓣膜性心脏病减少，但是随着人口老龄化发展，老龄化瓣膜性心脏病逐渐增加。同时，糖尿病、戒烟、过量饮酒，以及不良的生活行为方式等也成为慢性心功能不全发展的重要病因。

(二) 慢性心功能不全的一般治疗

1. **祛除诱因，调整生活方式**　心力衰竭患者宜低脂饮食，吸烟患者应戒烟，肥胖患者应减轻体重，严重心力衰竭伴明显消瘦者，应给予营养支持。

2. **减轻心脏负荷**　包括减少体力活动和精神应激。慢性心功能不全急性加重期宜绝对卧床休息，在心功能逐步改善过程中，适当下床活动，以免卧床休息过久并发静脉血栓形成或肺炎。此外，应注意解除精神负担，必要时给予小量镇静剂。

3. **限制钠盐摄入**　适当限制日常饮食中的钠盐摄入量，食盐量2~5g，忌盐腌制食物。

应用利尿剂引起大量利尿时，钠盐限制不宜过严，以免发生低钠血症。

(三) 慢性心功能不全的药物治疗

根据2018年中国心力衰竭诊断和治疗指南推荐，慢性射血分数降低型心力衰竭患者的治疗目标是改善临床症状和生活质量，预防或逆转心脏重构，减少再住院，减低死亡率。

1. 利尿剂的应用 利尿剂消除水钠潴留，有效缓解心力衰竭患者的呼吸困难及水肿，改善运动耐量。恰当使用利尿剂是心力衰竭药物取得成功的关键和基础。一方面，若利尿剂用量不足，会降低对ACEI的反应，增加β受体阻滞剂的风险。另一方面，不恰当地大量使用利尿剂会导致血容量不足，增加发生低血压、肾功能恶化和电解质紊乱的风险。适用于有液体潴留证据的心力衰竭患者。

根据患者淤血症状和体征，血压及肾功能选择起始剂量(表11-17)，根据患者对利尿剂的反应调整剂量，体重每天减轻0.5~1kg为宜。一旦症状缓解，病情控制，即以最小有效剂量长期维持，并根据液体潴留的情况随时调整剂量。可教会患者根据病情需要(症状、水肿、体重变化)调整剂量。利尿剂开始应用或增加剂量1~2周后，应复查血钾和肾功能。

表11-17 慢性HFrEF常用利尿剂及其剂量

药物	起始剂量	每天最大剂量	每天常用剂量
襻利尿剂			
呋塞米	20~40mg，1次/d	120~160mg	20~80mg
布美他尼	0.5~1mg，1次/d	6~8mg	1~4mg
托拉塞米	10mg，1次/d	100mg	10~40mg
噻嗪类利尿剂			
氢氯噻嗪	12.5~25mg，1~2次/d	100mg	25~50mg
美托拉宗	2.5mg，1次/d	20mg	2.5~10mg
吲达帕胺	2.5mg，1次/d	5mg	2.5~5mg
保钾利尿剂			
阿米洛利	2.5mg[a]/5mg[b]，1次/d	20mg	5~10mg[a]/10~20mg[b]
氨苯蝶啶	25mg[a]/50mg[b]，1次/d	200mg	100mg[a]/200mg[b]
血管加压素V_2受体拮抗剂			
托伐普坦	7.5~15mg，1次/d	30mg	15mg

注：HFrEF. 射血分数降低的心力衰竭；[a]与ACEI或ARB合用时的剂量；[b]不与ACEI或ARB合用时的剂量。

有明显液体潴留患者，首选袢利尿剂，最常用呋塞米，呋塞米的剂量与效应呈线性关系，托拉塞米、布美他尼口服生物利用度更高，噻嗪类利尿剂仅适用于有轻度液体潴留、伴有高血压且肾功能正常的心力衰竭患者。托伐普坦对顽固性水肿或低钠血症者疗效更显著，推荐用于常规利尿剂治疗效果不佳、有低钠血症或肾功能损害倾向的患者。

2. **肾素-血管紧张素系统抑制剂**　2018年发布的中国心力衰竭诊断和治疗指南推荐应用ACEI或ARB或血管紧张素受体脑啡肽酶抑制剂（angiotensin receptor neprilysin inhibitor，ARNI）抑制肾素-血管紧张素系统、联合β受体阻滞剂及在特定患者中应用醛固酮受体拮抗剂的治疗策略，以降低心力衰竭患者的发病率和死亡率。

（1）ACEI：①适应证。所有EF下降的心力衰竭患者，都必须且终身使用，除非有禁忌证或不能耐受。心力衰竭高发危险人群应该考虑用ACEI来预防心力衰竭。②禁忌证。曾发生致命性不良反应，如喉头水肿、无尿性肾功能衰竭或妊娠妇女，应禁忌使用。有以下情况者须慎用：双侧肾动脉狭窄，血肌酐>265.2μmol/L（3mg/dl），血钾>5.5mmol/L，伴症状性低血压（收缩压<90mmHg），左室流出道梗阻（如主动脉瓣狭窄、梗阻性肥厚型心肌病）等。③应用方法：从小剂量开始，逐渐递增，直至达到目标剂量（表11-18），一般每隔1~2周剂量倍增一次。滴定剂量及过程需个体化。调整到合适剂量应终身维持使用，避免突然撤药。应监测血压、血钾和肾功能，如果肌酐增高>30%，应减量，如仍继续升高，应停用。④注意事项。常见不良反应有与血管紧张素Ⅱ抑制有关的，如低血压、肾功能恶化、高钾血症；和与缓激肽积聚有关的，如咳嗽和血管性水肿。

（2）ARB：①适应证。推荐用于不能耐受ACEI的射血分数保留型患者；对因其他适应证已服用ARB的患者，如随后发生射血分数降低型心力衰竭，可继续服用ARB。②应用方法与不良反应监测。从小剂量开始，逐渐增至推荐目标剂量或可耐受的最大剂量（表11-18）。开始应用及调整剂量后1~2周内，应监测血压、肾功能和血钾。不良反应包括低血压、肾功能恶化和高钾血症等，极少数患者也会发生血管神经性水肿。

（3）ARNI：ARNI有ARB和脑啡肽酶抑制剂的应用，后者可升高利钠肽、缓激肽和肾上腺髓质及其他内源性血管性肽的水平。ARNI的代表药物是沙库巴曲缬沙坦钠。①适应证。对于NYHA心功能Ⅱ~Ⅲ级、有症状的射血分数降低型心力衰竭患者，若能够耐受ACEI/ARB，推荐以ARNI代替ACEI/ARB，以进一步减少心力衰竭患者的发病率及死亡率。②应用方法。患者由服用ACEI/ARB转为ARNI前血压需稳定，并停用ACEI36小时，因为脑啡肽酶抑制剂和ACEI联用会增加血管神经性水肿的风险。小剂量开始，每2~4周剂量加倍，逐渐滴定至目标剂量（表11-18）。

表11-18　慢性心功能不全常用的肾素-血管紧张素系统抑制剂及其剂量

药物	起始剂量	目标剂量
ACEI		
卡托普利	6.25mg，3次/d	50mg，3次/d
依那普利	2.5mg，2次/d	10mg，2次/d
福辛普利	5mg，1次/d	20~30mg，1次/d
赖诺普利	5mg，1次/d	20~30mg，1次/d
培哚普利	2mg，1次/d	4~8mg，1次/d
雷米普利	1.25mg，1次/d	10mg，1次/d
贝那普利	2.5mg，1次/d	10~20mg，1次/d

续表

药物	起始剂量	目标剂量
ARB		
坎地沙坦	4mg,1 次 /d	32mg,1 次 /d
缬沙坦	40mg,1 次 /d	160mg,2 次 /d
氯沙坦	25~50mg,1 次 /d	150mg,1 次 /d
ARNI		
沙库巴曲缬沙坦	25~100*mg,2 次 /d	200mg,2 次 /d

注:ACEI. 血管紧张素转化酶抑制剂;ARB. 血管紧张素Ⅱ受体阻滞剂;ARNI. 血管紧张素受体脑啡肽酶抑制剂;* 能耐受中 / 高剂量 ACEI/ARB(相当于依那普利 ≥ 10ng、2 次 /d,或缬沙坦 ≥ 80mg、2 次 /d)的患者,沙库巴曲缬沙坦钠片规格:50mg(沙库巴曲 24mg/ 缬沙坦 26mg),100mg(沙库巴曲 49mg/ 缬沙坦 51mg)。

3. **β 受体阻滞剂**　长期应用(>3 个月时)可改善心功能,提高 LVEF;治疗 4~12 个月,还能降低心室肌重量和容量、改善心室形状,提示心肌重构延缓或逆转。①适应证:结构性心脏病,伴 LVEF 下降的无症状心力衰竭患者,无论有无 MI,均可应用,有助于预防心力衰竭。有症状或曾经有症状的 NYHA Ⅱ~Ⅲ级、LVEF 下降、病情稳定的慢性心功能不全患者须终身应用,除非有禁忌证或不能耐受。NYHA Ⅳa 级心力衰竭患者在严密监护和专科医师指导下也可应用。伴Ⅱ度及以上房室传导阻滞患者禁用。②应用方法:常用美托洛尔、比索洛尔、卡维地洛。LVEF 下降的心力衰竭患者一经诊断,在症状较轻或得到改善后即尽快使用 β 受体阻滞剂,除非症状反复或进展。β 受体阻滞剂治疗心力衰竭要达到目标剂量或最大可耐受剂量。目标剂量是在既往临床试验中采用、达到并证实有效的剂量。起始剂量宜小,一般为目标剂量的 1/8,每隔 2~4 周可将剂量递增一次,滴定的剂量及过程需个体化。生物学效应往往需持续用药 2~3 个月才逐渐产生,而初始用药主要产生的副作用是抑制心肌收缩力诱发和加重心力衰竭,为避免这种不良影响,起始剂量须小,递加剂量须慢。静息心率是评估心脏 β 受体有效阻滞的指标之一,通常心率降至 55~60 次 /min 即为达到了 β 受体阻滞剂应用的目标剂量或最大可耐受剂量。③注意事项:应用早期如出现某些不严重的不良反应一般不需停药,可延迟加量直至不良反应消失。起始治疗时如引起液体潴留,应加大利尿剂用量,直至恢复治疗前体重,再继续加量。用药期间如心力衰竭有轻或中度加重,应加大利尿剂用量。如病情恶化,且与 β 受体阻滞剂应用或加量相关,宜暂时减量或退回至前一个剂量。如病情恶化与 β 受体阻滞剂应用无关,则无须停用,应积极控制使心力衰竭加重的诱因,并加强各种治疗措施。如心率低于 55 次 /min,或伴有眩晕等症状,或出现Ⅱ、Ⅲ度房室传导阻滞,应减量甚至停药。

4. **醛固酮受体拮抗剂**　醛固酮对心肌重构,特别是对心肌细胞外基质促进纤维增生的不良影响是独立和叠加于血管紧张素Ⅱ作用的。长期应用 ACEI 或 ARB,起初醛固酮降低,随后即出现“逃逸现象”。因此,加用醛固酮受体拮抗剂可抑制醛固酮的有害作用,对心力衰竭患者有益。①适应证:适用于 LVEF ≤ 35%、NYHA Ⅱ~Ⅳ级的患者。所有已使用了 ACEI(或 ARB)和 β 受体阻滞剂治疗,仍持续有症状的患者,均可加用 MRA。AMI 后、LVEF ≤ 40%,有心力衰竭症状或既往有糖尿病史者也推荐使用 MRA。②应用方法:从小剂量起始，逐渐加量，尤其螺内酯不推荐应用很大剂量。③注意事项：血钾>5mmol/L、肾功能受损者（肌酐>221μmol/L）不宜应用。避免使用非甾体抗炎药和环氧化酶-2抑制剂，尤其是老年人。螺内酯可引起男性乳房增生症，为可逆性，停药后消失。依普利酮副作用少见。

5. **伊伐雷定** 伊伐雷定是心脏窦房结起搏电流的一种选择性特异性抑制剂，以剂量依赖性方式抑制起搏电流电流，降低窦房结发放冲动的频率，从而减慢心率。由于心率减缓，舒张期延长，冠状动脉血流量增加，可产生抗心绞痛和改善心肌缺血的作用。①适应证：适用于窦性心律的HFrEF患者。在使用了ACEI（或ARB）、β受体阻滞剂、MRA且已达到推荐剂量或最大耐受剂量，心率仍然≥70次/min，并持续有症状（NYHA Ⅱ~Ⅳ级）的患者，可加用伊伐雷定。不能耐受β受体阻滞剂、心率≥70次/min的有症状患者，也可代之使用伊伐雷定。②应用方法：起始剂量2.5mg，2次/d，根据心率调整用量，最大剂量7.5mg，2次/d，患者静息心率宜控制在60次/min左右，不宜低于55次/min。③注意事项：不良反应有心动过缓、光幻症、视力模糊、心悸、胃肠道反应等。

6. **洋地黄类药物** 洋地黄类药物通过抑制衰竭心肌细胞膜钠钾ATP酶，使细胞内Na^+水平升高，促进Na^+-Ca^{2+}交换，提高细胞内Ca^{2+}水平，从而发挥正性肌力作用。目前认为其可能是通过降低神经内分泌系统的活性来发挥治疗心力衰竭的作用的。

7. **中医中药治疗** 详见下文。

8. **其他药物** 对于无法使用ACEI/ARB/ARNI的有症状射血分数降低型心力衰竭患者，硝酸酯类常被合用以缓解心绞痛或呼吸困难的症状。曲美他嗪可提高心力衰竭患者的射血分数，甚至降低心血管死亡率或全因死亡率，左卡尼汀和辅酶Q10也可以改善患者症状和心功能，改善生活质量，但对远期预后的影响尚需进一步研究。

（四）运动康复

对于病情的稳定的慢性心力衰竭（chronic heart failure，CHF）患者，医务人员结合病史、相关临床检查（静息心电图、24小时动态心电图、胸片、心脏超声等），进行运动测试与运动康复禁忌筛查和危险因素分层评估后，判断患者能否进行心肺运动测试和运动训练。对于心力衰竭患者，进行亚极量运动测试或症状限制性运动测试为宜。运动康复包括有氧训练、肌力训练与呼吸训练三大方面，心力衰竭患者对不同的运动形式耐受程度不同，需根据患者年龄、合并症情况、爱好、工作状况、运动康复设施环境制订个性化的运动处方。

根据评价结果，进行康复运动和以易筋经、五禽戏、八段锦、太极拳、六字诀等传统功法为主要手段指导患者进行主动训练的导引技术。运动处方：根据CHF患者的实际情况制订个体化的运动处方。运动处方的要素包括运动种类、运动强度、运动时间和频率，其中运动强度是制订运动处方的重要内容，直接关系到运动的安全性和效果。有氧运动是CHF患者运动康复的主要形式。有氧运动种类有走路、踏车、游泳、骑自行车、爬楼梯、太极拳、易筋经、五禽戏、八段锦、六字诀等。运动时间为30~60分钟，包括热身运动时间、真正运动时间及整理运动时间，针对体力衰弱的CHF患者，建议延长热身运动时间，通常为10~15分钟，真正运动时间为20~30分钟。运动频率为每周3~5次。运动强度以AT为标准的运动强度，可选择60%~65% VO_2peak，从50% VO_2peak开始，逐步递增。还可参照心率、博格评分主观用力程度分级等确定。

（1）心率：运动目标心率为最大心率（maximal heart rate，HRmax，HRmax =220-年龄）的65%~75%。从50%~60% HRmax开始。运动时目标心率=静息心率+（最大运动心率-静息心率）×0.6，从 40% 心率储备（heart rate reserve，HRR）开始，逐步递增。

（2）博格评分主观用力程度分级：RPE 10~14（20 级表）。

对于心力衰竭患者，建议 3~4 周有氧运动后进行抗阻运动，几周至数月内逐渐增加运动训练强度，上肢从 40% 单次运动完成的 1RM 至 70%1RM，下肢从 50%1RM 至 70%1RM）。建议分 3 阶段对慢性心功能不全患者进行抗阻训练。第 1 阶段为指导阶段，主要是掌握正确方法，提高肌肉间协调性。第 2 阶段为抗阻 / 耐力训练阶段，提高局部有氧耐力和肌肉间的协调性。第 3 阶段为力量训练阶段，提高肌肉的体积和肌肉间的协调性。

运动康复方案的实施分三个阶段，第一阶段在心电图、血压等监护下进行，多在医院完成，也可以远程监护。第二阶段须在医务人员指导下进行，包括对运动康复知识的培训、营养指导、疾病知识的培训及让患者了解依从性的重要性，可以在医院里进行。第三阶段为家庭运动计划，如果成功地完成了前两个阶段运动训练，而不出现任何负面事件，这时安全性已经建立，则可继续家庭运动计划，医师给予电话随访或患者进行门诊随访。

运动分耐力运动、弹力运动、阻力运动。CHF 患者多倾向于选择可以改善心肺功能的有氧运动。有氧运动模式有连续有氧运动和间歇有氧运动，连续有氧运动步骤：热身运动—运动—整理运动，运动阶段平稳；间歇有氧运动步骤：热身运动—运动—整理运动（减慢速度至慢步），运动阶段呈运动—间歇—运动—间歇交替。因间歇有氧运动具有更安全的特点，多在运动训练早期采纳。间歇有氧运动分高强度间歇有氧运动与低强度间歇有氧运动，根据患者的运动能力选择不同强度。心功能水平与活动强度关系见表 11-19。

表 11-19　心功能水平与活动强度关系

心功能分级	活动强度
Ⅰ级	最大活动水平，持续活动 5kcal，间断活动 6.6kcal，最大代谢当量为 6.5MET，主观劳累计分在 13~15。活动强度可以较大
Ⅱ级	最大持续活动水平为 2.5kcal，间歇活动时为 4kcal，最大代谢当量为 4.5MET，主观劳累计分在 9~11。活动强度应明显减小，活动时间不宜过长，活动时的心率增加一般不超过 20 次 /min
Ⅲ级	最大持续活动水平为 2kcal，间歇活动时为 2.7kcal，最大代谢当量为 3MET，主观劳累计分为 7。以腹式呼吸、放松训练为宜，可做不抗阻的简单四肢活动，活动时间一般为数分钟。活动心率增加不超过 10~15 次 /min。每次运动时间可达到 30min
Ⅳ级	最大持续活动水平为 1.5kcal，间歇活动时为 2kcal，最大代谢当量为 1.5MET。只做腹式呼吸和放松训练等不增加心脏负荷的活动。可做四肢被动活动。活动时心率和血压一般应无明显增加，甚至有所下降。世界卫生组织提出可以进行缓慢步行，每次 10~15min，1~2 次 /d，但必须无症状

应用指导：①运动处方的制订特别强调个体化原则。②在考虑采用运动训练之前应该进行详尽的心肺功能和药物治疗评定。③活动时应强调循序渐进、动静结合、量力而行，不可引起不适或症状加重，禁忌剧烈运动，并要有恰当的准备和结束活动。④治疗时应有恰当的医学监护，出现疲劳、心悸、呼吸困难及其他症状时应暂停活动，查明原因。严格掌握运动治疗的适应证，特别注意排除不稳定的心脏患者。⑤心功能Ⅳ级者，体力活动应予限制，过多的体力活动会加重心脏负担，加剧病情。此期的重点以静为主，以动为辅。病情稳定后立

即开始被动运动，活动肩肘、膝关节，每次 5~10 分钟，1~2 次 /d，不应有疲劳感。活动必须循序渐进，开始可以在床上伸展四肢，再缓慢下床，在床边、室内散步；经过一段时间后再逐渐缓慢增加活动量；病情好转后，可到室外活动。如活动不引起胸闷、气喘，则表明活动适度。要以轻体力、小活动量、长期坚持为原则。⑥康复运动应有临床监护、心电监测和急救安排。

（五）睡眠康复

睡眠时间长短及睡眠质量，特别是睡眠呼吸暂停综合征，与心力衰竭发病率、死亡率关系密切，睡眠康复是心脏康复的重要内容。睡眠障碍心理行为治疗包括：①睡眠卫生教育；②放松疗法；③刺激控制疗法；④睡眠限制疗法；⑤认知行为疗法。外治疗法包括：①针灸、推拿按摩治疗；②足浴疗法；③药枕疗法；④脑电生物反馈治疗；⑤脑反射治疗；⑥脑电治疗；⑦体外反搏疗法；⑧持续气道正压通气（continuous positive airway pressure，CPAP）治疗。

（六）康复教育

根据中西医结合康复路径，对患者进行康复教育。主要内容应涵盖运动量、饮食及液体摄入量、出院用药、随访安排、体重监测、出现心力衰竭恶化的应对措施、心力衰竭风险评估及预后、生活质量评估、家庭成员进行心肺复苏训练、寻求社会支持、心力衰竭的护理等。

三、中医康复

中医学认为慢性心功能不全属本虚标实之证，心气亏虚为其发病之本。心力衰竭病机可用“虚”“瘀”“水”概括，益气、活血、利水为心力衰竭的治疗大法。心力衰竭的治疗目标不仅是改善症状、提高生活质量，更重要的是防止和延缓心室重塑的发展，从而维持心功能，降低心力衰竭的病死率和再住院率。

（一）慢性心功能不全不同阶段中医辨证治疗

根据 2016 年慢性心力衰竭中西医结合诊疗专家共识，心力衰竭的发生发展过程是从伴有心力衰竭的高发危险因素进展为结构性心脏病，进而出现心力衰竭症状，直至难治性终末期心力衰竭。可分成 A 、B 、C 、D 四个阶段。不同阶段中医证候分布特点有所不同，在西医治疗的基础上，配合中医辨证论治，形成个体化的治疗方案，充分发挥中西医结合优势互补，更好地实现慢性心功能不全从“防”到“治”全面管理。

1. 阶段 A　本阶段以原发疾病表现为主，应根据原发疾病特点进行辨证论治，发挥中医治未病的特点，干预心力衰竭的危险因素，防止心力衰竭发生。如冠心病按照“胸痹心痛”辨证论治，高血压按照“眩晕”辨证论治，糖尿病按照“消渴”辨证论治，心肌炎、心律失常按照“心悸”辨证论治，慢性肾衰竭按照“水肿”或“关格”辨证论治等。

2. 阶段 B　本阶段仍以原发疾病为主，因已有结构性心脏病，部分患者会出现轻度心悸、气短、乏力，属于心气虚证候，故临床应在原发病辨治的基础上，结合补益心气法以延缓心力衰竭的发生发展。补益心气可选用桂枝甘草汤、保元汤加减：黄芪、人参、白术、桂枝、甘草等。此外，现代研究表明一些单味中药和中成药具有潜在的防止或逆转心室重塑作用，如丹参、黄芪、西洋参、三七、玄参、淫羊藿、苦参和芪苈强心胶囊、芪参益气滴丸、通心络胶囊、麝香保心丸、黄芪注射液等，临床可考虑选择应用。

3. 阶段 C　本阶段以气虚血瘀证、阳气亏虚血瘀证、气阴两虚血瘀证为主要证型，可兼见水饮证和痰浊证。

(1) 主要证型

1) 气虚血瘀证

治法：益气活血。推荐方药：桂枝甘草汤、保元汤加减，人参、黄芪、桂枝、桃仁、红花、丹参、当归、赤芍、川芎、甘草等。中成药：芪参益气滴丸（推荐用于冠心病）。心力衰竭急性加重可选用黄芪注射液。

2) 阳气亏虚血瘀证

治法：益气温阳活血。推荐方药：参附汤、四逆汤加减，人参、黄芪、附子、干姜、白术、桃仁、红花、丹参、当归、川芎、甘草等。中成药：芪苈强心胶囊、参附强心丸、心宝丸。心力衰竭急性加重可选用参附注射液、心脉隆注射液。

3) 气阴两虚血瘀证

治法：益气养阴活血。推荐方药：生脉散加味，人参、麦冬、五味子、黄芪、生地黄、桃仁、红花、丹参、当归、赤芍、川芎、甘草等。中成药：生脉胶囊、生脉饮口服液、补益强心片。心力衰竭急性加重可选用生脉注射液、注射用益气复脉。

(2) 兼证

1) 水饮证

治法：通阳利水。推荐方药：水饮内停者，五苓散、苓桂术甘汤、木防己汤加减；水凌心肺者，葶苈大枣泻肺汤加减；脾虚水肿者，防己黄芪汤加减；阳虚水泛者，真武汤、防己茯苓汤加减。常用药物：附子、茯苓、猪苓、桂枝、泽泻、芍药、白术、防己、葶苈子、生姜等。中成药：五苓胶囊。心力衰竭急性加重可选用心脉隆注射液。

2) 痰浊证

治法：化痰利湿。推荐方药：二陈汤、三子养亲汤加减。脾虚者，合四君子汤；痰热者，小陷胸汤、黄连温胆汤加减。常用药物：半夏、陈皮、茯苓、瓜蒌、苏子、白芥子、莱菔子、黄芩、浙贝、桔梗、杏仁、桑白皮、葶苈子、炙甘草等。中成药：橘红丸、复方鲜竹沥、祛痰灵口服液。心力衰竭急性加重可选用痰热清注射液。

4. 阶段D　此阶段虽病情较重，但常见证候与阶段C相似，辨证论治参考阶段C。慢性心功能不全C、D阶段水肿较重的部分患者，因长期大量使用利尿剂而出现利尿剂抵抗，或患者开始即对利尿剂不敏感，可结合中医辨证治疗，或配合中药外治等手段，常可以提高利尿效果。

（二）慢性心功能不全的其他中医辅助治疗

1. 中医外治疗法　中医外治的方法分为整体治疗、皮肤官窍黏膜治疗、经络腧穴治疗等。整体治疗是指以人整体为对象进行治疗，主要有导引、体育疗法、音乐疗法等。皮肤官窍黏膜治疗是指药物通过皮肤、官窍、黏膜吸收进入局部或者机体循环系统起治疗作用的方法，如敷贴疗法、熏洗疗法等。经络、腧穴治疗是指药物、手法、器械从外施于经络、腧穴起效的治疗方法，如推拿、艾灸疗法等。中国中医药研究促进会中西医结合心血管病康复与预防专业委员会发布的《中医外治技术在心脏康复中应用的专家建议》推荐了经穴体外反搏疗法、熏洗疗法、沐足疗法、耳压疗法、中药穴位贴敷疗法、针刺疗法、艾灸疗法、推拿疗法、平衡火罐疗法、中药热奄包疗法等中医外治疗法。国家中医药管理局发布的《心衰病（慢性心力衰竭）中医诊疗方案（2017年版）》推荐了中医泡洗技术、灸法、穴位贴敷等中医外治技术。根据适应证用于慢性心功能不全康复Ⅰ～Ⅲ期的患者。

2. **辨证食疗**　对慢性心功能不全患者应进行全面的营养评估、准确的营养诊断、科学的营养干预及系统的营养监测。针对患者的不同证型能提供更加具体的饮食指导。结合体重、血脂、血压、血糖及心功能的程度和中医辨证，制订具体的饮食处方。慢性心功能不全气虚血瘀证饮食宜甘温，忌生冷厚腻之品。宜食补益心肺、活血化瘀之品，如莲子、大枣、蜂蜜、花生等。可选食红糖银耳羹等。气阴两虚血瘀证饮食宜甘凉，忌食辛辣、温燥、动火之品。宜食益气养阴、活血化瘀之品，如山药、银耳、百合、莲子、枸杞子等。阳气亏虚血瘀证饮食宜温热，忌生冷、寒凉、黏腻之品。宜食益气温阳、化瘀利水之品，如海参、鸡肉、羊肉、桃仁、木耳、大枣、冬瓜、玉米须等。可选食莲子山药饭等。

3. **情志疗法**　心力衰竭患者常合并抑郁，导致患者依从性差、孤立，使临床状态更差，预后不良。可根据心理评估制订心理处方。心理调节方法有：①说理疏导法；②暗示疗法；③认知行为疗法；④放松疗法；⑤音乐疗法；⑥疏泄疗法；⑦移情疗法；⑧系统脱敏法；⑨爆破疗法；⑩厌恶疗法。其他还有行为矫正法、行为塑造法、生物反馈疗法、气功疗法、药物疗法等。中医情志疗法多种多样，但归纳起来可分为节制法、疏泄法、转移法和情志制约法。五行音乐疗法是依据中医五行相生相克的原理、通过五音与五脏的联系来调节身心，既可以改善患者心理状态，又起到辅助治疗的作用，进而提高治疗效果。多选用五音中“徵”调的音乐对心力衰竭心脏康复患者进行治疗。

（徐　浩　于美丽）

参考文献

［1］陈可冀, 吴宗贵, 朱明军, 等. 慢性心力衰竭中西医结合诊疗专家共识[J]. 中国中西医结合杂志, 2016, 36 (2): 133-141.

［2］中国中医药研究促进会中西医结合心血管病预防与康复专业委员会. 中医外治技术在心脏康复中应用的专家建议 [J]. 中西医结合心脑血管病杂志, 2017, 15 (1): 53-58.

［3］中华医学会心血管病学分会心力衰竭学组. 中国心力衰竭诊断和治疗指南 2018 [J]. 中华心血管病杂志 2018, 46 (10): 760-789.

［4］冯雪. 心血管疾病预防与康复临床路径丛书 [M]. 北京: 人民卫生出版社, 2018.

第七节　原发性心肌病

1995 年，WHO 和国际心脏病学会（International Society of Federation of Cardiology，ISFC）将心肌病定义为伴有心功能障碍的心肌疾病，并根据病理生理学分为原发性和继发性两类。原发性心肌病包括扩张型心肌病（dilated cardiomyopathy，DCM）、肥厚型心肌病（hypertrophic cardiomyopathy，HCM）、限制型心肌病（restrictive cardiomyopathy，RCM）、致心律失常型右心室心肌病（arrhy-thmogenic right ventricular cardio-myopathy，ARVC）和未定型

心肌病，现仍建议沿用此分类。

一、原发性心肌病患者病变特点

（一）现代病理生理特点

1. **扩张型心肌病（DCM）**　DCM是一组既有遗传又有非遗传原因造成的复合型心肌病。病理形态学以左心室、右心室或双心腔扩大和收缩功能障碍等为特征，会出现心肌细胞减少、间质增生、心内膜增厚及纤维化，常有附壁血栓形成。DCM患者常发生心力衰竭和心律失常，猝死率高。典型的症状：气短、乏力、水肿、呼吸困难（劳力性呼吸困难、夜间阵发性呼吸困难、端坐呼吸）。典型的体征：肺部湿啰音、颈静脉充盈、呼吸急促、心脏浊音界扩大、肝脏扩大、双下肢水肿。临床进展可表现为急性心力衰竭或原有心力衰竭症状和体征的急性加重；慢性心力衰竭呈现慢性进行性劳动能力下降，可出现急性加重和猝死。

2. **肥厚型心肌病（HCM）**　HCM是一种原发于心肌的遗传性疾病。形态学特征主要是左心室和/或右心室肥厚：心肌结构紊乱，肥大心肌细胞排列无序，局限性或弥散性间质纤维化，胶原骨架无序和增厚，心肌内小血管壁增厚等。临床表现多样，患者可无症状，亦可出现轻度胸闷、心悸，胸痛、呼吸困难、恶性心律失常、心力衰竭、房颤伴栓塞等，青少年患者可发生猝死。猝死是HCM主要常见死亡原因，恶性心律失常、室壁过厚、流出道阶差50mmHg是猝死的主要危险因素。

3. **限制型心肌病（RCM）**　RCM是以心室腔容积正常或减小、双心房扩大为特征，左室壁厚度和心瓣膜正常，舒张功能受限，而收缩功能正常或相对正常的一组心肌疾病。特征表现为充盈限制并任何一侧或双侧心室舒张存容量减少，伴有正常或近于正常的收缩功能。病理表现为心肌浸润或非浸润病变使心内膜和心内膜下心肌纤维化、肥厚心室充盈受限。RCM代偿期可无明显症状，或有乏力、头晕、劳累后心悸等运动耐量下降的表现，以及水肿、腹胀等与静脉回流受阻有关的右心衰竭特征。左心衰竭较少出现。因为心房增大患者常出现心房纤颤，此外室性心律失常或心脏传导阻滞在重症患者并非罕见，并且经常是这些患者的死亡原因，常伴有栓塞。

4. **致心律失常型右心室心肌病（ARVC）**　ARVC是一种少见的非炎性非冠状动脉心肌疾病，遗传和家族背景明显，呈现右心室发育不良的心肌疾病，又称右心室心肌病。患者右心室常存在功能及结构异常，特征性病理表现为右心室正常心肌被脂肪及纤维组织替代，多位于右心室流出道、漏斗部及心尖，称“病变三角”。以心律失常、心力衰竭及心源性猝死（sudden cardiac death，SCD）为主要临床表现，最常表现为右心室来源的室性期前收缩、室性心动过速（简称室速）和青壮年猝死，是青壮年猝死的常见疾病，尤其是运动员和儿童。部分患者的左心室心肌也可同时被脂肪及纤维组织替代，或以左心受累为主，故应称为致心律失常性心肌病更为确切。ARVC的临床表现复杂多变，根据临床资料观察，将ARVC的病程发展分为三个时期，①隐匿期：右心室结构仅有轻微改变，室性心律失常可以存在或不存在，SCD可能是首发表现，且多见于剧烈活动或竞争性体育比赛的年轻人群；②心律失常期：表现为症状性右心室心律失常，发作性心悸晕厥、心脏停搏，呈现频发室性期前收缩、短阵性室速、持续性室速或室颤，同时伴有明显的右心室结构功能异常；③右心功能障碍期：进行性及迁延性心肌病变导致症状进一步加重，患者可出现心悸、腹胀、食欲减退，肝大、水肿等，也可累及左心室导致双心室泵功能衰竭。

5. **未定型心肌病**　未定型心肌病是一类可能兼有DCM、HCM、RCM及ARVC临床表现，形态学特征难于界定属于上述四种具体哪一类型的心肌疾病。目前将心肌致密化不全、Tako-Tsubo心肌病纳入未定型心肌病。心肌致密化不全(noncompaction of the ventricular myocardium，NVM)是以心室内异常粗大的肌小梁和交错的深隐窝为特征的一种与基因异常相关的遗传性心肌病。过去称为海绵状心肌、胚胎样心肌等，因主要累及左心室，也被称为左室心肌致密化不全。是由于在胚胎期正常心肌致密化过程因致畸因素未能完成，导致心腔内粗大的肌小梁及隐窝持续存在。LVNC的临床表现可类似DCM，治疗原则也与DCM相同。Tako-Tsubo心肌病因其独特的收缩末期底部圆隆、颈部狭小的左心室造影表现，形象地被称为左心室心尖部气球样变综合征。因患者发病前均有明显的某种突然心理或躯体应激情况等诱发因素，以及明显增高的血浆儿茶酚胺等应激性物质，也被称为应激性心肌病。此病临床表现酷似急性心肌梗死，以中老年女性多发，突出表现为突发的心绞痛样胸痛；心电图变化(典型表现为ST段抬高、广泛T波倒置、出现异常QS波等)；超声心动图和左心室造影表现为节段性室壁运动异常(累及较低的前壁和心尖部)，即基底部收缩功能保存良好、心室中部中重度受损、心尖部运动消失或呈现反向运动；心肌酶和受累心肌节段不平行现象(酶释放较少、运动异常节段相对广泛)。

(二) 原发性心肌病中医病机特点

原发性心肌病的病机比较复杂，中医认为本病的发生与先天不足、外邪劳倦、饮食失调等因素有关。外感或内热毒邪，袭肺侵心，由气及血，伤及血脉，日久不去，内舍于心，痹阻经络，心脉痹阻而致心悸、怔忡、心痛、咳嗽、喘促、肢节疼痛等症；或劳倦过度，伤及脾胃，脾失健运，则气血化生乏源，日久必气血亏虚，心失所养，而致胸闷、心痛、心悸、气短、脉结代；或饮食失调，脾胃运化失司，水湿内停，饮邪上犯，凌心射肺致心悸、怔忡。或心病及肺，肺治节失常，痰饮阻肺，肺气不降，血随气逆，致心悸、喘息、不得平卧等症状。或先天禀赋不足，气血无力，气滞血瘀，水道不利，痰湿阻滞，痰瘀互结而致心悸、心痛、唇甲发绀、胁下痞块作痛等。若阴不敛阳，阳气虚脱，则见面色青灰、大汗淋漓、四肢厥冷等症。本病病位在心，与肺、脾、肾三脏关系密切。以正虚为本，毒邪、痰浊、血瘀为标，属本虚标实、虚实夹杂之证，其病情发展取决于正气盛衰和感邪轻重。中医治疗原则是扶正祛邪。扶正以补心为主，兼顾肺、脾、肾等脏，祛邪以活血化瘀利水为主，兼除外感病邪。根据临床表现不同，本病可归属于中医学“心悸”“怔忡”“水肿”“喘证”“胸痹”等范畴。

二、风险评估及注意事项

(一) 临床风险评估

在临床工作中，对于原发性心肌病应进行充分的临床风险评估，包括量表评估、动静态心排量测定、6分钟步行试验、心肺运动试验等。

1. **量表评估**　包括SAQ、堪萨斯城心肌病患者生存质量量表(Kansas city cardiomyopathy questionnaire，KCCQ)、WHO生存质量评定量表、健康状况SF-36量表、SSS、PHQ9及GAD7患者健康问卷、焦虑自评量表(self-rating anxiety scale，SAS)、抑郁自评量表(self-Rating depression scale，SAD)等。

2. **动静态心排量测定**　是通过实时、连续监测静息时每搏输出量(stroke volume，SV)、CO、心肌收缩能力及前后负荷等多项静态血流动力学指标来评估心功能，指导心脏重症用药,同时也是心脏康复Ⅰ期运动治疗前的重要评估。无创心排量测定可以在静息状态进行血流动力学监测,同时可配合6分钟步行试验、心肺运动试验运动、运动平板进行动态血流动力学监测,结合每搏阈、SV拐点为患者制订精准运动处方。

3. **6分钟步行试验**　主要用于测量中到重度心脏或肺疾病患者的心肺功能状态及评估治疗效果,也可用于预测发病率和死亡率。

4. **心肺运动试验**　是一种客观评价心肺储备功能和运动耐力的无创性检测方法,综合应用呼吸气体实时监测分析技术、电子计算机和活动平板或功率踏车技术,实时检测在不同负荷下机体 VO_2 和 VCO_2 的动态变化,从而客观、定量、全面地评价心肺储备功能和运动耐力,为制订心肌病患者运动处方提供依据。

(二) 心脏康复注意事项

1. **精准康复**　原发性心肌病患者病情相对复杂,医师应对其进行全面评估,制订精准的康复方案。应用精准评估指导精准用药,并重视患者依从性,做好药物管理和药物随访。

2. **个体化**　不同患者、不同疾病、不同时期的心脏康复方案是有差异的,一定要重视患者的个体差异,制订个体化的康复方案。原发性心肌病患者心功能多有下降,运动应在患者进行风险评估和运动评估之后进行。同时注意循序渐进原则,逐渐提高患者的运动量。

3. **依从性**　加强患者教育,医护配合将患者教育执行到位。重视出院随访,制订完善的院外随访制度,或可通过自媒体等加强与患者沟通。

三、康复治疗

(一) 运动

运动分为被动运动和主动运动。被动运动主要有EECP,有助于心肌病患者的症状改善,提高患者生活质量。

主动运动主要有有氧运动、无氧运动、柔韧性运动、平衡性运动等。原发性心肌病患者应适当运动,心力衰竭稳定后可在医务人员监测下进行适当的有氧运动,增加运动耐量和提高生活质量是心脏康复治疗的核心内容。当患者运动耐量>5MET时可以进行常规有氧运动,如运动耐量≤5MET,只能进行最大耐受量50%的运动强度,以后根据医师的评估再考虑逐渐增加(Ⅰ类推荐,B级证据)。

(二) 营养

对于原发性心肌病患者而言,合理的康复措施可以起到积极的作用,适宜的营养干预能为其康复过程提供基础支持。合理的营养是维持心肌功能及支撑心肌病患者康复的物质保障。因此,了解心肌病患者的临床及营养代谢特点,并根据这些特点制订出科学的康复及营养方案非常重要。

原发性心肌病的营养供给原则:对于原发性心肌病患者,营养支持一方面要为心肌的康复提供原料及能量,另一方面还要尽量避免由于补充营养素而增加心脏的负担。具体包括:

1. **适量的能量供应**　能量供应以维持理想体重为宜,总热量摄入要与身体活动相平衡,BMI最好维持在18~24kg/m^2。在合理能量的基础上,强调食物多样化及粗细搭配等原则,以便摄入机体所需的多种营养素。

2. **脂肪摄入不宜过高**　控制脂肪数量和注重脂肪质量都很重要,通常每天膳食中脂肪提供的能量不超过总能量的30%,其中饱和脂肪酸不超过总能量的10%。每日烹调油用量限制在 20~30g，避免由于膳食脂肪过量引起肥胖、高脂血症等增加心脏负担；胆固醇摄入量以不超过 300mg/d 为宜，以减少心肌病患者发生动脉粥样硬化的风险；摄入充足的多不饱和脂肪酸，同时减少反式脂肪酸的摄入。

3. **糖类**　糖类是膳食能量的主要来源，应优先选择富含淀粉的多糖类食物，限制单糖和双糖含量高的食品。

4. **蛋白质**　对于一般心肌病患者来说，蛋白质的需要量与健康人相同即可，占总能量的 10%~15%，如果并发心力衰竭、肾功能不全等疾病，则根据患者的具体情况调整蛋白质供给量。食物中的优质蛋白是肌肉合成的重要原料，因此优质蛋白应占总蛋白质的 50% 以上。

5. **限盐**　每天食盐不超过 6g，包括味精、防腐剂、酱菜、调味品中的食盐。出现心力衰竭时要注意水、电解质平衡。

6. 供给充足的维生素和矿物质。

7. 戒酒。

8. 少量多餐，避免过饱，以免进食过多导致胃部膨胀而压迫心脏；忌烟、浓茶和刺激性食物，以免加重心脏负担。

（三）心理、睡眠

原发性心肌病患者常伴有心律失常，病死率高，且多为猝死，具有遗传和特发性的特点；患者往往病情反复，预后不佳，经常反复住院，医疗花费较大，因此原发性心肌病患者常出现抑郁、焦虑情绪，伴有自理能力下降、自我价值缺失等，进而影响日常生活质量。

应重视患者的心理和睡眠评估，临床中多采用 SAS、SAD、PSQI、KCCQ、毛氏躯体化症状自评量表、PHQ-15、PHQ-9、GAD-7 等常用量表。

加强心理辅导，正视原发性心肌病和心力衰竭、配合治疗减轻精神压力等（Ⅰ类推荐，C 级证据）。针对心理障碍发生的不同因素，采取积极的心理干预：①由于患者文化背景不同，对所患疾病的认识不同。因此，临床心理干预中应注重患者的社会性，以便更好地指导用药，促进患者恢复。②心理因素对疾病的发生、发展及预后影响很大，早期进行心理干预很有必要，患者过度焦虑会增加摄氧量，导致心脏负荷增加；尽早稳定患者情绪，使其以乐观的态度面对疾病、配合治疗。③晚期原发性心肌病患者的心功能差，若用药时间过长（微泵泵入药物），患者易感疲劳。应向患者做好解释和治疗方案介绍，避免焦虑等不良情绪出现。④后续的院外心理干预也十分重要，应为患者建立随访档案，保持心理干预的连续性，在随访过程中指导患者家属对患者进行安慰和支持，帮助患者树立战胜疾病的信心；指导患者适当活动，提高运动耐力和生活质量；指导患者定期随诊。

（四）药物及非药物管理

1. 扩张型心肌病

药物治疗：①早期阶段。应针对 DCM 病因治疗（如免疫性 DCM 的免疫学治疗），针对心室重塑进行早期药物干预，包括 β 受体阻滞剂和 ACEI/ARB，可减少心肌损伤和延缓病变发展，显著改善成年人心力衰竭患者和 DCM 患者的预后。②中期阶段。针对心力衰竭病理生理机制的三大系统（交感神经系统、肾素血管紧张素醛固酮系统、利钠肽系统）的异常激活，采用三大类神经激素拮抗剂（β 受体阻滞剂、ACEI/ARB/ARNI、MRA）治疗被证实能够降低心力衰竭患者的住院率和病死率。③晚期阶段。经利尿剂、ACEI/ARB/ARNI、β受体阻滞剂、螺内酯、地高辛等药物治疗后心力衰竭症状仍然不能缓解的患者，可考虑静脉滴注正性肌力药物［如多巴胺 2~5μg/（kg·min）；多巴酚丁胺 2~5μg/（kg·min）；米力农 25~50μg/kg 负荷量，继以 0.375~0.75μg/（kg·min）；左西孟旦 12μg/kg 静脉注射 10min，继以 0.1μg/（kg·min）］和血管扩张剂［如硝酸甘油 5~10μg/min；硝普钠 0.3~5μg/（kg·min）（<72h）；奈西立肽（重组人 B 型脑钠肽）1.5~2μg/kg 静脉注射，继以 0.01g/（kg·min）］；作为姑息疗法短期治疗（3~5 天），以缓解症状（Ⅱa 类推荐，C 级证据）。

非药物治疗：①心脏再同步化治疗（cadiac resyn-chronization therapy，CRT）。临床研究表明，CRT 治疗的同时辅以优化的起搏参数及药物治疗，可以明显提高左室射血分数、缩小左室舒张末内径、缩短 QRS 波长；CRT 还可以改善 DCM 患者血流动力学，减轻功能性二尖瓣反流的程度，提高患者的生存率，显著减少猝死的发生，降低总死亡率。②超滤治疗。床边超滤技术可以充分减轻 DCM 失代偿性心力衰竭患者的容量负荷，缓解心力衰竭的发生发展，特别是对利尿剂抵抗或顽固性充血性心力衰竭患者，疗效更为显著，可减少心力衰竭患者的住院时间、降低患者再住院率（Ⅱa 类推荐，B 级证据）。③左室辅助装置治疗。当疾病发展至心力衰竭晚期，在等待心脏移植期间可考虑使用左室辅助装置进行短期过渡治疗（Ⅱa 类推荐，B 级证据）。④当药物不能有效控制终末期心力衰竭时，心脏移植仍是唯一有效的选择。

2. 肥厚型心肌病

药物治疗：①β受体阻滞剂。β受体阻滞剂是治疗 HCM 的一线药物。在初始用药时有效率可达 60%~80%，可明显改善心绞痛、呼吸困难、先兆晕厥等症状。可预防激发状态下流出道梗阻的加重，但对静息状态下流出道压差影响不大。使用β受体阻滞剂通常从小剂量开始，根据心室率、流出道压差水平逐渐调整到最大耐受剂量。②钙通道阻滞剂。钙通道阻滞剂是β受体阻滞剂治疗 HCM 的替代选择，其中又以维拉帕米为主。若β受体阻滞剂治疗无效或不耐受时，改用维拉帕米常能够较好地缓解症状。由于钙通道阻滞剂的扩血管作用，具有严重肺动脉高压患者，在使用该药物初期可能会发生包括猝死在内的严重不良反应；如必须使用，应在用药初期住院观察。故有学者建议 HCM 患者不宜使用维拉帕米。③丙吡胺。丙吡胺是一种具有较强负性肌力作用的Ⅰa 类抗心律失常药物，HCM 患者在考虑侵入性治疗之前，对于不能耐受β受体阻滞剂或维拉帕米者，可以使用丙吡胺。丙吡胺可缩短房室传导时间，在合并心房颤动时应与小剂量β受体阻滞剂合用。使用此药物时应监测 QT 间期是否延长。其抗胆碱作用较强，可引起口干、眼干、尿潴留。其较强的负性肌力作用，可能会使 HCM 患者心输出量下降，在合并心力衰竭时应慎用。④其他。如血管紧张素Ⅱ受体阻滞剂、西咪唑啉、螺内酯、辛伐他汀等。

非药物治疗：①全自动双腔起搏（fully automatic dual chamber pacing，DDD）；②埋藏式心脏复律除颤器置入；③肥厚室间隔切除术；④经皮腔内间隔心肌化学消融术等。

3. 限制型心肌病

药物治疗：原发的限制型心肌病的治疗以舒张性心力衰竭的治疗为主，包括小剂量利尿剂、血管扩张剂、ACEI 等。钙通道阻滞剂能否改善心室顺应性尚不清楚。可以使用小剂量血管紧张素转换酶。

非药物治疗：对于严重病例，心脏移植可能是唯一有效的方法。

（五）中医药辨证论治

1. **心气不足证**　胸闷或痛，心悸气急，动则加剧，面色苍白，神疲乏力。舌质淡胖暗红，苔白，脉细结代。本证见于心肌病早期。

治则：补益心气，活血通脉。

方药：十全大补汤加减。

党参 15g，白术 12g，茯苓 12g，熟地黄 9g，当归 9g，白芍 9g，川芎 9g，桂枝 9g，黄芪 5g，丹参 15g，郁金 9g，炙甘草 9g。

随症加减：胸闷痛，舌苔白者，加瓜蒌皮 15g、薤白 6g，以理气化痰宽胸；舌见瘀斑者，加制乳香、制没药各 6g，以加强化瘀止痛。

2. **气阴两虚证**　胸闷气短，神疲乏力，动则尤剧，心悸怔忡，眠少多梦，口干少饮，或伴眩晕耳鸣。舌黯红，苔薄或红光无苔，脉细涩或细数。本证见于心肌病的相对稳定期。

治则：益气滋阴，活血养心。

方药：生脉饮合四物汤加减。

党参 15g，麦冬 12g，五味子 6g，当归 9g，川芎 9g，生地黄 12g，赤芍 12g，酸枣仁 12g，丹参 15g，黄芪 20g，炙甘草 9g。

随症加减：惊悸多梦者，加龙骨、牡蛎各 30g，以镇心安神；心烦畏热者，加黄连 3g、知母 9g，以清心除热；便秘者加火麻仁 9g、柏子仁 9g，以滋阴通便。

3. **阴阳两虚证**　胸闷憋气，或有胸痛，心悸气喘，不能平卧，夜晚加剧，胸腹胀满，纳谷不下，小便短少，腿足水肿，畏寒肢冷，面色晦滞，口唇青紫。舌淡胖而紫，苔白滑，脉沉细结代。本证见于心肌病心力衰竭严重期。

治则：益气温阳，化瘀利水。

方药：真武汤加味。

人参 6g，黄芪 30g，附子 15g，白术 15g，茯苓 15g，猪苓 15g，桂枝 12g，丹参 15g，益母草 30g，葶苈子 15g（包煎），麦冬 12g，五味子 6g。

随症加减：胸闷、胸痛，口唇青紫者，加当归 9g、川芎 9g、红花 9g、延胡索 12g，以加强活血化瘀、理气止痛；尿少肿甚者，加泽泻 15g、大腹皮 9g，以加强利尿消肿。

（孙艳玲）

参考文献

［1］RICHARDSON P, MCKENNA W, BRISTOW M, et al. Report of the 1993 World Health Organization/International Society and Federation of Cardiology Task Force on the Definition and Classification of cardiomyopathies [J]. Circulation, 1996, 93 (5) 841-842.

［2］MUCHTAR E, BLAUWET L A, GERTZ M A. Restrictive cardiomyopathy: genetics, pathogenesis, clinical manifestations, diagnosis, and therapy [J]. Circ Res, 2017, 121 (7): 819-837.

［3］MARON B J, MCKENNA W J, DANIELSON G K, et al. American College of Cardiology/European Society of Cardiology Clinical Expert Consensus Decument on hypertrophic cardiomyopathy [J]. Eur Heart

J, 2003, 24 (21): 1965-1991.
[4] 中华医学会心血管病学分会, 中华心血管病杂志编辑委员会, 中国心肌病诊断与治疗建议工作组. 心肌病诊断与治疗建议 [J]. 中华心血管病杂志, 2007, 35 (1): 5-16.
[5] 中华医学会心血管病学分会, 中华心血管病杂志编委会. 中国心力衰竭诊断和治疗指南 2014 [J]. 中华心血管病杂志, 2014, 42 (2): 98-122.
[6] PONLACWSKI P, VOORS A A, ANKER S D, et al. 2016 ESC Guidelines for the diagnosis and treatment of acute and chronic heart failure: The Task Force for the diagnosis and treatment of acute and chronic heart failure of the European Society of Cardiology (ESC). Devehoped with the special contribution of the Heart Failure Association (HFA) of the ESCU [J]. Eur J Heart Fai, 2016, 18 (8): 891-975.

第八节　肺动脉高压

一、肺动脉高压概念、分类与流行病学

肺动脉高压（pulmonary hypertension，PH）是指静息时，海平面状态下通过右心导管测得肺动脉平均压（mean pulmonary artery pressure，mPAP）≥25mmHg，是一种涉及多种临床疾病的病理生理学改变，伴或不伴肺血管阻力增加，引起右心室扩张，最终导致右心衰竭甚至死亡。目前，肺动脉高压尚无治愈手段，其治疗以缓解症状、延缓病情进展为主，因此被称为心肺血管系统的“癌症”。

美国首个肺动脉高压注册登记研究表明，肺动脉高压年发病率为 1~2 例 / 百万人。也有注册登记研究表明，肺动脉高压患病率为 15~50 例 / 百万人。在英国，每百万人中有 97 例发病，其中女性、男性比例为 1.8。中国目前缺乏肺动脉高压流行病学数据资料，根据 2017 年中国心血管疾病报告数据显示，我国西北高海拔地区的先天性心脏病（引起肺动脉高压的常见原因之一）患病率明显高于平原或低海拔地区。如西北地区回族人群调查的患病率高达 38.1‰，新疆地区患病率为 16.5‰，而湖南洞口地区和南昌地区的患病率仅为 0.93‰、0.96‰。因此我国西部高海拔地区肺动脉高压发病率有可能高于低海拔地区。

2018 年第六届世界肺动脉高压会议根据肺动脉高压患者的临床表现、病理表现、血流动力学特点和治疗策略，将不同临床特点的肺动脉高压分为 5 大类：

1. 肺动脉高压

1.1　特发性

1.2　急性肺血管扩张试验阳性

1.3　遗传性

1.4　药物和毒素诱发

1.5　相关因素

1.5.1　结缔组织病

1.5.2　HIV 感染

1.5.3　门静脉高压

1.5.4　先天性心脏病

1.5.5　血吸虫病
1.6　肺静脉闭塞症和 / 或肺毛细血管瘤病
1.7　新生儿持续性
2. 左心疾病导致的 PH
2.1　射血分数正常的心力衰竭
2.2　射血分数降低的心力衰竭
2.3　心脏瓣膜病
2.4　先天性毛细血管后阻塞性病变
3. 肺部疾病和 / 或缺氧导致的 PH
3.1　阻塞性肺疾病
3.2　限制性肺疾病
3.3　其他混合性限制 / 阻塞性肺疾病
3.4　非肺部疾病所致低氧
3.5　肺发育异常性疾病
4. 慢性血栓栓塞性 PH 和其他肺动脉阻塞性疾病
4.1　慢性血栓栓塞性 PH
4.2　其他肺动脉阻塞性疾病
5. 未知因素所致 PH
5.1　溶血性疾病
5.2　系统性疾病
5.3　其他
5.4　复杂先心病

二、运动康复与肺动脉高压

运动康复作为心肺康复的重要组成部分，已经成为现代心肺疾病治疗不可或缺的一部分。运动康复可以减缓动脉粥样硬化的进展、减少心血管事件发生率和死亡率、提高运动耐量和生活质量。关于运动康复作为肺动脉高压靶向药物治疗的辅助治疗也日益受到人们的关注。

（一）肺动脉高压运动处方

目前，关于肺动脉高压患者运动康复的频率、强度、持续时间还没有一个统一的共识，但是比较近年来关于肺动脉高压患者运动康复的研究，基本都采用有氧运动。主要的运动处方有：①每天进行 1.5 小时的运动训练，其中包括每周 7 天的低负荷力量训练、步行、低重量(500~1 000g)的单个肌肉群的哑铃训练，以及 5 天 / 周的呼吸训练。当患者在进行运动康复时血氧饱和度降至 90% 以下时，患者将接受 3~10L/min 的氧流量供氧。②每周 24 小时的有氧运动，保证患者运动时的心率达到心肺运动测试最大心率的 60%~80%，如果血氧饱和度下降至 90% 以下时，给予吸氧。③患者每周进行 2~3 次有氧运动，当血氧饱和度下降至 85% 或心率超过 120 次 /min 时停止运动。

总之，目前关于肺动脉高压患者的运动康复以有氧运动为主，但是为了保证运动康复的安全性，运动处方应由专业的肺动脉高压专科医师联合运动康复医师共同制订，并强调个体化；同时，运动期间应根据患者的心率及血氧饱和度及时调整运动强度和持续时间。

(二) 运动康复在肺动脉高压中的作用

1. **非 RCT 研究**　小样本非 RCT 研究纳入患者人数为 5~35 人，主要包括了特发性肺动脉高压、药物 / 毒物相关、结缔组织病相关、先心病相关及慢性血栓栓塞性肺动脉高压等，运动康复持续时间多在 15 周左右，方式以有氧运动结合呼吸训练为主。在这些小样本的非 RCT 研究中，都是选择 6 分钟步行距离、峰值摄氧量、生活质量、NT-proBNP 等作为其主要观察指标；在经过运动康复之后，多数研究发现 6 分钟步行距离、峰值摄氧量显著改善，但 de Man 等的研究未提示 6 分钟步行距离获得改善，仅观察到其运动耐力及股四头肌功能有所改善，在进行肌肉活检之后发现每个肌细胞的毛细血管数增加了 30%。之后 Mainguy 等观察到运动训练之后患者肌肉中Ⅱx 型肌纤维比例下降，而Ⅰ型肌纤维的比例增加。以 NT-proBNP 作为观察指标的非 RCT 研究较少，但是在这些研究中均显示 NT-proBNP 未获得改善，甚至在一些研究中，患者在接受运动康复之后 NT-proBNP 反而增加。生活质量指标主要包括 SF-36（短期健康调查问卷）、WHO 功能分级、博格评分等，在经过运动康复之后，肺动脉高压患者的生活质量均有所改善。

一项较大样本的非 RCT 研究（表 11-20）纳入肺动脉高压患者 133 例，其中包括左心疾病相关肺动脉高压患者 8 例、肺部疾病相关肺动脉高压 11 例、慢性血栓栓塞性肺动脉高压 31 例。这也是目前为止纳入患者最多、肺动脉高压种类最多的研究；该研究将肺动脉高压患者按照分类及 WHO 功能分级的不同进行分类，并比较了不同分类之间观察指标的改善情况。在接受 15 周的运动训练之后，患者的 6 分钟步行距离、峰值摄氧量显著改善，并且发现 WHO 功能分级Ⅳ级患者的 6 分钟步行距离比Ⅱ级或Ⅲ级患者改善更加明显。

2. **RCT 研究**　小样本的 RCT 研究纳入患者人数为 20~40 人，主要包括了特发性肺动脉高压、药物 / 毒物相关、结缔组织病相关、先心病相关、慢性血栓栓塞性肺动脉高压等，运动康复持续时间为 15 周左右，方式以有氧运动结合呼吸训练为主。在随机对照研究中，肺动脉高压患者的 6 分钟步行距离、峰值摄氧量、生活质量等相关指标均明显改善，但是 NT-proBNP 也未获得改善。

Ehlken 等进行了一项大型、前瞻性 RCT。纳入了 61 例肺动脉高压患者及 26 例慢性血栓栓塞性肺动脉高压患者。该项研究中的血流动力学等相关指标是通过右心导管检查测得的，所纳入的主要观察指标有峰值摄氧量、6 分钟步行距离、SF-36、NT-proBNP 及血流动力学指标。在运动康复之后发现这些患者的峰值摄氧量、6 分钟步行距离均明显改善，但是 NT-proBNP 的变化无统计学意义。在这项研究中的血流动力学指标分为静息及运动时测量，静息时患者的肺动脉平均压、心指数、心输出量及肺血管阻力均明显改善，但是运动时仅心输出量、心指数明显改善，肺动脉平均压、肺血管阻力无改善。

表 11-20　肺动脉高压运动康复相关研究特征表

研究者及研究设计	纳入患者运动康复类型	持续时间	观察指标	变化
Mereles (2006) [4] RCT	PAH　24　有氧运动 CTEPH　6　呼吸训练	院内 3 周 院外 12 周	6MWD SF-36 博格评分 峰值摄氧量	改善 改善 无改善 改善

续表

研究者及研究设计	纳入患者运动康复类型	持续时间	观察指标	变化
de Man (2009) [5]非 RCT	iPAH　19　骑自行车 股四头肌训练	3 次 / 周 12 周	6MWD 运动耐力 股四头肌力量 股四头肌耐力 NT-proBNP 6MWD	无改善 改善 改善 改善 无改善 改善
Mainguy 非 RCT (2010) [21]	iPAH　5　骑自行车 力量训练	3 次 / 周 12 周	肌纤维类型	改善
Martinez 非 RCT (2010) [22]	CHD　8　骑自行车	2 次 / 周 12 周	6MWD 博格评分 NT-proBNP	无改善 无改善 无改善
Fox 非 RCT (2011) [23]	PAH　20　间断有氧运动 CTEPH　2　阻力运动	2 次 / 周 12 周	6MWD 峰值摄氧量 NT-proBNP	改善 改善 无改善
Grunig 非 RCT (2012) [8]	PAH　133　有氧运动 左心相关 PH　8　呼吸训练 缺氧相关 PH　11 CTEPH　31	院内 3 周 院外 12 周	6MWD SF-36 博格评分 峰值摄氧量 WHO-FC	改善 改善 无改善 改善 改善
Nagel 非 RCT (2012) [9]	CTEPH　35　有氧运动 呼吸训练	院内 3 周 院外 12 周	6MWD 峰值摄氧量 NT-proBNP 生活质量	改善 改善 无改善 改善
Grunig 非 RCT (2012) [24]	结缔组织病有氧运动 相关 PH　21　呼吸训练	院内 3 周 院外 12 周	6MWD 峰值摄氧量 NT-proBNP C- 反应蛋白	改善 改善 无改善 改善
Becker- 非 RCT Grunig (2013) [25]	先心病相关　有氧运动 PH　20　呼吸训练	院内 3 周 院外 12 周	6MWD 生活质量	改善 改善
Chan RCT (2013) [10]	PAH　26　跑步机	2~3 次 / 周 10 周	6MWD	改善
Ley RCT (2013) [11]	PAH　16　有氧运动 CTEPH　4　呼吸训练	院内 3 周 院外 12 周	6MWD MR 肺血流 MR 灌注	改善 无改善 无改善
WeinsteinRCT (2013) [12]	PAH　24　有氧运动	3 次 / 周 10 周	6MWD 生活质量	改善 改善

续表

研究者及研究设计	纳入患者运动康复类型	持续时间	观察指标	变化
Raskin 非 RCT(2014)[26]	PH　23　下肢耐力	2~3 次 / 周	6MWD 生活质量	改善 改善
Kabitz 非 RCT(2014)[27]	PAH　7　有氧运动 呼吸训练	院内 3 周 院外 12 周	6MWD 呼吸肌功能	改善 改善
Inagaki 非 RCT(2014)[28]	CTEPH　8　有氧运动 呼吸训练	12 周	6MWD 股四头肌功能	改善 改善
SaglamRCT(2015)[29]	PAH　20　有氧运动 吸气肌训练	12 周	6MWD	改善
EhlkenRCT(2016)[16]	PAH　61　有氧运动 CTEPH　26　呼吸训练	院内 3 周 院外 12 周	6MWD 生活质量 峰值摄氧量 NT-proBNP	改善 改善 改善 无改善
González-SaizRCT(2017)[30]	PAH　36　有氧运动 CTEPH　4　呼吸训练	8 周	6MWD 峰值摄氧量 NT-proBNP	改善 改善 无改善

注：6MWD.6 分钟步行距离；SF-36. 短期健康调查问卷；PAH. 肺动脉高压；PH. 肺动脉高压；iPAH. 遗传性肺动脉高压；CHD. 先天性心脏病；CTEPH. 慢性血栓栓塞性肺动脉高压。

三、运动康复改善肺动脉高压机制

关于运动康复改善肺动脉高压患者运动耐力、生活质量、6 分钟步行距离等相关指标的机制尚未完全研究清楚，但有学者提出与以下方面相关：

（一）运动康复改善内皮细胞功能和抗炎

一方面，运动可以改善 NO 介导的血管舒张功能。这种有利的代偿反应可能与运动期间血管剪切应力增加有关，其诱导内皮细胞 NO 合成酶表达增加。另一方面，定期的体力活动可以降低机体各种促炎细胞因子的水平，例如 CRP 和 TNF。之前在美国普通人群中研究发现，经常运动的个体与不经常运动的个体相比，全身 CRP 水平显著降低。最近一项干预性研究的 meta 分析也表明，无论个体的年龄或性别，CRP 水平的下降与运动训练相关。

众所周知，皮质醇能引起强烈的抗炎作用。儿茶酚胺类已被证明抑制脂多糖诱导的细胞因子如 TNF 和 IL-1β 的产生；运动可以激活下丘脑 - 垂体 - 肾上腺轴和交感神经系统，导致皮质醇、肾上腺素和去甲肾上腺素分泌增加。因此，运动引起的抗炎作用可能与激素和多种活性物质水平的改变有关。

（二）运动康复改善运动能力

当肺动脉高压患者出现运动障碍时，肌肉体积会逐渐降低，肌纤维类型也随之发生变化，从氧化型慢缩肌纤维逐渐变为糖酵解型快缩肌纤维，肌纤维毛细血管减少，高能磷酸盐迅速耗竭，肌肉 pH 值迅速下降，线粒体密度和氧化酶含量下降，这些导致了运动能力的降低。而运动康复可以逆转肌纤维的改变，增加肌纤维毛细血管密度，发挥抗氧化作用来提高患者的运动能力。

(三) 运动康复改善血流动力学

研究证实,运动可以改善心血管疾病患者的血流动力学。运动康复中,通过舒张末期容积和心肌收缩力的协同增加而导致左心室每搏输出量增加。但是,运动强度过大时,会导致心率过高,从而降低左心室充盈时间,导致心输出量下降。因此,关于运动康复的方式、强度和持续时间需要个体化。

(四) 运动康复具有抗氧化作用

研究证明,适当的有氧运动可以提高人体内的超氧化物歧化酶(superoxide dismutase, SOD)和谷胱甘肽过氧化物酶(glutathione peroxidase,GPx)以清除机体产生的氧自由基,使线粒体产生适应性改变,包括线粒体体积、数量、活性增加,提高氧化磷酸化效率,增强抗氧化酶活性,保护机体免受氧化损伤。

四、肺动脉高压与中医药

目前有研究表明,中医药在肺动脉高压的治疗上有一定的疗效,可以在很大程度上改善肺动脉高压患者的症状。但是与肺动脉高压靶向药物相比,中医药治疗的具体机制尚未完全明确。目前中医药治疗肺动脉高压的主要机制有抗血栓形成、抗炎、扩张肺血管、抑制肺动脉平滑肌细胞增殖等。

1. **川芎嗪**　是中药川芎的有效成分之一,有活血行气、祛风止痛、解痉、降低血管阻力和抑制血小板聚集的生理学作用。有研究表明川芎嗪作为一种选择性血管扩张剂,能够降低肺血管阻力,并且对体循环血压影响较小。

2. **粉防己碱**　是提取自中草药粉防己根部的一种生物碱类,具有消炎、镇痛等功效,对肺动脉高压及慢性阻塞性肺疾病有一定疗效。有研究表明粉防己碱可以上调蛋白激酶1型表达,下调一氧化氮合酶表达,升高SOD含量,通过NO信号通路及抗氧化作用,使大鼠肺动脉平均压降低。

3. **丹参酮ⅡA磺酸盐**　是丹参的主要活性成分,已被广泛用于治疗心血管疾病。有研究表明,丹参酮ⅡA磺酸盐可以降低肺血管阻力、改善右心室收缩压。

4. **当归**　具有促进红细胞生成、改善血液循环等作用。其有效成分阿魏酸能抑制血小板聚集。有研究表明当归注射液可以抑制肺动脉高压大鼠的缺氧性肺血管收缩,抑制肺小动脉血管管壁增厚及降低3种血管收缩肽ET-1、血管紧张素Ⅱ和内源性类洋地黄素的含量,从而降低肺动脉压力、改善肺血管阻力。

5. **红景天**　具有活血、化瘀、耐缺氧、耐疲劳、抗衰老、抗肿瘤、扩张冠状动脉等多方面作用。目前有研究表明其对缺氧相关肺动脉高压有一定疗效。这可能与其对内皮素-1、NO、血管内皮生长因子、血管紧张素转换酶、TNF、白细胞介素-6等信号通路的潜在靶向作用有关。

关于中医药对于肺动脉高压疗效及康复的研究大多集中于动物实验,且机制尚不完全明确,缺乏大型随机对照临床试验,需要未来更多研究证据支持。

五、总结与展望

运动康复可以改善心肺血管疾病患者的运动能力、生活质量和心理健康;其作为肺动脉高压靶向药物治疗的辅助手段日益被人们关注。关于运动康复在肺动脉高压作用的研究，主要纳入的肺动脉高压类型包括第一大类及第四大类等，运动康复时间为 3~15 周，运动类型包括踏车、行走、哑铃、呼吸训练等。与对照组相比，运动康复组 6 分钟步行距离、心输出量、心指数、峰值摄氧量、身体功能评分等指标有显著增加，但是 NT-proBNP 水平无显著降低，仅在部分研究中有降低趋势。关于运动康复改善肺动脉高压患者运动耐力、生活质量、6 分钟步行距离等相关指标的机制尚未完全研究清楚，但是有学者提出与内皮功能改善、抗炎和抗氧化等有关。总之，关于肺动脉高压患者运动康复的疗效需要进一步大样本临床研究证实；其具体机制仍有待进一步研究。

（曹云山　段一超）

参考文献

[1] GALIÈ N, HUMBERT M, VACHIERY J L, et al. 2015 ESC/ERS Guidelines for the diagnosis and treatment of pulmonary hypertension: The joint task force for the diagnosis and treatment of pulmonary hypertension of the European Society of Cardiology (ESC) and the European Respiratory Society (ERS): Endorsed by: Association for European Paediatric and Congenital Cardiology (AEPC), International Society for Heart and Lung Transplantation (ISHLT)[J]. Eur Heart J, 2016, 37 (1): 67-119.

[2] RICH S, DANTZKER D R, AYRES S M, et al. Primary pulmonary hypertension. A national prospective study [J]. Ann Intern Med, 1987, 107 (2): 216-223.

[3] 徐希奇, 荆志成. 第六届世界肺高血压会议: 聚焦肺高血压定义与诊断分类更新 [J]. 协和医学杂志, 2018, 9 (3): 197-201.

[4] MERELES D, EHLKEN N, KREUSCHER S, et al. Exercise and respiratory training improve exercise capacity and quality of life in patients with severe chronic pulmonary hypertension [J]. Circulation, 2006, 114 (14): 1482-1489.

[5] DE MAN F S, HANDOKO M L, GROEPENHOFF H, et al. Effects of exercise training in patients with idiopathic pulmonary arterial hypertension [J]. Eur Respir J, 2009, 34 (3): 669-675.

[6] CHAN L. Improved six-minute walk distance and cardiorespiratory fitness in patients with pulmonary arterial hypertension following an intensive exercise program [J]. Chest, 2011, 140 (4): 1-8.

[7] GANDERTON L, JENKINS S, GAIN K, et al. Short term effects of exercise training on exercise capacity and quality of life in patients with pulmonary arterial hypertension: protocol for a randomised controlled trial [J]. BMC Pulm Med, 2011, 11: 25.

[8] GRUNIG E, LICHTBLAU M, EHLKEN N, et al. Safety and efficacy of exercise training in various forms of pulmonary hypertension [J]. Eur Respir J, 2012, 40 (1): 84-92.

[9] NAGEL C, PRANGE F, GUTH S, et al. Exercise training improves exercise capacity and quality of life in patients with inoperable or residual chronic thromboembolic pulmonary hypertension [J]. PLoS One, 2012, 7 (7): e41603.

[10] CHAN L. CHIN L M K, KENNEDY M, et al. Benefits of intensive treadmill exercise training on cardiorespiratory function and quality of life in patients with pulmonary hypertension [J]. Chest, 2013, 143 (2): 333-343.

[11] LEY S, FINK C, RISSE F, et al. Magnetic resonance imaging to assess the effect of exercise training on pulmonary perfusion and blood flow in patients with pulmonary hypertension [J]. Eur Radiol, 2013, 23 (2): 324-331.

[12] WEINSTEIN A A, CHIN L M, KEYSER R E, et al. Effect of aerobic exercise training on fatigue and physical activity in patients with pulmonary arterial hypertension [J]. Respir Med, 2013, 107 (5): 778-784.

[13] DALAL H M, DOHERTY P, TAYLOR R S. Cardiac rehabilitation [J]. BMJ, 2015, 351: 1401.

[14] LAVIE C J, ARENA R, SWIFT D, et al. Exercise and the cardiovascular system: clinical science and cardiovascular outcomes [J]. Circ Res, 2015, 117 (2): 207-219.

[15] BABU A S, PADMAKUMAR R, ARUN G, et al. Effects of exercise training on exercise capacity in pulmonary arterial hypertension: a systematic review of clinical trials [J]. Heart Lung Circ, 2016, 25 (4): 333-341.

[16] EHLKEN, N, LICHTBLAU M, KLOSE H, et al. Exercise training improves peak oxygen consumption and haemodynamics in patients with severe pulmonary arterial hypertension and inoperable chronic thrombo-embolic pulmonary hypertension: a prospective, randomized, controlled trial [J]. Eur Heart J, 2016, 37 (1): 35-44.

[17] CHIA K S, WONG P K, FAUX S G, et al. The benefit of exercise training in pulmonary hypertension: a clinical review [J]. Intern Med J, 2017, 47 (4): 361-369.

[18] GONZÁLEZ-SAIZ L, FIUZA-LUCES C, SANCHIS-GOMAR F, et al. Benefits of skeletal-muscle exercise training in pulmonary arterial hypertension: the WHOLEi+12 trial [J]. Int J Cardiol, 2017, 231: 277-283.

[19] PHILLIPS C L, CAYANAN E A, HOYOS C M. Cardiopulmonary rehabilitation for obese sleep-disordered breathing: a new treatment frontier？ [J]. Thorax, 2018. PMID: 29572270.

[20] 陈纪言, 陈韵岱, 韩雅玲. 经皮冠状动脉介入治疗术后运动康复专家共识 [J]. 中国介入心脏病学杂志, 2016, 24 (7): 361-369.

[21] MAINGUY V, MALTAIS F, SAEY D, et al. Effects of a rehabilitation program on skeletal muscle function in idiopathic pulmonary arterial hypertension [J]. J Cardiopulm Rehabil Prev, 2010, 30 (5): 319-323.

[22] EFRÉN M Q, GUILLERMO M C, UGARTE L A, et al. Rehabilitation program in adult congenital heart disease patients with pulmonary hypertension [J]. Congenit Heart Dis, 2010, 5 (1): 44-50.

[23] FOX B D, KASSIRER M, WEISS I, et al. Ambulatory rehabilitation improves exercise capacity in patients with pulmonary hypertension [J]. J Card Fail, 2011, 17 (3): 196-200.

[24] GRUNIG E, MAIER F, EHLKEN N, et al. Exercise training in pulmonary arterial hypertension associated with connective tissue diseases [J]. Arthritis Res Ther, 2012, 14 (3): R148.

[25] BECKER-GRÜNIG T, KLOSE H, EHLKEN N, et al. Efficacy of exercise training in pulmonary arterial hypertension associated with congenital heart disease [J]. Int J Cardiol, 2013. 168 (1): 375-381.

[26] RASKIN J, QUA D, MARKS T, et al. A retrospective study on the effects of pulmonary rehabilitation in patients with pulmonary hypertension [J]. Chron Respir Dis, 2014, 11 (3): 153-162.

[27] KABITZ H J, BREMER H C, SCHWOERER A, et al. The combination of exercise and respiratory training improves respiratory muscle function in pulmonary hypertension [J]. Lung, 2014, 192 (2): 321.

[28] INAGAKI T, TERADA J, TANABE N, et al. Home-based pulmonary rehabilitation in patients with inoperable or residual chronic thromboembolic pulmonary hypertension: a preliminary study [J]. Respir Investig, 2014, 52 (6): 357-364.

[29] SAGLAM M, ARIKAN H, VARDAR Y N, et al. Inspiratory muscle training in pulmonary arterial hypertension [J]. J Cardiopulm Rehabil Prev, 2015, 35 (3): 198-206.

[30] CLINI E, AMBROSINO N. Nitric oxide and pulmonary circulation [J]. Med Sci Monit, 2002, 8 (8):

RA178-182.
[31] JOHNSON L R, RUSH J W, TURK J R, et al. Short-term exercise training increases ACh-induced relaxation and eNOS protein in porcine pulmonary arteries [J]. J Appl Physiol (1985), 2001, 90 (3): 1102-1110.
[32] MATTUSCH F, DUFAUX B, HEINE O, et al. Reduction of the plasma concentration of C-reactive protein following nine months of endurance training [J]. Int J Sports Med, 2000, 21 (1): 21-24.
[33] FORD E S. Does exercise reduce inflammation? Physical activity and C-reactive protein among U. S. adults [J]. Epidemiology, 2002, 13 (5): 561-568.
[34] FEDEWA M V, HATHAWAY E D, WARD-RITACCO C L. Effect of exercise training on C reactive protein: a systematic review and meta-analysis of randomised and non-randomised controlled trials [J]. Br J Sports Med, 2017, 51 (8): 670-676.
[35] WALSH N P, GLEESON M, PYNE D B, et al. Position statement. Part two: Maintaining immune health [J]. Exerc Immunol Rev, 2011, 17: 64-103.
[36] KITZMAN D W, NICKLAS B, KRAUS W E, et al. Skeletal muscle abnormalities and exercise intolerance in older patients with heart failure and preserved ejection fraction [J]. Am J Physiol Heart Circ Physiol, 2014, 306 (9): H1364-1370.
[37] MIDDLEKAUFF H R. Making the case for skeletal myopathy as the major limitation of exercise capacity in heart failure [J]. Circ Heart Fail, 2010, 3 (4): 537-546.
[38] RICHTER M J, GRIMMINGER J, KRÜGER B, et al. Effects of exercise training on pulmonary hemodynamics, functional capacity and inflammation in pulmonary hypertension [J]. Pulm Circ, 2017, 7 (1): 20-37.
[39] BUYS R, AVILA A, CORNELISSEN V A. Exercise training improves physical fitness in patients with pulmonary arterial hypertension: a systematic review and meta-analysis of controlled trials [J]. BMC Pulm Med, 2015, 15: 40.
[40] MORRIS N R, KERMEEN F D, HOLLAND A E. Exercise-based rehabilitation programmes for pulmonary hypertension [J]. Cochrane Database Syst Rev, 2017, 1 (1): CD011285.

第九节 外周动脉疾病

外周动脉泛指除心脑动脉以外的动脉血管，因此广义的外周动脉疾病（peripheral artery disease，PAD）应包括除心脑以外的动脉。外周动脉疾病是由于动脉狭窄和前向血流减少或中断导致的缺血性疾病。但通常情况下，外周动脉疾病特指下肢动脉的动脉硬化闭塞症，也称间歇性跛行综合征或 Charcot 综合征。由于动脉粥样硬化是一种全身性疾病，PAD 可以作为反映其他部位血管病变及程度的窗口，是冠心病的等危症。

一、流行病学特点

PAD 患病率高，近 10 年，PAD 发病率在高收入和中、低收入国家的增速分别为 13% 和 29%。一项研究显示，2013 年 PAD 导致全球范围内死亡人数超过 4 万，较 1999 年增加 155%。PAD 多好发于 50 岁以上的男性，主要病变是下肢动脉，可引起一系列临床相关的症状，但其中只有约 20% 的患者有症状，这也是 PAD 不能获得足够重视的原因之一，无症状

PAD 发生心血管和脑血管事件的风险分别为无 PAD 者的 2.8 倍和 4.8 倍。严重的症状性大血管 PAD，未来 12 个月内血管相关死亡率高达 25%，与冠心病、中枢血管疾病具有相同、相似的血管相关死亡风险，甚至更高。

二、临床表现的特点及体征

大多数 PAD 患者可无任何临床症状，或仅为不典型的下肢发凉、发麻等不适感。随着疾病的进展 30%~40% 的患者可出现典型的间歇性跛行，表现为行走约数百米后出现一侧或双侧下肢酸胀、乏力、烧灼感、痉挛或疼痛，可导致跛行，经静坐休息后症状可快速缓解或消失，再次行走相同距离后，上述过程及症状重复出现。疾病进一步进展，即使休息状态亦可出现肢端明显缺血症状。临床分级以 Fontaine 分级（表 11-21）最常用。

表 11-21　外周动脉疾病的 Fontaine 分级

分级	临床表现
Ⅰ级	无症状
Ⅱ级	间歇跛行
Ⅱa 级	轻度间歇跛行（步行>200m 无疼痛发作）
Ⅱb 级	中到重度间歇跛行（步行>200m 无疼痛发作）
Ⅲ级	缺血性下肢静息痛或夜间痛
Ⅳ级	溃疡、坏死或坏疽

体征：患者闭塞病变远端动脉搏动减弱或消失，双侧肢体血压差>20mmHg；病变部位血管可闻及收缩期或连续性血管杂音，当狭窄超过 90% 时，血管杂音可消失；患者出现皮肤颜色改变（如苍白或青紫）、毛发脱落、肌肉萎缩及趾甲增厚甚至坏死，如足或足趾的溃疡或坏疽。

三、外周动脉疾病的诊断方法

PAD 诊断可完全依据临床判断来确定。体格检查对于 PAD 诊断十分重要，可用于 PAD 初步判断。有动脉粥样硬化相关风险因素者可出现间歇跛行、劳力性下肢痛伴下肢动脉搏动显著减弱或消失、皮肤颜色改变等；踝臂指数（ankle-brachial index，ABI）正常值应>1，若静息<0.9 即为异常，当患者出现间歇跛行症状时，其 ABI 多在 0.5~0.8，对于血管造影检测出的显著狭窄者，ABI 检测的敏感性高达 94%~97%；经血管多普勒超声、血管造影、CT 及 MRI 等影像学检查可发现外周动脉狭窄 / 闭塞病变，即可明确诊断。

四、危险因素及控制

（一）吸烟

吸烟是 PAD 的最重要危险因素。PAD 的发生风险随着烟龄的延长和吸烟量的增加而增大，即使戒烟 20 年的人，与从不吸烟的人相比，仍有很高的发病风险（HR 1.39，95%CI 1.1~1.76），仍吸烟的人群，发病风险则更高，是已戒烟者的 3 倍。因此，戒烟在治疗 PAD 中显得至关重要，诊断 PAD 后继续吸烟，将会损失运动计划和药物治疗带来的收益。PAD 患者应立即行戒烟治疗，包括行为改正咨询、短期烟草依赖药物疗法。如果标准的戒烟治疗方法失败，应考虑催眠疗法、中医非药物疗法等其他方法。

（二）糖尿病

糖尿病被认为是 PAD 的高危因素，而且糖尿病病程越长，血管病变越严重，大血管疾病是导致糖尿病患者死亡的主要原因。Aric 研究表明，与病程 0~5 年相比，6~10 年、11~15 年和 15 年以上糖尿病患者 PAD 的发生风险分别为 0.97、0.94 和 1.24。糖化血红蛋白每增加 1%，外周动脉疾病事件发生率增加 28%。应严格控制所有 PAD 患者的血糖，将糖化血红蛋白控制在 7% 以下，最好接近 6%。

（三）血脂异常

血脂异常是 PAD 的危险因素。他汀类药物调脂治疗带来改善症状和增加行走距离的获益，还能延迟或逆转动脉粥样硬化病变。他汀类药物还能改善血管内皮功能，降低心血管疾病发病和死亡。有或无症状的 PAD 患者都应将 LDL-C 降至 2.59mmoL/L 以下；若伴有心脑血管疾病，应将 LDL-C 降至 1.81mmoL/L 以下。

（四）高血压

高血压是 PAD 的危险因素，弗莱明翰研究显示高血压人群的 PAD 发病风险是血压正常人群的 2.5~4 倍。收缩压平均每升高 10mmHg，PAD 的发病风险将增加 25%，指南推荐 PAD 患者应将血压降至 140/90mmHg 以下，伴有糖尿病或肾功能不全的患者血压应降至 130/80mmHg 以下。

（五）年龄和性别

高龄人群是多种疾病的高发人群，由于高龄引起的血管弹性降低、血流减慢、血黏度增高都是动脉粥样硬化形成的主要机制，因而高龄毫无疑问也是 PAD 的危险因素。2011 年 ACCF/AHA 指南中也据此将年龄 ≥65 岁的人群归类为 ABI 诊断实验异常的高危人群。PAD 发生的性别差异仍无定论，现在的研究认为女性的发病率更高和 PAD 发病无性别差异的都很多，但是也有男性发病率更高的报道，这种性别差异在不同研究中的异质性可能是由于不同研究对象所处的地理环境不同，以及生活饮食习惯、体力活动等差异造成的。

（六）其他

由于不同地域人群的基因型、生活、饮食习惯等不同，造成了 PAD 在不同地方发病率的差异，Pandora 研究中 PAD 的发病率在各个国家中不同，希腊 28%、意大利 22.9%、法国 12.2%、比利时 7%、荷兰 8.1%、瑞士 12.2%。我们多用 BMI 或腰臀比（WHR）来评估肥胖的程度，虽然肥胖会增加高血糖、高血压、高血脂等的患病风险，但肥胖并不一定增加 PAD 的发病风险，反而可能是保护因素。虽研究表明适量饮酒对心血管有保护作用，但乙醇具有成瘾性，长期大量饮用将对全身组织产生广泛的影响，给饮酒者带来社会、躯体和心理等多方面的危害，因此，所有指南不推荐用其来预防心血管疾病，不提倡全民饮酒，尤其是患有心血管疾病的不饮酒者，也不鼓励适量饮酒人群戒酒，但对于过量饮酒及暴饮的人群，应力劝其限酒。

五、康复干预方案

（一）合理运动

运动有助于减轻体重，改善胰岛素抵抗，增加肌肉和血管弹性，提高血管适应能力，稳定血压水平，控制血糖。同时促进血液循环，加速新陈代谢，降低血液中的胆固醇水平。目前运动预防血管疾病已被列入各国一级预防指南。专家建议，每周至少有5天、每天30分钟的锻炼时间，比如散步、慢跑、跳舞，爬山、打拳等有氧运动。荡秋千、放风筝、踢毽、跳绳、登高、跑马等运动也是不错的选择。

（二）健康饮食

低盐、低脂、高钾饮食，是当前保证国人健康的重要方面，但绝大多数国人生活方式不健康，其中最突出的一点就是吃得太咸。食盐摄入量高会导致水钠潴留，容易引起高血压，同时还会增加心脏和肾脏负担。钾可以预防和治疗高血压，适量摄入还可以降低脑卒中的危险性，预防肾脏损害。蔬菜和水果是摄取钾最好的来源，特别是色彩鲜艳的水果，比如橙子、橘子、香蕉，深色绿色蔬菜也富含钾元素，如西兰花、芹菜、菠菜等。血脂异常是心脑血管健康的隐形杀手，故应少吃胆固醇含量高的食物，如动物内脏、蛋黄、奶油等。炒菜时，多用含不饱和脂肪酸高的植物油（如橄榄油、豆油），少用含饱和脂肪酸高的动物油（如猪油、牛油）。近期的研究将膳食分为两大模式，即简朴模式和西方模式，前者的食物主要由蔬菜、水果、豆类、鱼、粗制大米或面粉构成，后者的食物主要包括加工处理后的成品，如红肉、精制大米或面粉、糖果和点心。研究显示，简朴的膳食模式能降低脑卒中的风险，而西方式膳食模式可能增加脑卒中的风险。

（三）情志调理

随着社会进步，生活节奏加快，成倍增加个人工作、家庭及生活压力，容易引起抑郁、焦虑及孤独等情感障碍，长期情志失调还将导致神经系统和内分泌系统失调，造成失眠、高血压、血糖升高等不良现象，促使血管事件的发生。中医认为，五志过急、心火暴甚可引动内风而发卒中（脑卒中），其中以郁怒伤肝为多。《杂病源流犀烛·心病源流》曰："总之七情之由作心痛，七情失调可致气血耗逆，心脉失畅，痹阻不通而发心痛（冠心病、心绞痛）。"《素问·上古天真论》曰："恬淡虚无，真气从之，精神内守，病安从来。"孙思邈提出"善养性者，则治未病之病"，故在血管疾病预防中，从中医角度也应当重视精神调摄，避免情绪剧烈波动。

（四）规律作息

传统医学非常重视起居作息的规律性，并要求人们要适应四时时令的变化，安排适宜的作息时间，以达到预防疾病、增进健康和长寿的目的。《素问·四气调神大论》为四季起居确立了原则："春三月……夜卧早起，广步于庭，被发缓形"；"夏三月……夜卧早起，无厌于日"；"秋三月……早卧早起，与鸡俱兴"；"冬三月……早卧晚起，必待日光"。现代医学也证实，长期睡眠障碍或熬夜会引起免疫力下降、内分泌失调、血管收缩功能障碍，进一步可引发糖尿病、高血压、冠心病、脑梗死等疾病，所以保证充足的睡眠对于预防血管性疾病也有重要意义。

（五）中医中药

中医中药是我国传统医学，在辨证论治方面，具有独特优势。相较于西药治疗，中医药在某些方面更有优势，如毒副作用少、治疗费用较少等。王伏声等基于"脾肾阳虚为本，瘀痰痹阻为标"的病机，除注重局部血管病变和凝血功能异常外，将心脏 - 血管视为统一的功能整体，以扶阳通脉饮治疗下肢动脉闭塞，以黄芪、附子扶助心脾肾之阳气，以当归、丹参、鸡血藤开气血化生之源，使血得气帅而行、瘀因血行而祛、痰因脾运而化。血府逐瘀汤为益气活血的经典方剂，赵启凤等研究表明其具有抗炎、扩张血管、增加动脉血流量、降低外周血管阻力、降低胆固醇、抑制血小板黏附聚集和预防血栓形成等作用。

（六）中医非药物疗法

针灸具有低风险、低费用、高疗效等优点。针灸是运用针刺、艾灸作用于相应穴位以调整阴阳、疏通经络、运行气血，从而调整脏腑功能、沟通内外上下，使人体恢复阴平阳秘、脏腑功能活动协调的状态。有文献报道，针刺治疗前后对比，下肢动脉血管内径和血流速度峰值均有显著变化，且临床症状也有较大改善。

（七）中医外治法

熏蒸疗法是中医学中古老而独特的疗法，熏蒸疗法是利用电能将中药汤剂变为蒸汽，经人体的皮肤进入体内，以达到活血化瘀、舒筋通络、祛寒除湿的作用。经人体吸收，可扩张肢端血管，改善局部血液循环。

PAD 因其多数为无症状患者而易被漏诊，但其伴发心血管疾病、脑卒中的风险很高，所以了解 PAD 的危险因素，做好 PAD 的早期预防、诊断和治疗，对减少病残率、预防心脑血管疾病的发生有至关重要的意义。

（霍艳明　王 强　先国峰）

参考文献

[1] FOWKES F G, RUDAN D, RUDAN I, et al. Comparison of global estimates of prevalence and risk factors for peripheral artery disease in 2000 and 2010: a systematic review and analysis [J]. Lancet, 2013, 382 (9901): 1329-1340.

[2] DIEHM C, ALLENBERG J R, PITTROW D, et al. Mortality and vascular morbidity in older adults with asymptomatic versus symptomatic peripheral artery disease [J]. Ciculation, 2009, 20 (21): 2053-2061.

[3] 王吉耀. 内科学 [M]. 北京: 人民卫生出版社, 2013.

[4] MAKDISSE M, PEREIRA ADA C, Brasil D de P, et al. Prevalence and risk factors associated with peripheral arterial disease in the Hearts of Brazil Project [J]. Arq Bras Cardiol, 2008, 91 (6): 370-382.

[5] WATTANAKIT K, FOLSOM A R, SELVIN E, et al. Risk factors for peripheral arterial disease incidence in persons with diabetes [J]. Atherosclerosis, 2005, 180 (2): 389-397.

[6] 杨进刚, 胡大一. 对外周动脉疾病诊断治疗的多学会专家共识的评价 [J]. 中国实用内科杂志, 2007 (22): 1735-1738.

[7] KANNEL W B, SKINNER J J, SCHWARTZ M J, et al. Intermittent claudication: incidence in the Framingham Study [J]. Circulation, 1970, 41 (5): 875-883.

[8] ADLER A I, STEVENS R J, NEIL A, et al. UKPDS 59: hyperglycemia and other potentially modifiable risk factors for peripheral vascular disease in type 2 diabetes.[J]. Diabetes Care, 2002, 25 (5): 894.

[9] BORGHI C, ALESSO D, MANGRELLA M, et al. Prevalence of peripheral arterial disease in subjects with moderate cardiovascular risk: Italian results from the PANDORA study Data from PANDORA (Prevalence of peripheral Arterial disease in subjects with moderate CVD risk, with No overt vascular Diseases nor Diabetes mellitus)[J]. BMC Cardiovascular Disorders, 2011, 11 (1): 59.

[10] 王伏声, 董建勋, 丁毅, 等. 扶阳通脉饮治疗下肢动脉硬化闭塞症临床观察 [J]. 中国中医药信息杂志, 2007, 14 (10): 53-54.

[11] 赵启凤, 袁红, 赖茂文. 血府逐瘀汤药理和临床应用的研究进展 [J]. 中华实用中西医杂志, 2003, 6 (3): 1205-1206.
[12] 薛莉, 张萍, 康涛, 等. 调理脾胃针法治疗糖尿病下肢动脉硬化闭塞症临床观察 [J]. 针灸临床杂志. 2011, 27 (2): 20-21.
[13] 汪瀚, 糖尿病周围神经病变中药熏洗法研究概况 [J]. 光明中医, 2011, 26 (2): 398-400.

第十节　代谢综合征(超重与肥胖)

一、流行病学特点

代谢综合征(metabolic syndrome,MS)是指人体的蛋白质、脂肪、糖类等物质发生代谢紊乱的病理状态,是一组复杂的以胰岛素抵抗为中心环节和病理生理基础的代谢紊乱症候群,包括血糖调节受损、胰岛素抵抗、糖尿病、脂代谢紊乱、肥胖、高血压、非酒精性脂肪肝、微量白蛋白尿、高尿酸血症等,其中肥胖和胰岛素抵抗被认为是 MS 发病的中心环节,常见于营养过多、缺乏锻炼的人群,易发展为动脉粥样硬化性心血管疾病及 2 型糖尿病。MS 的一般组成内容包括:①高血压、高血脂、高血糖;②肥胖;③脂类代谢紊乱;④糖耐量异常和胰岛素抵抗;⑤动脉粥样硬化;⑥促血栓、促炎症状态。《中国 2 型糖尿病防治指南(2017 年版)》中定义的 MS 诊断标准为:①腹型肥胖。腹围,男 ≥ 90cm,女 ≥ 85cm。②高血糖。空腹血糖 ≥ 6.1mmol/L 或餐后 2 小时血糖 ≥ 7.8mmol/L,和 / 或已确诊为糖尿病并治疗者。③高血压。血压 ≥ 130/80mmHg 和 / 或已确诊为高血压并治疗者。④空腹甘油三酯(TG)≥ 1.70mmol/L。⑤空腹高密度脂蛋白胆固醇(HDL-C)<1.04mmol/L。包含上述 5 项中的 3 项及以上者可明确诊断。

MS 在不同种族、不同性别、不同年龄、不同地区患病率明显不同,是中老年常见的代谢性疾病。2014 年研究数据显示全球有 20%~25% 的成人患 MS,美国成人 MS 患病率为 33.7%,欧洲一些国家 MS 患病率超过 50%,大部分国家超过 20%,我国 MS 患病率也逐年升高,从 2003 年的 17.1% 上升到 2014 年的 39%,且随着年龄增加,患病率随即升高,已成为严重威胁我国人口健康的医学和社会问题。

二、代谢综合征的病变特点

(一) 代谢综合征的病理生理及发病机制

MS 的发病机制尚未被完全阐明,近年来诸多学者认为是遗传、生活方式、饮食结构、环境、肠道菌群等多种因素共同作用的结果,其基本的病理机制为胰岛素抵抗,即胰岛素维持血糖正常稳态的能力下降。近年来的多项研究表明 MS 的发生与肿瘤坏死因子、瘦素、纤溶酶原激活物抑制因子及抵抗素等异常分泌有关,上述物质的异常分泌抑制了脂蛋白脂酶的活性,促进游离脂肪酸的合成,抑制葡萄糖转运子表达,介导胰岛素抵抗,纤溶酶原激活物抑制因子的生成增多促进了动脉粥样硬化的形成,加速了心血管疾病的发生。腹型肥胖导致瘦素抵抗,形成严重高瘦素血症,在外周组织抑制胰岛素受体基质磷酸化,诱导胰岛素抵抗,脂肪细胞分泌的抵抗素可使糖耐量受损，降低胰岛素的生物学效应，产生脂毒性。脂肪沉积于胰岛 β 细胞内，引起 β 细胞凋亡；沉积于肌细胞、肝脏，导致脂肪肝、肝脏胰岛素抵抗和肝糖异生增加。总之，可将其发病机制综合归纳为：胰岛素抵抗，肝、血管、免疫源性分子的独立因素、老龄化、促炎状态、激素变化等，每种发病机制与心血管疾病的发生发展息息相关。

（二）代谢综合征的中医病因病机

MS 在中医学中无相应病名，根据主要临床表现，可按照中医学“肥满”“消渴”“脾瘅”“血浊”等范畴进行辨证论治。多数学者认为本病的发生与先天禀赋不足、后天嗜食无度、气虚不运密切关系，涉及肝、脾、肾三脏，因脾失健运、肝失疏泄、肾不温煦，造成痰浊停滞、气机蕴塞、水湿不化、血瘀脉阻，邪浊留滞、郁而化热，痰、瘀、实、热互结，发为本病，基本病机为本虚标实。

三、代谢综合征与心血管疾病的关系

MS 的每一组分都是发生心血管疾病的危险因素，其中过度肥胖、胰岛素抵抗是引发 MS 的主要因素，而 MS 的最终发展结局就是心血管疾病。

（一）肥胖

肥胖通过诱导炎性因子，刺激游离脂肪酸和干扰素的释放导致机体胰岛素抵抗，肥胖患者脂肪含量比例高，需血量大，导致大量血液流入脂肪，造成肾供血量不足，促使肾素 - 血管紧张激素 Ⅱ 的增加；肥胖还可引发细胞膜的转运障碍，从而导致钙离子的转运量过大，血管壁收缩，使血压升高，以及超重或肥胖人群的动脉僵硬度增加，这些因素都会导致心血管疾病的发生风险增加。

（二）高血脂

MS 患者的血脂特征是外周血 TG 增高，而 HDL-C 降低。正常情况下，胰岛素抑制脂肪分解，但在胰岛素抵抗的状态下促进脂肪分解，脂蛋白脂酶对胰岛素刺激的反应减弱，高密度脂蛋白产生减少，低密度脂蛋白产生增多。血管内皮细胞中产生大量的低密度脂蛋白之后，会产生大量的过氧化氢、超氧阴离子，直接影响内皮细胞新陈代谢作用，引发内皮细胞凋亡，使过多的游离脂肪酸释放入血，在血管壁沉积，最终导致炎性细胞浸润、内皮细胞损伤和动脉粥样硬化，促进心血管疾病的发生。

（三）高血压

高血压本身就是一种心血管疾病，MS 患者的血压变异性较大，昼夜节律减弱或消失，靶器官损害发生率较高，表现为左心室肥厚与扩大，微量白蛋白尿、颈动脉内膜中层厚度增加，粥样斑块形成，增加心血管疾病不良事件的发生。

（四）胰岛素抵抗

由于机体对胰岛素抵抗增强，使胰岛素 β 细胞增加胰岛素分泌，导致患者出现高胰岛素血症，血液中胰岛素含量增高，造成血管壁的舒张功能降低，另外，发生胰岛素抵抗的患者机体凝血功能增强，溶血功能降低，易出现血栓栓塞、血压增高、冠状动脉粥样硬化性心脏病等。

（五）高血糖

随着胰岛 β 细胞的功能受损和胰岛素分泌的下降而出现血糖的升高，血糖升高会引起心脏的收缩和舒张功能障碍，导致冠状动脉血流动力学不稳定，另外，高血糖患者内环境中的炎症和氧化应激一起促进细胞外基质重构，可造成血管内中膜厚度的增加，进而加速动脉硬化的形成，促进心血管疾病的发生。

（六）高尿酸血症

国内外许多研究表明，多数高尿酸血症是伴随着 MS 出现的，部分国家 MS 的诊断标准已经将高尿酸血症列入其中。尿酸在生理状态下对于血管内皮细胞具有保护作用，在高尿酸血症状态下，尿酸会加重内皮的氧化应激损伤，激活炎症和肾素 - 血管紧张素 - 醛固酮系统，减少一氧化氮的生成，损伤血管内皮细胞功能，导致心血管疾病的发生。

四、康复治疗

（一）风险评估和注意事项

1. **风险评估**　MS 常伴发一系列重要器官的功能损害，这些器官的损害增加了心血管疾病不良事件发生的风险，因此应该认真综合评估患者的身体状态，制订安全有效的心脏康复措施，达到心脏康复治疗的目标。

(1) 评估内容：①既往史、家族史，如高血压、高脂血症、糖尿病、肥胖、缺少活动、精神紧张等；②生活习惯，如吸烟、饮酒、地域、饮食习惯等；③基本生理测试指标，包括心率、血压、心电图体检结果等；④行为量表，如心血管疾病临床量表、运动相关记录（时长、频率、强度）；⑤临床评分，评估运动能力、查找危险因素、排除禁忌证。

(2) 评估技术：①肺功能测试、抗阻运动测试；②心电图运动负荷试验、心肺运动试验、6 分钟步行试验；③心功能分级、胸痛评估；④营养状态评估；⑤生活质量评估、日常生活能力评估；⑥睡眠与情绪评估、衰弱综合评估；⑦平衡功能；⑧中医辨证评估等。

2. **注意事项**　为了保证 MS 患者进行心脏康复治疗的安全性和有效性，治疗过程中应注意以下内容：①做好宣传教育，让患者对心脏康复治疗方案、心脏康复治疗目标有清楚的认识；②在心脏康复治疗前务必进行医学检查和详细的体格检查和病史询问；③严密监测心律失常患者的心律及心率，避免其出现严重的心律失常情况；④进行运动康复治疗时采取循序渐进的运动处方，避免肌肉拉伤、骨折等不良事件的发生等。

对伴有代谢综合征的心血管疾病患者在进行心脏康复时，在上述注意事项基础上尤其应注意以下几点：①糖尿病患者严密监测血糖，当空腹血糖>16.7mmol/L，反复低血糖或血糖波动较大，合并糖尿病酮症酸中毒（DKA）等急性代谢并发症，合并急性感染、增值性视网膜病变、严重肾病、严重心脑血管疾病等情况禁忌运动，病情稳定后方可逐步恢复运动；②高血压患者在治疗过程中密切监测血压，避免血压过高或过低；③对于过度肥胖的患者应该评估患者的体能，避免在运动过程中出现缺氧、晕厥等情况。

（二）心脏康复干预

心血管疾病合并 MS 的心脏康复依然包括运动疗法、营养与膳食疗法、心理疗法与睡眠管理、中医外治法、西药治疗、中药治疗等。

1. **运动疗法**　心脏运动康复是心脏康复的核心内容，运动疗法被认为是高质量的，在心血管疾病合并 MS 的治疗中具有重要意义，对 2 型糖尿病、动脉粥样硬化、心血管疾病有明确的防治作用。近年来，运动疗法在临床治疗中越来越受到重视。

(1) 现代医学的心脏康复运动疗法：美国心脏协会提出了心脏康复七步法，该运动方法是一种渐进性训练，患者从协助坐起、独立坐起、下地行走逐渐过渡到训练上楼梯等，通过训练改善患者的心功能和生命质量，以促进机体康复。包括Ⅰ期心脏康复(住院期间)、Ⅱ期心脏康复(出院后3~6个月)、Ⅲ期心脏康复(终生)。

MS患者运动处方的制订：①运动方式。有氧运动与抗阻运动相结合，以有氧运动为主。有氧运动可选择走路、踏车、游泳、爬楼梯、太极拳、八段锦之类；抗阻运动可采用哑铃、弹力带、俯卧撑等锻炼方式。②运动频率和持续时间。有氧运动，每周保证至少150分钟的有氧运动较为合适，分多次进行，有氧运动前进行10~15分钟的热身运动。中等强度运动(60%储备心率)的时间建议在30分钟以上，以30~60分钟为宜；一周内的几次运动应分散在不同日期，如每周运动3~5天，每次运动30~60分钟。间歇休息的有氧运动对MS的改善效果优于连续有氧运动，合并心绞痛、心功能不全等严重心血管疾病者或老年人可从低强度运动(40%储备心率)开始，适当延长热身运动时间，采用间歇运动方式，运动：休息时间=1：1。抗阻运动，2~3次/周，训练前必须有5~10分钟有氧运动和拉伸运动做热身。提高力量和爆发力，8~12次/组，练习2~4组；提高肌肉耐力，15~20次/组，练习2~4组；组间休息2~3分钟，同一肌群练习之间应休息48小时。③运动强度。有氧运动，因为人体的脂氧化率在低、中等运动强度阶段呈上升趋势，至中、高等运动强度阶段则表现为下降趋势，所以最大脂代谢强度应该是脂氧化率峰值所对应的有氧运动强度，不同个体需要通过功率递增负荷法来确定自身的最大脂代谢强度。故建议以个体化的最大脂代谢强度作为最适强度。研究表明中等强度的有氧运动对于MS的改善效果明显优于低强度和高强度的有氧运动，推荐运动强度为8kcal·kg^{-1}·周$^{-1}$。对于不同年龄段、不同性别、不同基础疾病的亚人群，有氧运动强度应该具有个体化。抗阻运动，分阶段进行，第1阶段，为指导阶段，主要是掌握正确方法，提高肌肉间协调性，运动强度为40%最大阻力(1RM)；第2阶段，为抗阻/耐力训练阶段，提高局部有氧耐力和肌肉间的协调性，运动强度为40%~50% 1-RM；第3阶段，为力量训练阶段，提高肌肉的体积和肌肉间的协调性，运动强度为60%~70% 1-RM。

(2)传统中医特色运动疗法：①八段锦。是我国著名的健身运动功法，源远流长，在宋朝就已经有记载，发展至今已有八百多年的历史，具体方法参照国家体育总局2003年颁布的《健身气功·新编八段锦》。②太极拳。吸取我国古代《易经》哲理中的指导思想，其包含有动、静和阴、阳两个方面，动而生阳，静而生阴，二者既统一又对立，讲求动静、阴阳结合，形体外动，意志内静，追求“阴平阳秘，精神乃治”的健康状态。③易筋经。是一门中国传统功法，该功法能够调节全身脏腑功能，调节气血的流通，培育正气的功效，配合人体的吐故纳新、形体锻炼和情志调节，对运动系统、心血管功能、呼吸系统、中枢神经系统、免疫系统等均有良好的调节作用。④五禽戏。是古代名医华佗根据中医阴阳、五行、经络、脏象等理论、在总结前人模仿鸟兽动作以锻炼身体的传统功法基础上创的功法，是世界上最早的医疗保健操，注重“调心”“调身”“调息”三者的配合。⑤养生六字诀。是一种吐纳健身功法，它是通过嘘、呵、呼、呬、吹、嘻六个字的不同发音口型，通过唇齿喉舌的不同用力，牵动原本不动的脏腑经络气血的运行，达到强身健体的目的。

(3)其他运动疗法：其他有氧运动和抗阻运动，如健身、游泳、做操、跳舞、爬楼等，在一般日常活动的基础上进行，可根据患者的年龄、社会、经济、文化背景及体质情况选择合适的运动方式。

2. **营养与膳食疗法** 2017年，ADA指南强调并推荐所有MS患者应接受营养与膳食疗法，且应贯穿于治疗的所有阶段。营养与膳食疗法是心血管疾病合并MS治疗的重要措施，在糖尿病及心血管疾病的预防、治疗及并发症防治方面占有重要地位，心脏康复之营养处方中营养疗法总则为：①在平衡膳食基础上，控制摄入总能量，尽量保持理想体重；②保证优质蛋白质摄入，每天适量食用蛋清、鱼、瘦肉、脱脂奶或低脂奶；③食物多样，粗细搭配，每天尽量保证50~75g杂粮；④控制摄入反式脂肪酸，尽量不吃含有人造黄油的糕点、反复高温煎炸的食物、咖啡伴侣、奶茶、含有起酥油的饼干；⑤控制摄入饱和脂肪酸和胆固醇，减少食用荤油、肥肉、动物内脏、奶油，不用棕榈油和椰子油，每日烹调油用量控制在20~25g；⑥控制钠的摄入量，每天食盐不超过6g，同时注意味精、酱油、腐乳、榨菜等含钠高的食物；⑦保证单不饱和脂肪酸和多不饱和脂肪酸的充足摄入，在烹调油中尽量保证亚麻籽油、橄榄油、茶籽油、芥花油占有一定比例，每周食用2次鱼类，每次150~200g；⑧保证充足的矿物质、维生素等微量营养素的摄入，每天应摄入新鲜水果和蔬菜；⑨保证摄入充足的膳食纤维，每天25~30g膳食纤维为宜，从水果、蔬菜和全谷类食物中获取；⑩因身体情况，不能保证均衡膳食，可在营养师指导下选择医用食品补充。

3. **心理疗法与睡眠管理** MS患者心理疗法、睡眠管理也是治疗的重要部分，改善MS患者的抑郁、焦虑情绪，改善睡眠状态，帮助患者及早摆脱不良心理、恢复自信，不但有助于提高患者的生活质量，也有助于疾病病情的控制。因此，进行有效的心理疗法和睡眠管理是非常重要的，也是心脏康复中的重要环节。主要包括心理状态的评估和心理治疗部分。

(1)心理状态的评估：心理状态的评估是对伴有抑郁、焦虑史的MS患者，在病情变化(如出现并发症)或存在其他心理社会因素时，应特别注意情绪评估。当心理评估结果异常时可采取相应的心理治疗。

(2)现代医学心理疗法：现代医学心理治疗可以概括为认知疗法、心理咨询、心理治疗、放松疗法、生物反馈治疗、药物治疗等，心理咨询师和心理治疗师可根据心理与睡眠的评估情况选择使用。

(3)传统中医心理疗法：传统中医心理疗法是依据中医情志之间的相生关系缓解应激情绪、治疗情志病及由情志偏极引起的心身疾病，常见的中医心理疗法有激怒疗法、逗笑疗法、痛苦疗法、怡悦疗法、羞耻疗法等，可以根据患者的中医辨证评估情况选择使用。

4. **中医外治法** 中医外治法是通过人体体表、孔窍、穴位给予不同制剂的药物或者物理治疗的方法，具体措施有针刺疗法、艾灸疗法、推拿疗法、拔罐疗法、足浴疗法、熏洗疗法等。

5. **药物治疗** 对于MS患者首先应选择治疗性生活方式改变使各项指标达标，在治疗性生活方式改变无效时应针对存在的各项危险因素，采取药物干预，使各种组成成分达标。

(1)西药治疗

1)控制肥胖：控制肥胖和减重药物如下。①西布曲明。可抑制去甲肾上腺素和5-羟色胺再摄取，减少摄食，减轻体重，常规用药剂量为每天5~15mg。②奥利司他。可通过抑制胃肠道胰脂肪酶，减少脂肪的吸收，常用剂量每次120mg，每天三次，餐中服用。③GLP-1受体激动剂。通过多种途径发挥减轻体重的作用，包括抑制胃肠道蠕动和胃液分泌，抑制食欲及摄食，延缓胃内容物排空等。

2)降压：常用的药物有如下六大类。血管紧张素转化酶抑制药(ACEI)、血管紧张素受体阻滞药(ARB)、钙通道阻滞药(CCB)、β受体阻滞剂、利尿剂、交感神经抑制剂等，可以单用，必要时联合使用，可降低不良反应，发挥最大的降压效应，减少心血管事件发生率。①利尿剂，主要通过减少钠和体液潴留，降低血容量而使血压下降，适用于轻中度高血压，对单纯收缩期高血压、盐敏性高血压、合并肥胖或糖尿病、更年期女性、合并心力衰竭和老年性高血压有较强的降压效果；② β 受体阻滞剂，可通过抑制中枢和肾素 - 血管紧张素 - 醛固酮系统，抑制心肌收缩力和减慢心率，适用于不同程度的高血压患者，尤其是心率较快的中青年患者或合并心绞痛和慢性心力衰竭者；③ CCB，主要通过阻滞电压依赖 L 型钙通道减少细胞外钙离子进入血管平滑肌细胞内，减弱兴奋收缩偶联，降低血管收缩反应，对老年患者有较好的降压效果；④ ACEI，主要通过抑制循环和阻滞血管紧张素转换酶，使血管紧张素Ⅱ受体（AT Ⅱ）生成减少，同时抑制激肽酶使缓激肽降解减少，但降压起效缓慢，ACEI 还具有改善胰岛素抵抗和减少尿蛋白作用，对肥胖、糖尿病、心脏和肾脏靶器官受损的高血压患者具有相对较好的疗效，适合于伴有心力衰竭、心肌梗死、房颤、蛋白尿、糖耐量减退、糖尿病肾病的高血压患者；⑤ ARB，主要通过阻滞组织 AT Ⅱ受体亚型 AT1，更充分有效阻断 AT Ⅱ的血管收缩、水钠潴留与重构作用，治疗对象和禁忌证与 ACEI 相同；⑥还有交感神经抑制剂，如利血平、可乐定，直接血管扩张剂如肼屈嗪，α 受体拮抗剂如哌唑嗪、特拉唑嗪等。

3）降糖：降糖目标为空腹血糖<6.1mmoL/L，餐后 2 小时血糖<7.8mmoL/L，糖化血红蛋白<7%。常用的有各类胰岛素和口服降血糖药，可以联合也可以单用，根据血糖控制情况而定。二甲双胍、噻唑烷二酮类药物均为临床常用增加胰岛素敏感性的降血糖药，α 糖苷酶抑制剂（阿卡波糖）能够减少糖耐量异常人群向糖尿病转变，同时还可减少心血管疾病和高血压发生，GLP-1 受体激动剂具有保护胰岛 β 细胞的作用，DPP-4 抑制剂则通过防止 GLP-1 快速降解发挥其降糖作用。

4）调脂：MS 患者可以按照血脂异常特点简单分型治疗。①以 TG 增高、HDL-C 降低为主者，调脂目标为 TG<1.70mmol/L、HDL-C ≥ 1.04mmol/L，可选用贝特类药物治疗；②如 TG、TC、LDL-C 均显著增高则考虑联合治疗，可选择使用胆酸螯合树脂类联合氯贝丁酯或阿昔莫司；③对心血管疾病合并 MS 患者首选他汀类药物，治疗目标应严格遵照相关指南。

（2）中药治疗：近年来，不少学者以中医基础理论为指导，以临床表现和疗效为依据，开展了对 MS 的分型论治的研究，北京中医药大学东方医院黄淑芳教授将其归纳为以下 7 型辨证论治，各证之间相互交织、相互演变，可灵活加减运用。

1）肝胃郁热型

证候：饮食不节，嗜食肥甘，或长期嗜酒，形体肥胖，急躁易怒，面红目赤，口苦口臭，脘痞，两胁胀满，便秘，舌质暗红，苔黄腻，脉弦滑。

治则：清胃泻肝，导热攻滞。

方药：龙胆泻肝汤合清胃散加减。

处方：龙胆草 6g，黄芩 10g，栀子 10g，黄连 5g，赤芍 12g，生地黄 15g，柴胡 9g，泽泻 12g，车前子 15g，山楂 15g，生大黄 6g。

2）痰浊阻遏型

证候：肥胖，胸闷，脘痞纳少，呕恶痰多，身重困倦，口中黏腻，头重如裹，大便不爽，舌苔厚腻，脉滑或濡。

治则：化痰祛湿，宽胸理气。

方药：平胃散合温胆汤加减。

处方：陈皮 10g，厚朴 10g，苍术 10g，半夏 9g，枳实 10g，生白术 15g，竹茹 10g，茯苓 15g，

第十二章　特殊人群的心脏康复

第一节　老年心脏病患者

一、老年心脏病患者病变特点

动脉硬化引起血管弹性下降，外周血管阻力增加，脉压增大，老年患者常出现单纯收缩性高血压，也容易出现直立性低血压；冠心病患者冠脉血管病变更广泛，常有心肌梗死病史，合并不典型心肌缺血表现的老年患者比例也很高；心泵功能下降，心输出量减低，心脏储备功能减少，患者容易发生心力衰竭，并常伴有慢性阻塞性肺疾病、外周动脉疾病、糖尿病、高脂血症、脑卒中、关节炎、神经肌肉疾病等多种合并症；随着年龄增加，患者体力耐力逐渐下降；尽管绝大多数老年人的心脏病是不可治愈的，但通过早发现、早预防、早康复等手段，可以控制和延缓心脏病的进展，减少并发症的发生，从而提高生活质量。

二、病情、风险评估及注意事项

（一）病情评估、体力耐力评估及风险评估

1. **病情评估**　老年心脏病患者在心脏康复运动训练前一定要进行病情评估（表 12-1），同时根据康复训练的进行以及可能出现的病情变化随时再次进行评估。

表 12-1　病情评估

目前诊断	冠状动脉粥样硬化性心脏病 稳定型心绞痛 不稳定型心绞痛 心肌梗死 支架植入术后 冠脉搭桥术后 缺血性心肌病 心力衰竭 急性期 非急性期 心律失常 未控制型 已控制型

续表

目前诊断	心肌病变 心脏移植后 其他心脏外科术后 其他
既往病史	心血管疾病史 非心血管疾病史
目前症状	胸痛 典型 / 非典型心绞痛 胸闷 / 喘憋 / 呼吸困难 心悸 / 气促 / 出冷汗 头晕 / 乏力 / 眩晕 关节肌肉疼痛 活动受限 其他
目前体征	颈静脉怒张 肺部干湿啰音 心脏异常体征 心率异常 节律异常 心脏杂音 / 心包摩擦音等 胸腹水 下肢水肿 其他
辅助检查结果	实验室检查 全血细胞分析 生化及电解质 心肌酶 BNP/NT-pro BNP 其他 心脏彩超 心电图 冠脉造影 其他
目前用药	心血管疾病用药 抗血小板类 抗凝类 他汀类 β 受体阻滞剂 硝酸酯类 ACEI/ARB 类 利尿剂 洋地黄类 抗心律失常类 其他 非心血管疾病用药

续表

心血管疾病危险因素	血压异常 收缩压 ≥ 140mmHg 和 / 或舒张压 ≥ 90mmHg，一些老年患者放宽血压控制目标是合理的 血脂异常 高胆固醇血症（尤其是低密度脂蛋白胆固醇） 高甘油三酯 血糖异常 空腹血糖 ≥ 7mmol/L 餐后 2 小时血糖 ≥ 11.1mmol/L HbA1c ≥ 6.5% 吸烟 吸烟年，包 /d 嗜酒 饮酒年，ml/d（白酒 / 红酒 / 啤酒） BMI 体重正常 18.5~23.9kg/m^2 超重 24.0~27.9kg/m^2 肥胖 ≥ 28.0kg/m^2 长期失眠 / 心理异常 失眠、焦虑、抑郁 多食少动 其他

注：BNP. B 型利钠肽；NT-proBNP. N 末端 B 型利钠肽原；ACEI. 血管紧张素转化酶抑制剂；ARB. 血管紧张素受体阻滞药；HbA1c. 糖化血红蛋白；BMI. 体重指数。

2. **体力耐力评估**　常用的心肺功能和体力耐力评估方法包括 6 分钟步行试验测试（6MWT）、肺功能测试、心电图运动负荷试验测试、心肺运动负荷试验测试等。心电图运动负荷试验和心肺运动负荷试验能更科学、精确和客观地评价个体的心肺功能，但对于老年心脏病患者来说，相对风险有所增加，而且部分老年心脏病患者无法配合和完成运动负荷试验测试。而 6 分钟步行试验相对简单易行，需要仪器少，不受场地限制，是评价老年心脏病患者心肺功能常用的一种方法。

3. **风险评估**　对于老年心脏病患者，通过 NYHA 心功能分级、weber 分级等可以从临床、躯体功能等不同侧面评估患者的风险，并进一步对患者进行危险分层（表 12-2）。危险分层为低危组的老年心脏病患者，可以在家人陪同下，进行社区或居家心脏康复运动训练，定期专科门诊随诊；危险分层为中危组和高危组的老年心脏病患者，要求在抢救设施完备的医疗机构中进行心脏康复运动训练，应在专业医疗人员监督指导下进行，运动训练过程中应密切监护心率、血压、血氧饱和度、心电图等体征情况。

表 12-2　心血管疾病患者的危险分层

低危组	中危组	高危组
运动过程或恢复过程中无心绞痛症状或心电图缺血改变	中度运动(5~6.9MET)或恢复过程中出现心绞痛的症状或心电图缺血改变	低水平运动(＜5MET)或恢复过程中出现心绞痛的症状或心电图缺血改变
无休息或运动引起的复杂心律失常		有休息或运动时出现的复杂室性心律失常
AMI 溶栓血管再通 PCI 或 CABG 术后血管再通且无合并症		AMI、PCI 或 CABG 术后合并心源性休克或心力衰竭
无心理障碍(抑郁、焦虑等)		严重心理障碍
LVEF＞50%	LVEF 40%~49%	LVEF＜40%
功能储备 ≥ 7MET		功能储备 ≤ 5MET
血肌钙蛋白浓度正常		血肌钙蛋白浓度升高
每一项都存在时为低危	不符合典型高危或低危者为中危	存在任何一项为高危

注:AMI. 急性心肌梗死;PCI. 经皮冠状动脉介入治疗;CABG. 冠状动脉旁路移植术;LVEF. 左室射血分数;MET. 代谢当量。

(二) 老年人心脏康复注意事项

1. 心脏康复运动训练建议在餐后 1~2 小时进行,应选择适合运动的衣裤和运动鞋。

2. 老年心脏病患者应该有一个由专业医师评估后设定的心脏康复运动训练计划。

3. 对于运动耐力低于训练水平的老年人,应该制订一个循序渐进的心脏康复运动训练方案以逐步提高运动耐力。许多老年人(指那些体适能低下的老年人)需要经过几个月的低于训练水平的心脏康复运动训练来逐步提高运动耐力。同时鼓励老年人定期自我监测自身的运动耐力情况,当运动耐力和健康状况改善后应该重新评估心脏康复运动训练方案。

4. 为了在健身运动和日常生活中保持必要的柔韧性和灵活性,老年人每周至少保持两天的柔韧性训练,每天训练时间不少于 10 分钟。

5. 因为在健身运动和健康之间存在一定的量效关系,对于那些期待提高运动能力、减少慢性疾病或致残疾病的发作风险、避免体重过度增加的老年人,可能通过高于最小运动训练水平的运动训练而得到更大的获益。

6. 对于合并有一种或多种其他疾病的老年人,心脏康复运动训练也是一种治疗和预防的手段,应注意选择安全有效的运动训练方式。

7. 合并糖尿病的老年人,切忌空腹进行心脏康复运动训练,以免出现低血糖反应,训练过程中也应该随身携带少量糖果等食物,以备随时取用。

8. 对于居住在社区并有明显跌倒风险的老年心脏病患者,应该进行规律的平衡训练以改善和提高平衡能力,以避免因跌倒而带来的损伤。

三、心脏康复管理与指导

(一) 药物管理

心脏康复是全面、全程的医学管理、服务和关爱，有效的药物治疗是心血管疾病治疗的基石。实现药物最大疗效的前提是使用有效药物、有效剂量，主动管理药物的相互作用和不良反应，提升依从性。

1. **遵循指南建议给予规范化药物处方**　以心血管疾病中患病率最高的冠心病药物处方为例，国内外指南一致建议冠心病治疗药物分为改善预后和改善心绞痛药物两类。改善预后的药物包括阿司匹林(如不能耐受，可选择氯吡格雷或替格瑞洛替代)、他汀类、ACEI(如不能耐受，可选择血管紧张素受体阻滞药替代)、β受体阻滞剂；改善心绞痛的药物包括β受体阻滞剂、CCB、硝酸酯类、伊伐雷定和改善心肌能量代谢药物曲美他嗪等。

2. **个体化用药方案**　个体化用药方案应考虑如下因素：患者需要使用的药物类别、剂量大小、应达到的靶标和是否能够达到靶标。冠心病治疗药物β受体阻滞剂、他汀类药物以及抗高血压药和降血糖药需考虑：剂量大小、应达到的靶目标和是否能够达到靶目标。建议根据指南结合患者的病情特点、合并症和基本生命体征情况等有针对性地选择药物；根据治疗靶目标，结合年龄、性别、体重、既往用药史等调整药物剂量。

(1) β受体阻滞剂控制心率达标：AHA二级预防指南推荐，左室射血分数(left ventricular ejection fraction，LVEF)正常的心肌梗死或ACS患者持续使用β受体阻滞剂3年，根据病情可以停用；而LVEF <40%的冠心病患者应长期使用。指南推荐选择的β受体阻滞剂为美托洛尔、比索洛尔和卡维地洛。强调使用β受体阻滞剂要个体化调整剂量，将患者清醒时静息心率控制在55~60次/min。如未达到靶目标或不能耐受β受体阻滞剂，可以选择伊伐雷定，适用于窦性心律大于70次/min的慢性稳定型心绞痛患者，单独或与β受体阻滞剂联合应用。

患者如为高龄老年(>75岁)、身材矮小、低体重、血压或心率偏低，应从小剂量开始，如年轻、肥胖、血压或心率偏快，可从常规剂量开始，还应结合既往用药时患者对药物的反应综合考虑。

(2) 他汀类药物控制血低密度脂蛋白胆固醇达标：冠心病患者若无禁忌，无论入院时总胆固醇和低密度脂蛋白胆固醇是否升高，应启动并长期使用他汀类药物。如使用他汀类药物低密度脂蛋白胆固醇没有达到目标值，或不能耐受他汀类药物，可联合使用依折麦布，5~10mg/d。他汀剂量倍增，降低低密度脂蛋白胆固醇的效果仅增加6%，随着剂量增加他汀的副作用增加，他汀联合依折麦布，降低低密度脂蛋白胆固醇的效果可增加20%，安全性良好。

目标：根据《中国成人血脂异常防治指南(2016年修订版)》，凡临床上诊断为ASCVD[包括急性冠脉综合征(acute coronary syndrome，ACS)、稳定型心绞痛、血运重建术后、缺血性心肌病、缺血性卒中、短暂性脑缺血发作、外周动脉粥样硬化病等]的患者，低密度脂蛋白胆固醇<1.8mmol/L(70mg/dl)。

(3) 控制血压、血糖达标：老年心脏病患者血压控制目标为≤140/90mmHg；老年人健康状况良好，较少伴有慢性疾病，机能和认知完整，应该设定较低的血糖目标(HbA1c<7.5%)；而伴有多种并存的慢性疾病，认知障碍或功能较差，应设定较宽松的血糖目标(HbA1c

8.0%~8.5%)。在低血糖风险增加的老年人中,首选低血糖风险低的降血糖药。

3. **关注药物安全性和药物相互作用**

(1)心脏康复医务人员应关注药物的不良反应,积极主动管理,及早发现药物副作用,避免药源性不良后果;充分了解患者的联合用药情况,不同种类的药物间容易存在药物的相互作用,导致药效的增高或降低和不良反应增加(表12-3)。

表12-3 《中国心血管病预防指南(2017)》推荐的治疗药物常见副作用和处理方案

药物名称	不良反应	禁忌证	应对及处理
他汀药物	乏力,肌痛,转氨酶升高,肌酶升高等	转氨酶升高大于3倍,肌酶升高大于5倍	开始药物治疗前及治疗后4~8周复查血脂和肝功能、肌酸激酶;如血脂达标且肝功能、肌酸激酶正常,以后每6~12个月复查1次上述指标;如转氨酶≥正常值3倍或肌酸激酶≥正常值5倍,停用他汀类药物,并监测相关指标至正常
β受体阻滞剂	乏力,心动过缓,诱发哮喘和心力衰竭,掩盖低血糖反应等	心率<50次/min;二度以上房室传导阻滞;收缩压<90mmHg;哮喘急性发作期;中/重度左心衰竭;	选择β_1高选择性;从低剂量开始逐渐增加剂量;加强利尿避免液体潴留;糖尿病患者定期监测血糖
血管紧张素转化酶抑制剂(ACEI)	低血压,咳嗽,血肌酐升高,高钾血症等	收缩压<90mmHg;血肌酐>3.0mg/dl; 双侧肾动脉狭窄;已知对ACEI过敏者	血压偏低时从低剂量开始滴定,监测血压和血肌酐、血钾,有严重咳嗽症状换用血管紧张素受体阻滞药(ARB)
阿司匹林	出血,尤其胃肠道出血等	脑出血后3个月内;胃肠道大出血30天内	血压≥160/100mmHg避免使用;评估患者的出血风险,评估患者胃肠症状和病史,老年、有胃病史或胃肠道症状或幽门螺杆菌检测阳性加用抑酸药物;同时服用华法林需注意监测抗凝强度,以降低出血风险
硝酸酯类	心率增快、头痛、低血压等	收缩压≤90mmHg	从低剂量开始逐渐增加
利尿剂	电解质紊乱、低血压、肾功能恶化等	严重血容量不足、低钾血症、低钠血症等	从小剂量开始,逐渐增加剂量,一旦症状缓解,即以最小有效剂量长期维持,定期监测电解质情况
洋地黄类	洋地黄中毒	肥厚型心肌病、严重窦性心动过缓、二度以上房室传导阻滞等	立即停药;纠正离子紊乱;纠正心律失常

(2)老年心脏病患者常合并多种代谢性疾病以及其他合并症,制订药物处方时应全面了解患者服用的各种疾病用药,避免重复用药,从而减少药物相互作用。从肝脏细胞色素P450酶系统代谢的药物很有可能发生药物相互作用,冠心病治疗药物中主要为他汀类药物。他汀类联合应用奥美拉唑、利福平、地塞米松、卡马西平等药物,可减弱他汀类药物的作用;联合应用抗生素(红霉素、克拉霉素)、抗病毒药物、抗真菌药物、CCB(拉西地平、地尔硫

革、硝苯地平、维拉帕米、尼莫地平)、抗心律失常药物(胺碘酮、普罗帕酮)、抗抑郁药(三环类、SSRI、文拉法辛)、免疫抑制剂、抗肿瘤药物等可能增加他汀类药物的作用和不良反应,需注意调整剂量。同理,上述药物使用时均需注意药物相互作用。

4. 关注药物对运动耐量的影响 目前,越来越多的心血管专业学者认识到,心血管疾病治疗不仅要关注解剖学上的改善,更要关注功能状态的改善。运动耐量是功能状态的评价指标,是目前已知的心血管疾病患者预后的最强预测因子,独立于传统危险因素[射血分数、B 型尿钠肽(BNP)、心力衰竭病史、高血压、高血脂、糖尿病等]。运动耐量每提高 1 个代谢当量(MET)可以降低全因死亡风险 12%,同时显著提高患者的生活质量和心理状态,最大限度恢复社会功能。因此,药物处方中除强调坚持使用改善预后的药物,同时还应关注提高运动耐量的治疗药物,以进一步改善患者的预后和生命质量。

评价运动耐量的金标准为最大摄氧量,最大摄氧量主要由三方面因素决定:心脏泵血和运输氧的能力、肺脏气体交换能力和骨骼肌代谢能力。凡能改善心脏泵血、提高气体交换和骨骼肌代谢能力的方法都可以提高运动耐量。药物治疗通过增加心肌收缩力、减少心肌耗氧、减轻外周阻力、改善心肌氧的利用和扩张冠状动脉来提高运动耐量,如 β 受体阻滞剂、硝酸酯类药物、钙通道阻滞剂(CCB)、控制心率药物伊伐雷定和改善心肌能量代谢药物曲美他嗪等。不同药物对运动耐量的作用机制和影响不尽相同,在给患者处方药物时需考虑到药物对运动耐量的影响。

β 受体阻滞剂通过减慢心率、减弱心肌收缩力降低心肌摄氧量、延长心脏舒张期而增加缺血心肌的血液灌注,通过血流重新分布增加缺血区心肌的血液灌注,来提高运动耐量。β 受体阻滞剂对运动耐量的“不良影响”应给予关注,主要不良反应为运动耐量相关的问题,包括乏力、运动不耐受。评估患者运动耐量或指导患者运动时,应考虑上述因素。

CCB 可分为二氢吡啶类与非二氢吡啶类。两种类型的 CCB 药理学作用有所不同,其抗心绞痛机制也有所不同。此类药物对运动耐量的影响主要体现在对心脏的影响,通过降低心脏负荷、降低心肌摄氧量缓解心绞痛症状,来提高运动耐量。

硝酸酯类药物通过扩张冠状动脉和静脉系统降低心脏前负荷,改善心肌供血和降低心肌耗氧,从而发挥抗心绞痛作用,提高运动耐量。头痛与低血压是此类药物常见的不良反应。另有研究显示,长期口服长效硝酸酯类药物可能加重内皮功能损害,因此如长期口服需要评估其临床价值。与选择性磷酸二酯酶 5 抑制剂(如治疗勃起功能障碍或肺动脉高压的西地那非等)同时服用时可能导致严重低血压,故应避免。

伊伐雷定选择性抑制窦房结的起搏功能,减慢心率,在不影响心肌收缩力的情况下减少心肌摄氧量。在慢性稳定型心绞痛患者中,与阿替洛尔相比,伊伐雷定可以改善患者的运动耐量,减少心绞痛发作次数。该药已被欧洲批准用于不能耐受 β 受体阻滞剂或经 β 受体阻滞剂充分治疗后心率仍超过 70 次 /min 的心绞痛患者。最常见的不良反应是“眼内闪光”,一般表现为短暂的局部视野亮度增加,常在治疗开始的 2 个月内发生。这种不良反应常可在不停药的情况下自行消失。

改善心肌细胞能量代谢类的药物有曲美他嗪和雷诺嗪。曲美他嗪通过抑制“耗氧”的脂肪酸代谢途径,促进葡萄糖有氧代谢途径,让身体细胞在“相对缺氧”的情况下,产生更多的 ATP 用于机体做功,具有改善心肌细胞能量代谢和抗缺血的作用。其预防心绞痛的作用与普萘洛尔相似。曲美他嗪对细胞能量代谢的影响不单是作用于心肌细胞,还可作用于骨骼肌，其可增加骨骼肌对葡萄糖的摄取和利用。研究显示曲美他嗪与其他抗心绞痛药物联合，可进一步增强患者的运动耐量 1.1~1.5MET，改善患者生活质量，与运动疗法联合使用具有协同作用，可进一步提高患者运动耐量。雷诺嗪为选择性晚钠电流抑制剂，具有抗缺血和改善心肌细胞代谢的作用，可作为抗心绞痛治疗的二线治疗药物。

5. 药物管理在运动康复中应考虑的问题

(1) 了解患者正在服用的药物：对服用抗心绞痛药物的患者，运动康复时药物的服用时间和服用剂量应与运动评估前的服用方法保持一致，尤其是 β 受体阻滞剂、非二氢吡啶类 CCB 和硝酸酯类药物，以免不同时间和剂量导致的药效不同，影响运动评估或运动训练效果。如更改上述药物剂量，需重新评估制订新的运动处方。

治疗师在开展运动治疗时需保证备用硝酸甘油、卡托普利等急救对症类药物，并提醒患者运动时携带硝酸甘油等急救对症类药物，以防止严重心血管事件的发生。对于发作稳定型劳力性心绞痛的患者，可在运动前 5~10 分钟使用二硝酸异山梨酯 10mg 或硝酸酯类喷雾剂，以降低运动中出现的心肌缺血，保证运动疗法的有效实施。

(2) 了解诱发患者发生心肌缺血等临床症状的运动阈值，在运动处方和运动指导时避免使用高于缺血阈值的运动强度。急性心肌梗死或其他心功能不全的患者运动康复过程中容易发生急性左心衰竭，心脏康复医师和治疗师在进行康复治疗时需警惕急性左心衰竭的症状，如频繁咳嗽、喘憋、呼吸困难、肺部啰音和泡沫痰等。

(3) 将心率作为运动靶目标时应考虑药物对心率的影响：一些药物可能会钝化心脏对急性运动负荷的反应能力，如 β 受体阻滞剂和非二氢吡啶类钙拮抗药，服用后患者的心肌变时性（心率反应）和变力反应（泵血功能）都相应下降。如果更改上述药物剂量或服药时间，需重新评估制订新的运动处方，避免仍然继续使用原心率靶目标，或使用自我感觉用力程度分级来判断患者的运动强度是否合适。

(4) 关注药物副作用对运动康复的影响：硝酸酯类和钙拮抗药都具有外周血管扩张作用，运动时骨骼肌血管床扩张，在服用抗高血压药的基础上，可能进一步增加外周血管的扩张，故在运动康复时需注意使用扩张外周血管药物的患者发生低血压和直立性低血压，避免在运动康复训练过程中让患者突然改变体位或做其他类似活动。同时，避免导致外周血管扩张的其他因素，如环境温度过高或高强度运动，可能导致患者发生低血压相关的头晕或晕厥。心脏康复医师在给患者做运动处方以及治疗师在指导患者运动时，应注意调整运动强度和运动方式。

他汀类药物是冠心病二级预防的基石药物。他汀引起的肌痛或乏力等症状，可能导致患者的运动耐量下降或对运动康复训练的依从性差。其原因不明，有研究认为可能与该类药物致骨骼肌细胞内线粒体受损和能量供应不足有关，由此引发的骨骼肌纤维损害常常早于患者的肌痛症状或肌酶水平升高。他汀诱导的肌病多集中于下列几种情况，如高剂量他汀、老年、合并多种疾病、身体衰弱和合并用药；如服用免疫抑制剂，合用贝特类药物也能增加肌病风险。当出现肌痛时，尽早识别、减量或换用其他药物。同时，运动可导致肌酸肌酶升高，当检测到肌酸肌酶升高时应询问患者的运动情况，避免误认成他汀类药物的副作用。

利尿剂是高血压和心力衰竭的一线治疗药物。服用利尿剂的患者容易出现过度疲劳和虚弱，这可能是酸碱失衡或电解质失衡的早期症状。心脏康复医师和治疗师由于与患者的紧密接触，应注意观察利尿剂导致的严重代谢或电解质失衡。

地高辛是改善心力衰竭症状的药物。服用地高辛的患者出现的头晕、恶心、心律失常、意识障碍可能是地高辛中毒症状，心脏康复医师和治疗师与患者接触时间较多，应注意早期识别，阻止严重或致命的后果发生。

许多冠心病患者因合并疾病长时间卧床，血栓形成风险增加，需预防性服用抗凝药物。心脏康复医师和治疗师需了解抗凝药物的使用方法和出血风险。康复治疗中必须小心使用手法治疗，如深部组织按摩或排痰，以避免运动中损伤出血。

6. **提高患者的服药依从性**　我国心血管疾病患者服药依从性较差。利用心脏康复中与患者频繁接触的优势，不断向患者介绍坚持药物治疗的必要性，以及停用药物治疗的后果，通过规律随访观察药物副作用，了解患者对药物的认识误区，了解患者的经济状态。根据患者存在的问题调整药物，可以显著提高药物治疗的依从性。

（二）运动指导

老年心脏病患者体力耐力差，在运动康复训练开始前都要进行热身运动，多采用低水平的有氧运动，一般持续 5~10 分钟。老年心脏病患者的运动康复训练一般以有氧运动形式为主，可同时辅以抗阻运动。常用的有氧训练方式有行走、慢跑、游泳、骑自行车等，有条件的话也可以在器械上完成类似的有氧运动方式，每次运动时间为 15~30 分钟。初始从 10~15 分钟开始，根据患者的运动能力逐步增加运动时间。运动频率每周 3~5 次；运动强度为最大运动强度的 50%~80%。初期运动强度水平设定为最大运动强度的 40%~50%，随着患者运动耐力逐渐改善，逐步增加运动强度。

常用的抗阻运动训练方式有抗自身重力运动、沙袋、哑铃、各种肌力训练器械设备等方式，一组动作训练重复 8~12 次，根据训练者自身耐力情况每次训练 2~4 组，躯体力量训练和肢体力量训练可交替进行，组间适当休息，每周训练 2~3 次为宜，推荐训练强度为一次最大负荷量的 30%~50%，逐渐过渡到 50%~70%，抗阻训练过程中避免 Valsalva 动作，同时注意预防肌肉拉伤。

对于高龄、运动耐力低下、平衡功能差的老年心脏病患者，拉伸运动训练联合平衡训练也是很好的康复运动训练方式。其他如传统的太极拳、五禽戏等也可以选择作为康复运动训练的一种方法。

恢复放松运动是康复运动训练必不可少的一部分，一般采用低水平的有氧运动、拉伸运动，持续 5~10 分钟。

运动康复训练需要注意的是，设定运动处方一定要因人而异（表 12-4），对于中危及以上的患者应在医疗机构内，在心电、血压、血氧等监护下，由专业人员指导进行。对于不稳定型心绞痛、心功能Ⅳ级、未控制的严重心律失常、未控制的高血压（静息收缩压>180mmHg 或静息舒张压>100mmHg）的患者，应暂缓进行运动康复训练。

表 12-4　美国运动医学会健康中老年人的运动强度分级

强度	主观用力程度 / 分	中年 /MET	老年 /MET	高龄老年 /MET	静力性抗阻训练最大负荷量 /%
非常轻	<10	<2.0	<1.6	<1.0	<30
轻	10~11	2.0~3.9	1.6~3.1	1.0~1.9	30~49
中等	12~13	4.0~5.9	3.2~4.7	2.0~2.9	50~69

续表

强度	主观用力程度 / 分	中年 /MET	老年 /MET	高龄老年 /MET	静力性抗阻训练最大负荷量 /%
重	14~16	6.0~8.44	4.8~6.7	3.0~4.24	70~84
非常重	17~19	≥8.5	≥6.8	≥4.25	≥85
最大	20	10.0	8.0	5.0	100

注:MET. 代谢当量,以每分钟氧的代谢状况表示,1MET=3.5ml/(kg·min);中年:40~64 岁;老年:65~79 岁;高龄老年:80 岁以上。

(三) 心理、睡眠调整

随着年龄增大,老年人活动耐力下降,社会活动逐渐减少,还有不少老年人一人独居,失眠成了一个比较普遍的现象。频繁反复失眠,成为老年人出现焦虑抑郁状态的常见诱发因素。家人和周围的护理人员应关注和重视老年人的睡眠质量和情绪变化,及早发现老人的失眠情况及焦虑抑郁状态,通过增加文娱活动、适量的运动训练、适当的心理支持和疏导帮助老人尽快解决失眠及心理问题,必要时请专科医师进行评估并给予适当的药物治疗。

(四) 戒烟限酒

吸烟是心脑血管疾病独立的危险因素早已经得到公认,老年人由于体力耐力及机体的免疫力逐渐衰退,吸烟给身体带来的危害可能会进一步增加。但仍然有很多老年人不以为然或心存侥幸。饮酒也常被一些男性老年人作为排解寂寞的手段,久而久之,逐渐产生了对乙醇的依赖,欲罢不能。长期酗酒首先损害的就是肝脏,肝硬化、肝癌的发病与长期酗酒有直接关系。酗酒还会诱发急性胆囊炎、急性胰腺炎、消化道溃疡等急症。也会导致长期酗酒的老年人认知功能下降,出现乙醇中毒性精神病,严重者可以出现生命中枢麻痹,心跳呼吸停止以致死亡。家人及养老机构人员应该定期对有烟酒嗜好的老年人进行宣教,使其充分了解烟酒的危害,帮助老年人下定决心戒烟限酒。

(五) 营养管理

营养不良也是老年人很常见的问题。年龄逐渐增大,有一种或多种慢性疾病,牙齿脱落、缺失,食欲下降等多种因素常导致老年人营养不良。营养不良导致老年人体力耐力下降,躯体功能下降,机体免疫力下降,感染疾病恢复缓慢,住院时间延长等诸多不利因素。对于牙齿缺失的老年人,家属应该通过修补、安装义齿等方式尽快帮助老年人恢复咀嚼功能。老年人胃肠功能下降,家属及照护机构人员应给老人选择柔软、易消化的食物。同时应该为老年人制订比较均衡的营养食谱,每日保证充分的营养摄入。对于明确营养不良的老年人应由专业营养师介入管理。

(金钟一)

参考文献

[1] 胡大一. 康复医学系列丛书——心脏康复 [M]. 北京: 人民卫生出版社, 2018.

［2］美国心肺康复协会. 美国心脏康复和二级预防项目指南 [M]. 周明成, 洪怡, 译. 上海: 上海科学技术出版社, 2017.
［3］诸骏仁, 高润霖, 赵水平, 等. 中国成人血脂异常防治指南 (2016 年修订版)[J]. 中国循环杂志, 2016, 31 (10): 937-953.
［4］刘晓红, 康琳. 协和老年医学 [M]. 北京: 人民卫生出版社, 2016.
［5］中华人民共和国卫生部疾病控制司. 中国成人超重和肥胖症预防控制指南 (试行)[M]. 北京: 人民卫生出版社, 2003.

第二节　女性心脏病患者

冠状动脉粥样硬化性心脏病是动脉粥样硬化导致器官病变的最常见类型，也是严重危害人类健康的常见病。本病多发生在 40 岁以后，而男性发病早于女性。

20 世纪 90 年代，我国城市男性本病死亡率为 49.2/10 万，女性为 32.2/10 万。而在今天中国女性的死因排序中，因心脏疾病死亡的人数已经超过脑卒中和肿瘤，心脏疾病成为第一位的死亡原因。近年来，男性心血管疾病的死亡率呈现出逐年下降的趋势，而女性却没有明显的下降；而且在发生心脏事件后女性存活率与男性患者存活率有明显的不同。根据最近美国疾病预防控制中心的资料，在 729 000 例心脏性死亡者中，女性的猝死率从 1989 年的 38% 升至 1999 年的 47%，而且女性在到达医院前猝死者多于男性（52% vs. 42%）。传统观点认为，女性由于雌激素的保护作用，心血管疾病的发病时间会比男性推后 7~10 年，但随着年龄的增大，慢性疾病的发病率也会增加。另外，在早期的研究中，常常没有认识到女性与男性在冠心病上的差异，临床试验的研究对象仅纳入男性患者，而试验结果却写入了治疗指南，用于指导所有人群的治疗。

虽然绝对数量上，男性患者多于女性，但女性的猝死发生率逐步升高的趋势逐渐引起各国卫生机构的重视。美国心脏病学会和欧洲心脏病学会分别于 2011 年及 2012 年针对女性的心血管疾病特点制定了预防指南。我国也相应地提出了《中国女性心血管疾病预防专家共识》，为女性患者的诊断、治疗及康复提供专业性的推荐。

一、女性冠心病患者的特点

当今社会，男女的社会分工趋于平等，越来越多的女性投入到职场工作，女性不仅需要面对生育方面的压力，还需要面对职场的工作压力。

（一）女性冠心病患者的微血管结构损害

对于年轻女性人群，其冠心病发病率低于同年龄段的男性人群。但也有研究认为女性冠心病患者发病率低是因为女性患者的漏诊率高。其原因有二：

1. 女性冠心病患者的临床症状通常不典型　一项来自中国人群的数据调查显示，女性患者典型心绞痛的比例小于男性，其中 50~59 岁女性患者与男性基本相似，而 60 岁以上的不典型心绞痛患者，女性比例则高于男性。另外，冠心病外科研究组织发现女性患者的运动试验假阳性率是男性的 4.5 倍。而对于心肌梗死患者，男性的症状主要表现为胸痛、压榨性疼痛等典型的症状，而女性患者主要表现为非典型症状，如呼吸困难、中枢神经系统症状、恐惧感或焦虑、晕厥、极度疲乏感和急性消化道症状等等。这使得患者认识到症状的产生与心脏相关需要更长的时间，延误采取急救措施或者紧急呼救；也会延误住院医师进行准确诊断和采取有效急救措施，进而造成这种症状不典型的患者接受紧急介入治疗的比例更低、后续不良事件的发生率更高。

2. 出现心绞痛或胸痛症状时，女性患者的冠状动脉造影检查异常率往往低于出现类似症状的男性患者。女性缺血性综合征评价研究发现，具有胸痛或无创检查发现缺血证据的女性患者中，在接受冠状动脉造影检查之后，约 60% 的患者不存在限制血流的狭窄。而这 60% 的患者中在血管内超声检查后发现约 80% 的冠状动脉存在病变斑块，多数为多发性斑块。

有观点认为，这与女性患者的微血管结构损害关系密切。如女性患者的视网膜动脉检查可以预测其预后，而这种预测作用对于男性患者不明显。女性患者的微血管结构的功能失调也会引起心肌的灌注异常，这种灌注异常引发的症状表现出的胸痛不明显、范围广、持续时间长，不引起大面积心肌坏死的特点符合女性患者的临床表现。微小血管结构损伤导致的非阻塞性、不稳定性的小斑块破裂是其发病的重要机制。这些微血管结构的功能失调虽然无血流动力学意义，但患者在负荷试验中会表现出 ST 段压低等心肌缺血的表现，这也有可能是这种微血管结构异常导致的。另外，女性在青春期之后冠状动脉的储备能力也低于男性，这也是其更易发病的一个原因。

(二) 绝经——女性患者特有的危险因素

对于女性而言，绝经是其特有的心血管疾病危险因素。绝经前女性冠心病的发病率显著低于男性，而在绝经后其发病率迅速上升接近男性水平。有观点认为，内源性雌激素等激素水平下降可能是导致这种差异的原因，有研究发现对于绝经女性冠心病患者，其雌二醇、孕酮水平相较于绝经后的健康女性呈现出明显下降的趋势。但另有多项随机前瞻大规模临床试验证明激素替代治疗会增加心血管疾病的风险，研究显示雌激素治疗并不会减少绝经后冠心病女性患者的心血管事件发病率。当然，现阶段也在寻找其他能够解释这种差异的原因，比如其他激素水平、胆固醇水平、甘油三酯水平、血糖水平、体重指数等等，但均不能全面地解释女性心血管疾病的特点。绝经影响女性患者的原因还有待进一步的研究。

(三) 冠心病患者的心理因素影响其病程

最新的研究表明，冠心病是一种身心疾病，深刻地受到心理因素的影响，心理可直接影响到冠心病的发生、进展、转归和预后。冠心病患者由于预后不良、生活质量下降、经济负担严重等因素影响容易导致焦虑、抑郁等不良的心理障碍。有研究指出，超过 50% 的冠心病患者合并心理障碍，其中 14%~47% 合并抑郁症，11%~42% 合并焦虑症，严重的抑郁症和焦虑症的发生率为 18.33%~61.54%。而不良的心理健康会诱发或加重冠心病，从而导致心血管事件的发生。不良的情绪会导致患者交感神经兴奋，儿茶酚胺分泌增多，使得血压升高、心率加快、血液黏稠度增加，进而促进血栓的形成，从而引发心绞痛等症状。

由于不同的社会心理、生物学行为因素对男性与女性患者的影响不同，女性患者更易于出现焦虑、抑郁等不良状态，其生活质量更易受到疾病的影响。冠心病伴发的不良心理反应不是一种正常的身体反应，而女性患者由于其情绪更敏感，较小的刺激即可引发情绪波动，因而女性患者出现不良情绪的情况更为多见。有研究表明伴随抑郁症的女性冠心病心绞痛患者室性心律失常检出率更高，其心血管事件的发生率更大。

传统中医认为，女子的发病与情志密切相关。张仲景的《金匮要略》中就有专门论述女子杂病的部分，其中有因七情郁结、气机不畅、气郁痰凝发病的病机。孙思邈在《千金方》中认为："女人嗜欲多于丈夫，感病倍于男子……疗之难瘥。"进一步说明女子疾病的产生更易受情志影响，其预后也差于男性。清代名医陈修园认为："妇人之病，多起于郁"，故在治疗女性患者时应重视其心理状态，治疗身体的同时也要关注心理健康。

总而言之，女性心血管疾病应该得到充分的认识，不同于男性的心血管疾病，女性发病后其预后更差，不仅需要从细胞、分子水平重新认识女性心脏疾病，还要从诊断、治疗、治愈后的康复及危险人群风险事件的预防等方面重新定义一套不同于男性的诊疗方案。

二、女性冠心病患者的管理原则

冠心病患者的治疗核心是控制血糖、血脂、血压水平，以减少心血管事件的发生。这三者的升高不利于血管动脉硬化及粥样硬化的缓解。

传统的危险因素如糖尿病、高血压、血脂异常、吸烟等同样是女性冠心病的重要因素，但也有一些特殊之处。美国女性缺血性综合征评价研究发现，女性冠心病患者合并有糖尿病和糖耐量异常的比例明显高于男性，而且糖尿病对于女性患者预后的影响也更大，女性冠心病患者合并糖尿病其心血管死亡风险是男性的 2 倍。故女性患者的血糖水平应得到更多的重视。

理想的血压应维持在<120/80mmHg，血脂水平应维持在：50mg/dl<HDLC-C<100mg/dl、TG<150mg/dl、非 HDL-C<130mg/dl；极高危心血管疾病女性（近期出现急性冠脉综合征或合并多个心血管危险因素且控制不良）应控制 HDLC-C<80mg/dl，对于合并糖尿病的患者在改善生活方式的同时建议使用药物控制 HbAlc<7%，同时避免低血糖的发生。控制这三者在一个健康的水平，对于患者的预后有着极大的帮助。

（一）控制饮食

女性冠心病患者较之于男性更易合并高血压、高脂血症、糖尿病等代谢性疾病，因此控制饮食更为重要。《中国女性心血管疾病预防专家共识》建议女性应增加多种水果、蔬菜的摄入，选择全谷物或高纤维食物，不能吃高热量、油腻、刺激的食物，并保持饮食清淡。每周至少 2 次鱼的摄入，限制饱和脂肪酸、反式不饱和脂肪酸、胆固醇、乙醇、盐（<6g/d）、糖（包括含糖饮料）。有其他合并急慢性疾病的患者同时也应该注意相关的饮食禁忌。

（二）控制体重

控制体重是与控制饮食相辅相成的一种病后护理原则。体重的升高往往伴随着血压、血脂、血糖水平的升高，过于肥胖的患者更容易产生这些症状。控制体重可以减轻心脏负担，有助于控制血糖、血脂、血压水平。

《中国女性心血管疾病预防专家共识》建议在控制饮食的同时，保持适量的运动以控制体重，控制 BMI ≤ 24kg/m^2（即对于身高 160cm 的患者，需控制体重 ≤ 61kg）、腰围<80cm。

（三）坚持药物治疗

药物治疗对于患者的康复及心血管事件的预防有着明确有效的作用，坚持药物疗法的重要性不言而喻。对于不能很好执行医嘱的患者要多进行患者教育强调规律、按时、按量服药。

对于具有高风险的女性冠心病患者应使用阿司匹林进行预防性药物干预,《中国女性心血管疾病预防专家共识》推荐用量为75~100mg/d,无法耐受阿司匹林的患者建议使用氯吡格雷75mg/d替代。

冠心病的女性患者同时伴有胃肠出血、出血性卒中风险时,应积极评估其预防心肌梗死、预防缺血性卒中等缺血性事件的获益是否大于出血性事件。对于缺血性风险,建议使用GRACE评分系统。临床研究显示,GRACE高危患者的临床结局更差,院内死亡率(13%)明显高于低危组(1.2%)和中危组(3.3%),死亡或者再梗的发生率(21%)也显著高于低危组(10%)或中危组(12%);高危组患者的不良事件发生率更高,卒中或大出血的发生率(5.1%)高于低危组(2.1%)或中危组(3.6%)。故建议在药物治疗的同时定期进行风险评估,这对于患者后续治疗有着指导性的作用。

对于慢性或者阵发性房颤的女性患者,排除缺血性卒中风险低或出血性风险高的患者,还建议使用华法林、达比加群、利伐沙班或贝曲西班治疗,使其INR维持在2~3。

对于无特殊禁忌且左室功能正常的心肌梗死或急性冠脉综合征女性患者,建议长期使用β受体阻滞剂治疗。

对于绝经期患者,《中国女性心血管疾病预防专家共识》不建议使用雌激素或选择性雌激素受体调节剂作为其一级或二级预防使用。多个随机临床研究证明其对患者无效甚至有害。对于市面上的其他抗氧化剂(维生素C、维生素E、β胡萝卜素等)、维生素D、叶酸等保健品,本共识同样不推荐作为女性冠心病患者的一级或二级预防使用。

(四)改善不良习惯

不良习惯包括吸烟(二手烟)、体力活动少等等。

女性患者应尽量不吸烟、二手烟。有吸烟习惯的患者应减少吸烟次数和数量,直至戒烟。二手烟由两种烟雾构成,一种是吸烟者呼出的烟雾,被称为主流烟,一种是香烟燃烧时产生烟雾,这种被称为分流烟。不论是吸入哪种烟雾都算作二手烟。一般认为被动吸烟15分钟以上时就可认为二手烟现象成立,对于生活中有吸烟习惯的家人或同事,建议其戒烟或减少吸烟,同时尽量避免、减少自己暴露在二手烟的环境中,在家庭和工作环境中创造一个无烟环境。

三、女性冠心病患者中医治疗

中医理论中"百病生于气",女性由于其生理结构及社会生活的不同,导致其相较于男性更容易出现气机失调,在用药配伍时可注意使用行气类药物,平时生活中也需要注意情绪的调摄。

根据其临床表现,本病证属于中医学"胸痹""心痛"范畴,本病多由外感风寒暑火、内伤情志、饮食、劳逸等因素影响,形成寒凝、气滞、痰饮或瘀血,导致气滞血瘀、痰浊闭阻、阴寒内结、痰瘀互结,终致胸阳失运、心脉痹阻而发生。以气虚血瘀、本虚标实为临床重要特征。标实常见有阴寒内结、痰浊闭阻、痰热蕴结、血瘀气滞、痰瘀交阻;本虚常见有心气不足、气阴两虚、心肾阴虚,心阳亏虚、气虚阳脱等。对于不同的证型其治法不同。

1. 心血瘀阻证

临床表现:心悸不安,心胸憋闷不舒,疼痛时作,痛如针刺,唇甲青紫,舌质紫暗或有瘀斑,脉涩或结或代。

治法：活血化瘀，理气通络。

方药 1：桃仁红花煎（《陈素庵妇科补解》）加减。

红花 12g，当归 9g，桃仁 12g，香附 9g，延胡索 9g，赤芍 9g，川芎 9g，丹参 9g，生地黄 9g，青皮 6g。

方解：桃仁、红花活血化瘀。丹参去旧血以生新血，赤芍、川芎增强君药活血化瘀之力。佐以延胡索、香附、青皮理气通脉止痛；生地黄、当归养血活血。

加减：①气滞血瘀者，加柴胡 9g，枳壳 9g；②兼见气虚者，加黄芪 9g，党参 9g；③兼血虚者，加枸杞子 9g，熟地黄 9g；④兼阴虚者，加麦冬 9g，玉竹 9g。

方药 2：血府逐瘀汤（《医林改错》）加减。

桃仁 12g，当归 9g，赤芍 9g，牛膝 9g，川芎 5g，桔梗 5g，柴胡 9g，枳壳 6g，生地黄 9g，甘草 3g，红花 9g。

方解：桃仁破血祛瘀。当归、红花、赤芍、牛膝、川芎助君活血祛瘀之力，其中牛膝能通行血脉，引瘀血下行。柴胡疏肝理气，升达清阳；桔梗开宣肺气，载药上行入胸中，使气行则血行；生地黄清热以除瘀热，合当归又滋阴养血，使祛瘀而不伤正。甘草调和诸药为使。各药配伍，使血活气行，诸症自愈。

加减：①若瘀痛入络，可加全蝎 9g、穿山甲 9g、地龙 9g 等以破血通络止痛；②气机郁滞较重，加川楝子 9g、香附 9g、青皮 9g 等以疏肝理气止痛；③胁下有痞块，属血瘀者，可酌加䗪虫 9g、水蛭 9g 等以活血破瘀，消症化滞。

方药 3：桃红四物汤（《医垒元戎》）加减。

桃仁 12g，红花 9g，熟地黄 9g，当归 9g，赤芍 9g，白芍 9g，川芎 9g。

方解：桃仁、红花破血祛瘀。熟地黄、当归滋阴补血，养血活血；赤芍活血祛瘀，白芍养血敛阴，川芎畅达血脉。全方可使血滞得散，血虚得补。

加减：①若兼见气虚，加人参 9g、黄芪 9g 以补气生血；②瘀滞较重者，加丹参 9g；③血虚有寒者，加肉桂 9g、炮姜 9g；④血虚有热者，加黄芩 9g、牡丹皮 9g。

方药 4：丹参饮（《时方歌括》）加减。

丹参 15g，檀香 6g，砂仁 6g，五灵脂 6g，蒲黄 6g，玉竹 6g，沙参 6g。

方解：丹参活血祛瘀，通经止痛。檀香、砂仁行气温中，以助活血。五灵脂、蒲黄活血祛瘀，散结止痛。全方药简力专，能活血祛瘀并能行气，为气血并治之方。

加减：①若瘀血甚者，可酌加当归 9g、赤芍 9g、川芎 9g、桃仁 9g、红花 9g 等以加强活血祛瘀之力；②若兼见血虚者，可合四物汤同用，以增强养血调经之功；③若疼痛较剧者，可加乳香 9g、没药 9g、延胡索 9g 等以化瘀止痛；④兼气滞者，可加香附 9g、川楝子 9g 以行气止痛。

2. 气滞心胸证

临床表现：心胸满闷，隐痛阵发，痛有定处，时欲太息，情志不遂时容易诱发或加重，或兼脘腹胀满，得嗳气或矢气则舒，苔薄或薄腻，脉细弦。

治法：疏肝理气，活血通络。

方药 1：柴胡疏肝散（《医学统旨》）加减。

陈皮 6g，柴胡 6g，川芎 6g，香附 6g，枳壳 6g，赤芍 6g，白芍 6g，炙甘草 3g。

方解：柴胡主入肝胆，功擅条达肝气而疏郁结。香附长于疏肝理气，并有良好的止痛作用；川芎疏肝开郁，行气活血，止痛。陈皮、枳壳理气行滞调中；白芍、甘草养血柔肝，缓急止痛。甘草调和诸药为使。诸药相合，共奏疏肝解郁，行气止痛之功。

加减：①若胁肋痛甚者，酌加郁金6g、青皮6g、当归6g、乌药6g等以增强其行气活血之力；②肝郁化火者，可酌加栀子6g、黄芩6g、川楝子6g以清热泻火。

方药2：四逆散（《伤寒论》）加减。

炙甘草12g，枳实12g，柴胡12g，芍药12g，香附6g，郁金6g。

方解：柴胡主入肝胆经，疏肝解郁。芍药补血养肝，敛阴柔肝。枳实行气降逆，开郁散结而畅脾滞，合柴胡以调肝脾，升降气机；香附、郁金疏肝理气。甘草健脾和中，合白芍缓急止痛。全方疏肝理脾，升降气机，兼有缓急止痛之功。

加减：①若悸者，加桂枝9g以温心阳；②有热者，加栀子6g以清内热。

方药3：逍遥散（《太平惠民和剂局方》）加减。

柴胡15g，茯苓9g，白术9g，当归9g，白芍9g，炙甘草9g，川芎9g，薄荷3g。

方解：柴胡疏肝解郁，以使肝气条达。白芍滋阴养肝，当归养血活血，二药还可兼制柴胡疏泄太过。白术、茯苓、甘草健脾益气，川芎行气活血，薄荷散肝经郁热。甘草调和诸药。诸药相合，可使肝气得舒，诸症悉除。

加减：①肝郁气滞较甚，加香附9g、郁金9g、陈皮9g以疏肝解郁；②血虚者，加熟地黄9g以养血；③肝郁化火者，加丹皮9g、栀子9g以清热凉血。

方药4：金铃子散（《太平圣惠方》）加减。

柴胡12g，金铃子15g，延胡索15g，郁金9g，厚朴3g。

方解：金铃子入肝胃经，疏肝行气，清泄肝火；柴胡疏肝理气。延胡索行气活血，止痛；郁金疏肝理气，活血止痛。药简力专，既可疏肝，又可清热，还可活血止痛，使气血畅，肝郁疏，则诸痛止。

加减：①若用治胸胁疼痛，可加香附9g；②用治脘腹疼痛，可加木香9g、砂仁4g、陈皮6g。

3. 痰浊痹阻证

临床表现：胸闷重而心痛微，痰多气短，形体肥胖，遇阴雨天易发作或加重，伴有倦怠乏力，纳呆便溏，咯吐痰涎，舌体胖大且有齿痕，苔浊腻或白滑，脉滑。

治法：通阳泄浊，豁痰宣痹。

方药1：瓜蒌薤白半夏汤（《金匮要略》）加减。

瓜蒌12g，薤白9g，半夏9g，白酒10ml，丹参12g。

方解：瓜蒌理气宽胸，涤痰散结，治胸痹胸痛之要药。薤白温通滑利，通阳散结，行气止痛。半夏燥湿化痰，降逆止呕，消痞散结。白酒行气活血，增强薤白行气通阳之功。

加减：①冠心病者加丹参9g、三七9g；②乳腺增生加浙贝母9g、乳香9g、没药9g；③咳喘加紫菀12g、款冬花12g；④慢性胆囊炎加枳壳12g、大腹皮9g、葛根12g、丹参12g。

方药2：半夏白术天麻汤（《医学心悟》）加减。

半夏9g，天麻6g，茯苓6g，橘红6g，白术18g，甘草3g，生姜2片，大枣4枚。

方解：半夏燥湿化痰，降逆止呕，意在治痰；天麻平肝息风，而止头眩，两者合用，为治风痰眩晕头痛之要药。白术、茯苓健脾祛湿，能治生痰之源。橘红理气化痰，脾气顺则痰消。甘草和中调药；煎加姜、枣调和脾胃，生姜兼制半夏之毒。

加减：①眩晕较甚者，可加僵蚕 9g、胆南星 9g 等以加强化痰息风之力；②头痛甚者，加蔓荆子 9g、白蒺藜 9g 等以祛风止痛；③呕吐甚者，可加代赭石 15g、旋覆花 9g 以镇逆止呕；④兼气虚者，可加党参 9g、生黄芪 9g 以益气；⑤湿痰偏盛，舌苔白滑者，可加泽泻 9g、桂枝 9g 以渗湿化饮。

方药 3：黄连温胆汤（《六因条辨》）加减。

黄连 6g，半夏 10g，竹茹 12g，陈皮 10g，甘草 6g，茯苓 10g，生姜 3 片，大枣 2 枚。

方解：黄连燥湿化痰，清心泻火。半夏降逆和胃，除湿化痰。竹茹清热化痰，止呕除烦。枳实行气消痰，使痰随气下。陈皮理气燥湿，茯苓健脾渗湿。姜、枣、甘草益脾和胃而协调诸药。综合全方，共奏理气化痰、清胆和胃、养心安神之效。

加减：①肝郁者加柴胡 10g、香附 6g、川楝子 6g；②多梦易惊、胆怯心悸者加龙骨 20g、牡蛎 20g、磁石 10g；③急躁易怒、口苦咽干者加栀子 10g、龙胆草 6g。

4. 寒凝心脉证

临床表现：猝然心痛如绞，心痛彻背，喘不得卧，多因气候骤冷或骤感风寒而发病或加重，伴形寒，甚则手足不温，冷汗自出，胸闷气短，心悸，面色苍白，苔薄白，脉沉紧或沉细。

治法：辛温散寒，宣通心阳。

方药 1：枳实薤白桂枝汤（《金匮要略》）加减。

枳实 12g，厚朴 12g，薤白 9g，桂枝 6g，瓜蒌 12g，细辛 g，大枣 6g。

方解：桂枝上以宣通心胸之阳气，下以温化中下二焦之阴气，既通阳又降逆。降逆则阴寒之气不致上逆，通阳则阴寒之气不致内结。薤白辛温通阳散结气；细辛温散寒邪；枳实、川厚朴开痞散结，下气除满。瓜蒌苦寒润滑，开胸涤痰。大枣养脾和营。

加减：①若寒重者，可酌加干姜 9g、附子 6g 以助通阳散寒之力；②气滞重者，可加重厚朴、枳实用量以助理气行滞之力；痰浊重者，可酌加半夏 9g、茯苓 9g 以助消痰之力。

方药 2：当归四逆汤（《伤寒论》）加减。

当归 12g，桂枝 9g，白芍 9g，细辛 6g，炙甘草 g，通草 3g，大枣 8 枚，赤芍 9g。

方解：方中当归甘温，养血和血；桂枝辛温，温经散寒，温通血脉，共为君药。细辛温经散寒，助桂枝温通血脉；白芍养血和营，助当归补益营血，共为臣药。通草通经脉，以畅血行；大枣、甘草益气健脾养血，共为佐药。重用大枣，既合归、芍以补营血，又防桂枝、细辛燥烈大过，伤及阴血。甘草兼调药性而为使药。

加减：①腰、股、腿、足疼痛属血虚寒凝者，加续断 9g、牛膝 9g、鸡血藤 9g、木瓜 6g 等以活血祛瘀；②若兼有水饮呕逆者，加吴茱萸 9g、生姜 6g；③若妇女经期腹痛，以及男子寒疝、睾丸掣痛、牵引少腹冷痛、肢冷脉弦，可加乌药 9g、茴香 9g、良姜 9g、香附 9g 等以理气止痛。

方药 3：当归四逆加吴茱萸生姜汤（《伤寒论》）加减。

当归 12g，桂枝 9g，白芍 9g，赤芍 9g，炙甘草 6g，通草 3g，大枣 6g，细辛 6g，吴茱萸 5g，生姜 15g。

方解：吴茱萸、生姜重用以温中散寒。当归养血活血止痛；桂枝温通血脉，以助散寒；赤芍、白芍养血活血敛阴。通草通经脉，以畅血行；大枣、甘草益气健脾养血，共为佐药。炙甘草调和诸药为使。

加减：①气虚重者，加黄芪 9g、人参 9g 益气健脾；②疼痛甚者，加川芎 9g 行气止痛。

方药 4：乌附麻辛桂姜汤（《中医治法与方剂》）加减。

制乌头10g，制附子10g，麻黄6g，细辛3g，桂枝9g，干姜10g，蜂蜜30g。

方解：制乌头祛风除湿，温经止痛之力较强；制附子大辛大热，温通阳气。麻黄宣达肺气，以助散寒；细辛温散寒邪；桂枝温通经脉，三药合用，助君药温经散寒止痛之力。干姜散寒止痛。佐制：重用蜂蜜，以其润而温经，尚可兼制乌头、制附子之燥烈之性。

加减：①若寒甚加制草乌15g；②痛偏上肢加羌活15g、威灵仙24g、千年健15g；③痛偏下肢加独活15g、牛膝18g、防己24g；④痛偏于腰加桑寄生15g、杜仲10g、续断15g、淫羊藿15g。

5. 气阴两虚证

临床表现：心胸隐痛，时作时休，心悸气短，动则益甚，伴倦怠乏力，声息低微，面色㿠白，易汗出，舌质淡红，舌体胖且边有齿痕，苔薄白，脉虚细缓或结代。

治法：益气养阴，活血通脉。

方药1：生脉散（《医学启源》）加减。

人参15g，麦冬9g，五味子6g，玄参9g，沙参9g，丹皮6g。

方解：方中人参甘温，益元气，补肺气，生津液，故为君药。麦冬甘寒养阴清热，润肺生津。人参、麦冬合用，则益气养阴之功益彰。五味子酸温，敛肺止汗，生津止渴；玄参滋肾润肺，二者为佐药。四药合用，一补两润一敛，益气养阴，生津止渴，敛阴止汗，使气复津生，汗止阴存，气充脉复，故名"生脉"。

加减：①方中人参性味甘温，若属阴虚有热者，可用西洋参9g代替；②病情急重者全方用量宜加重。

方药2：人参养荣汤（《三因极一病证方论》）加减。

人参9g，白术9g，茯苓9g，甘草6g，陈皮6g，黄芪12g，当归9g，白芍6g，熟地黄9g，五味子5g，桂心5g，远志9g，生姜2片，大枣6枚。

方解：熟地黄、当归、白芍均为养血之品，合用以滋阴养血。人参、黄芪益气健脾，以资生化之源。茯苓、白术健脾燥湿，助脾生化；陈皮理气行滞，甘草和人参、芍药酸甘化阴；远志能通肾气上达于心；桂心能导诸药入营生血。甘草、生姜、大枣调和诸药兼为使药。纵观全方，五脏交养互益，故能统治诸病，而其要则归于养荣也。

加减：①阴虚内热，五心烦热者，加生地黄9g、知母9g、鳖甲9g等清退虚热；②伴汗出者，加山茱萸9g、麻黄6g等增加敛阴止汗之力。

方药3：炙甘草汤（《伤寒论》）加减。

炙甘草12g，生姜9g，人参6g，生地黄30g，桂枝9g，阿胶6g，麦冬10g，麻仁10g，生姜2片，大枣6枚，黄酒10ml。

方解：方中重用生地黄滋阴养血为君，《名医别录》谓地黄"补五脏内伤不足，通血脉，益气力"。炙甘草、人参、大枣益心气，补脾气，以资气血生化之源；阿胶、麦冬、麻仁滋心阴，养心血，充血脉，共为臣药。桂枝、生姜辛行温通，温心阳，通血脉，诸厚味滋腻之品得姜、桂则滋而不腻。用法中加清酒煎服，以清酒辛热，可温通血脉，以行药力，是为使药。

加减：①偏于心气不足者，重用炙甘草、人参；②偏于阴血虚者重用生地黄、麦门冬；③心阳偏虚者，易桂枝为肉桂6g，加附子9g以增强温心阳之力；④阴虚而内热较盛者，易人参为南沙参9g，并减去桂、姜、枣、酒，酌加知母6g、黄柏6g，则滋阴液降虚火之力更强。

方药4：加减复脉汤（《温病条辨》）加减。

炙甘草 18g，生地黄 18g，白芍 18g，麦冬 15g，阿胶 9g，麻仁 9g，人参 9g。

方解：方中重用生地黄滋阴养血为君。炙甘草、人参二者合用益气健脾，以资气血生化之源；阿胶、麦冬、麻仁滋心阴，养心血，充血脉，共为臣药。白芍酸寒敛阴，合甘草酸甘化阴，并能和中缓急。全方寓酸敛于滋润之中，重在滋液敛阴而复脉，有温凉通敛之意。

加减：心悸怔忡较重者，加酸枣仁 9g、柏子仁 9g 以助养心定悸之效，或加龙齿 18g、磁石 18g 以增重镇安神之功。

6. 心肾阴虚证

临床表现：心痛憋闷，心悸盗汗，虚烦不寐，腰膝酸软，头晕耳鸣，口干便秘，舌红少津，苔薄或剥，脉细数或促代。

治法：滋阴清火，养心和络。

方药 1：天王补心丹（《校注妇人良方》）加减。

人参 9g，茯苓 9g，玄参 9g，丹参 9g，桔梗 6g，远志 6g，当归 9g，麦冬 9g，天冬 9g，柏子仁 6g，酸枣仁 6g，生地黄 9g，大枣 6 枚。

方解：方中重用甘寒之生地黄，入心能养血，入肾能滋阴，故能滋阴养血，壮水以制虚火，为君药。天冬、麦冬滋阴清热；酸枣仁、柏子仁养心安神；当归补血润燥；共助生地滋阴补血，并养心安神，俱为臣药。玄参滋阴降火；茯苓、远志养心安神；人参补气以生血，并能安神益智；丹参清心活血，合补血药使补而不滞，则心血易生；朱砂镇心安神，以治其标，以上共为佐药。桔梗为舟楫，载药上行以使药力缓留于上部心经。

加减：①失眠重者，可酌加龙骨 18g、磁石 18g 以重镇安神；②心悸怔忡甚者，可酌加龙眼肉 9g、夜交藤 18g 以增强养心安神之功；③遗精者，可酌加金樱子 9g、煅牡蛎 18g 以固肾涩精。

方药 2：加减复脉汤（《温病条辨》）加减。

炙甘草 18g，生地黄 18g，白芍 18g，麦冬 15g，阿胶 9g，麻仁 9g，人参 9g。

方解：方中重用生地黄滋阴养血为君。炙甘草、人参二者合用益气健脾，以资气血生化之源；阿胶、麦冬、麻仁滋心阴，养心血，充血脉，共为臣药。白芍酸寒敛阴，合甘草酸甘化阴，并能和中缓急。全方寓酸敛于滋润之中，重在滋液敛阴而复脉，有温凉通敛之意。

加减：心悸怔忡较重者，加酸枣仁 9g、柏子仁 9g 以助养心定悸之效，或加龙齿 18g、磁石 18g 以增重镇安神之功。

方药 3：柏子养心丸（《体仁汇编》）加减。

柏子仁 12g，党参 9g，炙黄芪 9g，川芎 6g，当归 9g，制远志 9g，酸枣仁 9g，肉桂 3g，半夏曲 6g，炙甘草 5g，朱砂 3g，熟地黄 6g。

方解：柏子仁养心安神；熟地黄滋阴补血，补心肾。党参、黄芪益气健脾，养心；川芎、当归养血活血行气，兼能止痛。远志交通心肾；酸枣仁养血安神，增强君药之功；肉桂引火归元；半夏曲燥湿化痰，和胃以助药势。朱砂镇心安神，以治其标；甘草调和诸药。

加减：①虚火重者加玄参 9g、天冬 9g、麦冬 9g；②失眠重者，加龙齿 18g、夜交藤 18g。

7. 心肾阳虚证

临床表现：心悸怔忡，形寒肢冷，肢体水肿，小便不利，神疲乏力，腰膝酸冷，唇甲青紫，舌淡紫，苔白滑，脉弱。

治法：温补阳气，振奋心阳。

方药 1：参附汤(《济生续方》)加减。

人参 15g，炮附子 12g，黄芪 9g，桂枝 9g，炙甘草 9g。

方解：人参药性甘温，大补元气以固脱，益脾肺之气以固后天之本，使脾肺之气旺则五脏之气旺；大辛大热之炮附子温壮肾阳，大补先天之本，使先天之阳生则一身之阳生。臣以黄芪，助人参益气，桂枝助附子温阳。四药相伍，共奏回阳、益气、固脱之功。

加减：①寒湿相搏、肢体重痛者，去人参，加白术 9g 以健脾祛湿；②休克等危症急救时常加生龙骨 12g、生牡蛎 12g、白芍 9g 等敛汗潜阳，固脱强心。

方药 2：右归饮(《景岳全书》)加减。

熟地黄 15g，山药 6g，山茱萸 3g，枸杞子 6g，炙甘草 6g，杜仲 6g，肉桂 3g，制附子 9g，鹿角胶 9g，桂枝 9g。

方解：方中以附子、肉桂、鹿角胶为君药，温补肾阳，填精补髓。熟地黄、枸杞子、山茱萸、山药滋阴益肾，养肝补脾。杜仲补益肝肾，强筋壮骨；桂枝，温通血脉。炙甘草补脾和中，且用汤救急。诸药配合，共奏温补肾阳之功。

加减：①腰膝疼痛者，加菟丝子 9g，加重杜仲用量；②营血亏虚者，加当归 9g 养血活血。

方药 3：肾气丸(《金匮要略》)加减。

生地黄 9g，山药 9g，山茱萸 9g，茯苓 9g，牡丹皮 9g，泽泻 9g，桂枝 9g，附子 9g，牛膝 9g，车前子 9g。

方解：附子大辛大热，温阳补火；桂枝温通阳气，二药相合，补肾阳之虚，助气化之复，共为君药。生地黄滋补肾精；山茱萸、山药补益肝脾之精，共为臣药。泽泻、茯苓、车前子淡渗利湿，配伍桂枝温化痰饮；牡丹皮活血散瘀；牛膝入肝肾经，引血下行。

加减：①若畏寒肢冷较甚者，可将桂枝改为肉桂 9g，并加重桂、附之量，以增温补肾阳之效；②兼痰饮咳喘者，加姜 9g、细辛 6g、半夏 9g 以温肺化饮；③夜尿多者，可加巴戟天 9g、益智仁 9g、金樱子 9g、芡实 9g 以助温阳固摄之功。

方药 4：保元汤(《博爱心鉴》)加减。

人参 12g，黄芪 15g，肉桂 5g，甘草 5g，生姜 2 片，大枣 6g。

方解：人参大补元气，固护原有之气。重用黄芪，以增强人参益气之功。配伍少量肉桂，引火归元，使气得生。甘草调和诸药为使，且可配合人参健脾益气，一药两用。

加减：①心胸疼痛者，加郁金 9g、川芎 9g、丹参 9g 等活血定痛；②形寒肢冷，阳虚较重者加附子 9g、巴戟天 9g 温补阳气。

（李海霞）

第三篇

中西医结合心脏康复中心建设

第十三章 中西医结合心脏康复中心建设标准

第一节 基层 / 社区心脏康复中心

2013 年以来，我国冠心病患者的住院和门诊心脏康复发展迅速，但社区医院和家庭心脏康复发展缓慢，探索和建立适合我国社区心脏康复的模式，可以促进社区积极参与社区心脏康复治疗，增加冠心病患者参加社区康复训练的主动性。国外社区心脏康复研究证据表明，对冠心病患者实施社区和家庭心脏康复与二级预防综合管理，可以保证患者良好的心理状态，促进冠心病患者尽早恢复社会生活和工作，减少急性心血管事件复发，降低急性心肌梗死患者病死率。

一、社区心脏康复概述

社区康复（community-based rehabilitation）是指向社区中的社工、残疾人及其亲友传授基本的康复和训练技术，通过残疾人自身及家庭、社区，以及相关的卫生、教育、职业与社会服务机构的共同努力，让社区所有残疾人获得平等的机会。社区康复要作为社区发展的一项策略，倡导“医学 - 心理 - 社会”模式，其核心理念更加注重社区资源的整合和残疾人与健全人接受多种服务的机会均等性。由世界卫生组织首次提出并主导的社区康复，其重点在于向社区中的社工、残疾人及其亲友传授基本的康复和训练技术，强调对残疾人损伤的“社区治疗”模式。2010 年 10 月，世界卫生组织等发布《社区康复指南》提出社区康复的目标：①依据社区康复和相关政策文件，提供如何发展和强化社区康复项目的指南；②促进社区康复作为融合性发展策略协助残疾发展以缩减穷困；③促进残疾人和其家庭获得卫生、教育、生计和社会服务支持，从而提高生活质量；④鼓励和促进残疾人在社区发展和决策过程中融合和参与。社区康复是在政府的领导下，将社区康复工作融入社区建设规划，纳入相关部门业务范畴，充分调动社区一切可以利用的人力、物力、财力、文化等资源，以街道、乡镇为实施平台，为残疾人提供就近方便的康复医疗、训练指导、心理支持、知识普及、辅助器具，以及康复咨询、转介、信息等多种服务。

社区心脏康复要参考“社区康复”的组织形式，依托心血管学术组织在我国三级医疗网络中形成区域性心脏康复医联体，专门推进社区心脏康复的实施与普及。按照国家颁布的《关于推进医疗联合体建设和发展的实施意见》构建基于互联网的紧密型心脏康复医联体，建设三级医院心血管专科医师指导下的基层医院心脏康复模式，形成专科医师和全科医师利益共享的心脏康复业务流程和运行机制，将能够充分发挥基层医师的优势，有利于心血管疾病管理的可持续发展，有利于心脏康复的运动治疗技术在基层医院广泛开展。

在区域性心脏康复医联体内的各级医院形成以主诊医师驱动，患者在不同级别医院进行闭环式双向转诊（图 13-1）。急性心肌梗死等患者的 PCI 和 CABG 在上级医院完成，住院期间进行Ⅰ期康复，病情稳定后转诊到基层医院进行Ⅱ期心脏康复程序，完成 36 次运动康复后，通过互联网远程医疗指导全科医师实施综合运动能力评估和五大处方制订，指导患者在家庭开展结构性运动治疗。

社区医院心脏康复开展包括心脏康复门诊、心血管综合评估室和运动治疗室、物理因子治疗室，并有配套的健康教育室。推荐社区医院采用 6 分钟步行试验（实时监测心电、血压、血氧监测）和特殊体力活动问卷（VSAQ）等评估运动能力。应配备氧气瓶、抢救车、心脏急救包以及急救药物硝酸甘油片等。心脏康复室需配备经过心内科规范化培训的全科医师，护士、康复治疗师、心理医师和营养师可兼职，由不同角色人员组成 MDT，对患者实施以运动为核心的心脏康复治疗。

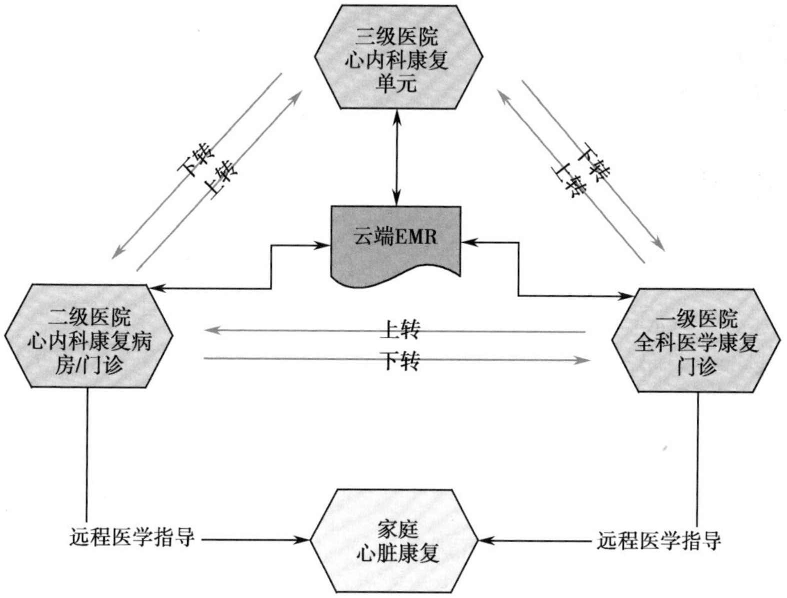

图 13-1　区域性心脏康复医联体管理模式

1. **区域中心医院责任（三级医院）**

1）负责对高危患者或住院患者进行康复评估和处方制订，承担由社区医院上转危重患者的紧急治疗，重点完成Ⅱ期心脏康复，设置住院时可进行Ⅰ期康复。

2）对患者进行临床治疗、运动治疗、精神心理、营养和戒烟限酒等综合康复评估，结合二级预防，促进危险因素控制，定期进行健康教育。

3）向二级医院转诊患者，对二级医院进行远程监测指导，定期组织基层医院心脏康复业务培训，分享典型病例，提高实践能力。

2. **区域二级医院责任（二级医院）**

1）承担由三级医院下转危重患者的连续治疗，重点完成Ⅱ期心脏康复，设置住院期间的

Ⅰ期康复。

2)负责中危患者住院或门诊康复评估和处方制订,对高危患者发挥承上启下的作用,让高危患者平稳渡过高危的康复时期后再回到社区或家庭进行持续康复治疗。

3)对患者进行临床指导、运动训练、精神心理评估、营养评估和戒烟限酒等综合干预,结合二级预防,促进危险因素控制,定期进行健康教育。

4)向社区医院转诊患者,对社区医院或家庭康复患者远程监测指导,定期组织社区医院心脏康复业务培训,分享典型病例,提高实践能力。

3. **社区医院责任**

1)负责与上级医院主诊医师保持沟通,实现心脏康复患者转诊、接诊和会诊。

2)建立康复档案,参考上级医院评估结果制订运动处方。

3)实施运动训练,监测运动风险,控制质量。

4)制订随访计划,包括药物依从性、运动能力、心理和生活习惯调整。

二、社区医院心脏康复中心基本设置

社区医院心脏康复可不设康复病房,需要住院的患者可收治入原病房、老年护理病房、家庭病房等,心脏康复团队协助开展相关康复服务。

1. 社区医院可设置心脏康复门诊、功能评估室、健康教育室,有心脏康复的场地不少于20平方米。

2. 人员至少配备1名心脏康复医师和1名康复治疗师(士)、1名护士(师),心理师和营养师可兼职。

社区医院康复设备要求简单,运动疗法常用设备包括训练用瑜伽垫、脚踏板、哑铃、沙袋、弹力带等小型运动器材及可穿戴心电监护设备。功能测评工具包括体重计、握力计、量尺、秒表、心电图机,日常生活能力评定量表、生活方式量表、SF-36生活质量量表、心理量表、营养膳食结构测评量表、烟草依赖度量表等。应具有健康教育相关的幻灯、材料、模拟器材如食品图谱、病理生理图片等。康复训练室需要具备急救设备,包括心脏电除颤仪、血压计、抢救车(肾上腺素、硝酸甘油、多巴胺、阿托品等)、供氧设施、心电图机。

三、社区心脏康复与二级预防融合

冠心病的康复是综合性心血管疾病管理的医疗措施,是运动治疗为核心进行心理-生物-社会医学模式的综合医疗保健,内容涵盖发病前的预防和发病后的康复,是心血管疾病全程管理中的重要组成部分。冠心病的危险因素包括年龄、性别、肥胖、家族史、血脂异常、高血压、糖尿病、吸烟和不活动等,这9种危险因素是冠心病二级预防的重要内容。而冠心病康复的具体内容包括:

(1)生活方式的改变:主要包括指导患者戒烟、合理饮食、科学运动以及睡眠管理。

(2)双心健康:注重患者心功能康复和心理健康的恢复。

(3)循证用药:根据指南循证规范应用二级预防用药是心脏康复的重要内容。

(4)生活质量的评估与改善:冠心病康复的同时提高患者生活质量,使患者尽可能地恢复到正常或者接近正常的生活质量水平。

(5)职业康复:冠心病康复的最终目标是使患者回归家庭和社会,患者在急性心肌梗死后能否回归工作和社会角色是心脏康复面对的重要内容。

鉴于冠心病二级预防和心脏康复内容重叠，在冠心病急性心肌梗死患者的综合管理中应以心脏康复为抓手，融合冠心病二级预防和健康教育，对冠心病患者实施综合性管理，以改变患者生活方式，建立科学运动的生活干预策略。

四、社区心脏康复管理路径

心脏康复不是单纯的运动治疗，还包括循证用药、饮食治疗、心理治疗和戒烟指导，是对心血管疾病的综合管理。为了在社区 / 基层医院规范化开展心脏康复，必须建立规范化心脏康复流程、心脏疾病规范化管理和随访流程。社区 / 家庭心脏康复管理路径包括患者首诊注册建立档案、综合评估与危险分层、运动耐量测定与结构化强度运动处方、康复方案实施与随访、健康教育与最终目标实现等步骤，每个步骤均有康复质量管理措施监督运动训练的质量，患者能完成社区 / 家庭心脏康复管理路径，可获得与在医院进行心脏康复训练相同的安全和效果。更重要的是，社区 / 家庭心脏康复可以让患者对运动训练产生兴趣，可以显著提高患者主动参与心脏康复的依从性，最终建立以运动为核心的健康生活方式和参与社会活动的信心。

(一) 建立心脏康复档案

详细记录患者基本资料、心脏疾病临床资料和慢病随访资料，组成心脏康复前危险分层评估的基础。心脏康复档案与患者慢病管理工作站软件对接后，可获得患者的基础健康和临床治疗资料，从而建立心脏疾病患者临床康复一体化数据库。

(二) 严格进行风险分层评估

心脏康复评估包括生物学病史、危险因素、心血管功能和运动风险四个方面的评估。对于稳定型心绞痛、急性心肌梗死恢复期、慢性心功能不全、心脏介入治疗或者心脏搭桥术后等患者进行详细的风险评估，通过全面的评估，以了解患者的整体状态、危险分层以及影响其治疗效果和预后的各种因素，从而为患者制订急性期和慢性期最优化治疗策略，最终实现个体化、全面、全程的医学管理。低危患者运动康复时无需医学监护，中危患者可间断医学监护，高危患者需严格连续医学监护。对于部分低危患者可使用心率表监护心率，同时应密切观察患者运动中表现，在患者出现不适反应时能正确判断并及时处理。

应准确识别高危患者，对于 6 周以内的心肌梗死、运动可诱发的心肌缺血、左室射血分数 $<30\%$、持续性室性心律失常的病史、持续性威胁生命的室上性心律失常病史、突发心脏停搏病史治疗尚未稳定、新近植入自动复律除颤器和 / 或频率应答心脏起搏器等患者均应视为高危患者，社区医师应及时联系转诊，到上级医院进行运动风险评估和运动能力测试。中危患者运动时需要密切医学监护，低危患者运动时不需监护。

教会患者识别可能的危险信号，运动中有如下症状时，如胸痛（有放射至臂部、耳部、颌部、背部的疼痛）、头昏目眩、过度劳累、气短、出汗过多、恶心呕吐、脉搏不规则，应马上停止运动，停止运动上述症状仍持续，特别是停止运动 5~6 分钟后，心率仍增加，应进一步观察和处理。如果感觉到有任何关节或肌肉不寻常疼痛，可能存在骨骼、肌肉的损伤，也应立即停止运动。

(三) 运动处方制订

社区医院患者病情相对稳定，是上级医院心脏康复的延续，目的是长期改变患者生活方式，促进患者重返工作和社会生活。根据上级医院的评估及危险分层指导患者运动，制订个性化运动处方。需特别指出,每位冠心病患者的运动康复方案须根据患者实际情况制订。对于冠心病患者,有氧运动处方和抗阻运动处方的制订重点在于增加耐力训练、肌力训练,增加心内膜下血流灌注并获得较好的心肌氧供需平衡。

柔韧性训练是社区心脏康复的重要内容,对于患者的关节活动维持在应有范围内,保持躯干上部和下部、颈部和臀部的灵活性和柔韧性尤其重要,老年人普遍柔韧性差,其日常生活活动能力降低,训练原则应以缓慢、可控制的方式进行,并强调呼吸配合的重要性。

(四) 心脏康复的运动程序

社区心脏康复每次训练包括热身运动、持续运动和恢复运动三个阶段,持续运动时间不超过 30 分钟,总时间在 45 分钟内完成。热身运动(warm up)多采用低水平有氧运动,持续 10 分钟,目的是放松和伸展肌肉、提高关节活动度和心血管的适应性,预防运动诱发的心脏不良事件及运动性损伤。持续运动(exercise stage)包含有氧运动、抗阻运动、柔韧性运动等,时间 30 分钟左右,其中有氧运动是基础,抗阻运动和柔韧性运动是补充。详见运动处方制订。恢复运动(recovery stage)有利于运动系统的血液缓慢回到心脏,避免心脏负荷突然增加诱发心脏事件。放松方式可以是慢节奏有氧运动的延续或是柔韧性训练,根据患者病情轻重可持续 5~10 分钟,病情越重放松运动的时间宜越长。放松运动阶段也是运到能够导致心律失常和心肌缺血事件的多发阶段。应严密监测患者症状或心电监护情况。

五、在社区建立长期管理与随访制度

临床医师建立心脏康复长期随访计划,监督患者坚持生活方式改变和药物治疗的情况,监督患者心血管危险因素控制达标情况。通过定期随访,指导患者生活方式改变,根据病情适当调整药物治疗方案,定期进行健康教育,提高患者依从性。通过建立基于远程信息化随访系统,提高医师对患者的监督和治疗指导,提高患者心脏康复治疗的依从性。建立以科室为单位的随访系统,对患者的生活方式调整、危险因素控制及心脏康复与二级预防措施的落实情况进行评估、随访和监督,心血管医师动态观察在康复治疗中存在的医疗问题,确保心脏康复二级预防的安全性、有效性和依从性。每一个实施方案要求包含制订方案、确定评估参数、评估时间、方案调整及用于评估实施方案的数据来源等,应充分发挥电子病历和现代信息技术的优势,建立数据库。

为了在社区 / 基层医院规范化开展心脏康复,必须建立规范化心脏康复流程、心脏疾病规范化管理和随访流程。对社区医院的骨干全科医师进行严格的心血管专业知识培训,培养大批拥有心脏疾病治疗专科知识的全科医师,这样才能保证心脏疾病患者在社区 \ 基层医院得到有效的心脏疾病连续性治疗。

六、中西医结合社区心脏康复实践

中西医结合心脏康复是将现代心脏康复理念与中医药治疗相结合的创新中西医结合心脏康复新模式。中医导引术由肢体运动、呼吸训练、意念锻炼三个部分组成。肢体运动包括肢体部分的伸屈、转动、俯仰、开合等有节奏、有规律的体操方法;太极拳、气功融合了呼吸训练,是患者自我心身锻炼和健身的方法,运动中对意念和呼吸有特殊要求,其目的是在患者运动过程中能够得到充足的氧气供应,并不断地从体内排除二氧化碳,以保证大脑、肌肉所消耗的能量得以及时的补充,从而保证机体内部功能的自我调整和锻炼。通过特殊的意念锻炼过程来改变自身的生理状态，达到心理和躯体疾病同时治疗。在进行太极气功和八段锦运动时，要在保持松静自然的基础上，全身协调运动，呼吸柔和细缓，使摄氧量降低、心率减缓、血压降低，促进全身气血流畅，各部分关节灵活和筋骨强健，达到精神调和、心情愉悦、全面增强体质的目的。

现在越来越多的证据表明，太极气功和八段锦属于低强度运动，具有安全性高易于被患者接受等特点，非常适合在社区医院进行广泛的推广应用。国内部分医院心脏康复中心将中医的导引术应用于心脏康复治疗，在心脏康复训练的热身阶段和恢复阶段，增加八段锦等中医导引训练，可以明显改善患者运动后不适的心理情绪，对于心功能不全和年老体弱的冠心病患者，太极气功和八段锦是优选的运动治疗方式。

七、社区康复风险和质量保证

社区心脏康复患者大多数是冠心病病情稳定的患者，主要以维持患者持续运动的生活方式为主要目的。在社区长期进行低强度运动训练是非常安全的，为了保证运动训练质量和有效的应急处理，制订以下运动安全和质量保证措施。

1. 心脏康复医师保证在医院内，有心血管急性事件发生时能立即到现场组织抢救。

2. 准备心脏急救应急预案。所有参加心脏康复的医护人员需定期接受心脏急救训练，以及定期参与病例讨论。

3. 由心脏康复医师开具运动处方，康复治疗师 / 运动治疗师执行康复处方并记录(包括实施时间、训练内容、监测指标)，和医师运动处方记录统一保管，供复核和审查。每月至少一次康复团队不同岗位病案讨论会，并将讨论记录保存。

4. 制定科室管理各项规章制度、各级人员岗位职责制度、病员须知告知制度、仪器维修保养制度、消毒隔离制度等，有卫生部门认可的仪器操作常规、心脏康复诊疗常规等。

5. 搭建心脏康复数据记录平台，所有接受心脏康复治疗患者的评估数据均应录入数据库，使心脏康复的治疗效果评价有据可依，进而保证心脏康复治疗的效果和质量。

（丁荣晶　张兆国）

第二节　标准化心脏康复中心

一、心脏康复团队组成

团队包括心脏康复医师、护士、运动治疗师、中医治疗师团队、营养师、心理师和药剂师。

1. **心脏康复医师**　负责推荐患者、风险评估、中医证候评估、制订个体化中西医结合心脏康复处方、康复期间急性心血管事件的救治、病情变化患者的实时评估和康复指导、康复团队的运营和管理。

2. **护士**　负责接待患者、制订病历档案、健康教育、风险评估、康复随访和医疗急救措施的执行。

3. **运动治疗师**　负责协助制订运动处方，指导患者具体运动训练。

4. **中医治疗师团队**　包含针灸治疗师、按摩治疗师等，负责患者个体化中医治疗方案的实施。

5. **营养师**　兼职。一般性营养咨询可以由心脏康复医师、护士、运动治疗师执行，营养师定期审核，营养师对复杂病例进行咨询治疗，并定期参与患者教育。

6. **心理师**　兼职。一般性心理咨询可以由心脏康复医师、护士、运动治疗师执行，心理师定期审核，心理师对复杂病例进行咨询治疗，并定期参与患者教育。

7. **药剂师**　兼职。心脏康复患者的中西医结合药物处方由心脏康复医师或临床医师制订，药剂师定期审核，指导患者用药，并定期参与患者教育。

二、核心成员要求

1. **心脏康复医师**　具有医师资格证书以及中级以上职称，有心脏和大血管临床康复实践至少1年，熟练掌握中西医结合心脏康复技能，具有心血管系统急危重症抢救经验，具有一定的组织协调能力和科研能力。

2. **心脏康复护士**　护士工作经历5年及以上，有心血管急症救治经验至少1年，基本掌握心脏康复技能，具有良好的沟通能力。

3. **运动治疗师**　大学康复治疗或体育医学专业专科以上(含大专)毕业，取得相应的高等教育毕业文凭，基本掌握心脏康复技能，熟练掌握运动风险评估、运动咨询和运动训练。具备指导中医及西医运动能力及协助制订运动处方能力。

4. **中医治疗师团队**　包含针灸治疗师、按摩推拿治疗师、中医营养治疗师等。相关专业专科以上(含大专)毕业，取得相应的高等教育毕业文凭，基本掌握心脏康复技能，熟练掌握各专业技术操作及咨询。

5. **心理医师**　具有医师资格证书以及中级以上职称，有中西医结合或中医培训、教育背景，基本掌握心脏康复技能，熟练掌握心血管患者合并心理疾病的诊疗及处理。具备制订中西医结合心理处方的能力。

6. **心脏康复10项核心技能**

1)心血管功能和风险评估；
2)营养评估和咨询；
3)体重管理；
4)高血压的中西医结合治疗原则；
5)高血脂的中西医结合治疗原则；
6)糖尿病的中西医结合治疗原则；
7)戒烟评估和咨询；
8)心理评估和干预；
9)体力活动咨询；
10)运动训练。

三、中西医结合心脏康复中心(初级)建设

1. 康复中心设置

(1)门诊：有康复门诊室、功能评估室、健康教育室。

（2）病房：不设康复病房，需要住院康复的患者收治入老年护理床位、家庭病床等开展相关康复服务。

（3）人员：至少配备 1 名心脏康复医师和 1 名康复治疗师（士）、1 名护士（师），中医治疗师、心理师、营养师、药剂师可兼职。

（4）医疗用房：可无，或心脏康复场地不小于 20 平方米。

2. 康复设备要求

（1）健康教育相关：具有健康教育相关的幻灯、材料、模拟器材，如食品图谱、病理生理图片等。

（2）功能测评工具：中医证候评估、体重计、握力计、量尺、秒表、心电图机、日常生活能力评定量表、生活方式量表、SF-12 或 SF-36 生活质量量表、心理量表、营养膳食结构测评量表、烟草依赖度量表等。

（3）心脏康复区急救设备：①心脏电除颤仪；②血压计；③抢救车（肾上腺素、硝酸甘油、多巴胺、阿托品等）；④供氧设施；⑤心电图机；⑥心率表；⑦医疗级运动康复远程心电监护设备。

（4）运动疗法常用设备：训练用瑜伽垫、脚踏板、哑铃、沙袋、弹力带等。

3. 康复治疗范围　能够开展中西医结合院内Ⅰ期康复、院外Ⅱ期康复和家庭康复治疗。

四、中西医结合心脏康复中心（中级）建设

1. 康复中心设置

（1）门诊：设有康复门诊室（兼功能评估室）、康复治疗室（含中医治疗室）、咨询室（用于心理、营养及行为干预）、健康教育室。

（2）病房：可不设康复病房，需要住院康复的患者可收入内、外科病房共同管理，或收治入老年护理床位、家庭病床等开展相关康复服务，病房可开展心血管疾病常用的中医治疗技术。

（3）人员：至少配备 1 名心脏康复医师和 1 至 2 名康复治疗师（士）（含 1 名中医康复治疗师）、1 名护士（师），心理师和营养师可兼任。

（4）医疗用房：康复用房建筑面积不少于 30 平方米。

2. 康复设备要求

（1）健康教育相关：具有健康教育相关的幻灯、材料、模拟器材，如食品图谱、病理生理图片等工具。

（2）功能测评工具：中医证候评估、运动试验（平板或踏车）、握力计、体重计、量尺、秒表、日常生活能力评定量表、生活方式量表、SF-36 生活质量量表、心理量表、营养膳食结构测评量表、烟草依赖度量表等。

（3）心脏康复区急救设备：①心脏电除颤仪；②血压计；③抢救车（肾上腺素、硝酸甘油、多巴胺、阿托品等）；④供氧设施；⑤心电图机。

（4）运动疗法常用设备：运动设备包括训练用医疗级功率自行车或跑步机（2 台）、脚踏板、训练用瑜伽垫、训练用平衡球、沙袋、哑铃、弹力带等。运动监测设备包括心率表、运动心电监护仪或无创动态血流动力学监测设备、医疗级运动康复远程心电监护设备。

3. **心脏康复治疗范围**　能够开展中西医结合院内Ⅰ期康复、院外Ⅱ期康复和家庭康复治疗。

五、中西医结合心脏康复中心(高级)建设

1. **康复中心设置**

(1)临床科室：设有康复门诊室(兼功能评估室)、康复治疗室(包括运动疗法室)、理疗室、咨询室(用于心理咨询、营养指导、戒烟指导)、中医治疗室、健康教育室等。

(2)病房：设心脏康复病房，能够开展相关心脏康复服务，病房床位数不少于8张。可开展多项心血管疾病中医治疗项目。

(3)人员：配备至少2名心脏康复医师，2名康复治疗师(士)(含1名以上中医康复治疗师)、1名护士(师)，1名心理师和1名营养师。

(4)医疗用房：康复用房建筑面积不少于100平方米。

2. **康复设备要求**

(1)健康教育相关：具有健康教育相关的幻灯、材料、模拟器材，如食品图谱、病理生理图片等。

(2)必要的器材和设备

1)功能测评：中医证候评估、心肺运动试验(平板或踏车)、肌力测评器械、体重计、量尺、秒表、日常生活能力评定量表、生活方式量表、SF-36生活质量量表、心理量表、营养膳食结构测评量表、烟草依赖度量表、呼吸睡眠监测设备、院外运动康复监测设备、心率表、体脂测定仪、身体成分分析仪。

2)心脏康复区急救设备：①医院心内外科具备急诊PCI和急诊CABG能力或者保证能在60分钟内到达有急诊PCI和急诊CABG能力的医院；②心脏电除颤仪；③血压计；④抢救车(肾上腺素、硝酸甘油、多巴胺、阿托品等)；⑤供氧设施；⑥心电图机。

3)运动疗法常用设备：运动设备包括训练用医疗级功率自行车和跑步机(8~10台)、医疗级上肢和下肢肌力训练设备或医用多功能训练器、医用平衡测定训练仪、脚踏板、训练用瑜伽垫、训练用平衡球、沙袋、哑铃、弹力带等。运动监测设备包括心率表、运动心电监护仪或无创动态血流动力学监测设备、医疗级运动康复远程心电监护设备、院内运动软件管理系统。

3. **康复治疗范围**

(1)能够开展中西医结合院内Ⅰ期康复、院外Ⅱ期康复和家庭康复治疗。

(2)能够指导下级医院开展中西医结合心脏康复或接受转诊。

(3)能够开展中西医结合心脏康复相关研究。

六、安全和质量保证

1. 心脏康复医师保证在医院内，有心血管急性事件发生能立即到现场组织抢救。

2. 准备心脏急救应急预案。所有参加心脏康复的医务人员需定期接受心脏急救训练，以及定期参与病例讨论。

3. 心脏康复医师制订个体化心脏康复治疗方案，每30天重新评估并重新制订康复方案。康复运动治疗师执行运动处方并记录(包括实施时间、训练内容、监测指标)，和医师运

动处方记录统一保管，供复核和审查。

4. 要求每一个心脏康复中心有心脏康复数据库，根据中西医结合心脏康复 5 大处方内容收集心脏康复过程中相关数据，评估每一位患者的康复效果。以便定期分析康复数据并提出改进方案。

5. 制定科室管理各项规章制度、各级人员岗位职责制度、病员须知告知制度、仪器维修保养制度、消毒隔离制度等，有卫生部门认可的仪器操作常规、心脏康复诊疗常规等。

（丁荣晶　姜红岩）

第十四章 中西医结合心脏康复中心管理模式

心脏康复的理念从20世纪80年代前以患者运动训练为核心，演化为康复与二级预防相结合、"防治康"一体化的综合模式。当代心脏康复涉及多学科、多专业的协同与合作，是包括心内科医师、康复医师、护士、营养师、心理治疗师等多领域专业人员的团队服务，并在此基础上形成了规范的心脏康复模式和康复中心建设标准。

第一节 中西医结合心脏康复单元模式

一、心脏康复单元

心脏康复单元（cardiac rehabilitation unit）概念的产生源于对"脑卒中单元（stroke unit，SU）"效果的思考。脑卒中同样是危害人类健康的主要疾病之一，中国是脑卒中高发的国家，给患者、家属和社会带来了沉重的经济和精神负担。2000年初《英国医学杂志》发表了应用循证医学评价手段对脑血管病治疗方法重新评价的结果，有效的治疗手段依次是脑卒中单元、溶栓治疗、阿司匹林和抗凝治疗。说明治疗卒中最有效的手段不是一种具体药物而是一个管理系统，即脑卒中单元。

脑卒中单元并不等于药物治疗加康复治疗，它是一种整合医疗（integrated care）或组织化医疗（organized care）的特殊类型。随机试验研究和大宗临床分析表明，与普通病房相比，脑卒中单元治疗的患者近期和远期病死率降低、住院时间缩短、出院比例提高，治疗效果优于普通病房；经济效益高于普通病房，与ICU相比，住院时间差异无统计学意义，但经济花费和预后方面，脑卒中单元明显优于ICU。

在脑卒中单元中医院专门为卒中患者提供特殊病区床位，由临床医师、护士、康复师、理疗师和志愿者共同形成的多专业小组负责。对脑卒中患者实施高效、科学、规范的医疗管理诊疗模式。目的是给脑卒中患者提供标准的诊断、治疗、理疗、肢体功能恢复、健康宣教、语言锻炼、心理干预和专业监护。中西医结合脑卒中单元，是在现代脑卒中单元的基础上，将中医的辨证施治和整体观念以及针灸、推拿、调节情志等措施融合在一起，为脑卒中患者提供中西医结合的药物治疗、康复治疗、健康教育等综合措施，以降低死亡率、致残率，提高生活质量，缩短住院时间，降低住院费用，提高患者的满意度。

脑卒中单元提升疗效的原因可以概括为标准规范化的诊断、治疗、培训和初期康复治疗相结合。脑卒中单元强调以患者为中心、多学科参与的合作医疗计划。在强调整体配合的同时，注重个体化、分阶段、动态性及最优化，目的是给患者提供最佳医疗服务。即针对不同患者、针对发病的不同阶段及动态变化过程中的实质问题和突出矛盾，给予最佳干预措施。因此，世界各国的脑卒中防治规范中均强调，在条件许可的前提下，脑卒中患者应当在专业的脑卒中单元中接受治疗。

借鉴"脑卒中单元"模式，提出"心脏康复单元"的心血管疾病患者服务模式。心脏康复单元由一个团队负责心血管疾病患者的治疗和康复，通过多学科的密切合作，使心血管疾病患者在不同阶段得到最充分合理的治疗和干预，并得到及时的康复和二级预防，以降低死亡率、致残率，减少并发症，提高生活质量。

心脏康复单元为心血管患者提供运动处方、药物治疗、营养康复、心理康复和健康教育等措施，改善心血管疾病患者生活质量和预后。心脏康复单元是一种先进的心血管疾病健康管理模式。按照收治患者的病程和康复阶段，可以把广义心脏康复单元分为以下三种基本类型：

(1) 急性心脏康复单元：收治急性期的心血管疾病患者，通常发病急、病情危重，在这种单元中强调监护功能和早期的康复干预，比如 CCU 康复单元、ICU 康复单元。

(2) 内科心脏康复单元：侧重于大部分病情稳定或较轻的心血管疾病患者的康复，可在住院时间内完成持续性、整体化的康复干预。

(3) 移动心脏康复单元：也称移动康复小组，没有固定的病房和护理队伍，由一个多学科组成的心脏康复治疗小组进行查房和制订心脏康复医疗方案，或可以称为心脏康复小组。

心脏康复单元是一种管理模式，不是治疗方法。其特征有：①融合于心内科病房（或 ICU/CCU 监护病房），专门针对心血管疾病患者住院期间的康复进行管理；②是一种多元医疗模式，是医疗、护理、康复、营养等多学科的密切合作；③核心工作人员包括临床医师、专业护士、康复师、心理治疗师、营养师等；④由工作人员共同组成的多学科医疗队，针对每一位患者从不同角度制订康复诊疗方案；⑤心脏康复单元体现了以人为本及对患者的人文关怀，它把患者患病后整体的功能预后以及患者和家属的满意度作为重要的临床目标，而不像传统的病房强调单纯介入治疗或者药物干预。

心脏康复单元特别关注心血管疾病患者早期康复和社会康复，早期康复介入能有效降低与急性期卧床有关的并发症；心脏康复单元密切关注患者的排痰、咳嗽、心肺功能恢复及心理问题，强调家人和患者共同参与，有利于医患沟通，提高患者及其家属的满意度，有利于患者适应社会和家庭生活，尽可能减少心血管疾病急性期并发症。心脏康复单元的成败很大程度上影响了患者生活质量与疾病的预后状况。

二、中西医结合心脏康复单元

2016 年国务院颁布了《中医药发展战略规划纲要（2016—2030）》，中医药在未来国民健康中的发展地位被提高到了一个前所未有的高度。关于心脏康复的发展模式，我国中西医结合领军人物陈可冀院士提出："重视中医，是重视心脏康复的开端"。自古以来中医理论最核心的"整体观念"和"辨证论治"，与西方医学康复理念"从治病到治人"及"个性化心脏康复处方"的理论完美契合。随着国民康复体系建设被逐渐提高到一个新的高度，心脏康复事业发展的必要性和迫切性深入人心，发挥中医药在心脏康复上的优势，无疑将为我国心脏康复事业的发展起到“1+1>2”的推动作用。结合现代心脏康复的“五大处方”，中西医结合心脏康复模式需要将中医药的有效措施有证据、有目的地融入到整个心脏康复诊疗体系中去，形成中西医结合心脏康复单元模式，如此才能给我国患者提供整体化、个性化的中西医结合心脏康复方案。

中西医结合心脏康复单元特点：中西医结合心脏康复单元是以患者为核心构建的单元，不同于传统的以医务人员为核心构建的单元。以患者为核心，配备心脏康复师、心脏疾病专科医师、营养师、心理治疗师、中医治疗师，同时还有外围人员如家属、同事、朋友等构建团体。这种心脏康复单元的最大优点是可操作性强，机动灵活，不受设备、场地限制，如病情重时可在三级医院心内专科医师指导下进行系统的心脏康复，患者病情转轻可在居住地社区医院继续进行心脏康复，如病情长期缓解稳定可在家人、同事、朋友的帮助下于家中、单位、公园等处进行心脏康复训练，场地可大可小，因地制宜。

（王彦辉　姜红岩）

第二节　心脏康复中心的智慧化管理

心脏康复是心血管疾病治疗的重要手段，对预后具有重要价值，但有适应证的心血管疾病患者心脏康复参与率低、依从性差是目前面临的一个难题。随着“互联网+”在社会各个领域的深入和渗透，医疗“互联网+”成为行业发展的大趋势。大数据、移动医疗、云计算等新技术应用日新月异，智慧医疗进入医院、家庭，从虚拟概念到触手可及。将“心脏康复”与“互联网+”智慧医疗相结合，形成新的“智慧化心脏康复中心”模式，有利于提高心脏康复中心的管理水平，提高患者心脏康复参与率和依从性。

建设“智慧化心脏康复中心”，实现心脏康复中心管理模式的升级，宜从“电子健康服务系统”建设入手，根据实际情况完善以下中心建设。

一、图像信息处理和会诊中心

基于物联网、移动互联网和云计算等现代信息技术，建立急救云平台。将发病现场，如网络医院或者救护车上患者的生命体征和图像信息实时回传监控中心，实现多方信息实时共享、快速反应、协同救治，提高救治成功率。疑难图像结果信息传至中心，邀请专家会诊，共同决策。

对诊断或治疗有困难的疑难病例，心脏康复小组提请会诊中心进行多学科院外专家远程会诊。

二、建立智慧管理与随访系统

建立智慧型中西医结合心脏康复电子服务系统，为每位患者建立电子档案，纳入心脏康复云系统，存储患者治疗的全程信息，包括心脏康复评估、心脏康复过程信息。定期随访，及时更新信息。工作人员综合各项反馈信息，有针对性地修正患者心脏康复处方。

三、建立家庭远程监测系统

利用家庭穿戴设备，患者家中心电图、血压、血糖、脉氧、体温等信息，连同自我感觉情况，通过手机客户端，实时反馈至服务中心，中心人员分析各项指标，必要时将信息传至相关专家客户端，为患者提供专业指导意见。

服务中心不仅随时获得患者运动时的监测数据，解决临床医师和患者因空间和时间的限制无法保证实时监测的困难，还可通过设置风险预警功能和康复指导模块，保证患者康复的有效性和安全性。服务中心同时具有服药提醒、危险因素评估、营养评估、心理状态评估的软件系统，可实现对患者的全方位全程管理。

（姜红岩　王彦辉）

第三节　家庭和远程心脏康复的管控

一、家庭心脏康复

为提高心脏康复参与率和依从性，国内外学者在心脏康复模式方面进行了一些创新性尝试，一种潜在的可行方法是替代性就近或家庭心脏康复（home-based cardiac rehabilitation，HBCR），可以在多种预设环境中执行，包括家庭或其他非临床设置，如社区医疗中心、健身中心和公园景点。在理念上，HBCR有助于克服心脏康复中心模式（center-based cardiac rehabilitation，CBCR）方案可能面临的一些阻碍，包括地理远近、交通、后勤和其他心脏康复服务相关的阻碍。患者不能够参加CBCR时，尽管CBCR工作人员常建议就近或在家执行运动训练，但“无监护”HBCR方案仍处于起步阶段。《欧洲心血管疾病预防指南》指出，“有和无远程监控的就近家庭心脏康复有望增加心脏康复参与度并支持行为改变。”此外，心脏康复Cochrane协作组织（国际化的医疗研究评价组织）对CBCR和HBCR试验的随机研究进行了综述，得出如下结论：有低到中等强度的证据表明，在近期心肌梗死或冠状动脉血运重建患者中，HBCR和CBCR对于生活质量和成本具有相似获益。

二、基于家庭的远程心脏康复

现代通信技术能够让患者方便快捷地接收、储存、传输和处理健康相关信息。基于家庭的远程心脏康复（home-based telemonitored cardiacrehabilitation，HTCR）或许能解决阻碍患者参与门诊康复的大部分因素，成为传统心脏康复的替代方案，以提高心脏康复依从性。

远程心脏康复是医务人员通过网络系统向患者发送个性化康复方案，患者根据康复方案进行康复锻炼，并将自身运动情况远程发送到相应程序上，医务人员根据获得的数据信息对患者状况进行解释，并对康复方案进行调整。当前阶段，HTCR采用的媒介形式主要包括云平台、网络视频教育、短信沟通、电子邮件等。

多项研究已表明，患者对远程康复方案的依从性高于传统康复。随机对照研究显示HTCR和传统康复相比，患者运动能力和生活质量在规律康复后都会有所提高。

三、中西医结合心脏康复的远程管控

中西医结合心脏康复的远程管控是应用遥控技术、穿戴式设备和互联网技术，形成优化的、程序标准化的康复管理系统。

在西医康复评估基础上，康复管控系统融入中医辨证、体质测评、传统运动方式、中医特色疗法、辨证膳食等，利用互联网技术通过远程和移动端来评估、管理和监控患者康复状态的管控系统。管控系统包括评估系统、康复方案、远程实时监控系统三部分，可无缝对接硬件设备的端口，将不同阶段的康复数据对比，全面综合分析报告，并根据不同患者不同情况制订个体化康复方案和康复指导意见，实时对患者进行远程管控。

复合评估：功能评估包括康复前、出院前的康复评估和康复运动过程中的检测，评估项目包括冠心病危险因素调查表、危险程度分级、中医体质测评、中医辨证、心肺运动试验及各项评估量表等，通过输入参数，自动分析得出结论。

康复方案制订：根据个体化的心肺运动负荷试验结果，参照心脏运动康复危险分层标准，进行心脏康复危险分层，并明确缺血或无氧阈负荷，制订运动处方，选择气功、五禽戏、太极拳、八段锦和健心康复操等中医传统运动，并按时、按量提醒康复训练，对每一次的训练提供心率 - 运动反应分析报告，为优化运动处方提供依据。中医特色疗法主要进行心脏疾病药物外敷、中频治疗、离子导入、平衡火罐、穴位贴敷（热奄包、耳穴）、浴足疗法、鼻息疗法、体外反搏疗法等十几种特色疗法。根据心血管营养指数、中医辨证施膳、心血管营养处方及心功能情况，制订具体的饮食处方或食谱、教育程序、心理调整处方等，进行康复教育和心理康复。依据辨证，实施五音疗法，并提供优化药物治疗处方。

远程实时监控：通过智能穿戴式设备获取患者的代谢当量、卡路里、心率和心电，监控图像，并能自动生成图表，作为参考数据使医师一目了然，同时可查阅硬件设备的相关信息。另外，当患者有异常情况时，该装置可以报警。可穿戴设备将很好地弥合过去医务人员和患者之间沟通不足的问题。

管控系统融合中西医心脏康复技术，使评估、康复方案、监测一体化，评估复合定量化，训练可视化、趣味化，管理智能化。随着虚拟现实（virtual reality，VR）和增强现实（augment reality，AR）的发展，康复运动趣味性、依从性得到进一步提升，患者参与度快速提高，为心脏康复提供更好的机遇和发展空间。

（姜红岩　王彦辉）

第四节　“智慧化”中西医结合心脏康复单元实施

一、中西医结合心脏康复单元工作模式

1. **人员组成**　设心脏康复中心主任和 / 或中西医结合学术带头人。设立专家委员会，由中西医结合心脏康复专家组成，为工作开展提供技术指导。

主要人员：中西医结合心血管内科、外科、康复、营养、心理、运动、中医治疗师、临床药

师、护士、社会工作者及管理人员。

参与人员：急诊科、ICU、CCU、胸痛中心、内分泌科、呼吸科、康复科等医师参与的多学科功能整合团队。

设总协调人、秘书长、副秘书长、秘书。

2. **人员要求**　规范化培训，要对所有成员进行专业技能培训，掌握心血管疾病康复内容，熟悉小组工作模式和流程，形成工作能力强、富有责任心的团队。

3. **组织构建**　建立中西医结合心脏康复单元学术委员会，由主管副院长、医务部领导以及心血管内外科、心脏康复中心、康复科、营养科、心理科、急诊科、内分泌科、呼吸科、信息科等十余个科室主任组成。

中西医结合心脏康复单元是委员会领导下的总监负责制。委员会下设行政总监、技术总监与协调员，主要负责对医疗质量进行定期评议，提出持续改进意见，制订规划和提出发展建议。建立专责小组，主要包括胸痛中心、外科手术、门诊康复、会诊、培训、随访管理、外联、信息技术和协调组等，体现专项管理、专人负责的特点(图 14-1)。

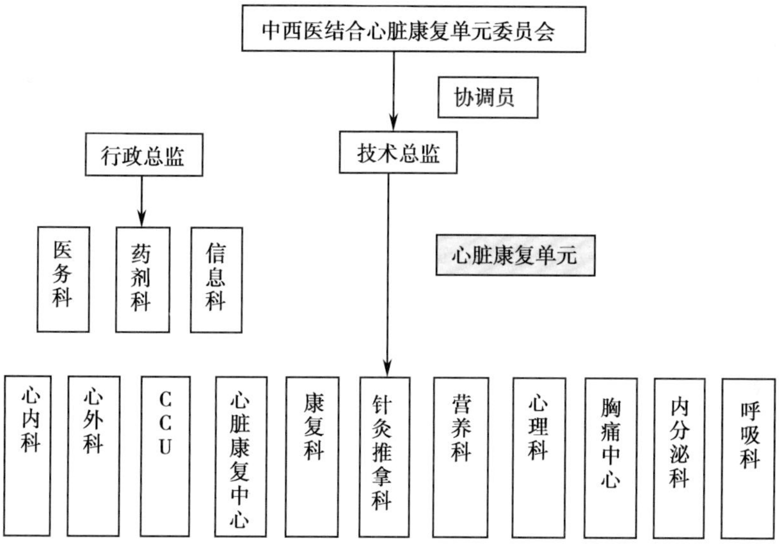

图 14-1　中西医结合心脏康复单元组织结构图

康复中心包含主要科室：健康管理(中医治未病)中心、心血管内科、内分泌科、呼吸内科、肾内科、重症医学科、心肺运动评估室、康复运动治疗室、中医传统非药物治疗室、双心评估与治疗室(戒烟管理、睡眠管理)、营养评估指导室、心血管功能检查室、心脏康复门诊、检验科、信息管理中心、宣传科、药剂科、客户服务中心等。

康复中心开展医疗、康复、预防、科研、教学等工作，提供心脏康复治疗、专科门诊、专家门诊、中医传统非药物治疗、疾病管理和咨询、养生保健、专科病房等中西医结合医疗服务，以心脏康复为学科核心工作，同时开展肺脏、肾脏康复。

4. **场地及设备**　场地包括心血管内科、外科病房、心脏重症监护病房、导管室、心脏康复中心、随访管理中心。

心脏康复必备设备：

(1)评估设备：运动负荷心电图或运动心肺仪。

(2)监护设备：遥测运动心电监护系统，要求有一定的抗运动干扰能力。

(3)运动训练设备：固定踏车、跑步机等有氧训练设备和上肢力量训练器、下肢力量训练器、核心肌群力量训练器等阻抗训练设备，如果场地有限，可以用弹力带或弹力管代替阻抗训练设备。

(4)常规抢救设备：除颤仪、配备常规急救药物的抢救车及输液设施等。

5. **工作模式**　团队工作方式是心脏康复医学的基本工作方式，小组成员有机结合，在统一领导下积极协同工作，相辅相成。以患者为中心，依托现代科技技术、设备，以改善患者症状和预后、提高患者的生活质量为目的，在多专业合作下，为患者提供智慧服务。

兼顾心血管疾病高危人群和确诊心血管疾病患者，提供一级预防、二级预防服务，通过完备的随访、管理系统，对患者进行“防、治、管”全程关爱。要实现团队管理、智慧服务、全程关爱的“4S 店”模式。

(1)分工：心脏内科门诊、病房负责药物处方制订、调整。心肺运动评估室负责评估及运动处方制订。康复运动治疗室负责运动处方执行。双心评估与治疗室负责心理处方、戒烟管理、睡眠管理。营养评估指导室负责营养指导。心脏康复门诊负责患者就诊、预约、建立档案、随访管理。健康管理(中医治未病)中心负责心血管疾病高危患者筛查、管理、随访。中医传统非药物治疗室负责中医传统非药物治疗。心血管功能检查室负责心脏超声、血管检查、冠状动脉计算机断层扫描等。客户服务中心负责健康档案管理、随访、智慧管理系统、电子医疗。

(2)诊疗、康复方案的确定：心血管疾病患者从急诊、门诊转诊住院后，或胸痛中心介入手术后，由“心脏康复单元”进行诊治。完善检查后，由心内科、介入医师、心外科共同会诊讨论诊断、治疗方案。心脏康复师、营养师、心理医师、中医治疗师等共同讨论患者的康复治疗计划，包括合理营养配备、心理支持等。

出院后进入门诊康复期，由心脏康复单元门诊组跟踪治疗，共同讨论给予药物、运动、营养、心理等综合中西医结合治疗或指导。

门诊康复期结束后，进入社区或家庭康复期，由“中西医结合心脏康复随访管理”团队负责患者的康复管理和随访。

(3)心脏康复综合管理方案

1)常规方案：心脏康复小组提供评估和心血管疾病治疗、运动训练、营养和心理评估的一系列完整、规范化的心脏康复内容，从心肺运动储备功能的评价和运动处方的制订，到运动处方具体方案的落实、运动治疗过程的监管，从营养、心理的评估到干预方案的制订，均以患者为核心，注重合理膳食，戒烟限酒，控制体重，控制血压，调节血脂，控制血糖，管理情绪和睡眠，建立随访系统，对心血管疾病患者进行长期跟踪观察。

2)中医运动处方：结合中医太极拳、八段锦等养生运动方法，在运动医学专业老师指导下，对每个纳入研究的患者均予以中医心脏康复操治疗。根据患者不同状态，可进行轮椅/坐式心脏康复操和站式心脏康复操。

3)中药调理方案：对每个患者均予以中药辨证处方。

二、中西医结合心脏康复单元工作内容

1. **三级连续性心脏康复模式**　三级综合医院(可行 PCI、CABG 的医院)与社区医院紧

密合作，对心脏疾病患者进行完整、系统的三期康复，并通过网络化信息技术手段，构建基于电子健康服务技术的中西医结合心脏康复三级医疗体系［三级医院、康复中心、社区医院（家庭）］模式。

（1）院前急救和门急诊接诊：与社会急救系统协作，快速反应，协同救治，对于明确诊断心血管疾病患者，转诊至中西医结合心脏康复单元，由心脏康复小组进行诊治。

（2）住院期治疗和Ⅰ期康复：患者住院后，由心脏康复小组负责接诊，小组成员共同讨论确定治疗方案和干预计划。

（3）门诊康复（Ⅱ期康复）：患者出院后进入门诊康复期即院外早期康复，由门诊心脏康复小组继续跟踪治疗，给予药物、运动、营养、心理等综合中西医结合治疗或指导。

（4）院外长期康复（Ⅲ期康复）：门诊心脏康复治疗结束后，患者进入第Ⅲ期康复。患者可选择在社区医院或家庭进行长期康复。由"中西医结合心脏康复随访管理"团队负责患者的康复管理和随访。

2. 智慧管理与随访系统　对接医院 HIS 系统，为每位患者建立电子档案，纳入心脏康复云系统，存储患者心脏康复治疗的全程信息，包括康复前的评估指标、院内康复过程中的动态指标、出院后通过先进的穿戴式监测设备（如智能腕带、智能手表等）记录的指标。根据患者病情和所处康复期，系统会定期自动提示管理人员对患者进行随访，及时更新患者身体状况信息。心脏康复中心工作人员综合各项反馈信息，有针对性地修正患者心脏康复处方。

3. 家庭远程监测系统　依托现代科学技术发展，利用现代化家庭穿戴设备，患者家中心电图、血压、血糖、脉氧、体温等各项生命体征信息，连同自我感觉信息，通过手机患者客户端，实时反馈至我院客户服务中心，服务中心 24 小时医学专业值班人员初步分析各项指标，必要时将信息传至相关专家客户端，为患者提供专业指导意见，包括紧急情况处理方法。

客户服务中心是联系患者与医学专家、药学专家的枢纽。患者可编辑病情信息或用药咨询信息，并通过手机客户端上传至云端，服务中心可自动或按患者需求将信息传至专家端，相关专家经过分析将相关指导反馈至患者。

4. 随访、管理团队建设和机制　实现科学、有效、全程关爱的患者管理模式，需要专业、细致、细心、耐心的随访团队做后盾，需要完善、健全的随访、管理机制做保障。随访团队成员受心脏康复中心的统一领导，专人负责，保证完成随访任务，及时更新、整理被随访者信息。对患者反馈的信息要跟踪处理结果，分析患者意见，不断改进、提升服务质量。

三、制度建设

进行医疗流程优化和质量持续改进，逐步完善中西医结合心脏康复单元的管理制度。

例会制度（质量分析会制度、典型病例分析会制度）：心脏康复小组成员参与，主要对中西医结合心脏康复单元医疗质量进行定期评议，提出持续改进意见，制订规划和提出发展建议。

设立会诊制度、数据质量控制制度、值班及远程会诊制度等。

四、心脏康复中心就诊流程

通过心脏康复中心建设，建立"防、治、管"全程关爱的中西医结合心脏康复连续性医疗服务模式。

(1)未病先防：对于非心血管疾病患者，纳入高危心血管人群健康管理流程。流程如下：

1)筛查、评估：通过健康专项体检，由“治未病中心”完成心血管疾病风险评估，筛查出心血管疾病高危人群，建立个人信息档案。将信息转至心脏康复门诊，心脏康复专家综合评估。

2)干预：心脏康复专家制订干预计划，综合进行健康教育、生活起居、情志调摄、饮食、运动、药物指导，请相关门诊会诊。会诊结束后将会诊意见入个人档案并交至信息中心保存。可提供会诊的门诊和科室有中医健康调养门诊(体质辨识、中药调理、药膳)、中医传统非药物治疗室、心内科门诊(中医、西医)、心脏康复门诊(普通门诊、专家门诊)、内分泌门诊、肾内科门诊、营养门诊、情志调摄门诊，要求使患者可控心血管疾病危险因素达标。

心肺功能评估：①登记个人信息，完成戒烟、心理量表筛查，根据结果必要时请相关专科会诊；②心肺功能评估，制订运动处方；③根据患者意愿进行院内、社区、家庭心脏康复治疗。

3)院外随访：监测各项危险因素，及时反馈信息至信息中心，对未达标情况予以纠正，及早发现心血管疾病，提供合理治疗建议。

4)定期评估：心脏康复门诊定期复诊，复查指标，重新进行体质辨识、评估心肺功能，修订干预方式。

(2)既病防变：对于已经确诊心血管疾病患者，纳入规范化治疗流程。

1)院前急救和门急诊接诊：与社会急救系统进行沟通协作，院前急救人员将发病现场或者救护车上患者生命体征和图像信息实时传至图像信息处理中心，信息实时共享，评估患者病情，快速反应，协同救治，实现“患者未到，信息先到，快速诊断，及时治疗”的目的。

患者就诊门诊或急诊后，进行评估和紧急处理；根据症状、心电图和心肌生化标志物、超声心动图等信息，做出初步诊断，基本明确诊断心血管疾病患者，转诊至中西医结合心脏康复单元，由心脏康复小组进行诊治。

2)住院期治疗和Ⅰ期康复：患者住院后，由心脏康复小组指定人员负责接诊。进一步完善检查，包括常规检查、冠状动脉计算机断层扫描、冠状动脉造影等检查。

由心脏康复小组成员(心内科、介入医师、心外科)共同讨论确定治疗方案：药物治疗、介入治疗、外科手术治疗及其他治疗，包括抗凝、抗血小板聚集、抗心律失常及内科危重并发症处理等。明确危险因素情况，制订干预计划。

康复理疗师参与患者的治疗计划：患者脱离急性危险期，病情处于稳定状态，开始运动康复。运动康复宜循序渐进，从被动运动开始，逐步过渡到半卧位、坐位双脚悬吊在床边、床旁站立、床旁行走、病室内步行以及上1层楼梯或固定踏车训练。患者运动康复和恢复日常活动的指导必须在心电和血压监护下进行。

给予合理的营养配备，心理医师积极提供心理支持，营造患者主动接受治疗的医疗环境。对患者进行教育，让患者了解心血管疾病相关知识，避免不必要的紧张和焦虑，控制危险因素，提高患者依从性，同时对患者家属进行教育。重点是生存教育和戒烟。

出院计划：给予出院后日常生活及运动康复指导；评估出院前的功能状态，根据病情行运动负荷试验或6MWT，客观评估患者运动能力，为参加院外早期心脏康复计划(Ⅱ期康复)做准备。

(3)病愈防复：对于心血管疾病恢复期患者，纳入规范化中西医结合心脏康复治疗流程。

Ⅰ.康复前病情评估(对患者在康复过程中再次发生严重心血管事件的危险程度进行评估与危险分层,掌握总体健康状况和生活质量):患者就诊心脏康复门诊,建立个人信息档案,通过望闻问切、体格检查、设备检查(心电图、超声、运动平板等)、化验检查等,完善个人档案,完成康复前病情评估。

Ⅱ.心脏康复治疗与二级预防

1)运动处方:心脏康复门诊医师开具心肺功能评估医嘱,护士预约时间并通知患者。患者按约定时间携带个人信息档案和预约单至心肺运动评估室就诊。

心肺功能评估:①登记个人信息,完成戒烟、心理量表筛查,根据结果必要时请相关专科会诊;②心肺功能评估,制订运动处方;③根据患者意愿进行院内、社区、家庭心脏康复治疗。

院内运动康复治疗:将患者纳入心脏康复云系统,运动指导师根据运动处方,科学选择运动方式,在心内科医师、护士监护下完成运动康复治疗。

2)循证用药指导:心脏康复门诊医师、心内科门诊医师根据患者情况,完善相关检查后,根据指南,参考检查结果,合理选择具有循证证据的药物(包括干预可控制危险因素药物,如治疗高血压、糖尿病等药物)。

3)中医中药干预:心脏康复门诊医师开具中医健康调养门诊的会诊医嘱,护士预约就诊时间。患者按约定时间携带个人信息档案和预约单至中医养生门诊就诊。门诊医师通过中医辨证施治,合理选用中药治疗。填写会诊意见。患者将带有会诊意见的个人档案交至康复门诊。

4)中医传统非药物治疗:心脏康复门诊医师对适宜患者开具中医心脏康复非药物治疗医嘱,由心脏康复门诊护士预约就诊时间。患者按约定时间携带个人信息档案和预约单至中医心脏康复非药物治疗中心进行治疗。由治疗医师填写会诊意见,并预约下一次治疗时间。患者将带有会诊意见的个人档案交至康复门诊。

5)生活方式的干预:心脏康复门诊医师根据筛查量表结果,开具戒烟门诊、心理门诊、睡眠管理门诊或营养门诊医嘱。护士预约就诊时间。患者按约定时间携带个人信息档案和预约单至相应门诊进行咨询或治疗。由治疗医师填写会诊意见。患者将带有会诊意见的个人档案交至康复门诊。

6)心理干预:心脏康复门诊医师定期组织一定数量的心脏康复患者,邀请心理专家以讲座的形式集中进行心理健康教育。

Ⅲ.社区医院康复:将患者评定结果、心脏康复治疗方案、预计下次评定时间等信息转至社区医院,社区医师继续应用上述心脏康复治疗手段对入组患者进行综合干预。并记录患者心脏康复进程、身体情况及各种事件情况。

Ⅳ.家庭康复:患者离开医院心脏康复中心后,为患者制订详细的心脏康复治疗方案,患者进入随访系统。

Ⅴ.随访:通过电话、网络、短信、家庭健康监测设备等,监督患者治疗依从性和多重危险因素控制情况,整合反馈信息,对未达标情况予以纠正,并定期康复门诊复诊,为复发者进行进一步治疗指导。

Ⅵ.定期评估:根据患者具体病情,定期来医院心脏康复门诊进行心血管疾病病情评估(护士通知),调整康复治疗方案。

五、技术路线

院前急救和门急诊接诊—住院期治疗和Ⅰ期康复—门诊康复（Ⅱ期康复）—院外长期康复（Ⅲ期康复），随访及远程监测（图 14-2）。

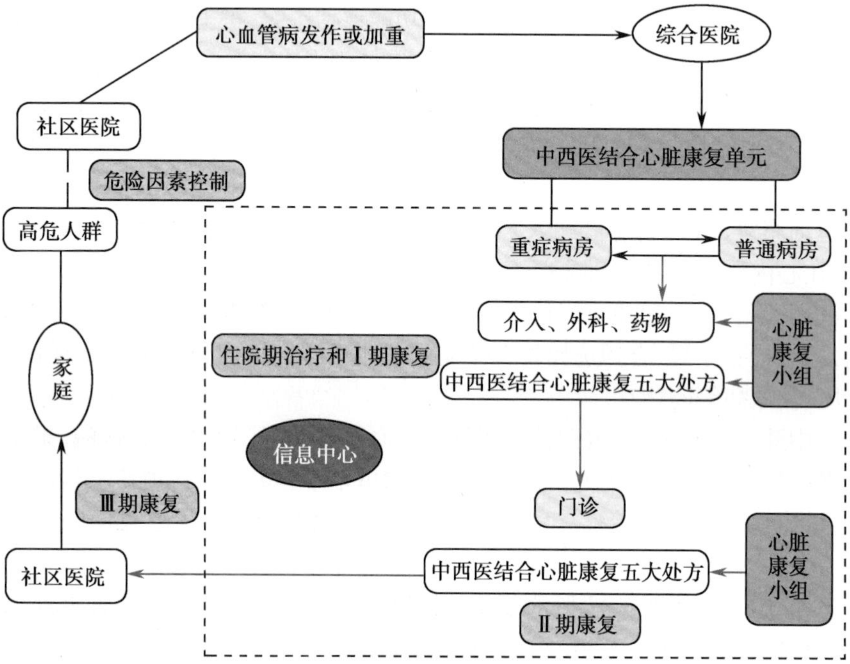

图 14-2　技术路线图

六、中西医结合心脏康复单元评价

1. **组织机构完整**　“心脏康复单元”可以是现有结构基础之上实体运作的虚拟机构，也可以是重新组建的实体机构，必须有一套相应的组织机构进行协调和管理。“心脏康复单元”须人员分工明确，责任清晰。

2. **制度完善**　健全管理制度是“心脏康复单元”建设的必备内容之一，应有实际落实管理制度的客观记录，如各类会议记录、培训计划、培训记录及照片、培训材料等。

3. **医院对“心脏康复单元”的支持与承诺**　医院书面承诺全力支持“心脏康复单元”的建设与认证，承诺分配相应人力、设备和财政资源，做好监察、考核、质量控制等工作，确保“心脏康复单元”规范化运行；授予总监和协调员的充分授权，以保证工作顺畅；医院承诺对“心脏康复单元”在优化诊疗流程改进过程中所涉及的医院各部门的工作流程、管理制度进行相应的调整，以适应优化的诊疗流程。

4. **教育与培训**　教育和培训工作是“心脏康复单元”建设的重要内容和职责之一。由于“心脏康复单元”建设所涉及的部门较多，除心血管内科、心脏外科、心脏康复、针灸理疗科、心理科、营养科、呼吸科、内分泌科等相关临床学科外，放射科、超声科、检验科等辅助科室以及医务管理等部门均与“心脏康复单元”的规范化建设与日常运作具有密切关系，必须反复宣教和培训，使“心脏康复单元”所涉及的各有关部门、人员明确自身的职责和任务，发挥各部门和人员的主观能动性，推动“心脏康复单元”工作质量的持续改进，最终达到改善患者预后的目的。因此，要针对医师、护士、患者及家属进行培训和教育。

（李瑞杰　姜红岩　王彦辉）

第五节　“中西医结合心脏康复中心”建设实践

2014 年，经北京市中医管理局组织专家论证，成立“北京市中西医结合心脏康复中心”，本节将介绍“北京市中西医结合心脏康复中心”建设的实践经验。

“北京市中西医结合心脏康复中心”融合东西方医学优势，整合多学科服务团队，以中医整体观念、辨证论治和传统的康复养生方法为指导，贯彻“未病先防、既病防变、病愈防复”的传统医学理念，对高危心血管疾病人群进行健康管理，对明确心血管疾病患者给予康复治疗（中西医结合五大处方）和管理（远程监护），既注重患者心功能训练，又注重患者气血经络内脏功能调理，更重要的是关注患者精神人文心理上的调摄，建立“防、治、管”全程关爱的中西医结合心脏康复连续性“4S 店”医疗服务模式。

一、中西医结合心脏康复中心组织结构

1. **心脏康复中心团队组成**　设置专家委员会，由全国知名中西医结合心脏康复专家组成；设总协调人、秘书长、副秘书长、秘书；心脏康复中心成员：临床、医技科室主任及心内科全体医务人员。

2. **学科构成**　主要科室包括：健康管理（中医治未病）中心、心血管内科、内分泌科、呼吸内科、肾内科、重症医学科、心肺运动评估室、康复运动治疗室、中医传统非药物治疗室、双心评估与治疗室（戒烟管理、睡眠管理）、营养评估指导室、心血管功能检查室、心脏康复门诊、检验科、信息管理中心、宣传科、药剂科、客户服务中心等。

开展医疗、康复、预防、科研、教学等工作，提供心脏康复治疗、专科门诊、专家门诊、中医传统非药物治疗、疾病管理和咨询、养生保健、专科病房等中西医结合医疗服务，以心脏康复为学科核心工作，同时开展肺脏、肾脏康复。

3. **心脏康复中心分工**

心脏内科门诊、病房：中西医结合药物处方制订、调整。

心肺运动评估室：评估及运动处方制订。

康复运动治疗室：运动处方执行。

双心评估与治疗室：心理处方、戒烟管理、睡眠管理。

营养评估指导室：营养指导。

心脏康复门诊：患者就诊、预约、建立档案、随访管理。

健康管理（中医治未病）中心：心血管疾病高危患者筛查、管理、随访。

中医传统非药物治疗室：中医传统非药物治疗。

心血管功能检查室：心脏超声、血管检查、冠状动脉计算机断层扫描等。

客户服务中心：健康档案管理、随访、智慧管理系统、电子医疗。

二、心脏康复中心的工作模式

兼顾心血管疾病高危人群和确诊心血管疾病患者，提供一级预防、二级预防服务，通过完备的随访、管理系统，对患者进行"防、治、管"全程关爱。

三、心脏康复中心的功能

1. **三级连续性心脏康复模式**　北京市中西医结合心脏康复中心与三级综合医院（可行PCI、CABG的医院）及社区医院合作，对心脏疾病患者进行完整、系统的三期康复，并通过网络化信息技术手段，构建基于电子健康服务技术的中西医结合心脏康复三级医疗体系［三级医院、康复中心、社区医院（家庭）］模式。

由三级综合医院及北京市中西医结合心脏康复中心承担Ⅰ期康复即院内康复。由北京市中西医结合心脏康复中心承担Ⅱ期康复即院外早期康复。在社区和家庭进行Ⅲ期康复。

2. **智慧管理与随访系统**　为每位患者建立电子档案，纳入心脏康复云系统，存储患者心脏康复治疗的全程信息。根据患者病情和所处康复期，系统会定期自动提示管理人员对患者进行随访，及时更新患者身体状况信息。心脏康复中心工作人员综合各项反馈信息，有针对性地修正患者心脏康复处方。

3. **家庭远程监测系统**　利用现代化家庭穿戴设备，患者家中心电图、血压、血糖、脉氧、体温等各项生命体征信息，连同自我感觉信息，通过手机患者客户端，实时反馈至我院客户服务中心，服务中心24小时医学专业值班人员初步分析各项指标，为患者提供专业指导意见。

4. **随访、管理团队建设和机制**　以心内科现有专业医务人员为基础，在心脏康复、中医、冠心病介入、心外科手术、运动医学、营养、心理、戒烟等相关专家的指导下，建设随访、管理团队和随访中心，为患者提供专业、系统、智能、长期的医学服务。

四、心脏康复中心就诊流程

1. **未病先防**　对于非心血管疾病患者，纳入高危心血管人群健康管理流程。流程如下：

（1）筛查、评估：通过健康专项体检，由"治未病中心"完成心血管疾病风险评估，筛查出心血管疾病高危人群，建立个人信息档案。将信息转至心脏康复门诊，心脏康复专家综合评估。

（2）干预：心脏康复专家制订干预计划，综合进行健康教育、生活起居、情志调摄、饮食、运动、药物指导，请相关门诊会诊。会诊结束后将会诊意见入个人档案并交至信息中心保存。

（3）院外随访：监测各项危险因素，及时反馈信息至信息中心，对未达标情况予以纠正，及早发现心血管疾病，提供合理治疗建议。

（4）定期评估：心脏康复门诊定期复诊，复查指标，重新进行体质辨识、评估心肺功能，修订干预方式。

2. **既病防变** 对于已经确诊心血管疾病患者，纳入规范化治疗流程。

(1)院前急救和门急诊接诊：与社会急救系统进行沟通协作，信息实时共享，评估患者病情，快速反应，协同救治。患者就诊门诊或急诊后，明确诊断心血管疾病患者，转诊至中西医结合心脏康复单元，由心脏康复小组进行诊治。

(2)住院期治疗和Ⅰ期康复：患者住院后，由心脏康复小组指定人员负责接诊。进一步完善检查。

由心脏康复小组共同讨论确定治疗方案；康复理疗师参与患者的治疗计划。给予合理的营养配备，心理医师积极提供心理支持，营造患者主动接受治疗的医疗环境。

出院计划：给予出院后日常生活及运动康复指导。

3. **病愈防复** 对于心血管疾病恢复期患者，纳入规范化中西医结合心脏康复治疗流程。

(1)康复前病情评估。

(2)心脏康复治疗与二级预防：①运动处方；②循证用药指导；③中医中药干预；④中医传统非药物治疗；⑤生活方式的干预；⑥心理干预。

(3)社区医院康复。

(4)家庭康复。

(5)随访。

(6)定期评估。

经过不断地建设、探索和实践，大力挖掘传统医学的康复特色，北京市中西医结合心脏康复中心开展了冠心病 PCI 术后、CABG 术后、慢性心力衰竭、高血压、高脂血症、糖尿病、肥胖、焦虑抑郁等疾病的中西医结合康复治疗工作，并对专病制订了规范化心脏康复标准化流程。在中西医结合心脏康复实践基础上，结合循证医学证据、文献、国内心脏康复专家意见及各心脏康复机构的工作情况，完成了《稳定性冠心病中西医结合心脏康复专家共识》《中医外治技术在心脏康复中应用的专家建议》，并参编《中西医结合康复心脏病学》《中国心脏康复与二级预防指南》等书籍。在科研方面，大力挖掘及研究中医康复技术在心脏康复中的应用，为中国特色的心脏康复模式的完善进行探索，进行了多项区级、市级、国家级科研项目。中西医结合心脏康复的质量控制尤为重要，北京市中西医结合心脏康复中心与国际接轨，与 MAYO clinic 合作进行心脏康复中心国际化质量控制内涵的建设。中心先后接受全国数百家医院参观学习，每年举办多次国家和市级培训班，培养全国心脏康复进修人员数百名。同时，以北京市中西医结合心脏康复中心为牵头单位成立了北京中西医结合心脏康复专科医联体以及全国中西医结合心脏康复医联体，推广中西医结合心脏康复理念及技术，极大推动了中西医结合心脏康复预防 - 治疗 - 康复 - 管理 - 随访理念及技术的落实。北京市中西医结合心脏康复中心将医院的服务范围从“有病治病”拓展到“防病、治病、养病”领域；创新健康管理模式，减少疾病发生率、降低并发症发生率和疾病复发率，帮助患者早期回归生活、回归社会、恢复工作，并减轻医疗负担，大大节约了医疗资源。

（李瑞杰 姜红岩 王彦辉）

参考文献

[1] 李厥宝, 倪朝民. 卒中单元的系统论 [J]. 医学与哲学, 2004, 25 (7): 27.
[2] 包士尧. 循证医学——循证卒中学 [J]. 临床神经病学杂志, 2001, 14 (4): 193-195.
[3] Stroke unit Triakist's Collaboration. Collaborative systematic review randomized trails of organized in patient (stroke unite) care after stroke [J]. BJM, 1997, 314 (7088): 1151-1159.
[4] INDREDAVIK B, SLRDAHL S A, BAKKE F, et al. Stroke unit treatment long term effects [J]. Stroke, 1997, 28 (10): 1861-1866.
[5] RONING O M, GUDOVG B. Stroke units versus general medical wards: neurological deficits and activities of daily living: a randomized controlled trial [J]. Stroke, 1998, 29 (3): 586-590.
[6] BRINGS D E, FELLBER R A, MALKOFF M D, et al. Should mild or moderate stroke patients be admitted to an intensive care unit [J]. Stroke, 2001, 32 (4): 871-876.
[7] 王法德, 聂俊英, 张爱梅. 创建中国特色的卒中单元 [J]. 中国中医急症, 2005, 14 (9): 880.

第十五章　中西医结合心脏康复专科医联体建设

为深化医药卫生体制改革，推进建立大医院带社区的服务模式和医疗、康复、护理有序衔接的服务体系，更好地发挥三级医院专业技术优势及带头作用，加强社区卫生机构能力建设，构建分级医疗、急慢分治、双向转诊的诊疗模式，促进分工协作，合理利用资源，方便群众就医，近年在全国范围内实施并推进区域医疗联合体系（以下简称“医联体”）建设，全面探索医联体服务模式。

推进医联体建设具有重要的现实意义。首先，医联体建设可体现以人民为中心的发展思想。加强医联体建设和发展，可强化基层医疗卫生机构，方便群众就近就医。同时，促进了医疗与预防、保健相衔接，使慢性疾病预防、治疗、管理相结合，医疗卫生与养老服务相结合，可以推动卫生与健康事业发展从“以治病为中心”向“以健康为中心”转变，逐步实现为人民群众提供全方位、全周期健康服务的目标。其次，医联体建设符合我国医疗服务体系的发展趋势。通过建设和发展医联体，可充分发挥区域内三级公立医院的牵头引领作用，引导不同级别、不同类别医疗机构建立目标明确、权责清晰的分工协作关系，可促进优质医疗资源下沉，逐步解决现有医疗服务体系布局不完善、优质医疗资源不足和配置不合理等问题，推动形成分级诊疗制度，引导群众基层首诊、就近就医。最后，医联体建设有利于优质医疗资源的上下贯通。加强社区卫生服务机构、乡镇卫生院和村卫生室等基础设施建设，让基层医疗卫生机构的“硬件”水平显著提升的同时，以医联体建设为突破口，可以逐步破除财政投入、医保支付、人事管理等方面存在的问题，吸引二级以上公立医院的技术骨干和管理人才资源下沉基层，补上基层医疗卫生机构“软件”的短板。

第一节　中西医结合心脏康复医联体建设工作方案

坚持中西医并重，以促进中医药事业发展为中心，以增进人民群众健康为目标，以优化医疗卫生资源，充分发挥中医药特色和优势，提升基层医疗卫生机构服务水平为重点，探索建立中西医结合心脏康复医联体合作模式，切实满足群众对中西医结合心脏康复服务的需求。

一、组织结构

1. **组建方式及功能定位**　中西医结合心脏康复医联体内成员可根据功能不同分为核心医院和成员医院。

核心医院由区域内已经开展心脏康复工作的三级甲等中医类医疗机构组成，其职责为：①完善和提升本机构的心脏康复中心建设，指导合作医院及成员医院的心脏康复学科建设，负责与其有效对接及辖区患者的接、转诊等管理工作；②组织制定医疗联合体内各项工作制度，完善双向转诊、对口扶持、人员带教与培训、区域信息联网、绿色通道等工作机制；③承担疑难高危患者康复，开展技术含量高的心脏康复医疗技术，承担对所有下一级医疗机构的业务指导；④做好工作信息、数据收集、汇总等其他工作；⑤具体负责一定区域的成员医院心脏康复工作。其中牵头单位负责医联体的日常工作和协调工作，牵头制定医联体工作制度和流程，牵头制定心脏康复技术相关规范和流程。

成员医院由区域内各级各类已经开展或拟开展心脏康复工作的医疗机构组成，主要为除核心医院及合作医院以外的其他中医类医疗机构、康复医疗机构和社区卫生服务机构等。其职责为：①建设本机构的心脏康复(科)中心；②开展心脏康复工作，承担常见、普通心血管疾病的康复；③积极协助核心医院开展医联体的各项工作；④主动完成本单位在医联体中承担的相应职能；⑤社区卫生服务机构还应接收核心医院下转患者的继续康复和长期管理以及慢性心血管疾病患者的健康教育等工作。

2. **管理组织**　为更好地开展中西医结合心脏康复工作，对医联体内各单位进行规范化管理，可根据区域内实际情况组成医联体管理委员会、工作委员会、心脏康复专业工作组等不同管理组织。

(1) 医联体管理委员会：由全体核心医院、成员医院主管医政工作负责人组成。职责为决策医联体重大事项、制定合作模式与管理规范、定期召开会议、进行医联体工作总结与部署。

(2) 医联体工作委员会：由全体核心医院、成员医院心脏康复(科)中心负责人组成。在医联体管理委员会的领导下，具体负责医联体日常工作和协调工作。

(3) 心脏康复专业工作组：在医联体管理委员会的领导下，在医联体工作委员会的协调下，由相关核心医院根据自身优势特长牵头成立心脏康复专业组，特色发展心脏康复医疗技术和学术等工作，不断推进医联体整体水平的发展。

二、工作目标

创建布局合理、层级优化、职责明晰、功能完善、富有效率的中西医结合心脏康复医疗服务体系。

以中西医结合心脏康复医联体为平台，以百姓健康为中心，以信息化为载体，以学科建设为主体，依托核心医院及成员医院，推广中西医结合心脏康复“4S”服务模式(高危心脏疾病筛查、心脏疾病系统化规范治疗、个体化心脏康复、长期随访服务)，提升基层心脏康复技术水平，实现区域内有序分级诊疗，为百姓提供科学、适宜、就近连续、全程和全面的健康服务。

三、工作内容

1. 打造“互联网 + 心脏康复”模式 在“互联网 +”时代背景下，充分利用互联网优势，与心脏康复理念进行深度融合，在有线、移动、微信和远程医疗系统等智慧心脏康复技术的基础上，逐渐建立“互联网 + 心脏康复”模式的心脏康复医联体，促进全程和全面智慧化中西医结合心脏康复医疗服务。

2. 建立心脏康复体系规范

(1)医联体管理规范：制定完善的医联体工作制度和流程，实现医联体内资源和信息共享，实现医联体内医疗机构的有序衔接，明确机构层级责任和双向转诊分工。

(2)学科建设规范：制定心脏康复学科建设规划，细化阶段性学科计划，明确各阶段任务和目标，形成心脏康复专业化的人才梯队和多学科协作机制。

医联体核心医院在充分调查了解成员医院医疗技术服务现状的基础上，以基层需求为导向，技术推广为手段，从安全性、有效性、规范性和适宜性出发，以常见和多发心血管疾病预防、康复实用技术为重点，科学合理选择适合基层实际的适宜技术，加强疾病预防、诊疗规范、康复保健等方面的技术推广应用，突出基层中医药特色和优势，扶持特色专科建设。

(3)心脏康复技术规范：目前，中西医结合心脏康复在我国仍处于发展阶段，心脏康复技术的使用也存在不平衡和不规范，因此，医联体应严格按照心脏康复流程规范，制定统一的技术方案，对各机构进行培训、实施并督导。同时，在现代心脏康复技术规范基础上，融入中医特色治疗元素，包括中草药、太极拳、八段锦等传统运动，以及中医针灸、推拿等外治手段，汇聚多专业优势，将国际标准康复技术与祖国传统文化有机结合，形成独具特色的医联体中西医结合心脏康复技术规范。

3. 专业技术人才支持及培养 医联体内由中西医结合心脏康复领域领军专家组成医联体技术指导委员会(简称指导委员会)，引领医联体心脏康复学科建设、技术提升和学术发展。汇聚医联体医院为主的心脏康复专家，组成医联体技术专家委员会(简称专家委员会)，形成医联体固定技术专家资源，确保医联体单位心脏康复工作的稳步健康发展。该委员会定期开展学科管理、医疗工作和技术、学术交流活动，不断推进中西医结合心脏康复学科和学术的进步。

建设医联体内远程会诊系统，对于日常工作中发现的具体问题，进行及时交流和专家指导。对于复杂疑难病和高危患者，除了利用远程系统外，还充分利用医联体内专家资源，组织现场指导和会诊，以促进医联体区域内患者得到优质服务。

借助核心医院资源优势，医联体内通过多种形式，对成员医院进行人才培养，培养基层心脏康复医师。在医联体内，统一开展继续教育，开展多中心联合科学研究，不断提高成员医院医疗技术和科研水平。

可通过组建“心脏康复俱乐部”，建立专病患教方案，以现场患教、微信等多种方式进行健康教育。通过制订科学的中西医结合五大处方(药物处方、运动处方、营养处方、戒烟处方、心理处方)并开展广泛宣传，提高患者康复质量、康复依从性及自我康复管理能力，促进患者对疾病的认知以及更好地配合完成心脏康复；以同伴式教育为手段，加强医患的沟通与患者的依从性，搭建“医师 - 患者”“患者 - 患者”沟通平台，提供全程、全面专业化疾病管理指导与服务平台。

四、保障措施

1. **加强组织领导和制度保障**　因涉及多家医疗机构，需要加强区域内所有医疗机构的内部组织建设。因此，医联体内部的各组织机构要充分发挥各自优势和作用，健全制度，履行职责。各医疗机构也应完善内部机制和流程，并完善机构内部的学科发展保障机制。

2. **高效协同配合**　医联体内部机构在明确各自的层级职责基础上，要加强协同配合，充分发挥各自的医疗资源优势，落实相关制度，畅通流程，建立协调例会制度，不断持续改进。各医疗机构也应完善内部多学科协作机制和流程。

3. **强化监管与考核**　根据医联体管理制度，建立监管和考核机制。定期检查各机构制度执行情况。加强对各机构心脏康复工作质量的督导和检查，不断提升技术和服务水平。医联体内部统一心脏康复考核评估体系，加强考核评估与质量控制，及时总结好的经验和做法，进行推广。

（李瑞杰　姜红岩　耿 敖）

第二节　中西医结合心脏康复医联体建设工作方案

中西医结合心脏康复医联体建设工作方案包含“互联网 + 心脏康复”模式、医联体管理规范、学科建设、规范心脏康复技术等主要工作内容的实施方案。

一、“互联网 + 心脏康复”模式工作方案

在“互联网 +”时代背景下，充分利用互联网优势，与心脏康复理念进行深度融合，在有线、移动、微信和远程医疗系统等智慧心脏康复技术的基础上，逐渐建立“互联网 + 心脏康复”模式的心脏康复医联体，提供全面和全程智慧化中西医结合心脏康复医疗服务。

1. **推进医联体内医疗机构互联互通**　各医联体单位借助互联网信息技术手段，逐步使机构间心脏康复相关信息互认共享，并开展疑难病例探讨交流，提升各医联体单位医疗服务能力和效率。

2. **逐步实现患者信息资料共享**　各医联体单位借助“互联网 + 心脏康复”的形式，逐步实现患者信息资料共享，方便患者，提高服务效率，降低服务成本。

3. **实施心脏康复患者远程监护及医患沟通交流**　心脏康复患者利用可穿戴设备进行远程监护措施，医疗机构远程获取患者生命体征数据，加强对心血管疾病患者的信息管理、随访评估。同时，利用互联网技术，搭建医患沟通交流渠道，提高医患双方交流及时性，为患者提供更多便利，促进医患和谐发展。

4. **建立医疗健康教育培训云平台**　建立医疗健康教育培训云平台，提供多样化的医学在线课程和医学教育。各医联体单位之间交流学习，培养人才。实施“继续医学教育 + 适宜技术推广”行动，围绕心脏康复的主题，重点针对成员单位，通过远程教育手段，推广普及实用型适宜技术。

二、医联体管理规范工作方案

明确医联体工作机制，制定医联体管理章程，不断优化医联体服务体系，实现医联体内信息共享，实现医联体内医疗机构互助诊疗模式，确保医联体运行顺畅及各项目标完成。

工作内容包括：

1. **制定完善的医联体工作制度和流程**　在建设中西医结合心脏康复医联体之初，制定医联体内医疗机构的自身条件及加入条件，根据功能不同分为核心医院和成员医院；明确联体内医疗机构的职责；规范医疗机构加入中西医结合心脏康复医联体的流程。

成立医联体管理委员会、成立医联体工作委员会、成立心脏康复专业工作组、成立心脏康复技术指导委员会、成立医联体技术专家委员会。明确医联体内各委员会的职责；明确医联体各委员会工作开展形式及内容。

2. **实现医联体内信息共享**　充分利用各医疗机构现有的信息设备，搭建医联体信息化平台，实现患者资料数据库、科研数据等信息的共享，促进临床与科研全面发展。

3. **实现医联体内医疗机构互助诊疗模式**　制定医联体分级诊疗、转诊流程、会诊流程、远程会诊等流程，有效协调好疑难高危疾病的康复，开展高质量的心脏康复医疗，核心医院与成员医院有效对接患者的接、转诊工作，切实实现医联体内部的有效帮扶。

三、医联体单位管理制度

全面加强医联体建设，推进区域内分级诊疗，形成上下联动、资源共享、疾病诊治连续化管理的机制，保障医疗联合体工作顺利实施。

1. **健全管理机构**　各医疗机构均建立医联体管理组织，分为院级组织 - 职能科室 - 临床医技科室三级质量与安全管理，制定医联体管理工作制度，明确职责，建立协调机制，定期开展工作，对医联体建设工作事项进行协调、研判和推动。

2. **院级管理组织**　医联体内各机构设立医联体领导小组，决策医联体工作重大事项。

3. **职能管理组织**　医联体内各机构成立由相关职能科室组成的医联体职能管理小组，医联体职能管理小组是医联体机构质量与安全管理的控制层，全面负责分级诊疗质量与安全的控制工作，落实医联体工作目标，依据分级诊疗标准、要求，实施各个环节质量的检查、考评、监督及反馈。

4. **心脏康复(科)中心**　各医联体机构内心脏康复(科)中心应设立心脏康复管理工作小组。心脏康复管理工作小组是医联体机构质量与安全管理的执行层，全面具体负责科室分级诊疗、质量与安全的执行工作。心脏康复管理工作小组须根据上下转诊标准、规范和流程，制定科室管理控制目标，做好转诊患者的接待、指引、交接工作，完善记录，开展质量与安全监控、持续改进。

四、心脏康复技术规范工作方案

依据心脏康复指南，挖掘中医心脏康复特色技术，制订医联体内统一的心脏康复技术方案，形成独具特色的医联体中西医结合心脏康复技术规范。

工作内容包括：

1. **规范分期康复技术方案**　心脏康复是一项全程、全面、持续性医疗服务模式。全程康复分为三期，即Ⅰ期康复（院内康复期）、Ⅱ期康复（门诊康复期）和Ⅲ期康复（院外长期康复）。

Ⅰ期康复的主要技术要点包括康复教育、心理治疗，床上 / 床边的康复活动等。Ⅱ期康复的主要技术要点包括科学的评估手段，制订个体化的五大处方，进一步在心脏康复中心医疗监护下由专业康复治疗师来指导康复锻炼。Ⅲ期康复的主要技术要点包括在医联体的平台下通过核心医院远程遥控监护与指导，实现成员单位的规范化社区康复，以及通过远程监护实现患者的家庭康复及随访。

制订Ⅰ～Ⅲ期康复整体技术规范，在中医治未病的指导思想下，融入中医特色治疗，包括中草药、太极拳、八段锦等传统运动，以及中医针灸、推拿等外治手段，汇聚多专业优势，将国际标准康复技术与祖国传统文化有机结合，形成独具特色的医联体中西医结合心脏康复模式。

2. **规范以五大处方为核心的技术方案**　依据心血管疾病患者心脏康复处方制定规范，制订中西医结合五大处方。

（1）药物处方：主要技术要点包括根据心脏康复药物处方制定规范进行冠心病二级预防用药。使用中药需辨证施治。

（2）运动处方：主要技术要点包括科学评估、根据评估结果进行危险分层、选择合理的中西医结合运动处方。

（3）心理处方：主要技术要点包括详细询问病史，做必要的心血管疾病相关检查。治疗过程中可以量表评分，根据量表分值变化观察药物治疗是否有效、是否需加药或换药。

（4）营养处方：主要技术要点包括把握心血管疾病营养处方总原则、进行营养状况的评估与营养摄入的指导。

（5）戒烟处方：把握戒烟处方人群的适应证，开具戒烟处方前，需要评估患者吸烟情况来选用合理的干预方案。该处方制订，突出中医技术的加入。

3. **保障措施**

（1）加强培训与指导：建立业务学术专家组，利用“互联网 +”制定和落实医联体内各心脏康复中心康复处方的制定策略和质量控制，疑难病例会诊和转诊，定期召开学术沙龙增进相关学术交流沟通和共同进步。

（2）加强质控和监管：心脏康复各个处方制订过程中涉及很多包括心肺运动试验在内的检验和评估，需加强检查过程和结果测定的标准化，需加强测量仪器的质量控制，可定期进行不同心脏康复中心之间测量数据的横向比较。通过质量控制使心脏康复方案更加科学，个性化的指导方案更加安全有效。

五、专业技术人才支持及培养

以中西医结合心脏康复医联体为平台，组建指导专家团队、心脏康复骨干技术团队，培养心脏康复基层医师，让心脏疾病患者获得连续性、全面、全程心脏康复服务。

工作内容：

1. **成立心脏康复技术指导委员会**　由中西医结合心脏康复领域领军专家组成医联体技术指导委员会（简称指导委员会），引领医联体心脏康复学科建设、技术提升和学术发展。该委员会可由院士、国医大师、著名心脏康复领域领军专家组成。

2. 成立医联体技术专家委员会　在医联体管理委员会的领导下，在心脏康复技术指导委员会的指导下，在医联体工作委员会的协调下，汇集医联体医疗机构为主的各级心脏康复领域技术专家和技术骨干，形成医联体内部的固定核心技术资源，确保医联体单位心脏康复工作的稳步健康发展。该委员会成员除了完成本单位技术工作外，还同时兼任医联体内各医疗机构的技术指导工作，定期开展学科管理、医疗工作和学术交流活动；通过建立网络和微信平台，及时分享信息和观点，以不断提高学科专业技术水平，推进中西医结合心脏康复学术和学科发展；承担基层医师人才培养工作；参与患者交流活动，起到心脏康复健康教育及科普宣传作用。

3. 培养心脏康复医师　借助核心医院资源优势，通过多种形式对成员医院进行人才培养，培养基层心脏康复医师，筑牢心脏康复基层网底，为心脏疾病患者提供就近连续性服务，开展长期康复及咨询工作。同时，在医联体内统一开展继续教育活动，对于心脏康复技术规范进行培训，使基层医师可以按照标准化康复程序开展规范的心脏康复工作。另外，逐步通过医联体内远程会诊系统，实现与专家及时沟通交流，得到专家指导。对于复杂疑难病和高危患者，还可实现医联体内专家现场指导和会诊，从而实现对基层心脏康复医师从理论到操作的全面培训与指导。

在建设不同级别的中西医结合心脏康复医联体时，因级别的不同，其主要工作模式及内容各有侧重。如区域性医联体，多为紧密型合作的模式。其工作多侧重借助多种方式对社区、基层单位进行心脏康复理念及技术的培训，指导中西医结合心脏康复技术的实施，规范医联体内单位心脏康复的流程，以及医联体内患者的双向转诊，并在此基础上进行科学研究的实施。全国性的医联体工作内容则更多侧重于中西医结合心脏康复学科的建设，开展高水平的科学研究，优化中西医结合心脏康复模式及流程。全国性的医联体在全国范围内推广及普及中西医结合心脏康复理念，培训心脏康复人员，指导医联体内更多的医院开展规范的中西医结合心脏康复。

（李瑞杰　姜红岩　王彦辉）